우리 복지국가의 역사적 변화와 전망

서울대학교 행정대학원
국가리더십연구센터 국가리더십연구총서 2

우리 복지국가의 역사적 변화와 전망

초판 1쇄 발행 2015년 8월 31일
초판 3쇄 발행 2018년 5월 10일

지은이 김병섭 외
펴낸곳 서울대학교출판문화원
펴낸이 성낙인

출판등록 제15-3호

주소 08826 서울 관악구 관악로 1
대표전화 02-880-5252 | **팩스** 02-888-4148
홍보마케팅팀(주문 상담) 02-889-4424, 02-880-7995
이메일 snubook@snu.ac.kr
홈페이지 www.snupress.com

ISBN 978-89-521-1695-6 94330
978-89-521-1641-3 (세트)

2016년 대한민국학술원 우수학술도서

서울대학교 행정대학원 국가리더십연구센터
국가리더십연구총서 ②

우리 복지국가의 역사적 변화와 전망

KOREAN WELFARE STATE

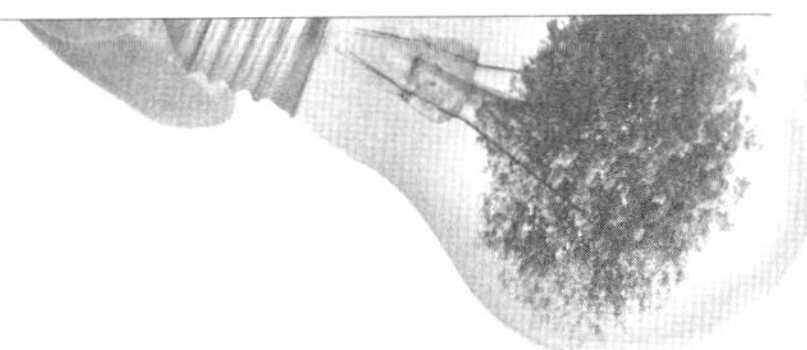

김병섭 강인철 김수현
김연명 김인숙 문진영
백종만 성경륭 양재진
이진석 이혜경 임채원
정광호 조흥식

서울대학교출판문화원

머리말

어떻게 하면 국민들이 바라는 나라를 만들 수 있을까?
어떻게 하면 전 세계가 부러워하는 국가를 만들 수 있을까?
어떻게 하면 그런 모범적인 국가를 만들 수 있을까?

서울대학교 행정대학원 국가리더십연구센터는 우리나라가 '모범국가'로 발전하고 성숙하는 데 기여하기 위해서 2013년 3월 설립되었다. 어떤 조직, 어떤 사회, 어떤 국가의 흥망과 성쇠는 지도자에 달려 있다고 해도 과언이 아니다. 한 나라가 모범국가로 발전하는 과정의 핵심도 국가의 지도자다. 국가지도자의 비전과 역량에 따라 모범국가로 나아가기도 하고, 형편없는 국가로 머물러 있거나 추락하기도 한다. 그들이 무엇을 시대적 과제로 인지하고 국가의 비전으로 설정하며, 이것을 달성하는 과정에서 어떻게 국민의 지지를 확보하면서 동시에 여러 가지 어려움과 저항을 극복하는지에 따라 모범국가로 나아갈 수도 있고 그렇지 않을 수도 있다. 그것도 한 세대가 아니라 세대를 이어가면서 국가지도자들이 각 시대의 국가적 과제를 어떻게 설정하고 이를 추진하는지가 중요하다. 다음, 그리고 그다음 세대를 책임지는 국가지도자들이 계속해서 보다 나은 국가에 대한 비전을 설계하고 이를 성취할 수 있는 지혜를 가진다면, 우리나라는 그야말로 전 세계가 부러워하는 모범국가로 우뚝 설 수 있을 것이다.

국가리더십연구센터는 바로 그러한 지혜의 원천이 역사에 있다고 보고, 정부 수립 이후 정부정책의 역사적 변동을 연구하게 되었다. 정부의 정책은 각 시대별 국정의 비전 및 목표와 이를 달성하기 위한 수단이 투영되어 있기 때문이다. 정치·경제·사회적 제약조건 속에서 무엇이 각 시대별 국가의 목표로 설정 및 변동되어 왔으며, 이것을 달성하기 위한 전략과 수단이 무엇이었는지를 잘 학습하고 이를 미래의 지도자들에게 전수하여, 우리나라가 모범국가로 성숙·발전하는 데 기여하고자 한다.

이러한 정책변동 연구 사업의 첫 번째 사업으로 복지정책을 연구하게 되었다. 그 이유는 첫째, 복지가 일반 국민들의 가장 큰 관심사이자 정치권의 핵심 쟁점 분야이기 때문이다. 특히 양극화와 저출산·고령화의 위기가 심화되면서 이에 대한 정책적 대응으로서 복지정책에 대한 수요가 급증하고 있기 때문이다. 둘째, 복지가 모범국가의 핵심 요소 중의 하나이기 때문이다. 글로벌 시대에 세계시민으로부터 인정받는 모범국가는 부국강병의 패권국가가 아니라 사람이 사람답게 사는 나라, 국민들이 모두 행복한 국가다. 이런 나라를 위한 핵심 중의 하나가 바로 복지정책이기 때문에 그 역사적 변동을 살펴보고자 한 것이다.

우리나라는 전쟁고아를 위한 구호조차 외국 원조에 의존하던 나라에서 지금은 복지국가의 초기 단계로 평가받는 발전을 이룩하였다. 복지국가는 산업화와 상당한 수준의 부의 축적, 그리고 정치적으로 민주주의가 구축되지 않으면 도달하기 어려운 체제다. 그리고 가족관계를 중시하는 유교문화적 특성으로 동아시아에서는 서구와 같은 복지국가가 성립되기 어렵다는 '동아시아 예외주의'적 시각도 있다. 그럼에도 불구하고 우리나라는 최저생활의 보장 정도, 각종 사회복지제도의 구비 여부, 그리고 공공복지비 지출의 규모라는 측면에서 볼 때 복지국가의 '초기 단계'에 진입했다는 평가를 받고 있다. 저출산·고령화의 영향 그리고 복지제도의 성숙으로 한국은 점차 '성숙한' 복지국가로 이행할 가능성이 많다.

문제는 어떤 유형의 복지국가인지, 지속가능성은 있는 것인지이다. 한국 사회가 현시점에서 복지정책과 노동시장 및 조세정책에서 방향을 어떻게 설정하고 어떤 정책적 혁신을 하는가에 따라 성장과 분배의 역작용을 최소화하고 선순환을 가져오는 '좋은' 그리고 '효율적인' 복지체제를 구축할 수도 있다. 반대로 정책적 혁신이 없다면 초기 단계를 지나 '성숙한' 복지국가로 진입한다고 해도 분배의 정당성에서 의문이 제기되는 영미형 복지국가의 단점과 복지제도가 불평등을 더욱 촉진하고 사회의 지속가능성에 대한 전망도 제시하지 못하는 남부유럽형 복지국가의 단점이 결합된 '좋지 않은' 복지국가로 이행할 가능성도 상당히 있다.

따라서 한편으로 모든 국민들이 행복한, 보다 높은 수준의 복지를 추구하면서 다른 한편으로 그러한 복지를 지속가능하게 하는 성장을 도모할 수 있는 정책적인 묘수가 필요하다. 그리고 한편으로는 높은 수준의 복지를 추구하는 정치 및 사회체제를 설계하면서 다른 한편으로는 감당할 수 있는 수준을 넘어서는 복지를 자제하는 정치 및 사회체제를 유지하는 지혜도 필요하다. 상호 모순된 요구를 슬기롭게 담아내는 정책과 정책수단의 조합을 연구하고 학습하는 것이 중요하다.

국가리더십연구센터에서 '정책'을 중심으로 복지국가의 변동을 기술하고 출간하려는 이유도 바로 이러한 필요성 때문이다. 이를 위해 복지제도, 공공부조, 사회보험, 보건복지, 주거복지 등 분야별 정책의 변동을 살펴보았다. 그리고 이들 복지서비스를 전달하는 과정에서 민간과 정부의 관계 및 정책수단이 어떻게 변화되어 왔는지를 살펴보았다. 아울러 우리나라 사회복지에서 중요한 역할을 담당하고 있는 종교의 역할과 그 변화를 다루고, 또 복지국가의 성격 및 수준, 복지정책을 결정하는 정치 및 사회체계의 변동도 함께 포함하였다. 다만, 시대 구분을 통일하지 못한 점, 종교복지에서 기독교와 불교를 다루지 못한 점에 대한 아쉬움이 크다. 앞으로 개정판을 내면서 이에 대해 보완하는 글을 담고자 한다.

서울대학교 행정대학원 국가리더십연구센터는 앞으로도 한국 복지국가의 발전과 성숙을 통한 모범국가 건설을 위해 그 작은 초석을 놓는 일에 일조할 것임을 다짐하면서 따끔한 비판과 따뜻한 관심을 기대한다.

2015년 8월
저자를 대표하여 김병섭

차례

2부 한국의 사회복지, 분야별 정책 변동

3장 / 사회복지정책 제도의 변화와 전망

조흥식

4장 / 공공부조와 생활보호의 역사적 변화와 전망

문진영

1부

총론

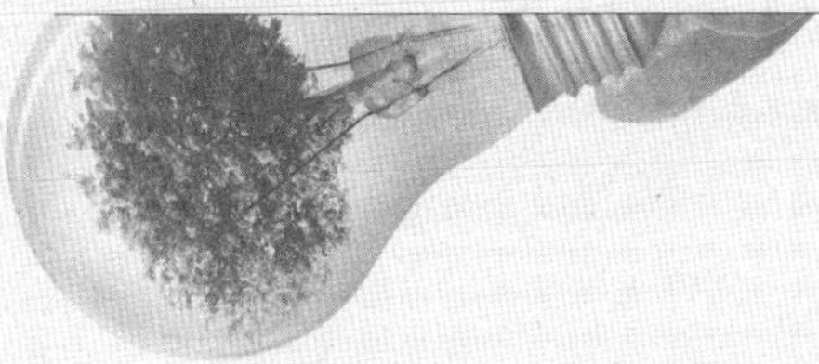

1장 /

지속가능한 복지국가로의 역사적 변화와 전망

임채원 · 김병섭

1. 우리 복지국가는 어디에 서 있는가?

사람이 사람답게 사는 나라, 국민 모두가 행복한 삶을 살 수 있는 나라. 시대와 국경을 넘어 국민들이 한결같이 바라는 이런 모범국가는 지구상에 많지 않다. 서구의 몇몇 나라만이 이에 근접하고 있을 뿐이다. 이들 나라들은 행복국가 순위에서도 늘 최상위를 차지하고 있는 복지국가다. 복지국가는 산업화와 이를 통한 상당한 수준의 부의 축적, 그리고 정치적으로 민주주의가 구축되지 않으면 도달하기 어려운 체제다. 경제 및 정치가 발전해도 사회문화적 특징으로 어려운 경우도 있다. 가족관계를 중시하는 유교문화적 특성으로 동아시아에서는 서구와 같은 복지국가가 성립되기 어렵다는 '동아시아 예외주의(East Asian exceptionalism)' 시각이 바로 그러한 예다.

우리나라는 어떠한가? 광복 70년 동안 어느 정도의 경제적 발전과 민주정치 발전을 이룩했으니 복지국가의 초입에 들어서기는 한 것인가? 아니면 어디쯤 위치하고 있는가? 앞으로 새로운 70년 그리고 그다음 70년 뒤에는 복지국가 측면에서 다른 많은 나라의 국민들이 부러워하는 나라가 될 수 있을까? 그렇게 하려면 무엇을 어떻게 해야 하는가?

이러한 물음에 답하기 위해서는 우리나라 복지 및 복지정책이 어떻게 변화되어 왔는지 살펴보는 것이 중요하다. 복지국가는 하루아침에 갑자기 만들어지는 것이 아니라 과거의 토대 위에서 역사적 경로를 따라 변화하는 것이기 때문에, 바람직한 방향으로 경로를 수정하려면 경로를 정확하게 알아야 하기 때문이다. 우리 복지국가의 역사적 변화와 전망을 연구하여 이 책을 발간하고자 하는 것도 바로 이러한 필요성을 충족하기 위함이다. 1장에서는 이 책에서 다루고 있는 내용을 요약·정리하는 차원으로 이를 개괄적으로 살펴보고자 한다. 즉, 현재 우리 복지국가가 어떤 상태에 있는지, 어떤 경로를 따라 현재에 이르게 되었으며, 앞으로 바람직한 복지국가로 나아가려면 어떤 길로 가야 하는지를 간략하게 살펴보고자 한다.

먼저 우리 복지국가는 현재 어디에 서 있는지를 살펴보자. 우리나라는 복지국가의 초기 단계에 진입해 있으나, 사회보험 위주로 되어 있으며, 민간이 복지공급의 주체인 특징을 지니고 있다. 다음에서는 이를 좀 더 자세하게 살펴보고자 한다.

복지국가의 초기 단계

우리나라는 복지국가의 초기 단계에 진입한 것으로 평가되고 있다. 이러한 평가의 근거는 첫째 복지정치 때문이다. 복지정치에서 '뚜렷한 변화'는 복지정책이 대선과 총선에서 핵심적인 정치 아젠다로 등장하고 있다는 점이다. 발전국가 단계에서는 경제성장이 정책 우선순위에서 언제나 첫 번째였고 사회복지 등은 선거 쟁점으로 부각되지도 못했다. 그러나 2007년 대선과 2008년 총선부터 복지 아젠다가 정치 전면에 등장하게 된다. 2007년 대선에서 당시 여당 후보는 '4대 불안(일자리, 교육, 주거, 노후 불안)이 없는 가족행복시대'를 전면적인 이슈로 제기했다. 이는 서구의 진보적 복지이론인 '탈가족(defamiliarization)이론'의 한국적 변용이었다. 2008년 총선에서도 복지 쟁점이 전면에 부각되었다.

복지 쟁점이 선거의 승패를 좌우하는 핵심 쟁점이 되었을 뿐 아니라 다른 측면에서도 우리나라는 복지국가의 초기 단계에 들어선 것으로 평가되고 있다(김연명, 2013; 조흥식, 2013). 한국 사회가 복지국가로 진입했는지 여부는 여전히 논란의 여지가 있지만 크게 1) 복지비 지출 수준, 2) 사회적 위험을 관리하는 사회복지의 제도화 수준, 3) 온정주의(paternalism)가 아닌 권리로서 국민복지최저선(National Minimum)과 국민기초생활보장제도 수준이라는 세 가지 측면에서 본다면 한국은 복지국가의 초기 단계를 넘어 본격적인 복지국가로 진입했다고 평가할 수 있다. 이미 제정되어 있는 복지제도를 근거로 한국의 사회복지지출을 추정하면 2040년에는 GDP 대비 20%를 넘어설 것으로 전망된다(원종욱 외, 2011).[1] 기간 예측에는 편차가 있을 수 있지만 현재 도입된 제도들만을 근거로 할 경우에도 한국은 현재 OECD 평균 정도로 복지지출이 확장된다는 통계적인 추정이 가능한 것이다. 즉, 사회복지지출 규모만을 본다면 시간의 경과와 함께 자연스럽게 복지국가로의 성숙이 쉽게 예측된다. '동아시아적 예외성'으로 서구 복지국가와 같은 변화가 동아시아에서 불가능할 것이라는 편견이 깨지는 날도 그리 멀지 않은 것으로 예상된다. 우리나라는 1960년대 개발연대(development decades)를 경험한 국가 중에서 '예외적으로' 복지국가로 진입하는 데 성공한 최초의 나라가 될 것이다.

사회보험 중심의 복지국가

사회복지지출 규모에서 복지국가로 이행이 이루어진 것으로 평가되더라도 다른 나라의 복지국가와 어떤 차별성을 갖고 있는지를 살펴보는 것은 한국 복지국가의 전망에서 중요한 과제다. 대표적인 복지국가 유형인 사민주의, 조합주의, 자유주의, 그리고 남유럽 가족주의 복지국가들과 다른 어떤 특징을 갖고 있는가 하는 것은 우리 복지국가의 발전방

1 이 자료에 의한 사회복지지출은 OECD 기준으로 공공사회복지지출만을 의미한다. OECD 통계에 따르면, 공공 부문은 정부(공공부조, 사회서비스 등), 사회보험(공적 연금, 건강보험, 산업재해보상보험, 고용보험, 장기요양보험), 공기업을 포함하며 민간 부문 사회복지지출은 법정퇴직금, 퇴직연금, 산전후휴가급여, 유급질병휴가급여, 민간복지서비스, 자동차책임보험금을 포함한다(원종욱 외, 2011). 2011년의 경우 총사회복지지출은 127조 8,450억 원이며 이 가운데 공공사회복지지출은 112조 8,940억 원으로 GDP 대비 공공사회복지출은 8.1%인 반면 2009년 총사회복지지출은 앞서 본 것과 같이 10.5%이다(고경환 외, 2011). 이런 통계상의 차이는 강조점에 따라 상이하게 기술되고 있다.

〈표 1-1〉 사회복지 재정추계의 변화 추이 (단위: 조 원, GNP 대비 %)

구분	국고 · 지방비 급여지출		국민연금·건강보험·장기요양보험		3대 직역연금		고용·산재보험		계		GDP 대비 공공사회 복지지출
	금액	비율 (%)	금액	비율 (%)	금액	비율 (%)	금액	비율 (%)	금액	비율 (%)	
2011	27.7	28.8	48.7	50.7	12.1	12.6	7.6	7.9	96.1	100	8.1
2015	48	30.3	74.3	46.9	19	12.0	17	10.7	158.3	100	10.1
2020	76.3	30.9	121.1	49.0	29.8	12.1	19.8	8.0	247	100	11.8
2025	115.2	31.0	189.8	51.1	44.3	11.9	22	5.9	371.3	100	14.0
2030	165.1	31.3	273.5	51.9	64.1	12.2	24.1	4.6	526.8	100	15.9
2035	218.6	31.0	374	53.1	85.6	12.2	26	3.7	704.2	100	17.9
2040	281.8	33.9	511.8	61.5	11	1.3	27.8	3.3	832.4	100	20.5
2045	348.8	29.3	678.4	57.0	132	11.1	30.3	2.5	1189.5	100	23.0
2050	419.7	28.3	877.8	59.1	154.7	10.4	33.1	2.2	1485.3	100	25.9

자료: 원종욱 외(2011), 원종욱(2013)에서 재인용.

향을 좌우하게 될 것이다(Esping-Anderson, 1990, 1996, 2003).

우선 주목해야 할 것은, 〈표 1-1〉에서 보는 바와 같이, 국고와 지방비의 급여지출은 공공사회복지지출의 30% 내외로 2040년까지 거의 변화가 없는 반면에 국민연금·건강보험·장기요양보험은 2011년 50.7%에서 2040년 61.5%로 계속적으로 증가하고 있다는 점이다(원종욱, 2013; 원종욱 외, 2011). 이를 달리 표현하면 사회보험을 중심으로 연금과 보건의료 분야가 지속적으로 팽창하는 것, 다시 말해서 우리나라가 새로운 제도적 선택(institutional selection)이 없는 한 그렇지 않아도 상대적으로 비중이 높은 사회보험 중심의 복지국가로 고착화될 가능성이 높다는 것을 의미한다.

복지지출의 세부구성을 연금, 의료, 적극적 노동시장정책 등 소득지원, 사회서비스의 네 가지 범주로 나누어 서구 복지국가들과 우리 복

〈표 1-2〉 복지지출의 세부구성(2011년 기준 GDP 대비 %)

구분		연금	의료	근로연령 소득보조	사회서비스	총사회지출
북유럽	스웨덴	7.1	6.7	5.4	5.8	27.2
	노르웨이	5.2	5.6	4.8	4.4	21.8
	덴마크	6.2	6.7	7.7	6.9	30.1
	핀란드	9.6	5.7	6.5	3.8	28.3
	평균	7.0	6.2	6.1	5.2	26.9
중유럽	프랑스	13.3	8.6	4.5	2.7	31.4
	독일	10.0	8.0	4.1	1.8	25.5
	오스트리아	11.6	6.7	5.1	2.0	27.7
	평균	11.6	7.8	4.6	2.2	28.2
남유럽	포르투갈	12.2	6.3	3.6	1.1	24.8
	스페인	9.2	6.8	6.3	2.4	26.8
	이탈리아	13.1	7.0	3.0	1.3	27.5
	그리스	10.8	6.6	2.6	0.8	25.7
	평균	11.3	6.7	3.9	1.4	26.2
영미권	미국	6.7	8.0	2.3	0.7	19.0
	호주	3.5	5.8	4.8	2.9	17.8
	일본	10.1	7.7	2.0	2.3	23.1
	평균	6.8	7.2	3.0	2.0	20.0
전체 평균		7.1	8.2	4.0	2.0	21.4
한국		2.1	4.0	0.8	1.3	9.0

주: 1) 연금: 노령연금과 유족연금의 합.
　2) 사회서비스: 노령인구 현물급여, 가족 현물급여, 적극적노동시장정책의 합.
　3) 근로연령 소득보조: 실업급여, 가족수당, 공공부조의 합.
자료: OECD의 공공사회지출통계(Social Expenditure Database, 2014).

지국가의 특징을 비교해 봐도 사회보험 비중이 높은 것을 알 수 있다. 〈표 1-2〉에서 보는 바와 같이 사민주의 국가인 스웨덴은 연금 7.1%, 의료 6.7%, 근로연령 소득보조 5.4%, 사회서비스 5.8%로 네 부문이 고른 분포를 보이고 있다. 조합주의 국가인 독일의 경우 연금 10.0%, 의료 8.0%, 근로연령 소득보조 4.1%, 사회서비스 1.8%로 비스마르크 이래 연금을 비롯한 사회보험 중심의 복지국가의 특성을 보이고 있다. 그럼에도 불구하고 교육훈련 등 적극적 노동시장정책을 통한 소득지원정책도 높은 수준을 유지하고 있다.

이에 반해, 한국은 GDP 대비 연금 2.1%, 의료 4.0%, 근로연령 소득보조 0.8%, 사회서비스 1.3%로, 연금과 의료 부분이 소득지원과 사회서비스에 비해 큰 차이로 비중이 높다. 2040년에는 연금과 의료 부문의 비중이 더욱 커질 것으로 예측되고 있어 우리 복지국가는 자유주의 혹은 남부유럽형 복지국가의 경로를 밟을 것으로 추정할 수 있다.

사회보험 위주의 복지지출은 조세 방식과 달리 복지사각지대가 제도적 보호 밖에 존재하고 사회적 형평성 문제를 초래한다. 재원 조달 측면에서도 우리나라와 같이 자영업자의 비중이 높고 이들의 정확한 소득 파악이 힘든 상황에서 임금 소득자와 형평성 문제가 다른 차원에서 제기되고 있다(최준욱, 2013).

민간복지 중심의 복지국가

다른 한편 우리나라 복지의 또 다른 중요한 특징은 사회복지의 공적 전달체계가 거의 형성되어 있지 않다는 점이다. 공공 분야에 의한 복지공급을 대체하는 것이 민간복지의 영역이다. 민간복지의 제도화는 한국 복지정치에서 권력자원의 형성을 둘러싼 주요한 특성이 되고 있다. 해방 이후, 특히 한국전쟁을 거치면서 외원단체에 의해 형성된 복지시설을 중심으로 한 종교계 사회복지가 공적 전달체계를 대체하여 복지공급에서 정부를 대행하고 있다(이혜경, 1998). 특히 1987년 민주화 이후 복지수요가 급증하고 이에 따라 정부지출이 급격히 팽창하지만 복지공급은 공공 분야가 아니라 민영화와 민간 위탁의 형식으로 민간복지가 담당하게 되었다.

2. 우리 복지국가는 어떻게 형성되었는가?

앞에서 현재 우리나라의 복지수준이 복지국가의 초기 단계라는 것을 살펴보았다. 복지 제도와 복지비 지출을 볼 때, 우리 국민들이 인간답게 살 수 있는 최소한의 여건이 마련된 것이다. 다행스럽게도 미래에는 여건이 더욱 개선될 것이라는 전망이다. 현재의 제도를 기반으로 할 경우 2040년경에는 GDP 대비 사회복지지출이 OECD 평균인 20%를 넘어서 복지국가의 성숙 단계에 이른다는 것이다. 그러나 이러한 복지비 지출 증가에도 불구하고 바람직한 복지국가의 모습을 가지게 될지 회의적인 시각도 상존한다. 복지비 지출은 늘어나지만 국민들의 삶의 질은 개선되지 않을 수 있다는 것이다. 우리 복지국가는 사민주의 복지국가들과 달리 사회보험과 민간복지 중심으로 되어 있고 바로 이 점 때문에 남부유럽 또는 미국과 같이 될지 모른다는 시각이다.

따라서 우리 복지국가가 어떤 방향으로 나아갈 것인지를 파악하기 위해서는, 우리나라가 어떻게 복지국가 초기 단계에 진입할 수 있었으며, 그리고 왜 사회보험와 민간공급을 중심으로 발전하게 되었는지 그 과정을 연구할 필요가 있다. 현재를 모르고 미래를 알 수 없듯이 현재를 제대로 알려면 우리가 어디에서 어떻게 걸어왔는지를 알아야 하기 때문이다. 우리나라는 1945년 광복 이후 꾸준히 복지정책을 도입하고 제도화해 왔다. 이들 제도는 당시의 시대적 과제를 해결하기 위해서 도입된 것이다. 문제는 무엇을 시대적 과제로 보는지 그리고 이러한 과제를 어떤 수단을 통해서 해결하는 것이 바람직한 것인지가 결정자에 따라서 달라진다는 것이다. 그런데 바로 이 결정자의 범주에 들어가는 집단에는 일반국민, 이익집단, NGO, 정당, 국회의원, 대통령, 관료, 전문가, 언론 등이 있으며, 이익집단에는 노동조합, 농민, 경제단체, 각종 협회 등이 있다. 따라서 공식적 결정권한을 가진 선출직이 무슨 생각을 하는지가 중요하고 또 이들이 누구와 손을 잡고 국정을 하는지에 따라 복지정책의 목표와 수단이 달라진다.

그렇다면 우리나라의 복지정책 거버넌스는 어떻게 시대별로 구분할 수 있을까? 혹자는 정권별로 구분하기도 하고, 혹자는 군사정부와 문민정부로 나누기도 한다. 또 다른 혹자는 진보정부와 보수정부로 나누기도 한다. 우리는 이를 크게 다음과 같은 네 시기로 나누어 보고자 한다. 즉, 1) 외국 원조 시기, 2) 발전주의 시기, 3) 민주화 시기, 4) 개방화 시기가 그것이다. 첫째, 외국 원조 시기는 정부 수립 이후 5.16군사정변까지로, 우리 정부의 복지정책이라고 할 만한 것이 없던 시기다. 외국 원조기관의 원조가 복지의 주를 이루던 시기다. 둘째, 발전주의 시기는 박정희 정부와 전두환 정부 시기로, 정부가 복지의 대상과 내용을 독점적으로 그리고 자율적으로 결정하던 시기다. 셋째, 민주화 시기는 1987년 민주항쟁 이후 노태우 정부와 김영삼 정부가 집권한 시기로, 정부가 복지정책을 결정하면서 국민의 요구를 의식한 시기다. 넷째, 개방화 시기는 1997년 경제위기 이후 이명박 정부까지로, 정부가 복지정책을 결정할 때 IMF와 같은 국제기구의 요구나 표준을 반영하는 동시에 정보화의 진전으로 일반 국민들의 참여가 확대된 시기다.

이와 같이 복지거버넌스가 변화함에 따라 복지정책의 내용도 달라진다. 보다 자세한 것은 차례로 설명하겠지만 개괄적으로 살펴보면 일종의 제도적 중층화(layering of institution)를 보이고 있다고 할 수 있다.

우리나라 복지국가에서 첫 번째 단층은 정부 수립 이후 1960년까지로, 우리나라 사회복지는 국가가 거의 외면하거나 방치한 가운데 외국원조단체와 그와 연결된 민간복지에 의해 외원단체의 재정을 기반으로 한 민간복지로 형성된다. 두 번째 단층은 1960년부터 1987년 민주화가 일어나기까지의 발전주의 복지체제로, 우리나라 복지국가의 중요한 특징인 사회보험 위주, 민간복지 공급체제, 사회복지 규제자로서의 정부라는 세 가지 특성을 형성하였다. 세 번째 단층은 탈규제와 민간위탁을 제도로 도입한 신자유주의 시기의 단층이다. 이 단층은 서구의 경우 복지국가의 위기 속에 그에 대한 대안으로 등장한 정책 아이디어였던 것과 같이 우리나라에서도 국가 중심의 발전국가를 해체하고 시장 중심 체제로 전환하기 위해 도입된 정책 아이디어였다. 그러나 아이러니하게도 발전주의 복지체제에서 형성된 민간복지를 오히려 강화하는 방식으로 발전주의를 해체하는 한국 복지국가의 특수한 사례를 경험하게 된다. 네 번째 단층은 IMF 외환위기 이후 복지국가 이행기로, GDP 대비 사회복지지출이 10%를 넘어서고 국민복지최저선(National Minimum)이 국민기초생활보장제도를 통해 법적 권리로 전환되었고 4대 보험을 포함하여 사회적 위험에 대한 복지국가의 제도들이 형식적인 틀을 완성한 시기다. 국가 위주의 발전국가, 이에 대한 반발로서 경제자유화, 사회정책에서 복지다원주의와 민간 위탁을 추진하는 신자유주의, 그리고 신자유주의에 대한 새로운 대응으로 등장한 '제3의 길'의 정책 아이디어로 추진된 복지국가 이행기의 제도들이 일정 부분에서 상호 모순적인 정책들이 단층을 형성하면서 공존하는 특성을 보이고 있다.

외국원조 의존기, 민간복지 지배형

해방 이후 국가 형성(nation building) 과정에서 사회복지에 대한 제도와 정책은 거의 고려되지 못했다. 사회복지에서 공공 분야가 담당해야 할 역할이 거의 진공 상태에서 방치되어 있었다. 당시에는 열악한 재정 여건뿐만 아니라 사회정책이나 복지국가에 대한 의식이 우리 사회에는 형성되어 있지 않았고 사회정책과 복지에 대한 관심을 찾아보기 힘들었다. 근대 국가에서 사회정책이 국가의 성격과 능력에서 어떤 중요성을 지니는지에 대한 인식이 철저하지 못했다. 이에 반해 서구 국가들은 비슷한 시기에 전후 복지국가로 진화하고 있었다. 영국의 경우는 1942년 「베버리지 보고서」가 발표되고 전후 노동당이 집권함으로써 복지국가를 위한 정책들이 본격적으로 설계되고 시행되어 사회보험과 국영의료서비스(NHS) 등이 제도화되었다. 독일의 경우에도 1880년대 비스마르크의 문화정책 이후 독일식 '복지국가'를 위한 제도들이 도입되었다. 계급갈등의 타협물로서 사회정책들이 도입되어 복지국가의 길로 접어들었다. 노르딕 국가들은 1930년대 이후 세계 대공황에 대한 대응으로서 의료, 보건, 교육 등 공공 분야에서 유효수요를 창출하면서 사민주의 복지국가로 진입하였다.

반면 한국의 사회복지는 해방 이후 1961년 생활보호법이 제정될 때까지 일제에 의해 제정된 조선구호령의 틀을 유지하는 정도에 그치고 있었다. 미군정은 공공부조에서 일제의 조선구호령과 거의 유사한 정책을 실시하였다(문진영, 2013). 그 이후에도 사회정책에서는 제도의 미비가 지속되었고 1950년대 말까지도 한국 정부는 빈곤과 혼란을 극복할 국가능력을 갖추지 못했다. 해방 이후 귀환 동포 문제와 한국전쟁으로 인한 사회적 혼란에 대처할 사회복지에 대한 요구에도 불구하고 한국 정부는 이에 대응할 의지와 역량을 확보하지 못했다.

이러한 사회정책의 진공을 메우고 공공 사회복지를 대행한 것이 외원단체들과 민간복지였다. 전쟁 이후 1950년대에는 국가의 불충분한 재정력과 사회복지 공급능력에 비해 사회적 수요는 매우 컸으며 이러한 공백을 외원단체와 민간복지가 메워 주었다. 한국전쟁으로 구호대상자는 1951년에서 1953년까지는 100만 명에 달했고, 1954년부터

1957년까지의 기간에는 300만 명에서 400만 명으로 추정하였다. 정부는 외국의 원조를 받아 주로 아동, 노인, 임산부 및 유아를 거느린 여성 등을 우선적으로 구호하였다(이혜경, 1998).

이 시기에 정부는 공공 분야 구호시설을 직접 운영하기보다는 외원단체와 그에 연계된 종교계 민간복지에 의존하고 있었다. 이처럼 한국 사회복지는 태동부터 민간복지 중심으로 운영되는 체제가 형성되었다. 한국에 진출한 외원단체들은 미군정 시기에는 주로 해외 귀환 동포들과 북한에서 월남한 동포들을 위한 구호사업을 전개했고 한국전쟁 이후에는 전쟁으로 인한 요구호자에 대한 응급구호활동이 사회복지의 중심 활동이었다. 특히 1950년대에는 외원단체들이 보건사회부보나 더 많은 재원을 지원하여 이들의 연합단체인 '외국민간원조기관한국연합회(Korea Association of Voluntary Agencies, KAVA)'가 '제2의 보사부'라고 불릴 정도였다. 이들의 활동은 1970년대 중반 한국에서 구호시설 위주의 사회복지사업에서 철수할 때까지 한국 사회복지사업에서 핵심적인 역할을 담당한다. 1950년대 말에는 외원액이 보건사회부 예산의 30% 내외였고 1960년대에는 보건사회부 예산의 2배 가까이 될 정도로 외원단체가 구호 비용 조달에서 중요한 역할을 담당하였다(강인철, 2013; 백종만, 2013).

이 시기에 풍부한 외원단체의 지원을 받는 종교계 민간복지는 국가와 거의 대등한 복지 파트너십을 유지하고 있었다. 외원단체들은 미국과 유럽의 기독교, 천주교 단체들이었고 이와 연결되어 있는 한국 교회들이 민간복지의 중심에 서 있었던 반면에 유교, 불교, 천도교, 대종교 등 토착 종교의 사회복지활동은 부진한 편이었다. 소규모 신생 교단이었던 원불교가 예외적으로 해방 전부터 지속적으로 사회복지사업에 참여하였다.

흥미로운 것은 정부가 직접적인 복지 공급을 거의 하지 않았음에도 불구하고 이미 이 시기에 시설사업에 대한 지도, 감독, 통제를 시작하여 사회복지의 규제자로서 역할을 시작했다는 점이다(백종만, 2013). 정부는 1951년에 '기부금품모집금지법'을 제정하였다. 정부가 사회적 수요에 대하여 민간복지에 의존하고 있었지만 기부 강요 등으로 사회적 불안이 컸기 때문에 민간복지 주체를 규제하게 된 것이다(이혜경, 2013).[2]

발전주의 복지체제: 선성장-후분배의 시장형성적 사회정책

발전주의 복지체제는 다음과 같은 특징을 지닌다. 첫째, 경제성장을 복지의 기초로 전제하고 제일의 국정목표로 한다. 둘째, 가용 재원은 경제성장에 우선적으로 투입한다. 셋째, 복지는 이를 달성하기 위한 수단으로 사용한다. 복지에 투입하는 재원은 사회보험과 같이 산업발전에 활용할 수 있는 방식으로 설계 및 집행한다. 건강한 노동자를 확보하기 위해서 먹거리를 제공하고 상하수도를 정비하며 안전을 추구한다. 경제발전에 장애가 되는 노동자의 요구는 억제한다. 넷째, 복지의 대상, 범위, 방법 등에 대한 결정은 행정부가 주도한다. 다섯째, 그 결과 사회보험, 민간복지, 복지규제자를 특징으로 하는 복지체계를 보이고 있다.

• 사회보험 위주의 사회보장

1960년에서 1987년 민주화 시기까지 발전국가 체제는 실질적인 국가형성의 시기로, 경제정책의 골격뿐만 아니라 사회정책에서도 사회보험·민간복지 중심의 기본적인 뼈대가 형성된 시기다. 한국의 발전국가

---

2 1951년에 제정된 기부금품모집금지법은 1995년 기부금품모집규제법으로 개정될 때까지 40년 넘게 존속하였다. 정부가 민간복지에 대한 불신을 전제로 사회정책에서 규제 정책수단을 주로 활용하고 있음을 보여 주는 대표적인 사례다. 이 법은 2006년이 되어서야 '기부금품 모집 및 사용에 관한 법률'로 전환하였다(이혜경, 2013).

는 선성장-후분배의 이데올로기 속에서 정책결정에서 경제 부문에 우선순위를 두고 사회정책은 수출주도 경제성장을 지원하는 보조적 정책수단으로 활용하였다. 대외의존적인 경제구조에서 노동집약산업이 국제적인 가격경쟁력을 확보하기 위해 노동자의 임금과 복지지출을 최대한 억제하는 정책을 추진하였다. 발전주의 복지체제는 수출주도산업의 생산력과 연계하여 경제성장 수단으로 형성된 반면 사회적인 복지수요와 필요는 제한적인 수준에서 제도화되었다.

사회보험 중심의 사회보장제도 도입도 발전주의 체제의 형성과 동일한 시기에 이루어졌다. 이 시기에 도입된 사회정책들은 정권의 경제성장에 필요한 보조적 수단으로 연차적으로 실시되었다. 5.16쿠데타 세력은 정치적 정당성을 확보하는 정책수단으로 정권이 안정되지 못했던 초기 단계에 여러 가지 사회정책을 제안하고 그중에서 정권 유지에 필수적인 사회정책을 우선적으로 도입하였다. 공무원연금법(1960), 경찰원호법(1961), 군사원호보상법(1961), 생활보호법(1961), 아동복지법(1961, 아동복리법), 재해구호법(1962), 군인연금법(1963), 사회보장에 관한 법률(1963), 산업재해보상보험법(1963), 의료보험법(1963) 등이 정권 초기에 무더기로 입법화되었다.

이때 도입된 제도들은 크게 두 가지로 나뉜다. 하나는 공공부조의 성격을 가진 제도들로, 기초적인 공공부조와 한국전쟁에서 비롯된 사회문제에 대응하기 위한 것이었다. 생활보호법은 조선구호령의 수준에서 크게 벗어나지는 않았지만 공식적인 입법화 단계를 거치게 되었다. 아동복지법과 원호법은 전쟁 고아·유가족과 관련된 입법이었고 재해구호법은 자연재해로 인한 이재민의 생활보호를 위한 법률이었다. 이 법률들은 극히 제한적인 범위의 대상자를 특징으로 한다.

다른 하나는 주로 사회보험에 관련된 법률들로 발전국가 사회정책의 중요한 특성을 보여 준다. 군인연금법과 공무원연금법은 정부관료제 내부에서 정권의 안정적인 기반을 마련하기 위한 입법으로 발전국가 관료제의 주요 특징을 형성하는 제도들이다. 1963년에 도입된 국가공무원법은 실적주의에 기초하여 발전관료제를 입법화하여 계급제적인 관료제를 제도화한 것이다. 발전관료제는 공개경쟁 채용, 교육훈련, 근무성적평정, 실적주의, 정년 보장, 정치적 중립성, 전문직보다는 일반직 중심의 정부관료제를 발전시키는 계기가 되었다(박동서, 1972). 이와 같이 발전관료와 군인들에게 우선적으로 연금을 제도화하여 국정의 안정을 기하였다.

사회보험 우선정책의 특성을 잘 보여 주는 것은 산업재해보상보험법과 의료보험법이었다. 서구 국가들에서 사회정책의 목적은 사회정의(social justice)와 국민복지최저선(National Minimum)이었지만 우리나라에서 이 제도들이 도입될 당시의 정책 목적은 산업의 국제경쟁력을 뒷받침하는 것이었다.

산업재해보상보험법은 근로기준법의 적용을 받는 500인 이상 사업장에 강제 적용하여, 사업장의 근로자에 대한 업무상 재해를 신속하고 공정하게 보상하기 위한 것이다. 이 제도는 노사자치가 아니라 국가가 사회보험으로서 근로자의 복지 문제를 직접 보살피지만 그에 따른 재정은 국가가 아닌 고용주가 부담하는 사회보험으로 도입되었다. 근로자의 복지는 대규모 사업장보다 영세 사업장에 더 필요함에도 불구하고 산재보험은 고용주의 지불 능력을 고려하여 500인 이상의 사업장에 우선 도입함으로써 대규모 수출산업에 우선 적용되었다.

1963년에 도입되었다가 1977년에 시행된 의료보험도 발전주의 복지체제의 특성을 그대로 드러내고 있다. 의료보장은 국가예산으로 운영되는 국영의료서비스(NHS) 방식이 아니라 사용자와 근로자가 부담하는 사회보험 방식으로 시작되었다. 해방 이후부터 의료서비스의 공급은 미국과 유사하게 자유방임적 시장에 맡겨두어 민영 병원 중심으로 운영되었고, 이 시기에 500인 이상의 대규모 사업장에서부터 의료보험으로 의료서비스를 보장하였다. 조세에 기반한 국민의료서비스 방식이 아니었기 때문에 보험 가입에 의한 수급자의 의료비 부담을 국가가 아닌 사업장의 사용자와 노동자가 공동 부담하는 방식이 적용되었다(양재진, 2013).

1973년에 제정된 국민복지연금법도 발전주의 복지체제의 특성을 가장 잘 보여 주는 사례다. 국민연금의 도입이 노후소득보장제도로서 사회적 요구에 의해 검토된 것이 아니라 1970년대 중화학공업 육성정책이 추진되면서 필요한 자본을 내자를 통해 조달하는 방안으로 추진되었다. 국민복지연금 도입을 연구한 중심 기관이 한국보건사회연구원이 아니라 한국개발원이었다는 점은 이를 단적으로 보여 준다. (1974년 시행이 전격 유보되었지만) 이 제도의 정신은 1988년 도입된 국민연금의 모태가 되었다(이혜경, 2013; 양재진, 2013).

사회보험 위주의 사회보장제도에서 가장 문제가 되는 것은 사각지대의 존재다. 조세 기반이 아닌 보험 중심의 사회보장은 사회보험이 강화될수록 사각지대도 확대되는 구조적인 문제를 안고 있다. 조세 기반의 사회보장은 재분배정책을 통해 수급계층에게 보편적으로 급부를 제공할 수 있는 반면, 사회보험은 수급권을 획득하기 위해서 수급권자가 보험료를 일정 기간 이상 납부해야 한다. 「베버리지 보고서」에 의한 사회보험의 기본 정신은 남성 가장(male breadwinner)이 대규모 사업장 등에서 피고용자로 일생을 생업에 종사하면서 예외적인 경우 강제적인 사회보험으로 국민복지최저선을 보장한다는 것이다. 예기치 않은 질병에 대비한 건강보험, 원치 않은 실업에 대비한 고용보험, 산업재해에 대비한 산재보험, 그리고 정년퇴직 이후를 대비한 국민연금이라는 4대 사회보험으로 설계된 것이 영국 복지국가의 제도적 정신이었다(Beveridge, 1942: 9-12).

이렇게 사회보험의 적용대상이 일정 규모 이상의 사업장을 대상으로 하였기 때문에 비록 그 적용범위가 확대되었지만 이에 따른 사각지대 문제는 계속해서 우리나라 복지국가가 해결해야 할 구조적인 문제가 되었다.

• 민간복지 중심의 복지공급체계 지속

발전주의 복지체제의 또 다른 특징은 그간 지속되어 온 민간복지가 복지전달체계에서 고착화되고 강화되었다는 것이다. 사회복지서비스뿐만 아니라 의료공급체계에서도 공적 전달체계가 제대로 형성되지 못하고 민간 공급이 공적 기능을 대체하였다. 이에 반해 서구 복지국가들은 전후 복지국가로 성장하면서 사회보험, 공공부조, 사회복지서비스 분야 외에 공중위생서비스, 고용서비스, 주거서비스, 교육서비스 등 사회서비스 분야에서 공적 공급을 확대하였다. 발전국가에서는 서구 복지국가와 같은 사회서비스를 공급할 의사와 능력을 갖추지 못했고, 시설복지와 재가복지를 통한 사회복지서비스와 의료보건서비스는 민간 영역이 수행하였다.

1970년 사회복지사업법이 제정되면서 사회복지서비스에 관한 내용이 법제화되었다. 이 법률이 제정될 당시 중앙정부의 사회복지 부처인 보건사회부는 발전국가의 경제성장 중심전략에서 벗어나지 못했고 주도적으로 사회정책을 추진하지는 못했다. 보건사회부는 사회정책의 독자성을 인정하기보다는 행정관료 중심으로 경제정책의 보조수단으로서 사회정책에 접근하였다(손준규, 1981: 48-51). 이 법률에는 사회복지사업에 대한 국가 책임이 규정되지 않았고, 공공서비스 제공의 기초가 되는 공적 사회복지서비스 전달체계에 대해서도 전혀 언급이 없었다. 한국 정부는 외국의 원조가 줄어든다 하더라도 정부예산을 사회복지사업에 사용할 여력이 없었고 사회복지 분야에 대한 투자를 하지 못하고 있었다(최원규, 1996: 216). 사회복지법제는 기본적으로 국가 책임의 미약과 민간복지에 전적으로 의존하는 방식으로 제정되었다. 대신 정부는 사회복지서비스의 대부분을 담당하는 민간단체를 관리·감독하고, 보조금 지원 등에 대한 규율을 강화하였다. 정부는 재정 공급자가 아니라 민간복지에 대한 규제자의 역할을 담당하게 된 것이다.

주목할 점은 제정 당시 보건사회부는 공적 전달체계 설치를 통한 관료기구의 확대나 복지전문인력의 증원에 관심을 보이고 있지 않다는 점이다. 당시 사회복지사업법의 참고가 되었던 일본의 경우 사회복지에 대한 국가 책임을 명시하고 '복지에 관한 사무소'를 각 지방자치단체가 의무적으로 설치하고 사무소의 조직과 직원 수를 구체적으로 명시하도록 규정하였다. 한국의 법률안에서는 사회복지사업의 공적 전달체계에 대한 규정이 전혀 없었다(심재진, 2011). 사회복지시설을 설치할 수 있는 기관으로 국가, 지방자치단체, 사회복지법인을 규정하고 있었지만 실질적으로 사회복지서비스는 정부와 공공기관이 아니라 비영리 민간복지단체에 의해 이루어졌다. 이 법률의 제정으로 외국원조의 감소에 대한 대응으로서 민간단체 중심의 사회복지정책이 고착화되었다고 할 수 있다.

당시 보건사회부에서 공적 전달체계를 도입함으로써 조직과 인력의 확대를 추구하지 않았던 것은 대통령이나 내무부, 경제기획원 등 다른 기관들에 비해 정치적 영향력이 취약한 보건사회부가 조직 확대를 적극적으로 주장하지 못한 측면이 있다. 특히 1963년에 도입된 국가공무원법은 계급제적인 관료제 운영으로 분야별 전문인력을 활용하는 제도적인 틀이 정착되지 못했다. 발전국가의 경제성장 우선주의로 사회정책이 후순위로 밀려나 공공 분야 확대와 같은 적극적인 사회정책이 추진되지 못한 것이 사실이지만, 다른 한편으로는 정부관료제 내부의 제도들이 사회복지 공공조직이 확장되지 못하도록 제한한 측면도 무시할 수 없다. 정부관료제 내부에서 조직과 인사 정책을 담당하는 부처는 공무원을 증원하는 데 상당한 압박과 부담을 느끼고 있었다. 직업공무원제하에서 공무원 채용은 정년보장의 평생고용을 의미하기 때문에 인력 증원에 상당히 보수적이었다. 조직과 예산 담당 부처는 사회복지 분야의 전문인력 확대에 반대하는 입장을 견지한다. 기관 간 인력을 둘러싼 관료정치에서 발전국가와 그 이후 시기에도 조직과 예산 담당 부처는 보건사회부의 인력 증원에 부정적이었고 이를 정부관료제 내부에서 지속적으로 관철시켰다.

그러나 또 다른 이유로는 보건사회부의 관료들이 보건복지 분야의 전문성이 부족하여 부처의 이해관계를 일관성 있게 제기하지 못한 측면이 있다. 당시 보건사회부에는 복지전문성을 가진 관료가 거의 없고 일반직 공무원에 의해 주도되었다. 그래서 사회복지정책을 제안하거나 추진하는 데 한계가 있었다. 사회보험을 확대할 때도 보건사회부에서 주장한 것이 아니라 대통령이 주도하고 이들은 실무적인 정책을 집행하는 수준에 그쳤다(손준규, 1981: 107-114).

오히려 사회복지서비스의 공적 전달체계에 대한 요구는 민간복지단체에 의해 이 법률의 제정 과정에서 제기되었다. 한국사회복지연합회는 사회복지사무소의 설치를 청원하였다. 입법 과정에서 사회복지사무소에 대한 청원이 있었지만 당시 국회에서 재경위원회와 내무위원회뿐만 아니라 보건복지위원회에도 조직의 확장을 요구하지 않았다. 사회복지사업법을 제정할 당시에 보건사회부는 기존 지방행정조직인 시·도지사, 시장·구청장을 통해 서비스가 전달되도록 했으며 사회복지에 관한 별도의 지방 조직과 인력에 관한 공식적인 논의는 없었다(심재진, 2011).

사회복지의 공적 전달체계가 제도화되지 않았던 반면 민간복지는 외원단체 중심에서 사회복지법인 중심으로 제도적인 변화를 거치게 되었다. 민간 외원단체의 지원 축소와 철수로 인한 공백을 정부의 공적 전달체계가 대체한 것이 아니라 외원단체에서 양도된 시설들을 기반으로 민간복지가 그 역할을 이어받게 되었다. 가톨릭교회의 경우 1974년 미국의 가톨릭구제위원회가 철수하면서 1975년 활동과 함께 재산도 '인성회(Human Develpoment Committee)'에 양도하였다. 인성회는 가톨릭 민간복지의 중심적인 역할을 수행했고 이후 가톨릭 주교회의 사회복지위원회로 개편되면서 그 역할을 계속해 나가고 있다(김인숙, 2013). 기독교의 경우에도 외원단체에서 그 재산과 역할을 이어받은 기독교 사회복지법인체제로의 전환은 가톨릭의 경우와 크게 다르지 않다.

• 사회복지 규제자로서의 정부

발전주의 복지체제에서 정부는 사회복지의 공급자(provider)가 아니라 규제자(regulator)의 역할을 해 왔다. 규제자로서 정부는 사회서비스 영역뿐만 아니라 사회보험에서도 마찬가지였다. 정부는 직접 국민에게 서비스를 제공하지 않고 규제를 통해 시장을 포함한 사회적 행위자로 하여금 필요한 서비스나 재화를 공급하도록 했다.

외원과 수용시설 중심의 1960년대 이전에도 정부는 강력한 규제의 틀을 마련하였다. 긴급구호를 위한 재정과 전달에서 정부는 별다른 역할을 하지 못했지만, 규제의 차원에서만은 확실한 정부의 개입주의를 선택하였다. 기부금품모집금지법에서 정부의 허가 없는 민간의 모금행위는 엄격하게 금지되었다. 정부는 재정지원을 거의 하지 않는 상황에서 시설을 직접 운영하지 않았지만 누가 시설을 운영할 자격이 있는지를 결정하고 민간의 시설운영을 정부의 엄격한 지도·감독 아래에 두었다(이혜경, 1998). 1970년대에 제정된 사회복지사업법도 국가 책임으로 사회복지사업을 확충하는 데 목적이 있었던 것이 아니라 외원단체 철수로 인한 공백을 메우기 위해 민간사회사업을 활성화하고 통제를 정부 규제로 제도화하려는 것이었다. 이 법률은 민간에 의해 주도된 사회복지사업에 대한 지도·감독과 민간조직 설립기준을 강화하였다. 국가는 최소한의 지원으로 민간복지에 대한 규제를 통해 사회서비스 공급체계를 구축한다는 정책지향을 분명히 했다(백종만, 2013).

사회서비스 분야와 마찬가지로 사회보험에서도 정부는 사회복지기관을 설립하여 사회서비스를 직접 산출해 제공하는 공급자의 역할을 취하고 있지 않았다. 정부는 시민들에게 의료보험 등 사회보험의 개인기여분을 납부하도록 강제하고 필요한 경우 서비스를 사용할 수 있도록 하는 규제자의 역할을 하였다. 사회보험의 운영은 국민건강보험공단과 같은 공공 법인에게 맡기고 사회복지서비스의 제공은 공공기관이나 민간이 설립한 시설들을 이용하게 하였다. 규제자로서 정부는 사회보험에서 정부의 재정투입 없이 강제성을 띤 규제를 통해 사회보험을 운영했던 것이다(Kwon, 1997).

서구의 복지국가에서 정부는 사회복지의 공급자로서 중요한 역할을 한다. 사회서비스는 공공 부문의 고용 확대를 통해 교육, 보건, 의료 등의 분야에서 서비스를 직접 산출하여 공급한다. 사회보험의 경우에도 국영의료서비스(NHS)에서 조세 기반으로 재원을 조달하고 공공 의료기관을 통해 정부가 서비스를 제공한다. 우리나라의 경우에는 이런 사회복지 영역에서 정부는 재화와 서비스의 공급자 역할을 하지 않고 강제성이 있는 규제를 통해 그 정책 목적을 수행하였다. 이것은 발전주의 복지체제의 중요한 특징이며 이런 경향은 지금의 노인장기요양서비스 등에서도 그대로 유지되고 있다.

민주화 시기의 복지다원주의

경제성장을 위해 개인의 자유를 억압하고 평등을 제한해 온 발전국가 체제는 1987년 민주항쟁으로 일대 변혁의 계기를 맞이하였다. 1972

년 10월 유신 이후 15년간 지속되어 온 대통령 간접선거는 직접선거로 바뀌었다. 억압되었던 노동자들의 권리회복을 위한 노동자 대투쟁이 1987년 7월부터 9월까지 지속되었다. 노동쟁의 발생 건수는 1986년 276건에서 1987년 3,749건으로 급증하였고 노조 수도 1986년 2,658개에서 1987년 6,142개로 폭증하였다(이영환·김영순, 2001). 정치적 민주화에 대한 요구 못지않게 사회정책 분야에서 사회개혁에 대한 요구들이 분출되었다.

그러나 국민의 요구를 담아낼 공식적 정치기구는 그 변화가 제한적이었다. 1987년 직접선거로 대통령을 선출하는 성과를 거두었지만, 야권의 분열 속에 제5공화국에 뿌리를 둔 군부 출신 대통령이 집권하였다. 1988년 총선에서는 우리 헌정사상 처음으로 여소야대가 되었으나 1990년 초 3당(민정당, 민주당, 공화당) 합당으로 다시 국민의 바람을 외면하는 정치구도로 바뀌게 되었다. 김영삼 정부도 군사정부를 문민정부로 바꾼 긍정적 측면이 있으나 사회복지정책에는 큰 변화가 없었다. 서구 사민주의 국가에서 나타나는 노동자와 정권의 동맹은 없는 정도가 아니라 억제되었다.

대신 그 자리에 국민 일반의 요구를 대변하는 기구로서 시민단체가 등장하였다. 노동자와 신중산층, 그리고 정권의 동맹은 없었지만 시민단체가 국민 일반의 요구를 담아내는 역할을 하여 보편적 복지의 길을 열었다(김영순, 2013). 그리고 복지공급주체로서 종교단체의 목소리가 커졌다. 민주화 시기 이러한 복지 거버넌스의 변화에 따라 나타난 복지정책의 특징을 설명하면 다음과 같다.

1987년 민주화는 한국 민주주의 발전의 분수령이었을 뿐 아니라 사회정책에 대한 요구가 제도권에 대폭 수용되는 전환점이 되었다. 제6공화국 시기에 농어민에게도 적용되는 전국민의료보험이 실시되고 석유파동으로 법률 제정 이후 도입이 유보되었던 국민연금이 1988년에 실시되었다. 최저임금제도가 도입되고 근로자주택 25만 호 건설이 추진되었다. 김영삼 정부에서는 고용보험이 1993년에 제정되어 1995년에 시행되었다. 이로써 산재보험, 의료보험, 국민연금, 고용보험의 4대 사회보험이 모두 제도화되기에 이르렀다.

4대 사회보험의 제도적인 틀은 이렇게 모두 갖추어졌지만 사각지대 문제가 오히려 구조화된 것도 이 시기라고 할 수 있다. 강제성을 갖는 사회보험이 도입되었지만 고용자와 피고용자 관계를 전제로 한 사회보험은 영세 자영업자를 대상에서 제외하였다. 고용관계에 있더라도 보험료 납부 회피나 기여 기간 부족으로 수급권을 획득하지 못하는 경우도 이에 해당한다. 넓은 의미로는 수급권을 갖고 있더라도 보험료 납부액이 적거나 납입 기간이 짧아 급여가 충분하지 못한 '회색지대'도 이에 포함된다(양재진, 2013).

민주화 이후 복지확장기에 발전주의 복지공급체계에 대한 정책적 대안으로 등장한 것은 복지다원주의(welfare pluralism)였다. 당시 서구 복지국가에서 신자유주의는 과도하게 팽창해 있던 공공 부문, 특히 사회복지 부문을 민영화와 민간 위탁으로 축소하는 것을 사회정책의 주요 목표로 하였다. 우리나라 경제정책에서는 금융과 무역의 자유화 경제정책으로 전환을 불러왔고 사회정책 영역에서도 민영화와 민간 위탁이 유력한 정책적 대안으로 고려되기 시작하였다. 공공 부문에서는 공기업 민영화와 지방정부의 상수도사업이나 쓰레기수거사업을 민간에 위탁하는 방식이 도입되었다. 그러나 역설적이게도 서구 복지국가에서 가장 우선적으로 민영화와 민간 위탁의 대상이 되었던 사회복지의 공공 부문은 우리나라 사회복지 영역에 존재하지 않았다. 우리나라에서는 공공 부문의 사회복지 조직이나 기구가 거의 존재하지 않았기 때문에 사회복지 분야에 민영화와 민간 위탁을 주장할 대상이 존재하지 않았다.

서구 복지국가의 신자유주의 복지정책이었던 복지다원주의는 우리나라에는 다른 정책 논리로 전환되어 나타났다. 서구 복지국가에서는 과도한 복지팽창으로 인한 '복지병'을 반복하지 않기 위함이었지만 우리나라는 1987년 민주화 이후 급등하는 사회복지 요구에 따라 공공 부문이 과잉팽창되는 것을 사전에 억제하기 위해 민간 위탁 방식을 도입하자는 것이었다. 제6공화국과 김영삼 정부는 보수적 사회정책을 유지하고 있었으며 사회복지정책의 정책 아이디어는 이와 같은 신자유주의와 복지다원주의에 근거하고 있었다.

이 시기에는 사회복지서비스가 급격하게 팽창하였다. 1980년대 말부터 시설수용 중심에서 재가시비스로 사회복지시비스가 진환되고 지역별로 종합사회복지관이 생기면서 사회서비스는 급격하게 확대되었다. 이 시기 사회복지서비스는 정부에 의해 직접 공급되는 것이 아니라 기존의 민간복지를 활용하는 방식으로 주로 민간 위탁에 의해 운영되었다. 지역사회의 사회복지법인을 포함하여 민간 부문의 서비스 제공자를 적극 동원하는 정책은 1990년대에 더욱 강조되었다. 이에 따라 민간복지가 본격적으로 활성화되기에 이르렀다. 정부는 복지공급주체의 다양성을 추구했고 종교계 사회복지를 비롯한 민간복지는 정부의 재정지원을 받아 급격하게 팽창하였다(백종만, 2013; 강인철, 2013).

이는 사회복지서비스의 수요 팽창에 대응하는 정부와 민간복지의 이해관계가 맞아떨어져 상승작용을 불러일으킨 결과다. 정부는 재정보수주의 입장을 여전히 유지하고 있었고 신자유주의와 결합한 서구식 복지다원주의의 정책 아이디어에 따라 사회서비스를 정부가 직접 공급하는 것보다 민간 위탁을 선호하고 있었다. 현실적으로는 사회서비스의 공적 전달체계가 없는 상태에서 기존의 민간복지를 활용하여 증가하는 복지수요에 대응하고자 했다. 민간복지의 입장에서도 1970년대 중반부터 외원단체들이 철수하면서 재정적인 곤란을 겪고 있었고 민간

위탁이나 정부보조금과 같이 민간복지에 대한 정부의 재정지원이 절실한 시점이었다. 흥미로운 사실은 1980년대 후반 사회서비스 분야에 민간 위탁과 사회복지보조금이 증가하면서 불교 사회복지도 급격하게 증가했다는 점이다. 이때부터 기독교, 천주교, 불교, 원불교를 중심으로 한 종교계 사회복지가 민간 위탁 형식으로 우리나라 사회서비스 분야에서 정부를 대행하여 활동 영역을 넓히게 되었다(강인철, 2013; 김인숙, 2013).

이러한 사실은 정부의 인력통제와도 맞물려 진행되었다. 1991년 지방자치 실시를 앞두고 내무부는 지방정부의 인력을 통제하기 위해 1988년 지방자치단체의 공무원 정원을 관리하기 위해 '총인원제'를 도입하여 공무원 정원을 늘려야 할 경우 중앙정부인 내무부의 승인을 받도록 제도화하였다. 이는 기존의 계급제적인 인사관리방식을 그대로 유지한 제도라고 할 수 있다. 이러한 인력관리제도에서 지방자치단체가 사회복지 분야의 전문인력을 확보할 수 있는 제도적인 방법이 없었기 때문에 지방자치단체의 경우 공공 부문 확대로 사회서비스를 제공하는 정책수단을 갖기는 힘들었다(하혜수, 2007).

또한 이 시기에는 우리나라에서 공공임대주택제도를 최초로 도입함으로써 주거복지가 제도화되었다. 이전에는 '판자촌'으로 알려진 비공식 주거 형태가 주거복지의 역할을 대체하고 있었다. 1980년대를 고비로 판자촌 형식의 서민 주거 공급이 사라지자 집값 급등과 전월세 보증금 인상이 사회문제화되면서 1989년 '영구임대주택' 정책이 도입되었다(김수현, 2013). 이때 건축법을 개정하여 '영구임대주택' 단지에 종합사회복지관의 설치를 의무화했다. 지방자치단체들은 이때 만들어진 종합사회복지관을 직접 운영하지 않고 민간 위탁 형식으로 운영하였다. 이는 우리나라에서 사회복지서비스가 민간 위탁 형식으로 민간복지에 의해 급팽창하는 직접적인 계기가 되었다.

이 시기는 발전국가 시기부터 제도화된 보건의료정책이 현재의 형태로 공고화된 때이기도 하다. 건강보험은 1977년 500인 이상 대기업 근로자를 대상으로 시작해서 적용범위를 단계적으로 확대하여 1989년 전 국민을 포괄하게 되었다. 이는 단일 국가보험 방식으로 지역과 직장을 포함하여 전 국민을 대상으로 한 것으로, 사회보험 방식을 유지하고 있기는 하지만 제도 시행 12년 만에 전 국민을 대상으로 적용한 세계에서 유례를 찾아볼 수 없는 사례다. 건강보험은 우리나라에서 피고용관계에 있는 직장건강보험과 자영업자 등을 위한 지역건강보험까지 포괄하는 보편적 복지의 제도적인 틀을 갖춘 유일한 사회보장제도로 평가받고 있다. 이러한 긍정적인 평가에도 불구하고 이 제도는 영국과 북유럽에서 조세 기반에 근거한 국영의료서비스(NHS)와 달리 공공 의료재정으로서 건강보험과 민간 병원을 중심으로 한 의료공급체계의 불균형을 구조화하였다. 이승만 정부는 보건위생정책을 제외하고는 미국식 영리병원을 허용하고 자유방임적 시장경제에 의료서비스의 공급을 맡겼고, 발전국가 이후에도 지금까지 정부는 공공 병원의 확대를 일관되게 기피하고 있다. 사실상 영리를 추구하는 민간 병원을 중심으로 의료 공급이 확대되고 10% 정도로 줄어든 공공 병원은 민간 병의원을 견제하는 공적 기능을 완전히 상실한 상태라고 할 수 있다. 현재까지 우리나라 보건의료정책은 공적 재정과 민간 병원이라는 제도적인 충돌로 잠재적인 불안감이 잠복해 있다(이진석, 2013).

이 시기는 발전주의 해체의 시기이며 사회정책에서는 신자유주의가 공고화된 시기라고 할 수 있다. 사회보험 위주의 제도가 완성되고 민간복지가 제도적으로 정착하였다. 민간 위탁이 제한적인 재정 여건과 같은 현실적인 필요성을 넘어서 복지다원주의라는 이념적인 근거를 가지고 추진되었다. 발전국가에서는 이론적인 근거보다는 현실적 필요에 의해 자연발생적으로 사회보험 위주, 민간복지공급체제가 형성되었다면 이 시기는 이들 정책이 이론적인 배경을 갖고 기존 이해관계자들이 형성된 이익을 유지하고 확대해 나가는 시점이라고 할 수 있다.

IMF 외환위기 이후 복지국가 이행기

1997년 IMF 위환위기는 한국 복지국가의 새로운 길을 열었다. 1997년 IMF 외환위기를 맞게 되자 IMF에 의해 공공, 금융, 기업, 노동의 4대 부문이 신자유주의 경제개혁을 요구받게 되었다.

대규모 실업이 발생하고 사회적 양극화가 급속히 진행되는 가운데 국민의 정부는 이에 대한 정책적 대응으로 성장제일주의 모델을 해체하고 통합주의적인 복지개혁을 추진하였다. 이 정부는 민주주의와 시장경제의 병행 발전에 '생산적 복지'를 추가하여 새로운 사회정책 패러다임으로 전환을 모색하게 되었다(이혜경, 2013). 사회정책에 대한 김대중 정부의 정책 아이디어는 1995년에 영국에서 실험된 '제3의 길'의 정책 아이디어에서 크게 벗어나지 않았다. 신사민주의로 표현되는 영국의 신좌파(New Left)는 사민주의 구좌파와 대처리즘의 신자유주의에 대한 대안적 모색으로 영국 신노동당(New Labor)에 의해 추진된 정책이었다.

생산적 복지는 기본권 보장, 인적자원 개발, 적극적 고용참여, 복지다원주의를 구성요소로 하고 있다. 영국의 경우 역사적으로 복지국가, 신자유주의, 제3의 길로 사회정책이 변화해 온 반면 우리나라는 발전주의 복지체제, 신자유주의 사회정책 그리고 국민의 정부와 참여정부에서 '제3의 길' 사회정책으로 변화해 왔다. 신사민주의 복지정책들이 역사적 경험과 복지국가의 발전경로가 다른 한국에서는 또 다른 복지국가의 경로로 드러나게 되었다. 유럽은 1970년대 말 복지국가의 재편이 일어날 때까지 공공 부문에서 복지제도들이 생성되고 발전해 왔다. 1980년대에는 기존의 공공 부문이 과도하게 팽창했다는 유권자의 정치적 선택에 의해 사회복지의 민영화와 민간 위탁이 일어났다. 복지국가의 재정난과 함께 사회적 배제(social exclusion) 문제를 해결하기 위해 적극적 노동시장정책과 교육훈련 프로그램이 고안되었고 이를 공공 부문에서 공급하는 것이 아니라 민관 파트너십(public private partnership)으로 대체하였다.

국민의 정부에서 추진된 '생산적 복지'는 문민정부가 근로연계복지(workfare)를 생산적 복지로 정의한 것과 달리, 기초생활보장이라는 사회복지의 기본 내용과 개인 및 국가의 생산성을 높인다는 의미가 결합된 것으로 해석되고 있다. 성장 위주의 경제우선정책에서 그동안 사회복지정책은 상대적으로 부차적인 것으로 여겨졌으나 국민의 정부가 '국민기초생활보장제도'를 도입하면서 기초적인 복지국가 체계를 갖추기 시작하였다. 이 제도가 도입되면서 시혜적인 공공부조가 아니라 국민복지최저선을 내용으로 하는 국민기초생활보장제도가 국민의 권리와 정부의 책임으로 법제화되었다(조흥식, 2013; 문진영, 2013).

국민의 정부에서부터 복지정책은 양적·질적으로 비약적 발전을 이루었다. 노사정위원회 출범(1998), 국민건강보험법 제정(의료보험 전체 통합, 1999), 전국민연금 실시(1999), 소비자생활협동조합법 제정(1999), 산재보험 1인 사업장까지 확대, 의료보험 통합운영(2000), 의료보험 급여의 365일 연중 실시(2000) 등이 시행되었다. 생활보장 대상자는 37만 명에서 150만 명으로, 국민연금 가입자는 784만 명에서 1,650만 명으로 늘어났고 1997년 2조 8천여억 원 수준이었던 보건복지부 예산은 2003년에는 8조 639억 원 규모로 증가하였다(조흥식, 2013).

국민의 정부는 국민기초생활보장제도를 도입하고 4대 사회보험을 국가 수준에서 통합적으로 정비하였다. 근로능력자를 위한 자활서비스를 노동부로 이관하여 적극적 노동시장정책을 통해 복지와 교육훈련 그리고 고용 간의 연계를 제도적인 틀을 통해 시행하는 기초를 만들었다. 다른 한편 민관협력의 복지다원주의로 민간의 복지 자원을 활용하려는 노력을 계속하였다(이혜경, 2013). 기초생활보장과 4대 보험을 통한 기본권 보장, 인적자원 개발, 적극적 고용참여, 복지다원주의를 추구하는 '제3의 길'을 한국적으로 변용한 '생산적 복지'는 참여정부에서도 사회정책의 근간이 되었다.

참여정부의 사회정책 방향은 국민의 정부를 계승하고 있었지만 저출산·고령화의 위기, 양극화의 구조적 악순환, 지식기반경제의 고용 없는 성장 문제 등 세계적으로 변화한 현실에 좀 더 적극적으로 대응하는 정책적 노력을 보였다. 21세기 사회적 위험인 세계화, 지식기반경제, 저출산·고령사회의 신사회위험(new social risks)에 대한 대응으로서 지속가능한 발전과 사회투자 접근이 사회정책의 중요한 의제가 되었다. 새로운 정책적 과제로 기초노령연금제도 도입, 국민연금 개혁, 보육서비스의 획기적 확대, 장기노인요양보험제도 도입, 고용서비스 확대, 건강가정기본법, 지역복지체계 구축을 위한 사회복지사업법 개정 등이 주요한 정책적 현안이 되었다(이혜경, 2013). 참여정부는 2006년 '제3의 길'과 '사회투자국가'를 이론적 배경으로 하는 '비전2030'을 한국 복지국가의 대안적 모델로 제시하였다.

이러한 정책 아이디어는 2000년 3월에 유럽연합(EU)이 21세기 새로운 사회적 위험에 대처하기 위해 새로운 복지국가 전략으로 제안했던 '리스본 전략(Lisbon Strategy)'으로부터 많은 시사점을 찾고 있다. 이는 인적자본 개발, 고용참여(activation), 일과 가정의 양립 등 신사회위험에 대응하는 새로운 복지국가(New Welfare Strategy) 전략으로 제안되었던 사회정책들이다(Esping-Andersen, 2003). 서구 복지국가가 당면한 신사회위험은 복지국가의 역사와 제도가 상이한 한국에서도 정책적 현안이 되었다. 이와 같이 글로벌 시대에 복지국가의 정책은 유럽과 한국에서 같은 정책적 과제의 해결을 모색하게 된다.

그 이후 이명박 정부와 박근혜 정부에서도 사회정책에서 '제3의 길'이나 사회투자국가론 이상의 정책 아이디어를 제시하지는 못하고 있다. 이명박 정부는 '능동적 복지'를 제안했지만 새로운 복지 철학이나 청사진을 제시하지는 못했다. 또한 감세를 약속하고 기업친화적인 정책을 주장했음에도 불구하고 사회투자적 접근의 큰 틀과 복지 확장의 경로를 돌려놓지는 못했다. 박근혜 정부도 2012년 사회보장기본법 제정 발의에서 출발하여 사회투자와 사회서비스 확충, 전달체계의 정비를 주요 내용으로 하는 사회투자 패러다임을 수용하고 있다. 박근혜 정부는 '평생사회안전망' 개념을 도입하여 생애주기(life cycle)별 복지서비스를 추구하고 있다.

IMF 외환위기 이후 우리 복지국가의 패러다임은 '제3의 길' 혹은 사회투자 정책 아이디어에 근거하고 있다. 참여정부 이후 보수정부가 집권하고 보수세력 내부에서 신자유주의적 사회정책을 주장하고 있지만 사회정책에서 이 패러다임을 되돌리거나 대체하는 새로운 정책은 등장하지 않고 있다. 즉, 우리나라가 복지국가로 이행하는 단계에서 제도 설계의 가장 중요한 정책적인 밑그림이 되고 있는 것이 사회투자 패러다임이라고 할 수 있다.

그러나 유럽연합에서 제안되고 있는 사회투자론과 한국의 사회투자론은 그 역사적 경로와 정치적 기반이 상이하여 복지국가의 대안으로 중요한 차이를 보이고 있다. 한국 복지국가는 해방 이후 외원단체와 민간단체 주도의 복지공급, 발전주의 복지체계에서 사회보험 위주와 민간복지의 지속, 1987년 민주화 이후 신자유주의적 민간 위탁의 경로를 밟아 오면서 서구 복지국가와 같은 공공복지 공급의 역사가 거의 전무하다. 달리 말하면 복지국가의 공공적인 기반이 형성된 역사 없이 사회복지제도들이 민간복지의 공급 형태로 발전되어 온 것이다. 외형적으로는 서구 복지국가와 같이 공공부조를 넘어서 기초생활보장제도의 도입, 4대 사회보험의 제도화, 사회서비스의 확대 등 복지국가의 제도들이 갖추어지고 있다. 그러나 서구 복지국가와 달리 공공복지의 기반이 취약하고 복지제도를 둘러싼 정치적 이해관계가 상이하다.

서구에서 복지다원주의는 1970년대까지 형성되었던 공공복지공급을 민간 부문을 활용하여 다원적인 공급체계로 전환하여 복지공급의 효율성을 높이고 경쟁을 도입하려는 것이었다. 노르딕 국가는 여전히 공공복지공급 중심이고 영국과 같은 자유주의 복지국가에서도 공공 부문은 30% 이상을 담당하는 공급체계를 유지하고 있다. 이에 반해 우리나라의 경우 복지공급, 특히 사회서비스 분야는 민간복지가 실질적으로 담당해 왔다. 공공복지가 사실상 형성되지 않은 가운데 민간복지 중심으로 운영되어 왔기 때문에 서구와는 다른 접근이 필요하다. 역설적으로 공공과 민간의 역할분담으로서 복지다원주의가 서구와 같은 의미를 갖기 위해서는 공공복지를 확대하여 민간복지와 일정한 균형을 맞추는 것이 논리적일 수 있다. 복지다원주의가 민간복지의 다양화를 의미하는 것으로 이해될 때 이것이 서구적인 맥락이라면, 우리나라의 경우에는 민간복지의 공급체계를 유지하고 있기 때문에 다른 맥락에서 접근하는 것이 필요하다.

3. 우리 복지국가는 어디로 갈 것인가?

지속가능한 사회정의와 사회투자형 복지국가

우리나라는 이미 복지국가의 초기 진입 단계를 넘어서 복지국가의 이행기에 접어들고 있다고 평가할 수 있다. GDP 대비 사회복지지출이 10%를 넘어섰고 지금의 제도화된 복지정책들을 유지할 경우 2040년까지는 GDP 대비 사회복지지출이 20%를 넘어서 OECD 평균에 근접하게 된다. 그럼에도 불구하고 한국 복지국가에 대한 전망은 낙관적이지 않다. 현재의 추세로 복지국가가 진행될 경우 지속가능성에 대해 회의적인 평가를 받고 있는 남부유럽형 복지국가로 전락할지 모른다는 우려를 낳고 있다(김연명, 2013).

복지국가에서 중요한 것은 복지지출의 규모가 아니라 복지지출의 구성이라는 견해가 설득력을 얻고 있다(문진영, 2013; 김태일, 2011). 현금 지급 방식의 연금이나 사회보험과 연계된 보건의료의 확대가 복지국가의 지속가능성을 판단하는 기준이 될 수 없으며, 적극적 노동시장정책과 사회서비스와 같은 정책의 내용이 복지국가의 건전성을 평가하는 데 중요하다는 것이다.

복지국가에 대한 평가나 복지국가의 진로에 대한 모색은 먼저 복지국가의 지향점이 무엇인가 하는 질문에서 출발한다. 1942년 출간된 「베버리지 보고서」는 국민복지최저선을 사회정책의 목표로 제시하였고, 사회정의(social justice)는 지난 100년 동안 유럽 복지국가의 추동력(driving force)으로 간주되었다. 복지국가가 성장한 20세기를 사회정의의 시대로 평가하고 있다(Pearce and Paxton, 2005: 23-31). 국민복지최저선이나 최소극대화(maximini)를 기본 내용으로 하는 사회정의는 사회보험과 공공 서비스 공급 확대를 위한 정책 목표가 되었다. 그러나 20세기 후반부터 복지국가의 사회정의가 개인의 책임을 묻는 데 취약하여 지속가능성을 갖지 못했다는 반성이 일어났다. 복지국가의 사회보험 중심의 정책들이 실패한 이유가 관료적 팽창주의와 시민들의 도덕적 해이와 복지의존성 강화에서 비롯되었다고 진단하였다. 지속가능한 사회정의를 위해서는 재정적 지속가능성(financial sustainability)이 뒷받침되어야 하고 이를 위해서는 고용참여와 '개인의 책임' 그리고 결과보다는 기회의 평등이 강조되어야 한다는 것이다(Vandenbroucke, 2002; Vandenbroucke, Hemerijck and Palier, 2011).

서구의 경우에는 도덕적 해이나 복지의존성 그리고 이에 따른 사회적 배제 등이 복지국가 재편의 중요한 원인이었고, 이에 대한 반성으로 지속가능한 사회정의를 위해 고용참여가 강조되고 있다. 우리나라의 경우에도 권위주의적 발전국가, 생산적 복지국가 그리고 사회투자형 국가를 거치면서 21세기 신사회위험에 대한 대응으로서 사회투자형 복지국가(social investment welfare state)의 초보적 단계로 진입하고 있다. 한국의 사회복지는 지속가능한 복지체제로 이행하는 갈림길에 서 있다. 복지와 성장의 선순환 구조를 정착시키고 실패한 사람을 포기하지 않는다는 사회정의와 사회연대의 가치를 중심에 두고 기본권 보장뿐만 아니라 미래에 투자하는 지속가능한 복지자본주의체제가 필요하다. 성장과 분배의 동반성장, 지식기반사회에서 인적자본 투자, 저성장·저고용 시대의 고용참여 전략, 저출산·고령화 시대의 돌봄의 사회화, 가족과 일자리가 양립가능한 여성친화적 사회정책이 지속가능한 복지국가에서 추진되는 정책 방향이다(Morel, Palier and Plame, 2012: 91-117; 이혜경, 2013).

반면 우리나라의 경우에는 이러한 새로운 복지국가에 대한 요구 못지않게 전통적인 복지국가의 요구들이 동시에 존재하고 있다. 사회보험의 사각지대와 함께 기초생활보장제도의 사각지대도 여전히 한국 복지국가가 해결해야 할 정책적 과제로 남아 있다(문진영, 2013; 양재진 2013).

사회투자형 복지국가를 위한 정책 전환

• 적극적 노동시장정책과 사회서비스의 활성화

지속가능한 복지국가를 실현하기 위해 가장 중요한 전제조건은 재정건전성이다. 우리나라는 복지국가의 이행 단계에 접어들었고 현재 제도화된 복지정책들로 추정할 경우에 2040년경에는 GDP 대비 사회복지지

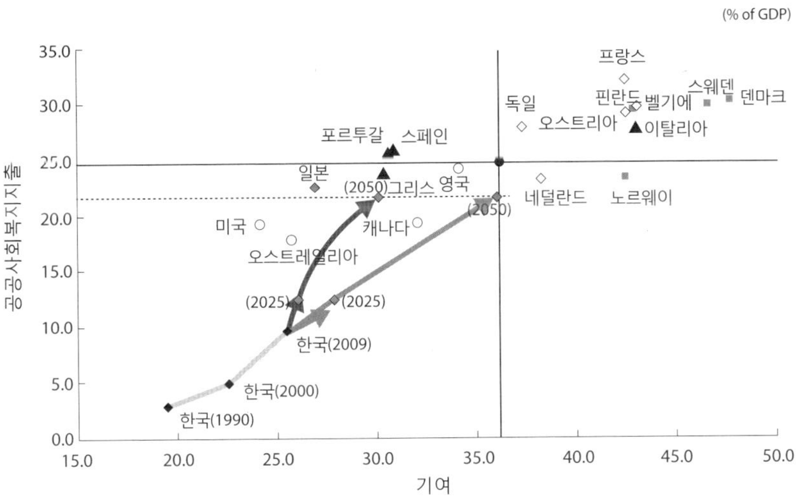

〈그림 1-1〉 공공사회복지지출과 기여에 관한 국가 간 비교

자료: 원종욱(2013).

출이 20%를 상회할 것으로 예상된다. 현재 복지국가의 발전경로는 재정건전성이 극히 나쁜 남부유럽형 복지국가로 전락할 수도 있다는 우려를 낳고 있다(김연명, 2013; 원종욱, 2013). 남부유럽형 복지국가란 사회복지출이 GDP 대비 20%를 상회하더라도 북유럽이나 독일과 같은 재정건전성을 바탕으로 한 복지국가가 아니라 그리스와 같이 연금지출에 대부분의 사회복지비를 소비하고 고령화 문제에 대응하지 못해 고복지국가임에도 불구하고 재정부담으로 지속가능성을 담보하지 못하는 경우를 말한다.

재정건전성을 담보하는 지속가능한 복지국가는 복지지출 구성에서 적극적 노동시장정책과 가족을 위한 사회서비스 정책이 연금이나 보건의료 분야와 균형적인 지출을 이룰 때 실현될 수 있다. 이탈리아와 스웨덴은 복지지출 총량에서 큰 차이가 없지만 복지지출 구성에서 큰 차이를 보인다. 이탈리아는 연금지출이 GDP의 14% 정도인 반면 스웨덴이나 덴마크는 6-7% 정도다.

전체 사회지출에서 스웨덴은 50%만을 연금과 의료에 지급하고 나머지 50%는 적극적 노동시장정책과 같은 노동 분야와 재가서비스와 같은 가족 중심의 사회서비스에 지급하고 있다. 연금과 보건의료는 주로 직접적인 현금 지급 방식으로 지출되는 반면, 적극적 노동시장정책과 사회서비스는 공공 부문 고용과 관련된 서비스 위주의 지출 방식이다. 이러한 정책은 조기 퇴직을 되도록 줄이고 실업상태의 노동자들에게 직업훈련과 고용서비스를 제공하여 고용참여가 가능하게 함으로써 연금에 의존하는 인구를 억제하는 사회보장제도를 제도화했기 때문이다(정의룡 외, 2012). 적극적 노동시장정책과 사회서비스 공급 위주의 정책은 사회적 배제를 억제하는 수단일 뿐만 아니라 공공 부문에서 '괜찮은 일자리(decent job)'를 지속적으로 공급하여 안정된 공공 부문 일자리로 고용창출에도 기여하게 된다. 북유럽의 이런 적극적 노동시장정책은 영국의 '제3의 길' 이전에 복지국가가 생성될 당시인 1930년대부터 추진해 온 제도적 전통이다.

앞서 본 〈표 1-1〉에서처럼 우리나라의 재정지출 전망에서도 현재의 제도를 유지할 경우 연금과 의료비 중심의 복지국가로 진행될 것이다. 국민연금, 건강보험, 장기요양보험의 비율만 보더라도 공공사회보장지출에서 2011년 50.7%에서 2050년에는 59.1%로 지속적으로 증가할 것으로 예상된다(원종욱 외, 2011). 더구나 조세 기반이 아닌 사회보험 위주의 복지제도들은 수급자의 기여분을 전제로 한 제도로서, 복지사각지대를 만들어 사회불평등 증가라는 또 다른 사회적 문제를 유발한다.

지속가능한 복지국가를 위해서는 주로 현금 지급 방식인 사회보험 방식에서 벗어나 고용참여를 촉진하는 적극적 노동시장정책과 가족복지를 사회화하여 공공 부문이 부담하는 사회서비스정책을 확대하는 방향으로 정책적 전환이 필요하다(김연명, 2013; 문진영, 2013; 이혜경, 2013; 성경륭, 2013).

• 복지공급에서 공공과 민간의 균형적 역할분담

지속가능한 복지국가를 위한 또 다른 정책전환은 공공 부문 복지공급의 확대다. 민간 중심의 복지공급체계는 우리나라 복지공급의 역사적 특성이 되고 있다. 우리나라에서 공공 부문에 의해 복지공급이 이루어진 경우는 그 비중이 아주 낮았다. 굳이 그 역사를 찾는다면 1960년대 이전 국공립에 의한 나환자수용소나 결핵요양병원과 같이 예외적인 필요에 의해 공공복지공급이 이루어졌다. 해방 이후부터 외원단체 및 그와 연계된 민간복지가 복지공급을 주도해 왔으며 그런 경로의존성은 발전국가, 민주화 이후 발전주의 해체기인 신자유주의 시기, IMF 외환위기 이후의 복지국가 이행기에도 변하지 않는 민간 주도의 복지전달체계로 지속되어 왔다. 복지다원주의는 신자유주의 시기부터 소개되었고 복지국가 이행기에도 계속해서 우리 복지국가의 정책 아이디어로 자리 잡고 있지만 한국의 경우에는 사실상 공공이 빠진 민간복지 간의 다원성을 의미하는 것이라고도 할 수 있다. 사회복지의 공적 전달체계는 시범사업 이상으로 확대되지 못했으며, 보건복지부는 공공복지의 공급자(provider)가 아니라 재정 지원과 보조금을 통한 규제자(regulator) 이상의 역할을 담당한 적이 없다고 할 수 있다.

복지공급에서 보건의료와 사회서비스 분야는 공공 부문을 대신하여 민간 부문이 담당하고 있는 대표적인 영역이다. 의료기관의 경우 2005년 기준으로 전체 의료기관 중 8.5%만이 공공의료기관이고 나머지 91.5%는 영리성을 강하게 갖는 민간의료기관이고, 노인요양시설의 경우 97% 정도가 영리를 추구하는 민간기관이며, 보육시설에서도 국공립시설은 6%에 지나지 않는다(김연명, 2013).

우리나라 복지국가에서 공공복지공급을 확대해야 하는 이유는 역설적이게도 진정한 의미의 복지다원주의와 복지혼합을 실현하기 위해서다. 복지혼합에서 가족, 기업, 공동체, 민간위탁형 사회복지법인 그리고 정부 부문 복지 등 다양한 공급주체가 있고 이들 각 분야에서 복지 공급이 확대될 것으로 전망된다. 한국의 복지혼합에서 여전히 가족이 강조되는 한편 그동안 취약했던 공공 분야의 복지 확대가 재검토되어야 할 것이다. 1980년대 이후 대처리즘과 레이거노믹스의 영향으로 우리나라에서도 복지공급체계의 정책방향으로 그동안 줄기차게 복지다원주의가 정책 아이디어로 주장되었고 이는 곧 서구와 같은 사회복지의 민영화나 민간 위탁을 의미하였다. 서구에서와 같이 우리나라에서도 복지다원주의는 복지 분야의 민영화와 민간 위탁을 대신하는 말로 주로 사용되었다. 복지다원주의는 복지공급에서 공공 부문과 민간 부문이 적절한 비율로 역할분담을 한다면 공공 부문과 민간 부문이 상호 견제와 경쟁을 통해 서로 다른 공급기제가 가진 장점을 극대화할 수 있다고 보았다. 이를 위해서는 우리나라 복지국가에서 그동안 제대로 형성하지 못했던 공적 공급체계를 제도화하는 것이 필요하다. 예컨대, '공공의료 30% 확보', '공공보육시설 30% 확보'와 같은 주장이 현실적 대안이 될 수 있다고 본다(김연명, 2013). 사회복지에서 공공 부문이 일정 비율 이상을 유지하는 경우 시장기제의 지나친 영리추구를 견제할 수 있고, 공공 분야에서 필요한 서비스 기준이나 서비스의 적정 가격기준을 제시할 수도 있다. 사회복지공급에서 영리를 목적으로 하는 민간 공급자가 압도적으로 많을 경우 정보의 비대칭성으로 인해 과잉진료와 같은 수요 유발 행위로 복지비용의 비효율성이 증가할 것이다.

현재와 같은 민간 위주의 복지공급체계가 유지될 경우 OECD 통계 기준으로 공공사회복지지출로 분류되는 사회서비스의 많은 분야들이 민간복지에 의해 공급되어 정부 재정에 의해 서비스가 공급되긴 하지만 사실상 민간복지의 영역이라고 할 수도 있다. 우리나라에서는 사회서비스 공급이 종교계 민간복지에 의해 주로 이루어지고 있기 때문에 정부와 종교계 사회복지 간의 거버넌스 체계에 대한 새로운 접근도 필요하다. 복지공급에서 서구와 같은 공공 분야의 신중산층이 생성되어 복지동맹 세력으로 형성되지 못하는 가운데 종교계 사회복지가 그 진공을 메우면서 잠재적 가능성을 보이고 있다. 우리나라 복지공급체제의 특성을 고려한다면 노사정위원회와 같이 복지정치에서 종교계 사회복지와 정부 간의 복지공급을 위한 거버넌스 체제의 구성도 검토할 필요가 있다.

참고문헌

강인철. 2013.「민주화 이후 한국의 종교와 정치, 그리고 사회복지」. 서울대학교 행정대학원 국가리더십연구센터 사회정책 연구모임 세미나 자료.

고경환·장영식·강지원·정형선·최성용·정영애. 2012.「2010년도 한국의 사회복지지출 추계와 OECD 국가의 보건부문 지출 비교」. 보건복지부·한국보건사회연구원.

김병섭. 1995.「한국 행정 조직 실증 연구의 분석」.『한국행정학보』29(4): 1413-1440.

김수현. 2013.「주거복지의 역사적 변화와 전망」. 서울대학교 행정대학원 국가리더십연구센터 사회정책 연구모임 세미나 자료.

김연명. 2013.「한국 사회복지의 현단계와 보편주의 복지국가의 과제」. 서울대학교 행정대학원 국가리더십연구센터 사회정책 연구모임 세미나 자료.

김영순. 2013.「누가 어떤 복지국가를 만드는가? 서구 복지국가들의 형성 및 발전과정이 한국의 보편주의 논의에 주는 함의」.『경제와 사회』97: 192-225.

김인숙. 2013.「가톨릭 사회복지의 변화와 전망」. 서울대학교 행정대학원 국가리더십연구센터 사회정책 연구모임 세미나 자료.

김태일. 2012.「복지지출과 국가부채의 관계」.『비판사회정책』35: 7-46.

문진영. 2013.「공적 부조와 생활보호의 역사적 변화와 전망」. 서울대학교 행정대학원 국가리더십연구센터 사회정책 연구모임 세미나 자료.

박동서. 1972.『한국행정론』. 법문사.

백종만. 2002.「비영리민간부문 활용의 근거: 사회복지서비스를 중심으로」.『사회복지정책』15: 59-80.

백종만. 2013.「한국 사회(복지)서비스에서 공공과 민간의 역할 변화」. 서울대학교 행정대학원 국가리더십연구센터 사회정책 연구모임 세미나 자료.

성경륭. 1991.「한국의 정치체제변동과 사회정책의 변화: 정치사회학적 분석」.『한국사회학회 1991년도 전기사회학대회 논문집』: 100-104.

성경륭. 2013.「한국 정치체제 변동과 사회복지 정책의 변화」. 서울대학교 행정대학원 국가리더십연구센터 사회정책 연구모임 세미나 자료.

손준규. 1981.「한국의 복지정책 결정과정에 관한 연구」. 서울대학교 박사학위논문.

심재진. 2011.「사회복지사업법 제정사 연구」.『사회보장연구』27(2): 279-307.

양재진. 2013.「사회보험제도와 사각지대의 역사적 변화와 전망」. 서울대학교 행정대학원 국가리더십연구센터 사회정책 연구모임 세미나 자료.

원종욱. 2013.「인구변동과 사회보장지출」. 서울대학교 행정대학원 국가리더십연구센터 사회정책 연구모임 세미나 자료.

원종욱·신화연·윤문구·김문길·강지원·남궁은하. 2011.『사회복지 재정추계모형 개발 연구』. 한국보건사회연구원.

이상용. 2003.「사회복지서비스전달체계의 변용에 관한 연구: 사회복지사업법 제, 개정을 중심으로」.『한국사회복지조사연구』 9: 59-97.

이영환·김영순. 2001.「한국 사회복지 발달에 대한 계급정치적 고찰」.『상황과 복지』 9: 249-302.

이진석. 2013.「보건의료정책의 역사적 변화와 전망」. 서울대학교 행정대학원 국가리더십연구센터 사회정책 연구모임 세미나 자료.

이태수. 2001.「한국 가톨릭 사회복지의 현황과 전망」.『가톨릭사회과학연구』 13: 31-60.

이태수. 2008.「비영리기관의 지배구조와 의사결정체계에 관한 연구: 사회복지공동모금회 사례를 중심으로」.『한국사회정책』 15(2): 289-328.

이혜경. 1995.「한국 사회복지정책의 현황과 발전 방향」.『연세사회복지연구』 2: 125-146.

이혜경. 1998.「한국 비영리영역의 구조와 실체: 민간 사회복지부문의 역사와 구조적 특성」.『동서연구』 10: 41-75.

이혜경. 2013.「민간복지의 역사적 성격」. 서울대학교 행정대학원 국가리더십연구센터 사회정책 연구모임 세미나 자료.

정광호. 2013.「사회정책 수단의 변화와 전망」. 서울대학교 행정대학원 국가리더십연구센터 사회정책 연구모임 세미나 자료.

정무권. 1993.「국가자율성, 국가능력, 사회보장정책: 유신체제의 연금제도와 의료보험정책을 중심으로」.『한국행정학보』 27(2): 493-516.

정무권. 1996.「한국 사회복지제도의 초기형성에 관한 연구」.『한국사회정책』 3(1): 309-352.

정무권. 2007a.「세계화, 민주화, 한국의 발전주의 생산레짐과 복지체제의 재편」.『한국사회정책』 14(2): 6-79.

정무권. 2007b.「한국 발전주의 생산레짐과 복지체제의 형성」.『한국사회정책』 14(1): 256-307.

정무성. 2013.「기독교 사회복지의 변화」. 서울대학교 행정대학원 국가리더십연구센터 사회정책 연구모임 세미나 자료.

정의룡·임진영·양재진. 2012.「복지와 재정건전성의 관계분석: OECD 국가들의 사회투자형 복지지출을 중심으로」. 『한국행정학보』 46(3): 147-171.

조흥식. 2013. 「사회복지정책 제도의 변화와 전망」. 서울대학교 행정대학원 국가리더십연구센터 사회정책 연구모임 세미나 자료.

최원규. 1996. 「외국민간원조단체의 활동과 한국 사회사업 발전에 미친 영향」. 서울대학교 박사학위논문.

최원규. 1998. 「초기 사회사업 개념 형성에 미친 외원단체 활동의 영향: 〈카나다 유니테리안 봉사회〉의 사례를 중심으로」. 『사회복지연구』 11: 161-203.

최준욱. 2013. 「복지지출 전망과 쟁점」. 서울대학교 행정대학원 국가리더십연구센터 사회정책 연구모임 세미나 자료.

하혜수. 2007. 「지방분권정책의 경로의존성 연구: 총액인건비제를 중심으로」. 『서울행정학회 동계학술대회 발표논문집』: 229-252.

Beveridge, William. 1942. *Social Insurance and Allied Services*. New York: Macmillan.

Esping-Andersen, Gøsta. 1985. *Politics Against Markets: The Social Democratic Road to Power*. Princeton: Princeton University Press.

Esping-Andersen, Gøsta. 1990. *The Three Worlds of Welfare Capitalism*. Vol. 6. Cambridge: Polity Press.

Esping-Andersen, Gøsta. 1996. *Welfare States in Transition: National Adaptations in Global Economies.* London: Sage Publication.

Esping-Andersen, Gøsta, ed. 2003. *Why We Need a New Welfare State*. Oxford: Oxford University Press.

Goldstein, Judith, and Robert Owen Keohane, eds. 1993. *Ideas and Foreign Policy: Beliefs, Institutions, and Political Change*. Ithaca: Cornell University Press.

Gourevitch, Peter A. 1989. "Keynesian Politics: The Political Sources of Economic Policy Choices." In: Peter A. Hall, ed., *The Political Power of Economic Ideas: Keynesianism Across Nations*. Princeton: Princeton University Press.

Hall, Peter A., ed. 1989. *The Political Power of Economic Ideas: Keynesianism Across Nations*. Princeton: Princeton University Press.

Krasner, Stephen D., ed. 1983. *International Regimes*. Ithaca: Cornell University Press.

Kwon, H. J. 1997. "Beyond European Welfare Regimes: Comparative Perspective on East Asian Welfare Systems." *Journal of Social Policy*, 26(4): 467-484.

Marshall, T. H. (1972). "Value Problems of Welfare-Capitalism," *Journal of Social Policy*, 1(1): 15-32.

Morel, Nathalie, Bruno Palier, and Joakim Palme, eds. 2012. *Towards a Social Investment Welfare State?: Ideas, Policies and Challenges.* Chicago: The University of Chicago Press.

Pearce, Nick, and Will Paxton, eds. 2005. *Social Justice: Building a Fairer Britain.* London: Politico's Publishing Limited.

Vandenbroucke, Frank. 2002. "Sustainable Social Justice and 'Open Co-ordination' in Europe." In: Gøsta Esping-Andersen, Duncan Gallie, Anton Hemerijck, and John Myers, eds., *Why We Need a New Welfare State.* Oxford: Oxford University Press.

Vandenbroucke, Frank, Anton Hemerijck, and Bruno Palier. 2011. "The EU Needs a Social Investment Pact." Observatoire Social Europ en Paper Series, Opinion Paper 5.

2장 /

한국 사회복지의 현 단계와 보편주의 복지국가의 과제*

모든 복지국가가 반드시 좋은 사회체제는 아니다

김연명

1. 서론: 문제 제기

제2차 세계대전을 전후하여 산업화를 달성하지 못한 국가가 민주화를 거쳐 '복지국가'라는 칭호를 획득한 경우는 서구권을 제외하면 아직 지구상에 없다. 사회주의 체제에서 자본주의 체제로 이행한 동유럽 국가의 역사적 경로를 예외로 하면 한국은 제2차 세계대전 이후 뒤늦게 산업화(자본주의)를 완성하고 민주화(대의 민주주의)를 거쳐 성숙한 '복지국가'로 진입할 가능성이 가장 높은 국가다.

한국은 1970년대 이후 보수정권에서 복지제도의 틀이 잡히고 완만한 복지 확대가 이루어졌으며, 1997년 외환위기 이후 김대중, 노무현 등 민주정부에서 복지제도의 급속한 팽창과 기존 복지제도의 재구조화로 복지국가의 초기 단계에 접어들었다. 동아시아에서는 서구와 같은 복지국가가 성립되기 어렵다는 '동아시아 예외주의(East Asian exceptionalism)'적 시각에도 불구하고 한국은 최저생활의 보장 정도, 각종 사회복지제도의 구비 여부, 그리고 공공복지비 지출 규모라는 측면에서 볼 때 복지국가의 '초기 단계'에 진입했다고 평가할 수 있다. 특히 복지비 지출 규모로만 볼 때 한국은 서유럽 복지국가들이 1960년대 전후에 도달한 복지국가 단계, 그리고 미국과 일본이 각각 1970년과 1980년에 도달한 복지국가 단계에 와 있다.

문제는 이제부터다. 저출산·고령화의 영향과 복지제도의 성숙으로 한국은 점차 '성숙한' 복지국가로 이행해 갈 것이다. 문제는 어떤 복지국가인가 하는 점이다. 모든 복지국가가 무조건 좋은 사회체제는 아니다. 한국 사회가 현시점에서 복지정책과 노동시장 및 조세정책에서 어

* 이 글은 필자의 이전 글(2011a)과 안철수 '정책네트워크 내일' 창립 심포지엄(2013. 6. 19)에서 발표한 글을 대폭 수정·보완한 것이다.

떤 방향을 설정하고 어떤 정책적 혁신을 하는가에 따라 성장과 분배의 역작용을 최소화하고 선순환을 가져오는 '좋은' 그리고 '효율적인' 복지체제를 구축할 수도 있다. 반대로 정책적 혁신이 없다면 초기 단계를 지나 '성숙한' 복지국가로 진입한다고 해도 분배의 정당성에서 의문이 제기되는 영미형 복지국가의 단점과 복지제도가 사회불평등을 더욱 촉진하고 사회의 지속가능성에 대한 전망도 제시하지 못하는 남부유럽형 복지국가의 단점이 결합된 '좋지 않은' 복지국가로 이행할 가능성도 상당히 높다.

이 글에서는 한국이 '좋은' 그리고 '효율적인' 복지국가로 진입하기 위한 과제로 첫째, 복지할당원리로서 최근에 논쟁이 되었던 '잔여주의'(선택주의) 대 '보편주의' 중 보편주의 원리가 더 필요하다는 점을 주장한다. 특히 보편주의는 중산층의 삶의 불안을 흡수할 수 있는 구조를 갖추어야 함을 강조한다. 둘째, 과부담이 걸린 가족의 복지 기능과 과잉 상태에 있는 시장의 복지공급 역할을 합리화하고 공공복지의 획기적 확대가 필요하다는 점을 제안한다. 그리고 셋째, 보편적 복지제도가 효율적으로 작동하는 환경을 조성하기 위해 1차 노동시장에서의 격차와 차별 해소, 보편주의 원리에 입각한 복지재원구조 마련, 그리고 공공복지 공급자 확대의 필요성을 제기한다.

2. 한국 사회복지의 현 단계: 복지국가 초기 단계

한국의 복지 발전에 대한 학계의 진단

보편주의 복지국가를 편의상 '포괄적인 사회복지 관련 급여가 전 국민에게 제공되는 국가체제'로 정의한다면 이런 체제를 갖춘 나라는 우리가 흔히 복지국가로 부르는 서구의 국가들과 아시아에서는 일본 정도

밖에 없다. 그만큼 보편주의적 복지국가는 산업화와 상당한 수준의 부의 축적, 그리고 정치적으로 민주주의가 구축되지 않으면 도달하기 어려운 제세다. 보편주의 복지국가는 하루아침에 만들어지지 않으며 일정한 역사적 과정과 경로를 거쳐 나타난 것이다. 따라서 보편주의 복지국가가 실현 가능한 전략적 목표가 되기 위해서는 먼저 한국 사회복지의 현 단계를 점검하는 것에서부터 시작할 필요가 있다.

• 동아시아의 복지 예외성?

동아시아의 신흥공업국들은 (그리고 간혹 일본의 경우도) 놀라운 경제성장과 이에 따른 복지제도의 발전에도 불구하고 서구적인 의미의 시민권적 복지국가의 수립이 어렵다는 사회복지에서의 '동아시아 예외주의'의 대상으로 인식되어 왔다(Peng and Wong, 2010). 한국도 오랫동안 동아시아 복지예외주의의 대상으로 간주되어 왔다. 동아시아 복지체제에 대한 학술적 관심을 유발한 것은 에스핑-안데르센(Gøsta Esping-Andersen)의 복지체제론이다. 에스핑-안데르센은 서구 복지국가의 유형을 서로 다른 복지구성원리를 가진 북유럽 복지체제, 보수주의 복지체제, 그리고 자유주의 복지체제로 구분할 수 있다고 보면서, 아시아권에서 유일하게 비교대상에 포함된 일본의 경우를 보수주의와 자유주의 복지체제가 결합된 혼합형(hybrid) 복지체제로 규정하였다(Esping-Andersen, 1990). 이후 그는 일본을 자유주의적 특성을 지닌 보수주의 복지체제로 규정했는데, 이러한 일본의 특징은 한국 등 다른 동아시아 국가에서도 유사하게 나타나 사실상 동아시아의 복지체제는 '독자적인 복지체제의 구성 원리가 없는' 예외적 체제로 구분하였다(Esping-Andersen, 1999).

에스핑-안데르센에 의해 예외성이 강조된 동아시아 복지체제는 다른 연구자들에 의해 예외성이 더욱 강조되는 방향으로 발전하는데, 대표적인 것이 존스(Catherine Jones)의 유교주의 복지국가론이다(Jones,

1993). 존스는 한국, 홍콩, 타이완 등의 복지제도를 분석하면서 이들 국가는 유교의 강력한 전통 아래 개인보다는 집단을 강조하는 공동체의 가치를 우선시하며, 이러한 배경에서 사회정책의 기능을 가족과 지역 공동체가 책임지는 특징을 보인다고 주장하였다. 구체적으로 존스는 동아시아의 복지체제를 에스핑-안데르센과는 달리 "서구에서 보이는 노동자 참여가 없는 보수적 조합주의, 교회가 없는 보충성 원리, 평등 없는 연대, 자유지상주의 없는 자유방임주의"의 특징을 갖고 있으며 이러한 모든 것들을 고려하여 전통적이고 유교적이며, 확대가족에 의해 움직이는 '가계경제의 복지국가(household economy welfare state)'로 명명하였다(Jones, 1993: 214). 결국 유교주의 복지국가론의 핵심은 가족과 공동체의 복지 기능이 다른 어떤 공식적 복지제도보다 강력한 영향력을 행사하고 이런 점들이 공식적인 복지제도의 미발달과 연관되어 있다는 것이다.

유교주의 복지국가론이 복지공급체계에서 동아시아에 광범위한 비공식적인 가족의 역할과 공동체의 역할을 강조하는 '가족책임주의(familialism)'의 시각이라면 할리데이(Ian Holliday)가 제창한 '생산주의 복지체제론'은 경제성장 우선주의에 매몰된 동아시아 국가들의 생산친화적인 사회정책을 강조하는 시각이다. 할리데이는 한국, 타이완, 홍콩, 싱가포르 등 동아시아의 복지체제는 에스핑-안데르센이 분류한 세 가지 복지유형에 들어맞지 않기 때문에 별도의 복지체제로 구분해야 한다고 주장하면서 그 근거로 경제성장 지향적인 강한 국가의 존재, 경제성장 촉진을 목적으로 하는 복지정책의 도입, 그리고 사회정책이 성장 지향적인 경제정책에 종속되는 특징을 거론하였다(Holliday, 2005). 이러한 생산주의 복지체제론의 시각에서 보면 동아시아에서는 서구와 같은 보편주의적 복지제도가 수립되기보다는 경제성장에 방해가 되지 않는 최소한의 규모에서만 복지제도가 도입되고, 복지정책의 형태도 성장친화적인 모습을 보이게 된다. 결국 복지의 성장친화적인 모습을 강조한 생산주의 복지체제론 역시 동아시아 복지제도는 보편주의적 복지국가에서 나타나는 복지정책이 아니라 선별주의적인 복지정책이 지배적이고, 성장친화적이며 인적자본을 강화하는 정책들이 핵심적인 사회정책으로 부각되는 '예외성'을 보이는 것이다.

유교주의와 생산주의 복지체제론 외에 동아시아 복지체제의 예외성을 강조하는 시각은 이른바 공식적 복지제도와 유사한 기능을 하는 '기능적 등가물(fuctional equivalent)' 혹은 '유사복지제도'를 강조하는 시각에서도 나타난다. 이 시각은 일본의 복지체계를 논의할 때 단골로 등장하는 것으로 일본의 복지체제는 서구에서 일반적으로 사용되는 공식적 복지제도와는 그 형태가 다르지만 복지제도와 유사한 기능을 하는 다른 제도들이 광범위하게 존재하며, 이런 기능적 등가물의 존재 때문에 일본은 낮은 복지비 지출에도 불구하고 상대적으로 평등한 분배체계를 유지할 수 있었다는 것이다(Miyamoto, 2003; Estevez-Abe, 2008: 30-45; 김성원, 2011). 구체적으로 공식복지제도의 기능을 갖는 일본의 기능적 등가물은 평생고용을 기반으로 제공되는 기업복지(다른 말로는 직장에 기반하여 제공되는 복지 프로그램), 대규모 공공근로사업, 광범위한 임금보조금, 완전고용을 보장하는 광범위한 고용규제 등을 들 수 있다. 이러한 광범위한 기능적 등가물의 존재로 인해 일본은 서구 복지국가와 비교하여 상대적으로 작은 복지국가를 유지할 수 있었다는 것이 이 시각의 주요한 논지로 볼 수 있는데, 여기서 나타나는 것은 역시 일본 복지국가의 '예외성'이라 할 수 있다. 이러한 일본 복지국가의 예외성이 아직 동아시아 국가들에서 보편적으로 나타나는 것으로 볼 수 있는 경험적 증거들은 제시되지 않았지만 동아시아 복지체제가 서구와 다르다는 강력한 논거가 될 수 있다.

지금까지 간략히 살펴본 동아시아 사회복지의 예외성에 대한 시각들은 동아시아 복지체제의 특성을 보여 주는 논리로서 아시아를 포함한 비교 복지국가 연구에서 광범위한 영향력을 발휘하고 있다. 물론 여기서 동아시아 사회복지와 복지체제를 이해하는 데 상당한 논점들이 형성된다. 가령 동아시아의 예외성으로 거론되는 현상들이 과연 얼마나 예외적인가? 즉, 거론되는 예외적인 제도와 특성이 과연 아시아 복지국가의 특수성에 대한 본질적인 측면으로 이해될 수 있는가? 아시아 국가들이 복지 기능을 하는 특수한 제도를 많이 갖고 있는 것은 사실이지만, 서구의 복지국가에서 일반적으로 보이는 여러 공식적 복지제도를 갖추고 있기 때문에 특수한 제도와 보편적 제도 중 어떤 것이 아시아 복지국가의 더 본질적 측면인지에 대한 논란이 나타날 수 있다. 동시에 동아시아 복지체제를 특징짓는 예외적 제도들이 전혀 변하지 않는 고정적인 것인가에 대한 논란도 생길 수 있다. 동아시아 사회복지의 예외성을 강조하는 이러한 시각들은 복지 구성의 어떤 측면을 강조하는가에 따라 타당한 측면이 있을 수도 있고 그렇지 않을 수도 있다. 그러나 이러한 시각들이 갖는 함의는 매우 중요하다. 즉, 동아시아의 예외성을 강조하는 시각들이 공통적으로 갖고 있는 암묵적인 전제는 동아시아의 특수성 때문에 동아시아 국가에서는 서구와 같은 보편주의적 복지국가의 수립이 매우 어렵거나 불가능하고, 더 나아가 국가복지제도가 발달하더라도 서구와는 다른 형태가 될 가능성이 높다는 논리로 귀결되기 때문이다.

• 한국 복지국가의 성격논쟁과 함의

1997년 외환위기 이후 한국 사회복지의 급속한 팽창은 동아시아 복지 예외주의에 문제를 제기하는 계기가 되었다. 국내 학계에서 한국의 복지국가화 가능성이 논의되기 시작한 것은 김대중 정부의 복지개혁이 이루어진 2000년대 초반이다. 김대중 정부의 복지개혁을 놓고 '한국 복지국가 성격논쟁'이 벌어진 바 있는데(김연명 편, 2002) 이 논쟁의 초점은 첫째, 김대중 정부의 복지개혁을 국가복지의 확대로 볼 것인가, 아니면 시장복지의 확대로 볼 것인가 하는 점이고, 둘째, 한국이 에스핑-안데르센의 세 가지 복지국가 유형 중 어느 유형에 가까운가, 혹은 어느 유형으로 수렴될 가능성이 있는가에 대한 논쟁이었다. 논쟁의 두 번째 초점과 관련하여 조영훈은 한국이 민간보험(시장)의 영역이 매우 크고 공공부조가 발달한 점을 들어 영미형 자유주의 복지체제의 특성이 있으며 종국적으로 이 유형으로 발전할 것이라는 전망을 내놓았다. 반면 남찬섭은 한국 사회보험의 사각지대가 광범위해서 복지를 둘러싼 계층화가 발생하고 있으며 이는 보수주의 복지체제 유형에 가깝다는 주장을 제기하였다. 반면 김연명은 한국은 세 가지 복지유형의 특징이 골고루 나타나기 때문에 어느 한쪽으로 유형화하는 것은 어렵고 굳이 분류하자면 '혼합형'에 가까울 것이라는 견해를 내놓았다. 이와 함께 에스핑-안데르센의 복지체제 유형을 무리하게 적용하면 이론으로 현실을 재단하는 우를 범할 수 있다고 주장하면서 유형분류의 장단점을 면밀히 따져볼 필요성을 제기하였다.

한국 복지국가 성격논쟁은 한국의 텍스트를 기반으로 본격적인 복지국가 유형논쟁을 벌였다는 점에서 의미가 있으며, 특히 동아시아 예외주의가 아니라 동아시아 국가에서도 복지국가의 보편적 경로가 가능할 수 있음을 시사한다는 점에서 중요한 의미가 있다. 그러나 이 논쟁의 허점 가운데 하나는 한국이 복지국가 단계로 진입했는지에 대한 엄격한 진단 없이 한국 복지국가의 성격을 논의했다는 점이다. 한국이 복지국가 단계로 진입했는지에 대한 논의는 외국 학자들의 논의에서 촉발되었다.

한국이 복지국가 단계로 진입했다는 점을 명시적으로 제시한 학자는 라메쉬(Mishra Ramesh)로서 2003년에 발표한 논문에서 "현재 우리가 한국에서 목격하고 있는 것은, 현재의 추세대로라면, 새로운 복지 프로그램이 도입되지 않아도 인구고령화와 복지 프로그램의 성숙으로 끊임없이 팽창하게 될 '초기적 형태'의 복지국가(an embroynic welfare state)이다"(Ramesh, 2003: 88)라는 진단을 제시하였다. 뒤이어 일본의 동아시아 사회복지 전문가인 다케가와 쇼고 교수가 김대중 정부 이후 전 세계적으로 세계화가 진행되는 가운데 복지팽창이 급속하게 이루어지는 한국의 사례에 주목하면서, 1990년대 후반에 시작된 김대중 정부의 복지개혁이 영국과 일본에서 복지국가를 형성시킨 1945년 영국 노동당 정부, 그리고 1973년의 일본의 '복지원년'에 버금가는 개혁이며 이때부터 한국에서 복지국가가 본격적으로 형성되기 시작했다는 주장을 제기하였다(武川正吾, 2005: 286).[1] 2000년대 중반 들어와 국내에서도 유사한 진단이 나오기 시작했는데 송호근과 홍경준은 1990년대 중·후반 이후 한국이 적어도 제도적으로는 복지국가 초기 단계에 진입했다는 진단을 제시하였고(송호근·홍경준, 2006: 108), 김연명은 한국의 제2차 세계대전 이후 복지국가로 진입할 가능성 높은 나라라는 의견을 제시하였다(김연명, 2004).

물론 이런 주장들이 섣부른 진단이라는 생각도 나타났다. 한국을 포함한 동아시아 국가들은 서구의 복지국가에서 나타나는 시민권적 개념의 보편적 복지가 없고 사회복지가 경제성장에 종속적인 측면을 강하게 띠는 '생산주의 복지체제(productivist welfare regime)'로 규정한 할리데이는 "외환위기 이후 한국의 사회복지 개혁은 어느 정도 이루어졌으나 이것이 동아시아의 생산주의 복지체제를 벗어나 복지국가로 패러다

1 이 외에도 피어슨(Christopher Pierson) 같은 학자도 후발산업국가의 산업화와 복지국가 발전을 논의하면서 한국의 복지국가화 가능성을 긍정적으로 평가하고 있다(Pierson, 2004: 232).

임이 전환된 것으로 보기는 어렵다"(Holliday, 2005)라고 주장하여 한국에서 복지국가의 성립에 회의적인 견해를 나타냈다. 하지만 김연명은 외환위기 이후 한국에서 복지제도가 생산주의 복지체제를 넘어설 만큼 발전했으며, 더 이상 한국은 아시아의 특수성을 강조하는 생산주의 복지체제로 규정하기 어렵다는 반론을 제기하였다(Kim, 2008). 이러한 문제제기는 할리데이와 더불어 동아시아의 생산주의 복지체제 개념을 만든 한 연구자가 한국의 경우는 생산주의적 복지체제의 특징과 전통적인 서구의 복지국가적 요소가 동시에 들어가 있는 혼합형이라고 규정지음으로써 부분적으로 한국의 복지국가 형성을 인정하기에 이르렀다(Wilding, 2008).

복지국가 초기 단계의 근거

앞에서 본 것처럼 한국의 복지국가화 가능성에 대한 회의적인 시각이 일부 있지만 최근에 올수록 한국이 복지국가 초기 단계의 모습을 갖추었다는 여러 가지 근거를 확인할 수 있다. 어떤 사회를 복지국가로 판정하는 데 있어서 명백하게 합의된 지표는 없으나 1) 복지비지출 수준, 2) 사회적 위험에 대처하는 복지제도의 존재 여부, 3) 국민복지최저선(National Minimum)의 보장 여부를 보면 한국의 복지국가 초기 단계론은 상당한 근거를 갖고 있다. 특히 복지비 지출률은 한국이 초기 단계를 넘어 '이륙 단계'에 접어들고 있음을 시사하는 지표로도 사용될 수 있다.

첫째, OECD 기준으로 분류한 한국의 GDP 대비 복지비 지출률[2]은 1990년 3.1%였으나 2009년에 무려 3배 가까이 늘어난 10.5%로

2 이하에서 별도의 언급이 없는 한 복지비 지출률은 OECD 기준을 의미하며 자료는 OECD(2013a)의 Social Expenditure Database에서 구한 것임.

GDP 대비 10%를 넘어섰다. 특히 최근의 증가 속도는 매우 인상적이어서 OECD(2012: 2) 자료에 의하면 2007년을 100으로 보았을 때 2012년 한국의 복지비는 129로 실질 복지비 증가율이 29%에 달해 OECD 회원국 중 가장 급속한 증가세를 보이고 있다. 물론 2009년 OECD 회원국의 복지비 지출률이 평균 22.7%임을 감안하면 아직도 낮은 수준이어서 한국이 성숙한 복지국가라고 말하기는 어렵지만 복지국가 초기 단계의 모습을 갖추고 있다는 증거로 사용되기에 충분하다고 할 수 있다.

복지비 지출률은 복지국가의 발달 단계를 구분하는 주요 지표로 사용된다. 피어슨(Christopher Pierson)은 1880-1914년을 복지국가의 제도가 구축되기 시작한 '복지국가의 탄생기', 그리고 1920-1975년을 복지국가의 성장기로 구분하는데, 미국과 캐나다를 포함하여 유럽 17개국이 1930년대 초·중반에 복지비 지출률이 GDP의 5%를 넘어선 것으로 보고 있다(Pierson, 2007: 114). 복지비 지출이 GDP의 10%를 넘어선 다른 나라의 시점과 비교해 보면 한국이 복지국가의 초기 단계로 확실히 진입했으며 그 이상의 단계로까지 나아갈 수 있음을 보여 준다. 〈그림 2-1〉은 이미 성숙한 복지국가로 진입한 EU 21개국이 1960년을 전후하여 GDP 10%의 복지비 지출률을 나타냈고, OECD 34개국을 기준으로 보면 대략 1960년대 중반에 복지비 지출률이 10%를 넘어서고 있다. 상대적으로 복지 발달이 늦어 '복지 지체국(welfare laggard)'으로 평가되는 미국이 1970년을 전후하여, 그리고 일본이 1980년을 전후하여 복지비 비율이 GDP 10%를 넘어서고 있음을 감안한다면 2009년 한국의 복지비 지출률 10%는 한국이 복지국가의 초기 단계를 넘어 본격적인 '이륙 단계'로 진입해 가고 있다는 근거로도 사용될 수 있다.[3]

두 번째로 복지국가는 사회적 위험을 관리하는 시스템이라 할 수 있는데 이는 제도적으로 볼 때 사회보험제도와 공공부조, 사회수당, 그

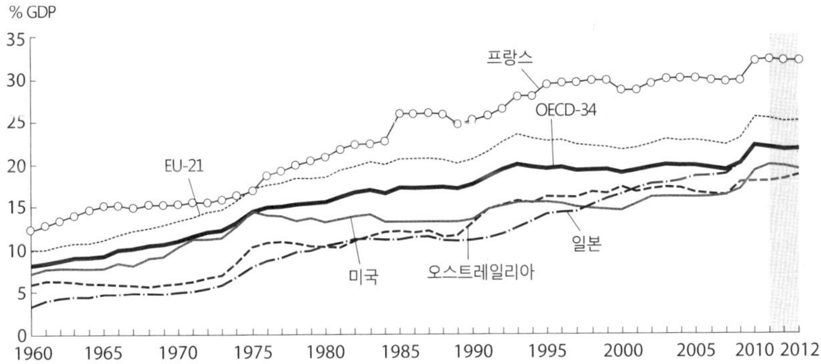

〈그림 2-1〉 공공복지비 지출의 역사적 추이

자료: OECD(2012: 5).

리고 사회복지서비스로 대별될 수 있다. 한국은 이미 성숙 단계로 진입하고 있는 국민연금과 건강보험뿐 아니라 산재보험과 고용보험 등 4대 보험을 갖추고 있고 최근에는 노인요양보험도 도입하였다. 공공부조 역시 생존권을 보장하는 근대적 형태의 기초생활보장법이 마련되어 있고 보육이나 노인돌봄 등 사회서비스 영역에서도 노무현 정부 이후 급속한 제도적 팽창을 경험하고 있다. 물론 아직 아동수당이나 상병수당(sickness benefit) 등 성숙한 복지국가에서 보편적으로 시행되는 제도가 없고, 사회보험과 공공부조의 사각지대가 매우 클 뿐 아니라, 여전히 낮은 급여수준이 문제가 되고 있지만 적어도 위험관리 시스템으로서의 복지제도는 상당한 제도적 틀을 갖춘 것으로 평가할 수 있다.

세 번째로 '국민복지최저선(National Minimum)'의 보장은 근대 복지국가를 구성하는 핵심 키워드다. 윌렌스키(Harold Wilensky)는 "복

3 복지비 지출은 제도가 완성되면 자동 성숙되는 경향이 있다. 복지비 지출의 대부분은 연금과 건강보험 지출이다. 한국은 국민연금 등 공적연금제도가 성숙 단계로 들어서고 있고, 건강보험도 급여비가 급속히 늘어나고 있기 때문에 두 부분의 지출만 고려해도 향후 복지비지출은 급속히 늘어날 것이다.

지국가의 본질은 국가가 모든 국민에게 최저수준의 소득, 영양, 의료, 주택, 그리고 교육을 제공하는 것이다"(Wilensky, 1975: 1)라고 설파한 바 있다. 미쉬라(Ramesh Mishra) 역시 "복지국가는 국민생활의 최저기준(national minimum standards)을 유지하는 데 있어서 국가의 책임을 제도화한 것이다"(Mishra, 1990: 34)라고 복지국가에서 '국민복지최저선'이 갖는 의미를 강조하였다. 우리나라는 기초생활보장법과 의료보호법을 통해 의료, 교육, 생계, 주거 등 생활의 필수적인 영역에서 '국민최저생활'을 보장하는 제도적 시스템을 갖추고 있다. 교육에서도 의무교육은 중학교까지이지만 고등교육 진학률은 세계 최고수준이고, 주거에서도 실효성은 떨어지지만 최저주거기준이 법적으로 명문화되어 있다는 점에서 형식적인 측면에서 '국민복지최저선'을 보장하는 틀을 상당 부분 갖추고 있다. 물론 기초생활보장의 사각지대가 너무 커서 최저소득보장에서 제외된 층이 많고 수준 역시 높지 않은 것이 현실이지만,[4] 국가의 개입을 통해 최저생활수준이 어느 정도 유지되고 있다고 보아야 한다.

초기 단계를 넘어 어디로?
복지할당원리와 복지공급주체의 중요성

한국이 복지국가 초기 단계의 형태를 갖추었다면 그 다음 질문은 한국이 어떤 형태의 복지국가로 진화할 것인가 하는 점이다. 다른 각도로 얘기하면 어떤 복지정책 방향을 설정하는가에 따라 한국의 복지국가는 다른 형태로 이행해 갈 수 있다는 것이다. 향후 한국 복지국가의 진화

4 2012년 서울시에서는 국민복지최저선을 시정 차원에서 목표로 내걸었다. 서울시는 복지기준을 최저기준과 적정기준으로 분류한 이후 향후 서울시 정책 목표를 제시했는데 이 보고서에서 한국 복지제도의 최저기준 적용실태를 볼 수 있다(서울시민복지기준추진위원회, 2012).

와 관련하여 두 가지 점이 핵심 사안이 될 수 있다. 첫 번째는 사회복지의 대상을 중산층 이상을 포괄하는 보편주의적 복지할당원리를 택하는가, 아니면 취약계층에게만 자원을 집중하는 '잔여주의'[5]적 원리를 택하는가에 따라 한국의 복지국가 유형은 다른 방식으로 구조화될 것이다. 또한 보편주의적 원리를 택한다 하더라도 급여수준을 최저수준으로 설정하는가, 아니면 어느 정도 높은 수준으로 설정하는가에 따라 중산층의 삶의 불안을 공공복지가 흡수할 수 있는지 여부가 결정되며 이에 따라 복지국가의 유형과 성격이 달라질 수 있다. 두 번째는 복지공급의 주체로서 시장, 가족, 그리고 공공 부문의 역할을 어떻게 설정하는가의 문제다. 복지공급의 주체로서 가족과 시장의 역할을 강조하고 이 두 영역으로 복지책임을 확대하는 방향과 국가 부문의 역할을 확대하는 방향은 확실히 한국 복지국가의 특성을 다르게 구조화할 것이다. 최근 몇 년간 정치권과 한국 사회를 강타했던 무상급식, 무상보육, 그리고 최근의 기초연금 논란은 결국 위의 두 가지 문제, 즉 복지할당원리에서 보편주의와 잔여주의 중 어떤 원리를 채택하고 급여수준을 어떻게 설정할 것인가, 그리고 복지의 책임 주체로서 국가, 시장, 가족 간에 어떤 비중과 역할을 부여할 것인가의 문제로 귀착된다.

선진 자본주의의 복지국가 유형을 셋으로 구분한 에스핑-안데르센의 유형론에 대해서는 많은 문제제기와 다양한 반론들이 제기되지만(Arts and Gelissen, 2010), 각각의 복지체제를 지배하는 원리를 비교적 설득력 있게 제시하기 때문에 비교복지국가 연구의 가장 보편적인 틀로 사용되고 있다. 단, 한국 복지국가의 전망을 논의할 때 에스핑-안데

5 사회복지학계에서는 보편주의와 반대되는 의미로 '잔여주의(residualism)'라는 용어를 사용하나 한국에서는 '선별주의(selectivism)'가 잔여주의의 의미로 사용된다. 이 글에서는 잔여주의와 선별주의를 호환적으로 사용한다.

르센의 복지국가 유형론에 남부유럽형 복지국가 모델을 별도로 분리해 보는 것(Ferrera, 2010)은 상당한 도움이 된다.

복지체제 유형 중 사민주의 유형과 보수주의 유형은 〈표 2-1〉에서 보는 것처럼 각기 다른 방식으로 보편주의적 복지할당원리를 달성한 모형이다. 보수주의 모형과 사민주의 모형은 보편주의가 적용된다는 점에서 동일하나, 보수주의 모형이 직종별로 분리된 사회복지제도를 기반으로 전 국민을 사회보장의 틀로 포괄하는 반면, 사민주의 모형은 대부분의 국민을 하나의 제도에 포괄함으로써 보편주의를 달성하는 모형이다. 영미형인 자유주의 모형은 복지제도에서 저소득층에 초점을 둔 잔여주의가 강한 모형으로, 중산층에게 공공복지의 보편주의가 제대로 작동하지 않는다. 남부유럽형은 소득보장제도에서 광범위한 복지사각지대와 노동시장 지위에 따른 복지보상의 차이가 극심하게 나타나기 때문에 보편주의를 달성하지 못한 모형이다. 페레라(Maurizio Ferrera)는 노동시장의 양극화에 따른 남부유럽국가의 복지 양극화를 "핵심/정규직 노동자에게는 관대한 복지급여, 주변부/비정규직에게는 최소한

〈표 2-1〉 복지국가의 네 가지 유형과 제도적 특징

구분	사민주의 복지체제	보수주의 복지체제	자유주의 복지체제	남부유럽형 복지체제
탈상품화 정도	높음	높음	낮음	높음 (남성 정규 노동자)
계층화 유형	없음	지위차별화(status segmentation): 직종별 사회보험	이중주의(dualism): 공공부조 수혜자와 시장구매 계층 간의 이원화	지위차별화와 대규모의 복지사각지대
탈가족주의 정도	높음 (높은 국가책임)	낮음 (높은 가족책임)	높음 (높은 시장구매)	낮음 (높은 가족책임)
대표 국가	스웨덴, 핀란드	독일, 프랑스	미국, 영국	이탈리아, 스페인

자료: Esping-Andersen(1999)과 Ferrera(2010)에서 재구성.

의(modest) 급여, 정규노동시장에 진입할 수 없는 노동자에게는 (있다면) 빈약한 보조금"(Ferrera, 2010: 620-621)으로 압축한다. 복지급여의 관대성에서도 사민주의와 보수주의 모형은 매우 양호한 반면(탈상품화 정도가 높음), 영미형은 공공 부문에서 관대한 급여를 제공하지 않으며 민간 보험시장이나 기업복지를 통해 낮은 공공복지 수준을 보충하고 있다. 남부유럽형은 노동시장의 핵심부에 있는 노동자들에게만 공공 부문을 통해 매우 관대한 수준의 급여를 제공하지만 나머지 주변적 노동자들은 매우 미약한 급여를 지급받거나 아예 복지사각지대에 놓여 있다. 국가, 가족, 시장이 복지공급에서 담당하는 역할에서도 네 가지 유형은 차이를 보인다. 사민주의 모형은 국가의 복지공급 비중이 압도적 우위를 차지하는 반면 보수주의 모형과 남부유럽형은 사회서비스 부문에서 가족의 역할이 매우 크고, 자유주의 모형은 시장의 역할과 비중이 매우 높은 복지체제유형이다.

복지국가 초기 단계로 진입한 한국 사회에서 어떤 복지할당원리를 채택하고 복지공급주체에서 시장과 국가 중 어느 부분의 역할을 강조하는가에 따라 한국의 미래 복지체제는 다른 경로를 밟아 갈 것이다. 보편주의 원리를 강화하고 공공복지제도의 급여수준을 높이는 쪽으로 그리고 공공 부문의 복지공급 책임을 강화하는 쪽으로 정치적 선택이 이루어지면 사민주의나 보수주의 모형과의 친화성이 강화되는 복지모형으로 접근해 갈 것이며, 반대의 경우는 자유주의 모형과 친화력이 높아지는 모형으로 이행할 것이다. 또 한 가지 가능성은 노동시장의 분절화에 따른 광범위한 복지사각지대를 해소하지 못하고 복지공급에서 국가의 역할을 강화하기보다는 가족의 기능을 유지·강화하는 쪽으로 정치적 선택을 하면 남부유럽형으로 접근해 갈 수도 있다. 이런 의미에서 현시점에서 한국 사회가 어떤 정책 방향을 선택하느냐에 따라 한국 복지국가의 유형이 결정될 가능성이 매우 높다. 물론 필자는 양극화, 저출산, 불평등, 성장잠재력 저하 등 '복합적 위기'에 빠진 한국 사회의 제반 사회·경제적 문제를 해결하고 미래의 성장가능성을 높이기 위해서는 보편주의적 복지할당원리와 국가의 복지공급 책임 강화가 필요하다는 입장이다. 그 이유를 다음 절에서 논의하기로 한다.

3. 보편주의 원리와 사회 · 경제적 필요성

보편주의 원리와 선별성, 그리고 중산층의 포섭

왜 한국 사회에서 보편주의가 필요한가를 논의하기에 앞서 민주당의 무상급식 논쟁으로 촉발된 보편주의와 선별주의(잔여주의)의 개념에 대한 원론적 검토가 필요하다. 한국 사회에서 보편주의는 동일한 가치의 급여를 모든 사람에게 나누어주는 것이며, 선별주의는 빈곤층 등 취약계층에게만 복지를 할당하는 원리라고 이해한다. 하지만 보편주의가 반드시 모든 계층에게 동일한 가치의 급여를 배분하는 완전 평등주의적 원리를 의미하는 것은 아니다. 즉, 동일한 가치를 모든 계층에게 적용한다는 보편주의 원리는 사실 모든 사회정책 영역에 적용되는 것은 아니며 제도와 영역에 따라 그리고 개별 국가의 복지 발전 단계에 따라 달라질 수 있다. 가령 한국 복지제도에서 보편주의와 잔여주의 원리가 어떻게 결합되어 있는지 살펴보자.

〈그림 2-2〉에서 보는 것처럼 국민연금이나 건강보험 같은 한국의 사회보험은 소득이 있는 근로자와 자영자를 모두 포괄하는 보편주의적 원리를 기본으로 설계되어 있기 때문에 보편주의 대 잔여주의 논쟁이 적용되지 않는다. 그리고 진보와 보수를 떠나 사회보험의 혜택을 받지 못하는 사각지대를 없애야 한다는 점에서, 즉 보편주의적 적용이 이루어져야 한다는 점에는 이론의 여지가 없으며 사회보험을 잔여주의 형

태로 운영하는 나라는 지구상에 없다. 또한 기초생활보장법처럼 자산 조사를 통해 선택적 급여를 제공하는 원천적으로 잔여주의적인 공공부조제도를 보편주의적 급여로 전환하는 문제는 이론적 논의만 있을 뿐 아직 정책적으로 구체화된 사례는 없다. 보편주의 대 잔여주의 논란이 제기되어 온 부분은 〈그림 2-2〉에서 보는 것처럼 자원이 저소득층에 집중되었던 보육서비스와 학교급식 같은 일부 사회서비스 영역 그리고 해당 계층 전체에게 지급 여부가 쟁점이 되었던 기초연금과 양육수당 같은 현금수당이다. 보육서비스는 특별활동비 등 본인부담이 일부 존재하나 보편주의가 작동되어 모든 아동이 서비스를 받고 있다. 그리고 5세 미만 아동을 어린이집에 보내지 않는 가구에 지급되는 양육수당도 보편주의 원리가 적용되어 소득수준과 무관하게 전체에게 월 10-20만원이 지급된다. 여전히 논란이 벌어지는 부분은 제외된 부자 노인 30%에게도 기초연금을 지급할지, 그리고 학교급식을 부유층 중·고등학생에게도 확대할지 여부다. 결국 보편주의 논란은 첫째, 어느 계층에까지 자원을 할당할 것인가(즉, 부자도 포함시킬 것인가), 그리고 대상계층을 확

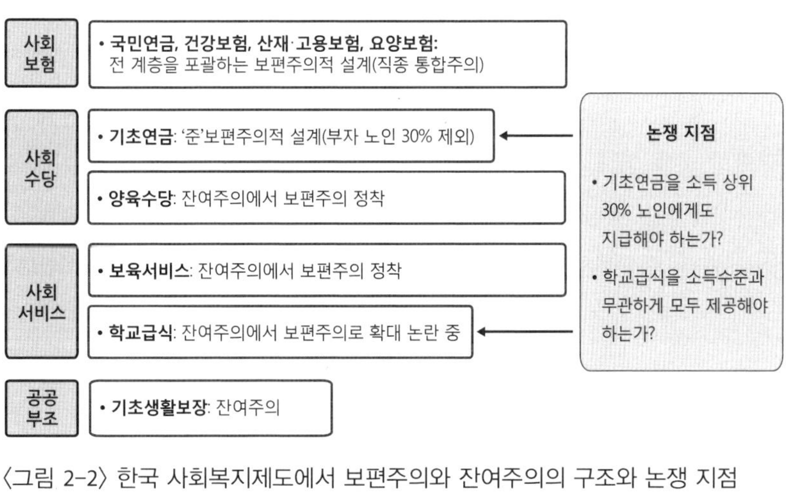

〈그림 2-2〉 한국 사회복지제도에서 보편주의와 잔여주의의 구조와 논쟁 지점

대할 경우 급여액을 소득수준에 따라 차등을 둘 것인가 아니면 정액의 급여를 지급할 것인가의 문제다.

박근혜 정부에서 개편된 기초연금(기초노령연금)의 할당원리를 살펴보자. 65세 이상 노인들에게 지급되는 기초연금은 전체 노인의 70%에게 지급되고 있는데, 소득과 자산액을 평가하여 상위 30%를 제외한 소득순위 70% 이하의 노인들에게 소득액에 따라 월평균 10만 원에서 20만 원 정도의 수당을 지급하는 구조다. 기초연금의 할당원리는 자산조사를 통해 저소득층을 가려내려는 목적보다는 부자들을 가려내는 '역'자산조사의 원리다. 이처럼 부자들을 제외시키는 자원할당원리에서는 두 가지 논란이 나타난다. 첫째는 고소득층을 제외하고 저소득층과 중산층에게만 자원이 할당되는 것을 보편주의 원리로 보아야 하는가라는 점이며, 둘째는 소득수준에 따라 급여를 차등지급하는 것이 보편주의적 할당원리에 부합하는가의 문제다. 복지할당원리로서 보편주의와 잔여주의는 이념형적인 분류이며 두 원리는 서로 배타적이기보다는 결합되어 나타날 수 있다. 가령 영국의 신노동당 집권기에 보편주의적 복지국가의 핵심 프로그램인 학교교육이나 국영의료서비스(National Health Service, NHS) 같은 경우는 기존의 형태를 그대로 유지하거나 강화하되, 아동이 있는 가족이나 저소득연금생활자, 즉 욕구가 더 많은 빈곤층에게 자원을 더 많이 배분하는 방식이 존재했는데, 이처럼 보편주의의 바탕 위에 잔여주의 원리가 결합된 자원 할당 방식을 일부 학자들은 '선택적 보편주의(selective universalism)'[6]로 명명하기도 했다(Hills, 2004: 211). 욕구가 큰 집단에게 더 많은 자원을 분배하는 원리는 사회적

---

6 모든 사람에게 무엇인가를 제공하지만 가장 욕구가 큰 사람에게 더 많이 제공하는 방식을 의미하는 이 원리는 고든 브라운(Gordon Brown) 당시 재무성 장관에 의해 '진보적 보편주의(progressive universalism)'로 불리기도 했다.

소수자에게 자원과 기회를 우선적으로 배분하는 '긍정적 차별(positive discrimination)'의 원리와도 비슷한 맥락이다.

2009년 6·2 지방선거의 무상급식 논란을 계기로 '보편주의적 무상급식 = 인권', '선별주의적 무상급식 = 차별'이라는 등식이 굳어졌다. 하지만 잔여주의가 반드시 자산조사를 근거로 저소득층의 차별을 만들어 내는 협소한 의미의 자원할당원리로만 이해되어서는 안 된다. 복지제도의 발전 정도와 성숙도 그리고 인구의 포괄 범위에 따라 잔여주의는 보편주의와 결합할 수 있으며 한국의 학교급식, 보육서비스, 기초노령연금 등은 이런 단계에 와 있다. 따라서 "보편주의는 선이자 당연히 추구해야 할 이상이고, 선별주의는 악이자 궁극적으로 척결해야 할 대상으로 간주하는 것은 적절치 않다"(윤홍식, 2010: 95). 제2차 세계대전 이후 보편주의 복지국가를 달성한 영국에서 보편주의가 갖는 한계점을 꿰뚫어 본 티트머스(Richard Titmuss)도 보편주의 원리 위에 선별주의가 결합되는 방식이 더 큰 사회적 위험에 노출된 사람에게 더 많은 자원을 배분한다는 점에서 더 공평하고 의미 있는 분배의 원리가 될 수도 있다는 점을 간파한 바 있다(Titmuss, 1968). 즉, 보편주의는 동일한 자원을 모두에게 분배하는 단순한 원리가 아니며 공평한 복지할당원리가 되기 위해서는 보편주의 내에서 잔여주의 원리가 결합될 수 있다.

보편주의적 복지할당원리에서도 모두에게 동일한 금액을 지급하는 정액 방식과 개인의 소득수준에 비례하여 급여를 지급하는 소득비례 방식 등 다양한 급여 형태가 존재할 수 있다. 제2차 세계대전 이후 서구 복지국가를 지배한 보편주의의 원리는 고용상태나 소득수준과 상관없이 동일한 금액의 급여가 지급되는 정액급여를 의미했다. 정액급여는 산업사회 초창기에 존재했던 노동자들 간의 그리고 노동자와 자영자 간의 사회적 격차를 줄이기 위한 수단으로 제창된 것인데, 복지국가의 형성에 큰 영향을 미친 「베버리지 보고서」에서 제시한 보편주의의 원리, 즉 고용 형태를 불문하고 모든 인구에게 정액기여-정액급여 형태를 제공한다는 원리는 바로 이러한 배경에서 나온 것이다(Baldwin, 1990: 116-127). 스웨덴 등 북유럽 복지모형에서도 보편주의는 모든 국민에게 동일한 자원을 지급하는 정액급여 형태가 지배적 유형이었으나 1960년대 이후 소득비례급여제가 확대되면서 정액 방식과 소득비례 방식이 결합되어 적정한 급여수준을 제공하는 새로운 형태의 보편주의로 진화되었다(Baldwin, 1990: 134-157; Esping-Andersen, 1985: 155-165).

보편주의 복지제도에서 제공되는 급여수준이 낮은 정액수준인가 하는 것은 복지제도에 대한 중산층의 이해관계를 결정하는 데 영향을 미치며, 더 나아가 복지국가의 정치적 지지기반 형성에도 영향을 미친다. 보편주의가 정액의 최저 수준 형태로 제공되면 공공복지제도에 대한 중산층의 이해관계가 사라지며, 미국처럼 중산층은 민간보험시장이나 기업복지를 통해 노후소득(연금)과 의료 문제를 해결하는 쪽으로 방향을 잡게 된다. 이 경우 복지제도 전반에 대한 중산층의 이해관계가 분리되면서 공공복지는 왜소화되고 잔여주의 쪽으로 이동하는 정치적 압력이 발생한다. 반대로 보편주의가 중산층의 사회적 위험에 대한 욕구를 포섭할 수 있는 정도의 높은 급여수준을 제공하면 공공복지제도에 대한 중산층의 정치적 이해관계가 형성되고 노동계급과 중산층의 정치적 동맹이 가능해져 복지국가를 정치적으로 방어하는 쪽으로 정치적 압력이 구조화된다.[7] 이것이 높은 수준의 복지급여를 제공하는 북유

7 김영순(2012) 역시 보편적 복지국가의 정치적 연대 형성의 조건으로 중산층을 공공복지가 흡수하느냐 아니면 사보험과 기업복지가 흡수하느냐가 중요하다는 점을 지적한다. 즉, 중산층의 복지욕구를 공공 부문이 흡수하면 노동계급과 중산층이 복지국가 구조에서 정치적으로 연대할 가능성이 생기고, 반대로 사보험이나 기업복지가 중산층의 복지욕구를 흡수하면 노동계급과 중산층의 정치적 연대가 어려워진다는 것이다. 김영순은 스웨덴의 노동운동이 중산층의 복지욕구를 공공복지를 통해 흡수함으로써 노동계급과 중산층의 정치적 연대가 가능했고 이를 통해 높은 수준의 복지를 전 국민에게 제공하는 보편주의적 복

럽과 중부유럽국가에서 복지제도와 복지국가에 대한 지지도가 높게 나타나는 이유다. 즉, 보편주의적 복지할당원리를 취한다 할지라도 공공복지의 급여수준에 따라 중산층의 정치적 지지기반을 복지국가체제가 흡수할 수도 있고 그렇지 않을 수도 있다.

한국의 경우는 4절에서 분석하겠지만 중산층의 복지제도에 대한 이해관계라는 측면에서 강고한 정치적 지지기반을 획득하지 못하고 있다. 보편주의적으로 설계된 국민연금이나 건강보험, 그리고 고용보험제도의 급여수준이 높지 않아 중산층을 삶의 불안에서 충분히 보호하지 못하기 때문이다. 국민연금 같은 경우는 오히려 중산층의 불만을 더 부추기는 측면도 나타나고 있다. 보육서비스나 노인요양서비스에서도 최근에 급속한 복지 확대가 이루어지고 있지만 중산층의 보육과 노인돌봄 욕구를 충분히 담아내지 못하고 있다. 이런 이유 때문에 상당수의 중산층에게서 삶의 불안을 위험 분산 기능이 취약하고 비효율적인 민간보험시장에 의존하는 경향이 강하게 존속되고 있다.[8] 따라서 보편주의적 복지국가를 지향하는 정책 방향은 공공복지제도가 단순히 얼마나 많은 인구를 포괄하는가의 측면에서 더 나아가 어느 정도 수준에서 사회적 위험을 포괄해야 하는가라는 중요한 문제의식을 담아내야 한다.

보편주의의 사회·경제적 필요성

한국 사회에서 보편주의는 단순히 복지자원의 할당원리를 넘어서 보다

지체제로 이행할 수 있었던 반면, 영국의 노동운동은 중산층의 복지욕구를 공공복지에서 흡수하지 못함으로써 공공복지가 보편주의적 형태를 띠나 높은 수준이 아닌 최소한의 수준만 제공하고 최저수준 이상의 것은 시장의 역할로 넘어간 자유주의적 복지체제가 고착화되었다고 분석한다(김영순, 1996).

8 민간보험시장이 구조적으로 비효율적이고 위험 분산 기능이 취약하다는 뜻은 아니다. 한국의 특수한 민간보험시장의 특성이 보험의 위험 분산 기능을 제대로 행사하지 못하고 있다는 의미다.

거시적인 사회체제의 구축 문제와 연결되어야 한다. 특히 한국에서 봇물을 이루고 있는 보편주의적 복지국가론이 일종의 대안체제를 염두에 둔 담론의 성격을 갖고 있다면, 왜 보편주의적 복지체제가 자유주의 복지체제나 남부유럽형 같은 양극화된 복지체제보다 한국 사회가 직면한 사회·경제적 문제를 풀어나가는 데 더 설득력 있는 전략인가에 대한 근거가 확보되어야 한다. 물론 보편주의 복지체제가 국민의 사회권을 보장하는 데 있어 다른 어떤 체제보다 월등하다는 논거는 많이 제시되어 있다(가령 모든 국민에게 사회적 권리의 하나로서 복지를 제공하는 것). 하지만 이것만으로는 충분하지 않다. 보편주의 복지체제가 대안 패러다임의 위치를 확보하기 위해서는 사회·경제구조와의 연관성에 대한 근거가 좀 더 확보되어야 하는데, 이러한 근거를 세 가지로 정리할 수 있다.

첫째, 개방경제의 적응체제로서의 보편주의 복지국가. 카첸슈타인(Peter J. Katzenstein)은 북유럽의 소규모 경제에서 보편주의적 복지제도가 발달한 이유를 개방경제의 특성이라는 시각으로 분석한 적이 있다. 즉, 스웨덴, 네덜란드 등 유럽의 소규모 경제는 내수시장의 협소함 때문에 규모의 경제를 위해 수출지향적인 개방경제를 지향할 수밖에 없다. 첨단산업이 각축하는 세계경제의 변화에 능동적으로 적응하고 경쟁하기 위해 국가는 항시적이고 적극적인 산업구조조정을 수행할 수밖에 없는데, 이 과정에서 노동자의 산업 간 이전을 원활하게 하기 위해 직업훈련 등의 노동시장정책이나 실업기간 중의 소득을 충실히 보장해 주는 강력하고 보편주의적인 복지체제가 성립되었다는 것이다(Katzenstein, 1985).[9] 이 논리를 반대로 이해하면 경제개방도가 높은

---

9 물론 카첸슈타인의 논리가 이렇게 단순한 것은 아니다. 그는 소규모 경제에서 개방경제라는 특성과 보편적 복지국가를 단순히 연결시킨 것은 아니며 정치체제로서의 조합주의적 정책결정과정의 역할, 즉 정치체제의 중요성을 강조했다.

경제일수록 사회안전망이 잘 작동되지 않으면 사회·경제적 구조조정이 어려워지고 갈수록 글로벌화되는 세계경제에의 적응도가 낮아진다는 것을 의미한다. 즉, 개방경제하에서는 '유연안정성(flexicurity)'의 확보가 중요하며 유연안정성은 충실한 보편주의적 사회복지제도가 뒷받침되지 않으면 제대로 작동하기 어렵다는 것이다.

한국은 총 GDP 규모가 세계 10위권에 근접하는 나라로 북유럽 같은 소규모 개방경제라고 규정하기는 어렵다. 하지만 세계경제에의 결합 정도라는 측면에서 보면 세계 최고 수준에 올라서 있다. 2008년 한국의 무역의존도는 수출 43.4%, 수입 38.8%로 G20 국가 중 각각 1위를 차지했으며 이는 수출 11.4%, 수입 10.8%로 G20 국가 중 무역의존도가 각각 17위와 18위를 기록한 일본(IMF, 2010)과 매우 대비된다. 이처럼 세계 최고 수준의 경제개방도를 갖고 있는 한국은 최첨단 산업이 경쟁하는 세계경제의 변동에 매우 민감하게 반응하고 적응해야 하는 구조를 갖고 있다. 이 때문에 유연안정화 구조를 확립할 필요성이 끊임없이 제기되고 있는 것이다. 한국은 노동시장 내부자 가운데서도 정규직과 비정규직의 근로조건 차이가 극심하지만 노동시장 내부자와 외부자의 삶의 조건 차이는 더욱 크다. 산업구조조정이나 기업의 시장 퇴출로 인한 구조조정으로 노동시장에서 이탈했을 경우 주거, 교육, 노후, 보육 등의 사회적 위험을 전적으로 개인과 가족이 책임져야 하는 현재의 구조에서는 유연안정성 확보가 불가능하다. 대부분의 국민에게 사회적 위험에 대한 보호장치를 제공하는 보편주의 복지체제는 일부 계층에게만 사회적 보호장치를 제공하는 선별주의 체제보다 유연안정성 확보에 유리함은 물론이다. 동시에 보편주의적 복지체제는 시장탈락자에게 재기의 기회를 제공함으로써 기회의 평등에도 매우 유리한 여건을 조성한다. 따라서 보편주의적 복지체제는 갈수록 세계경제에의 의존도가 높아지고 세계경제의 흐름에 민감하게 적응해 가야 하는 개방도가 높은 한국 경제의 부작용을 최소화하고 개방경제의 원활한 작동에 유리한 복지체제라 할 수 있다.

둘째, 새로운 성장전략으로서의 보편주의적 복지국가. 복지지출의 규모가 경제성장과 고용구조 등에 미치는 거시경제적 영향은 시장주의자와 복지주의자 간에 수많은 논란이 이루어진 영역이다(Mares, 2010). 한국은 외환위기 이후 수출 주도의 대기업과 내수 기반의 중소기업 간의 격차가 심화되면서 이것이 노동시장의 양극화로 이어지고 있다는 많은 진단이 제기되었다. 특히 대기업의 고용창출능력이 약화되면서 고용 없는 성장이 현실화되고 고용의 대부분을 차지하는 중소기업의 활성화를 통한 고용창출이 모든 정권에서 정책의 우선순위로 부각되었다. 이런 상황에서 복지의 확대가 내수 촉진을 통해 경제와 선순환 관계를 맺을 수 있고 고용창출 기제로도 작동할 수 있다는 논리가 최근에 급격히 확산되었다. 복지의 확대가 경제에 긍정적인 영향을 준다는 전통적인 논리는 케인즈주의에 이론적 근거를 둔, 복지지출 확대가 유효수요를 창출한다는 논리였다. 이 논리는 참여정부에서는 복지비를 늘리는 재정확대정책이 직접적으로 수요를 확대하여 경제활성화에 효과적이라는 경제부처의 공식적인 입장으로 사용되기도 했다(재정경제부 소득세제과, 2005: 84).[10] 사회복지가 경제에 순기능을 한다는 다른 논리는 최근의 OECD와 유럽 등에서 제기된 '사회투자전략(social investment strategy)'에 근거를 둔 것으로 사회정책이 지식기반경제하에서 인적자본의 축적에 기여함으로써 노동력의 질을 향상시키고 시장에 대한 노동공급량을 높여 줌으로써 사회정책이 좋은 경제적 성과와 연결될 수

10 참여정부 시절 재정경제부에서 발간한 「감세논쟁 주요 논점 정리」라는 이 보고서에는 이명박 정부에서 시행된 감세정책보다 복지 확대를 통한 재정확대정책이 경제활성화에 유리하다는 입장을 담고 있다.

있다는 것이다(Morel, Palier and Palme, 2012; 김연명 편, 2009; OECD, 2005). 이처럼 사회복지의 확대가 수요의 창출, 노동력의 질과 양의 제고라는 측면에서 경제에 긍정적인 영향을 미칠 수 있다면 복지의 대상자를 포괄적으로 설정하는 보편주의적 복지체제는 경제에 순기능을 미치는 데 있어서 제한적인 복지할당원리보다 유리하다. 특히 복지비 지출의 최종 수요처가 국민들의 일상적인 생활에 필요한 소비재 상품들과 연관되어 있기 때문에 중소기업 상품이나 자영업의 수요 촉진 그리고 중소기업의 고용활성화에 기여할 가능성이 매우 높다.[11] 따라서 보편주의적 복지체제의 확립은 한국 사회에서 갈수록 중요성이 더해지는 중소기업 중심의 내수기반 확보와 고용 증대를 통해 새로운 성장전략과 결합될 수 있다.

셋째, 불평등 완화 기제로서의 보편주의 복지국가. 코르피(Walter Korpi)와 팔메(Johakim Palme)는 선진복지국가의 복지할당원리와 소득불평등의 관계를 분석하면서 '재분배의 역설(paradox of redistribution)'이라는 명제를 제시한 바 있다(Korpi and Palme, 1998). 그들의 분석에 의하면 자산조사에 기반한 선별적 프로그램이 저소득층에 자원을 집중함으로써 보편주의보다 분배 효과가 뛰어나다는 기존 주장과 달리 오히려 보편주의 프로그램이 발달한 복지국가일수록 그렇지 않은 복지국가보다 평등의 정도가 더 높게 나타났다. 이러한 분석을 근거로 그들은 '빈곤층에 대한 선별적 급여가 많을수록 빈곤과 불평등을 감소시킬 가능성은 낮다'라는 재분배의 역설을 주장하였다. 그 이유는 보편주의가 확립된 국가일수록 누진적 조세체계 등이 발달하여 전체적으로 분배 개선을

11 사회복지비 지출이 종국적으로 내수 위주의 중소기업 활성화에 기여할 수 있다는 논리적 개연성은 충분하다. 하지만 사회복지비 지출이 기업별·산업별로 구체적으로 어떤 최종수요를 얼마나 유발하는지에 대해서는 좀 더 정밀한 연구가 보완될 필요가 있다.

가져오는 효과가 크고, 선별주의가 발달한 국가일수록 재분배 기능이 약한 사보험 등의 의존도가 높기 때문이다. 한국은 외환위기 이후 급속한 소득의 양극화를 경험하고 있다. 절대빈곤가구가 1996년 3.1%에서 2006년 11.6%로 증가했으며 중위소득의 50% 이하인 상대빈곤가구도 같은 기간에 9.0%에서 16.7%로 2배 가까이 증가했다(이현주 외, 2006: 61). 2009년의 노동소득분배율은 외환위기 이후 그리고 2007년 이후 빠르게 증가하여 1980년 이래 최저수준으로 하락하였다(김두용, 2010: 119-120). 이처럼 소득분배가 악화되는 상황에서 자산조사에 기반한 잔여적 분배정책은 '재분배의 역설'이라는 명제에 의하면 소득분배를 개선하는 데 상당한 한계를 보일 수밖에 없다. 급속히 악화되는 소득분배의 개선이 향후 한국의 미래 체제에서 중요한 과제라면 소득분배 개선 효과가 큰 보편주의적 복지원리를 수립하는 것이 이 목적을 달성하는 데 유리하고 보편주의적 복지국가 패러다임이 대안 체제 전략으로서의 유효성도 갖게 될 것이다.

4. 국가·시장·가족의 역할 재구성

복지공급의 주체로서 국가·시장(기업)·가족의 역할과 비중을 어떻게 설정할 것인가도 복지국가의 경로에 영향을 미칠 수 있는 매우 중요한 변수다. 일반적으로 〈표 2-1〉에서 살펴본 것처럼 사민주의 복지체제와 보수주의 복지체제에서는 공공 부문의 복지공급 비중이 높고 자유주의 복지체제는 시장의 복지공급 비중이 높은 것으로 알려져 있다. 남부유럽형은 노동시장에서 좋은 위치를 차지하는 임금근로자에 대해서는 공공 부문의 복지공급 비중이 높은 반면, 노동시장에서 불리한 위치에 있는 비정규직 등은 공공 부문의 복지 비중이 낮고 사회서비스 부문에서는 가족의 복지공급 비중이 높은 것으로 알려져 있다(Ferrera, 2010). 따라서 한국의 복지정책의 향후 방향이 국가, 시장(기업), 가족 등 어느 부문의 복지공급 기능을 강화하느냐에 따라 한국 복지국가의 미래는 상당한 영향을 받게 된다. 국가, 시장(기업), 그리고 가족이라는 세 복지공급 주체가 복지를 제공하는 비중에 대해서는 국제적으로 비교 가능한 자료가 개발되지 않았기 때문에 한국과 다른 복지국가 유형과 정확하고 직접적인 비교는 불가능하다. 하지만 몇 가지 간접적인 지표를 이용하여 한국의 복지공급구조에서 세 주체의 비중을 개략적으로 파악할 수 있다.

부족한 국가 역할의 증대

먼저 〈그림 2-3〉은 OECD에서 최근 발표한 사회복지비 지출 규모를 보여 준다. 통상 국내에서 복지비 지출 규모를 비교할 때 공공 부문의 복지비 지출만을 비교하는데 〈그림 2-3〉은 민간복지비 지출과 조세 지출의 효과까지 고려한 순사회복지비 지출로 공공복지비 지출 비교보다 더 많은 정보를 제공하고 있다. 먼저 〈그림 2-3〉의 하늘색 부분이 공공복지비의 비중인데 프랑스가 GDP 대비 32.7%로 가장 높고, 덴마크(30.19%)와 스웨덴(29.8%)이 뒤를 잇고 있다. 한국은 9.4%로 OECD 평균 22.7%에 비해 절반 이상이 적으며 멕시코의 7.7%에 이어 OECD 회원국 중 가장 낮은 수준의 공공복지비를 지출하는 국가로 나타나고 있다.[12]

반면 민간복지비는 민간보험시장에서 개별적인 계약을 통해 지출되는 개인연금이나 민간의료보험 지출액은 포함되지 않으며 주로 기업

12 정확한 수치는 〈부표 1〉 참조.

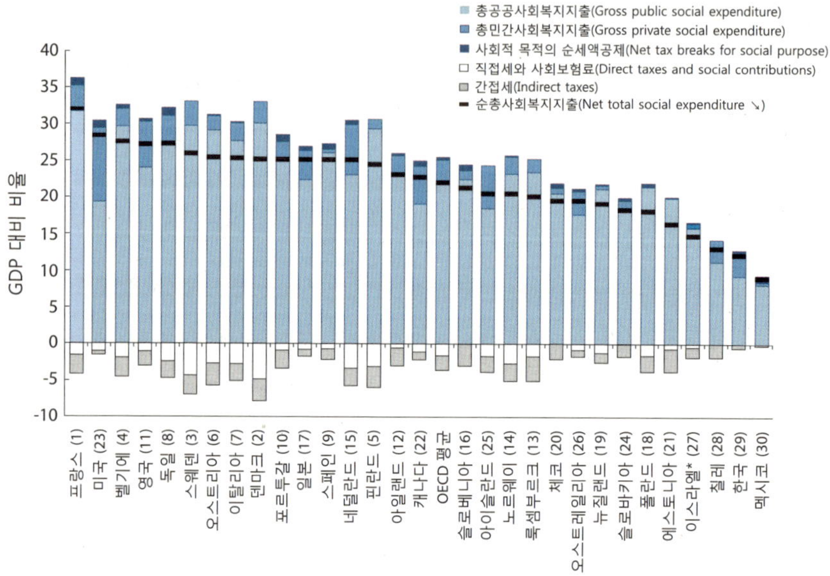

〈그림 2-3〉 총사회복지지출과 순사회복지지출의 GDP 대비 비율(2009)

자료: OECD(2012: 8).

이 법정지출을 해야 하거나(예: 한국의 퇴직금), 단체협약이나 기업주가 자발적으로 지급하는 기업연금이나 법정외 복지비 지출을 의미한다.[13] OECD 분류에서는 이를 '강제민간지출(mandatory private)' 혹은 '자발적 민간지출(voluntary private)'로 분류하여 복지비 지출 통계에 포함시킨다. 두 종류의 민간지출을 합해서 살펴보면 한국[14]은 GDP 대비 2.7%로 미국(10.37%), 칠레(8.05%), 영국(6.09%)에는 못 미치지만 프랑스(3.10%), 스웨덴(3.22%), 일본(3.97%)과 유사한 수준이며 OECD 평균 2.67%보다 높게 나타나고 있다. 현재 민간지출의 통계수집상 대부분 기업의 법

13 민간복지비 지출의 구성에 대한 자세한 내용은 고경환 외(2012) 참조.

14 한국의 강제민간지출은 퇴직금(2009년 4.9조 원)과 퇴직연금(3.5조 원), 자발적 민간지출은 법정외 복지비 18.4조 원, 사회복지시설 등의 후원금 1.5조 원 등으로 이를 모두 합하면 GDP 대비 2.7%로 나타나고 있다(고경환 외, 2012: 121-128).

정 또는 법정외 복지비를 의미하기 때문에 한국은 다른 국가들에 비해 기업 부문의 복지부담이 크다고 볼 수 있다. 그러나 기업복지는 본질적으로 기업의 지불능력에 따르며, 대기업의 지출이 큰 부분을 차지하기 때문에 수혜의 불평등이라는 측면에서 시장을 통한 복지공급과 유사한 기능을 한다고 봐야 한다. 아무튼 한국은 기업의 복지부담이 다른 나라에 비해 크기는 하지만 공공 부문의 복지비 부담이 다른 나라에 비해 현저하게 적다.[15] 이처럼 공공 부문의 복지비 이전이 매우 낮기 때문에 시장소득의 재분배 기능도 한국은 매우 낮게 나타난다. 세전 지니계수에서 세후 지니계수(조세와 사회보장급여가 이전된 이후)를 뺀 가장 최근 연도의 지니계수 개선도가 한국은 0.024 정도로 북유럽의 0.187, 유럽대륙의 0.177 그리고 자유주의 모형의 0.136과는 비교가 되지 않을 정도로 소득분배 개선 효과가 낮게 나타난다(윤진호, 2013: 93).

과잉된 시장의 합리화

복지공급에서 시장이 차지하는 비중은 민간생명보험에 지출되는 보험료와 4대 사회보험료로 지출되는 보험료의 크기를 비교하여 간접적으로 측정할 수 있다. 〈표 2-2〉에 의하면 2010년 기준으로 국민연금 등 4대 사회보험으로 거두어들인 사회보험료 총액이 GDP 대비 6.28%인데 반해 민간생명보험시장의 보험료는 7.36%로 사회보험료 총액보다 GDP 대비 1% 포인트 이상 높았다. 즉, 사회적 위험에 대비하는 시장과 공공 부문의 역할에서 한국은 민간시장의 역할이 더 큰 것으로 나타

15 〈그림 2-3〉의 GDP 0% 아랫부분은 사회복지 급여로 나가는 부분에 대한 세금부과(소득세 혹은 사회보험료 부과)를 통해 국가로 환수되는 급여의 양과 국가의 사회보장 목적의 조세지출 규모를 나타내는데, 한국은 사회복지급여에 세금이 거의 부과되지 않고 사회보장적 지출의 조세지출규모가 다른 나라보다 작아서 순사회지출의 변동이 크게 나타나지 않고 있다.

〈표 2-2〉 민간생명보험과 사회보험의 보험료 수입의 비교

구분	민간생명보험		사회보험 수입액					
	금액 (십억 원)	GDP 대비	소계		공적 연금	건강 보험	고용 보험	산재 보험
			금액 (십억 원)	GDP 대비				
1980	603	1.64	601	1.63	341	180	–	80
1990	16,043	9.00	5,919	3.32	2,915	2,432	–	572
2000	46,670	8.07	28,576	4.94	15,837	8,737	2,047	1,955
2010	83,006	7.36	70,936	6.28	33,692	28,457	4,188	4,599

자료: 민간생명보험은 『보험통계연보』 각 연도, 사회보험은 관련 통계연보에서 재구성.

났다. 한국의 복지공급에서 시장이 차지하는 막대한 비중에 대한 국제 비교는 수입보험료의 규모에서도 나타난다. 생명보험과 손해보험을 합친 우리나라의 수입보험료 규모는 2006년을 기준으로 세계 7위권을 기록하고 있으며 수입보험료의 GDP 대비 규모로는 세계 4위에 올라 있다(보험개발원, 2007: 686-687). 즉, 한국은 세계적으로도 민간보험시장이 대단히 발달한 나라에 속한다. 이처럼 시장을 통한 복지공급의 규모가 큰 상황에서는 공공부문의 비중 확대가 제약을 받을 수밖에 없다. 이는 사회보험의 기능과 민간보험의 기능이 중복되기 때문인데 2008년의 '실손형 의료보험 도입 논란'과 지속적으로 반복되는 국민연금과 개인연금시장의 갈등에서 이미 나타난 바 있다.

국민연금, 건강보험, 실업보험 등의 한국 사회보험의 낮은 보장성 수준(탈상품화 정도) 그리고 민간보험과의 관계설정은 한국 복지국가의 경로에 결정적인 영향을 미칠 것으로 전망된다. 국민연금은 2007년 법 개정을 통해 중산층의 노후도 충분히 보장할 수 없는 수준으로 급격히 하락했다(김연명, 2013a). 평균소득자가 보험료를 25년간 납부해도 1인 가구 최저생계비 수준에 못 미치는 연금을 받기 때문에 박근혜 정부가

공약한 월 20만 원의 기초연금이 도입된다 하더라도 공적연금으로 충분한 노후를 보내기 어려운 상황이다. 또한 국민연금은 경제활동인구의 3분의 1에 해당하는 약 700만 명 정도가 장기 체납 상태다. 건강보험의 보장성은 평균 60% 정도로 OECD 평균 85%에 크게 못 미치는 상황이고 중증질환에 노출되었을 경우 가계의 막대한 의료비 부담을 건강보험이 해결해 주지 못하고 있다. 3개월 이상의 보험료 장기체납 비율도 25%에 이른다. 고용보험의 경우 비정규직이 거의 배제되어 있으며, 정규직의 경우도 급여액이 너무 낮고 급여수급기간이 짧아 시장 퇴출 이후의 중산층의 삶을 보장해 주지 못하는 실정이다. 이러한 사회보험의 기능 미흡은 대규모 민간보험시장의 지속과 연결되어 있다. 지금처럼 사회보험의 보장 수준이 낮고 사각지대가 존속하는 한 복지국가의 핵심 부분인 소득보장과 건강보장에서 한국의 복지국가가 북유럽 모형 혹은 보수주의 복지 모형으로 진전할 가능성은 거의 없다고 단언할 수 있다. 이런 상태가 지속되면 한국의 복지제도가 진전한다 해도 공공 부문의 복지 기능이 취약하고 시장에서의 복지 구매 여부에 따라 계층화가 발생하는 영미형 복지 모델과 친화성이 높아질 것이다. 달리 말하면 공공복지제도가 중산층의 삶의 불안에 대해 보장해 주지 못하는 상황이 지속되면 한국의 복지국가가 중산층을 전략적으로 포섭하여 탈상품화 수준이 높은 보편주의적 복지국가로 진전할 가능성이 극히 약화됨을 의미한다. 따라서 민간보험시장과 사회보험의 기능과 역할을 어떻게 설정할 것인가에 대한 근본적인 토론이 필요한 시점이다.

민간보험시장이 대규모로 팽창해 있는 상황에서 사회보험의 기능 강화(가령 보험료 인상을 통한 국민연금의 인상과 의료보험의 보장성 강화)는 쉽게 실현하기 어렵다. '공공복지 확대론'은 보편주의적 복지국가를 지향해야 하는 상황에서 당연히 추구해야 할 전략이지만, 한국처럼 이미 시장에 의한 복지공급구조가 지배하는 상황에서는 제한적인 의미를 가질 수밖에 없다. 따라서 복지의 시장공급구조가 제대로 작동하게끔 하는 정책 방향도 매우 중요하다. 시장공급기능을 없애는 것이 대안이 아닌 이상 이미 존재하는 시장공급 부문이 효율적 자원배분의 메커니즘이 되도록 공공 규제를 강화하는 전략이 그것이다. 즉, 시장 부문에 존재하는 복지공급자들을 경쟁과 선택의 원리에 충실하도록 사회적 규제를 통해 합리적 시장의 조건들을 마련하는 것이다. '규제'는 비합리적 시장의 불확실성과 낭비를 줄이고 시장에서의 효율적 자원배분을 위한 중요한 국가 개입 형태의 하나다(Barr, 2004: 72-73). 시장공급자가 복지공급의 다수파를 이루는 상황에서 시장공급자의 복지공급이 효율성을 갖추도록 하는 것은 '규제'를 통해서만 가능하다. 시장에 대한 합리적 규제가 없다면 사회보장의 다층체계 구축이나 경쟁과 선택을 통해 나타나는 복지자원의 효율적 분배는 기대하기 어렵다. 시장에 의해 공급되는 재화와 서비스가 제대로 된 경쟁과 선택의 원리에 의해 작동된다면 '복지 목적(welfare ends)'을 이루는 데 도움을 줄 가능성에 대해 좀 더 열린 자세로 접근할 필요가 있다. 이런 의미에서 공공복지를 강화해야 한다는 입장에서도 시장에 대한 무관심 혹은 백안시보다는 '시장의 복지화(welfarization of the markets)' 전략을 보다 적극적으로 구사할 필요가 있다(김연명, 2008).

과부하가 걸린 가족

부의 세습과 교육기회가 가족이 보유한 자원의 크기에 따라 결정되는 사회에서 가족은 불평등을 강화하는 기제로 작용하는데 이는 사회복지 부문에서도 동일한 원리로 작용한다. 가족의 복지기능이 클 경우 가족원 간의 상호부조는 강화되나 가족이 통제할 수 있는 자원의 크기에 따라 가족 간에 복지자원의 불공평한 배분도 나타난다. 한국 사회에서 가족의 복지공급 비중은 OECD 자료에서 간접적으로 추론할 수 있다. OECD 국가의 공공복지지출비 중 '가족관련급여(family benefit)'의 GDP 대비 비중을 비교하면 2007년을 기준으로 한국은 0.7%로 멕시코(1.0%)보다도 적어 OECD 회원국 중 최하위를 기록하고 있다(OECD, 2012: 3). 이는 가족의 복지 기능이 강한 남부유럽국가(1.4-1.6%)의 거의 절반 수준이며 OECD 평균지출액인 GDP 대비 2.3%와 비교하면 약 3분의 1 수준이다. 이는 전통적으로 가족이 담당하는 아동, 노인의 케어서비스 기능이 공공 부문에 많이 이전되지 않고 여전히 가족, 특히 여성의 부담으로 남아 있음을 의미한다. 따라서 한국이 보다 진전된 보편주의 복지체제로 나아가기 위해서는 가족이 담당하고 있는 복지 기능의 과부하를 공공 부문으로 이전시키는 정책 방향이 필요하다.

정리하면 한국의 복지공급구조는 약한 공공 부문과 시장의 과잉, 가족의 과부하로 정리할 수 있다. 어떤 복지국가 유형이든 간에 한국처럼 시장과 가족이 복지공급에서 과잉 혹은 과부하가 걸려 있는 국가는 없다. 즉, 한국이 보다 진전된 형태의 보편적 복지국가로 나아가기 위해서는 공공 부문의 복지 역할 강화와, 시장복지 공급구조의 합리화 그리고 가족의 과부하를 덜어 주는 정책이 필요한 시점이다.

5. 보편주의 복지정책 작동을 위한 과제

보편주의적 복지정책은 1) 비교적 균질적인 노동시장구조, 2) 공평하고 적절한 수준의 조세부담, 그리고 3) 비용효율적인 복지공급자가 전제되어야 제대로 작동할 수 있다. 그러나 한국은 위의 세 가지 조건에서 보편주의적 복지정책이 작동할 수 있는 구조를 갖추지 못하고 있다.

보편주의적 복지정책의 확대보다 어쩌면 이 정책들이 제대로 작동하도록 관련 분야의 환경을 정비해 주는 것이 현 단계에서는 더 중요한 과업이다.

노동시장구조와 복지사각지대

한국에서 논의되고 있는 보편주의 복지정책(혹은 복지국가론)의 약점 가운데 하나는 1차 노동시장의 불공평과 복지정책의 연관성에 대해 크게 주목하지 않는다는 점이며, 노동계에서는 이를 '노동 없는 복지국가'의 위험성으로 표현한다. 서구의 경험을 통해서 보면 북유럽과 중부유럽에서 보편주의적 복지국가가 성립될 수 있었던 핵심 토대로는 고용률이 높고 노동시장에서 소득분배나 노동조건의 차이가 극심하지 않았다는 점을 들 수 있다. 1차 노동시장에서 발생하는 극심한 소득불균형을 조세와 사회복지제도를 통해서 완화시키는 데는 한계가 있다. 따라서 1차 노동시장에서 오는 불평등을 최소화할 수 있는 노동정책과 산업정책이 복지정책, 조세정책과 동시에 추진되어야 보편주의적 복지국가의 토대가 마련될 수 있고 복지정책도 과부담이 걸리지 않고 원활하게 작동할 수 있다.

한국 노동시장에서 정규직과 비정규직의 근로조건 차별과 소득불균형은 개선의 기미를 보이지 않고, 이것은 보편주의적 사회보장제도를 완성하는 데 결정적 장애가 되고 있다. 한국 노동시장에서 비정규직의 임금은 정규직의 48% 수준에 불과하다. 비정규직은 45.6%만이 국민연금을 적용받으며 고용보험은 37%만이 적용받고 있다. 비정규직의 퇴직금 적용률은 26.4%에 불과하다. 건강보험의 실질 가입률이 93.0%(직장가입률은 37.9%)로서 유일하게 제대로 된 역할을 하고 있을 뿐이다(김연명, 2010).

비정규직과 영세사업장 근로자의 낮은 소득은 사회보험료 인상을 통한 공적 사회보험의 기능 강화를 근본적으로 어렵게 만들고 사회보험의 기여회피(contribution evasion)를 통해 사각지대를 온존시키는 기능을 하고 있다. 이와 같이 1차 노동시장에서의 불평등이 극심한 상태에서는 모든 근로소득자를 포괄하는 보편주의적 복지제도가 결코 성립될 수 없고 보편주의적 복지국가의 실현도 어렵다. 특히 노동시장의 불평등에서 나타나는 비정규직 배제 등의 문제는 그 규모가 워낙 커서 국가재정으로 해결하기란 불가능하다. 비정규직의 근로조건 격차를 완화할 수 있는 각종 노동정책이나 노동입법 등이 제대로 갖추어져 1차 소득분배가 어느 정도 진행되고 그것으로 충족되지 않는 부분을 복지제도에서 떠맡는 것이 노동시장정책과 복지정책의 합리적인 역할분담이다. 1차 노동시장에서 나타나는 불평등 문제를 복지제도를 통해 막는 데는 한계가 있다는 점을 인식하고 노동시장에서 차별과 격차 해소를 위한 정책들과 복지정책의 유기적 연관성을 강화해야 보편주의적 복지국가 체제로 전진할 수 있다.

복지재원의 확보 문제: 보편적 부담의 중요성

보편주의적 복지체제를 유지하고 있는 북유럽 국가들 대부분은 조세수입과 복지비지출 면에서 선진국 가운데 가장 큰 규모를 갖고 있는 나라들이다. 이미 1990년에 스웨덴의 조세수입 규모는 GDP 대비 52.7%로 세계 1위였으며, 덴마크는 46.5%(2위), 핀란드는 43.5%(3위), 그리고 노르웨이가 41.0%(7위)였다. 공공사회복지비 지출에서도 스웨덴은 GDP 대비 30.5%(1위), 덴마크는 25.5%(2위), 핀란드 24.5%(5위), 그리고 노르웨이가 22.6%(8위)를 기록하였다(Kautto, 2010: 594). 이것이 의미하는 바는 보편주의 복지국가는 조세수입의 규모가 크지 않으면 달성되기 어려운 체제라는 것이다. 2009년을 기준으로 OECD 주요 국가의 조세부담률과 사회보험 기여율을 합친 국민부담률은 한국이 25.5%로 OECD 평균 국민부담률(33.8%)보다 상당히 낮은 수준이다(OECD, 2013b). 한국의 사회보험료 총부담이 2010년에 약 6% 수준이기 때문에 일반조세 부담률은 19% 내외로 볼 수 있다. 여기서 쟁점은 이 정도의 조세와 사회보장 기여금 부담으로 보편주의적 복지국가를 구축할 수 있느냐 하는 것이다. 물론 매우 어려우며 해답은 간단하다. 국민 부담을 더 늘릴 만한 여유가 있고 늘려야 한다는 것이다. 그렇다면 어떤 방식이 좋은가?[16]

• 사회보험료의 추가 부담?

복지제도의 재원은 사회보험료와 일반조세로 대별된다. 사회보험료의 인상은 사회보험의 급여수준 확대를 위해 필요하고 중산층의 삶의 불안을 공공복지제도 안에서 해소할 수 있다는 긍정적인 측면이 있어 시민사회 일각에서 건강보험을 중심으로 이 운동을 전개하고 있다.[17] 실제 한국의 사회보장 기여율은 다른 나라와 비교해서도 낮은 편이다. 2010년을 전후하여 고용주와 임금근로자가 부담하는 사회보험제도의 총기여율은 한국이 16.53%(피보험자 7.79%, 고용주 8.74%)인데 이는 일본의 26.89%, 미국의 17.35%보다 낮고 전형적인 사회보험국가인

---

16 물론 부담을 어떻게 합리적으로 늘릴 것인가에 선행되어야 할 것은 정부재정의 합리화를 통한 복지재원 마련(세출구조조정) 그리고 조세와 사회보험료 부담의 공평성을 확보하는 것이다. 특히 지금처럼 국민 대다수가 조세부담의 형평성에 근본적인 의문을 표하는 상황에서 무조건적인 증세는 바람직하지도 않고 정치적으로 가능하지도 않으며 부작용을 가져올 개연성이 높다. 이 문제는 보수, 진보 그리고 여야를 떠나 모두 동의하는 사항이므로 특별히 언급하지 않아도 될 것이다. 이 부분에서 논의하는 사회보험료와 일반조세의 부담 증대는 부담의 공평성이 확보된다는 전제하에 어떤 방식으로 부담을 전 국민이 공유할 것인가에 대한 논의다.

17 가령 몇 년 전부터 시민사회는 건강보험료의 자발적 인상을 통해 건강보험의 재원을 확충하여 건강보험의 보장성을 획기적으로 높이자는 '건강보험 하나로' 운동을 전개하고 있는데 이것이 사회보험료 인상을 통한 복지재원 마련의 전형적인 예라고 할 수 있다.

독일(41.27%)과 프랑스(42.58%)의 절반에도 못 미치는 수준이다(Social Security Administration, 2012).

그러나 문제는 낮은 소득으로 보험료를 부담할 수 없는 계층에게는 보험료 인상이 사회보험에서 빠져나가는 '기여회피(contribution evasion)' 유인을 제공한다는 것이다. 이 현상은 남미와 남부유럽 국가들에서 광범위하게 발생하는데, 높은 보험료 부담이 오히려 사회보험의 사각지대를 조장하는 역기능을 행사하는 것이다. 따라서 저소득층과 비정규직이 사회보험에서 배제되는 한국 사회보험의 고질적인 문제를 온존시키거나 강화할 가능성도 있다. 또한 사회보험의 대부분은 임금소득에 부과되는데 세계화의 진전, 서비스 노동의 팽창, 산업기술의 발달 등 후기산업사회로의 진입은 성숙한 복지국가에서조차도 노동시장의 이중화와 양극화로 임금소득의 불평등이 확대되는 양상을 보이고 있고(OECD, 2011; Emmenegger et al., 2012), 지난 10년간 노동소득분배율이 한국을 비롯한 자본주의 국가 대부분에서 지속적으로 하락하고 있으며 이 추세가 역전되기 힘들다는 점에서(OECD, 2011: 4장), 사회보험료 인상을 통한 복지재원 마련은 부분적인 해결책은 되지만 획기적인 해결책이 되기는 어려울 것으로 보인다.

• '보편증세' or '부자증세'?

보편주의 복지국가를 주장하는 친복지진영에서는 복지재원의 총량을 늘리는 것이 대안체제로서의 복지국가를 실현하는 데 핵심적인 사안이기 때문에 여러 가지 증세 방안을 제시해 왔다. 전통적인 해법으로 정부예산의 효율화, 탈세 방지, 각종 조세감면 축소 등을 통한 복지재원 확보가 제시되어 왔는데(정세은, 2010) 여기에는 미묘한 흐름의 차이가 있다. 그 차이는 재원 마련의 초점을 부자에게 집중할 것인가(소위 '부자증세' 또는 '로빈훗' 방식), 아니면 일반 국민들도 증세에 동참하는 보편적인 증세〔소위 '보편증세' 혹은 '돼지저금통(piggy bank)' 방식〕에 초점을 맞추는가의 문제다. '부자증세'를 통한 보편적 복지재원의 마련은 구체적으로 소득세, 법인세, 상속증여세, 종부세에 15-30%를 가산하여 총 15조 원의 재원을 확보하고 이를 지방에 사회복지교부세(30%), 교육복지교부금(20%) 등으로 배분하고 나머지 50%를 중앙정부의 복지재원으로 활용하자는 안으로 구체화되었다(조승수, 2010). 이 제안은 소득세의 경우 상위 10%에게만 복지세를 부과하고 법인세도 납부세액 10억 이상만 부담시켜 부유층에게서 세금을 걷는 방식이며, 지출도 복지 목적에만 한정하는 일종의 목적세 형태로 사회복지세를 도입하자는 것이다.

부유층에게 목적세 형식의 세금을 부과하자는 로빈훗 방식의 '부자증세' 제안은 통상 진보진영의 제안으로 인식되어 왔는데, 보편주의 복지제도 수립을 위해 조세규모를 늘려야 한다는 점에는 공감하지만 생각해 볼 문제가 남아 있다. 부유층에서 세금을 걷어 저소득층의 복지에 충당하는 로빈훗 방식의 재원이전구조는 복지할당에서 잔여주의적 원리로 귀착될 가능성이 있다. '부자증세' 방식은 재원의 부담자(납세자)와 복지의 수혜자(세금의 수혜자)가 일치하지 않아 부담자 입장에서는 조세저항의 가능성과 복지제도에 대한 정치적 지지기반의 상실이 나타날 수 있고, 수혜자 입장에서는 사회적 낙인의 우려가 상존한다. 자산조사에 기반한 공공부조에 많은 자원을 할당하는 복지체제에서 나타나는 이 문제는 재원을 부유층으로 하고 세금의 용처를 복지영역으로 한정하는 목적세 방식에서도 유사하게 나타날 수 있다.

북유럽과 중부유럽의 보편주의 복지국가에서 자원배분을 지배하는 중요한 원리 중의 하나는 세금 및 사회보험료의 부담자와 복지제도의 수혜자를 일치시키는 '보편증세' 전략이다. 즉, 내가 낸 세금이 각종 복지제도를 통해 나에게 돌아오는 구조를 만드는 것이 보편적 복지국가의 자원배분의 주요 메커니즘이다. 이런 이유 때문에 국민부담률의 규모가 크게 나타나지만 중산층도 공공복지제도에 이해관계를 갖고 공공복지제도의 정치적 지지기반이 될 수 있다. 즉, 보편주의 복지체제는 재원의 부담자와 제도의 수혜자를 일치시키는 '보편증세'의 정치적 전략이지만, 잔여주의적 복지원리는 재원의 부담자와 재원의 수혜자가 분리됨으로써 납세자로부터 복지비 부담의 저항을 가져올 수 있다. 이런 측면에서 본다면 부유층에 목적세를 부과하는 방식으로 보편적 복지국가의 재원을 마련하는 방안의 장단점에 대해서는 복지국가의 계층간 이해관계의 구조, 특히 중산층의 복지국가에 대한 이해관계라는 측면에서 보다 많은 토론이 필요할 것으로 보인다. 바람직한 방향은 국민 누구나 부담하는 '보편증세'를 기본방향으로 하고 능력이 있는 사람이 추가로 더 부담하는 '부자증세'를 결합하는 것이다.

사회복지 공급구조의 개편: 공공복지공급자의 강화

한국적인 상황에서 보편적 복지국가의 재원을 마련하는 것 못지않게 중요한 것이 이윤추구적 행위가 강한 사회복지공급자(welfare provider)를 제대로 통제하지 못하여 필요 이상으로 복지재원이 소비될 가능성이다. 보편주의적 복지국가로 불리는 대부분의 나라에서 의료기관, 노인요양기관, 아동보육기관 등의 복지공급자는 공공기관이거나 종교단체 같은 비영리기관 단체들이다. 그러나 의료기관의 경우 한국에서는 2005년 기준으로 전체 의료기관 49,602개소 중 8.5%만이 공공의료기관이고 나머지 91.5%는 영리성을 강하게 띠는 민간의료기관이다. 최근에 급팽창하는 노인요양시설의 경우는 97% 정도가 영리추구를 하는 민간기관이다. 보육시설도 국공립시설은 6% 정도에 지나지 않는다.

이처럼 영리추구적 민간공급자가 압도적인 우위를 차지하고 있는 구조에서는 정보의 비대칭성으로 인한 공급자의 수요유발 행위(예: 의료기관의 과잉진료 행위와 보육시설의 특기적성비용 같은 수요 유발)가 강화되어 복지비용의 효율적 사용을 저해할 수 있다. 더 나아가 의료보험수가나 표준비용단가 등 정부의 서비스가격 통제 기능이 제대로 작동하지 않아 필요 이상의 재원이 소비되어 한국 복지제도에 지속적 부담으로 작용할 가능성이 상당히 크다. 때문에 민간복지공급자의 과잉구조를 적정화할 필요성이 있다.

단시간에 민간공급자 우위의 사회복지공급구조를 공공 부문 우위로 바꾸는 것은 거의 불가능해 보인다. 하지만 보편주의 복지국가가 효율적으로 작동하기 위해서는 너무 적고 약한 공공 부문이 가져오는 여러 가지 폐해를 반드시 교정해야 한다. 일각에서 주장하는 '무상의료', '무상교육' 같은 상징적 구호를 논외로 할 경우 주어진 정치적 여건에서는 (시민단체에서 제시하듯이) '공공의료 30% 확보', '공공보육시설 30% 확보' 정도가 현실적인 대안이 될 것인데 이마저도 현실정치에서는 실현하기가 쉽지 않다. 가령 노무현 정부의 '공공의료 30% 확보'는 구호로 끝나 버렸으며, 가장 많은 예산이 팽창된 육아 관련 예산도 민간 위주의 보육서비스 공급구조를 바꾸지 못했다. 보편주의 복지국가의 수립은 사회복지공급체계 전반에서 최소한의 공공 부문의 비중을 확보해야 장기적으로 재정적 지속가능성을 확보할 수 있다. 따라서 공공복지시설의 확충에 복지지출의 우선순위를 두는 방안을 적극적으로 검토해야 한다.[18]

---

18 필자는 공공복지시설 확대를 위한 재원조달 방안으로 약 400조 원에 달하는 국민연금기금의 일부를 채권 형식으로 국민연금기금이 인수하여 공공복지시설 확충에 사용하자는 제안을 한 바 있다. 자세한 내용은 김연명(2012) 참조.

6. 결론

모든 복지국가는 무조건 좋은 사회체제인가? 최근의 비교복지국가 연구결과는 모든 복지국가가 반드시 좋은 사회체제는 아닐 수 있음을 보여 준다. 상대적으로 효율적인 복지제도를 구축하여 성장과 노동시장에 미치는 부작용을 최소화하고 복지제도를 통한 분배를 강화하여 성장과 분배가 상호 선순환을 가져오는 복지체제가 있는가 하면, 복지와 성장의 관계를 조화롭게 구조화시키지 못하는 복지체제도 있음을 그동안의 복지국가 비교 연구는 보여 준다. 적어도 지금까지의 연구결과에 의하면 후기산업사회로 이행하는 과정에서 북유럽과 중부유럽의 사민주의 복지체제와 보수주의 복지체제는 성장과 분배구조의 선순환을 가져오는 데 비교적 성공적으로 적응하고 있다는 것이 일반적 진단이다. 반면 영미형 자유주의 모형은 성장이라는 면에서 결정적 결함이 나타나지는 않으나 분배와 사회통합의 측면에서 치명적인 약점을 갖고 있다(〈표 2-3〉의 지니계수, 상대빈곤율 참조). 남부유럽형 복지체제는 〈표 2-3〉의 각종 지표에서 보는 것처럼 보편주의적 복지체제라고 보기에는 노동시장 외부자와 내부자 사이에 복지혜택의 심각한 균열이 지속되고 있으며 이에 따른 불평등구조도 뚜렷하게 나타나고 있다. 또한 낮은 출산율과 고용률, 낮은 여성경제활동 참가율 등의 결정적 약점을 보이고 있어 후기산업사회의 적응에 가장 어려움을 겪고 있으며 미래에 대한 전망도 밝지 않다.

한국은 우리가 인식하지 못하는 사이에 이미 복지국가의 초기 단계로 진입했으며 보기에 따라서는 초기 단계를 지나 도약 단계로 이행해가는 시점으로 볼 수도 있다. 한국이 종국적으로 어떤 유형의 복지국가로 이행하게 될지 예측하기는 어렵다. 분명한 것은 지금처럼 공공복지제도가 중산층의 삶의 불안을 해소하지 못하고, 시장의 복지공급기능

〈표 2-3〉 4개 복지국가 유형별 주요 사회 지표

구분	출산율 (2008)	지니계수 (2000년 초)	상대빈곤율 (2000년 초)	고용률 (2008)	여성 고용률 (2008)	적극적 노동시장 지출(2007)	가족복지 지출 (2007)
사민주의 복지국가	1.87	0.250	6.575	73.6	69.7	1.022	3.070
자유주의 복지국가	1.85	0.321	13.028	73.0	66.5	0.345	1.875
보수주의 복지국가	1.60	0.275	7.651	69.0	63.4	0.767	2.476
남부유럽 복지국가	1.44	0.327	12.874	63.6	53.6	0.466	1.217
한국	1.19	0.311 (2006)	13.969 (2006)	63.8	53.2	0.130	0.458
OECD 평균	1.91	–	–	66.7	57.8	0.461	1.953

주: 1) 사민주의 복지국가: 덴마크, 벨기에, 핀란드, 네덜란드, 노르웨이, 스웨덴.
2) 자유주의 복지국가: 호주, 캐나다, 아일랜드, 일본, 뉴질랜드, 스위스, 영국, 미국.
3) 보수주의 복지국가: 오스트리아, 프랑스, 독일.
4) 남부유럽 복지국가: 그리스, 이탈리아, 포르투갈, 스페인.
자료: 김연명(2011b)에서 재구성.

이 압도적 우위를 차지하는 구조가 지속되고, 1차 노동시장의 불평등으로 인한 광범위한 복지사각지대가 남아 있고, 민간복지공급자의 헤게모니를 약화시키지 못하는 교착상태가 지속된다면 한국에서 효율적인 복지국가가 건설될 전망은 매우 어둡다. 한국이 직면하게 될 복지국가의 모습 중 가장 최악의 시나리오는 시장에서 발생하는 국민들의 삶의 불안을 해소하고 성장과의 조화를 꾀하는 보편적 복지국가의 장점보다는 영미형에서 나타나는 나쁜 분배구조와 시장의 과잉, 그리고 남부유럽형에서 나타나는 복지수혜의 양극화와 사각지대가 결합되는 경우다(김연명, 2013b). 즉, 복지국가라는 칭호는 획득하되 어찌 보면 가장 '비효율적인 복지체제'로 구조화되는 경우다. 그러나 불행하게도 이 가능성이 가장 높아 보인다. 그 이유는 사회정책 및 노동시장, 조세정책에서 부분적인 보완이 아닌 대대적이고 전면적으로 혁신할 수 있는 의미 있는 정치세력이 잘 보이지 않기 때문이다.

〈부표 1〉 OECD 회원국의 공공복지비, 민간복지비 그리고 순사회복지비 구성 (GDP 대비 %, 2009)

구분	공공복지비	민간복지비	순사회복지비
멕시코	7.73	0.25	8.76
한국	9.40	2.73	12.38
칠레	11.96	3.01	13.82
터키	12.84	–	11.94
이스라엘	15.95	0.55	14.91
호주	17.82	3.19	19.93
아이슬란드	18.47	6.00	20.78
슬로바키아	18.74	0.94	18.46
미국	19.16	10.37	28.87
캐나다	19.20	5.11	22.95
스위스	20.07	8.05	–
체코	20.71	0.70	19.88
뉴질랜드	21.24	0.50	19.33
폴란드	21.52	0.04	25.27
OECD 평균	22.27	2.67	22.22
일본	22.40	3.97	25.25
네덜란드	23.18	7.31	25.30
노르웨이	23.29	2.32	20.71
슬로베니아	23.39	1.16	22.78
에스토니아	23.51	0.02	19.67
룩셈부르크	23.57	1.66	20.33
아일랜드	23.61	2.13	23.34
그리스	23.88	1.62	–
헝가리	23.93	0.24	–
영국	24.05	6.09	27.73
포르투갈	25.55	2.03	25.27
스페인	25.98	0.51	25.21

〈부표 1〉 (계속)

구분	공공복지비	민간복지비	순사회복지비
독일	27.78	3.20	27.54
이탈리아	27.80	2.30	25.46
오스트리아	29.12	2.08	25.60
핀란드	29.44	1.23	24.78
벨기에	29.70	2.35	28.13
스웨덴	29.82	3.22	26.13
덴마크	30.19	2.90	25.32
프랑스	32.07	3.10	32.05

자료: OECD, Social Expenditure Database (방문일 2013. 6. 12).

참고문헌

고경환·장영식·강지원·정형선·최성용·정영애. 2012.「2010년도 한국의 사회복지지출 추계와 OECD 국가의 보건부문 지출 비교」. 보건복지부·한국보건사회연구원.

김두용. 2010.「다시 확대되는 가계, 기업간 소득 양극화」.『보건복지포럼』166: 106-117.

김성원. 2011.「일본」. 김용하·이태진 외 13명.『지속가능한 한국형 복지체제 모색을 위한 선진복지국가 경험의 비교연구』. 보건복지부·한국보건사회연구원.

김연명. 2004.「한국 사회복지의 낙후성?」.『상황과 복지』2004년 12월호.

김연명. 2008.「시장의 복지화가 필요하다: 국민연금과 건강보험에서 시장화의 쟁점」.『사회복지정책』34: 277-304.

김연명. 2010.「비정규직의 사회보험 사각지대 규모와 실태의 재검토」.『사회복지정책』37(4): 155-179.

김연명. 2011a.「한국 복지정책의 방향: 보편주의 복지국가의 수립과 정책과제」.『계간 사회복지』190: 23-49.

김연명. 2011b.「복지국가와 사회적 지속가능성」. 김용하·이태진 외.『지속가능한 한국형 복지체제 모색을 위한 선진복지국가 경험의 비교연구』. 보건복지부·한국보건사회연구원.

김연명. 2012.「신탁기금인가 사회투자자본인가?」. 김연명 외.『국민연금기금의 투자전략과 지배구조』. 인간과복지.

김연명. 2013a.「국민연금과의 관계에서 본 인수위원회 기초연금 도입(안)의 평가」.『사회복지정책』40(3): 375-403.

김연명. 2013b.「한국복지국가의 성격과 전망: 남부유럽복지체제와의 비교를 중심으로」.『한국사회복지조사연구』36: 27-59.

김연명 편. 2002.『한국복지국가성격논쟁 I』. 인간과복지.

김연명 편. 2009.『사회투자와 한국 사회정책의 미래』. 나눔의집.

김영순. 1996.『복지국가의 위기와 재편』. 서울대학교출판부.

김영순. 2012.「보편적 복지국가를 위한 복지동맹」. 윤홍식 편.『우리는 한배를 타고 있다: 보편적 복지국가를 향한 노동과 시민의 친복지연대』. 이매진.

남찬섭. 2012.「한국, 왜 복지국가 전환이 어려운가?」. 윤홍식 편.『우리는 한배를 타고 있다: 보편적 복지국가를 향한 노동과 시민의 친복지연대』. 이매진.

보험개발원. 2007.『보험통계연보』.

서울시민복지기준추진위원회. 2012.「서울시민복지기준」. 서울특별시.

송호근·홍경준. 2006.『복지국가의 태동』. 나남.

오건호. 2012.「한국의 조세구조 실태와 복지국가 증세」. 남찬섭 편.『대한민국 복지국가: 회고와 전망』. 나눔의집.

윤진호. 2013.「노동시장, 복지, 노사관계의 이중구조화에 관한 국제비교 및 시사점」. 조성재 외.『한국 노사관계시스템 진단과 발전방향 모색』. 한국노동연구원.

윤홍식. 2010.「보편적 복지와 복지국가」.『복지세상을 꿈꾸다』. 참여연대 희망복지학교 자료집.

윤홍식. 2012.「왜 지금 우리에게 연대가 필요한가」. 윤홍식 편.『우리는 한배를 타고 있다: 보편적 복지국가를 향한 노동과 시민의 친복지연대』. 이매진.

이현주 외. 2006.『우리나라 빈곤실태와 정책적 함의』. 한국보건사회연구원.

재정경제부 소득세제과. 2005.「감세논쟁 주요 논점 정리」.『재정포럼』83: 83-98.

정세은. 2010.「역동적 복지국가를 위한 조세재정정책의 방향과 전략」. 이상이 편저.『역동적 복지국가의 논리와 전략』. 도서출판 밀.

조승수. 2010.「사회복지세 도입방안」. 조세정의·복지확대를 위한 사회복지세 도입 토론회 발표문.

武川正吾. 2005.「韓國の福祉國家形成と福祉國家の國際比較」. 武川正吾·金淵明 共編.『韓國の福祉國家·日本の福祉國家』. 東京: 東信堂.

Arts, Wil A., and John Gelissen. 2010. "Models of the Welfare State." In: Francis G. Castles, Stephan Leibfried, Jane Lewis, and Herbert Obinger, eds., *The Oxford Handbook of the Welfare State*. Oxford: Oxford University Press.

Baldwin, Peter. 1990. *The Politics of Social Solidarity: Class Bases of the European Welfare State 1875-1975*. Cambridge and New York: Cambridge University Press.

Barr, Nicholas. 2004. *Economics of the Welfare State*. 4th ed. Oxford: Oxford University Press.

Emmenegger, Patrick, Silja Hausermann, Bruno Palier, and Martin Seeleib-Kaiser, eds. 2012. *The Age of Dualization: The Changing Face of Inequality in De-Industrializing Societies*. Oxford: Oxford University Press.

Esping-Andersen, Gøsta. 1985. *Politics against Markets*. Princeton: Princeton University Press.

Esping-Andersen, Gøsta. 1990. *The Three Worlds of Welfare Capitalism*. Oxford: Oxford

University Press.

Esping-Andersen, Gøsta. 1999. *Social Foundation of Postindustrial Economies*. Oxford: Oxford University Press.

Estevez-Abe, Margarita. 2008. *Welfare and Capitalism in Postwar Japan: Party, Bureaucracy, and Business*. Cambridge: Cambridge University Press.

Ferrera, Maurizio. 2010. "The South European Countries." In: Francis G. Catles et al., *The Oxford Handbook of the Welfare State*. Oxford: Oxford University Press.

Gilbert, Neil, and Paul Terrel. 2005. *Dimensions of Social Welfare Policy*. Boston: Allyn and Bacon.

Hills, John. 2004. *Inequality and the State*. Oxford: Oxford University Press.

Holliday, Ian. 2005. "East Asian Social Policy in the Wake of the Financial Crisis: Farewell to Productivism." *Policy and Politics*, 33(1): 145-162.

IMF. 2010. Principal Global Indicators (http://www.principalglobalindicators.org/default.aspx).

Jones, Catherine. 1993. "The Pacific Challenge: Confucian Welfare State." In: C. Jones, ed., *New Perspectives on the Welfare State*. London: Routledge.

Katzenstein, Peter J. 1985. *Small States in World Markets: Industrial Policy in Europe*. Ithaca and London: Cornell University Press.

Kauto, Mikko. 2010. "The Nordic Countries." In: Francis G. Castles, Stephan Leibfried, Jane Lewis, and Herbert Obinger, *The Oxford Handbook of the Welfare State*. Oxford: Oxford University Press.

Kim, Yeon Myung. 2008. "Beyond East Asian Welfare Productivism in South Korea." *Policy and Politics*, 36(1): 109-125.

Korpi, Walter, and Johakim Palme. 1998. "The Paradox of Redistribution Welfare State Institutions, Inequality, and Poverty in the Western Countries." *American Sociological Review*, 63: 661-687.

Mares, Isabela. 2010. "Macroeconomic Outcomes." In: Francis G. Castles, Stephan Leibfried, Jane Lewis, and Herbert Obinger, eds., *The Oxford Handbook of the Welfare State*. Oxford: Oxford University Press.

Mishra, Ramesh. 1990. *The Welfare State in Capitalist Society: Policies of Retrenchment and Maintenance in Europe, North America, and Australia*. Toronto: University of Toronto Press.

Miyamoto, Taro. 2003. "Dynamics of the Japanese Welfare State in Comparative

Perspective: Between Three Worlds and the Developmental State." *The Japanese Journal of Social Security Policy*, 2(2): 12-24.

Mkandawire, Thandika. 2005. "Targeting and Universalism in Poverty Reduction." Social Policy and Development Programme Paper Number 23. United Nations Research Institute for Social Development.

Morel, Nathalie, Bruno Palier, and Joakim Palme, eds. 2012. *Towards a Social Investment Welfare State?* The Policy Press.

OECD. 2005. *Extending Opportunities: How Active Social Policy Can Benefit Us All.*

OECD. 2011. *Divided We Stand: Why Inequality Keeps Rising.*

OECD. 2012. *Social Spending During the Economic Crisis: Social Expenditure (SOCX) data update 2012.*

OECD. 2013a. Social Expenditure Database(http://stats.oecd.org/Index.aspx?datasetcode= SOCX AGG, 방문일 2013. 6. 12).

OECD. 2013b. OECD Factbook 2012.

Peng, Ito, and Joseph Wong. 2010. "East Asia." In: Castles, Francis G., Stephan Leibfried, and Jane Lewis, et al., eds., *The Oxford Handbook of the Welfare State*. Oxford: Oxford University Press.

Pierson, Christopher. 2004. "'Late industrializers' and the Development of the Welfare State." In: Tantika Mkandawire, ed., *Social Policy in a Development Context*. Palgrave Macmillan.

Pierson, Christopher. 2007. *Beyond the Welfare State: The New Political Economy of Welfare*. 3rd ed. The Pennsylvania State University Press.

Ramesh, Mishra. 2003. "Globalization and Social Security Expansion in East Asia." In: Linda Weiss, ed., *States in the Global Economy: Bringing Domestic Institutions Back In*. Cambridge: Cambridge University Press.

Social Security Administration. 2012. *Social Security Programs Throughout the World 2012*.

Titmuss, Richard. 1968. "Universalism versus Selection." In: Christopher Pierson, and Francis G. Castles, eds., *The Welfare State Reader*. Cambridge: Polity Press

Wilding, Paul. 2008. "Is the East Asian Welfare Model Still Productive?" *Journal of Asian Public Policy*, 1(1): 18-31.

Wilensky, Harold L. 1975. *The Welfare State and Equality*. Berkeley: University of California Press.

2부

한국의 사회복지, 분야별 정책 변동

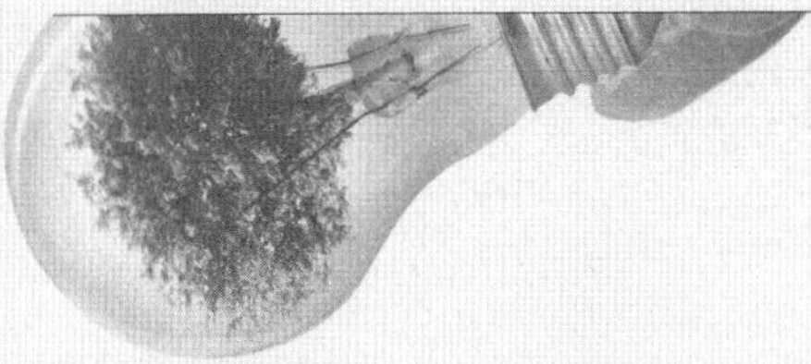

3장 /

사회복지정책 제도의 변화와 전망

조흥식

1. 서론

20세기에 들어 전 지구적으로 산업화와 함께 도시화, 인구구조 변화, 핵가족화, 사본 축적과 노동자 세력 약화 등의 사회변동이 발생하였다. 그 결과 심화된 빈곤과 질병의 문제를 더 이상 개인과 가족, 지역사회 중심의 복지단체와 종교, 그리고 기업의 자선사업만으로는 해결할 수 없게 되었다. 이에 국가가 구체적인 정책을 통해서 개인의 삶에 일정 부분 개입할 필요성이 대두된 것이다. 더구나 현대 복지국가로 이동하면서 점차 공공복지시설이 확충되고, 정치 참여의 기회가 늘어났으며, 노동시간과 여가시간의 균형이 필요해졌고, 보건의료, 주거, 교육 등의 문제가 일상생활에서 중요하게 되었다. 이와 함께 표출되는 사회욕구(social needs)에 관한 사회적 관심이 확대되면서 개인들 사이의 주관적인 만족도에 대한 비교 연구가 활발히 이루어졌다. 또한, 대량생산과 대량소비가 가능해진 산업사회에서는 자본과 노동의 불평등, 지역적 불균형과 인생주기의 각 단계에서 발생하는 사회위험(social risks)에 대한 대비 등 개인의 삶의 질 문제가 국가정책의 중요한 목표로 떠올랐다. 이러한 국가와 사회의 변동 상황에서 등장한 것이 바로 사회복지정책이다.

사회복지정책은 빈곤, 질병 등 사회문제를 다루는 공공과 민간의 일관된 의사결정과정에서 파생된 대안과 그 시행, 그리고 평가과정에 이르는 일련의 행동들의 집합이라 할 수 있다. 이러한 사회복지정책은 통상 문제해결의 개념하에 시행되지만 때로는 예방적 측면에서 사회복지의 실시와 연결되기도 한다. 따라서 사회복지정책의 분야는 개인의 욕구에 따른 분야뿐만 아니라 그 개인이 가질 수 있는 욕구의 예방적 측면까지 아주 포괄적이며 다양하다. 즉, 소득보장, 건강보장, 교육보장, 주거보장, 고용보장, 돌봄서비스(사회복지서비스) 보장 등으로 구성되어 있으며 다소 영역을 확대하면 조세정책과 노동시장정책을 포함할 수 있다. 이러한 사회복지정책을 제대로 집행하려면 사회적 제도장치 구축이 필요한데, 그 핵심이 되는 제도장치가 바로 사회보장(제도)이다.

이러한 사회보장(제도)은 한마디로 사회복지정책을 구체적으로 실현하기 위한 수단 혹은 제도장치로서, 국민의 최저생활을 확보하고 생활불안을 해소하는 데 목적을 둔 공적 제도라 할 수 있다. 사회보장은 넓은 의미의 사회보장과 좁은 의미의 사회보장으로 파악할 수 있다. 좁은 의미의 사회보장은 일반적으로 소득보장과 최저생활보장에 중점을 두고 사회보험, 공공부조, 사회복지서비스 분야를 포함하는 개념으로 이해된다. 이에 비해 넓은 의미의 사회보장은 사회보험, 공공부조, 사회복지서비스 분야 외에 공중위생서비스, 고용서비스, 주거서비스, 교육서비스 같은 사회서비스와 더불어 가족수당, 공해, 지역개발, 인구, 노동정책 등을 포괄하는 개념으로 이해된다. 따라서 사회보장을 넓은 의미로 이해하느냐, 좁은 의미로 이해하느냐에 따라 사회보장제도의 범위와 내용이 달라질 수 있다. 우리나라의 경우에는 좁은 의미의 사회보장 개념에다 넓은 개념의 사회서비스를 포함한 개념으로 받아들이고 있다.

이 글에서는 이러한 개념의 사회보장제도를 중심으로 사회복지정책 제도의 입법 변화 과정과 현행 제도의 내용, 그리고 제도의 향후 전망에 대해 살펴보고자 한다.

2. 한국 사회보장제도의 입법 변화 과정

최근 한국 사회복지제도를 규율하는 기본 법규에 매우 중요한 변화를 가져온 일이 생겼다. 2012년 1월 26일에 사회보장기본법이 전면 개정된 것이다. 한국 사회복지제도를 전반적으로 규율하는 기본법은 크게 세 번의 변화를 겪었다. 첫째는 1963년 11월 5일 '사회보장에 관한 법률'의 제정이며, 둘째는 1995년 12월 30일 사회보장기본법이 제정된 것이고, 셋째는 (이후 비록 사회보장기본법 일부 개정이 2005년과 2009년에 있었지만) 2012년 1월 26일의 사회보장기본법 전면 개정(이하 개정기본법)이라 할 수 있다.

이러한 세 번의 변화 배경을 남찬섭(2012a)은 "첫 번째 변화가 1950년대 말 이래 등장한 정치·사회적 개혁 요구와 군사정권에 의한 1960년대 초 복지대량입법을 배경으로 한 것이라면, 두 번째 변화는 1980년대 후반의 민주화투쟁으로 대표되는 개혁 요구를 반영한 것이며, 세 번째 변화는 저출산·고령화 현상과 신자유주의적 지구화로 인한 극심한 양극화 등으로 발생하였고 한국 현대사에서 유례를 찾기 어려운 복지 논쟁을 배경으로 한 것"이라고 평가한다.

여하튼 개정기본법은 '사회보장'의 정의를 수정하여 '사회적 위험으로부터 국민을 보호하고 삶의 질을 향상시키는 데 필요한 소득과 서비스를 보장하는 사회보험, 공공부조, 사회서비스'라고 규정하고 있다(제3조 제1호). 여기서 사회적 위험은 '출산, 양육, 실업, 노령, 장애, 질병, 빈곤 및 사망 등'으로 열거하여 출산과 양육, 빈곤이 추가되었다. 그리고 개정기본법은 사회보장의 기능으로 소득보장과 서비스보장을 명시하였고 이런 기능을 수행하는 맞춤형 사회보장을 신설된 용어인 '평생사회안전망'으로 규정하였다. 사회보장의 기능을 명시한 것은 기존 기본법과 비교하여 중요한 수정이라 할 수 있다.

그리고 사회서비스를 기존 기본법의 사회복지서비스와 관련 복지제도를 합한 것으로 규정한바, 사회서비스는 "도움이 필요한 모든 국민에게 복지, 보건의료, 교육, 고용, 주거, 문화, 환경 등의 분야에서 인간다운 생활을 보장하고 상담, 재활, 돌봄, 정보의 제공, 관련 시설의 이용, 역량개발, 사회참여 지원 등을 통해 국민의 삶의 질이 향상되도록 지원하는 제도"로 되어 있다(제3조 제4호). 따라서 개정기본법의 사회서비스는 사회복지서비스, 건강서비스(사회보험과 공공부조 이외의 방식에 의한 건강보장), 교육서비스, 고용서비스, 주거서비스, 문화와 환경 등의 분야에서 삶의 질 향상 보장의 기능을 모두 수행하는 것으로 볼 수 있는데, 이는 개정기본법의 사회서비스 정의가 대단히 넓은 개념을 채택하고 있음을 보여 준다.

이렇게 볼 때, 한국의 현행 사회보장제도는 사회보험, 공공부조, 사회서비스의 세 가지를 포함하는 것으로 파악된다. 첫째, 사회보험이란 위험 분산과 생활불안 해소에 중점을 두는 공적보험제도다. 한국의 현행 주요 사회보험제도로는 국민연금제도를 비롯한 연금제도, 국민건강보험제도, 산업재해보상보험제도, 고용보험제도, 노인장기요양보험제도 등이 있다. 둘째, 공공부조란 최저생활보장에 중점을 두는 구체적 성격의 사회보장제도다. 한국의 현행 주요 공공부조제도로는 국민기초생활보장제도, 이재민구호사업, 국가보훈사업, 의료급여제도, 의사상자보호 등이 있다. 셋째, 사회서비스란 도움이 필요한 모든 국민에게 복지, 보건의료, 교육, 고용, 주거, 문화, 환경 등의 분야에서 인간다운 생활을 보장하고 상담, 재활, 돌봄, 정보제공, 관련 시설의 이용, 역량개발, 사회참여 지원 등을 통해 국민의 삶의 질이 향상되도록 지원하는 제도다. 따라서 사회서비스는 사회복지서비스, 건강서비스(사회보험과 공공부조 이외의 방식에 의한 건강보장), 교육서비스, 고용서비스, 주거서비스, 문화와 환경 등의 분야에서 삶의 질 향상 보장의 기능 모두를 수행하는 것으로 볼 수 있다.

이제부터 이러한 사회보험, 공공부조, 사회서비스에 관련된 주요 사회보장제도를 구축하는 직접적인 관련 입법 과정을 간략히 살펴보고자 한다. 물론 한국 사회보장제도 변천의 기원을 어디서부터 잡을 것인가 하는 점은 그리 쉬운 문제는 아니다. 여기서는 편의상 해방 이후 대한민국정부 수립부터 시작하여 시대별 변천사를 1) 제도 도입준비기(1948-1960), 2) 제도 도입기(1960-1980), 3) 제도 확대기(1980-1993), 4) 제도 정착기(1993-현재) 등으로 구분하여 살펴보고자 한다.

제도 도입준비기(1948-1960)

1948년 대한민국정부 수립 이후 우리나라에서 근대적 사회복지사업이 전개된 것은 1950년대의 일이다. 특히 1950년대 후반에서 1960년대 초반에 이르는 기간에는 한국전쟁의 영향으로 사회·경제적 상황이 매우 피폐하였다. 수많은 복지대상자들이 생활보호나 구호를 요하는 상황에서 사회복지사업의 성격은 극히 자선적·구호적이며 사후대책에 머물렀다. 그리고 이 시기의 사회복지사업은 민간 중심의 자발적인 차원에서 수행되었고, 그 내용은 영세했으며 비전문적이었다. 1949년에는 대한적십자사가 창설되었고, 1952년에는 한국사회사업연합회가 창립되었다. 한국사회사업연합회는 1961년에 사단법인 한국사회복지사업연합회로 개칭되었는데, 그 명칭을 통해 사회복지라는 용어가 공식적으로 한국 사회에 등장하였다.

이 시기는 외국원조단체의 물자를 통해 빈곤과 고통을 근근이 해결해 나가는 가운데서도 1953년 5월 1일에는 '근로기준법', 1957년 5월 5일에는 '어린이헌장'을 제정하는 등 독자적인 사회보장 입법을 준비한 시기라 할 수 있다.

제도 도입기(1960-1980)

이 시기는 정치적으로는 박정희 군사 쿠데타에 의한 제3공화국으로부터 유신정권까지의 기간이다. 즉, 박정희 정권의 강력한 근대화 정책으로 국가 전반에 획기적인 변화를 가져온 시기다. 경제적으로는 수출주도형 공업화정책이 추진되고 경제개발계획이라는 장기적 경제발전계획이 국가정책의 핵심 논리로 대두된 시기로서, 경제발전지향 논리가 전반적인 사회분위기로 자리잡은 시기다.

1960년대 초반에는 여러 가지 입법을 통해 사회보험과 공공부조, 사회서비스의 제도적 기반을 구축하기 시작했다. 주요 법률로는 한국 사회보험법의 효시인 공무원연금법(1960), 생활보호법(1961), 아동복리법(1961), 고아입양특례법(1961), 윤락행위 등 방지법(1961), 군사원호보상법(1961), 재해구호법(1962), 사회보장에 관한 법률(1963), 산업재해보상보험법(1963), 의료보험법(1963, 자율 적용) 등이 있다. 그러나 많은 법률을 제정했지만 사회보장제도의 실제는 입법 취지인 건강하고 문화적인 수준의 보호에 이르지 못했다. 국가재정이 빈약했기 때문이다. 그리하여 사회복지정책은 '생활보호법' 등 공공부조에 치중하여 자활지도사업 위주로 이루어졌고, 시설보호사업은 외국 민간원조기관의 후원 아래 유지되었다.

1970년대에 들어와 사회복지사업법(1970), 의료보험법 개정(1977), 의료보험의 강제적용 도입(1977, 500인 이상 사업장) 등이 이루어지고, 1960년대에 입법화된 각종 제도가 본격적으로 시행되기 시작했다. 경제개발 우선정책에 밀려 사회복지정책은 발전을 보지 못했지만 도시화와 산업화로 인한 지역 간 빈부격차, 상대적 빈곤감, 분배의 불평등, 노동자의 희생 내지 심한 갈등, 투쟁으로 인해 비록 내실은 없지만 어느 정도 사회복지 법률이 갖춰진 측면은 있다.

제도 확대기(1980~1993)

1980년대에 들어서 재차 등장한 군사정권인 전두환 정권은 국가 정통성을 얻기 위해 '복지사회의 구현'이라는 국시를 내걸고 사회복지관계 법령을 상당히 많이 제정하였다. 특히 노동조합의 획기적 증대, 산업화 및 도시화의 가속화, 산업재해, 환경오염, 가정문제, 장애인문제, 청소년

비행문제, 노인문제가 대두됨으로써 새로운 사회복지입법이 필요하게 되었다. 그에 따라 아동복리법을 아동복지법으로 확대 개정하고(1981, 1984), 노인복지법(1981)과 장애인복지법(심신장애자복지법, 1981) 등을 제정하였다. 그러나 이것 자체가 곧바로 국가복지의 대폭적인 형성을 의미하지는 않았다. 왜냐하면 대부분의 법이 선언적이고 형식적이어서 실질적인 사회보장의 증대는 이루어지지 않았기 때문이다.

1987년의 민주화운동을 기점으로 하여 1988년 제6공화국 출범 후 사회복지와 관계되는 새로운 법률이 입법화되었고, 기존 제도를 개선하는 작업도 계속되었다. 노태우 정부 기간 동안 노인복지법(1989)과 장애인복지법(1989) 등이 개정되었으며, 국민연금 실시(1988), 최저임금제 도입(1988), 의료보험 실시(1989), 모자복지법 제정(1989), 탁아제도 확립을 위한 아동복지법 시행령 개정(1989) 등 일련의 입법 조치와 복지행정의 확대가 이루어졌다. 1990년대 초에는 장애인고용촉진 등에 관한 법률(1990), 영유아보육법 제정(1991), 사회복지사업법 개정(1992) 등이 이루어졌다.

결국 이 시기에 사회보장 관련 법의 확대 개편과 사회복지서비스법의 입법화가 상당히 많이 이루어졌으며, 국민연금과 의료보험 같은 사회보험을 실시할 수 있는 토대를 마련하는 등 다양한 복지 요구가 드러나고 그것이 입법화되는 경향을 보였다.

제도 정착기(1993-현재)

1988년 노태우 정권에 이어서 1993년 평화적 정권교체에 의한 문민정부로서 김영삼 정권이 들어선 후, 민주화와 경제발전(2005년 전체 경제규모 세계 11위)이 지속되다가 1997년 외환위기에 의한 IMF 사태 이후 연쇄부도와 파산, 금융조정, 명예퇴직, 대규모 실업자 양산 등 장기실업에 대응하기 위해 사회복지법제의 내실화와 확대가 필요하게 되었다.

김영삼 대통령의 문민정부에서는 일련의 입법 조치를 통해 복지행정의 확대가 이루어졌다. 주요 법률 및 관련 정책으로는 고용보험법 제정(1993) 및 시행(1995), 군 단위 이하 지역 주민을 대상으로 한 국민연금 실시(1996), 윤락행위 등 방지법 개정(1995), 국민연금법 개정(1994), 입양특례법 개정(1994), 국민건강증진법 제정(1994), 성폭력범죄의 처벌 및 피해자 보호 등에 관한 법률 제정(1994), 사회보장기본법 제정(1995), 정신보건법 제정(1995), 여성발전기본법 제정(1995), 국민복지기획단 구성(1995), 삶의 질 세계화를 위한 국민복지의 기본구상 발표(1996), 노사관계개혁위원회 구성(1996), 국민의료보험법 제정(1997, 공·교 및 지역의보 통합), 사회복지공동모금법 제정(1997) 등이 이 시기에 이루어졌다.

국가의 경제위기 속에서 출범한 1998년 김대중 대통령의 국민의 정부는 사회안전망 구축에 획기적으로 힘을 쏟았다. 이 시기에 나타난 주요 입법 및 관련 정책으로는 노사정위원회 출범(1998), 1인 사업장까지 고용보험 확대(1998), 실직자 복지대책 수립 및 시행(1998), 공무원·교원의보와 지역의보 통합(1998), 총리실 산하 4대 사회보험통합기획단 구성(1998), 사회복지공동모금회법 제정(1999), 국민건강보험법 제정(직장, 공무원까지 포괄하여 의료보험 전체 통합, 1999), 전국민연금 실시(1999), 국민기초생활보장법 제정(1999), 소비자생활협동조합법 제정(1999), 교원노조와 민주노총 합법화(1999), 노사정위원회 법제화(1999), 1인 사업장까지 산재보험 확대(2000), 국민기초생활보장제도 시행(2000), 의료보험의 통합운영(2000), 의료보험 급여의 365일 연중 실시(2000) 등을 들 수 있다. 특히 김대중 정부는 2000년 10월 1일 국민기초생활보장법 시행을 기반으로 한 생산적 복지를 제안했다. 이러한 국민기초생활보장제도는 지난 40년간의 시혜적 단순보호 차원의 생활보호제도로부터 저소득층에 대한 국가책임을 강화하는 현대식 복지시책으로 대전환했다는 점에서 우리나라 복지국가의 출범을 가져다준 획기적인 것이었다. 이와 같이 성장 위주의 경제우선정책 때문에 상대적으로 등한시되어 왔던 과거의 사회복지정책은 국민의 정부에 들어서 비로소 기초적인 복지국가 체계를 갖추기 시작한 것으로 평가된다. 과거 김영삼 정부는 일을 통한 복지, 즉 노동연계복지(workfare)를 생산적 복지로 정의하였다. 반면, 김대중 정부의 생산적 복지(productive welfare)는 "기초생활보장이라는 사회복지의 기본내용과 자립·자조·자활 지원에 의해 개인 및 국가의 생산성을 높인다는 의미가 결합된 것"으로 해석된다(김상균 외, 2011).

김대중 정부에서 생활보장 대상자는 37만 명에서 150만 명으로, 국민연금 가입자는 784만 명에서 1,650만 명으로 늘어났고, 일선 사회복지전담공무원도 7,200명으로 2배 이상 늘어났다. 국민기초생활보장제도가 실시되고 건강보험 규모가 확대되면서 1997년 2조 8천여억 원 수준이던 보건복지부 예산도 2002년에는 8조 639억 원 규모로 증가하였다. 이러한 양적 증가와 함께 질적인 변화도 이루어졌다. 복지전담공무원들이 국세·연금·토지·건물에서 (은행·새마을금고의) 금융자산에 이르기까지 다양한 소득·재산 관련 정보를 수급자 선정과 급여액 결정에 활용하기 시작했다. 그리고 근로능력자의 경우 자활사업 참여 조건부 생계급여 실시 등 '자활급여' 개념을 도입하여 복지에 의존하는 '복지병'을 예방하려고 노력하였다. 그리고 지역사회 노인에게 일할 기회를 제공하는 시니어클럽, 여성의 사회진출을 확대하기 위한 보육지원, 장애인 재활사업에 이르기까지 복지의 모든 분야에 걸쳐 '생산적 복지' 이념을 구체화하기 위한 작업이 이루어졌다(보건복지부, 2004).

2003년에 출범한 노무현 대통령의 참여정부는 '참여복지'를 새로운 복지정책의 이념으로 제시하였다. 참여복지 이념은 국민의 정부가 내세웠던 '생산적 복지' 이념을 계승한 것이지만, 복지에 대한 국가의 책임 강화, 복지정책의 수립·집행·평가 과정에서의 국민 참여를 무엇보다 강조한다는 점에서 차별성을 가진다. 그리고 참여복지의 시각에서는 복지와 경제, 분배와 성장의 선순환 관계를 강조한다. 즉, 복지증진을 통해 경제가 성장하고, 경제성장을 통해 복지증진을 꾀할 수 있다는 것이다. 참여정부는 이러한 참여복지 이념을 실현하기 위해 '참여복지 5개년계획'을 수립하였다. 참여복지 5개년계획은 사회보장기본법에 의거하여 2004년부터 2008년까지 추진되도록 한 사회보장장기발전계획이다. 이는 보건복지부 주관하에 민간 전문가와 5개 관계부처(문화관광부, 정보통신부, 노동부, 여성부, 건설교통부)가 공동으로 참여한 가운데 수립된 범정부 차원의 장기복지종합정책으로, 제1차 사회보장장기발전계획(1999-2003)에 의해 그 기본 틀이 갖추어진 사회안전망의 내실화를 목표로 한다. 그리고 저출산·고령화 등 사회·경제적 변화에 대응한 복지인프라 구축과 복지서비스의 확대를 도모하고, 나아가 전 국민에 대한 보편적 복지서비스 제공과 상대빈곤 완화 등을 통해 풍요로운 삶의 질이 구현되는 참여복지공동체 구축을 목표로 하고 있다(보건복지부, 2004).

이러한 목표에 따라 참여정부는 기초생활수급자와 의료급여수급자를 확대하는 등 기초보장의 확대를 추진하며, 장애수당 대상자와 노인 일자리를 확대하고, 빈곤아동에 대한 지원을 확대하는 등 사회서비스의 개선에도 노력하였다. 보건의료 부문에서는 건강보험의 보장성을 강화하기 위한 로드맵을 발표하고 추진하였다(2008년까지 70%의 보장성 확보). 그 밖에 기존 사회보장제도로 대처하기 어려운 위기상황에 대비하기 위해 긴급복지지원법(2005)을 제정하고 24시간 긴급지원을 위해 보건복지통합콜센터 129를 운영하였다. 그리고 지방의 새로운 복지수요의 증대에 대처하여 사회복지재정의 지방 이양화와 함께 지역복지인프라 확충에 노력하였다. 저출산대책으로서 '저출산·고령사회기본법'을 제정하여 대통령이 위원장을 맡는 저출산·고령사회위원회를 출범시켜 5개년 기본계획을 마련하였다.

2008년에 시작된 이명박 정부는 4대 강 개발 등 친기업 성향의 정책을 폈음에도 불구하고 복지에 대한 확대 경향은 지속되었다. 이명박 정부의 복지정책은 신자유주의적인 것이었다고 평가할 수 있는데, 이러한 평가는 이전 정부의 복지정책도 신자유주의적인 것이었다는 평가를 전제한다(김성욱, 2012).

그러나 2008년 세계경제위기 이후 급격한 사회·경제 변동에 대응하기 위한 1) 성장과 분배의 관계, 2) 지구화·탈산업화에 대한 대응, 3) 조세개혁, 4) 저출산·고령화와 관련된 사회서비스 확대 등 네 가지 측면에서 이명박 정부의 복지정책을 평가하면 대체로 이들 네 가지 측면 모두에서 문제해결의 전망을 어둡게 했다고 할 수 있다. 성장과 분배의 관계와 관련하여 민주정부가 갇혔던 이중전략의 한계는 방치되어 여전히 풀어야 할 숙제로 남아 있고, 지구화·탈산업화 경향을 숙명처럼 받아들여야 할 것으로 규정하고 FTA라는 악조건을 우리에게 남겨주었다. 게다가 조세개혁 과제는 세금 삭감이라는 결과를 가져왔지만 이명박 정부에서도 복지 예산은 연평균 8.2%씩 지속적으로 증가하였고, 사회서비스와 관련해서는 복지 확대에는 뜻이 없는 정권이 '복지'를 명분으로 시민의 사생활에 깊숙이 개입할 수 있는 이른바 '사회복지통합관리망'이라는 인프라를 구축하는 결과를 초래했다. 그리고 무상복지를 포퓰리즘이라고 비난하던 정권이 포퓰리즘적 행태로 0-2세 무상보육을 시행하여 보육서비스 자체의 경로를 기이하게 만드는 등 향후 보편복지의 확대와 관련하여 큰 논란의 불씨를 남겨 놓았다(남찬섭, 2012b)는 것은 역설적이지만 향후 한국 사회보장제도의 발전을 위해서는 반드시 해결하지 않으면 안 될 큰 숙제다. 이 시기의 대표적인 사회보장 입법으로는 다문화가족지원법(2008), 장애인연금법(2010), 장애인활동지원에 관한 법률(2011), 장애아동복지지원법(2011), 노숙인 등의 복지 및 자

〈표 3-1〉 사회보장 관련 주요 법제도 변화

구분	공공부조/사회복지서비스	사회보험
1950년대	대한적십자사 조직법(1949) 후생시설 설치기준 공포(1950) 근로기준법(1953) 어린이헌장 제정(1957) 아동상담소 개설(1958)	
1960년대	갱생보호법(1961) 고아입양특례법(1961) 생활보호법(1961) 아동복리법(1961) 윤락행위 등 방지법(1961) 재해구호법(1962) 사회보장에 관한 법률(1963) 자활지도사업에 관한 임시조치법(1968)	공무원연금법(1960, 최초의 사회보험) 군사원호보상법(1961) 선원보험법(1962, 어선원 및 어선 재해보상법 2011) 산업재해보상보험법(1963) 의료보험법(1963)
1970년대	사회복지사업법(1970, 사회복지법인제 도입) 의료보호법(1977)	국민복지연금법(1973) 사립학교교원연금법(1973) 의료보험 도입(1977, 500인 이상 사업장 강제적용) 공무원 및 사립학교의료보험법(1977)
1980년대	사회복지사업기금법(1980) 노인복지법(1981, 개정 1989) 심신장애자복지법(1981, 개정 1989) 아동복지법(1981) 사회복지전문요원 배치(1987) 보호관찰법(1988) 장애인복지대책위원회 설치(1988) 최저임금법(1988) 모자복지법(1989)	국민연금법(1986, 국민복지연금법 폐지) 국민연금제도 시행(1988) 농어민의료보험(1988) 도시지역의료보험(1989) 전국민 대상 의료보험 확대 실시(1989)
1990년대	고령자고용촉진법(1991) 영유아보육법(1991) 청소년기본법(1991) 사회복지사업법 개정(1992) 사회보장기본법(1995, 사회보장에 관한 법률 전면개정) 국민기초생활보장법(1999) 성폭력범죄의 처벌 및 피해자 보호 등에 관한 법률(1994) 윤락행위 등 방지법 개정(1995)	고용보험법(1993, 시행 1995) 농어민연금 시행(1995) 전국민연금시대(1998, 도시자영자에게까지 확대) 국민의료보험법(1997, 공무원 · 교원, 지역의보 통합) 국민건강보험법(1999, 의료보험 전체 통합)

〈표 3-1〉 (계속)

구분	공공부조/사회복지서비스	사회보험
1990년대	여성발전기본법(1995) 정신보건법(1995) 가정폭력방지 및 피해자 보호 등에 관한 법률(1997) 사회복지공동모금법(1997, 사회복지공동모금회법 전면개정 1999) 청소년보호법(1997) 장애인 · 노인 · 임산부 등의 편의증진 보장에 관한 법률(1997) 남녀차별 금지 및 구제에 관한 법률(1999) 장애인복지법(1999, 심신장애자복지법 전면개정)	
2000년 이후	국민기초생활보장제도 시행(2000) 아동학대예방센터 설치(2000) 의료급여법(2001, 의료보호법 폐지) 장애인고용촉진 및 직업재활법(2001) 청소년활동진흥법(2003) 건강가정기본법(2004) 성매매방지 및 피해자 보호 등에 관한 법률(2004) 긴급복지지원법(2005) 여성발전기본법 개정(2005, 남녀차별금지 및 구제에 관한 법률 폐지) 자원봉사활동기본법(2005) 저출산 · 고령사회기본법(2005) 한부모가족지원법(2007, 모부자복지법 폐지) 장애인 차별 금지 및 권리구제 등에 관한 법률(2007, 개정 2012, 시행 2013) 다문화가족지원법(2008) 노숙인 등의 복지 및 자립지원에 관한 법률(2011) 장애아동복지지원법(2011) 장애인활동지원에 관한 법률(2011) 사회보장기본법 전면개정(2012, 시행 2013) 사회복지사업법 개정(2012, 시행 2013) 발달장애인 권리보장 및 지원에 관한 법률(2014) 사회보장급여의 이용 · 제공 및 수급권자 발굴에 관한 법률(2014) 실종아동 등의 보호 및 지원에 관한 법률(2014) 아동학대범죄의 처벌 등에 관한 특례법(2014)	국민연금 사업장 근로자에게 확대 적용(2003, 5인 미만 사업장 근로자 포함) 노인장기요양보험법(2007, 실시 2008) 기초노령연금법(2007, 실시 2008) 장애인연금법(2010)

립지원에 관한 법률(2011), 사회복지사업법 개정(2012, 일명 도가니법), 박근혜 의원이 대표 발의한 사회보장기본법의 전부개정(2012) 등을 들 수 있다.

2013년에 출범한 박근혜 정권은 국민행복시대를 표방하면서 복지정책 비전으로 '국민 100% 행복사회'를 제시하고 중점 목표로 1) 보다 두터운 중산층 형성, 2) 안락하고 건강한 삶, 3) 모두가 함께 가는 사회통합을 제시하였다. 그리고 아동, 청장년, 노인 등 생애주기별 복지 대상자와 취약계층, 보건의료 분야 등 다섯 가지 복지정책 표적 집단을 구분하여 맞춤형 복지를 내놓았다. 이후 사회보장급여의 이용·제공 및 수급권자 발굴에 관한 법률(2014), 아동학대범죄의 처벌 등에 관한 특례법(2014), 발달장애인 권리보장 및 지원에 관한 법률(2014), 실종아동 등의 보호 및 지원에 관한 법률(2014) 등을 제정하였다. 그러나 복지에 필요한 조세 증세에 대해서는 언급이 없어 그 실현 여부는 여전히 불투명하다.

그럼에도 오늘날 한국의 사회보장은 대상, 내용, 범위 및 실시체제의 측면에서 종래의 사회보장과 많이 달라져 이제는 복지국가의 문턱에 와 있음을 보여 준다. 명실공히 강제 적용되는 산재보험, 의료보험, 국민연금, 고용보험, 노인장기요양보험 등의 사회보험은 물론 국민기초생활보장법의 구축 등 공공부조제도가 실시된 지 반세기가 되기도 전에 선진국형 틀을 갖추게 되었다. 그러나 이 제도들은 내용과 시행 측면에서 보면 더욱 내실 있는 방향으로 운용되어야 할 과제를 안고 있다.

3. 한국 사회보장제도의 성격과 문제

한국 사회보장제도의 성격

향후 사회보장제도의 전망을 위해서는 전반적인 사회보장제도의 성격을 살펴봐야 한다. 간략하나마 한국 사회보장제도가 갖는 성격을 다음과 같이 정리할 수 있다.[1]

첫째, 성장담론의 우세에 비해 복지담론의 열세를 들 수 있다. 박정희 정부의 국가 주도형 경제성장전략은 신자유주의와 맞물려 아직도 강한 성장담론으로 지속되고 있다. 더구나 남북 대치 상황에서 안보 이념은 복지정책을 더욱 국가 정책의 주변부에 머물게 했고, 지속적으로 경제정책에 집중하여 국가재정을 운용하도록 함으로써 성장담론이 줄곧 우세했다. 그러나 2009년부터 불붙기 시작한 무상급식 논쟁은 복지담론을 활성화하는 데 기여하였다.

둘째, 복지 성장과 축소가 동시에 진행되고 있다는 점이다. 국민건강보험은 12년 만에(1977-1989), 국민연금은 10년 만에(1988-1998) 보편적 복지제도를 갖췄다. 서구에서 70년 내지 100년 걸리는 일을 10여 년 만에 압축적으로 이루어낸 것이다. 그러나 지금은 복지가 제대로 성장도 하지 못한 채 축소가 진행되고 있다. 국민연금의 경우 2012년 현재 400조 원 가까이 되는 세계에서 유일무이한 엄청난 연기금을 보유하면서도, 소득대체율이 제도 도입 시기에는 70%이던 것을 2012년 현재 60%, 향후 2028년까지 40%로 축소할 계획이다. 그리고 국민건강보험의 경우 영리 의료법인 논의가 계속 진행 중이다.

셋째, 국민의 기본적인 생존권은 완벽하지는 않지만 2000년대에 들

---

1 이 부분은 조흥식의 「한국 복지체제의 변천과 복지국가의 요건: 바람직하고 지속 가능한 시민복지국가를 지향하며」(조흥식 엮음, 『대한민국, 복지국가의 길을 묻다』, 이매진, 2012)를 바탕으로 새로 정리한 것이다.

어서 어느 정도 보장되고 있다는 점이다. 사실 국민복지최저선(National Minimum)은 근대 복지국가의 핵심 목표인데, 국민기초생활보장법, 의무교육, 의료급여 등을 통해 소득, 의료, 교육 등에서 최저기준은 어느 정도 구축했다고 할 수 있다. 그러나 아직 보호받지 못하는 빈곤층과 근로빈곤층의 사각지대, 교육 격차 등의 문제는 여전히 존재한다.

넷째, 노령, 질병, 산재, 실업, 돌봄, 빈곤 등 공적인 위험에 대한 대비책으로서 건강보험, 국민연금, 산재보험, 고용보험, 노인장기요양보험, 국민기초생활보장 등 웬만한 사회복지제도는 갖추고 있으나 전반적으로 보편적 복지제도가 미흡한 점을 들 수 있다. 국민기초생활보장제도는 자격요건이 엄격하여 절대빈곤층을 모두 포괄하지 못하고, 기초노령연금은 보장성이 낮아 보편적 연금의 위상을 지니지 못하며, 건강보험과 국민연금, 고용보험 등도 사각지대 문제를 안고 있다.

다섯째, 국가복지의 왜소화에 따른 자가(自家)복지의 편중성을 들 수 있다. 자가복지는 말 그대로 개인 자신과 가족이 복지 부담의 주요 주체가 됨을 의미한다. 이러한 현상은 1970년대 이래 자본주의의 심화와 그로 인한 사회위험 증가에도 불구하고 그에 대한 대응을 국가는 최소수준으로 억제해 왔음을 반영한다. 그리고 이로 인한 공백을 민간보험이 채워 왔다고 할 수 있다.

여섯째, 복지 영역에서 정부, 공공의 체제보다 민간공급자가 과잉되어 있다는 점이다. 현재 90% 이상을 차지하는 민간의료, 민간보육, 민간노인요양 등은 지나치게 커진 민간 영역을 보여 준다. 이렇다 보니 국민들에게 민간복지서비스에 대한 선택권을 준다는 명분하에 바우처(voucher) 제도가 무분별하게 도입되고 있는 실정이다.

일곱째, 국가 복지재정의 왜소함을 들 수 있다. 각국의 복지수준을 비교하기 위해 흔히 사용하는 잣대는 GDP에서 복지지출이 차지하는 비율이다. 2012년 OECD 공표를 보면, 한국의 GDP 대비 공공사회복지지출 비중은 2009년 기준 9.4%로 멕시코(8.2%)에 이어 두 번째로 낮았다. 사회복지지출 1위 국가는 프랑스(32.1%)였고 덴마크(30.2%)가 그 뒤를 이었다. OECD 회원국의 공공사회복지지출 비중 평균은 22.1%로 지난 2007년 19.2%보다 약 3%p가량 더 높아졌으며, 2012년 현재 22%대를 유지하고 있다.

여덟째, 사회보장제도의 재분배 기능이 빈약함을 들 수 있다. 한국 노동시장은 적정수준의 임금과 고용안정, 사회보험 혜택을 누리는 1차 시장과 이 모든 것을 결여한 취약계층으로 형성된 2차 시장이라는 이중구조로 되어 있다. 1차 시장에서 배제된 대표적인 집단은 영세사업장 종사자와 비정규직 노동자다. 이러한 노동시장의 이중구조는 사회보장시스템의 여과기제가 적절히 작동하지 않는 상태에서 소득분배의 악화와 빈곤 확대로 귀결되고 있다. 분배 악화는 최근 지니계수나 빈곤율과 같은 지표의 변화로 포착되고 있다.

아홉째, 남성생계부양자형 가족 중심의 복지구조를 들 수 있다. 한국의 복지체제는 중규모 이상 기업의 정규직 노동자의 생활안정을 보장하는 방식으로 구축되어 왔으며, 이들은 대개 남성이다. 비정규직 노동자, 영세사업장 종사자, 자영업자는 배제되었고, 여성은 정규직 남성 노동자의 가족에 한해서 포함되었을 뿐이다.

한국 사회보장제도의 문제점

• 공공부조의 핵심인 국민기초생활보장제도

2000년 실시된 국민기초생활보장제도는 현재 140만 명의 빈곤층을 보호하는 등 빈곤 완화에 기여하였으나, 소득이 일정 수준 이상 증가하면 모든 급여가 중단되어, 일할 능력이 있는 수급자라도 근로 증가 유인이 적은 문제점이 있다. 따라서 박근혜 정부는 기초생활보장 급여체계를 개별급여로 전환하여 근로능력자가 일할수록 유리하도록 제도의 기본 틀을 전환하였다. 구체적으로 말하면 탈빈곤 유인 강화와 사각지대 해소를 위해 기초생활보장제도의 통합급여 방식을 개인의 복지수요에 맞추는 개별급여 방식으로 개편하여 선정기준과 급여수준을 별도로 설정하였다. 즉, 부양의무자가 없고 최저생계비 이하인 경우 기존에는 일곱 가지 급여(생계·주거·의료·교육·자활·해산·장제급여)를 일괄 지원하던 것을 생계·주거·의료·교육급여별로 별도의 대상자 선정 및 급여수준을 설정하고, 엄격한 부양의무자 기준을 보다 현실에 맞도록 완화하여 기초생활수급자를 일정 부분 확대하였다.

그러나 주거급여나 교육급여에서 수혜대상을 중위소득 40-50%로 늘린다고 하더라도 다음과 같은 문제가 제기될 수 있다. 첫째, 새로운 기준을 적용함으로써 발생되는 생계급여 탈락자 문제와, 근로능력자로 분류된 수급자와 그 가구에 대한 보장을 포기하는 것이 아니냐 하는데 대한 입장이 분명하지 않다는 것이다. 둘째, 근로능력자 외 근로무능력 가구원의 '근로연계급여'의 내용과, 근로능력자 외 근로무능력 가구원의 최저생계를 보장하기 위한 방안은 구체적으로 무엇인지, 그리고 일하는 것이 유리한 급여체계로 개편하고 일을 통한 자립 지원이 가능할 수 있는 방안과 함께, 근로능력 판정체계 개선 및 현실화 계획 그리고 사실상 탈수급 및 자활이 어려운 근로 미약자에 대한 지원 방안이 구체적으로 나와 있지 않다는 것이다. 셋째, 개별급여 도입 시 국민기초생활보장이라는 헌법적 근거 및 최저생계를 위한 권리성 급여는 실정법상 어디에 배치되는지 의문이라는 것이다. 넷째, 개별급여 개편 과정에서 예상되는 문제점, 즉 생계급여 탈락으로 인한 사회적 저항, 주거급여와 관련된 임차가구 중심의 제도 개편 및 주거 바우처의 실효성 문제, 의료급여에서의 근로능력자 배제 등의 문제를 극복하기 위한 방안 및 재설계 계획 등이 구체적으로 나와 있지 않다는 것이다. 물론 개정 초기라 아직 평가하기는 이르지만 향후 대폭 수정된 기초생활보장과 관련하여 대폭적인 예산 증가가 없다면 실질적인 정책 전환 목표가 달성될 수 없을 것이라는 데 대해서는 의심할 여지가 없다.

• 사회보험

사회보험제도에서 가장 큰 문제는 사회보험의 사각지대 확대다. 최근 10여 년 동안 국민연금과 고용보험의 법정 가입대상 범위는 계속 확대되었지만 실질 가입은 이에 상응하여 증가하지 않았다. 비정규직, 저소득일수록 사회보험 가입률은 급격히 낮아진다. 특히 한국 노동시장에서 비정규직 사용의 주요 동기는 기술적 조절이나 생산량 조절이 아니라 노동비용 절감이다. 불안정 고용 노동자가 각종 소득보장, 특히 공적연금에서 제외되는 경우가 빈번하며, 이는 오랫동안 별다른 변화가 없다.

2012년 3월 기준 비정규직 근로자의 사회보험 가입률은 〈표 3-2〉와 같이 국민연금 40.5%, 건강보험 46.5%, 고용보험 45.0%에 불과하며, 정규직 근로자가 각각 79.6%, 81.3%, 78.3%인 것과 비교할 때 상당한 사각지대가 형성되어 있음을 알 수 있다. 특히 비정규직 근로자 중에서도 시간제 근로자의 사회보험 적용률은 더욱 낮아서 국민연금 13.2%, 건강보험 15.4%, 고용보험은 15.9%에 불과하다(이희자, 2012).

그리고 사회보험 급여의 불충분성과 중복 문제가 있다. 여기서 불충분성 문제는 노사정 간의 저부담-저급여 문제와 관련되어 있다. 그리고 한국에서 사회보험의 중복급여는 소득보장형 사회보험, 즉 국민연금과 고용보험 간 또는 국민연금과 산재보험 간, 국민연금 내 또는 산재보험 내에서의 복수의 수급권과 관련하여 문제가 되고 있다. 현행법에는 중복급여 조정에 관한 규정이 있으나, 각 법령마다 일관된 규칙이 없이 중복이 금지되기도 하고, 일부 허용되기도 하며, 완전히 허용되기도 한다. 중복된 급여의 원인과 유형이 매우 다양하기 때문에 하나의 통일된 규칙에 따라 이를 조정하는 것은 불가능하다. 그러나 유사한

〈표 3-2〉 임금근로자의 사회보험 가입률(2012. 3) (단위: %)

구분		국민연금	건강보험	고용보험
임금 근로자 전체		66.6	69.7	66.5
정규직		79.6	81.3	78.3
비정규직	전체	40.5	46.5	45.0
	한시적 고용	60.7	69.1	65.6
	기간제	64.4	74.2	70.0
	비기간제	49.6	53.6	51.9
	시간제	13.2	15.4	15.9
	비전형	22.1	31.0	29.2

주: 1) 직장가입자만 집계한 수치임(지역가입자, 수급권자 및 피부양자는 제외).
2) 국민연금은 공무원, 군인, 사립학교 교직원, 별정우체국법이 정하는 연금 등 특수직역 연금 포함.
자료: 이희자(2012).

사안에 대하여 객관적인 사유 없이 중복급여를 금지하기도 하고 허용하기도 하는 현행 제도는 불합리하고도 형평성에도 반한다. 특히 인구 고령화로 노령연금 수급권자가 늘어나고 고령자의 재취업률이 높아지면 국민연금과 고용보험 간, 국민연금과 산재보험 간 급여의 중복이 더욱 빈번해질 것이므로 중복급여의 조정에 관한 통일성 있는 법제 구축은 매우 시급한 과제다(조성혜, 2012).

사회서비스

돌봄 부재 현상을 시민의 일상생활에 불안정을 가져오는 사회위험으로 정의하는 경우 돌봄은 사회적인 것이 된다. 주로 저출산 고령사회에 의한 신사회위험이 초래되면서 복지국가들은 돌봄을 사회서비스로 간주하여 교육 및 의료서비스와 마찬가지로 인간의 삶에서 필수불가결한 요소에 대한 지원으로 접근하였다. 그런 점에서 사회서비스 중 돌봄과 관련된 서비스를 '돌봄서비스'라고 지칭하기도 하지만, 통상 돌봄서비스는 "스스로 자신을 돌볼 수 없는 사람을 대상으로 하는 사회서비스"로 정의된다(Daly, 2002).

사회서비스정책이 갖고 있는 문제는 첫째, 너무 과도한 일자리 창출에 목표를 두고 있다는 점이다. 최근 사회서비스가 급속히 확대된 배경에는 사회서비스정책의 최우선 목표를 일자리 창출에 둔 것을 알 수 있다(이재원·김은정·김준현, 2012). 사회서비스정책 부문은 초기부터 '사회서비스 일자리사업'으로 분류되었으며, 사회서비스의 내용적 측면보다 일자리 창출 효과라는 형식적 측면이 강조되었다. 이뿐만 아니라 노인, 장애인, 아동을 대상으로 바우처 형태로 제공하는 개별 서비스를 사회서비스로 간주하면서, 정작 사회서비스의 내용과 목적이 무엇인가에 대한 검토는 아직도 제대로 이루어지지 않고 있다. 실제로 인구 1천 명당 사회서비스 종사자 수는 1992년(7명)에서 1999년(8명) 사이에는 일정한 수준에서 정체 상태를 나타냈으나, 2000년(9명) 이후 급증하기 시작하여 2012년 기준으로 28명 수준에 이른다. 그러나 서비스업 전체에서 차지하는 비중은 8.2%에 불과하며, 2010년 기준으로 한국의 인구 1천 명당 사회서비스 종사자(26명)는 폴란드(24명), 체코(29명) 등 동유럽 국가들과 유사한 반면, 영국(61명), 프랑스(57명), 미국(56명), 독일(54명) 등 선진국의 절반에도 못 미치는 수준으로 OECD 26개국 중에서는 23위(26명)이고, OECD 평균(49명)의 53% 수준에 해당한다.

둘째, 민간 주도 서비스 공급구조와 이로 인한 공공사회서비스정책 구조의 왜곡 현상이다. 한국에서 사회서비스는 한국전쟁으로 인한 아동, 장애인, 여성, 노인 문제 등에 대해 민간 외국원조기관의 도움으로 출발한 연유로 지금까지 국가보다 민간 주도의 서비스 공급구조로 이루어져 왔다. 가정을 대신한 생활시설인 각종 사회복지시설뿐만 아니라 통원시설의 성격을 가진 사회복지조직의 대다수가 민간 법인에 의해 운영되고 있음은 공공사회서비스정책을 활성화하는 데 일정한 한계를 가질 수밖에 없다. 국가의 책임을 민간에 떠맡길 우려가 늘 도사리고 있기 때문이다.

셋째, 사회서비스 분절성의 심화와 계층화 문제다. 사회복지사를 비롯한 기존 사회서비스 제공자들은 최근 돌봄서비스 확대와 사회복지 전달체계를 둘러싼 환경 변화 속에서 상당한 혼란을 겪고 있다. 오랫동안 법정 저소득층을 대상으로 사회서비스를 제공해 오던 사회복지사들은 기존 사회복지기관에서 수행하던 사업의 규모가 무색할 정도로 양적으로 확대되는 사회서비스 직종의 유입에 갈등을 느끼고 있으며, 기존 사회복지기관 사업이나 프로그램 이외의 추가 사업을 많이 실행하도록 요구하는 새로운 현실에 불편함을 나타내고 있다. 사회복지 전반의 환경이 경쟁과 시장화 기조로 빠르게 전환되어 가는 것에 대해서 사회서비스 제공자들은 개인적으로 위기감을 느끼고 있다(노연희, 2012).

넷째, 중앙정부와 지방정부의 역할분담이 제대로 이루어져 있지 않고, 사회서비스 질 관리 제도가 취약하다. 지방자치, 지방분권 시대에 주민의 욕구를 보다 정확히 반영하면서 효율적인 사회서비스를 제공하기 위해서는 중앙정부와 지방정부 간의 역할분담이 명확히 이루어져야 하며 서비스 전달체계가 이에 맞게 변해야 한다. 그리고 역할분담과 서비스 전달체계상의 합리적 변화를 위해서는 지역 재정 문제가 해결되어야 하는데, 이에 대한 보장이 이루어지지 않은 데 문제의 근원이 있다. 그리고 사회서비스의 질은 서비스 이용자에 의해서 평가되므로 질적 향상을 위해서는 서비스 이용자가 원하는 서비스를 제공할 수 있어야 한다. 따라서 서비스 질 관리는 다양한 기술과 기법의 개발은 물론이고 재원과 시간의 투자가 지속적으로 이루어져야 하며, 조직 의사결정권자의 민주적 리더십과 권한 부여, 사회복지조직에서의 업무 과중, 전직원의 참여 유도, 질 관리에 대한 교육훈련 등의 문제 해결이 전제되어야 하는데, 이에 대한 제도적 장치가 취약한 편이다.

4. 한국 사회복지정책 제도의 전망과 과제

사회보장 예산의 전망

선진 복지국가와 비교할 때 우리나라의 공적 사회지출의 규모는 상대적으로 작다. 〈표 3-3〉을 보면, 한국의 GDP 대비 공적 사회지출 비율은 2011년 현재 9.2%로서 이는 지난 1995년의 3.2%, 2000년의 4.8%, 2005년의 6.5%에 비하면 괄목할 만한 증가이지만, 스웨덴(27.6%)과 독일(26.2%) 같은 복지선진국은 물론이고, OECD 평균(21.7%)에 훨씬 못 미치는 수준이다. 또 1인당 사회복지지출 비용은 스웨덴과 독일의 4분의 1 수준, 일본의 3분의 1 수준이며, OECD 평균의 3분의 1 수준에 불과하다. 상황이 이렇다 보니 공적 사회지출을 통한 사회보장의 효과

〈표 3-3〉 OECD 국가의 공적 사회지출 규모와 소득불평등

구분	공적 사회지출의 비율 (GDP %) (2011년)	1인당 사회복지 지출비용 (USD) (2009년)	소득불평등(지니계수)			
			2000년대 중반		2000년대 후반	
			조세 및 이전지출 이전	조세 및 이전지출 이후	조세 및 이전지출 이전	조세 및 이전지출 이후
한국	9.2	2,554	0.33	0.306	0.344	0.314
독일	26.2	10,013	0.499	0.283	0.504	0.295
영국	23.9	8,363	0.5	0.331	0.506	0.342
스웨덴	27.6	11,134	0.432	0.234	0.426	0.259
미국	19.7	8,713	0.486	0.380	0.486	0.378
일본	22.4	7,276	0.443	0.321	0.462	0.329
칠레	20.9	1,740	0.511	0.503	0.526	0.494
멕시코	7.7	1,183	0.491	0.474	0.494	0.476
OECD 평균	21.7	7,604	0.468	0.316	0.463	0.316

주: 일본의 공적 사회지출 비율은 2009년도 수치임.
자료: OECD(2012), Social Expenditure Statistics(database), 윤도현(2013: 210)에서 인용.

성도 미미하다. 지니계수로 나타낸, 조세 및 이전지출로 인한 소득재분배 효과를 보면 그 개선 정도가 다른 나라에 비해 아주 적다는 것을 알 수 있다(윤도현, 2013).

이렇게 사회보장지출 수준이 낮은 원인은 복지제도 자체의 발달이 지체되었다는 점에서 찾을 수 있다. 특히 경제위기로 인해 실업과 빈곤에 따른 사회적 비용이 큰 규모로 발생하기 전까지는 사회보장 관련 지출의 증가가 매우 완만하게 이루어졌다. 그러나 경제위기 이후 사회보장제도의 확충과 함께 보건복지 예산이 급속히 증가하여 경제성장 속도나 정부예산 증가 속도를 앞지르기 시작하였다. 최근 급속한 재원 투입 증가에도 불구하고 한국 사회가 직면한 사회위험의 수준(즉, 노인빈곤율 세계 1위, 자살율 등)을 감안한다면 사회보장지출 확대의 필요성 또는 압력은 가중될 것으로 전망된다(한국보건사회연구원, 2012).

사회보장지출 부문의 전망

〈표 3-4〉는 윤도현 교수가 OECD 국가들의 공적 사회지출을 프로그램별로 구분한 것을 인용한 것이다. 이 표를 보면, 한국은 공적 사회지출 비율이 너무나 낮기 때문에 OECD 주요 국가들과 단순 비교하기는 힘들다. 그럼에도 불구하고 상대적 크기를 감안하여 비교한 윤도현 교수의 지적대로, 한국은 우선 연금지출이 상대적으로 적고 보건지출이 총사회지출에서 가장 큰 비율을 차지하고 있다는 점, 따라서 보건지출이 현물급여의 형태를 띠기 때문에 현물급여의 비중이 지나치게 높은데 이 점에서 영국 및 미국과 비슷한 특징을 보이고 있음을 알 수 있다.

그러나 현금급여의 비중은 GDP 대비 3.4%로서 현물급여(5.6%)에 비해 지나치게 낮은데, 위의 어느 나라도 한국처럼 현금급여의 상대적 크기가 이렇게 작은 국가는 없다. 특히 GDP 대비 연금지출의 비율 역시 2.1%로서 OECD 21개국 평균인 7.8%는 물론, 영국의 6.1%, 미국

〈표 3-4〉 OECD 국가의 프로그램별 공적 사회지출(2005) (단위: GDP %)

국가	노령	유족	장애	보건	가족	적극적 노동시장	실업	주택	기타	현물 급여	현금 급여
영국	6.1	0.2	2.4	7.0	3.2	0.5	0.3	1.4	0.2	10.5	10.3
미국	5.3	0.8	1.3	7.0	0.6	0.1	0.3	n.a	0.5	7.8	8.0
프랑스	10.9	1.8	1.9	7.8	3.0	0.9	1.7	0.8	0.4	10.8	17.5
독일	11.2	0.4	1.9	7.7	2.2	1.0	1.7	0.6	0.2	9.9	15.9
덴마크	7.2	0.0	4.3	5.9	3.2	1.7	2.8	0.7	1.0	11.6	13.6
스웨덴	9.6	0.6	5.6	6.8	3.2	1.3	1.6	0.5	0.6	13.6	14.5
이탈리아	11.6	2.3	1.7	6.8	1.3	0.6	0.5	0.0	0.0	7.7	16.7
스페인	7.9	0.5	2.5	5.8	1.1	0.8	2.2	0.2	0.2	7.4	13.1
일본	8.6	1.3	0.7	6.3	0.8	0.3	0.3	n.a	0.3	8.1	10.2
한국[1)]	2.1	0.3	0.6	4.0	0.8	0.6	0.4	0.0	0.8	5.6	3.4
OECD 21개국[2)]	7.8	0.8	2.5	6.6	2.1	0.7	1.2	0.4	0.5	9.0	12.6

주: 1) 한국은 2009년 수치임.
2) OECD 21개국에는 위의 나라 외에 호주, 캐나다, 아일랜드, 뉴질랜드, 오스트리아, 벨기에, 네덜란드, 핀란드, 노르웨이, 그리스, 포르투갈, 스위스 포함.

자료: OECD, Social Expenditure database 1980-2005(SOCX 2008), 윤도현(2013: 211)에서 재인용. 한국 자료는 OECD(2012).

의 5.3%와도 큰 거리가 있다. 이는 주로 우리의 연금제도의 역사가 짧고 적용 대상이 상대적으로 적은 데 기인하는 것으로 판단된다. 한국의 프로그램별 지출에서 나타나는 또 하나의 특징은 남유럽형과 비슷하게 가족 관련 프로그램 지출뿐만 아니라 장애 관련 프로그램에 대한 지출도 너무나 적다는 것이다. 이것은 OECD 국가들에 비해 공적 사회지출의 상대적 크기가 매우 작다는 점을 감안하더라도, 한국에서 사회적 소수자에 대한 배려, 일과 가족의 양립 문제 등이 아직은 주요 정책의 제가 되지 못한다는 것을 보여 준다(윤도현, 2013).

사회보장제도 관리체계의 전망

사회보장 부문의 제도 운영을 위한 관리체계의 기본 구도에 대해서는 1990년대 초부터 정부의 개편 시도가 이루어졌으며, 주로 '공공사회복지 전달체계'에 초점이 두어졌다. 기초자치단체인 시·군·구(읍·면·동)를 중심으로 조직구조를 개편하는 시범사업이 두 차례 실시되었고, 2006년에는 전국 단위로 복지 기능을 강화하는 조직구조 및 업무 재배치가 추진되었다. 또한 전산정보시스템을 개편, 구축하고 지방자치단체 공공복지인력 7천 명을 대거 증원하는 정책이 추진되었다.

주요 복지전달체계 관련 정책으로 보건복지사무소 시범사업(1995-1999), 사회복지사무소 시범사업(2004-2006), 시·군·구 주민생활지원 행정개편(2006-2007)이 이루어졌다. 그러나 정부에서 추진한 이러한 공공복지전달체계의 개편 정책은 기존 전달체계에서 '사회복지' 부문의 전문성을 고려하여 일반 행정체계로부터 분리된 전담기구를 설치하고자 한 조직 재구조화 차원의 접근이 중심이었다. 전달체계 개선 모형은 모두 지방자치단체의 기관으로, 시·군·구 단위 설치를 고려하였으며, 중앙정부 특별행정기관 형태의 전담기구 설치가 시도된 적은 없었다. 또한 인력 확충은 전혀 없이 지방자치단체 내 조직 개편과 인력 재배치만을 시도하는 과정에서, 급속하게 증가하는 다양한 정책의 집행 수요로 인하여, 개선 효과는 크게 체감되지 않았다. 오히려 점차 다양하고 복잡해지는 사회복지 업무는 사회복지직이 전담해야 한다는 일반행정직의 복지업무 기피 현상은 가속화되었다.

최근의 전달체계 개선 정책의 동향을 살펴보면, 정부는 이러한 인식에 기반하여 정책 추진을 준비하고 있는 것으로 감지된다. 2010년부터 개통, 운영된 사회복지통합관리망의 구축은 2009년 6월 발표된 「사회복지 전달체계 개선 종합대책」(총리실 주관 관계부처 합동)을 통해 알려졌다. 한편, 공공행정의 책임성을 담보할 사회복지의 주요 실천 방법으로서 '사례관리'사업이 추진되었고, 지방자치단체 복지인력 증원과 함께 충원되는 사회복지직 배치를 통해 기존 시·군·구 서비스연계팀을 확대·개편하고, '희망복지지원단'을 설치·운영하며, 복지종합상담 및 통합사례관리를 강화하는 시도가 조금씩 이루어지고 있다.

또한, 지역 내 복지자원관리시스템을 개발, 희망복지지원단의 지역자원 총괄 및 배분 기능을 강화하고, 지역사회복지협의체의 연계범위를 고용·주거·교육 서비스까지 확대하는 방안도 마련하고 있으나 본격적인 추진에는 재정과 인력 확보 등 걸림돌이 많은 상황이다.

5. 결론

현재 한국의 사회보장제도는 양적 확대와 질적 내실화의 과제를 동시에 안고 있다. 물론 사회보장지출의 양적 확대가 필요하지만 이와 동시에 사회보장제도가 국민의 탈빈곤 및 자립을 위한 지원과 근로유인 강화, 의료보장, 주거보장, 교육보장, 돌봄서비스 보장 등을 담보하는 장기적으로 지속가능한 사회보장체제를 구축해야 하는 과제를 안고 있는 것이다. 이를 위해서는 사회보장에 필요한 재원의 확대와 국민들의 피부에 와닿는 사회복지전달체계의 구축이라는 두 가지 핵심 과제가 해결되어야 한다.

첫 번째 과제인 재원 확대를 위해서는 불가피하게 국민부담률의 확대가 요구되는바, 이에 대한 국민의 지지기반을 확보해야만 하는 선결과제를 안고 있다. 그럼에도 생각해 볼 수 있는 사회보장 재원 확대 방안으로 1) 제로베이스에서 각종 세금 감면제도를 재점검하고 이를 통한 세수 확대 방안을 강구할 수 있다. 그 한 가지 방안으로 부가가치세 세율을 10%에서 12%로 올릴 수 있을 것이다. 왜냐하면, 부가가치세는 도입 후 30년이 넘도록 10% 세율을 계속 유지하여 우리나라는 OECD 34개국 중 세율이 가장 낮은 나라에 속하고 대부분 20% 내외 수준을 유지하고 있기 때문이다. 2) 개별소비세 중 술, 담배, 휘발유에 대해 50% 더 징수하면 외부불경제도 없고, 매년 10조 원에 달하는 세수의 추가 확보가 가능하다. 3) 금융소득종합과세와 주식양도차익에 대한 전면적 과세를 도입해 볼 수 있다. 4) 국회가 복지재정과 국가부채를 늘리는 예산심의를 제한하는 시스템을 구축하여 세출을 동결할 수 있다. 5) 복지비용 전달 과정의 중복, 누수현상을 점검하기 위한 관리시스템 구축도 필요하다. 6) 복지재정 지출의 속도를 조절하고 우선순위를 결정하는 방법도 도입할 수 있다. 7) 비과세 감면을 축소해 나갈 수 있다.

두 번째 과제인 국민들의 피부에 닿는 사회복지전달체계의 구축과 관련해서는 1) 기초보장제도 등 현금급여의 관리와 확대된 사회서비스제도의 운영 방안에 대한 고려를 병행하되, 소득보장에서 서비스보장에 비중을 두는 방향으로 점차 전환해 나가야 할 것이다. 2) 보건-복지-노동 영역 간의 연계 강화를 위해 강력한 조직적 통합 수준에서의 컨트롤 타워를 설치할 필요가 있다. 실례로 복지부총리 제도를 도입할 필요가 있다. 3) 생애주기에 걸친 다양한 욕구 영역을 포괄하는 지역사회 기반의 공공행정기구, 서비스 제공기관을 포함하는 보다 넓은 사회정책 영역의 서비스 제공, 급여 관리 기구를 구축해야 한다. 4) 정책 목표로서 복지 대상자의 욕구 파악, 용이한 접근, 욕구에 맞는 맞춤형 급여·서비스 제공에 이르는 전 과정을 지원하는 체계적인 조직, 인력, 정보 시스템, 재정 등을 구체적으로 마련해야 한다. 특히 복지행정의 경우, 표준화하기 어려운 다양한 욕구의 파악과 자원 활용의 유연성이 필요한 업무의 특성으로 인하여, 복지 전문 인력의 활용이 타 분야 행정보다 훨씬 중요함을 고려해야 한다. 아울러 복지서비스 보장과 관련해서는 서비스 품질 관리에 대한 업무 영역을 강화해 나가야 한다.

참고문헌

김상균·최일섭·최성재·조흥식·김혜란·이봉주·구인회·강상경·안상훈. 2011.『사회복지개론』개정3판. 나남출판.

김성욱. 2012.「한국 복지국가 평가의 전제와 과제에 대한 고찰」.『한국사회복지정책학회 2012년 춘계학술대회자료집』.

남찬섭. 2012a.「사회보장기본법의 주요 개정내용과 평가」.『복지동향』162: 37-45.

남찬섭. 2012b.「이명박 정부 복지정책 평가」.『복지동향』168: 5-12.

노연희. 2012.「사회서비스 공급자간 경쟁상황에 대한 사회복지사의 경험과 인식」.『사회복지정책』39(1): 133-161.

보건복지부. 2004.『2004 보건복지백서』.

윤도현. 2013.「한국 복지국가의 계층적 성격: 공적 이전지출과 조세를 중심으로」.『경제와사회』98: 205-232.

이재원·김은정·김준현. 2012.「지역사회서비스투자사업 포괄보조금 전환방안에 관한 연구」. 보건복지부 연구용역보고서.

이희자. 2012.「한국 사회보험제도의 현황」.『복지동향』165: 28-33.

조성혜. 2012.「소득보장 급여의 중복과 조정에 관한 법리적 검토: 사회보험 급여를 중심으로」.『노동법논총』26: 225-267.

조흥식. 2012.「한국 복지체제의 변천과 복지국가의 요건: 바람직하고 지속 가능한 시민복지국가를 지향하며」. 조흥식 엮음,『대한민국, 복지국가의 길을 묻다』. 이매진.

한국보건사회연구원. 2012.『주요국의 사회보장제도: 한국편』.

Daly, M. 2002. "Care as a Good for Social Policy." *Journal of Social Policy*, 31(2): 251-270.

OECD. 2012. "Social Expenditure: Aggregated data"; "Income Distribution: inequality".

4장 /

공공부조와 생활보호의 역사적 변화와 전망

문진영

1. 빈곤과 공공부조의 역사[1]

인류의 역사에서 빈곤의 문제는 항상 존재해 왔으나, 이것을 사회 구성원의 집합적인 노력으로 해결해야 하는(혹은 할 수 있는) 사회문제로 인식하게 된 것은 근대 시민사회의 성립 이후라고 할 수 있다. 즉, 시민의 사회·경제적 권리가 신장되면서, 빈곤을 개인적인 운명을 넘어서서 사회 공동체의 연대적 책임이라고 인식하게 되었는데, 그 근저에는 빈곤의 원인이 개인의 무능력이나 나태가 아니라 사회구조적인 산물이라는 사회인식의 변화가 있었다. 빈곤에 관한 사회인식의 이러한 변화가 가장 극명하게 나타난 계기가 바로 1905년 결성된 왕립 구빈법 위원회(Royal Commission on the Poor Law and the Unemployed, 1905-1909: 이하 왕립위원회)[2]의 활동이다.

왕립위원회는 당시 영국에서 사회정책에 관한 가장 권위 있는 인사 18명으로 구성되었는데, 해밀턴 경(Lord G. F. Hamilton)을 필두로 프로비스 경(Sir S. B. Provis), 벤담(F. H. Bentham), 로흐(C. S. Loch), 가디너(T. G. Gardiner) 등의 보수적인 인사와 랜스베리(George Lansbury), 웹(Beatrice Webb) 등의 진보적인 인사로 구성되었다.[3] 보수와 진보의 양

---

1 1절의 내용은 문진영(2005)에서 일부 인용함.

2 최초의 왕립 구빈법 위원회(Royal Commission on the Poor Laws)는 1832년 잉글랜드와 웨일즈에서 구빈사업에 관한 법률이 실제로 어떻게 운영되고 있는가를 평가할 목적으로 결성되었다. 이 위원회는 가장 시급히 해결해야 할 제도 남용의 사례로 근로능력 빈자(able-bodied poor)와 그의 가족들이 원외구제를 받는 것을 지적했으며, 이 외에도 작업장(workhouse) 운영을 둘러싼 다양한 형태의 비리와 행정적인 문제를 지적하면서, 기존 구빈체계의 전면적인 개편을 요구하는 보고서를 제출하였다(1834. 3). 이 보고서의 결과로 그해 8월 신구빈법(Poor Law Amendment Act)이 제정되었다. 한편 이 왕립 구빈법 위원회는 1847년 구빈 위원회(Poor Law Board)로 대체되었다. 자세한 내용은 http://users.ox.ac.uk/~peter/workhouse/poorlaws 참조.

3 빈곤 연구로 유명한 부스(Charles Booth)는 1908년 초 건강상의 이유로 위원직을 사임하였다.

대 진영은 각기 당시의 빈곤에 대한 인식을 대변하는 세력으로서, 왕립위원회가 활동한 3년여 동안 200회가 넘는 회의와 1,300명이 넘는 증인으로부터의 입증 자료와 800회 이상의 출장 방문에도 불구하고, 빈곤에 대한 인식과 구빈법의 발전방안에 관해서 결코 좁혀질 수 없는 의견차를 보였다. 그 결과 1909년 왕립위원회가 해체되면서 위원장이었던 해밀턴 경을 포함하여 보수적인 인사 13명은 다수 보고서(Majority Report)를 작성하고 진보적인 인사 4명은 소수 보고서(Minority Report)를 작성하게 된다.[4]

다수 보고서와 소수 보고서는 각각 기존 구빈법 체계의 '유지'와 '철폐'라는 대안을 제시하고 있는데, 이렇게 서로 다른 대안이 나온 근저에는 빈곤에 대한 좁혀질 수 없는 인식 차이가 있었다. 즉, 다수 보고서를 작성했던 보수인사들은 빈자에 대한 구호의 필요성은 인정하지만, 결국 개인이 가난하게 된 원인에 대해서는 여전히 개인적인 성향 때문이라고 파악하고 있었다. 즉, 경쟁을 주축으로 하는 시장자본주의 체제 하에서 가난에 빠진다는 것은 그 개인이 무능하거나, 나쁜 생활 습성을 가졌거나, 아니면 가난에서 벗어나려는 시도 자체를 아예 하지 않았기 때문이라는 것이다. 따라서 근로무능력자에게는 구호를 제공하되, 근로능력자에 대한 처우는 엄벌주의적이고 매우 제한적인[5] 기존의 구

---

4 18명의 위원 중 다운스(A. H. Downes)는 어느 보고서에도 서명을 거부하였다. 소수 보고서는 베아트리스 웹(Beatrice Webb)이 남편인 시드니 웹(Sidney Webb)의 도움을 받아서 주도적으로 작성하였다. 웹과 함께 소수 보고서 작성에 동참하고 서명한 사람은 웨이크필드(H. R. Wakefield), 챈들러(Francis Chandler) 그리고 랜스베리(George Lansbury)였다. 소수 보고서는 1) 구빈법 철폐, 2) 전국적 규모로 노동자들의 수급을 조정하기 위한 고용청(employment bureau) 신설, 3) 교육과 보건정책의 전면적인 개혁을 주장하였다. 하지만 당시 자유당 정부는 기존 구빈법 체제의 유지를 주장한 보수인사들의 다수 보고서를 채택하였다. http://51.1911encyclopedia.org/P/PO/POOR_LAW; http://www.bopcris.ac.uk/bop1900/ref556.html 참조.

5 예를 들어서, 1834년 개정 구빈법 이후에 구빈제도의 원칙으로 자리 잡은 열등처우의 원

빈제도를 그대로 유지하자는 입장을 가지고 이를 다수 보고서에 반영하였다. 빈곤에 대한 이러한 보수적 견해는 소위 빅토리아 시대(1837-1901)[6]의 일반적인 정서를 대변한다고 할 수 있다.

한편, 이 시기 영국에는 이들 보수주의자들과의 대척점에 서서, 빈곤의 원인을 개인에서 찾기보다는 사회구조적 성격에서 찾으려는 진보주의자들이 등장한다. 주로 페이비언 협회(Fabian Society)를 중심으로 한 진보주의자들은 빅토리아 시대의 완고한 도덕주의적 사회관에 반기를 들고, 사회현상에 대한 실체적 사실[7]을 중시하는 경험주의적 연구방법으로 기존의 관습적이고 보수적인 사회인식에 도전하였다. 영국 제국의 최전성기를 구가하던 빅토리아 시대가 저물어 가는 19세기 말에 등장한 이들 페이비언 사회주의자들은 제국의 번영에 따른 경제적인 풍요에도 불구하고 영국 내에 상존하던 절대빈곤과 하급 노동자의 비참한 생활을 목격하면서, 빈곤이 더 이상 개인적인 무능과 나태로 인한 것이 아니라 사회구조적 산물이라는 인식을 가지게 되었다. 페이비언 협회의 기둥이라고 할 수 있는 베아트리스 웹(Beatrice Webb)은 왕립위원회에 참여하여 진보주의자들의 사상을 적극적으로 개진하게 된다. 이러한 페이비언 사회주의자들의 새로운 사회인식과 사회개혁의 의지,

칙(principle of less-eligibility)을 들 수 있다.

6 빅토리아 시대는 영국의 빅토리아 여왕이 통치한 기간을 말하는데, 이 시기에 영국은 경제적으로나 정치·문화적으로 최전성기를 맞이했으며, 대외적으로는 가장 넓은 식민지를 개척한 영국의 황금기라고 할 수 있다. 이 시기에 이르러서 영국 사회에서는 '자조(self-help)'와 '규율(discipline)'에 입각한 영국식 자유주의적 전통이 확립되었다. 이러한 빅토리아 시대의 관점에서 보면, 한 개인이 빈곤에 빠지게 된 원인은 결국 빈자 개인의 성향이라고 할 수 있다.

7 페이비언 협회는 시드니 웹이 1887년 『사회주의자를 위한 사실(*Facts for Socialists*)』이라는 책을 발간하면서 일반대중의 관심을 끌게 되었다. 이 책의 제목에서 알 수 있듯이, 페이비언 사회주의자들은 빅토리아 시대의 도덕주의자와 다른 한편, 대륙의 관념적 마르크스주의자와도 달리 경험적 사실을 중시하는 사회주의를 천명하고 있다.

특히 이들의 특장(特長)이라고 할 수 있는 사회문제에 대한 경험주의적인 방법론은 이후 20세기 사회개혁에 논리적 토대를 제공하였다.

왕립위원회에서 이루어진 이러한 갈등구조, 즉 빈곤을 둘러싸고 나타난 보수와 진보 양대 진영의 현격한 인식 차이와 이에 따른 갈등구조는 비단 100년 전 영국 사회에 국한된 것은 아니다. 제2차 세계대전 이후 유럽에서 복지국가를 건설할 때 빈곤을 둘러싸고 나타난 논쟁의 지형이 이미 이곳에서 결정되었으며, 국민기초생활보장제도를 실시하고 있는 한국에서도 이와 같은 갈등이 재현되고 있다. 예를 들어서 2000년부터 매년 개최되는 최저생계비 전문위원회에서 나타나는 빈곤에 대한 인식 차이와 이에 따른 갈등구조, 그리고 최저생계비가 결정되는 과정을 유심히 살펴보면, 지역적 차이와 100여 년이라는 시차를 넘어서서, 영국의 왕립위원회와 상당한 유사성이 발견된다. 따라서 한 사회가 빈곤을 어떻게 이해하고 있으며, 어떠한 정책적 수단을 가지고 빈곤 문제에 대응하는지는 결국 그 사회의 이념적 지형과 밀접한 관계가 있다는 보편적인 원리가 다시 한번 확인되는 셈이다.

이러한 맥락에서, 이 글에서는 한국의 대표적인 공공부조제도라고 할 수 있는 국민기초생활보장제도의 역사적 의의와 전망을 살펴보고자 한다.

2. 국민기초생활보장법 전사(前史)

한국에서 근대적 의미의 빈민구호제도가 언제부터 실시되었는지는 명확하지 않지만, 일반적으로 1944년 3월 1일 제령(制令) 12호로 제정·공포된 조선구호령(朝鮮救護令)이 그 시초라고 여겨진다(박태용, 1984: 5; 황청일, 2004: 10). 조선구호령은 1929년 일본에서 제정된 구호법(1932년 시행)을 근간으로 하고 모자보호법과 의료보호법을 부분적으로 부가한 시행령의 성격을 가지고 있었다(이혜원·이영환·정원오, 1998: 316). 이러한 조선구호령은 "65세 이상의 노쇠자, 13세 이하의 유아, 임산부, 불구, 폐질, 질병, 상이, 기타 정신 또는 신체의 장애로 인하여 노동을 하기에 지장이 있는 자"(제1조)를 대상으로 하여, "생활부조, 의료부조, 조산부조, 생업부조, 장제부조"(제10조-제17조)를 실시하도록 되어 있었다. 또한 자산조사와 신청주의에 입각하여 제도를 운영하며, 거택보호를 원칙으로 하였다(류진석, 1989: 347). 일제강점기 조선에서 거의 유일하게 체계성을 갖춘 빈민구호제도[8]였던 이 구호령의 수급 예상인원은 4만 4,799명(1941. 3. 조사)이었으나, 예산상의 이유로 1만 5천 명을 기준으로 시행되었다(심정택, 1997: 163).

조선구호령은 1년 남짓 시행되다가 해방을 맞으면서 법령 자체가 소멸되었다. 하지만 해방 직후 미국은 일본의 행정기관(조선총독부)을 통해서 조선점령정책[9]을 실시하면서 조선구호령은 그 틀을 유지한 채 시행되었으며, 1945년 10월 10일 미군정이 남한의 유일한 합법정부로 인정된 이후에도 지속되었다. 예를 들면, 미군정하의 구호준칙인 '후생국보 3호의 C항'(1946. 2. 7)은 구호 대상을 조선구호령과 거의 유사하게 "65세 이상 된 자, 6세 이하의 부양할 소아를 가진 모, 13세 이하의 소아, 불치의 병자, 분만 시 도움을 요하는 자, 정신 또는 육체적 결함이 있는 자로서 구호시설에 수용되지 않고, 가족이나 친척의 보호가 없고, 노동할 수 없는 자"로 규정하고 있으며, 급여 내용에서도 일제강점기 조선구호령과 거의 유사하여 미군정기의 공공부조정책은 일제

---

8 조선구호령(1944) 이전에 '조선수난구호령'(1914, 일본 칙령)과 '군사구호법 등을 조선 등지에 시행하는 건'(1917, 일본 칙령) 등이 있었다. 이에 대한 자세한 내용은 심정택(1997: 158-159) 참조.

9 해방 직후 승전국인 미국의 입장에서 조선은 패전 처리를 해야 할 적국의 일부였다.

강점기의 조선구호령과 별반 차이가 없었다고 하겠다(장인협, 1982: 45; 이혜원·이영환·정원오, 1998).[10]

한편 미군정 시대가 끝나고 1948년 7월 17일 공포된 대한민국의 제헌헌법은 “노령, 질병, 기타 근로능력의 상실로 인하여 생활유지의 능력이 없는 자는 법률의 정하는 바에 의하여 국가의 보호를 받는다”(제19조)라고 명시하였다. 이러한 헌법 조항이 현실세계에서 실현되기 위해서는 하위 법령과 이에 따른 예산이 뒷받침되어야 하지만, 당시 극심한 정치적 혼란과 경제적 낙후성을 면치 못했던 한국에서 이 헌법 조항은 선언에 그친 채 사문화되었다.

한편 1961년 12월 생활보호법(법률 제913호)의 제정으로 사문화되었던 헌법 조항이 되살아나서 본격적인 생활보호시대를 열게 된다.[11] 하지만 당시 생활보호법은 일본이 식민지 조선에 실시했던 ‘조선구호령’을 모태로 구성되었기 때문에 가족주의, 상호부조주의와 같은 입장을 취했으며, 피구제권의 부인, 피구제자의 시민권 박탈 같은 문제가 있었다(윤찬영, 1998: 13). 다시 말해서, 1961년 도입되어 약 40년간 시행되어 온 생활보호제도는 생계보호 대상자를 65세 이상의 노인이나 18세 미만의 아동, 임산부 등으로 제한함으로써 실질적으로 생계유지가 어려운 많은 저소득층이 보호되지 못하고 생활보호의 사각지대로 잔존해 왔다. 이러한 점에서 생활보호제도는 헌법에서 규정한 ‘인간다운 생활을 할 권리’(제34조 제1항)를 구현하기에는 역부족인 임시방편적이고 시혜적인 성격을 가지고 있었다. 이러한 ‘수급자의 권리성 부정’과 ‘극소

10 미군정기의 후생국보는 조선구호령에 비하여 ‘6세 이하의 아동을 부양하는 모’(모자가정)와 이재민과 피난민 그리고 실업자를 포함했으나 실제 구호자 수는 미미하였다.

11 생활보호법은 제헌헌법 제19조의 내용을 받아서 “본법은 노령, 질병, 기타 근로능력의 상실로 인하여 생활유지의 능력이 없는 자 등에 대한 보호와 그 방법을 규정하여 사회복지의 향상에 기여함을 목적으로”(제1조) 한다고 명시하고 있다.

보호(least protection)'라는 한국 생활보호제도의 특징은 적어도 국민기초생활보장제도가 제정되는 1999년까지 지속된다.

3. 국민기초생활보장법의 제정

주지하다시피, 한국은 21세기에도 1960-70년대의 '발전주의' 혹은 '경제성장 지상주의'의 유산이 강하게 남아 있는 나라다. 따라서 빈곤의 원인을 사회구조적 요인에서 찾기보다는 개인의 무능과 나태 혹은 개인적인 운명의 탓으로 돌리는 경향이 아직까지도 강한 편이다. 더욱이 1987년 체제 이전에는 어느 누구도 빈곤을 개인을 넘어서서 사회 구성원의 집합적인 노력으로 해결해야 하는(혹은 할 수 있는) 사회문제로 인식하지 못했기 때문에, 가난한 사람들은 정부에 대해서 시민으로서의 권리를 당당히 주장하지 못했고, 한편으로는 개발연대의 미망에서 벗어나지 못했던 정부도 시혜적이고 자선적인 프로그램만을 운영하는 한계를 보여 왔다. 즉, 헌법에서 보장한 '인간다운 생활을 할 권리'는 그야말로 헌법상의 선언에 그쳤을 뿐, 헌법상의 권리가 우리 생활에 실제적인 영향을 미칠 것이라고는 어느 누구도 기대하지 않았다.

이러한 점에서 1999년 제정된 국민기초생활보장법은 우리나라의 완고한 보수주의 이데올로기를 뛰어넘어서 복지국가로 나아가는 시금석이 되었다고 평가할 수 있다(안병영, 2000; 문진영, 2001; 박윤영, 2002; 김영순, 2005). 즉, 농경사회에나 어울릴 듯한 단색(單色) 이데올로기를 가진 한국에서 빈곤하다는 이유만으로 근로능력자에게도 현금급여를 제공한다는 것은 분명 기존 보수주의 이데올로기의 틀을 벗어나 복지국가로 나아가는 커다란 진전이었다.

이런 의미를 가지고 있는 국민기초생활보장제도는 1990년대 말 당시의 산물임에 틀림이 없다. 당시 미증유의 IMF 경제위기로 실업과 빈곤으로 고통받는 국민들이 기하급수적으로 늘어나 사회적으로 매우 불안정한 상태가 지속되었다. 따라서 어떠한 형태로든 경제위기로 양산된 IMF형 빈민들을 구제하기 위한 정부의 정책은 필요하였다. 하지만 더욱 중요한 사실은 그 당시가 바로 민주주의의 꽃이라 할 수 있는 정권교체가 이루어진 시기라는 점이다. 물론 국민기초생활보장제도를 아젠다 형성 과정에서부터 법안 제정에 이르기까지 주도적으로 법안제정운동을 벌였던 국민기초생활보장법 제정추진 연대회의의 노력도 있었지만, 이러한 입법청원운동이 가능했던 것은 헌정 사상 처음으로 평화적인 정권교체를 성취한 당시 민주당과, 특히 당시 김대중 대통령의 이해가 있었기에 가능한 것이었다.

정리하자면, 1999년 8월 제정된 국민기초생활보장법은 시민의 '사회적 권리'라는 측면에서 생활보호법보다 한 차원 발전한 매우 개혁적인 법안이라고 평가할 수 있다. 특히 법률 용어도 기존의 시혜적 성격이 강하게 남아 있는 보호대상자, 피보호자, 보호기관 등에서 수급자, 수급권자, 보장기관 등으로 바뀌어 권리성 급여로서의 면모를 갖추었다. 또한 제도의 내용 면에서도, 일제의 조선구호령 이후 계속 유지되어 온 인구학적 구분의 철폐(자활보호대상자에게 생계급여 가능), 소득인정액의 도입, 자활 프로그램의 강화, 주거급여의 신설 등을 통해서 제도를 합리화함으로써 한 차원 높은 수준의 공공부조제도로 발전하였다. 또한 지난 10여 년 이상 사회복지계의 큰 관심사였던 사회복지전문요원의 일반직화와 충원이 이루어짐으로써 제도 운영의 활성화를 기할 수 있게 되었다.

이러한 국민기초생활보장제도의 도입 의의는 다음과 같은 세 가지 점에서 살펴볼 수 있다.

첫째, 국민기초생활보장법 제7조에서 수급자에 대한 급여는 소득인

정액을 포함해 최저생계비 이상의 생활을 유지할 수 있는 수준에서 결정되어야 한다고 명시함으로써, 복지국가의 가장 기초적인 제도적 조건이라고 할 수 있는 국민복지최저선(National Minimum)이 확보되었다.

둘째, 이 법의 제정을 통해 우리나라 공공부조제도가 전통적으로 근로무능력자에게만 극소한도의 급여만을 제공하던 구빈법적 전통에서 벗어나 근대적 의미의 공공부조제도로 발전하였다. 즉, 기존의 생활보호제도가 빈민에 대한 국가의 자선적·시혜적 차원에서 운영되었다면, 국민기초생활보장제도는 국가의 책임과 국민의 권리가 명시됨으로써 헌법에서 보장한 인간다운 생활을 할 권리가 구체적 권리의 성격으로 발전한 것이다.

셋째, 국민기초생활보장제도는 저소득층의 최저생계보장이라는 전통적인 의미의 공공부조적 성격과 더불어 근로능력이 있는 수급자에게는 빈곤의 덫(poverty trap)에 빠지지 않고 근로의욕을 유지할 수 있도록 조건부 수급제도와 소득공제제도를 사용하고 있다. 즉, 근로능력 수급자는 어떠한 형태로든 자신의 근로를 제공하는 자활사업에 참여하는 것을 조건으로 생계급여를 제공하는 조건부 수급제도와 근로를 통해서 소득활동을 하는 수급자에게는 소득평가액에서 일정액을 공제함으로써 결과적으로 자신이 받을 수 있는 급여액보다 그 일정액에 해당하는 양의 급여를 부가해서 받을 수 있는 소득공제제도를 갖추고 있다(문진영, 2001).

4. 국민복지최저선과 최저생계비

국민기초생활보장제도와 최저생계비

국민기초생활보장제도가 한국 사회에서 사회적 권리의 시대를 열었다는 평가를 받고 있는데, 이러한 평가의 핵심에는 최저생계비가 있다. 한국에서 최저생계비는 헌법에서 규정한 '인간다운 생활을 할 권리'를 향유하기 위해 필요한 최소한의 비용을 말한다. 즉, 대한민국 국민이라면 건강하고 문화적인 삶을 유지할 권리가 있으며, 정부는 국민기초생활보장제도와 같은 제도적 장치를 마련하여 이러한 국민의 사회적 권리를 보장해야 하는데, 그 보장의 기준이 바로 최저생계비라고 할 수 있다. 보다 구체적으로 말하면, 최저생계비란 한 사회에서 최저 수준의 삶을 유지하기 위해 반드시 지출해야 하는 비용이며, 대개 한 달을 기준으로 가구 단위의 지출액으로 표시된다. 다시 말해서, 어떤 가구의 자산(소득과 재산)이 최저생계비로 표시된 금액보다 적다면 그 가구의 구성원들은 그들이 가진 자산을 아무리 합리적으로 사용하더라도 가난할 수밖에 없고, 따라서 헌법에서 부여한 '인간다운 생활을 할 권리'가 심대하게 침해된다는 것이다.

이런 점에서 최저생계비는 한 사회에서 빈곤한 가구와 빈곤하지 않은 가구를 공식적으로 결정하는 기준, 즉 국민기초생활보장제도의 수급자 선정과 급여수준을 결정하는 기준이 된다. 이 외에도 최저생계비가 가지고 있는 사회적 중요성은 다른 사회정책의 기본 자료로 사용된다는 점에 있다. 예를 들어서 정부가 공식적으로 발표하는 최저생계비는 각종 사회수당의 수준을 결정하고, 조세제도에서의 면세점과 노동시장에서의 최저임금을 결정하는 데 유용하게 사용된다. 더욱이 노사 간의 임금단체협상 과정에서도 기본 자료로 사용되는 등 상당한 권위를 가지고 폭넓게 사용된다. 따라서 최저생계비가 가지고 있는 이러한 사회적 의미를 고려하여, 국민기초생활보장법에서는 정부 관료와 시민단체 대표 그리고 전문가가 참여하는 중앙생활보장위원회의 심의·의결을 거쳐서 보건복지부 장관이 매년 결정하도록 하고 있다(제6조).

하지만 국민기초생활보장제도가 도입된 1999년부터 최저생계비에 대한 논란이 끊이지 않고 있다. 특히 국민기초생활보장법이 제정되기 전부터 집요하게 공격을 가했던 보수주의자들은 이 제도가 근로능력이 있는 수급자들에게 지나치게 높은 최저생계를 보장함으로써 근로의욕을 감퇴시켜서 복지병을 유발한다고 공격하고 있다. 이들은 특히 평균임금 근로자의 연금급여 수준을 비교하면서 최저생계비를 하향조정할 것을 주장하고 있다. 그런 한편으로 사회 일각에서는 최저생계비가 지나치게 낮게 책정되어 실제적으로 수급자들이 건강하고 문화적인 생활을 할 수 없다고 주장하여, 최저생계비의 대폭적인 인상을 요구하고 있다.

이러한 최저생계비의 수준 이외에도 1) 상대적 개념의 최저생계비 도입 논란, 2) 최저생계비와 급여수준의 연계 문제, 3) 표준가구 설정 등 최저생계비 계측방법의 문제, 4) 비계측연도 최저생계비의 결정 문제, 5) 부양의무 기준의 문제, 6) 지역별 최저생계비의 문제, 7) 가구유형별 최저생계비의 문제 등 열거하자면 끝이 없을 정도다. 더욱이 국민기초생활보장제도를 처음 도입하던 때와는 상당히 다른 시대적인 변화가 있었다. 예를 들면, 비정규근로자의 급증으로 근로빈곤층이 늘어나고, 소득격차의 확대를 넘어서 소득수쥬의 양극화가 심각하게 진행되고 있으며, 빈곤이 단순한 수입의 결핍이 아니라 사회적 박탈의 악순환 구조 속에서 양산되고 있다.

최저생계비의 연혁과 결정 과정

• 국민기초생활보장법 이전 생활보호제도의 최저생계비

1999년 9월 국민기초생활보장법이 제정되자 가장 시급하게 정비해야 할 제도의 구성요소가 바로 최저생계비였다. 물론 국민기초생활보장제도 이전의 생활보호제도에도 최저생계비라는 개념이 있어서 원칙적으로는 생활보호대상자의 수급자격과 급여수준의 기준이 되었다. 하지만 1997년 8월 22일 개정 이전의 생활보호법에는 최저생계비에 대한 구체적인 조항이 없었다. 대신 관례적으로 매년 9월에 전국적으로 저소득층에 대한 일제조사를 실시하여 그해의 경제성장률, 일반물가수준 상승률, 가계비 지출 상승률 등을 고려하여 보건사회부 장관이 생활보호대상자 책정기준을 결정하게 되어 있었다.

> 생활보호법 [시행 1983. 7. 1] [법률 제3623호, 1982. 12. 31, 전부개정]
>
> 제5조 (보호의 기준 등) ① 이 법에 의한 보호의 수준은 건강하고 문화적인 최저생활을 유지할 수 있는 것이어야 한다.
>
> ② 이 법에 의한 보호의 기준은 보건사회부 장관이 보호대상자의 연령, 세대구성, 거주지역, 기타 생활여건 등을 고려하여 보호의 종류별로 정한다.
>
> ③ 보호기관은 이 법에 의한 보호를 세대를 단위로 하여 행하되, 특히 필요하다고 인정하는 경우에는 개인을 단위로 하여 행할 수 있다.

> 생활보호법 [시행 1998. 7. 1] [법률 제5360호, 1997. 8. 22, 일부개정]
>
> 제5조의 2 (최저생계비의 결정) ① 보건복지부 장관은 일반국민의 소득·지출수준과 보호대상자의 생활실태, 물가상승률 등을 고려하여 최저생계비를 결정하여야 한다.
>
> ② 보건복지부 장관은 매년 12월 1일까지 제16조 제2항의 규정에 의한 중

앙생활보호위원회의 심의를 거쳐 다음 연도의 최저생계비를 결정하여 공표하여야 한다.

③ 보건복지부 장관은 최저생계비를 결정하기 위하여 필요한 계측조사를 5년마다 실시하며, 이에 필요한 사항은 보건복지부령으로 정한다.

위의 법조항에서 알 수 있듯이, 한국의 공공부조제도는 1997년 최저생계비 조항(제5조의 2)이 신설됨으로써 비로소 근대적인 제도의 틀을 갖추게 되었다. 하지만 생활보호법이 개정(1997. 8)되고 시행(1998. 7)된 이후에도, 생활보호제도에서 최저생계비는 생활보호대상자의 선정기준선이나 보호기준선으로 제대로 기능하지 못했다. 〈표 4-1〉에서 알 수 있듯이, 생활보호사업의 선정기준선은 객관적인 근거를 갖춘 최저

〈표 4-1〉 생활보호제도의 보호자 선정기준(최저생계비) (단위: 만 원)

구분		1인당 소득		가구당 재산	
		거택	자활	거택	자활
1982	대도시	2.6		200	
	중소도시	2.3		175	
	농어촌	2.0		150(전답 3정보)	
1985	대도시	3.8		290	
	중소도시	3.4		260	
	농어촌	3.0		230(전답 3정보)	
1990		4.8	4.8	340	340
1995		19	20	2,500	
1997		21	22	2,600	2,800
1998		22	23	2,800	2,900
1999		23	23	2,900	2,900

주: 1987년 이전에는 대도시, 중소도시, 농어촌으로 소득과 재산이 구분되었다.
자료: 1990년 이전 자료는 보건사회부(1989), 〈표 113〉; 1990년 이후 자료는 보건복지부(1999), 〈표 2-1-18〉.

생계비가 사용되지 않고 행정편의주의로 결정되었는데, 그 이유를 구체적으로 살펴보면 다음과 같다.

첫째, 당시 생활보호제도의 보호대상자를 선정하는 기준선(최저생계비)은 '가구균등화 지수'를 사용하지 않고, 가구구성원 수가 늘어나면 그 숫자대로 단순 곱하여 선정기준을 정할 정도로 원시적이었다. 예를 들어서 1995년 거택보호대상자의 선정기준선이 1인 기준으로 19만 원이기 때문에, 4인 가구인 경우에는 76만 원(19만 원×4인)이 기준선이 되는 셈이다.

둘째, 재산의 소득환산제도가 없기 때문에, 당시의 보호대상자 선정기준선은 소득 기준과 재산 기준 중에서 어느 하나의 기준만 넘으면 수급자로 선정될 수 없는 불합리한 형태로 운영되었다. 이러한 문제는 소득인정액제도가 본격적으로 시행된 2003년이 되어서야 해결되었다.

셋째, 생활보호제도는 1997년에 이르러서야 생활보호법 일부개정(1997. 8. 22. 개정, 1998. 7. 1. 시행)으로 보장기관의 한 종류로서 중앙생활보호위원회(현 중앙생활보장위원회)에 대한 조항(법 제16조 제2항)이 신설되었다. 즉, 그 이전에는 보호대상자의 선정기준인 최저생계비를 정할 때에도 중앙생활보호위원회와 같은 형태의 심의기관의 심의 없이, 보건복지부 장관의 자의적인 판단에 의해서 결정하였다.

넷째, 1997년 법 개정으로 인하여 최저생계비(법 제5조의 2)와 중앙생활보호위원회(법 제16조 제2항)의 조항이 신설되었음에도 불구하고, 당시 보건복지부는 이를 준수하려는 의지가 매우 미약했다. 예를 들면 1997년 개정 생활보호법 제5조의 2 제2항에 따르면 보건복지부 장관은 매년 12월 1일까지 다음 연도의 최저생계비를 결정하여 공표해야 하는데, 이를 준수하지 않아서 참여연대에 직무유기로 고발을 당하기도 했다. 참여연대는 보건복지부 장관이 1999년도 최저생계비를 1998년 12월 1일까지 계측·공표해야 했는데, 이보다 한 달 정도가 경과한

1998년 12월 29일이 되어서야 보건복지부가 자체 결정한 최저생계비를 반영한 '생활보호대상자 선정기준'을 언론사에 보도자료로 배포하는데 그쳤는데, 이는 명백한 직무유기라는 이유로 고발한 것이다. 이러한 시민단체의 고발은 당시 정부, 특히 보건복지부가 생활보호제도와 최저생계비를 연결하여 제도를 운영하려는 인식이 박약했음을 상징적으로 보여 준다.

• 국민기초생활보장법의 시행과 최저생계비

한국에서 근대적 빈곤대책은 국민기초생활보장법의 제정(1999. 9)으로 시작되었다고 해도 과언이 아니다. 그리고 이러한 빈곤대책의 가장 중요한 구성요소는 최저생계비라고 할 수 있다.

> 제2조 (정의)
>
> 6. "최저생계비"라 함은 국민이 건강하고 문화적인 생활을 유지하기 위하여 소요되는 최소한의 비용으로서 제6조의 규정에 의하여 보건복지가족부 장관이 공표하는 금액을 말한다.
>
> 제5조 (수급권자의 범위)
>
> ① 수급권자는 부양의무자가 없거나, 부양의무자가 있어도 부양능력이 없거나 부양을 받을 수 없는 자로서 소득인정액이 최저생계비 이하인 자로 한다.
>
> 제6조 (최저생계비의 결정)
>
> ① 보건복지가족부 장관은 국민의 소득·지출수준과 수급권자의 가구유형 등 생활실태, 물가상승률 등을 고려하여 최저생계비를 결정하여야 한다.
>
> ② 보건복지가족부 장관은 매년 9월 1일까지 제20조 제2항의 규정에 의한 중앙생활보장위원회의 심의·의결을 거쳐 다음 연도의 최저생계비를 공표

하여야 한다.

③ 보건복지가족부 장관은 최저생계비를 결정하기 위하여 필요한 계측조사를 3년마다 실시하며, 이에 필요한 사항은 보건복지가족부령으로 정한다.

제7조 (급여의 종류)

② 수급권자에 대한 급여는 제1항 제1호의 생계급여와 수급자의 필요에 따라 동항 제2호 내지 제7호의 급여를 함께 행하는 것으로 한다. 이 경우 급여의 수준은 제1항 제1호 내지 제4호 및 제7호의 급여와 수급자의 소득인정액을 포함하여 최저생계비 이상이 되도록 하여야 한다.

제20조 (생활보장위원회)

② 보건복지가족부에 두는 생활보장위원회(이하 "중앙생활보장위원회"라 한다)는 다음 각호의 사항을 심의·의결한다.

4. 최저생계비의 결정

위에서 정리한 국민기초생활보장법의 최저생계비 조문(條文)[12]에서도 알 수 있듯이, 최저생계비란 국민기초생활보장제도의 수급자 선정기준과 급여의 기준선이라는 단순한 제도의 운영요소를 넘어서서, 국민기초생활보장제도가 가지고 있는 가치를 구현하는 가장 중요한 구성요소임을 알 수 있다. 즉, 국민기초생활보장제도를 통해서 사회적 약자에 대한 우리 사회의 의지를 표현한 것이라고 할 수 있는데, 이를 정리하면 다음과 같다.

첫째, 법에서 최저생계비는 단순히 의식주 등 육체적인 욕구에 머

12 법 제24조(차상위계층에 대한 조사)와 제27조(급여의 실시 등)에도 최저생계비에 대한 내용이 있으나, 제도의 근간을 이루는 중요한 내용이 아니기 때문에 여기에서는 다루지 않았다.

무르지 않고, '건강하고 문화적인 생활'을 유지하는 데 필요한 비용을 말한다. 즉, 헌법에서 규정한 인간다운 생활을 할 권리를 구체적으로 실현할 수 있는 기준을 제시했다고 할 수 있다.

둘째, 최저생계비는 국민의 소득·지출수준과 수급권자의 가구 유형 등 생활실태, 물가상승률 등을 종합적으로 고려하여 결정해야 한다. 즉, 우리 사회 구성원들의 생활수준 향상에 따라서 최저생계비도 인상되는 상대적인 개념이 도입되어 있다.

셋째, 국민기초생활보장제도의 급여수준은 (제1항 제1호 내지 제4호 및 제7호의) 급여와 수급자의 소득인정액을 포함하여 최저생계비 이상이 되도록 해야 한다고 명시되어, 국민기초생활보장제도는 명실상부한 우리 사회 생존권의 구현체로 기능하도록 되어 있다. 즉, 이 조항은 최저생계비 이하의 생활을 하는 국민이 없게 하겠다는 의지의 표현이라고 할 수 있다.

넷째, 최저생계비의 결정에 있어서 중앙생활보장위원회의 기능과 권한을 대폭 강화하였다. 즉, 생활보호제도에서 중앙생활보장위원회는 '심의' 기능만 있었으나(1997년 개정 생활보호법 제5조의 2 제2항), 국민기초생활보장법에 이르러서 최저생계비의 '심의' 기능과 더불어 '의결' 기능까지 갖게 되었다(제6조 제2항). 물론 최저생계비에 대한 결정·공표의 권한은 여전히 보건복지부 장관에게 있지만, 관계 공무원과 전문가 그리고 각계 대표로 구성된 중앙생활보장위원회에서 '의결'된 최저생계비를 무시할 수는 없게 되었다.

그러면 이러한 의미를 지니고 있는 국민기초생활보장제도의 최저생계비는 어떻게 측정되는지를 살펴보자. 법 조항(제6조)에 따르면 보건복지부 장관은 국민의 소득·지출수준과 수급권자의 가구 유형 등 생활실태, 물가상승률 등을 두루 고려하여 결정해야 하는데, 이를 위하여 3년마다 계측조사를 실시하도록 되어 있다. 최저생계비의 결정이 중앙

〈표 4-2〉 국민기초생활보장법 제정 이후의 최저생계비(4인 가구 기준) 추이

연도	최저생계비(원)	인상률(%)	비고
1999	901,357	–	계측 연도
2000	928,398	3.0	계측 값 반영
2001	956,250	3.0	
2002	989,719	3.5	
2003	1,019,411	3.0	
2004	1,055,090	3.5	계측 연도
2005	1,136,332	7.7	계측 값 반영
2006	1,170,422	3.0	
2007	1,205,535	3.0	계측 연도
2008	1,265,848	5.0	계측 값 반영
2009	1,326,609	4.8	
2010	1,363,091	2.75	계측 연도
2011	1,439,413	5.6	계측 값 반영
2012	1,495,550	3.9	
2013	1,546,399	3.4	계측 연도
2014	1,630,820	5.5	계측 값 반영

생활보장위원회라는 협의기구의 심의·의결을 거쳐서 결정되고, 더욱이 법에 최저생계비의 계측주기까지 구체적으로 명시된 예는 다른 선진 복지국가에서도 찾아보기 힘들다는 점을 고려할 때, 한국 공공부조제도의 투명성과 일관성을 확인할 수 있다.

지금까지 한국에서 공식적인 최저생계비는 모두 아홉 차례 계측되었다. 1973년과 1978년 당시 보건사회부 소속이었던 사회보장심의위원회에서 계측했으며, 이어 한국보건사회연구원에서 연구용역의 형식으로 1988년부터 2013년까지 일곱 차례 계측되었다. 1970년대 두 차례의 계측은 반물량방식[13]으로 계측되었으며, 1988년 이후에는 전물

량방식[14]으로 계측되었다. 1988년 이후 한국보건사회연구원에서 실시하고 있는 최저생계비는 표준가구(2013년의 경우, 40세와 37세의 부부와 11세의 아들과 9세의 딸로 이루어진 4인 가구)를 설정하고, 이 가구를 기준으로 시장바구니(market basket)를 구성하여 최저생계비를 산출한 이후에 가구균등화 지수를 적용하여 1-7인 가구의 최저생계비를 산출하는 방식으로 이루어져 있다.[15]

• 최저생계비 쟁점

① 절대적 빈곤 방식 vs 상대적 빈곤 방식

최저생계비에 대한 법 조항만을 본다면, 한국의 최저생계비는 절대적 개념보다는 상대적 개념이 강하다는 것을 알 수 있다. 이런 특성에 대해 일부에서는 상대적 개념의 빈곤측정 방식을 주장하고 있으나, 사실 빈곤을 절대적 개념과 상대적 개념으로 분리한다는 것 자체가 모호하다. 어느 시대, 어느 지역에서건 빈곤이란 자신에게는 절박한 '절대성'을 가지는 동시에 필연적으로 주위 사람들과 비교되는 '상대성'을 가지고 있기 때문이다. UN(1995: 57)의 규정에 따르면 절대적 빈곤이란 "음식물과 위생적인 물, 상하수도 시설, 건강, 주거, 교육과 정보의 획득 같은 인간의 기본 욕구(basic needs)가 심각하게 박탈된 상태로, 이러한 상태는 수입(income)의 부족뿐만 아니라 서비스에 대한 접근이 자유롭지 못하기 때문에 발생한다." 절대적 빈곤에 대한 이러한 UN의 규정은 최소한도의 생존 조건(minimum subsistence)을 넘어선 것임을 알 수 있다.

---

13 '오샨스키(Orshansky) 방식'으로 불리는 이 방식은 저소득층의 최소한의 식료품지출비에 엥겔계수의 역을 곱하여 추정한다.

14 이 방식은 인간 생활에 필수적인 모든 품목에 대해서 최저한도의 수준을 정하고 화폐가치로 환산하여 추정한다.

15 2014년 현재 4인 가구 기준 최저생계비는 163만 820원이다.

여기에서 중요한 쟁점은 기본 욕구(basic needs)를 어떻게 인식하느냐 하는 것인데, 빈곤을 연구하는 대부분의 학자들은 기본 욕구가 단순히 의식주와 같은 신체적인 조건(physical terms)만을 의미하지 않는다고 주장한다(예를 들면, Townsend, 1979: Ch. 6; Sen, 1983). 그런데 문제는 어느 정도의 기본 욕구를 사회적으로 용인하는 수준으로 인정해야 하는가 하는 점이다. 이러한 문제의식은 완벽한 의미에서 '절대적인 개념'의 빈곤이란 존재하지 않는다는 것을 의미한다. 따라서 어느 빈곤선이건 모두 상대적인 내용을 포함하고 있는데, 이러한 점에서 우리가 통상적으로 절대적 빈곤이라고 부르는 것은, 불평등 지수를 사용하는 전통적인 의미에서의 상대적 빈곤측정 방식에 비하여 덜 상대적(less relative)임을 의미한다(Bradshaw, 2001).

한편, 2014년 말 집권 여당과 현 정부는 국민기초생활보장제도의 운영 방식을 전면적으로 개편하였다. 개편의 핵심은 기존의 최저생계비 제도를 부정하고, 각 개별적인 급여제도에서 중위소득으로 결정하게 하는 것이다. 하지만 이렇게 상대적 빈곤 방식으로 수급자를 선정할 경우에는 다음과 같은 문제점이 있다.

- 중위소득을 결정하는 소득 분포는 무엇으로 결정하는가?
- 중위소득의 40%라는 기준과 소득인정액이 최저생계비 이하라는 것은 전혀 다른 개념이다.
- 광범위한 비수급 빈곤층이 존재하는 현실에서 상대적 빈곤 방식이 정당한가?
- 최근 15년간 중위소득의 증가율은 약 7-8%인 반면에 최저생계비의 증가율은 3-4%에 불과하다. 이러한 차이가 지속될 경우, 수급자 선정기준과 급여수준을 일치시키는 기초법의 골격이 무너지게 된다.

• 공공부조제도에서 상대적 빈곤 방식을 사용하는 선진국의 사례는 찾을 수 없다.

② 최저생계비의 개념

박능후(2009)는 빈곤선과 최저생계비의 개념을 등치시키는 것에 문제가 있다고 보고, 빈곤선과 최저생계비는 동일한 개념이 아니라고 주장한다. 그런데 여기에서 우리가 주의해야 할 것은 정부의 정책을 염두에 둔 공식적인 빈곤선(최저생계비)과 일반적으로 학계나 연구자들이 사용하는 빈곤선(최저생계비)을 구분하여 살펴봐야 한다는 것이다. 즉, 일반 연구자들의 경우에는 연구 목적과 개인적 선호도에 따라서 중위소득의 일정 수준(예: 40%, 50%, 60%)이나 평균소득의 일정 수준(예: 50%), 혹은 주관적인 방식의 빈곤선을 사용할 수도 있고 정부의 공식적인 최저생계비를 사용할 수도 있다. 이것은 그야말로 연구자의 개별적인 선호도나 연구의 성격에 따른 것이기 때문에 여기에서 논의할 이유가 없다.

문제는 정부가 정책을 염두에 두고 책정한 공식적인 최저생계비의 경우다. 이 경우에도 두 가지로 나누어지는데, 정부가 전반적인 정책을 구상하고 실행하기 위해서 빈곤의 동향이나 흐름을 알아보기 위해서 사용하는 빈곤선이 있을 수 있고, 구체적으로 사회보장제도의 수급기준을 제시하기 위해서 사용하는 빈곤기준선이 있다.

예를 들어서, 미국 정부는 1965년 이후로 두 개의 공식적인 빈곤선을 가지고 있는데, 하나는 poverty thresholds(빈곤율)이고 다른 하나는 poverty guidelines(빈곤 지침선)이다. 이 중에서 poverty thresholds는 미국 연방정부 인구센서스국(The Census Bureau)에서 계측하고 발표하는데 주로 통계적인 목적을 위해서 사용된다. 예를 들면 전국적으로 빈곤한 사람들의 비율을 구하거나, 더 나아가서 빈곤한 사람들을 연령이나 인종, 거주 형태 등 다양한 사회·경제적 형태별로 분류하고 분석하는 데

〈표 4-3〉 미국의 poverty thresholds와 poverty guidelines 비교(4인 가구 기준) (단위: $)

	2000	2001	2002	2003	2004	2005	2006	2007	2008	2009
poverty thresholds	17,463	17,960	18,244	18,660	19,157	19,806	20,444	21,203	21,834	n.a
poverty guidelines	17,050	17,650	18,100	18,400	18,850	19,350	20,000	20,650	21,200	22,050
1인당 추가액	2,900	3,020	3,080	3,140	3,180	3,260	3,400	3,480	3,600	3,740

자료: Poverty thresholds는 U.S. Census Bureau(http://census.gov.hhes/www.poverty/threshold/), poverty guidelines는 *Federal Register*, each vols 65(2000)-74(2009), each year.

사용된다. 즉, 미국 사회의 빈곤 동향을 통계적으로 파악하는 데 목적이 있다. 한편, poverty guidelines는 poverty thresholds를 약간 조정한 것으로, 미국 연방정부 보건·인간서비스부(The Department of Health and Human Services)에서 주로 행정적인 목적으로 사용한다. 예를 들자면 연방정부가 운영하는 공공부조 프로그램을 받을 수 있는지 여부를 결정하는 선정기준선으로서 기능한다.[16] 인구센서스국(poverty thresholds)과 보건·인간서비스부(poverty guidelines)는 각각의 빈곤선에 소비자 물가지수(consumer price index)를 사용하여 매년 갱신하여 공표한다.

〈표 4-3〉에서 알 수 있듯이, poverty thresholds와 poverty guidelines는 약간의 차이가 있는데, 이는 계측 방식이나 갱신 방법의 차이에서 오는 것이 아니라 대상인구의 차이에서 온다고 할 수 있다. 즉, 인구센서스국에서는 가족형태와 가족구성원의 연령 그리고 아동의 수를 고려하여 48개 유형의 poverty thresholds를 공표하는데, 〈표 4-3〉에 나오

16 관례적으로 poverty guidelines를 '연방정부 빈곤수준(federal poverty level)' 혹은 단순히 '빈곤선(poverty line)'으로 지칭하기도 하고, 또한 poverty thresholds를 공식 빈곤선이라고 하기도 하는데, 용어 사용에 합의가 이루어져 있지 않다. 따라서 두 개의 기준 모두 공식 빈곤선이라고 해도 무방할 것이다. 이러한 poverty thresholds와 poverty guidelines에 대한 자세한 설명은 http://www.irp.wisc.edu/faqs/faq1.htm 참조.

는 4인 가구 poverty thresholds는 18세 미만의 아동 2인과 부부로 이루어진 가구를 기준으로 하고 있다. 한편 poverty guidelines는 일반적으로 가구원 수를 기준으로 발표하고 있다.[17]

이러한 점에서 한국의 일부 학자의 경우, 빈곤선과 공공부조 기준선을 분리해서 운영하자고 주장하고 있으나, 이는 정부가 빈곤의 동향을 파악하기 위해서 다른 공식적인 빈곤선을 가지자는 의도라면 반대할 이유는 없다. 하지만 어차피 빈곤이란 개념이 상대적이고 또 주관적인 성격이 있는 만큼 조사 주체에 따라서 다양한 방법과 형태로 빈곤의 동향을 파악하는 것은 얼마든지 가능하다. 따라서 공공부조 기준선으로서 최저생계비는 국민기초생활보장제도의 운영을 위해서 필수적이기 때문에 존치만 된다면, 사용 주체에 따라서 다른 방법과 성격을 가진 빈곤선을 측정하는 것은 아무런 문제가 되지 않는다. 따라서 박능후(2009)의 주장대로 "빈곤선과 최저생계비는 동일한 개념은 아니다"라는 말은 "한국 정부가 공식적으로 공표하고 있는 최저생계비는 빈곤선의 한 종류로 이해해야 한다"로 수정되어야 한다.

또한 박능후(2009)는 한국 최저생계비의 표현 중에서 "건강하고 문화적인" 측면이 고려되는 것을 비판하고 있다. 하지만 어느 나라나 마찬가지이지만 최저생계비는 그 나라에서 시민으로서 어느 정도의 수준을 보장하겠다는 정책적 의지의 표현이다. 따라서 (발제문에서와 같이) 건강하고 문화적인 생활이 어느 정도 수준인지 법에 나타나 있지 않다고 비판하는 것은 온당하지 않다. 이렇게 따지고 든다면 인간다운 생활을 할 권리나 민주주의라는 개념도 마찬가지다. 법에 일일이 다 규정하기 어렴

17 두 빈곤선은 발표 시점에도 차이가 있다. Poverty thresholds가 8월에 발표되는 반면에 poverty guidelines는 1월에 발표되기 때문에, 그 전해의 poverty thresholds와 비슷한 수준을 보인다. http://aspe.hhs.gov/poverty/faq.shtml#differences 참조.

기 때문에, 하위법령체계에서 현실을 반영하여 구체적으로 규정하고 제도로 정착시키는 것이다. 따라서 한국의 최저생계비도 법에 어느 정도 수준인지 명시되어 있지 않다고 해서, 그리고 예전의 생활보호법에도 이 조문이 있다고 해서 비판받아야 할 일은 아니다. 예를 들면 신문의 경우, 최저생계비가 그야말로 생물학적 생존비만을 의미하는 것이 아니라면, 문화적인 측면은 신문을 구독하는 행위로 표현되는 것이다. 따라서 한국 최저생계비의 "건강하고 문화적인 생활"이라는 표현의 모호함을 자꾸 부각시키는 것은 최저생계비를 그야말로 최저생존비로 낮추어야 한다는 주장에 다름이 아니다.

③ 최저생계비의 용어

빈곤선의 일종으로 공공부조제도의 수급기준선으로서 '최저생계비'라는 용어는 서구에서는 다양하게 사용되고 있다. 위에서 살펴본 바와 같이, 미국에서는 poverty guidelines라는 표현을 사용하고 있으며, 영국에서는 Minimum Income Standards(MIS)라는 용어를 사용한다. 하지만 영국의 빈곤연구자들은 공공부조의 수급기준선으로서 budget standards를 다음과 같이 세 가지 정도로 제시하고 있다. 예를 들면, Family Budget Unit에서는 Low Cost but Acceptable(LCA)과 Modest but Adequate(MBA)를 제시하고 있으며, LSHTM(London School of Hygiene & Tropical Medicine)에서는 한국의 '최저생계비'라는 개념과 유사한 Minimum Income for Healthy Living(MIHL)을 제시하고 있다. 한편, CRSP(Centre for Research in Social Policy)에서는 합의를 강조한 Consensual Budget Standards(CBS)를 제안하고 있다. 각각의 최저생계비를 산출하는 방법과 기준은 약간씩 다른데, 이는 너무나 당연하다. 따라서 budget standards를 사용하는 경우에도 이렇게 용어와 개념상의 차이가 있을 수 있다. 따라서 박능후(2009)의 주장대로 "최저생계비는 '최저', '생계'라는 상대적으로 특정한 의미를 가진 용어이다"는 모호한 표현이다. 빈곤선을 의미할 때 최저라는 개념에서 자유로울 수 없고 또한 생계라는 현실에서 벗어날 수가 없다는 점을 고려할 때, 발제문의 표현이 무슨 의미인지 명확하지 않다.

④ 최저생계비의 수준

1999년도 중앙생활보호위원회에서 제기된 계측조사결과에 대한 일부의 우려는 국민기초생활보장제도의 예산 문제뿐만 아니라, 최저생계비 공표에 따라서 하위직 공무원의 임금 문제와 특히 저소득 근로자의 임금 단체협상에서 정부와 재계가 일방적으로 몰릴 가능성이 있다는 점에 근거하고 있었다. 이러한 저소득 임금근로자와의 형평성의 문제는 아직까지 해결되지 않은 채 지루한 공방이 지속되고 있다. 특히 최저연금소득과 최저임금제도와 비교하여 최저생계비의 수준이 너무 높다는 논리를 펴고 있는데, 이는 다음과 같은 문제점이 있다.

첫째, 1인 근로자의 근로소득과 가구 전체의 총수입과는 별개라는 점이다. 최저생계비의 개념은 한 가구를 구성하는 전체 가구원의 전체 소득(근로소득, 재산소득, 사업소득)을 의미하는 반면에, 근로자의 임금 혹은 연금소득은 가구원 중 한 명의 소득에 불과하므로, 이를 그대로 최저생계비의 수준과 비교할 수는 없다. 게다가 전체 가구는 근로소득 혹은 연금소득 이외에 금리소득, 임대소득, 이전소득 등 다양한 소득의 출처가 있기 때문에 한 가구의 총소득을 계측하여 산출되는 최저생계비와 단순 비교할 수 없다.

둘째, 최저생계비에 문제가 있는 것이 아니라 저임금구조에 문제가 있다. 특히 최근 들어서 비정규직을 포함한 근로빈곤 인구가 급증하고 무엇보다도 소득분배의 구조가 날로 악화되는 실정을 고려하면, 최저생계비의 수준이 높은 것이 아니라, 임금시장에서 저소득 근로자의 임

〈표 4-4〉 유럽연합 국가의 최저생계비 결정 방식(2007. 1. 1)

국가	최저생계비 결정 원칙	최저생계비 수준(4인 가구 기준)
덴마크	최대 실업급여의 80% (부부) 최대 실업급여의 60% (단신)	€3,414(부부 + 8세,12세)
벨기에	2002년 법제정 당시의 최소한도의 생존 수준에서 매년 4%를 증액하여 결정함	€1,339(부부 + 8세,12세) + 아동수당
영국	정부가 결정함	€1,784(부부 + 8세,12세)
독일	생존수준을 유지하기 위한 공공부조 급여는 기본생활 기준과 주거비와 광열비를 포함하여 결정됨	€1036 + €573 = €1,609
스웨덴	정부와 의회가 매년 결정함	€1,148(부부 + 8세,12세)
프랑스	규정에 의하여 결정함	€925.81 + (925.81 * 0.165) = 078.56
아일랜드	정부가 결정함	€1,830

€1 = 1,800 Won

〈표 4-5〉 미국의 최저생계비와 최저임금의 비교(2009)

구분	금액	비고
poverty guidelines(A)	$22,050	4인 가구 기준
최저임금(B)	$13,290	시간당 $7.25 기준
B/A	60.3%	

금수준이 지나치게 낮은 것이다. 예를 들어서 유럽연합 회원국들의 최저생계비와 비교해 볼 때, 한국의 최저생계비는 결코 높은 수준이 아님을 알 수 있다.

또한 〈표 4-5〉에서 알 수 있듯이, 미국의 경우에도 2009년 현재 연방정부의 공식적인 최저임금은 최저생계비의 60.3%에 불과하다.

⑤ 최저생계비 구성항목과 급여의 연계

박능후(2009)는 현재 국민기초생활보장제도가 안고 있는 여러 가지의 문제점의 근원을 최저생계비의 계측 방식과 그 수준에 있다고 주장하고 있으나, 이러한 주장에는 최저생계비 구성항목과 공공부조제도의 급여내용이 일대일로 등치되어야 한다는 인식이 깔려 있다. 그는 비일상적 소비지출에 대응하는 해산급여와 장제급여는 최저생계비를 구성하는 11개 비목과 직접적인 관련이 없는 것으로 구성되어 있으며, 최저생계비 구성 내역의 하나로 자활급여를 지적하고 있으나 실제 계측 과정에서 자활급여는 고려되지 않았다고 주장한다. 이러한 주장은 다음과 같은 문제가 있다.

첫째, 최저생계비는 표준가구의 소득을 기준으로 계측되는 것이지, 이 가구가 공공부조 수급자가 된다는 것을 전제로 계측되는 것은 아니다. 둘째, 현대 복지국가 체제에서 살아가는 개별 가구는 공공부조 급여를 포함한 다양한 형태의 국가 급여를 받는다. 그리고 공공부조 급여도 단순한 생계급여 이외에 바우처(voucher)를 포함한 다양한 형태의 사회복지서비스가 있는데, 이렇듯 개별 가구의 급여수령을 염두에 두고 최저생계비를 계측하는 것은 기술적으로 불가능할 뿐만 아니라, 자칫 가구 수만큼 다양하고 천차만별인 최저생계비가 필요하게 된다.

5. 현 정부의 국민기초생활보장제도 개편방안: 비판적 고찰

IMF 경제위기의 여파가 채 가시지 않은 1999년, 시민사회의 조직적인 힘으로 성사시킨 국민기초생활보장제도는 우리 사회를 문명사회이게 하는 최소한도의 도덕적인 기초라고 할 수 있다. 그리고 우리 모두는 한번 누린 권리는 절대 양보하지도 포기하지도 않고 지속적으로 발전한다는 '불가역성의 명제'를 철석같이 믿고 있었다. 하지만 예외 없는 법칙은 없다고, 지난 14년간 한국 사회 최후의 안전망으로 굳건한 버팀목 역할을 했던 '기초생활의 보장'이 현 정부의 맞춤형 복지에 의해서 흔들리고 있다.

2014년 12월 개정된 국민기초생활보장법 일부개정(법률 제12933호)으로 인하여 권리성의 중핵을 이루는 최저생계비 제도가 무력화되었다. 물론 개정법에서도 최저생계비 내용과 측정 방식에 관한 조항은 존치되었다. 즉 "국민이 건강하고 문화적인 생활을 유지하기 위하여 필요한 최소한의 비용"(법 제2조)으로서, "보건복지부 장관은 수급권자, 수급자 및 차상위계층 등의 규모·생활실태 파악, 최저생계비 계측 등을 위하여 3년마다 실태조사를 실시·공표하여야 한다"(법 제20조의 2 제4항)라고 명시하고 있다. 그러나 이번 법 개정으로 최저생계비는 본연의 기능적 요소(수급자 선정 기준과 급여수준 결정 기준)는 부정되고, 다만 수급자와 차상위계층의 실태 파악을 위한 참고자료로 전락하였다.

다시 말해서, 지난 1999년 이후 최저생계비를 기본 축으로 기초생계를 보장받을 수 있는 국민의 권리는 해체되었다고 해도 과언이 아니다. 정부는 최저생계비 제도를 해체하는 대신에 생계급여, 의료급여, 교육급여, 주거급여 등 각 개별적인 급여의 선정기준(중위소득의 일정비율)과 최저보장수준으로 대체했다고 하지만, 이 역시 기준 중위소득이 투명하고 합리적인 과정을 거쳐서 결정되는 것을 전제로 해야 한다. 2015년 4월 법 개정 이후 처음 소집된 중앙생활보장위원회에서는 통계청이 발표한 2014년 중위소득(농어촌 가구 포함)을 기준으로, 2011년부터 2014년까지 3년간 소득 증가율 수치를 적용한 값을 기준 중위소득(4,222,533원)으로 확정하였다. 하지만 1) 통계청이 지금까지 소득의 분포를 발표할 때 농어촌 가구를 제외했음에도 불구하고 이번에 농어촌 가구를 포함시킨 점, 2) 석연치 않은 이유로 유독 2013년 소득 증가율만 농어촌 가구를 제외한 통계수치를 적용한 점 등을 들어서, 기준 중위소득의 결정 과정에 정부의 재량이 과도하게 행사되었다는 비판이 제기되었다(빈곤사회연대, 2015).

6. 제언

"21세기를 살아가는 우리에게 문명사회와 야만사회를 가르는 기준이 무엇일까?" 문명사회는 아마도 그 사회에서 가장 힘들고 어렵게 사는 사람들, 집도 절도 없고, 손을 내밀 가족이나 친척도 없이 막막하게 살아가는 사람들에게 인간적인 삶의 조건을 만들어 주는 사회일 것이다. 역으로 인간의 존엄성이 제도화되지 않은 사회, 즉 인간다운 생활을 할 권리가 주어지지 않은 사회는 아무리 물질적으로 풍요롭다 하더라도 결코 문명사회라 할 수 없을 것이다.

국민기초생활보장법을 제정했던 정신과 가치를 유지하는 한편으로, 변화하는 시대에 맞게 제도를 개편하기 위해서는 첫째, 부양의무자 기준을 대폭적으로 완화하여 제도의 사각지대를 가능하면 줄여야 한다. 둘째, 근로능력 수급자들이 탈수급하기 위한 프로그램을 개발하여 적용해야 한다. 셋째, 국민기초생활보장제도가 단순히 금전적인 수급을 넘어서서, 대인 상담 서비스와 지역사회의 정보와 자원을 연결하는 역할을 보다 적극적으로 해야 한다. 특히 최근 들어 기초 지방자치단체가 다양한 사회서비스를 개발하고 적용하고 있는 현실을 고려할 때, 사회서비스와 국민기초생활보장제도의 정합을 어떻게 유지할 것인가 고민해야 할 시점에 와 있다. 넷째, 현재 전 국민의 약 5-6%로 추정되는 비수급 빈곤층의 문제를 다각적으로 접근할 필요가 있다. 단기적으로는 국민기초생활보장제도의 개선이 시급한 과제이지만, 장기적으로는 전 국민의 사회권적 기본권을 보장할 수 있는 튼실한 사회복지제도가 구축되어야 본질적인 문제의 개선을 기대할 수 있을 것이다.

참고문헌

김미곤·여유진 외. 2010.「2010년 최저생계비 계측조사 연구」. 보건사회연구원 정책보고서 2010-58.

김영순. 2005.「민주화와 복지정치의 변화: 국민기초생활보장법 제정과정을 중심으로」.『한국과 국제정치』21(3): 97-126.

류진석. 1989.「일제시대의 빈곤정책」. 하상락 편.『한국사회복지사론』. 박영사.

문진영. 1999.「국민기초생활보장법 제정의 쟁점과 운영방안에 관한 연구」.『한국사회복지학』38: 100-125.

문진영. 2000.「국민기초생활보장법의 제정과정」. 한국복지연구원 편.『한국사회복지연감』. 유풍출판사.

문진영. 2001.「생산적 복지제도의 구축방안: 공공부조제도와 적극적 노동시장 정책의 연계 프로그램을 중심으로」.『사회보장연구』17(1): 143-173.

문진영. 2005.「빈곤 레짐에 관한 비교연구: 유럽연합 회원국과 한국을 중심으로」.『한국사회복지학』57(1): 245-269.

박능후. 2009.「국민기초생활보장제도 시행 10년의 평가와 향후 발전방향」. 경기보건복지포럼 발표문.

박윤영. 2002.「국민기초생활보장법 제정과정에 관한 연구」.『한국사회복지학』49: 264-295.

박태용. 1984.「일정시대의 노인복지사업」.『사회복지연구』12: 1-24.

보건복지부. 1999.『보건사회백서』.

보건사회부. 1989.『보건사회백서』.

빈곤사회연대. 2015.「보건복지부 기준중위소득 결정의 문제점에 대해」. 2015년 4월 26일 논평.

심정택. 1997.「해방전후기의 사회복지제도 형성과 그 성격에 관한 연구」.『사회과학논집』14(동아대학교 사회과학연구소): 147-180.

안병영. 2000.「국민기초생활보장법의 제정과정에 관한 연구」.『행정논총』38(1): 1-50.

윤찬영. 1998.「빈민에 관한 사회복지법의 문제: 생활보호법의 제 문제에 대한 비판적 분석을 중심으로」.『사회복지정책』7: 9-21.

이혜원·이영환·정원오. 1998.「한국과 일본의 미군정기 사회복지정책 비교연구: 빈곤정책을 중심으로」.『한국사회복지학』36: 309-337.

장인협. 1982. 「공적부조 제도에 관한 연구」. 서울대학교 박사학위논문.
황청일. 2004. 「한국의 빈민구제 및 공공부조제도의 역사적 발전과 전망」. 『사회과학논총』 26(2): 1-21.

Bradshaw, J. 2001. "Methodologies to Measure Poverty: More than One is Best." University of York, SPRU, mimeo.
Deeming, C. 2005. "Minimum Income Standards: How Might Budget Standards be set for the UK?" *Journal of Social Policy*, 34(4): 619-636.
Sen, A. 1983. "Poor, Relatively Speaking." *Oxford Economic Papers*, 35(2): 153-169.
Townsend, P. 1979. *Poverty in the United Kingdom: A Survey of Household Resources and Standards of Living*. Berkeley: University of California Press.
United Nations. 1995. *The Copenhagen Declaration and Programme of Action: World Summit for Social Development, March 1995*. UN Dept. of Publications.
U.S. Census Bureau (http://www.census.gov/hhes/www/poverty/data/threshld/index.html).

5장 /

한국 사회보험제도와 사각지대

역사적 진단과 미래

양재진

1. 서론

한국의 사회보장제도는 산재보험, 건강보험, 국민연금과 고용보험의 4대 사회보험(social insurance)을 기반으로 하고 있다. 서구 선진복지국가들도 사회보험을 중추로 하여 사회보장제도를 갖추고 있다. 그러나 독일을 제외하고는 한국만큼 사회보험 중심성이 강하지 않다. 영국, 스웨덴, 이탈리아 등 유럽의 많은 국가들은 사회보험 형식이 아니라 조세 기반의 국영의료서비스(National Health Service, NHS)로 국민의 건강을 살피고 있다. 스웨덴 같은 사민주의 국가나 영국 등 영연방 국가는 물론이고 네덜란드 같은 유럽대륙 국가도 사회보험보다는 조세 기반의 기초연금을 먼저 도입하였다. 물론 스웨덴처럼 중산층의 노후소득 보장을 위해 소득비례형 사회보험을 후에라도 도입하는 게 일반적인 경향이지만 영국, 뉴질랜드, 호주와 네덜란드처럼 기초연금 위에 사회보험이 아니라 기업연금이나 사적연금을 위치시키는 경우도 흔하다. 실업보장 시스템도 벨기에나 스웨덴 같은 국가에서는 노조가 관리하는 상호부조형인 소위 '겐트 시스템(Ghent system)'을 채택하고 있고 여기에 국고보조가 더해져 사실상 조세 기반의 실업보상제도로 운영되고 있다. 독일도 실업보험 외에 실업부조제도를 두어 실업자에 대한 소득보장을 전적으로 사회보험에만 의존하지 않았다. 여기에 장기요양서비스도 대부분의 국가에서는 지방정부에서 조세에 기반을 둔 요양서비스를 제공하는 것과 달리, 우리나라는 건강보험에 연동되어 있는 사회보험 형식을 취하고 있다.

한마디로 한국 복지국가의 사회보험 중심성은 유독 강하다. 왜 그런가? 이는 이웃나라 일본의 영향이 컸다. 일본은 근대화 과정에서 사회보장제도를 도입하면서 독일의 사회보험제도를 받아들였고, 우리가 1960년대에 사회보장제도를 도입할 때 일본의 제도를 원용한 결과 독일형 사회보험제도가 한국 사회보장제도의 기본 틀이 되었다. 그러나 우리가 근대화하면서 일본의 제도를 다 받아들인 것이 아닌 만큼, 유독 사회보장 시스템을 사회보험 형식으로 구축해 왔는가 하는 점은 탐구의 대상이다. 여러 이유가 있겠으나, 국가 주도 산업화로 인해 복지 분야에 투입할 재정 여력이 제한적인 상황에서, '사회권'에 입각하기보다는 '근로연계 급부'라는 원칙하에 노사 부담의 사회보험을 도입하고, 기업의 재정 여건을 감안해 규모가 큰 기업부터 점진적으로 도입한 것이 중요한 요인이었을 것이다.

현재 우리나라에서 큰 문제가 되고 있는 사회보험 사각지대는 복지 시스템의 사회보험 중심성이 강할수록 커지는 구조적인 문제를 안고 있다. 사회보험은 고용주와 피고용자 모두의 보험료 납부 능력을 전제로 하고 있고, 수급권을 획득하기 위해서 일정 기간 보험료를 납입해야 하며, 급여 수준은 보험료와 납부 기간에 비례한다. 따라서 일정 규모 이상의 사업체에서 고용이 안정되어 있지 않으면 제대로 작동하기 어려운 제도다. 자본주의가 고도화됨에 따라 사업체 규모가 커지고 임금노동이 확대되어 사회보험이 정착되는 노동시장구조로 변해 가는 우리나라의 경우 다른 OECD 국가에 비해 자영자 비중이 매우 높고, 영세사업장의 규모도 크며, 고용안정성이 떨어지는 비정규직의 비중도 높아 사회보험이 온전히 작동하기 어려운 노동시장의 특징을 보이고 있다.

본 연구의 궁극적인 목적은 사각지대가 문제로 대두되는 상황에서 문제 해결 방향을 제시하는 데에 있다. 이를 위해 사회보험을 중심으로 사회보장제도를 구축하게 된 원인을 한국발전국가의 산업화 정책과 연계해 정치경제학적으로 설명하고, 노동시장과의 부조화로 발생하는 사각지대 문제의 현황을 분석한 후, 복지재정 확보 전략을 포함해 문제 해결 방향을 제시하고자 한다.

2. 산업화 전략과 사회보험 중심 사회보장제도의 태동[1]

한국의 산업화 전략과 복지체제의 특징

폴라니(Karl Polanyi)가 적절히 지적했듯이, 복지제도는 자본주의 체제 발전의 제도적 기초다(Polanyi, 1964). 사회보장제도의 기원과 발전을 노동세력의 권력자원이나 선거경쟁 등 정치적 측면에서 이해하는 것도 중요하지만, 최근 자본주의의 다양성(Variety of Capitalism) 논의에서도 강조되듯이 생산체제(production regime)와의 관계 속에서 이해할 필요가 있다. 산업화 이론(logic of industrialism)이 경제성장의 양적인 측면과 사회보장제도의 발전을 평면적으로 연결시킨다면, 자본주의의 다양성 논의는 한 나라의 사회보장제도의 기원과 발전을 그 나라의 독특한 산업화 양식(mode of industrialization) 속에서 이해하고자 한다. 그리고 이렇게 형성된 사회보장제도는 정치·사회적 외부 충격이 일어나지 않는 한 경로의존적으로 자기 강화 과정을 밟는 것으로 이해된다(Hall and Soskice, 2001; Ebbinghaus and Manow, 2001).[2] 이런 관점에서, 우리나라 복지정책의 전개를 역사적으로 이해하기 위해서는 과거 국가주도 경제발

1 본 절의 논의는 양재진(2008)에 크게 의존해 작성되었다.

2 세계화라는 전일적인 압력에도 불구하고 현대 복지자본주의(welfare capitalism)는 국가별로 경로의존성(path-dependence)에 의해 다양한 제도적 특징을 가지고 발전하고 있다. 수렴 속에서도 다양한 발전의 길을 걷고 있는 것이다. 그 이유를 자본주의 다양성론자들은 국가별로 다양한 생산체제(production regime)에서 찾고 있다. 생산제제는 산업구조와 산업정책, 금융시장구조와 금융정책, 노동시장구조와 노사관계, 직업훈련 시스템과 노동시장정책, 기업의 지배구조는 물론이고 이와 관련된 중앙은행의 역할과 거시경제정책을 포함하는 포괄적 개념이며, 사회의 다양한 제도 사이에는 상호의존성(institutional interdependence) 또는 제도적 상호보완성(institutional complementarities)이 존재한다고 본다. 특히 생산체제를 구성하는 제도들 중에 생산체제와 복지체제가 상호 보완적으로 경제적 성과(economic performance)를 내면서 유지, 발전되어 왔다고 본다.

전을 이끈 한국의 발전국가(Developmental State) 시기에 형성된 복지체제의 특징을 살펴볼 필요가 있다(양재진, 2001, 2004, 2005a; 정무권, 2007).[3]

'발전국가(Developmental State)'는 동아시아 지역의 성공적인 후발산업화(late industrialization)를 설명하기 위해 등장한 개념으로, 강력한 국가자율성(state autonomy)과 국가능력(state capacity)을 바탕으로 국가가 자본주의적 경제발전을 주도하고, 이를 위해 장기적 시계에서 사회적 자원을 집권적으로 동원하면서 형성된 독특한 발전 레짐이라고 정의할 수 있다(Johnson, 1987; Amsden, 1989; 양재진, 2005a).[4] 발전 목표를 성공적으로 수행하기 위해서는 강한 국가자율성과 베버적 의미의 높은 관료능력, 그리고 내부 응집성만으로는 부족하다. 국가가 합리적으로 발전 목표를 설정하고 이를 효과적으로 수행하기 위한 충분조건은, 국가자율성을 견지하면서도 경제발전의 파트너와 유대-협력관계를 맺는데 있다. 소위 연계된 자율성(embedded autonomy)이 있어야 한다는 것

---

3 발전주의 복지 레짐의 이론적 자원으로 동아시아에서 사회보장제도의 경제 종속성을 강조하는 Ian Holliday(2000)의 생산적 복지자본주의론(productivist welfare capitalism, PWC)도 언급할 필요가 있다. 그러나 생산적 복지자본주의론은 생산체제에 대한 분석이 결여되어 있기에 한국 복지제도의 특성을 발전국가의 의도성(intention)으로 과도하게 환언하는 오류를 보이는 한계를 가지고 있어 본문에서 다루지 않는다. 경제와 복지의 연계와 선순환을 강조하는 사회투자국가론(the social investment state theory)도 생산레짐이론적 관점에서 수용이 가능하나, 세계화시대의 사회정책 변화를 이념형적 차원에서 개념화한 것이기에 과거 산업화 시기의 복지정책 분석틀로서는 유용하지 못하다.

4 한국 발전국가의 자율성은 일제강점기에 과대성장한 국가관료제의 힘에 필적할 만한 사회세력이 존재하지 않은 역사적 특수성에서 비롯되었다. 즉, 前산업화시기에 지배계급이었던 지주계급은 한국전쟁과 뒤이은 토지개혁으로 몰락하고, 반체제 노동세력도 한국전쟁과 뒤이은 첨예한 이념대립 속에 사실상 붕괴되었으며, 자본은 산업의 미발달로 인해 아직 미성숙하여, 힘의 관계에 있어 국가가 상대적인 우위를 확보할 수 있었다는 설명이다. 게다가 중앙집권적 관료제의 오랜 전통에 높은 사회적 인지도로 인하여 유능한 국가관료의 충원이 이루어져 비교론적으로 볼 때 유례를 찾기 어려운 높은 국가능력을 보유하게 되었다는 것이다(Koo, 1987, 1993; Kohli, 1999; Haggard and Moon, 1993; Amsden, 1989; 임현진·백운선, 1986; 김일영, 2001). 이러한 분석은 일본(Johnson, 1982)과 타이완(Wade, 1990; Johnson, 1987)의 경우에도 일반적으로 적용된다.

인데, 동아시아에서 이 연계된 자율성은 노동이 배제된 채 자본과의 연계라는 불균형적인 형태로 나타났다. 이는 정치적으로는 반공보수주의 정치블록의 형성, 경제적으로는 국제시장에서 가격경쟁력 유지를 위해 노동억압과 임금억제가 불가피했던 수출 지향 산업화가 강제한 구조적 제약 때문이었다(Evans, 1995; Okimoto, 1989; Deyo, 1989).[5]

한국에서 발전국가의 본격적인 제도화는 1960년대 초 박정희 정권이 군사혁명 이후 국가기구와 경제 및 사회 개혁을 실시하고, 청와대와 경제기획원이 주도한 경제발전계획에 따라 수출 지향 산업화전략을 추진하면서 시작되었다. 한국 발전국가는 유신체제라는 강성 권위주의 체제의 등장과 함께 1970년대 이후 중화학공업화를 강력하게 추진하면서 절정을 맞았다. 당시 국가의 재정정책은 경제투자에 중점을 두었고, 산업화 초기 투자위험 때문에 소극적이었던 재벌들의 참여를 유도하기 위해 조세특혜와 정책금융이 활용되었다. 따라서 복지 부문에 재정이 투입될 여지는 거의 없었다. 복지지출에 있어서는 엄격한 '재정 보수주의(fiscal conservatism)'의 적용이 내재화되었다. 그러나 재정 보수주의가 사회보장에 있어 국가 개입의 최소화를 의미하지는 않았다. 발전국가는 재정 문제로 사회보장의 민간화 혹은 시장화를 도모하기도 했지만, 경제 분야와 마찬가지로 재정적 기여를 하지 않는 가부장주의에 입각한 개입을 선호하였다.

산업화 과정에서 숙련 형성은 독일 등 서구 유럽처럼 산별·직종별로 사회화되지 못하고, 일본처럼 재벌기업을 중심으로 직장 내 직업훈련 방식을 따랐다. 따라서 사용자들은 숙련노동자를 확보하기 위해 기업복지를 활용하는 경향을 보였다. 1960년대에는 농촌에서 거의 무한

5 이는 수입대체산업화를 택하였기에 내수에 기반한 자본과 조직노동이 화해할 여지가 주어졌던 남미의 경우와 대조되는 상황이라고 할 수 있다(Haggard, 1990; Deyo, 1989).

한 노동공급이 있었기 때문에 임금억제를 위한 특별한 조정 기제가 요구되지 않았으나, 중화학공업화가 시작되고 숙련노동자 부족현상이 나타난 1970년대 초 이후에는 국가가 수출경쟁력을 유지하기 위해 임금억제에 적극적으로 개입했고, 이를 위해 노동운동에 대한 억압과 배제는 강화되었다. 노동비용 상승을 불러오는 직접세는 낮은 수준에서 억제되고, 각종 사회보장제도의 도입은 최대한 늦춰졌으며, 도입 시에는 기업의 부담능력에 맞추어 단계적으로 시행되었다. 이때 복지수혜의 자격요건이 사회권적으로 '무상으로' 모든 시민에게 주어지는 것이 아니라, 고용된 상태에서 기여를 하는 경우에만 반대급부로 수급권이 주어지는 고용연계수급권(employment-based entitlement)의 원칙이 강하게 적용됐다. 따라서 사회보장의 근간은 수급자의 기여가 전제되는 사회보험으로 이루어졌고, 국가의 사회지출은 최대한 낮추기 위해 국가의 재정적 부담 없이 노사의 기여금만으로 비용이 충당되도록 설계되었다. 그리고 사회보험의 적용 확대는 복지수요보다는 기여금 지불능력에 따라 단계적으로 이루어졌다(정무권, 2007; 양재진, 2004).

1980년대 전두환 정부는 박정희 정부가 무리한 중화학공업화로 초래한 막대한 재정적자와 인플레이션 문제를 해결하기 위해 산업합리화 조치와 함께 긴축정책을 강력하게 추진하여 경제안정화를 도모하였다. 1984년 예산증가율 0%로 상징되는 보수적인 재정운용은 이후 국정운용의 최우선 과제가 되었고, 이러한 상황에서 복지제도의 확충은 기대하기 어려웠다.[6] 그리고 전두환 정부는 한국의 기본적 노동조직 구조

6 제5공화국은 정권적 명운을 걸고 물가안정으로 대표되는 경제안정화 조치에 매진하였다. 물가안정의 핵심적 조치로 긴축재정을 강하게 밀어붙였는데, 1981년 21.9%에 달했던 예산증가율은 1984년 0%를 기록할 정도였다. 참고로 1962-1969년 국가예산의 연평균증가율은 28.9%, 1970-1979년에는 28.1%였다. 재정긴축을 위해 행정개혁과 공무원 감축을 통해 경상비 지출을 최소화하고, 양곡기금과 비료기금을 통한 농촌 보조금 축소도 단행하였다. 1970년대에는 매년 평균 20%씩 증액된 추곡수매가가 1981년 14%, 1982년에는 0%로

를 산별노조에서 기업노조로 전환하여 노동운동의 분절과 원자화를 유도하였고, 집단 수준의 조직화를 견제하였다. 재벌 중심의 산업화가 가속화됨에 따라 노동시장은 자본집약적 산업의 고숙련 노동시장과 전통적인 노동집약적 산업의 저숙련 노동시장으로 이중구조화되었다. 이에 상응하여 기업복지와 사회보험의 적용이 고숙련 노동시장에 집중되는 복지체제의 특징이 고착화되어 갔다(양재진, 2004; 2005b; 정무권, 2007).

1980년대 중반 이후 민주화가 시작되어 발전국가의 정치적 기반인 권위주의가 붕괴되고, 1990년대에는 세계화와 지식기반경제의 도래로 국가 주도 산업화의 기본 틀이 지속될 수 없게 되면서 한국의 복지 레짐도 변화를 맞이하였다. 사회보험 적용 대상자가 대폭 확대되고, 의료보험이 통합되는 등 보편주의가 강화되며, 공보육 등 사회서비스가 확충되는 방향으로 개혁이 이루어졌다. 국가복지가 확대되는 방향으로 개혁이 이루어진 것은 민주화로 인해 복지정책 거버넌스의 정책망이 확장되어 시민사회의 참여가 증대되고, 세계화와 저출산·고령화 등 인구구조의 변화가 촉발하는 신사회위험(new social risks)에 대한 우려 때문이다. 하지만, 큰 틀에서 볼 때 과거 산업화 시기에 형성된 고용연계성과 재정적 보수성은 극복되지 못한 채 새로운 변화의 경로를 제약하고 우리나라 복지정책의 성격 형성에 아직도 큰 영향을 미치고 있다.

엄격한 고용연계성 복지에서 탈피해 영세사업장이나 비정규직 근로자, 영세자영자 등에게까지 사회보장을 확대하려면 조세 기반 복지의 확대가 불가피한데, 한국의 국가재정능력은 산업화 시기의 저조세 부담체제의 틀에 갇혀 있다(양재진·민효상, 2013). 〈표 5-1〉에서 보듯, OECD 평균과 비교해 볼 때, 우리나라의 조세부담률과 국민부담률(조

동결되었고 30개가 넘는 각종 산업 및 수출진흥기금이 통폐합되고 공기업합리화를 통해 인원도 대폭 감축하였다.

〈표 5-1〉 한국 조세구조의 변화 (단위: GDP 대비 %)

연도	소득세	법인세	재산세	소비세	기타	사회보험료					조세 부담률	국민 부담률
						고용주	피고용자	자영자	기타	계		
1972	1.5 (11.9)	1.3 (10.5)	1.2 (9.2)	7.2 (57.5)	0.1 (1.1)	0.1	0.0	0.0	0.0	0.1 (0.8)	12.4	12.5 (100)
1975	1.3 (8.5)	1.3 (8.9)	1.4 (9.7)	9.1 (61.1)	0.6 (4.1)	0.1	0.0	0.0	0.0	0.1 (0.9)	14.8	14.9 (100)
1980	2.0 (11.5)	1.9 (11.0)	1.4 (8.0)	10.7 (62.7)	0.5 (2.7)	0.2	0.0	0.0	0.0	0.2 (1.1)	16.9	17.1 (100)
1985	2.2 (13.4)	1.8 (11.4)	1.4 (9.1)	9.6 (59.5)	0.6 (3.5)	0.2	0.0	0.0	0.0	0.2 (1.5)	15.8	16.1 (100)
1986	2.2 (14.3)	1.7 (10.6)	1.4 (8.7)	9.4 (59.9)	0.5 (3.3)	0.2	0.0	0.0	0.0	0.2 (1.6)	15.4	15.6 (100)
1987	2.4 (15.2)	2.0 (12.6)	1.4 (9.0)	9.2 (57.5)	0.4 (2.5)	0.3	0.0	0.0	0.0	0.3 (1.7)	15.7	16.0 (100)
1988	2.5 (15.8)	2.1 (13.2)	1.6 (10.0)	8.3 (52.2)	0.5 (3.2)	0.4	0.2	0.0	0.0	0.6 (3.8)	15.4	16.0 (100)
1989	2.8 (16.8)	2.7 (16.0)	1.9 (11.1)	8.0 (47.5)	0.5 (2.7)	0.5	0.2	0.0	0.0	0.7 (4.1)	16.1	16.8 (100)
1990	3.9 (20.0)	2.5 (12.8)	2.3 (11.8)	8.6 (44.3)	0.2 (1.1)	0.9	0.8	0.3	0.0	2.0 (10.1)	17.5	19.5 (100)
1991	3.5 (18.5)	2.1 (10.9)	2.4 (12.6)	8.1 (42.1)	1.0 (5.4)	0.9	0.7	0.4	0.0	2.0 (10.4)	17.1	19.1 (100)
1992	3.3 (17.0)	2.4 (12.6)	2.4 (12.7)	8.2 (43.2)	0.6 (3.4)	1.0	0.8	0.4	0.0	2.1 (11.1)	17.0	19.1 (100)
1993	3.4 (17.4)	2.1 (10.8)	2.7 (14.0)	8.0 (41.3)	0.6 (3.1)	1.1	1.1	0.4	0.0	2.6 (13.4)	16.9	19.5 (100)
1994	3.5 (17.5)	2.3 (11.4)	2.8 (14.4)	8.1 (41.1)	0.6 (3.2)	1.0	1.1	0.3	0.0	2.5 (12.4)	17.3	19.8 (100)
1995	3.6 (18.1)	2.3 (11.6)	2.8 (14.0)	8.2 (40.7)	0.6 (3.1)	1.0	1.1	0.4	0.0	2.4 (12.1)	17.6	20.0 (100)
1996	3.5 (17.1)	2.3 (11.1)	2.7 (12.9)	8.6 (41.7)	0.7 (3.6)	1.1	1.3	0.4	0.0	2.7 (13.3)	17.9	20.6 (100)
1997	3.3 (16.1)	2.0 (9.9)	2.6 (12.7)	8.7 (42.7)	0.9 (4.2)	1.2	1.3	0.5	0.0	2.9 (14.2)	17.4	20.3 (100)

〈표 5-1〉 (계속)

연도	소득세	법인세	재산세	소비세	기타	사회보험료					조세 부담률	국민 부담률
						고용주	피고용자	자영자	기타	계		
1998	3.8 (18.8)	2.3 (11.4)	2.2 (10.9)	7.7 (37.9)	0.9 (4.2)	1.3	1.6	0.5	0.0	3.4 (16.6)	17.0	20.3 (100)
1999	3.2 (14.1)	1.8 (8.9)	2.8 (13.7)	8.3 (40.2)	0.9 (4.1)	1.5	1.4	0.7	0.0	3.6 (17.2)	17.2	20.7 (100)
2000	3.0 (14.6)	3.2 (14.1)	2.8 (12.4)	8.7 (38.4)	0.9 (3.8)	1.6	1.4	0.8	0.0	3.8 (16.7)	18.8	22.6 (100)
2001	3.2 (14.1)	2.8 (12.3)	2.6 (11.4)	9.1 (39.6)	1.0 (4.3)	1.7	1.6	0.9	0.0	4.2 (18.3)	18.8	23.0 (100)
2002	3.0 (12.7)	3.0 (12.7)	3.0 (12.7)	9.0 (38.7)	1.0 (4.1)	1.8	1.7	0.9	0.0	4.4 (19.0)	18.8	23.2 (100)
2003	3.0 (12.6)	3.7 (15.3)	2.8 (11.8)	8.9 (37.0)	0.9 (3.5)	1.9	1.8	1.0	0.0	4.7 (19.7)	19.3	24.0 (100)
2004	3.2 (13.6)	3.3 (14.3)	2.6 (11.2)	8.4 (36.2)	0.9 (3.7)	2.0	1.9	0.9	0.0	4.9 (21.0)	18.4	23.3 (100)
2005	3.2 (13.3)	3.8 (15.9)	2.9 (11.9)	8.2 (34.3)	0.8 (3.4)	2.1	2.0	0.9	0.0	5.1 (21.2)	18.9	24.0 (100)
2006	3.8 (15.2)	3.6 (14.3)	3.3 (13.2)	8.1 (32.5)	0.9 (3.6)	2.3	2.2	0.9	0.0	5.3 (21.2)	19.7	25.0 (100)
2007	4.4 (16.7)	4.0 (15.1)	3.4 (12.8)	8.3 (31.3)	0.9 (3.4)	2.4	2.2	0.8	0.0	5.5 (20.7)	21.0	26.5 (100)
2008	4.0 (15.0)	4.2 (15.9)	3.2 (11.9)	8.4 (31.6)	1.0 (3.6)	2.6	2.4	0.9	0.0	5.8 (21.8)	20.7	26.5 (100)
2009	3.6 (14.2)	3.7 (14.4)	3.0 (11.7)	8.2 (32.0)	1.0 (4.7)	2.6	2.4	0.9	0.0	5.8 (22.9)	19.7	25.5 (100)
2010	3.6 (14.3)	3.5 (13.9)	2.9 (11.4)	8.5 (33.9)	0.9 (3.6)	2.5	2.4	0.8	0.0	5.7 (22.8)	19.3	25.1 (100)
OECD 평균 (2010)	8.5 (25.1)	2.8 (8.3)	1.8 (5.3)	10.7 (31.7)	0.6 (1.8)	5.4	3.2	1.0	0.2	9.2 (27.2)	24.9	33.8 (100)

주: 괄호 안은 국민부담률 대비 세목별 비중으로, OECD Tax Revenue 재구성(http://stats.oecd.org/, 검색일 2012. 6. 5).

자료: 양재진·민효상(2013: 61-62).

세+사회보험료/GDP)은 상당히 낮다. 그중에서 사회보험료와 함께 소득세 비중이 낮게 유지되어 온 것이 특징이다. 40년 전인 1972년 소득세를 통한 재정수입은 GDP 대비 1.5% 수준이었고, 이후 점차 증가하였으나 최근까지도 1990년 수준(3.9%)에 머물러 있다. 우리나라 전체 조세수입에서 차지하는 비중도 1990년(20%)을 정점으로 오히려 꾸준히 후퇴하여 2010년에는 14.3%로 OECD 평균 수준(25.1%)과 큰 차이를 보이고 있다.

사회보험료도 마찬가지다. 물론 사회보험 적용 대상자를 확대하고 보험료율도 오르면서 사회보험료가 GDP에서 차지하는 비중도 커지고 있다. 〈표 5-1〉에서 확인되듯이, 사회보험료는 1980년대 중·후반까지 재정수입이나 비중 면에서 거의 유명무실한 존재라 해도 과언이 아니었으나, 국민연금이 도입되고 전 국민 건강보험이 실시된 1980년대 후반을 지나면서 사회보험료는 지속적으로 증가하여 2004년을 기점으로 전체 재정수입에서 차지하는 비중이 20%를 넘어섰다.

그러나 최근 박근혜 정부가 가장 비중이 큰 프로그램인 국민연금 보험료 인상에 반대하는 등 성장세가 지속되기 어려운 상황이므로 OECD와의 격차를 해소하기에는 상당한 시일이 소요될 것으로 예상된다. 이러한 상태에서 재정투입을 통해 사회보험의 적용을 비공식 부문까지 실질적으로 확대하거나, 낮은 급여수준을 인상하는 조치는 기대하기 어렵다. 공공복지가 발달하지 않은 상황에서, 민간 대기업과 공공 부문의 안정적 일자리를 확보한 정규직 근로자들은 기업복지 등 사적복지에 더 의존하게 되고, 사적복지를 통해 보호를 받지 못하는 영세사업장과 비정규직 근로자와의 격차는 지속적으로 커지고 있다.

종합하면, 국가 주도 산업화 시기에 형성된 우리나라의 발전주의 복지체제는 서구복지국가와 일정한 공통점을 보이면서도, 우리만의 독특한 특성을 발전시켰다고 할 수 있다. 선성장-후분배 이데올로기 속에서 한국의 발전국가는 정책결정과 자원배분의 우선순위를 경제 부문에 집중했고, 가격경쟁력에 민감할 수밖에 없는 수출 지향 산업화 전략은 증세를 최대한 억제하고 사회보장제도의 도입과 복지지출을 최대한 억제하게 만들었다. 또한 수출대기업 중심의 산업구조가 고도화되면서 내부노동시장이 형성되었고, 이에 발맞추어 기업복지가 발전국가의 제도적 지원 아래 대기업 중심으로 크게 발달하였다. 사회보험제도도 대기업 중심으로 도입되어 지불능력에 따라 단계적으로 확대 적용되었다. 복지지출에 대한 재정 보수주의는 민간의 자원을 최대한 활용하고, 복지수급권은 사회권적으로 주어지기보다는 고용과 기여에 연계되었다. 그 결과 사회보험의 적용에서 사각지대가 광범위하게 나타나고, 탈상품화나 재분배 효과는 미미하며, 이중노동시장의 균열선을 따라 복지 혜택의 계층화가 이루어지는 복지체제가 형성된 것이다.[7]

사회보험 중심 사회보장제도의 형성과 공고화

• 사회보험의 도입

한국의 사회보장제도가 사회보험을 바탕으로 형성된 것은 박정희 군사정부 시기다. 5.16군사혁명세력은 쿠데타 직후 "반공을 국시로 함"과 동시에 "시급한 민생고의 해결"을 내걸고, 지난 정부에서 소홀히 해왔던 기초적인 사회복지법들을 재정비하고 현대 사회복지제도의 핵심인 사회보험법을 새로 제정하였다. 공무원연금법(1960), 생활보호법(1961), 원호법(1961), 사회보장에 관한 법률(1963), 아동복지법(1961, 아동복리

7 김진욱(2004)에 의하면, 서구 선진국과 달리 우리나라 노동시장에서 큰 부분을 차지하는 저소득 자영자와 비정규직 노동자의 경우에는 사회보장기여로 인해 빈곤이 확대되는 등 사회보험이 계층 간 역진적 분배 효과를 낳고 있다.

법), 재해구호법(1962), 군인연금법(1963), 산업재해보상보험법(1963), 의료보험법(1963) 등이 그것이다.

이러한 군사정권의 사회복지입법은 물론 수혜대상이나 혜택의 수준에서 매우 제한적이고 명목적이었다. 하지만 혁명정부의 사회복지 입법과정에서 적용된 원칙은 이후 발전국가 시기 우리나라 복지정책의 수립과 그 내용을 규정하는 단초가 되었다는 점에서 매우 중요한 의미를 지닌다. 그것은 당시 박정희 최고회의 의장이 내각에 직접 전달한 「사회보장제도 확립에 관한 지시각서」(최고회의 文社 제683호, 1962. 7. 28)에 의해 천명된 '국가지도노선' 원칙은 1) 사회보험제도를 중심으로 한 사회보장제도를 '국가가 발전시키겠다'는 것과, 2) 그 내용과 시기는 경제성장의 범위 내에서 '국가가 결정한다'는 것이었다. 나아가 1962년 최고회의는 복지정책에 대한 전문적인 뒷받침을 받기 위해 4.19 이후 사회개혁의 일환으로 추진되었다가 흐지부지된 보건사회부 산하 사회보장심의위원회를 설립하였다. 우리나라 근대 사회보장제도의 상징인 산재보험과 의료보험이 사회보장심의위원회의 활동과 박정희 의장이 결단으로 탄생하게 되었다(우명숙, 2007).

당시 의료보험법이 의무시행 조항이 삭제된 채로 최고회의를 통과하여 사실상 유명무실해진 반면, 산재보험법은 근로기준법의 적용을 받는 500인 이상 사업장에 강제 적용되어, 사업장의 근로자에 대한 업무상 재해를 신속 공정하게 보상하게 되었다. 산재보험은 '국가지도노선'으로 함축되는 발전주의 복지정책의 원형을 보여 준다. 첫째, 산재의 고용주 책임을 전제로 노사자치를 인정하기보다는 국가가 사회보험으로 근로자의 복지 문제를 직접 보살피는 가부장주의를 확립하였다는 점이다. 둘째, 국가의 재정적 부담은 회피하도록 고용주 부담의 사회보험 형식을 취하였다. 정부는 재해노동자에 대한 보상은 일종의 '방빈책(防貧策)'으로서 공공부조에 대한 정부 부담도 줄일 수 있다는 계산까지 하였다(우명숙, 2007: 177). 셋째, 산재보험의 우선적 도입은 실업보험 등 다른 사회보험제도에서 우려되는 근로저하의 문제가 크지 않기 때문으로, 경제를 우선시하는 발전국가의 원칙에 부합하였다. 넷째, 근로자의 복지수요보다는 고용주의 지불능력을 고려해 대규모 사업장부터 단계적으로 하향 확대 적용하고, 보험급여 수준도 경제성장에 따라 점진적으로 상향 조정되었다.

이러한 원칙은 박정희 정부에서 1997년 시행한 의료보험에서도 그대로 적용되었다. 박정희 정부는 영국이나 북구처럼 국가예산으로 운영되는 국영의료서비스(National Health Service, NHS) 방식이 아니라 사용자와 근로자가 부담하는 사회보험 형식으로 의료보장을 시작하였다. 국영의료서비스는 민간이 아닌 공적 전달체계를 전제로 하는데, 이승만 정부에서는 미국과 유사하게 기본적인 보건위생정책을 제외하고는 보건의료서비스의 공급 부문을 자유방임적 시장경제에 맡겨 왔다. 보건의료서비스의 공급체계가 민간 중심으로 발전하는 경로가 형성되어 있던 것이다(정무권, 1993). 따라서 일본의 영향도 있었지만, 민간 의료서비스 전달체계를 국유화하는 비용을 감당할 수 없는 상황에서 의료서비스를 민간에 맡기고 그 비용을 사회화하는 사회보험 방식을 채택한 것은 비용합리적인 선택이었다. 경제개발에 가용자원을 집중하고 싶었던 박정희 정부로서는 전달체계 구축에 국가의 재정을 투입할 필요가 없고, 의료서비스와 약값은 기업과 근로자에게 비용을 부담하게 하는 것이 가능했기 때문이다.

또한 박정희 정부는 의료보험 도입에 따른 기업의 재정부담을 의식해, 의무적용대상을 지불능력에 따라 상시 근로자 500인 이상의 대기업에서부터 시작해 단계적으로 확대하고, 기업별로 의료보험조합을 운영하는 조합주의를 채택해 근로자의 조직충성도를 높이는 기업복지적 성격을 갖게 했으며, 기업 내에 적립되는 의료보험기금은 기업의 투자

재원으로 활용되거나 기업에 유리한 방식으로 운영하도록 길을 열어 두었다(양재진, 2007a).

1974년에 시행이 전격 유보되었으나 박정희 정부가 도입을 준비했던 국민복지연금제도 또한 사회보험 중심성을 강화하는 데 기여하였다. 국민복지연금제도는 우리나라 노후소득보장제도의 기초를 형성하는 작업이었는데, 영국, 스웨덴, 스위스, 뉴질랜드 등과 같이 재정투입을 전제로 하는 조세 기반의 기초연금제도를 통해 노후소득보장제도를 구축하는 것은 애초에 배제되었다. 대신 연기금을 통해 제3차 경제개발 5개년계획에 따라 시행된 중화학공업화의 투자재원을 확보하는 차원에서 도입이 추진되었기에, 노사의 기여금을 적립하는 수정적립 방식의 사회보험제도로 설계하였다. 기업의 비용부담을 감안해 30인 이상 사업장부터 강제적용하고 이후 점진적으로 적용대상을 확대하려 했음은 물론이다(양재진, 2007b).[8] 국민복지연금제도는 긴급조치 3호에 의해 시행이 전격 유보되었으나, 박정희 정부가 도입하려 준비했던 국민복지연금제도는 1988년 도입된 국민연금의 모태가 되었다. 의료보장 영역과 마찬가지로 가장 큰 복지 프로그램인 연금제도가 사회보험 방식에 의거하게 된 것이다.

• 사회보험의 공고화

1980년대 전두환 정부는 4대 국정지표로 '복지사회 건설'이라는 슬로건

8 국가주의와 재정 보수주의는 공무원연금(1962, 전면개정), 군인연금(1963), 사립학교교직원연금(1973) 등 특수직역연금의 시행에서도 그대로 관철되었다. 이들에게 보험료 기여율에 비해 매우 후한 연금과 재해보상 등 종합사회보장을 약속하여 직업공무원제도의 정착, 직업군인의 충성심 확보 그리고 우수 교원의 유인을 기하였다. 하지만 실상 이들에 대한 급여는 민간에 비해 높지 못했으므로, 특수직역연금은 현 정부의 급여지출 부담은 낮추면서 후세대 정부에게 연금 형태로 임금을 이연지급케 하는 제도로 해석할 수 있다. 공무원연금제도의 역사와 성격에 대해서는 김중양·최재식(2004) 참조.

을 내걸고 출범하였다. 하지만, 복지정책상 새로운 변화는 가져오지 못했고 박정희 정부가 마련한 발전주의 복지체제의 기본 틀 안에서 노인과 장애인 등 특수복지수요를 충족시키는 조치를 취했다. 게다가 1980년대는 서구에서 복지국가 위기론이 확산되고, 밖으로는 대처리즘과 레이거노믹스로 대표되는 신자유주의적 복지개혁이, 안으로는 경제안정화 조치의 일환으로 긴축재정이 추진되던 시기였다. 특히 안정화 조치는 5공화국이 정권적 명운을 걸고 추진한 국정과제로, 조세 기반의 사회보장제도가 도입될 수 없는 재정적 환경을 만들었다.

〈그림 5-1〉에 확인할 수 있듯이, 한국 경제는 1970년대 중화학공업화를 추진하는 기간 동안 15-20%에 달하는 높은 물가에 시달렸고 2차 오일쇼크 이후에는 30%에 가까운 물가상승률을 기록할 정도였다. 전두환 정부는 물가안정의 핵심적 조치로 긴축재정을 강하게 밀어붙였는데, 그 결과 1981년 21.9%에 달했던 예산증가율은 1984년 0%를 기록할 정도였다. 이러한 조치는 1962-1969년 국가예산의 연평균증가율은 28.9%, 1970-1979년 기간은 연평균증가율이 28.1%였던 것을 감안

〈그림 5-1〉 소비자물가지수의 변동(1970-1987)

자료: 국가통계포털(http://www.kosis.kr).

하면 매우 혁명적인 것이었다. 재정긴축을 위해 행정개혁과 공무원 감축 통해 경상비 지출을 최소화하고, 양곡기금과 비료기금을 통한 농촌 보조금 축소도 단행하였다. 1970년대에 매년 평균 20%씩 증액된 추곡수매가가 1981년 14%, 1982년에는 0%로 동결되었고 30개가 넘는 각종 산업 및 수출진흥기금이 통폐합되고 공기업합리화를 통해 인원도 대폭 감축한 것이다. 사공일(5공화국 청와대 경제수석)에 의하면, "전두환 대통령은 성공적인 경제안정화 조치를 최대 치적으로 여겨 인플레이션을 낮게 유지하는 데 매우 높은 가치를 부여하였다. 정치적 저항과 회의적 시각에도 불구하고 짧은 기간에 30%에 달하던 물가상승률을 3%대로 잡았기 때문이다. 따라서 전두환 대통령은 사회지출에 대해 내생적으로 거부감을 가지고 있었다."(필자와의 인터뷰, 2007. 8. 17)

따라서 보건사회부가 마련한 복지정책의 기본 방향 자체가 "1) 국가발전 수준에 알맞은 복지시책 모색, 2) 서구적 복지국가 이념의 병폐예방, 3) 자립정신에 입각한 복지정책의 전개"(김동규, 2004)일 정도로 복지정책은 과거 박정희 시대와의 단절보다는 강한 연속성이 지배하였다. 따라서 점증하는 복지수요에 대해서는 국가재정 투여를 배제하기 위해 기존에 도입된 사회보험의 확대에만 의존하였다. 의료보험을 100인 이상 사업장으로 확대 적용한(1981) 이후 점진적으로 확대하여 1986년 5인 이상 사업장까지 확대한 것이 그것이다. 산재보험도 업종별·규모별로 점진적으로 적용을 확대하여 1986년에는 5인 이상 사업장을 포괄하게 된다.

1980년대 중·후반에 이르면 그동안 억눌려 있던 분배욕구가 민주화를 통해 급격하게 분출하였다. 그러나 산업화 시기에 형성된 복지국가의 기본 틀에서 벗어나지 못한 채, 과거의 틀이 확대 재생산되는 결과만을 낳았다. 이유는 다음과 같다. 첫째, 노동의 분배욕구는 사업장 내 급격한 임금상승과 기업복지의 확대로 충족되어 갔기 때문이다. 대

기업은 기업별로 조직화된 노조의 분배요구를 수용하는 대신, 신경영 전략으로 화답하면서 내부노동시장의 형성을 도모하였다. 이런 상황에서, 기업별로 조직화된 노조는 노동계급의 연대 차원에서 공공복지의 확대를 요구할 통합된 힘도 약했지만, 그렇게 할 유인도 점차 사라져 갔다.[9] 둘째, 민주화 이행기였으나 정치적 실권은 보수주의자들에게 있었고(노태우, 김영삼 정부), 소선거구제의 확립으로 전국 단위의 공공재인 '복지'는 지역구 의원들에게 항상 2차적인 관심만을 끌어 복지 레짐 차원의 변화는 국가 아젠다로 부상하지 못했다.

따라서 1980년대 말 국민연금과 전 국민 의료보험제도가 도입되었고 1990년대 중반 고용보험의 도입이 이루어졌지만, 과거의 패턴은 그대로 유지되었다. 즉, 사회보험 형식의 채택, 위에서부터 아래로의 적용 확장, 기업의 비용부담을 완화하기 위한 낮은 급여수준 유지, 재정이 투입되어야 하는 사회서비스와 공공부조 같은 프로그램에는 엄격한 선별주의 유지 등 과거의 패턴이 반복되었다.

1997년 IMF 경제위기의 와중에 우리나라 역사상 최초로 친복지적인 정권인 김대중 정부가 수립되었다. 김대중 정부는 '생산적 복지'의 기치 아래 공공복지의 확충에 나섰다. 그러나 그 수단은 발전국가 시기에 형성된 사회보험의 확대를 통한 것이었다. 1999년 국민연금이 도시지역의 자영자와 4인 이하 영세사업장 근로자를 포괄하여 전 국민 연금시대를 열었다. 복지개혁의 시금석이 되어 왔던 의료보험은 2000년

9 민주화 이전에 마련된 전두환 정부의 기업복지신흥정책도 큰 영향을 미쳤다. 1984년 전두환 정부는 30인 이상의 사업장은 작업복 지급과 재형저축 실시를, 50인 이상 사업장은 이에 부가하여 식당, 휴게실 그리고 목욕시설의 설치를, 100인 이상 사업장은 여기에 더하여 체육시설, 도서실, 의무실, 장학제도의 도입을, 300인 이상 사업장은 구판장, 공제조합, 통근 편의를 제공하고 1,000인 이상 사업장은 직장주택조합과 종업원 지주제도까지 실시하도록 권장하였다. 이렇듯, 국가는 기업규모별로 기업복지의 내용을 규정하고 이를 제도적으로 뒷받침하기 위하여 복지시설투자에 대한 세제혜택과 저리융자사업을 실시하였다.

〈표 5-2〉 사회보험 중심성: 공공사회지출 대비 사회보험료 비율(2011) (단위: %)

복지 레짐	국가	GDP 대비 공공사회복지지출 (A)	GDP 대비 사회보험료 수입 (B)	사회보험중심성 (B/A)
사민주의	스웨덴	27.6	10.2	36.8
	노르웨이	22.4	9.6	42.8
	덴마크	30.6	1.0	3.3
	핀란드	29.2	12.5	42.8
	평균	27.5	8.3	31.4
보수주의	독일	25.9	14.3	55.1
	오스트리아	27.9	14.5	52.0
	네덜란드	23.4	14.1[a]	60.0
	프랑스	32.0	16.8	52.3
	평균	27.3	14.9	54.9
남부유럽	이탈리아	27.5	13.4	48.7
	스페인	26.4	11.9	45.1
	그리스	24.4	10.3	42.2
	포르투갈	25.0	9.0[a]	36.0
	평균	25.8	11.1	43.0
자유주의	영국	23.6	6.7	28.6
	미국	19.6	5.7	29.2
	뉴질랜드	21.4	0.0	0.0
	호주	18.2	0.0[a]	0.0
	평균	20.7	3.1	14.5
동아시아	한국	9.1	6.1	67.0
	일본	22.3[a]	11.4[a]	51.1[a]
	평균	15.7[a]	8.7[a]	59.1[a]
OECD 평균[b]		21.7	9.1[a]	42.0

주: a) 2011년 자료가 없어 2010년 수치로 대체함.
b) OECD 35개국 평균.
자료: OECD Social Expenditure, Taxation database 재구성(www.oecd.org, 검색일 2013. 12. 4).

통합되어 전 국민이 단일 보험자인 국민건강보험공단에 의해 관리되었다. 산재보험과 고용보험도 1인 이상 사업장까지 확대되고, 고용보험의 경우 일용직 근로자에게도 적용되어 사회보험이 적어도 법적으로는 매우 보편주의적인 프로그램으로 자리를 잡았다.

노무현 정부에서 노인들의 요양서비스가 장기요양보험을 통해 건강보험에 부가되는 서비스의 일환으로 도입되었다. 사회보험 형식을 통해 장기요양서비스의 수급권과 재원이 마련되는 몇 안 되는 사례다. 이명박 정부에서는 후술할 사각지대의 해소를 위해 영세사업장에 사회보험료를 매칭으로 지원하는 두루누리 사업을 실시하였다. 박근혜 정부에 들어서서 조세 기반의 기초연금과 공보육이 보편주의적으로 확대되고 있어 사회보험 중심성이 다소 약화될 것으로 보인다. 하지만, 〈표 5-2〉가 보여 주듯이, 비교 가능한 최근의 2011년을 기준으로 볼 때도, 우리나라 사회지출에서 사회보험료가 차지하는 비중은 독일을 위시한 보수주의 복지국가보다 높을 뿐 아니라 여타 국가들을 압도하고 있다. 국민연금의 미성숙으로 사회지출이 다소 과소평가된 것을 감안하더라도 사회보험의 비중은 매우 높은 수준이다.

3. 우리나라 사회보험의 사각지대 문제와 해소 방안

사각지대란 사회적 급여와 서비스가 필요한 상황에서 사회보장의 혜택을 보지 못하는 상황을 뜻하는데, 몇 가지 차원으로 나누어 볼 수 있다. 첫째, 사회권(social right)이 명문화되어 있음에도 불구하고 엄격한 자격기준의 적용으로 수급대상에서 제외되는 경우로, 장애 정도가 낮아 장기요양보험의 혜택을 받지 못하거나 부양의무자 기준 때문에 국민기초생활보장제도의 급여대상에서 제외되는 것이 그 예다. 둘째, 사회보험의 경우, 보험료 납부 회피나 기여 기간이 부족해 수급권을 획득하지 못한 경우다. 좀 더 넓게 개념정의를 하면 사각지대에는 수급권은 획득했더라도 보험료 납부액이 적거나 기간이 짧아 급여가 충분치 못해 발생하는 '회색' 사각지대도 포함된다. 본 절에서는 협의와 광의의 사회보험 사각지대의 현황을 살피고 그 개선방안을 모색해 본다.

사회보험의 사각지대 현황

사회보험 적용률은 계산방식에 따라 다소 차이가 있으나, 고용노동부 발표에 따르면 사회보험 적용에 있어 광범위한 사각지대가 사업장 규모별, 고용형태별로 집중되어 있음을 알 수 있다. 5인 미만 영세사업장의 비정규직이 사각지대의 가장 큰 부분을 차지하고 있고, 30인 이하 소규모 사업장의 비정규직과 5인 미만 사업장의 정규직도 가입률이 낮다(〈표 5-3〉 참조).

4대 사회보험 중 실제로 사각지대가 크게 문제가 되는 프로그램은 국민연금과 고용보험이다. 건강보험은 가입 단위가 가족이기 때문에 비정규직의 낮은 가입률이 실제로 낮은 수준의 적용률을 의미하지 않는다. 게다가 빈곤층은 차상위계층까지 국민기초생활보장제도의 의료급여를 통해 건강보험에 가입하지 않더라도 실질적인 보호를 받고 있다. 산재보험도 그 성격상 사용자들의 민사상 책임을 보험 형식으로 위험분산한 것으로 사용자의 순응도가 높아 가입률이 높은 편이다. 그리고 상시고용 1인 이상 사업장의 미가입 근로자라 할지라도 산재 신청이 가능하며, 사업주의 보험료 납부 여부에 관계없이 산재급여의 혜택을 볼 수 있다.[10]

---

10 산재보험 가입은 사용자의 전적인 책임이며 보험료도 사업주만 납부한다. 미가입 사업주는 산재 발생 시 미가입 근로자에게 국가가 우선 지급한 산재보상금의 50% 할증과 함께

〈표 5-3〉 기업 규모별 사회보험 가입률 현황 (단위: %)

구분		전체 근로자	규모별 사회보험 가입률			
			5인 미만	5-29인	30-299인	300인 이상
고용보험	정규직	95.7	86.0	97.7	99.3	96.3
	비정규직	52.1	26.2	68.9	82.4	95.7
	전체	86.0	60.9	92.2	97.1	96.3
건강보험	정규직	96.8	86.0	98.7	99.9	100.0
	비정규직	49.5	20.2	58.4	87.4	97.8
	전체	87.5	62.2	92.0	98.3	99.7
국민연금	정규직	96.6	86.3	98.4	99.7	99.1
	비정규직	46.9	17.9	55.9	84.6	97.1
	전체	87.5	62.1	92.1	98.0	98.9
산재보험	정규직	97.6	89.4	99.1	100.0	100.0
	비정규직	93.1	80.7	97.2	99.3	99.5
	전체	96.8	87.2	98.7	99.9	99.9

주: 전체 근로자 수에서 특수고용직은 제외.
자료: 고용노동부(2010: 96).

국민연금의 사각지대는 가입률 계산에 있어 모수(분모)를 어떻게 설정하느냐에 따라서 그 규모가 달라진다(〈표 5-4〉 참조). 그러나 우리나라는 어떤 기준으로 하든지, 국제적인 수준에서 볼 때 사각지대가 광범위한 편이다. 특히 실직자, 학생, 군인 등 납부예외자(510만 명)와 장기체납자(106만 명)의 규모가 클 뿐 아니라 줄어들지 않는 것이 문제다. 게다가 현재 더욱 심각한 문제는 광범위한 외부 사각지대(국민연금 가입 기회가 배제된 현세대 노년층)의 존재다(〈그림 5-2〉 참조). 다행히 2014년 시행에 들어간 기초연금 덕분에, 65세 이상 노인의 공적 노후소득보장률이 2007년 35.2%에서 74.8%로 크게 개선되었다. 하지만 기초노령연금

미납 보험료 소급징수와 과태료를 부담해야 한다.

〈표 5-4〉 국민연금 가입률의 국제비교

<table>
<tr><th colspan="2">구분</th><th>가입대상</th><th>가입자
규모(A)</th><th>민간 부문
경활인구(B)</th><th>20-64세
인구(C)</th><th>가입률 I
A/B</th><th>가입률 II
A/C</th></tr>
<tr><td colspan="2">미국
(OASDI)</td><td>연령 무관
소득활동인구</td><td>162,310
(2008)</td><td>153,124
(2007, 16세)</td><td>184,019
(2009)</td><td>106.0</td><td>88.2</td></tr>
<tr><td colspan="2">독일
(공적연금)</td><td>16-65세
피용자 등</td><td>34,988
(2007)</td><td>41,416
(2007, 15세)</td><td>49,899
(2009)</td><td>84.5</td><td>70.1</td></tr>
<tr><td colspan="2">영국
(기초연금)</td><td>16-65세
(여: 60)
소득활동
인구 등</td><td>33,400
(2007-
2008)</td><td>30,790
(2007, 16세)</td><td>37,153
(2009)</td><td>108.5</td><td>90.0</td></tr>
<tr><td colspan="2">캐나다
(CPP+QPP)</td><td>18-70세
소득활동인구</td><td>16,256
(2007)</td><td>17,696
(2007, 16세)</td><td>20,771
(2009)</td><td>91.9</td><td>78.3</td></tr>
<tr><td rowspan="2">일본</td><td>기초</td><td>20-60세
전 인구</td><td>70,380
(2008. 3)</td><td rowspan="2">66,080
(2007, 15세)</td><td rowspan="2">75,328
(2009)</td><td>106.5</td><td>93.1</td></tr>
<tr><td>후생</td><td>65세 미만
피용자</td><td>33,790
(2008. 3)</td><td>51.1</td><td>44.7</td></tr>
<tr><td colspan="2">한국
(국민연금)</td><td>18-60세
소득활동인구</td><td>12,500
(2010. 5)</td><td>23,500
(2010. 5, 15세)</td><td>31,751
(2009)</td><td>53.1</td><td>39.4</td></tr>
</table>

주: 1) 민간 부문 경활인구(B)는 미국의 인구센서스국(International Statistics; Labor Force) 자료. 단, 한국은 통계청 자료.
2) 20-64세 인구(C)는 미국 인구센서국 자료(2009년 기준).
자료: 이용하(2011: 8).

액이 현재 1인당 최대 20만 원에 불과해 사각지대의 실질적인 해소에는 역부족이며 OECD 최고 수준의 노후빈곤과 자살률 해소에도 큰 도움이 되지 못하고 있다. 여기에 더해 국민연금의 가입기간이 짧아 연금수급권을 확보하지 못하거나, 수급권을 확보하더라도 가입기간이 짧아 연금수급액이 낮은 경우도 향후 광범위하게 존재할 것으로 보인다.

고용보험의 경우, 비임금근로자(자영자와 무급가족 종사자)까지 포함하는 광의의 취업자 개념을 적용할 경우 사각지대가 58.8%까지 대폭 늘어난다(〈그림 5-3〉 참조). 게다가 구직급여(실직수당)의 자발적 실업자

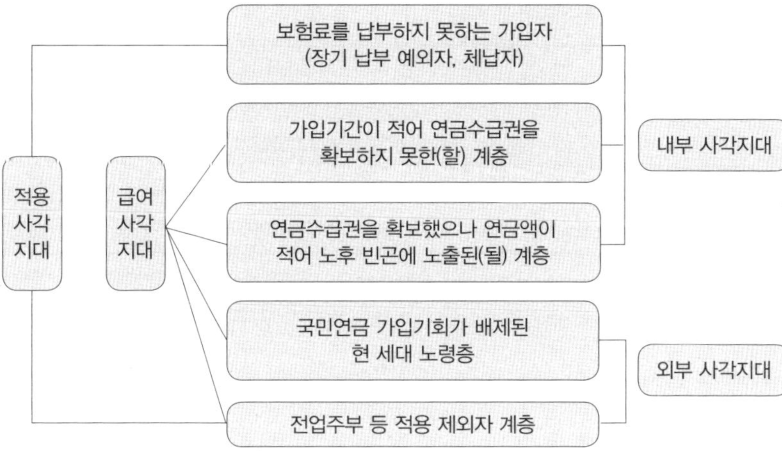

〈그림 5-2〉 국민연금의 내 · 외부 사각지대

자료: 윤석명(2010: 7).

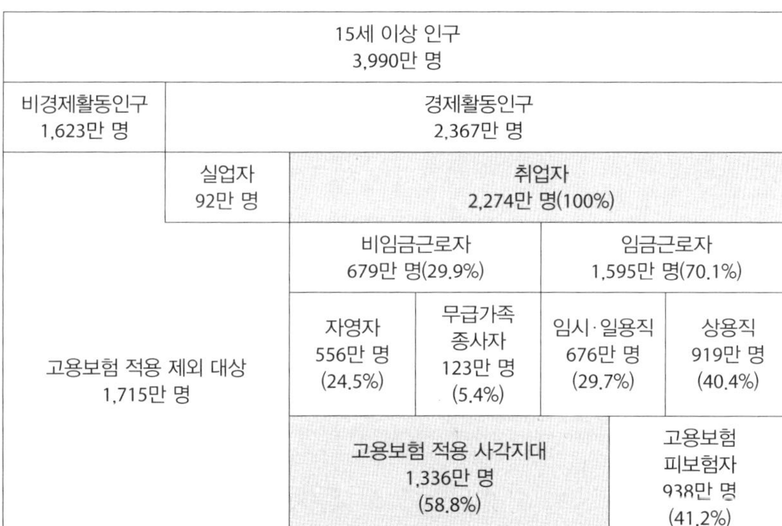

〈그림 5-3〉 고용보험 적용 사각지대 현황(2009. 2)

자료: 국회예산정책처(2009: 111), 장지연 외(2011: 11)에서 재인용.

〈표 5-5〉 고용보험 구직급여의 수급기간

구분	1년 미만	1년 이상 3년 미만	3년 이상 5년 미만	5년 이상 10년 미만	10년 이상
30세 미만	90일	90일	120일	150일	180일
30세 이상-50세 미만	90일	120일	150일	180일	210일
50세 이상 및 장애인	90일	150일	180일	210일	240일

는 수급권이 없어서 실제 고용보험의 혜택을 받음을 뜻하는 수급률이 매우 낮다. 비자발적 실업으로 수급권이 발생해도, 가입기간 동안 기본급 평균의 50%만을 받을 수 있고, 기간도 10년 가입해야 최대 210일에서 240일(50세 이상의 경우) 동안 수급하는 것에 그치고 있다(〈표 5-5〉 참조). 그조차도 1일 최대 지급액이 4만 3천 원으로 한정되어 있어 한 달에 받을 수 있는 금액이 129만 원에 불과하다. 중산층 이상 근로자들은 구직급여의 실질소득대체율이 50% 이하에 불과해 대부분이 회색 사각지대에 빠지게 되는 것이다.

근로가 소득보장의 핵심이 되어야 하는 고용보험은 적용의 사각지대와 낮은 급여로 인한 회색 사각지대 때문에 유명무실한 존재가 되고 있다. 퇴직 이후 소득보장의 핵심인 국민연금도 마찬가지다. 이는 생애주기 전 과정에 걸쳐 실업과 퇴직이 곧바로 소득상실과 빈곤으로 연결될 가능성이 매우 높은 구조다. 영세사업장 근로자와 비정규직에 이러한 문제가 집중되어 있으나, 낮은 급여 때문에 중산층 근로자도 회색 사각지대에 노출되어 있는 것이 현실이다.

사각지대의 해법

우리나라는 사회보험을 근간으로 하는 사회보장체제를 구축하고 있으나, 경제활동인구의 50%가량이 사각지대에 빠져 있다. 1차 사회안전망인 사회보험, 특히 소득보장의 핵심인 고용보험과 국민연금 적용 사각지대가 광범위하고 수급권을 확보한 사람도 낮은 급여 때문에 불안할 수밖에 없는 상황이다. 이는 곧바로 2차적인 최후의 사회안전망인 공공부조에 부하가 크게 걸림을 의미한다. 사회보험의 사각지대는 자부담(self-financing)의 범위가 축소됨을 의미하며, 이는 곧바로 조세 기반의 공공부조가 작동해야 하는바, 국가의 재정 부담으로 연결되기 때문이다. 2000년 약 2조 원에 불과하던 국민기초생활보장제도의 지출예산이 2014년 약 8조 9천억 원에 이를 만큼 확대된 것은 1차 안전망인 사회보험의 부실을 반증한다. 그렇다면 어떻게 사회보험의 사각지대를 축소해 사회보장 시스템의 정상적 운영을 도모할 것인가?

첫째, 영세사업장에 대한 두루누리(사회보험료지원사업)의 인센티브를 강화하고 기여회피 사업장의 고용주와 근로자에 대한 처벌을 강화해 사각지대를 대폭 축소해야 한다. 인센티브만 제공하고 의무가입에 대한 불응에 아무런 제재가 없다면 적용 확대를 이루기 어렵다. 자유주의 국가인 미국의 오바마케어의 경우에도 미가입 시 고용주는 물론 개인에게도 벌금을 부과하고 있다.[11] 근로자에 대한 벌금부과 등 처벌은 사업장에서 근로자 스스로 고용주의 보험료 납부를 강하게 요구하는 유인을 제공하게 될 것이다.

둘째, 보험의 자부담 원칙을 견지하되, 일정 부분 재정투입을 통해 보험료 부담을 낮추어 보험료 대비 급부 수준을 높여 매력적인 프로그램으로 만들어야 한다. 자격조건을 완화해 수급권을 확대해야 함도 물론이다. 이는 다른 사회보험과 달리 90%를 넘는 적용률을 자랑하고 있는 우리나라 건강보험의 예를 따르자는 것이다. 건강보험은 예상 수입액의 20%를 일반회계와 건강증진기금으로 지원하여 보험료 부담을 완

11 미국의 건강보험 미가입자가 의무가입기간 내에 보험가입을 하지 않으면 2014년 1인당 95달러 또는 가구당 연소득의 1%에 달하는 벌금이 부과된다(양자 중 금액이 큰 쪽으로).

화하고 타 보험에 비해 상대적으로 높은 수준의 급여를 제공하고 있어 국민들의 지지도가 매우 높다. 이는 높은 가입률로 선순환되고 있다. 또 부모와 자식 등 직계가족은 물론 형제자매와 배우자의 부모까지 피부양자로 보험혜택을 부여하는 등 가입조건이 엄격하지 않아 전국민보험으로 일찌감치 자리를 잡았다. 이렇듯, 건강보험체계에서 의료보장 문제를 최대한 해결하고 나면, 의료사각지대 문제는 상대적으로 크지 않고, 이들을 대상으로 하는 조세로 지원되는 의료보호제도(기초생활보장제도의 의료급여)는 최소한의 규모를 유지할 수 있게 된다.

이러한 개선 방향에 비추어 볼 때, 고용보험과 국민연금의 사각지대 해소를 위한 해법은 무엇인가? 고용보험은 현재와 같이 엄격하게 자부담 원칙을 고집할 경우, 노동시장정책의 품안에 들어오지 못하고 '버려져 있는' 근로빈곤층에게 아무런 도움도 주지 못하게 된다. 노동시장 내에서 내부노동시장과 외부노동시장의 간극이 크고 후자의 규모가 증대되는 상황에서 보험 원칙만을 강조할 경우, 사각지대 문제는 결코 해결이 불가능하며, 이는 국가적 손실로 이어진다. 두루누리 사업을 지속적으로 시행하면서, 일정 부분 국고를 투입해 취업 경험이 없어 가입자격조차 없었던 청년실업자, 장기실업자, 출산 후 비공식 부문에서 취업과 실업을 오가는 여성, 조기퇴직 중장년 등에 대한 최소한의 소득보장과 직업훈련 등 (재)취업능력 향상 프로그램을 가동해야 할 것이다. 그리고 2011년 현재 1.1%에 불과한 구직수당(실업급여)의 보험료를 인상하고 1일 급여 상한액을 대폭 인상해 중산층 이상의 실직소득대체율을 높여 회색 사각지대를 축소해야 할 것이다.

국민연금은 소득대체율 50% 회복을 목표로 현재 OECD의 절반 수준에 불과한 보험료(9%) 인상을 단행해 급여사각지대를 해소하는 것이 필요하다. 이때 퇴직연금의 고용주 부담분(임금의 8.33%) 중 일부를 국민연금에 납부하도록 하여 보험료 인상의 충격을 흡수하는 것도 방법이다. 현세대 노인의 적용사각지대를 해소하기 위해서는 현행 기초노령연금을 스웨덴과 같은 방식으로 선별주의에 기초한 기초(보장)연금으로 바꿔서 의지할 데 없는 저소득 노인들에게 실효성 있는 소득보장을 가능케 해야 한다. 박근혜 정부의 1인당 20만 원짜리 기초연금은 그 첫걸음이겠으나, 대상자를 더 축소하고 빈곤의 정도에 따라 더 높은 급여를 제공하는 방식으로 개편이 필요하다. 이념에 얽매여 사회수당식을 고집해 용돈연금이 되게 만들어서는 곤란하다. 표적화(targeting)에 기반한 보다 높은 수준의 기초(보장)연금이 도입되면, 국민연금의 소득재분배 기능(소위 A값)은 삭제하여 국민연금을 우리나라의 공무원연금이나 스웨덴처럼 순수소득비례연금으로 개편하는 것이 필요하다. 이는 중산층의 연금 소득대체율도 높여 회색 사각지대를 없애고 국민연금에 대한 정치적 지지를 높여 국민건강보험처럼 높은 가입률을 유인하는 계기가 될 것이다(양재진, 2012).

4. 결론

독일형 사회보험제도는 대부분의 현대 복지국가에서 공통적으로 찾아볼 수 있는 가장 대표적인 사회안전망이다. 그러나 서구에서도 노동시장의 유연화와 여성, 중고령자 등 전일제 근무보다 파트타임이나 단속적 근로를 선호하는 근로자의 비중 증가 등으로 인해 사회보험의 사각지대가 확대되고 있다. 그러나 이들 나라들은 우리나라만큼 사회보험 의존성이 높지 않고, 노동시장의 이중적 균열도 크지 않기에 사각지대 문제가 심각하지는 않다. 게다가 사회보험이 보장하는 급여수준도 높아, 최소한 수급권을 획득한 근로자들은 낮은 급여로 인해 발생하는 회색 사각지대 문제를 경험하지 않는다.

우리나라에서 사각지대 문제를 해결하기 위해서는 사회보험의 원칙을 견지하되, 재정투입을 통해 가입을 유인하고 동시에 불응 시 벌금 부과 등 처벌을 강화하는 전략이 필요하다. 이런 점에서 오바마케어의 집행전략을 참고할 필요가 있다. 그리고 보험료 인상과 재정 투입을 통해 급여를 현실화함으로써 낮은 급여로 인해 발생하는 소득불안정 문제를 해결해야 할 것이다.

문제는 국고 투입이 증세를 필요로 한다는 점인데, 증세에 대한 정치적 지지의 불명확성과 한국 경제의 저성장을 감안할 때, 세출구조의 합리화를 통한 복지재원 마련, 복지전달체계에서의 누수 방지, 그리고 조세정의를 통한 실질적 증세에 우선순위를 두어야 할 것이다. 그러나 작금의 저성장 국면에서는 성장에 따른 조세수입의 자연증가분이 크지 않으므로, 복지 확대에 따른 지출 소요를 충당할 수 있는 수준이 되기는 어려울 것이다. 따라서 가처분소득에 직접적인 감소를 가져오고 경제활동을 위축시키는 직접세를 인상하기보다는 경제활동에 보다 중립적인 소비과세를 활용하는 것이 바람직하다. 부가가치세율의 인상, 특별소비세의 확대, 주류·담배·도박과 석유소비에 대한 과세 확대(죄악세)가 대안이 될 것이다.

근로무능력자인 65세 이상 노인은 국민연금과 기초(보장)연금에서 소득보장이 이루어지고, 상당수의 근로빈곤층이 고용보험제도에서 소득보장과 근로능력을 함양하게 되면 사각지대로 인한 빈곤의 문제는 크게 줄어들 것이다. 그리고 최후의 사회안전망인 공공부조에 걸리는 부하 또한 상당 부분 약화될 것이다.

참고문헌

고용노동부. 2010. 『2010년 고용형태별 근로실태조사 보고서』.

국회예산정책처. 2009. 『추가경정예산안 쟁점분석』.

김동규. 2004. 「한국 사회복지정책의 통사적 고찰」. 『한국행정사학지』 15: 63-94.

김일영. 2001. 「한국에서 발전국가의 기원, 형성과 발전 그리고 전망」. 『한국정치외교사논총』 23(1): 87-126.

김중양·최재식. 2004. 『공무원연금제도』. 범우사.

김진욱. 2004. 「한국 소득이전 제도의 소득불평등 및 빈곤감소 효과에 관한 연구」. 『사회복지정책』 20: 171-195.

양재진. 2001. 「구조조정과 사회복지: 발전국가 사회복지 패러다임의 붕괴와 김대중 정부의 과제」. 『한국정치학회보』 35(1): 211-231.

양재진. 2004. 「한국의 산업화시기 숙련형성과 복지제도의 기원: 생산레짐 시각에서 본 1962-1986년의 재해석」. 『한국정치학회보』 38(5): 85-103.

양재진. 2005a. 「발전이후 발전주의론: 한국 발전국가의 성장, 위기, 그리고 미래」. 『한국행정학보』 39(1): 1-18.

양재진. 2005b. 「한국의 대기업중심 기업별 노동운동과 한국복지국가의 성격」. 『한국정치학회보』 39(3): 395-412.

양재진. 2007a. 「한국건강보험 30년의 역사, 의의, 그리고 전망」. 한국건강보장 30주년 기념 국제심포지엄 발표논문.

양재진. 2007b. 「유신체제하 복지연금제도의 형성과 시행유보에 관한 재고찰」. 『한국거버넌스학회보』 14(1): 87-108.

양재진. 2008. 「한국 복지정책 60년: 발전주의 복지체제의 형성과 전환의 필요성」. 『한국행정학보』 42(2): 327-349.

양재진. 2012. 「저소득 노인의 소득보장 강화를 위한 노후소득보장제도의 재구조화와 재정동원 전략」. 『정책연구』 171: 29-57.

양재진·민효상. 2013. 「한국 복지국가의 저부담 조세체제의 기원과 복지 증세에 관한 연구」. 『동향과 전망』 88: 48-94.

우명숙. 2007. 「한국의 복지제도 발전에서 산재보험 도입의 의의: 복지제도 형성과 발전주의적 국가개입」. 『한국사회학』 41(3): 154-185.

윤석명. 2010. 「연금보험의 사각지대: 국민연금과 기초노령연금의 제도개선방향 중심으로」. 서울대학교 행정대학원 정책지식센터 정책&지식 포럼 발표논문.
이용하. 2011.「다층연금체계 구축: 내실화 방안을 중심으로」.『연금연구』1(2): 1-27.
임현진·백운선. 1986.「한국에서의 국가자율성」. 한국정치학회 편.『현대한국정치와 국가』. 법문사.
장지연·이병희·은수미·신동균. 2011.『고용안전망 사각지대 해소방안』. 한국노동연구원.
정무권. 1993.「한국 사회복지제도의 초기 형성에 관한 연구」.『한국사회정책』3: 309-352
정무권. 2007.「한국 발전주의 생산레짐과 복지체제의 형성」.『한국사회정책』14: 256-307.

Amsden, Alice H. 1989. *Asia's Next Giant: South Korea and Late Industrialization*. Oxford: Oxford University Press.
Deyo, Frederic C. 1989. *Beneath the Miracle: Labor Subordination in the New Asian Industrialism*. Berkeley: University of California Press.
Ebbinghaus, Bernhard, and Philip Manow. 2001. *Comparing Welfare Capitalism*. London: Routledge.
Evans, Peter. 1995. *Embedded Autonomy: States & Industrial Transformation*. Princeton: Princeton University Press.
Haggard, Stephan. 1990. *Pathways from the Periphery: The Politics of Growth in the Newly Industrializing Countries*. Ithaca: Cornell University Press.
Haggard, Stephan, and Chung-In Moon. 1993. "The State, Politics, and Economic Development in Postwar South Korea." In: Hagen Koo, ed., *State and Society in Contemporary Korea*. Ithaca: Cornell University Press.
Hall, Peter A., and David Soskice. 2001. *Varieties of Capitalism*. Oxford: Oxford University Press.
Holliday, Ian. 2000. "Productivist Welfare Capitalism: Social Policy in East Asia." *Political Studies*, 48: 706-723.
Johnson, Chalmers. 1982. *MITI and the Japanese Miracle: The Growth of Industrial Policy, 1925-1975*. Stanford: Stanford University Press.
Johnson, Chalmers. 1987. "Political Institutions and Economic Performance: The Government-Business Relationship in Japan, South Korea, and Taiwan." In: Frederic C. Deyo, ed., *The Political Economy of the New Asian Industrialism*. Ithaca:

Cornell University Press.

Kohli, Atul. 1999. "Where Do High-Growth Political Economies Come From? The Japanese Lineage of Korea's Developmental State." In: Meredith Woo-Cumings, ed., *The Developmental State*. Ithaca: Cornell University Press.

Koo, Hagen. 1987. "The Interplay of State, Social Classes, and World System in East Asian Development: The Cases of South Korea and Taiwan." In: Frederic C. Deyo, ed., *The Political Economy of New Asian Industrialism*. Ithaca: Cornell University Press.

Koo, Hagen. 1993. "The State, Minjung, and the Working Class in South Korea." In: Hagen Koo, ed., *State and Society in Contemporary Korea*. Ithaca: Cornell University Press.

Okimoto, Daniel I. 1989. *Between MITI and the Market: Japanese Industrial Policy for High Technology*. Stanford: Stanford University Press.

Polanyi, Karl. 1964. *The Great Transformation: The Political and Economic Origins of Our Time*. Beacon Press.

Wade, Robert. 1990. *Governing the Market: Economic Theory and the Role of Government in East Asian Industrialization*. Princeton: Princeton University Press.

6장 /

보건의료정책의 역사적 변화와 전망

이진석

1. 보건의료정책의 역사적 전개 과정

건강보험의 도입·확대와 의료공급체계의 사적 성격 강화

1977년 도입된 우리나라 건강보험은 적용 대상을 단계적으로 확대하여 1989년에 전 국민을 대상으로 건강보험을 적용하게 되었다. 제도를 도입한 지 12년 만에 전 국민을 대상으로 보편적 의료보장(universal health coverage)을 달성한 것은 국제적으로도 전례가 없는 성과로 평가받고 있다. 뒤이어 2000년에는 230여 개로 이루어진 건강보험조합을 통합하여 국민건강보험이라는 단일 보험자를 출범시켰다. 복지국가체계를 연구하는 학자들은 전 국민을 대상으로 한 보편적 의료보장과 단일 보험자 출범을 이룬 한국의 건강보험체계를 프랑스, 독일, 일본 등의 사회보험체계(Social Health Insurance, SHI)와는 구분되는 국가보험체계(National Health Insurance, NHI)로 새롭게 분류하면서(Lee et al., 2008), 한국의 국가보험체계를 '준 NHS'로 묘사하기도 한다. 또한 건강보험 통합을 한국이 복지국가의 초기 단계에 들어섰다는 중요한 징표로 해석하기도 한다.

건강보험 통합이 가지는 의미는 매우 크다. 이진석(2009)은 건강보험 통합의 의미를 다음과 같이 제시하고 있다. 첫째, 건강보험의 보장성 강화를 위한 제도적 기반이 마련되었다. 건강보험 통합은 보장성 강화의 중요한 걸림돌이었던 조합 간의 재정 격차를 일시에 해소함으로써 참여정부 이후 본격화된 건강보험의 보장성 강화를 뒷받침하였다. 둘째, 보험료 부과체계의 형평성이 향상되었다. 물론, 지역가입자와 직장가입자의 보험료 부과체계가 이원화되어 있지만, 지역과 직장 내에서는 동일한 부과기준을 적용받음으로써, 과거 조합의 재정 상황에 따라 달라지던 보험료 문제가 대거 해소되었다. 셋째, 건강보험 관리운영체계의 투명성과 책임성이 향상되었다. 건강보험 통합으로 수백 명에 이르던 조합장은 1명의 공단 이사장으로, 수천 명에 달하던 임원은 10여 명으로 줄어들었고, 정부와 국민의 실질적인 감시와 감독도 가능해졌다. 넷째, 국민의 사회연대의식의 기반이 확대되었다. 사회연대의 범위가 기존 조합 방식에서는 특정 지역과 직장에 국한되었지만, 통합 건강보험체계에서는 전 지역과 전 국민을 아우르게 되었다. 다섯째, 2000년대에 들어 강화된 의료민영화 공세에 맞설 수 있는 버팀목을 마련했다는 점이다. 기존 조합 방식을 유지했다면 몇 개의 조합을 대상으로 한 의료민영화 실험을 막기는 쉽지 않았을 것이다. 여섯째, 건강보험 통합을 이룬 과정 자체가 중요한 운동적 의미를 갖고 있다. 건강보험은 진보적 시민사회운동과 개혁적 민주정치세력이 연대하여 제도 개혁을 달성한 전형을 보여 주었다.

건강보험의 도입과 확대는 국민건강 향상에 크게 기여한 것으로 평가할 수 있다. 국민건강에 영향을 미치는 요인들을 다룬 선행 연구에 따르면, 의료서비스에 대한 접근성 향상이 국민건강에 기여한 정도는 10-20% 수준에 불과하다. 오히려 영양 상태와 주거환경 개선, 개인위생 향상, 작업 위해요인 감소, 생활습관 변화 등이 더 결정적인 영향을 미친 것으로 나타났다(Corbin and Lindsey, 1999; Bunker, Frazier and Mosteller, 1994; Mackenbach, Bouvier-Colle and Jougla, 1990). 그러나 이 같은 선진국의 연구들은 의료보장제도가 이미 확립된 이후에 이루어진 것이다. 필수 의료서비스에 대한 기본적인 충족조차 이루어지지 않았던 1970년대의 우리나라 상황을 감안하면, 건강보험이 국민건강 향상에 기여한 정도는 선진국 연구에서 제시한 수치를 크게 상회할 것으로 짐작된다. 일례로 1970년대 중반에 이루어진 실태조사에 따르면 질병을 가진 환자 중 아무런 치료를 받지 않은 비율이 무려 40%에 이르렀지만(한국개발연구원, 1975; 통계청, 2006), 최근의 조사결과를 보면 그 수치가 10% 이하로 줄어들었다. 한 국가의 건강수준을 가늠할 수 있는 대표적

보건지표인 출생 시 기대수명과 영아사망률은 국제적으로 전례를 찾아볼 수 없을 정도로 급격히 개선되었다.

그러나 김용익(2011)의 분석에 따르면, 우리나라 건강보험은 이상과 같은 성과에도 불구하고 출발부터 심각한 모순을 내포하고 있었다. 첫 번째 모순은 건강보험 도입으로 의료재정의 공적 성격은 강화된 데 반해, 의료공급은 이에 상응하는 공적 성격을 획득하지 못하고 오히려 사적 성격이 강화된 점이다. 건강보험이 도입되던 당시 전체 국민의료비 중 공적 의료재정의 비중은 20%에도 미치지 못했지만, 현재는 그 비중이 55% 수준에 이르고 있다. 이에 반해 같은 기간 동안 전체 병상에서 공공 병상이 차지하는 비중은 46%에서 10% 수준으로 급격히 위축되었다(김용익 등, 2004). 이로 인해 의료재정은 공공 부문이 주도하고 의료서비스 생산은 민간 부문이 주도하면서 재정체계와 생산체계가 상충되는 구조적 모순이 발생하게 되었다.

두 번째 모순은 건강보험 재정관리 측면에서 발생하였다. 급여 항목 제한, 높은 본인부담률, 낮은 건강보험 수가, 세밀한 진료비 심사 등 건강보험 재정을 보호하는 정책을 채택했음에도 불구하고, 다른 한편으로는 진료량 확대를 유도하여 건강보험 재정을 악화시키는 행위별 수가제를 채택한 것이다. 이와 같은 구조는 건강보험과 의료계의 갈등을 증폭시키는 원인으로 작용했다.

세 번째 모순은 건강보험 적용 인구와 급여 항목의 제한에서 발생하였다. 1989년 전 국민을 대상으로 건강보험이 적용되기 전까지 '보험' 환자와 '비보험' 환자가 공존하였다. 이 기간 동안 병의원은 낮은 건강보험 수가로 인해 '보험' 환자에서 발생한 손실을 '비보험' 환자에게 높은 '일반수가'를 적용하는 방식으로 보전하였다. 이런 비용 전가는 건강보험 '급여' 항목과 '비급여' 항목 간에도 동일한 방식으로 나타났다. 1989년 전 국민을 대상으로 건강보험을 적용하면서 전자의 비용 전가

문제는 해소되었지만, 후자의 문제는 더욱 악화되면서 현재까지 계속되고 있다.

네 번째 모순은 관리운영체계에서 기인한 것이다. 2000년 건강보험 통합 직전까지 우리나라 건강보험은 재정 상태가 상이한 230여 개의 조합으로 구성되어 있었다. 이로 인해 건강보험의 보장성 확대가 구조적으로 어려운 상황이 지속되었다.

우리나라 건강보험이 가진 구조적 모순 중에서 '보험' 환자와 '비보험' 환자의 공존으로 인한 비용 전가와 관리운영체계에서 기인한 문제는 각각 1989년 전 국민 건강보험 적용과 2000년 건강보험 통합으로 해소되었다. 그러나 나머지 모순은 현재까지 지속되면서 건강보험제도의 발전을 가로막는 중요한 요인으로 작용하고 있다.

한편 1989년 전 국민 건강보험 적용 이후 의료기관의 양적 공급이 급팽창하였다. 건강보험을 통해 전 국민이 의료서비스에 대한 경제적 구매력을 갖추게 된 것이 의료기관의 양적 공급을 뒷받침한 경제적 기반이었다. 이 같은 의료기관의 양적 공급 확대가 1990년대에는 큰 문제가 되지 않았다. 의료기관의 양적 공급이 의료서비스 수요에 미치지 못하는 상태가 2000년대 초까지 지속되었기 때문이다. 그러나 2000년대로 접어들면서, 단위 인구당 급성기 병상 수가 OECD 평균을 추월하고 의료기관의 공급이 의료서비스 수요를 넘어서면서, 공급 과잉으로 인한 문제가 심각하게 불거지기 시작했다(〈그림 6-1〉 참조). 한편, 이 기간 동안 의료기관의 양적 공급 확대가 주로 민간 부문에서 이루어진 것은 향후 우리나라 의료공급체계 전반의 사적 성격을 결정짓는 중요한 배경이 되었다. 합리적 공급자 기능을 하면서 의료공급체계의 공공성을 견인해야 할 공공의료 비중은 10% 수준으로 위축되었다. 공공의료기관이 양적으로 위축되면서, 민간의료기관의 영리적 행태를 견제하는 것은 고사하고, 오히려 이런 행태를 따라가는 양상을 보이기도 했

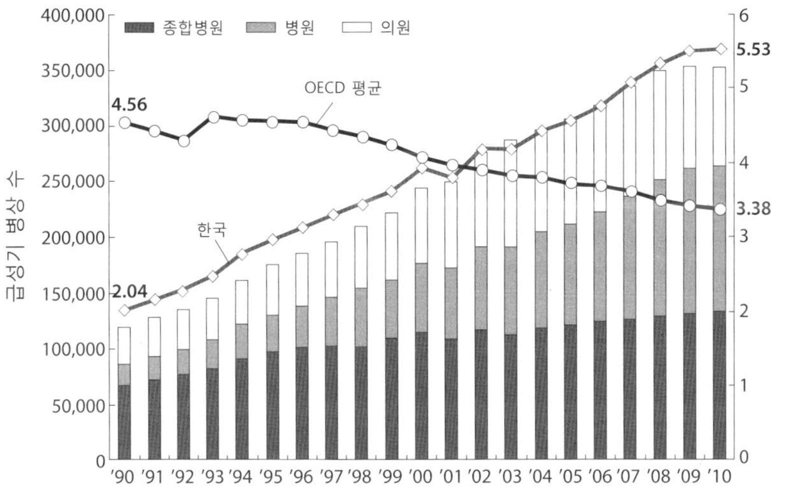

〈그림 6-1〉 우리나라의 병상 공급 추이

자료: 『보건복지통계연보』(각 연도); OECD Health Data(2013).

다. 건강보험제도의 도입과 확대에 따른 의료재정체계의 공공성 강화에도 불구하고, 여전히 해결되지 않은 건강보험의 구조적 모순과 의료공급체계의 영리성 및 거시적 비합리성이 결합되면서, 우리나라 보건의료체계의 모순은 2000년대 들어 더욱 심화되는 양상을 보이게 된다.

2000년 이후 보건의료정책의 전개 과정

2000년대로 접어들면서 우리나라의 국민의료비는 가파르게 증가했다. 그럼에도 불구하고 우리나라의 국민의료비 지출 규모는 OECD 국가에 비해 여전히 낮은 수준이다. 그리고 세계에서 가장 빠르게 진행되고 있는 인구 고령화와 이로 인한 만성질환의 증가를 감안하면, 앞으로 상당 기간 동안 국민의료비 지출 증가는 불가피할 것으로 예상된다. 중요한 과제는 이와 같은 국민의료비 지출 증가를 적정화하고 국민건강을 향상시키는 데 효율적으로 활용되는 체계를 갖추는 것이다. 그러나

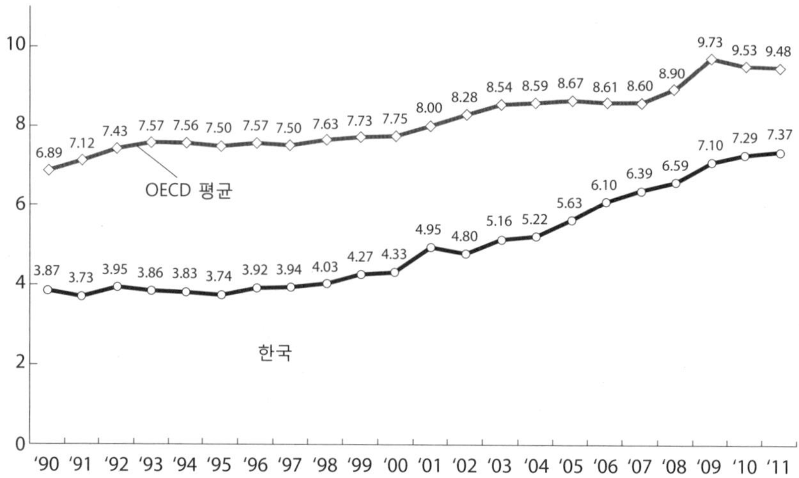

〈그림 6-2〉 GDP 대비 국민의료비 비중 추이

자료: OECD Health Data(2013).

2000년대의 보건의료정책은 이 같은 체계를 갖추는 데 실패했다.

국민의료비 지출의 효율적 관리를 위해서는 공적 의료재정의 비중을 높이는 것이 매우 중요하다. 쉽게 표현하면, 건강보험의 보장성을 강화하는 것은 국민의 의료비 부담을 줄여주는 효과뿐 아니라, 국민의료비 지출 증가를 적정화하는 데에도 중요한 의미를 가진다. 흔히 건강보험의 보장성을 강화하면 국민의료비 지출이 가파르게 증가하는 것으로 이해하곤 한다. 건강보험의 보장성을 강화하면 건강보험 재정 지출이 늘어나는 것은 맞지만, 그렇다고 해서 반드시 국민의료비 지출이 늘어나는 것은 아니다. 오히려 공적 관리가 불가능한 사적 지출 영역을 공적 지출 영역으로 인입하면서, 국민의료비라는 총량 관리가 더욱 효과적으로 이루어질 수 있다. 실제로 OECD 보건 통계를 활용하여, OECD 회원국의 국민의료비 규모에 대한 결정요인을 시계열적으로 분석한 이견직·정영호(2002)의 연구에 따르면, 1997년 기준으로 OECD 각국의 '국민 1인당 GDP'와 '국민의료비 대비 공공보건의료비

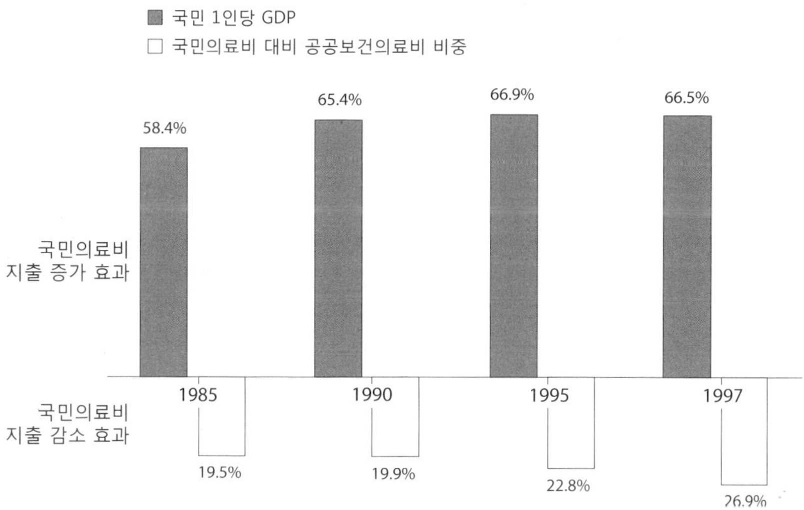

〈그림 6-3〉 국민의료비 규모에 영향을 미치는 요인의 영향력

비중'이 각국 전체 국민의료비 규모의 약 93%를 설명하는 것으로 나타났다. 이 가운데 각국 국민의 소득수준을 의미하는 '국민 1인당 GDP'는 국민의료비 규모를 증가시키는 요인으로, 국민의료비 규모의 66.5%를 설명하며, 건강보장제도의 보장성 수준으로 해석할 수 있는 '국민의료비 대비 공공보건의료비 비중'은 국민의료비 규모를 감소시키는 요인으로, 국민의료비 규모의 26.9%를 설명하는 것으로 나타났다. 즉, '국민의료비 대비 공공보건의료비 비중'이 높을수록 국민의료비 지출 증가율이 낮아지는 것은 OECD 국가들의 경험을 통해 이미 입증되었다.

참여정부는 역대 정부를 통틀어 건강보험의 보장성 강화 정책을 가장 적극적으로 추진한 정부로 평가할 만하다. 고액의 의료비로 인한 가계 파탄을 막기 위한 기본 장치인 의료비 본인부담 상한제, 중증질환 보장성 강화, 영유아 본인부담 인하 등의 정책이 참여정부 시기에 이루어졌다. 그러나 이 같은 적극적인 정책 추진도 우리나라 건강보험의 고질적 모순인 비급여(비보험) 진료를 근본적으로 해결하는 데까지는 미치지 못했다. 선택진료비, 상급병실료, MRI, 초음파, 각종 신의료기술 등은 여전히 건강보험 바깥의 사적 지출 영역에 속해 있었으며, 이로 인한 국민의 과중한 의료비 부담은 여전했다. 건강보험이 있지만 중병에 걸리면 가계가 파탄난다는 불안감이 일상화되면서 민간의료보험 시장이 급팽창했다.

한국보건의료사회연구원과 국민건강보험공단의 '한국의료패널' 자료를 분석한 결과에 따르면, 2008년 한 해 동안 국민이 부담한 민간의료보험료는 총 33조 원에 이르는 것으로 나타났다(강성욱, 2011). 이에 반해 2008년 국민이 직접 부담한 국민건강보험료는 15조 5천억 원이었다. 우리나라 국민이 부담하는 가구당 월평균 국민건강보험료는 2008년 기준으로 6만 6천 원이었지만, 민간의료보험료는 12만 9천 원으로 국민건강보험료의 2배에 이른다. 2005년부터 허용된 생명보험사의 실손형 민간의료보험 상품 판매는 민간의료보험 시장이 급팽창하는 중요한 계기로 작용했다. 기존의 정액형 민간의료보험과는 달리, 실손형 민간의료보험은 건강보험에 직접적인 영향을 미친다.

이에 2006년 정부는 국무총리를 위원장으로 하는 의료산업선진화위원회에서 국민건강보험과 민간의료보험의 역할 설정 방안을 다음과 같이 마련하였다: 1) 민간의료보험은 국민건강보험의 비급여를 중심으로 급여, 2) 국민건강보험과 민간의료보험 간의 개인정보를 제외한 기초통계 공유, 3) 보험사와 의료기관 간 비급여 가격 계약 체결, 4) 상품 표준화(표준약관 제정), 5) 건강보험심사평가원으로 민간의료보험의 진료비 심사 업무 위탁. 이 방안은 민간의료보험을 합리적으로 규제하고, 건강보험에 미칠 부정적 영향을 줄이기 위한 합리적인 내용을 담은 것이었다. 그러나 민간의료보험의 관할 부처인 금융당국은 의료산업선진화위원회의 결정 사항을 현실화하는 조치를 시행하지 않았으며, 이명박 정부가 출범하면서 2006년의 결정사항은 사실상 용도 폐기되었다(이진석, 2009). 그리고 이 와중에 민간의료보험은 날로 팽창해서 지금은 손을 댈 수 없는 거대한 공룡이 되어 버렸다.

진료비 지불제도 개편은 한정된 의료재원을 효율적으로 활용하기 위한 핵심적인 제도개혁 과제다. 우리나라가 채택하고 있는 행위별수가제는 의료공급자로 하여금 서비스 제공량을 늘리도록 유도하는 비용유발적인 제도다. 이런 이유 때문에 1980년대 중반 미국을 필두로, 유럽 각국과 인접한 일본이 순차적으로 기존의 행위별수가제를 포괄수가제로 대체했다. 우리나라도 1990년대부터 일부 질병을 대상으로 포괄수가제 시범사업을 시행하다가, 참여정부 초기에 포괄수가제의 전면 확대를 추진하였다. 그러나 의료계의 강한 반발에 부딪혀 제도 시행이 유보된 이후 2000년대 내내 진료비 지불제도 개편 작업은 성과를 내지 못한 채 공전되었다. 진료비 지불제도 개편의 가시적 진전은 오히려 이명박 정부에서 이루어졌다. 2012년과 2013년에 걸쳐 7개 질병군에 대한 포괄수가제가 전 의료기관을 대상으로 전면 실시되었다. 그리고 2012년부터는 입원진료 영역의 대부분을 포괄하는 신포괄수가제가 지역 공공병원을 대상으로 적용되었다. 보수적인 정부에서 의료계의 강한 반발에도 불구하고 포괄수가제를 확대한 것은 그만큼 진료비 지불제도 개편이 시급하다는 상황 인식을 반영하는 것이었다. 그러나 입원진료의 대부분에 신포괄수가제가 적용되는 지역 공공병원과는 달리, 민간의료기관은 7개 질병군에 대해서만 포괄수가제 적용을 받고 있기 때문에 향후 추가적인 적용 대상 확대가 이루어져야 한다. 그러나 최근 정부의 정책 추진 과정에서 의료계와의 관계가 극도로 악화된 상태이기 때문에 추가적인 대상 확대가 여의치 않을 것으로 예상된다.

2000년대에 들어 의료공급체계의 비합리성과 거시적 비효율성이 한층 심화되었다. 이미 공급 과잉 상태로 접어들었음에도 불구하

〈표 6-1〉 의료기관 유형별 기관·병상 증가 현황

구분		1990-2000년 증가 현황			2000-2010년 증가 현황		
		1990년	2000년	Δ (구성비율)	2000년	2010년	Δ (구성비율)
종합병원	개소	228	285	57	285	312	27
	병상 수	66,625	113,518	46,893 (37.6%)	113,518	132,961	19,443 (18.0%)
	기관당 평균 병상 수	292	398		398	426	
병원	개소	328	581	253	581	1,154	573
	병상	19,425	62,874	43,449 (34.9%)	62,874	130,670	67,796 (62.7%)
	기관당 평균 병상 수	59	108		108	113	
의원	개소	10,935	19,472	8,537	19,472	27,334	7,862
	병상 수	33,011	67,288	34,277 (27.5%)	67,288	88,204	20,916 (19.3%)
합계	개소	11,491	20,338	8,847	20,338	28,800	8,462
	병상 수	119,061	243,680	124,619	243,680	351,835	108,155

자료: 『보건복지통계연보』(각 연도).

고, 2000년대 10년 동안 급성기 병상만 무려 10만 8천여 개가 늘어났다. 2000년대 들어 설립되기 시작한 요양병원의 병상이 2010년 현재 11만 3천 개에 이르는 점을 감안하면, 공급 과잉 상태로 접어든 2000년대의 병상 증가가 공급 부족 상태였던 1990년대의 병상 증가를 압도했다. 특히 2000년대의 병상 증가는 1990년대와는 전혀 다른 특징을 보였다. 1990년대의 병상 증가는 주로 400병상을 상회하는 종합병원이 병상을 증설하는 방식으로 이루어진 데 반해, 2000년대의 병상 증가는 110병상 내외의 새로운 중소형 병원을 신설하는 방식으로 이루어졌다. 종합병원은 2000년 285개소에서 2010년 312개소로 늘어난 반면,

병원은 같은 기간 동안 581개소에서 1,154개소로 무려 2배 가까이 증가하였다(〈표 6-1〉 참조). 중소형 병원 중심의 병상 공급 과잉은 여러 문제를 야기하면서 의료공급체계의 모순이 심화되었지만, 이와 같은 공급 과잉에 대한 정부의 정책적 개입은 전무하였다. 이런 측면에서 보면, 2000년대 이후 공급 과잉으로 인한 의료공급체계의 혼란은 정부의 정책 실패와 부재에 의해 방치·조장된 것으로 볼 수 있다.

중소형 병원 중심의 공급 과잉으로 인한 거시적 비효율성 문제는 의료기관의 병상 이용률만 보더라도 쉽게 확인할 수 있다(〈표 6-2〉 참조). 우리나라 전체 급성기 병상의 37.1%, 25.1%를 차지하는 병원과 의원의 병상 이용률은 각각 63.4%, 23.1%에 불과하다(홍재석, 2012). 전체 병상의 62.2%가 환자를 절반도 채우지 못하는 유휴 병상인 셈이다. 더군다나 병원의 환자당 평균 입원일수는 종합병원의 2-3배에 이른다. 긴 입원일수를 필요로 하는 요양환자들이 대거 요양병원으로 빠져 나간 상황에서 이렇게 입원일수가 긴 것은 '불필요한 입원일수의 연장' 이외에는 딱히 설명할 도리가 없다. 이런 측면에서 본다면, 63.4%에 불과한 병원의 병상 이용률조차도 상당한 거품이 있는 것으로 이해할 수 있다. 만약, 병원의 평균 입원일수가 종합병원과 비슷해진다면, 병원의 병상 이용률은 현행의 절반 수준으로 떨어질 것이다.

〈표 6-2〉 의료기관 유형별 병상 이용률과 환자당 평균 입원일수(2010)

구분	종합병원			병원	의원
	Big 4 병원	상급종합병원	종합병원		
병상 이용률	100.0%	94.8%	79.5%	63.4%	23.1%
환자당 평균 입원일수	11.3일	11.6일	15.6일	35.9일	10.5일
전체 병상에서 차지하는 비중	37.8%			37.1%	25.1%

혹자는 병상의 공급 과잉이 무슨 문제냐고 반문할 수도 있다. 그러나 궁극적으로 그 피해는 국민과 환자에게 돌아간다. 앞서 언급한 바와 같이, 병원 운영자는 빈 병상을 놀리는 것보다는 입원진료가 불필요한 환자를 입원시키거나 입원일수를 늘려서 병상에 환자를 채우려고 한다. 이런 행태를 부도덕하거나 비윤리적인 것으로 비난할 수만은 없는 노릇이다. 병원 운영자 입장에서는 자연스럽고 당연한 선택이기 때문이다.

병원이 경영 수지를 개선하기 위해 활용할 수 있는 방법은 많지 않다. 첫째는 불필요한 입원진료, 각종 검사와 처방 과잉을 통해 매출을 늘리는 것이다. 둘째는 각종 재료를 싼 것으로 바꾸고, 인력을 감축하거나 업무에 숙련된 장기 근무 인력을 신규 인력 혹은 계약직 등으로 전환하는 것이다. 셋째는 병원 운영 전반의 효율성을 높이는 것이다. 이 가운데 세 번째 방법이 가장 바람직하지만, 이를 실행하기란 쉽지 않다. 특히 공급 과잉 중소형 병원의 대부분은 '규모의 경제'를 충족하지 못하여 구조적 비효율을 내재한 상태이기 때문에 더욱 그렇다. 결국, 병원이 가장 수월하게 시행할 수 있는 방법은 첫 번째와 두 번째이고, 이는 환자의 불필요한 의료비 부담 증가와 의료서비스의 질 하락으로 귀결된다.

2000년대 들어서 더욱 불거진 지역 간 의료 격차 문제 역시 병상 수급 불균형에게 기인한 측면이 크다. 많은 이들이 최근 들어서 농어촌 지역의 의료기관 공급이 줄어든 것으로 알고 있지만, 사실은 그 반대다. 1990년을 기준으로 도시 지역의 총 병상 수는 2.87배 늘어난 데 반해, 농어촌 지역은 3.64배 늘어났다(〈그림 6-4〉 참조). 인구당 병상 수를 기준으로 할 경우에는 농어촌 지역의 병상 증가율은 무려 4배에 달한다. 이처럼 농어촌 지역은 같은 기간 동안 도시 지역보다 훨씬 급격하게 병상이 증가했다. 그런데도 불구하고 농어촌 지역의 의료 접근성에 대한

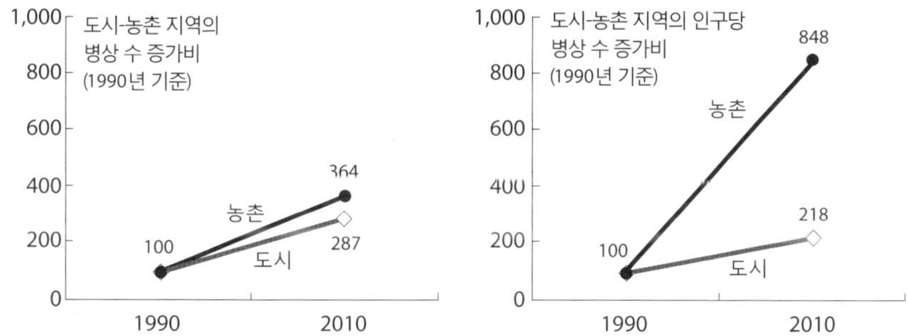

〈그림 6-4〉 도시 - 농촌 지역의 병상 증가 추이

자료: 『보건복지통계연보』(각 연도).

문제제기가 완화되는 것은 고사하고, 더욱 강하게 이루어지는 이유는 무엇일까?

그 이유는 농어촌 지역에 공급된 병상의 약 80%가 110병상 내외의 중소형 병원과 30병상 미만의 동네의원이 차지하고 있으며, 신규 공급 병상 역시 이런 추세를 그대로 유지하고 있기 때문이다. 지금의 농어촌 지역 주민은 자기 지역에 의료기관이 있다는 것만으로 만족하지 않는다. 도시 지역과 버금가는 좋은 의료서비스를 제공하는 의료기관을 원한다. 그러나 농어촌 지역에 있는 병의원의 대부분은 지역 주민의 이 같은 요구를 충족시켜 주기에는 턱없이 못 미친다.

2000년 '공공보건의료에 관한 법률'이 제정되었고 2005년 정부는 4조 3천억 원 규모의 투자 계획을 담은 '공공보건의료 확충 종합대책'을 수립하여 시행하였다. 이는 공공의료 강화의 제도적 근거와 추진 동력을 확보해야 한다는 적극적인 정책 의지의 결과로 평가할 수 있다. 2005년 종합대책을 통해 공공보건의료기관의 양적 확충과 기능 개선이 이루어졌다. 그러나 종합대책의 시행에도 불구하고 공공의료를 압도하는 민간의료의 양적 확충으로 인해 공공의료의 비중은 늘어나지 않았다. 그리고 2005년 종합대책 이후, 공공의료에 대한 더 이상의 대규모 투자계획과 발전계획이 수립되지 않았다. 특히 이명박 정부는 공공의료의 양적 확충을 추진하지 않는 것으로 정책 방침을 정함으로써 공공의료의 발전 가능성이 차단되었다.

2000년대에 이루어진 의료공급체계의 중요한 변화는 동네의원의 위축이다. 전체 건강보험 급여비에서 동네의원이 차지하는 비중은 2001년 53%에서 2010년 36%로 급감했고, 전체 건강보험 외래진료 급여비에서 동네의원이 차지하는 비중 역시 83%에서 62%로 급감하였다. 반면에 전체 건강보험 외래진료 급여비에서 종합병원이 차지하는 비중은 같은 기간 동안 13%에서 30%로 급증하였다. 예전에는 동네의원에서 진료를 받았던 경증 환자가 대형병원으로 대거 이동한 것이다. 동네의원의 위축이 심화되면서, 대한의사협회를 중심으로 한 의료계는 대형병원으로 환자가 집중되는 현상을 완화하기 위한 정책 개입을 지속적으로 요구했다. 환자 의뢰 절차의 강화, 대형병원 외래진료의 환자 본인부담률 인상 등이 그것이다. 그리고 실제로 2009년 정부는 대형병원의 외래진료 본인부담률을 50%에서 60%로 인상했다. 그러나 이 같은 조치에도 불구하고 대형병원으로 환자가 집중되는 현상은 전혀 개선되지 않았다. 경증 환자들이 동네의원을 기피하고 대형병원을 선호하게 된 근본적인 이유에서 한참 벗어난 해법이기 때문이었다.

대형병원으로 환자가 집중하게 된 가장 중요한 이유는 동네의원에서 제공하는 의료서비스에 대한 환자의 신뢰 하락이다. 이 때문에 동네의원에 비해 비싼 진료비와 유무형의 추가 비용을 감수하면서, 동네의원보다는 믿을 만하다고 생각하는 대형병원을 찾는 것이다. 따라서 동네의원에서 제공하는 의료서비스의 질 향상과 이에 대한 지역 환자의 신뢰 확보가 전제되지 않으면, 환자의 본인부담률을 일부 높이고 대형병원 진료 절차를 까다롭게 만들어도 이런 흐름은 바뀌지 않을 것이다. 그러나 정부는 이 같은 근본적인 원인에 대한 해법을 내놓지 못하다가,

불과 몇 년 전부터 질병관리본부의 주도로 고혈압·당뇨 등록관리사업, 건강보험 중심의 만성질환관리제 등을 추진하기 시작했다. 여러 가지의 제한점에도 불구하고, 이 방안들은 동네의원과 환자 간의 지속적인 관계 형성과 그동안 동네의원이 제공하지 못했던 질병관리 서비스를 제공한다는 긍정적인 의미가 있다. 그러나 동네의원을 중심으로 한 의료계는 이들 방안에 대해서조차 강한 거부감을 드러내며 거부하였다. 이 방안들이 주치의 제도 도입의 징검다리가 될 수 있으며, 주치의 제도는 의료에 대한 국가 통제 강화를 의미한다는 논리였다. 동네의원 입장에서 손실보다는 이익이 훨씬 큰 방안조차 스스로 거부하는 가운데 동네의원의 위축은 지금도 계속되고 있다.

참여정부 시기에 공론화된 의료서비스 산업화는 지금까지도 큰 후과를 남기고 있다. 보건의료의 산업적 가치에 주목한 것은 시의적절한 문제인식이었다. 부가가치 창출 외에도 보건의료는 일자리 창출의 보고이기 때문이다. 그러나 보건의료 분야에서 산업화할 수 있는 영역을 신중히 선별해서 추진하는 정책적 고려가 부족하였다. 참여정부 시기에 의약품과 의료기기산업의 발전 기반을 마련한 것은 큰 성과이지만, 산업화의 대상 영역으로 보건의료서비스까지 포함하고, 영리 의료법인 허용을 공론화하면서 심각한 사회적 갈등과 충돌이 야기되었다. 참여정부는 의료산업선진화위원회의 논의를 통해 영리 의료법인에 대한 정부의 입장을 다음과 같이 결정하고, 정부 임기 내에는 영리 의료법인 허용과 관련한 논의를 더 이상 진행하지 않기로 결정했다.

> 영리법인 도입은 의료기관 개설주체 확대 및 재무 투명성 확보 등 미시적 개선 차원에서는 타당하나, 건강보험체계와 국민의료비, 의료공급체계에 영향을 미칠 수 있기 때문에 전체 의료보장체계에 대한 고려가 불가피하다. '영리법인 도입=의료보장체계 해체'가 논리 필연적이지는 않으나, 건강

> 보험 당연지정제 등 큰 틀이 흔들릴 가능성이 존재한다. 향후 급속한 고령화로 인한 국민의료비 부담 증가 등을 고려할 때, 의료보장체계의 근간이 흔들릴 가능성에 대해서는 신중한 접근이 필요하며, (영리법인 허용을) 서두를 필요가 없다.(의료산업선진화위원회 의료제도개선전문위원회, 2006b)

의료산업선진화위원회는 민간의료보험에 대해서도 합리적 규제를 통한 건강보험과의 역할 재설정 방안을 결정했다. 이처럼 참여정부 기간 중에 영리 의료법인 허용, 민간의료보험 활성화에 대한 논의가 본격적으로 시작되었지만 정책 결정은 유보되었다. 그러나 이때 시작된 의료서비스 산업화에 대한 논란과 갈등은 참여정부 이후까지 이어지고 있다.

2000년대 이후 의료서비스 산업화(혹은 의료영리화)에 대한 요구가 본격화되고 보건의료 분야의 중요한 이슈로 부상한 이유가 무엇일까? 일부 정부 당국자의 과욕이나 영리적 속성이 강한 의료인, 혹은 시장주의 성향이 강한 일군의 학자 그룹에서 그 이유를 찾는 것은 매우 안이한 판단이다. 이들은 촉매제 역할을 했을 뿐이다. 2000년대 들어 기존의 수익 창출 전략이 임계점에 도달한 것이 의료서비스 산업화에 대한 논의를 만개시킨 근본적인 이유다. 1990년대 이후 양적으로 의료기관이 급팽창하면서 기관 간의 경쟁이 심화되었고, 경영 여건도 악화되었다. 이에 의료기관은 서비스의 양을 늘리고 수익성이 좋은 비급여 진료를 적극적으로 제공하는 방식으로 대응해 왔다. 그러나 국민의 의료이용량이 OECD 평균의 2배에 이를 정도로 포화 상태에 이르면서 서비스의 양을 늘리는 방식으로 수익을 보전하는 것은 한계에 봉착하게 되었다. 그리고 참여정부 이후 점진적이지만 지속적으로 이루어진 비급여 항목의 건강보험 급여화 조치, 2000년대 중반 이후 마련된 신의료기술 관리체계 등으로 비급여 진료의 팽창도 과거처럼 수월치 않게 되었다. 기존의 공적 체계를 통해서 자신이 직면한 문제가 해결될 수 있다는 희망을 얻지 못한 의료계는 건강보험의 틀을 벗어나는 새로운 수익 창출전략을 모색하게 되었다. 그리고 그 구체적인 형태가 영리 의료법인 허용, 영리적 부대사업 범위 확대, 민간의료보험 활성화, 더 나아가서는 요양기관 당연지정제 폐지였다. 따라서 의료계가 직면한 구조적 한계 상황이 바뀌지 않는 한 의료서비스 산업화 주장은 지속될 수밖에 없다.

2. 보건의료정책의 전망과 과제

박근혜 정부의 보건의료정책 전망

박근혜 대통령은 '4대 중증질환 국가 완전보장'을 제외하고는 대선 당시에 주목할 만한 보건의료 공약을 제시하지 않았다. 정부 출범 이후에도 4대 중증질환 보장성 강화 이외의 사안에는 큰 정책적 관심을 두고 있지 않다.

박근혜 정부가 추진하고 있는 4대 중증질환 보장성 강화 정책 중에서 '선별급여' 도입은 전향적인 것으로 평가할 만하다. 현행 건강보험 급여체계는 급여와 비급여로 이원화된 체계인데, 4대 중증질환에 대해서는 필수급여/선별급여/비급여로 구분되는 삼분류 체계를 적용하고, 이를 통해 과거에는 비급여로 분류되던 항목을 대거 선별급여에 포함시켜 공적 관리 영역으로 인입하겠다는 구상이다. 이 방안은 매우 이질적인 항목으로 구성된 비급여 문제를 해결하는 사실상 유일한 방안으로 평가할 수 있다.[1] 4대 중증질환 보장성 강화 정책의 일환으로 추진되는 선택진료비와 상급병실료 개선방안 역시 의미 있는 조치로 평가할 만하다. 정부는 2017년까지 의료의 질적 수준에 따라서 가산금을 지급하는 방식으로 선택진료비를 폐지하기로 결정했다. 그리고 상급병실료 문제는 기준병상을 대폭 확대하는 방향으로 해소하기로 했다. 특히 대선 공약 내용은 4대 중증질환자에 국한해서 선택진료비와 상급병실료 문제를 해결해 준다는 것이었지만, 현 정부의 정책은 전체 질환자에 대해 적용하는 것으로 그 대상이 확대되었다.

그러나 이와 같은 긍정성에도 불구하고 현재의 정부 정책은 심각한 결함을 가지고 있다. 선별급여, 선택진료비, 상급병실료를 모두 본인부담 상한제 적용 대상에서 제외하는 것이 기본 방침이기 때문이다. 4대 중증질환을 중심으로 한 보장성 강화는 전체 고액 의료비 환자의 15-20%에만 해당하는 제한적인 방안이다. 따라서 선별급여, 선택진료비, 상급병실료 등을 본인부담 상한제 적용 대상에서 제외한다면, 15-20%에 해당하는 4대 중증질환자의 고액의료비로 인한 가계 파탄조차

---

1 급여/비급여로 이원화된 급여 분류체계는 우리나라에서 광범위한 비급여를 양산한 핵심 기전이었다. 명백하게 필수급여로 분류할 만한 서비스 항목 외에는 모두 비급여로 분류하는 결과를 낳았기 때문이다. 박근혜 정부는 이런 이원화된 분류체계를 4대 중증질환에 한해서 필수급여/선별급여/비급여의 삼분류 체계로 개편하는 방안을 제시했다. 필수급여는 기존의 건강보험 급여와 동일한 성격을 가진다. 그러나 선별급여는 건강보험이 정한 급여 기준과 수가를 가진다는 점에서 건강보험 급여에 해당하지만, 기존 건강보험 급여 항목과는 달리 본인부담률을 서비스 항목에 따라 차등화할 수 있고, 서비스 제공기관도 제한할 수 있다는 차이점을 가진다. 시민사회 일각에서는 이런 점 때문에 선별급여를 또 다른 비급여 유형으로 이해하는 비판적 입장을 가지고 있다. 그러나 선별급여는 매우 이질적인 성격의 항목들로 구성된 비급여 문제를 해결하기 위한 사실상 유일한 방안이다. 현행의 비급여 항목에는 필수 서비스의 성격을 가지는 항목에서부터 의학적 필요성 없이 개인의 선호와 취향에 따라 선택적으로 이용하는 항목들까지 뒤죽박죽 뒤섞여 있다. 의학적 필요성이 있는 항목들도 비용효과성이 천차만별이다. 이런 상황에서 모든 비급여에 대해 일률적인 본인부담률을 부과하는 것은 현실적이지도 않고 형평성의 원칙에도 위배된다. 그렇다고 해서 이들을 예전처럼 비급여로 분류하면, 풍선효과가 발생하여 비급여 영역이 또다시 팽창하게 된다. 정부가 제시한 방안은 미용, 성형 등과 같이 명백하게 비급여인 항목을 제외하고는 모두 필수급여 혹은 선별급여로 포함시켜서 공적 통제 영역 내로 끌어들이되, 의학적 필요성은 있지만 비용효과성이 떨어지거나 대체 가능성이 있는 항목은 본인부담률을 높이고 그렇지 않은 항목은 탄력적으로 본인부담률을 낮추는 것으로, 이는 선진국에서도 폭넓게 활용하고 있는 방안이다(이진석, 2013b).

제대로 보호해 줄 수 없게 된다.

또한 이들 정책을 추진하는 데 수조 원의 추가 재정이 필요함에도 불구하고, 재정 확충 방안이 제대로 제시되지 않는 것도 이들 정책이 실효성 있게 시행될 수 있을지를 의심하게 한다. 박근혜 정부는 건강보험재정의 추가적 확충에 적극적인 의지를 보이지 않고 있다. 추가적인 재정 투입을 최소화하면서 건강보험 급여 항목을 확대하는 방법은 해당 항목에 대한 환자의 본인부담금을 올리거나, 해당 항목의 급여 수가를 대폭 낮추는 것밖에 없다. 환자의 본인부담금을 늘리면 환자의 의료비 부담 감소 효과는 크게 줄어든다. 그리고 해당 항목의 급여 수가를 낮게 책정해서 병원의 손실을 늘리면, 병원은 또 다른 우회로를 통해 손실을 보전하는 방법을 찾을 수밖에 없다. 그리고 그만큼 환자의 의료비 부담 감소 효과는 줄어들게 된다. 결국, 건강보험재정 확충에 소극적인 정부의 방침이 바뀌지 않는 한, 4대 중증질환 보장성 강화 정책을 통한 환자의 의료비 부담 감소 효과는 기대에 한참 못 미칠 것이다.

건강보험 분야와는 달리 의료공급체계 개선에 대한 정책은 찾아볼 수 없다. 병상 수급 불균형 문제도 아직까지는 정책적으로 방치된 상태이다. 만성질환 관리를 위한 일차의료 시범사업을 모색하고 있지만, 이는 기존의 고혈압·당뇨 등록관리사업, 만성질환관리제와 질적인 차별성을 가지지 못한 채, 또 다른 시범사업 유형을 더하는 데 그칠 공산이 크다. 경상남도의 진주의료원 폐업 사태로 공공의료에 대한 사회적 관심이 높아졌고, 보건의료 분야 이슈로는 최초로 국회 국정조사특별위원회가 꾸려져 국회 차원의 조사가 진행되었지만, 후속조치는 지지부진한 상태다. 특히, 공공의료의 양적 확충은 박근혜 정부 출범 초기부터 아예 정책적 고려 대상에서 제외되었다. 의료의 지역 격차를 해소하기 위한 지역균형발전정책도 이전 정부에서 진행해 온 의료취약지역

중심의 지원정책에서 벗어나지 못하고 있다.

이에 반해 국민 여론을 감안한 듯 대선 기간 동안 매우 조심스럽고 소극적으로 거론하던 의료서비스 산업화는 다시금 불씨를 살리기 위한 움직임이 분주하다. 기획재정부는 2013년 7월 국정과제협의회에서 "고용률 70% 달성을 위해 투자개방형 의료법인(영리병원) 도입을 추진하겠다."라고 대통령에게 보고했다. 문형표 보건복지부장관은 인사청문회에서 "영리병원 도입은 아직 고려사항이 아니다."라고 답변했지만, 경제개발연구원 경제정보센터 소장으로 재직하던 2009년 한 토론회에서 "영리병원을 금지하는 것은 진입 규제에 해당하며, 이런 진입 규제를 철폐해야 한다."라고 주장한 전력이 있다.

참여정부 때의 영리 의료법인 허용 논란은 시민사회의 강력한 반대와 정부 내부의 견제·조정으로 정책 결정이 유보되었고, 이명박 정부 때는 2008년 마이클 무어 감독의 〈식코〉 상영과 촛불시위의 영향으로 영리 의료법인의 추진동력이 급격히 약화되었다. 그러나 박근혜 정부는 이전 정부에서의 영리 의료법인 허용 시도를 좌초시켰던 영향 요인들로부터 자유롭다. 참여정부는 시민사회의 반대에 상대적으로 민감하게 반응했던 반면, 박근혜 정부는 별 신경을 쓰지 않는다. 정부 내부의 견제·조정세력도 부재한 상황이다. 그리고 영리 의료법인 추진동력을 약화시킬 만한 강력한 경험도 하지 않았다. 이런 측면에서 보면, 영리 의료법인 허용을 필두로 한 의료서비스 산업화 정책 드라이브가 예전보다 훨씬 격화될 가능성이 있다.[2]

이상과 같이, 박근혜 정부에서는 건강보험의 보장성 강화를 위한

2 2013년 12월 13일 정부는 '제4차 투자활성화 대책'을 발표했다. 이 대책에는 의료기관의 영리 목적 자법인 설립 허용, 법인약국 허용, 해외환자 유치 촉진을 위한 규제 완화, U-Health 활성화 등 그간 논란이 되었던 정책들이 대거 포함되어 있다.

몇 가지 의미 있는 정책이 검토되고 있지만 이것조차 불확실성이 크고, 그 밖의 우리나라 보건의료체계의 문제에 대한 정책적 검토는 부재한 상황이다. 결국, 2000년대 이후 지속되어 온 우리나라 보건의료체계의 모순과 갈등은 박근혜 정부하에서 해소되지 않고 증폭될 가능성이 크다.

보건의료개혁의 정책 방향과 과제

우리나라 보건의료개혁의 기본 방향은 '현재의 국민의료비 부담을 줄이는 정책'과 '미래의 국민의료비 지출을 줄이는 정책', 그리고 '건강보장의 계층 격차와 지역 격차를 줄이는 정책'을 동시에 추진하는 것이다(이진석, 2012). 이 중에서 '현재의 국민의료비 부담을 줄이는 정책'은 건강보험재정의 적극적인 확충을 통해 건강보험의 보장성을 강화하면 실현할 수 있는 정책이다. 재정 확충이 쉬운 일은 아니지만, 일단 재정만 확충하면 오랜 시간이 걸리는 사안도 아니고 다른 정책에 비해 기술적으로 까다롭지 않다. 국민에게 미치는 편익이 즉각적이기 때문에 국민의 관심과 지지도 크다. 그러나 후자에 속하는 두 정책 영역의 과제는 정책 난이도가 훨씬 높다. 인프라 확충이 필요하기 때문에 정책 실행과 편익 발생에 소요되는 시간도 길고, 의료공급자와의 이해관계 충돌도 건강보험의 보장성 강화 정책보다 직접적이다. 또한 국민에게 미치는 편익이 즉각적이지 않기 때문에 국민의 관심과 지지도 상대적으로 적다. 그러나 이 두 정책 영역의 과제가 시행되지 않는다면, 건강보험의 보장성 강화 정책의 효과는 일시적일 수밖에 없으며, 건강보험의 보장성 강화가 오히려 계층과 지역 격차를 더욱 벌리는 결과가 야기될 수 있다.

• 의료보장체계의 개혁 과제

현 정부의 4대 중증질환 보장성 강화 정책은 특정 '상병'을 기준으로

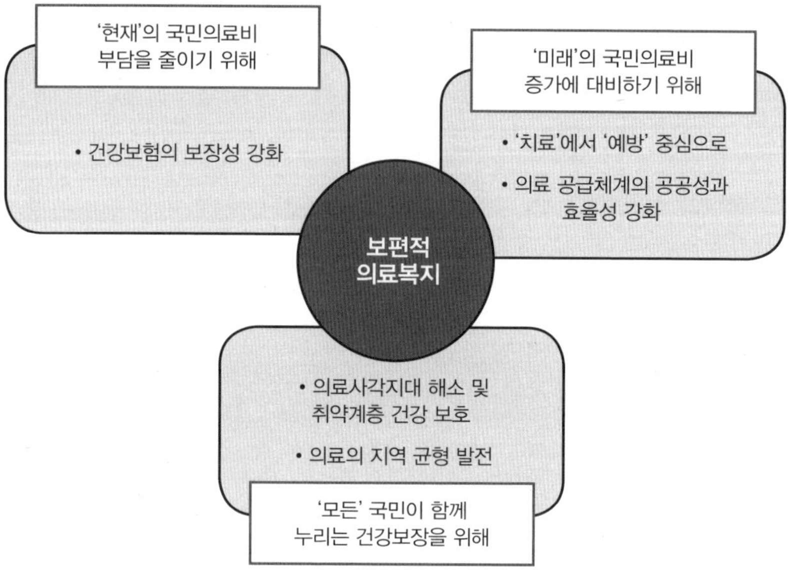

〈그림 6-5〉 보건의료개혁의 정책 방향

건강보험의 보장성을 강화하는 방안으로 정책 수혜 대상이 명확한 장점이 있는 반면, 상병 간 형평성 문제가 야기되고 고액의료비로 인한 가계 파탄 예방 효과가 특정 질환자에게만 국한된다는 단점이 있다. 4대 중증질환 중심의 보장성 강화 정책은 이미 참여정부에서 시작되었던 정책이다. 이들 질환에 대한 본인부담률을 인하하고, 이들 질환 치료에 필요한 비급여 항목이 건강보험 급여로 대거 포함되었다. 이런 정책적 노력에 힘입어 2004년 50%에도 미치지 못하던 암 환자에 대한 건강보험 보장률이 2007년에는 70%를 넘어서게 되었다. 그러나 4대 중증질환에 대한 이 같은 정책 효과에도 불구하고, 고액의료비로 인한 가계 파탄 문제는 줄어들지 않았다. 전체 고액의료비 환자 중 4대 중증질환에 해당하는 환자는 15-20%에 불과했기 때문이다.

고액의료비로 인한 가계 파탄을 예방하기 위해 선진국 의료보장체계에서 보편적으로 사용하고 있는 방안은 '비용' 기준의 보장성 강화 정책이다. 2012년 대선에서 민주당 문재인 후보가 제시한 '연간 의료비 100만 원 상한제'가 전형적인 사례다. 이 방안은 상병을 가리지 않고 일정 기준을 넘어서는 의료비 부담은 건강보험이 책임지는 것이다.

고액의료비로 인한 가계 파탄을 근원적으로 예방하기 위해서는 '비용' 중심으로 건강보험의 보장성을 강화하는 것이 기본 원칙이다. 그러나 상병 중심으로 보장성을 강화하든, 비용 중심으로 보장성을 강화하든, 이들 정책이 실효성을 갖기 위해서는 비급여 문제가 해결되어야 한다. 비급여가 광범위하게 존재하는 상황에서는 어떤 정책도 의료비 부담 경감 효과가 제한적일 수밖에 없기 때문이다. 이런 측면에서 현 정부가 추진하는 '선별급여' 제도 도입의 긍정성은 매우 크다.

왜곡된 건강보험 수가체계의 개편도 중요한 과제다. 현행 건강보험 급여 항목의 원가보전율은 75-80% 수준이다(강길원, 2011). 따라서 건강보험 급여 항목을 중심으로 양심적으로 진료하는 병의원은 손해를 볼 수밖에 없다. 병의원은 낮은 건강보험 수가로 인한 재정 손실을 서비스의 양을 늘리고 비급여 진료를 적극적으로 제공하는 방식으로 보전해 왔다. 고정비용 비중이 높은 병원의 지출 구조 특성으로 인해 원가보전율이 낮더라도 양을 늘리면 마진이 생기게 된다. 그리고 비급여 진료는 원가보전율이 200%에 달한다. 결국, 과잉진료를 하고 비급여 진료를 적극적으로 제공하는 병의원은 수익을 올리고, 적정진료를 하고 불필요한 비급여 진료를 자제하는 병의원은 손해를 입는 구조를 유지해 왔던 것이다. 이런 왜곡된 수가체계는 우리나라 의료공급체계의 영리성을 강화시키는 핵심 기전으로 작동해 왔다. 이 문제의 해법은 과소계상된 건강보험 급여 수가는 상향 조정하고, 과다계상된 비급여 항목을 건강보험 급여 영역으로 대거 포함하면서 수가를 하향 조정하는 조치를 동시에 시행하는 것이다. 이 같은 건강보험 수가체계의 개편은 비급여 문제 해결을 통한 국민의 의료비 부담 경감뿐 아니라 우리나라 의료공급체계의 공공성을 강화하는 데에도 중요한 의미를 가진다.

'비용' 중심의 건강보험 보장성 강화와 수가체계 개편에는 상당한 재정이 소요된다. 그간 건강보험재정 확충을 위한 다양한 방안이 거론되어 왔으나 이런 방안들은 현행 건강보험재정 확충체계의 긍정성을 지나치게 간과하는 경향이 있었다. 현행 건강보험재정은 국민, 기업, 국가가 정해진 비율에 따라 분담하여 조성된다. 국민이 부담하는 건강보험료율이 인상되면, 그 인상률에 따라 기업의 부담액이 증가하고, 국민 부담 보험료와 기업 부담 보험료를 합친 보험료 수입의 일정 비율을 국가가 지원하는 체계를 갖추고 있다. 따라서 국민, 기업, 국가의 건강보험재정 분담 비율은 50:35:15의 수준을 거의 일정하게 유지하고 있으며, 국민 부담 보험료율이 인상되면 이 비율에 따라 기업과 국가의 분담액도 자동으로 인상된다. 그리고 보험료 부과가 정률로 이루어지기 때문에 보험료 부과기준 소득이 높은 고소득층은 저소득층보다 더 많은 보험료를 부담하게 된다. 그 결과 전체 건강보험재정의 80%를 기업과 국가, 그리고 상위 30%에 해당하는 국민이 부담하고 있으며, 전체 국민의 70%가 부담하는 비중은 전체 건강보험재정의 20% 수준이다.

근본적인 대안을 모색하느라 당면한 문제를 해결할 수 있는 해법을 등한시하는 것은 현명하지 못하며, 지금 이 순간에도 의료비 부담으로 고통을 겪는 국민에 대한 책임 있는 자세도 아니다. 건강보험재정 확충을 위한 현실적인 정책 조합을 제시하면 다음과 같다.

첫째, 현행 건강보험료 부과체계를 개선하여 종합소득 기준으로 건강보험료를 부과하고, 직장가입자의 고소득 피부양자를 자격 전환하여 건강보험료를 부과한다. 이 방안은 건강보험료 부과기준에서 제외되어 있는 다양한 소득(임대소득, 금융소득 등)과 건강보험료 부과대상에서 제외되어 있는 고소득자에 대해 건강보험료를 부과하는 것으로, 고소득자에 국한된 건강보험료 인상에 해당한다. 이 방안은 건강보험재정 확충의 의미와 함께 건강보험료의 공정한 부과에 대한 국민의 신뢰 확보 측면에서도 우선순위가 가장 높은 과제다. 정부는 이미 2012년부터 일부 소득에 대한 보험료 부과와 고소득 피부양자에 대한 보험료 부과를 부분적으로 시행하고 있는데, 그 대상과 범위를 더욱 확대해야 한다.

둘째, 건강보험에 대한 국고지원을 보험료 수입 기준으로 20%까지 늘린다. 현재 16-17% 수준인 건강보험에 대한 국고지원 비율은 사후정산제 도입을 통해 20%까지 끌어올리는 것이다. 그동안 보건의료 시민단체들은 국고지원 비율을 30-40% 혹은 그 이상이 되도록 높여야 한다는 입장을 견지해 왔다. 그러나 복지재정 투입의 우선순위를 고려할 때, 확실한 재정 조달 기전이 있는 건강보험보다 다른 분야의 우선순위가 더 높다. 아무리 복지재정을 적극적으로 확충하더라도 보육, 노후소득보장, 기초생활보장의 추가 재정 소요를 충당하고 나면 건강보험에 추가로 투입될 재정 여력은 크지 않다. 복지재정은 마음만 먹으면 얼마든지 만들어 낼 수 있는 '화수분'이 아니다.

셋째, 건강보험료 부과체계 개편과 국고지원 증액에도 불구하고 부족한 재정은 건강보험료 인상을 통해 충당한다. 초기 단계의 보장성 강화에 소요되는 재정은 건강보험료 부과체계 개편과 국고지원 증액을 통해 충당할 수 있다. 보장성 강화의 편익을 국민이 체감하게 되면, 후속 단계의 보장성 강화 소요 재정을 충당하기 위한 건강보험료 인상을 수용할 수 있게 될 것이다.

진료비 지불제도 개편을 위해서는 정책 목표를 명확히 하는 것이 선결되어야 한다. 진료비 지불제도 개편을 통해 지금 당장의 의료비 지출을 줄이자는 발상은 실현 불가능할 뿐 아니라 바람직하지도 않다(이진석, 2013d). 우리나라의 GDP 대비 국민의료비 비중은 OECD 평균에 비해 여전히 낮은 편이다. 이것은 우리 사회가 보건의료 분야에 투입하는 자원 총량이 OECD 평균에 한참 모자란다는 의미이고, 국민 입장에서는 OECD 국민이 평균적으로 향유하는 건강보장 혜택을 누리지 못하고 있다는 의미이기도 하다. 이런 상황에서 의료비 지출을 더 줄이자는 것은 국민 입장에서도 바람직하지 않고, 의료계 입장에서는 도저히 수용할 수 없는 주장이다. 그러나 국민의료비 지출 증가율이 OECD 평균의 2배에 이르는 점은 경계해야 할 현상이다. 현재의 증가 추세가 그대로 유지된다면, 멀지 않은 시기에 우리 사회가 감당하기 힘든 수준으로 의료비 지출이 늘어날 가능성이 크다. 따라서 미래의 우리 사회가 감당할 수 있는 수준으로 의료비 지출 증가 추세를 적절히 조절하는 기전을 갖추는 것이 시급하고, 이를 위해서는 오히려 적극적인 초기 투자도 필요하다. 이 같은 정책 목표를 명확히 해야 극한 갈등과 충돌을 거듭하고 있는 의료계와의 합리적 대화도 가능하다. 행위별수가제를 포괄수가제로 개편하는 데 있어 부족한 것은 기술적 준비가 아니라 명확한 정책 목표의 설정과 이를 기초로 한 이해당사자 간의 사회적 합의다.

한편, 비급여 문제의 해결과 진료비 지불제도 개편 간의 관계도 잘 이해할 필요가 있다. 건강보험의 보장성 강화를 통해 비급여 항목이 대거 건강보험으로 포함되면, 포괄수가제에 대한 의료계의 거부감도 현저히 줄어들게 된다. 의료계가 포괄수가제를 반대하는 중요한 이유는 포괄수가제하에서는 예전 행위별수가제처럼 비급여를 적극적으로 늘리기 힘들기 때문이다. 즉, 건강보험의 보장성 강화를 통해 비급여 문제를 대거 해결하고 나면, 의료계가 포괄수가제를 강력하게 반대할 경제적 근거가 사라지는 셈이다.

의료보장체계 측면에서 취약계층의 의료 접근성을 가로막는 첫 번째 요인은 빈곤층 일부에게만 적용되는 협소한 의료급여제도다. 우리나라 전체 국민의 하위 7-8%가 절대빈곤층에 해당하며, 상대빈곤층까지 포함하면 전체 국민의 약 15%가 빈곤층에 속하지만, 의료급여 수급자는 전체 국민의 3%에 불과하다. 상대빈곤층은 고사하고 절대빈곤층조차 모두 포괄하지 못하는 상황이다. 의료급여 수급권이 없는 빈곤층은 건강보험 가입자로 분류되어 있지만 건강보험료를 부담할 능력이 없어서 상습적으로 건강보험료를 체납하고, 이들 중의 일부는 건강보험 급여 혜택이 중단되기도 한다.

의료급여 수급권을 인정받더라도 비급여 진료비는 환자 본인이 전액 부담해야 한다는 것이 취약계층의 적절한 의료이용을 가로막는 두 번째 요인이다. 취약계층의 의료 접근성을 보장하기 위해서는 의료급여 수급권이 대폭 확대되어야 한다. 이런 측면에서 통합급여 방식의 국민기초생활보장제도를 개별급여 방식으로 전환하는 방안도 긍정적으로 고려할 만하다. 그러나 박근혜 정부는 기존 수급자까지 개별급여 적용 대상으로 포함시키는 방안을 검토 중인데, 이는 문제의 해결이 아니라 악화로 귀결될 가능성이 크다. 의료급여 수급권을 인정받지 못해 의료사각지대에 방치되어 있던 빈곤층을 신규 수급자로 포괄하는 정책수단으로 개별급여 방식이 활용되어야 한다.

• 의료공급체계의 개혁 과제

지속가능한 국민의 의료비 부담 경감과 우리나라 보건의료체계의 거시적 효율성 제고를 위해서는 중소형 병의원을 중심으로 한 병상 공급 과잉 해소가 중요한 과제다. 병상자원 관리정책은 단계별로는 시장 진입 단계와 시장 퇴출 단계로 구분할 수 있고, 정책수단별로는 직접 규제에 해당하는 의료자원정책과 간접 규제에 해당하는 건강보험정책으로 구분할 수 있다(〈그림 6-6〉 참조). 이 가운데 사회적 논란이 큰 요양기관계약제는 차치하고서라도, 대다수 국가들이 시행하고 있는 기본적인 병

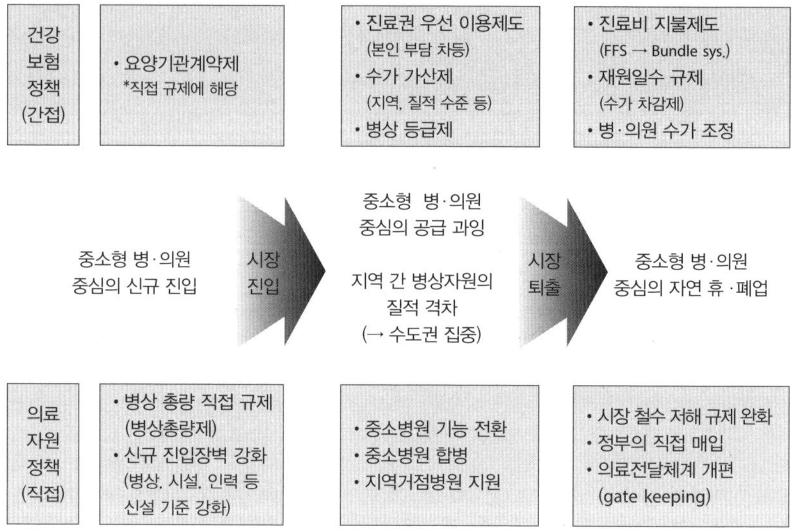

〈그림 6-6〉 병상자원 관리정책의 구성

상관리 정책수단조차 갖추지 못한 것이 우리나라 의료공급체계의 실정이다.

지역 병상총량제는 대다수 국가가 활용하고 있는 기본적인 병상관리 정책수단이다. 병상총량제는 과잉경쟁에 내몰린 의료계조차 제도 도입을 요구하고 있는 상황이다. 여기서 중요한 점은 병상 총량만을 기준으로 한 일률적인 제도 적용은 지양해야 한다는 사실이다. 앞서 살펴본 바와 같이 우리나라는 병상 총량은 과잉이지만, 제 역할을 할 수 있는 병의원은 그중 일부에 불과하다. 양은 넘치는데 질은 떨어지는 상태다. 이것이 최근 불거지는 의료의 지역 격차 문제의 배경이기도 하다. 따라서 제 기능을 하지 못하는 과잉 공급 병상은 줄이되 제 기능을 할 수 있는 병의원의 공급은 보장하는, 양방향의 정책이 동시에 추진되어야 한다.

입구전략뿐 아니라 중소형 병의원이 의료시장에서 빠져나가도록 길을 터주는 출구전략도 필요하다. 비영리법인 병원에 대해서는 한시적 특례제도를 통해 병원 소유주가 투자금 일부를 보전받으며 의료시장에서 빠져나갈 수 있도록 허용할 필요가 있다. 소규모 병원들이 난립해 있지만 정작 지역 주민의 건강을 제대로 보호해 줄 수 있는 적정 규모의 병원을 갖추지 못한 지역에 한해서 중소병원 합병을 허용하는 방안도 고려할 수 있다. 그러나 이런 간접적인 방안만으로는 공급 과잉 문제가 해소되기 어렵다. 보다 적극적으로 정부가 공급 과잉 중소형 병의원을 매입하여 공공사회복지시설, 도시보건지소 등으로 활용하고, 일부는 공공병원으로 전환하여 활용하는 방안을 추진해야 한다. 민간병원 매입을 통한 공공병원 확충은 초기 투자비용을 줄이면서 공공병원을 늘릴 수 있는 비용 효과적인 방안이기도 하다(이진석, 2012).

병상 공급 과잉 해소는 우리나라 보건의료인력 문제를 완화하는 효과도 있다. 우리나라의 인구당 병상 수는 OECD 평균의 1.5배에 이를 정도로 과잉 공급되어 있는 반면, 인구당 간호사 수는 OECD 평균의 50%, 인구당 의사 수는 OECD 평균의 60% 수준에 불과하다. 여기에 OECD 평균의 2배에 달하는 국민의 의료이용량까지 감안하면, 우리나라 의료인력은 OECD 평균의 4-5배에 달하는 노동 강도하에서 진료를 하고 있는 셈이다. 이런 상황에서 질 높은 진료, 친절한 진료, 안전한 진료는 불가능하다. 의료인력의 꾸준한 증가에도 불구하고, 날이 갈수록 병의원의 인력난과 노동 강도가 높아지는 이유는 의료인력 증가율을 훨씬 상회하는 수준으로 병상 공급 확대가 이루어졌기 때문이다. 실제로 2000년 우리나라의 병상당 의사 인력은 OECD 평균의 45% 수준이었는데, 2008년에는 38% 수준으로 오히려 악화되었다. 그런데 우리나라가 OECD 국가의 평균적인 병상 증가율에 따라 병상 공급이 조절될 경우 2008년 기준으로 병상당 의사인력은 OECD 평균의 58% 수준으로 격차가 줄어드는 것으로 추계되었다(이진석, 2013c).

의료의 지역 격차를 해소하기 위해서는 수도권 대형병원으로 지방

환자가 쏠리는 현상을 역전시킬 수 있을 정도로 지역 의료의 수준을 획기적으로 강화해야 한다(김용익, 2012). 의료의 지역 격차를 해소하지 않으면서 건강보험의 보장성만 강화하면 수도권 대형병원으로 지방 환자가 몰리는 현상은 더욱 심화될 수 있다. 이런 환자의 흐름을 인위적으로 조정하는 것은 사실상 불가능하다. 생명에 관련된 사안이기 때문에 그렇다. 결국, 지방 환자가 믿고 찾아갈 수 있을 만큼 지역 의료의 수준을 획기적으로 강화하는 것이 정답이다. 그 실증적 사례가 암 환자에 대한 보장성 강화 정책과 지역암센터 설립이다.

2005년 암을 포함한 고액 중증질환에 대한 보장성이 대폭 강화되었고, 2006년부터는 식대에도 건강보험이 적용되었다. 당시, 언론과 지역 의료계는 이런 일련의 정책으로 지방 암 환자가 수도권 대형병원으로 몰려들 것이라는 우려를 집중적으로 제기했다. 그러나 과거에 비해 수도권 대형병원 이용의 경제적 부담이 현저히 줄어들었음에도 불구하고, 암 환자의 지역 자체 충족률을 기준으로 살펴본 암 환자의 수도권 집중도는 오히려 하락하였다. 그 이유는 지역균형발전정책의 일환으로 2004년부터 각 권역별로 설치된 지역 암센터 때문이라는 것이 중론이다. 굳이 서울까지 가지 않더라도 그에 버금가는 진료를 받을 수 있다는 지역 환자의 신뢰를 확보했기 때문에 서울을 향한 지방 암 환자의 발길이 줄어든 것이다. 이처럼 인프라를 적극적으로 확충하면 의료의 지역 격차를 줄일 수 있다. 그러나 이명박 정부에서는 참여정부 시절 추진하거나 이미 결정된 사업을 이어받는 것 이외의 새로운 정책이 없었고, 박근혜 정부 역시 의료의 지역균형발전에 대해서는 특별한 정책적 관심을 두고 있지 않다.

질병 양상이 급성질환에서 만성질환 위주로 전환되었고 고혈압이나 당뇨병과 같은 만성질환은 장기간에 걸친 정기적 투약과 검사, 생활습관 관리가 매우 중요하다. 잘 관리하면 정상인과 다를 바 없는 건강한 삶을 유지할 수 있지만, 그렇지 못하면 급성심근경색이나 뇌졸중 등 고액 중증질환으로 진행하게 된다. 그런데 환자 개인의 노력만으로 오랜 기간 동안 정기적 투약과 검사, 생활습관 관리를 유지하는 것은 여간 어려운 일이 아니다. 약 1천만 명에 달하는 고혈압 환자 중에서 혈압을 정상 범위로 유지하는 환자가 360만 명에 불과한 것도 이 때문이다. 우리나라보다 앞서 만성질환 시대로 접어든 선진국은 이런 질병관리를 환자 개인의 책임으로만 돌리지 않고, 환자가 자신의 질병을 수월하게 관리할 수 있도록 돕는 질병관리서비스를 제공하고 있다. 그러나 우리나라에서 질병관리는 여전히 환자 개인의 책임으로 내맡겨져 있다. 이런 질병관리체계로는 인구 고령화와 이로 인한 만성질환 증가, 그리고 국민의료비 지출 증가에 제대로 대응할 수 없다.

질병관리서비스를 체계적으로 제공하기 위해서는 이를 위한 인프라가 필요하다. 현행 병의원은 치료서비스를 넘어선 질병관리서비스를 제공할 수 있는 여건을 갖추지 못하고 있다. 참여정부 시절에 확충되기 시작했지만 이명박 정부 이후 양적 확충이 중단된 도시 보건지소를 새롭게 확충하고, 농어촌 지역 보건소와 보건지소의 기능을 개편하여 질병관리서비스 제공을 위한 인프라를 갖추어야 한다.

그러나 공공보건의료기관의 양적 확충과 기능 강화만으로 전 국민을 대상으로 질병관리서비스를 제공하기는 어렵다. 만성질환자의 대다수를 치료하고 있는 동네의원이 질병관리서비스를 제공할 수 있도록 유도·지원해야 한다. 그러나 고혈압·당뇨 등록관리사업, 만성질환관리제 등에 대한 반대에서도 알 수 있듯이 의료계의 반응은 결코 호의적이지 않다. 그런데 의료계의 반대 이유를 자세히 살펴보면, 제도 자체에 대한 반대라기보다는 정부 정책에 대한 근본적 불신이 자리 잡고 있음을 알 수 있다. 이런 주요 이해당사자 간의 뿌리 깊은 불신은 만성질환 관리뿐 아니라 보건의료 전반의 제도 개혁을 어렵게 만드는 중요한 배경으로 작용하고 있다. 정부와 의료계, 의료계와 시민사회, 그리고 시민사회와 의료계 간의 불신과 반목은 나름의 역사적 배경과 현실적 근거를 가지고 있다. 이 때문에 이를 극복하는 것도 쉽지는 않지만, 바람직한 보건의료제도 개혁을 실현하기 위해서는 반드시 해결해야 할 해묵은 과제이기도 하다. 적대적 관계를 청산하기 위한 쌍방의 노력이 필요한 시점이다.

경상남도의 진주의료원 폐업 사태로 세간의 관심이 공공병원에 집중되었고, 그 과정에서 공공병원의 바람직한 기능과 역할에 대한 조명과 함께 공공병원의 실태와 문제점에 대한 진단도 폭넓게 이루어졌다. 공공병원은 민간의료 중심의 의료공급체계로 인한 거시적 비효율을 완화하고, 전 국민의 평등한 의료를 보장하기 위한 중요한 기반이 된다. 그러나 현실의 공공병원은 이런 역할을 담당하기에는 역부족이다. 공공병원의 정체성은 여전히 '저렴한 진료비로 취약계층을 진료하는 의료기관'에 머물러 있다. 이런 정체성은 건강보험의 취약한 보장성 수준과 빈곤층의 일부만을 포괄하고 있는 협소한 의료급여제도로 인해 부여된 한시적인 정체성이다. 건강보험의 보장성이 지속적으로 강화되고 의료급여 수급자가 확대된다면, '취약계층 의료기관'으로서의 공공병원의 입지는 급속하게 위축될 수밖에 없다(이진석, 2013a). 1989년 전 국민을 대상으로 건강보험이 적용되면서, '취약계층 의료기관'은 공공병원의 부차적인 정체성이 되어 버렸다. 그러나 1989년 이후 공공병원은 새로운 정체성을 확립하는 데 실패했다. 그리고 이것이 최근 여러 공공병원이 직면한 위기의 핵심 원인이다.

공공병원이 변화된 사회적 요구에 부응하는 새로운 정체성을 확립하지 못한 일차적 책임은 정부에게 있다. 정부 자체가 공공병원을 운영하는 목표와 공공병원이 수행해야 할 기능을 확립하지 못했다. 그렇다 보니 일선 공공병원은 제각각의 여건에 맞춰 운영되었고, 결과적으로 민간병원과의 본질적 차별성에 대한 문제제기에 직면하게 되었다. 공공병원 종사자 역시 깊은 책임을 공유할 필요가 있다. 민간병원의 소유주는 병원의 유지와 확장을 위한 수익 창출에 혼신의 힘을 다하고 있다. 이런 민간병원의 노력에 필적할 만큼 공공병원 노사가 '좋은 공공병원'을 만들기 위해 혼신의 힘을 기울여 왔는지 성찰할 필요가 있다.

과잉진료와 비급여 진료가 구조적으로 조장되고 질 높은 진료, 친절한 진료, 안전한 진료가 불가능한 의료공급체계에서 공공병원에 요구되는 가장 중요한 기능은 '양질의 적정진료'를 제공하는 것이다. 이것이 국민이 원하는 병원의 모습이며, 국민이 보편적으로 원하는 바람직한 의료를 제공하는 것이 '의료의 공공성'의 핵심이다. '취약계층 진료'를 '의료의 공공성'의 핵심으로 이해하는 과거의 틀에서 하루빨리 탈피해야 한다. 공공병원이 '양질의 적정진료'를 정체성으로 삼고 이를 실행할 수 있어야 우리나라 보건의료체계의 거시적 비효율을 완화하고 의료의 계층과 지역 격차를 해소하는 거점 기관의 기능을 담당할 수 있다. 이와 함께 공공병원 운영의 책임성과 투명성을 강화하기 위한 강력한 내부 혁신이 있어야 한다. 지금처럼 '주인 없는 병원'의 부작용이 불거져서는 공공병원 강화를 위한 사회적 지지를 확보할 수 없다. 공공의료를 당위적으로 주장하는 것만으로는 공공병원의 양적 확충과 기능 강화를 이룰 수 없으며, 사회와 국민으로부터 공공병원의 중요성과 가치를 '인정'받아야 하는 것이다.

참고문헌

강길원. 2011.「비급여 현황과 관리방안」. 국민건강보험공단 금요조찬세미나 발표자료(2011. 5. 13).

강성욱. 2011.「2008년 민간의료보험 시장 규모 추계」. 한국보건사회연구원 보건의료정책 포럼 발표자료.

김용익. 2011.「건강보험의 현황과 개혁과제」.『광장』10: 129-131.

김용익. 2012.「건강할 권리, 아플 때 치료받을 권리가 보장되는 나라」. 문재인.『그 남자 문재인, 함께 만드는 세상』. Realtext.

김용익·김창엽·감신 등. 2004.『공공병원 확충 방안 개발에 관한 연구』. 보건복지부.

의료산업선진화위원회 의료제도개선전문위원회. 2006a.「국민건강보험-민간의료보험 간 역할 설정 방안」(2006. 6. 13).

의료산업선진화위원회 의료제도개선전문위원회. 2006b.「영리법인 의료기관의 정책효과」(2006. 6. 13).

이견직·정영호. 2002.「국민의료비 결정요인 및 영향력 분석」.『보건행정학회지』12(3): 99-111.

이진석. 2009.「건강보장의 정치경제학」.『월간 복지동향』134: 19-23.

이진석. 2012.「보편적 복지를 위한 보건의료 개혁 과제」. 조돈문·배성인 엮음.『217, 한국사회를 바꿀 진보적 정책 대안』. 메이데이.

이진석. 2013a.「공공병원의 바람직한 발전을 위한 과제」.『월간 복지동향』177: 4-9.

이진석. 2013b.「보건의료정책과 안전사회」. 한국학술단체협의회 연합 심포지엄 발표자료(2013. 10. 25).

이진석. 2013c.「의사양성정책의 현황과 과제」. 의학교육종합학술대회 발표자료(2013. 5. 30).

이진석. 2013d.「DRG 포괄수가제 반대는 반개혁인가?」.『서울대학교병원 웹진』2013년 8월호: 2-3.

통계청. 2006.「사회통계: 2006년 보건부문」.

한국개발연구원. 1975. 제4차 경제개발 5개년 계획: 보건기획 및 정책 심포지엄.

홍재석. 2012.「우리나라 병상자원 분포 및 운영 현황」.『HIRA 정책동향』6(6): 37-51.

Bunker, J. P., H. S. Frazier, and F. Mosteller. 1994. "Improving Health: Measuring

Effects of Medical Care." *Milbank Quarterly*, 72(2): 225-258.

Corbin, C. B., and R. Lindsey. 1999. *Concepts of Fitness and Wellness: A Comprehensive Lifestyle Approach*. New York: McGraw-Hill.

Lee, S. Y., C. B. Chun, Y. G. Lee, and N. K. Seo. 2008. "The National Health Insurance System as One Type of New Typology. The Case of South Korea and Taiwan." *Health Policy*, 85(1): 105-113.

Mackenbach, J. P., M. H. Bouvier-Colle, and E. Jougla. 1990. "Avoidable Mortality and Health Services: A Review of Aggregate Data Studies." *Journal of Epidemiology and Community Health*, 44: 106-111.

7장 /

주거복지정책의 변화와 과제

김수현

1. 서론

우리나라는 오랫동안 주택의 절대부족, 높은 집값, 주기적인 가격상승, 낮은 주거수준 등으로 인해 이른바 '부동산 인질사회'를 겪어 왔다. 따라서 집값은 올라도 내려도 언제나 걱정거리였다(김수현, 2011: 15). 이런 상황에서 정부는 기본적으로 주택부족만 해소하면 문제가 완화될 것으로 보고, 1980년대 후반부터 공공택지를 통해 수백만 호의 주택을 공급하는 등 공급 확대에 주력해 왔다.

하지만 주택공급이 늘어도 자가소유율은 제자리거나 오히려 떨어지는가 하면, 서민층의 주거비 부담은 오히려 커지는 현상이 계속되고 있다. 특히 전셋값이 오르는 한편 월세 전환이 빠르게 일어나면서, 주택공급만으로는 서민주거 문제의 해결이 어렵다는 인식이 확산되고 있다. 이에 종전에는 철거민이나 노숙인, 장애인과 같은 주거취약계층에게만 해당되는 것으로 여겨지던 '주거복지'가 전 국민적인 과제로 부각되고 있다. 특히 2012년 국회의원 총선과 대통령 선거를 거치면서, 주거복지는 우리나라 주택정책의 가장 중요한 목표로 등장하게 되었다.

실제 2013년 초 출범한 박근혜 정부의 첫 번째 정부종합대책인 '주택시장 정상화 종합대책'(이른바 '4.1 부동산대책')에서도 공공임대주택(행복주택) 확대, 주택바우처 도입, 대학생 전세임대 확대 등 '보편적 주거복지 실현'이 중요한 부분을 차지했다. 공공임대주택 공급 목표인 연간 11만 호는 역대 정부 중 가장 높은 수치다. 더구나 주택바우처 제도는 선진국에서도 1980년대에 들어서야 본격화된 프로그램으로, 그 대상을 어떻게 정하는가에 따라서는 막대한 재정이 소요되는 사업이다.

그런데 이는 박근혜 정부가 주거복지를 늘리고자 하는 '특별한 의지'를 가졌기 때문은 아니다. 오히려 우리 사회가 이미 주거복지 확대에 대한 사회적 합의를 이루었기 때문이라고 할 수 있다. 2012년 12월

치러진 대선에서 주택 분야 공약은 역사상 처음으로 주요 정당들의 입장이 수렴되었던 바 있다. 당시 박근혜 후보와 문재인 후보는 모두 공공임대주택을 늘리고, 주택바우처 제도를 도입하며, 전월세 시장을 안정시키겠다는 공약을 내놓았다. 물량 목표나 달성 시한에 약간씩 차이가 있기는 했지만, 기본적으로 주택을 복지 수단으로 보는 인식에 바탕을 두고 있었다.

또 초등학교 무상급식 문제를 복지 포퓰리즘으로 보면서 서울시장직을 걸고 반대에 나섰던 오세훈 전 시장까지도 주택정책에 관한 한 보편적 복지를 추구했다. 오 전 시장이 가장 역점을 둔 사업은 이른바 시프트 주택으로, 집을 '사는 것이 아니라 사는 곳'으로 바꾸자는 목표를 세웠다. 중·고소득층에게까지 공공임대주택을 공급함으로써, 내 집이 아니어도 장기간(20년간) 편안히 살 수 있도록 하자는 것이었다. 물론 그 자체가 과장되었다고 할 수 있지만, 시프트 주택은 한동안 서민들을 기대에 부풀게 만든 정책이었다.

이처럼 우리나라에서는 이제 진보와 보수, 여야에 관계없이 주거복지 확대를 주택정책의 핵심 목표로 삼아야 한다는 데 의견이 모아지고 있다. 더구나 제2차 세계대전 이후 독립한 국가들 중에서는 공공임대주택을 가장 많이 확보했을 뿐 아니라, 현재 건립 중인 물량도 세계에서 가장 많은 수준이다. 개발도상국 중에서는 가장 먼저 주택바우처 제도를 전면적으로 도입하려는 계획을 세우고 있기도 하다. 그야말로 주거복지 전성시대에 들어서고 있다고 할 수 있다.

하지만 우리가 주거복지 확대를 체감하기에는 아직 이르다. 서울만 해도 공공임대주택이 약 6%에 이르지만, 낮은 입주자 이동률을 감안하면 실제 일반 시민들이 입주할 수 있는 물량은 연간 수천 호에 불과한 수준이다. 당연히 입주 경쟁률도 매우 높다. 공공임대주택 건립 재원도 문제다. 주요 공급기관인 LH, SH 공사의 부채가 천문학적인 수준으로 누적되면서 정책의 지속가능성에도 문제가 발생했다. 이런 상황에서 주택바우처라는 또 하나의 프로그램이 도입될 예정이지만, 과연 그 효과적·효율적 시행을 위한 준비가 되어 있는지는 의문이다.

따라서 이 글에서는 우리나라 주거복지정책의 전개 과정을 짚어 보는 한편, 그 성과와 한계를 평가하고 앞으로의 과제를 생각해 보고자 한다. 정부나 정치권에서 주거복지를 강조하면 할수록 보다 현실적인 상황인식이 필요하기 때문이다. 더 나아가 그동안 주거복지가 몇 개의 프로그램을 도입하고 늘리는 것을 의미했다면, 이제는 주택정책 자체를 복지와 권리의 시각에서 재정립하는 것이 중요하다. 주거복지가 주택시장과 주택정책 변화의 실질적인 중심 가치로 자리 잡을 수 있도록 해야 하는 것이다.

2. 주거복지정책의 개념과 목표[1]

주거복지정책의 개념과 종류

주거복지정책을 문자 그대로 해석하면 주택정책과 복지정책의 결합이라고 볼 수 있다. 일반적으로 복지정책이란 '시장에서 필요한 재화를 자력으로 구할 수 없는 사람들에게 사회가 유효 구매력을 지원하는 시스템'을 뜻한다. 따라서 이 두 정책 영역이 결합된 주거복지정책은 '시장에서 주거를 구할 수 있는 능력이 충분하지 않은 사람들이 적절한 주거생활을 누릴 수 있도록 지원하는 정책'이라고 정의할 수 있다. 일반적으로는 경제적 능력이 취약하고 연로, 연소, 장애 등으로 상황대처능력

1 이 절은 김수현(2008)의 제2부 6장(주거복지정책)을 활용하되 최근 상황을 반영하여 수정·보완했다.

이 부족한 가정의 주거 문제를 해결하기 위한 정부의 지원책을 종합한 것이다.

우리나라에서 근대적인 의미의 주거복지정책이 처음 시행된 것은 1989년 25만 호의 영구임대주택을 건립하기 시작한 때부터라고 볼 수 있다. 이때 처음으로 소득계층별 정책 목표가 정해졌고, 시장에서 주거 문제를 해결하기 어려운 계층에 대해 국가가 직접 임대주택을 저렴하게 공급하기로 했기 때문이다. 이는 이후 주거복지정책의 기본 틀로 자리 잡았고, 지금까지도 그 기조가 유지되고 있다. 우리나라에서 논의되고 있는 주거복지정책의 수단은 크게 1) 공공임대주택 공급, 2) 임대료 보조를 통한 일반 주택 시장에서의 구매력 지원, 3) 노숙인 등 취약계층에 대한 주거 지원, 4) 주거환경 개선 등으로 구성된다. 각각의 성격과 상황을 정리해 보면 다음과 같다.

• 공공임대주택 공급

공공임대주택(public rental housing)은 '정부 또는 공공기관이 비영리의 임대 목적으로 소유·관리·운영하는 주택'을 말한다. 나라에 따라서는 민간 비영리 법인 소유의 주택이 공공성 높은 방식으로 운영되는 제3의 유형도 있기는 하다.

누구 소유든 공공임대주택은 시장 논리가 아니라 공공성의 논리가 크게 작용하는 주택이다. 주택건설비 자체에 이미 정부의 보조가 들어가 있기에 원가가 낮은 편이며 임대료도 정부가 정책적으로 결정한다. 따라서 시장임대료에 비해서는 낮은 가격으로 임대할 수 있으며 장기 거주가 보장된다. 또한 집값이나 민간임대료가 오르더라도 공공임대주택은 낮은 임대료를 유지할 수 있기 때문에 시장대응력이 낮은 취약계층에게 중요한 주거안전망이다. 나아가 공공임대주택이 풍부한 물량을 가지고 낮은 임대료를 유지할 경우, 민간임대시장의 가격상승 압력을

〈표 7-1〉 국가별 주택점유형태 분포 (단위: %)

국가명	자가			민간임대			공공임대			비고
	1980	2000	2008	1980	2000	2008	1980	2000	2008	
오스트리아	52	52	56	26	18	17	17	23	23	
벨기에	59	68	68	33	25	24	5	7	7	
덴마크	56	59	53	29	20	19	14	19	19	자가에 협동조합 소유 포함
핀란드	63	64	66	18	20	15	12	16	16	
프랑스	47	55	57	26	24	22	15	18	17	
독일	37	44	43	44	48	52	18	8	5	2000년까지는 서독
그리스	70	74	–	27	20	–	0	0	0	
아일랜드	76	–	–	12	12	–	12	9	–	
이탈리아	59	71	69	29	13	15	7	6	4	
룩셈부르크	60	70	70	36	26	29	–	–	–	
네덜란드	42	53	58	24	11	10	34	36	32	
포르투갈	52	75	–	26	17	–	13	4	–	
스페인	73	84	85	21	10	13	–	1	–	
스웨덴	58	53	56	22	28	27	20	19	17	자가에 협동조합 소유 포함
영국	58	69	69	11	10	11	31	21	20	
EU-15 평균	57.5	63.6	62.5	25.6	20.2	21.2	15.2	15.1	14.5	미확인 수치는 생략
스위스	34	34	–	60	–	–	3	–	–	EU 가입국 아님
미국	65	67	67	32	30	30	1	1	1	
일본	62	61	61	32	30	31	6	7	6	
한국	58.6	53.3	54.2	39.4	42.0	38.9	0	1.0	4.2	인구주택총조사를 재계산, 2008년은 2010년 조사 활용

주: 기타 점유형태는 생략했기 때문에 각 국가별 합이 100이 되지 않을 수도 있다.
자료: 유럽 국가는 Dol and Haffner(2010), 한국은 통계청, 그 외 국가는 김수현(2009) 재구성.

억제할 수 있는 시장조절기능도 가진다. 이런 이유로 유럽 복지국가들은 공공임대주택을 복지국가의 상징처럼 생각해 왔다. 한때 공급대상을 저소득층뿐만 아니라 중산층 이상까지 확대하는 보편적이고 대중적인 주거 수단으로 발전하기도 했다. 물론 1970년대 이후 선진국들의 공공임대주택은 대개 정체되거나 후퇴하는 경향을 나타내고 있지만, 그래도 이들은 국민 주거안정의 든든한 발판이 되고 있다(〈표 7-1〉 참조).

우리나라에서도 공공임대주택은 가장 중요할 뿐만 아니라, 당장 활용할 수 있다는 차원에서는 거의 유일한 주거복지정책 수단이라고 해도 과언이 아니다. 따라서 그 역사와 전개과정, 쟁점 등은 다음 절에서 자세히 살펴보도록 하겠다.

• 임대료 보조

공공임대주택이 공급자 중심 정책이라면 임대료 보조는 수요자의 선택권을 존중하는 정책이다. 공공이 직접 건설하고 관리할 필요가 없으며, 가장 적합한 주택을 수요자가 고를 수 있다는 장점이 있다. 또한 보조받은 임대료를 이용해 주거의 상향 이동을 추구하므로 우량 주택 공급이 확대될 수 있다. 이 때문에 일찍부터 주거복지정책을 펼쳐 온 대부분의 선진국들은 공공임대주택 재고가 일정 수준을 넘어선 이후에는 임대료 보조 제도를 시행하고 있다.

임대료 보조 제도는 소득 중 주거비로 지출되는 액수가 일정 비율을 넘어설 경우 그만큼을 보조한다는 개념에 입각해 있다. 예를 들어 한 가정이 최저 주거 수준을 유지하는 데 소득의 30% 이상이 들어간다면 소득을 넘어서는 부분에 대해 정부가 보조하는 것이다. 이때 과다한 수준의 주택에 살면서 임대료 지원을 요구하는 경우를 방지하기 위해 적정 주거 수준과 적정 임대료 수준을 행정 당국이 평가해 지원액을 결정한다. 아울러 이 지원금을 다른 용도로 사용할 수 없도록 바우처 방식을 사용하는 경우가 많다.

우리나라 주택시장, 특히 민간임대시장의 상황을 감안하면 임대료 보조 제도를 도입해야 할 필요성은 충분하다. 무엇보다 대도시 지역의 단독주택, 다가구주택 등에서 월세로 생활하는 고부담 저소득층에게 임대료 지원이 절실하다. 이들 중 상당수는 공공임대주택 입주 자격을 갖추고 있지만, 물량이 너무 적어서 기회가 돌아오지 않거나 그마저도 임대료 부담이 너무 높아서 포기한 경우가 많다. 공공임대주택에 입주한 가구와 입주하지 못한 가구 간의 형평성 문제가 심각한 수준이다.

하지만 이 정책은 몇 가지 조건이 구비되어야 완전한 시행이 가능하다. 우선 저소득층 임대주택 시장은 공급자 우위 시장이 아니어야 한다. 임대료가 불안정하고 수요자가 다양한 주택을 선택할 여지가 없는 상황에서 임대료를 지원하면, 부담을 덜기는커녕 기존 임대료만 올리는 결과를 가져올 수 있기 때문이다. 공공임대주택의 재고가 일정량 확보된 이후 이 제도가 도입된 것도 그러한 상황을 반영했기 때문이다.

다음으로 소득 파악 문제다. 임대료 보조는 기본적으로 소득 중 일정 비율 이상을 주거비에 지출하지 않도록 정부가 지원하는 제도다. 그러나 우리나라는 아직 저소득층의 소득 파악이 매우 불완전한 상태다. 특히 일용직이나 자영자의 경우에는 제대로 된 소득 자료가 별로 없다. 물론 저소득층이 근로소득을 신고하면 그에 상응하는 지원금을 주는 근로장려금이 시행되고 있지만 아직 자영자는 대상에서 빠져 있는 등 소득 파악 수단으로는 미흡하다. 전세 제도 역시 서구적인 의미의 임대료 보조 제도 도입에 제약 요건이다. 전세 제도는 일종의 자산 개념이 있기 때문에 소득 대비 임대료 지원을 기본 틀로 하는 임대료 보조 제도를 적용하기에는 어려움이 있다. 막대한 재원이 소요되는 것도 중요한 고려 사항이다. 공공임대주택 건립에 큰돈이 소요되는 것은 사실이지만, 이는 임대주택이라는 유형적인 자산이 남는 사업이다. 반면 임대료 보조 제도는 사실상 현금을 지원하는 사업이기 때문에 재원 부담이 지속적으로 생길 뿐 아니라 날로 늘어나는 경향이 있다.

그러나 박근혜 정부는 주택바우처 도입을 서두르고 있다. 선거 공약에서는 시기를 정하지 않고 방향만 제시한 수준이었지만, 인수위를 거치면서 조기 시행으로 방향을 잡게 되었다. 기초생활보장제도를 욕구별 개별급여제도로 개편하면서 주거급여도 독립 시기를 앞당겼기 때문이다. 사실 생계, 교육, 의료, 주거 등 욕구별 급여체계의 도입은 공공부조제도의 발전방향과 부합한다. 그러나 주거급여를 기초생활보장제도에서 분리하는 것과 이를 차상위 계층에게까지 확대하는 것은 다른 차원이다. 단순히 재정이 더 많이 소요되는 양적인 문제에 그치지 않고, 대상과 방법을 어떻게 설계하는가에 따라 주거복지정책의 기본 틀이 달라지기 마련이다. 더구나 임대료 보조 제도를 본격적으로 시행하기에는 인프라가 불충분하기 때문에 바우처 제도의 설계와 시행 방안을 마련하는 데는 신중을 기할 필요가 있다.

• 비주택 거주자 등 취약계층 주거 지원

노숙인 등 취약계층의 주거 문제는 주거복지정책이 가장 기본적으로 챙겨야 할 영역이다. 이들에게서 주거와 복지 문제가 가장 첨예하게 드러나기 때문이다. 그렇다면 사람들은 왜 노숙을 하게 될까? 외환위기 직후 전국적으로 노숙자가 급증할 무렵 '실직 노숙자'라는 말이 널리 쓰인 적이 있다. 그러나 실직이 노숙으로 직결되는 것은 아니다. 노숙하는 상황은 어느 날 갑자기 찾아오는 것이 아니라 수십 년간, 어쩌면 전 생애에 걸쳐 노숙의 위험이 증폭되어 온 결과라 해도 과언이 아니다. 성장기의 빈곤, 가족해체, 낮은 교육 및 기능 수준, 일반적인 사회생활 및 가족 형성 경험의 부재, 취약한 건강, 불안정한 심리, 실업 또는 불안정한 직업활동, 취약한 위기대처능력 등이 복합적으로 영향을 끼치는 가운데 최소한의 주거비용도 감당할 수 없기 때문에 노숙을 하게 되는 것이다.

따라서 가족해체, 실업, 건강 악화, 주거 상실을 노숙인이 되는 네 가지 핵심 요인이라고 할 수 있는데, 노숙에서 탈피하기 위해서는 이 네 가지 요인에 대한 대책이 함께 이루어져야 한다. 그런 점에서 쉼터 제공과 같은 현재의 응급보호 중심의 정책은 매우 불안정한 대안이다.

외국에서 시행되고 있는 저렴한 주거의 제공과 지역사회의 지원, 나아가 가족관계 복원 프로그램이 본격적으로 필요한 이유다.

이와 함께 노숙인 발생을 방지하기 위해서라도 저렴한 단신 거주자용 주택의 가치를 인정할 필요가 있다. 하루 단위로 임대료를 계산하는 도심지의 쪽방을 포함해 구시가지의 저렴한 월세방 등은 한계 계층이 거리로 나오지 않고 살아갈 수 있게 지탱해 주는 버팀목이다. 또한 고시원도 저렴한 월세 주택으로서 이들에게 유효한 주거공간이 되고 있다. 그런 점에서 노숙인 문제는 1천 명 내외의 거리 노숙인이나 3천 명 내외의 쉼터 입소자에 그치는 것이 아니다. 1만 명 정도에 이르는 쪽방 거주자, 수만 명에 이를 것으로 추정되는 고시원 생활자 중 생계곤란자, 더 넓게는 저렴한 주택에 월세로 생활하는 수많은 주거 불안정 계층 전체를 아우르는 문제로 인식해야 한다.

이처럼 노숙인 문제와 주택정책은 밀접한 관련이 있다. 저렴하고 안정적인 주거를 확보하는 것은 노숙 방지와 탈출의 필요조건이자 출발점이다. 물론 충분조건으로서 건강 회복, 심리적 안정, 일할 기회 제공, 자존감 회복 등이 병행되어야 하고, 이를 통해 완전한 사회 복귀가 가능할 것이다. 중요한 것은 뉴타운 등 각종 개발 사업으로 저렴한 주택이 갈수록 줄어드는 것이 노숙인 발생의 원인(遠因)이며, 노숙 탈출을 위해서도 저렴한 주거가 필요하다는 점이다. 노숙인들에게 거리가 아닌 '주거'와 그것이 속한 '지역사회'를 제공하는 것은 인권을 보장하는 길이며, 더불어 장기적으로 사회적 비용을 줄이는 방법이다.

• 주거환경개선

이와 함께 자기 힘으로 집이나 주변환경을 개선하기 어려운 경우에는 정부가 지원해야 한다. 낡고 위험한 집은 그 자체로도 방치해서는 안 되지만, 동네 전체의 환경을 더 악화시키는 문제를 안고 있다. 주택은 이른바 외부효과를 가지고 있기 때문에 좋고 나쁜 영향이 확산된다. 개인적으로는 개선할 동기가 적기 때문에(이른바 죄수의 딜레마), 정부가 개입하여 주택이나 지역 개선을 유도할 수밖에 없다.

도시재개발, 뉴타운, 주거환경개선사업 등은 그런 목적으로 도입되었다. 그런데 고도성장 기간 혹은 거품성장 기간 동안 이들 도시재생은 이른바 '시장의 힘'이 주도해 왔다. 정부는 수익성을 뒷받침할 수 있도록 용적률 정도만 올려 줄 뿐 기본적으로 적극적인 개입을 하지 않았다. 그럼에도 2000년대 중반에는 전국적으로 뉴타운 열풍이 불어서 금방이라도 낡은 집을 전부 고층 아파트로 바꿀 수 있을 것 같은 환상에 빠졌던 적이 있다.

하지만 그런 식의 시장 중심 재개발은 더 이상 불가능하다. 부동산 시장 환경이 근본적으로 바뀌면서 사업 자체의 수익성이 크게 떨어졌을 뿐 아니라, 저렴한 주택이 사라짐에 따라 서민 주거 문제가 더 심각해졌기 때문이다. 2012년부터 이른바 출구전략이 시행되면서, 사업을 중단할 곳과 계속할 곳을 나누는 작업이 진행되고 있다. 또한 기존의 철거일변도 사업이 아니라 지역 특성에 맞게 개량하거나 인프라를 보완하는 방식이 적극적으로 논의되는 중이다. 모두 정부가 재정을 들여 지역을 '재생'하는 차원에서 개입하는 것을 기본으로 하는 방식들이다.

이처럼 도시에서 큰 지역을 대상으로 하는 도시재생도 방향전환이 필요하지만, 농촌 지역이나 소규모 지역의 경우에도 특별한 지원이 필요하다. 이와 관련된 사업은 1989년부터 시행된 주거환경개선사업과 외환위기 이후 사회적 일자리 차원에서 활성화된 집수리사업 등이 있으며, 노인 및 장애인 주거 지원 개념이 도입되어 주거편의시설 개선을 위한 소규모 사업들이 진행된 바 있다. 주거환경개선사업에 따라 무허가 건물의 비율이 감소하고 안전 구조 건축물과 수세식 화장실의 비율이 증가했으며 접근 도로가 개선되어 이에 대한 주민 만족도도 비교적 높은 편이다. 이러한 성과를 바탕으로 이것은 현재 2단계 사업으로 확장되어 시행되고 있다.

그러나 이 사업은 사업 추진 속도가 느리며, 환경은 개선되었지만 과밀하게 개발되고, 세입자 대책이 불충분하며, 철거 개발 방식의 경우 재정착률이 여전히 낮다는 문제점이 있다. 또한 집수리사업 등은 시행할 필요성이 있지만 사업 실적 자체가 적고, 적은 비용이 지원되어 충분한 개선 효과를 거두기 어렵다는 문제점이 지적된다. 사회적으로 잘 부각되지 않는 과제이지만 정부가 정책으로 지속적인 관심을 가지고 투자할 필요가 있다.

주거복지정책의 목표

주거복지정책은 그 자체로 완결적인 정책 영역이 아니다. 〈그림 7-1〉에서 보는 바와 같이 일반적 주거복지정책인 공공임대주택, 임대료 보조 등은 주택가격 상승, 임대료 상승, 저렴주택의 재고 감소와 같은 외부환경 변화에 따라 '고립된 섬'처럼 전락할 수 있다. 물론 그림에서 열거한 주거복지정책이 제대로 구축되고 원활히 작동한다면 일종의 안전

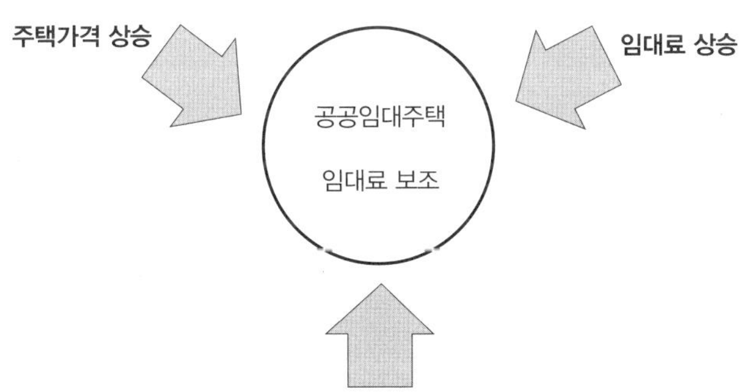

〈그림 7-1〉 주거복지정책과 주택시장 환경

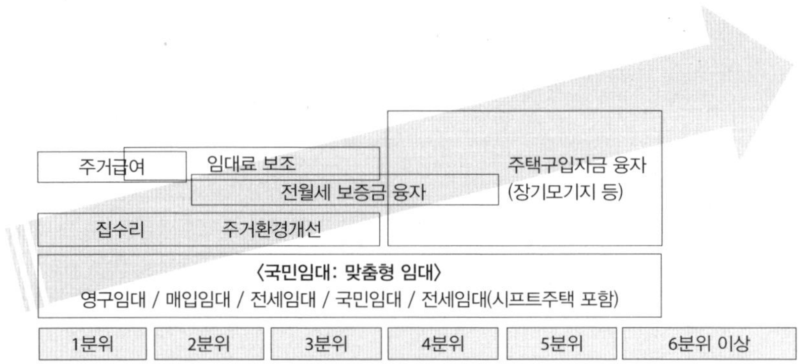

〈그림 7-2〉 주거복지 프로그램의 단계적 연계

지대를 형성하는 것이 사실이지만, 외부환경이 좋지 못한 경우에는 주거의 상향이동이 원천적으로 차단되고 만다. 소득향상이 가능하더라도 주거복지 프로그램으로부터 벗어날 가능성이 낮아지는 것이다. 이는 실제로 기초생활수급에서 탈피하더라도 비싼 주거비 때문에 영구임대주택에서 벗어날 수 없는 최근 상황에서도 여실히 확인할 수 있다. 또한 정부의 막대한 재정투입이 시장기능과 연속성을 이루지 못하는 결과가 될 수도 있다.

따라서 주거복지정책은 〈그림 7-2〉에 보는 바와 같이, 전체 주택시장의 틀 안에서 다양한 정책 패키지의 조합과 함께 주거의 상향이동이 가능하도록 설계되어야 한다. 생애주기와 소득수준에 따라 다양한 정책 패키지를 선택할 수 있어야 하고, 주택시장 자체가 거품 없이 안정적이어야 하는 것이다. 공공 부문의 책임과 주택시장의 활력을 함께 활용하는 종합적인 정책을 구상해야 한다.

그런 점에서 주거복지정책의 개별 프로그램들을 하나씩 확대 또는 발전시키는 것이 아니라 전체적인 역할분담과 조화를 생각해야 한다. 예를 들어, 공공임대주택과 임대료 보조는 지원 대상이 겹친다. 누구에게 어떤 유형의 프로그램을 제공할 것인가는 자원의 효율적 배분과 체감 효과를 높이는 데 있어 중요하다. 또 도시재생은 저렴주택을 보호하는 한편, 공공임대주택을 확대하는 방향으로 이루어져야 한다. 임대료 보조에 엄청난 현금성 지원을 하는 동시에 정부가 저렴주택의 재고를 없애는 정책을 확대할 경우 정부 재정이 엉뚱한 사람들의 손에 들어가는 결과를 초래할 수도 있기 때문이다.

이런 점을 감안할 때, 주거복지정책은 '모든 가구가 자신들의 필요와 생애계획에 맞춘 주거를 마련할 수 있는 사회'를 목표로 한다고 할 수 있다. 내 집을 가질 수 있다면 좋겠지만, 그러지 않더라도 공공임대든 민간임대든 어떤 주거유형으로도 안정적이고 편안히 살아갈 수 있어야 한다. 아울러 생애단계에 따라 주거의 상향이동이 쉽게 일어날 수 있도록 다양한 지원책이 필요하다. 사회 초년생이 쉽게 독립할 수 있도록 전월세 보증금을 저리로 융자하고, 결혼 후 자녀가 생기면 공공임대주택 공급이나 주택구입을 지원해야 한다. 아이들이 성장함에 따라 큰 집으로 쉽게 옮길 수 있어야 하고, 은퇴 연령 이후에는 작은 집으로 옮기거나 주택연금으로 생활할 수도 있어야 한다. 즉, 주거이동이 손쉬운 사회를 말한다.

이와 함께 주거복지정책은 적절한 주거를 국민의 권리로 받아들이는 사회를 이루는 방향으로 발전해야 한다. 1948년 세계인권선언에서부터 주거는 보편적 권리로 인정받고 있다. 1991년 유엔 사회인권위원회는 '적절한 주거에 대한 권리(The Right to Adequate Housing)'라는 제목의 일반논평(General Comment 4)을 통해 주거권의 내용을 체계적으로 정리한 바 있다. 우리 헌법이나 주택법 역시 국가가 국민의 주거 문제를 적극적으로 해결해야 한다는 점을 명시하고 있다. 주거복지정책은 바로 이러한 주거권을 실현하기 위한 국가 혹은 정부의 직접적인 정책 수단이기도 하다.

3. 우리나라 공공임대주택정책의 성격

공공임대주택정책의 전개 과정

우리나라에서 국제적인 기준의 공공임대주택이 공급되기 시작한 것은 1989년 '영구임대주택'이 처음이다. 당시 집값이 급등하고 전월세 보증금 인상이 사회문제로 대두되면서 생활보호대상(거택보호) 가구 수와 유사한 25만 호 공급을 목표로 시작되었다. 이 프로그램은 곧이어 그 무렵 심각한 사회갈등 요인이었던 합동재개발사업의 세입자 대책(재개발임대주택)으로 확대(1991)된다. 그러나 집값이 안정되는 추세와 함께 영구임대주택은 1993년 19만 호 착공을 끝으로 종료되고, 재개발임대주택만 계속된다. 물론 생활보호대상자보다 상위 계층을 대상으로 '50년 임대주택'이 도입되기는 했으나 그 물량은 1997년까지 5만여 호에 그침으로써 전반적으로 정책이 후퇴했다는 평가를 받은 바 있다(김종림 외, 2007).

공공임대주택정책이 본격적으로 재개된 것은 영구임대주택정책이 종료된 지 5년 뒤인 1998년의 일이다. 외환위기 이후 이른바 서민생활 보호 차원에서 '국민임대주택'이라는 이름으로 재개된다. 처음에는 5만 호 건립을 목표로 했는데, 2002년에는 10년간 100만 호 건설로 목표를 상향 조정하였다.

이후 노무현 정부에 들어서면서 국민임대주택특별법을 제정(2003)하는 한편, 기존 다세대·다가구 주택을 매입하여 낮은 임대료로 운영하는 '매입임대주택', 기존 주택을 전세로 임대한 다음 역시 낮은 임대료로 재임대하는 '전세임대주택' 등 다양한 방식의 공공임대주택을 공급하게 된다. 또한 공공임대주택 건립을 정부 정책의 최우선순위에 놓으면서, 대통령 스스로 공공임대주택과 관련한 행사에 여러 차례 참석해서 사업을 독려하고 격려하기도 했다. 집값 문제로 빛이 바래기는 했

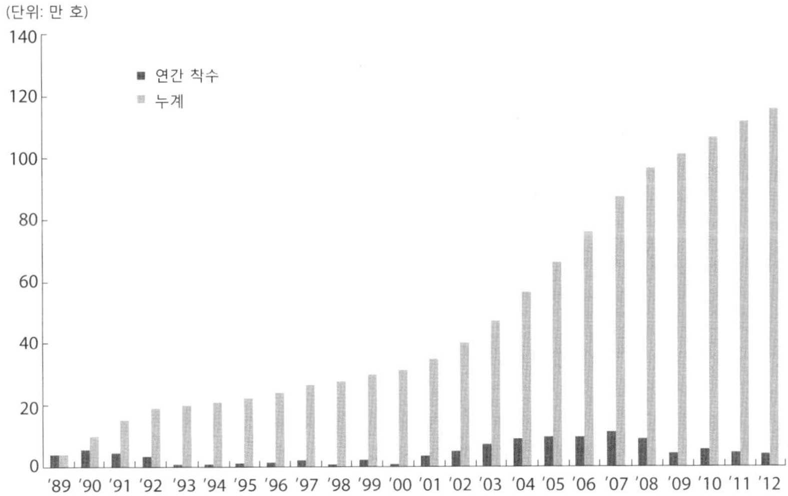

〈그림 7-3〉 공공임대주택 건립 추이

자료: 국토교통 통계누리(stat.molit.go.kr/portal)에서 재구성.

지만, 노무현 정부는 역대 정부 중에서 가장 많은 양의 공공임대주택을 공급하였다.

그 뒤 이명박 정부는 임대물량은 줄이고 중소형 분양을 늘리는 쪽으로 정책방향을 전환한다. 이른바 보금자리 주택정책이었다. 그 결과 전국적으로는 노무현 정부 당시의 공급물량의 절반 수준에 그치고 만다. 반면 서울시는 2007년부터 국민임대주택 프로그램과는 별개로 장기전세주택인 시프트 주택을 공급하기 시작했고, 2011년 보궐선거로 당선된 박원순 시장은 공공임대주택 공급목표량을 전임자보다 더 늘리기도 했다.

그리고 2013년 초 출범한 박근혜 정부는 연간 공급목표량을 11만 호로 늘리고 그중 4만 호는 매입임대주택 방식으로 확보하기로 한다. 주택정책의 기조도 주택바우처 제도를 도입하기로 하는 등 전반적으로 주거복지 중심으로 전환된다. 이명박 정부보다 오히려 노무현 정부와 유사한 공공임대주택정책을 추진하고 있다고 할 수 있다.

이런 과정을 거치면서 우리나라는 2012년 말 현재 약 85만 호(서울 약 20만 호)의 공공임대주택 재고를 가지고 있으며, 전체 가구의 5.1%(서울 6.0%)가 공공임대주택에서 생활하고 있다. 물량 기준으로 세계 7위가 될 정도로 나름의 성취를 이루었다. 더구나 사업 승인을 받고 공사 중인 물량까지 포함하면 약 116만 호(전체 가구의 6.5%)로 추정되어, 이들이 모두 건립되면 일본과 비슷한 재고 수준에 이를 정도로 발전했다.

우리나라 공공임대주택의 배경

우리나라의 경제수준을 감안하면 주거복지정책의 출발은 매우 늦었다. 그 출발점이라고 할 수 있는 영구임대주택 공급은 1989년에야 겨우 시작되었다. 당시 우리나라의 1인당 국민소득은 5천 달러를 넘어선 상태였다. 선진국에서는 이미 1970년대 중반에 비슷한 소득수준을 달성한 바 있는데, 이 무렵 공공임대주택 재고는 영국 28%(1971), 네덜란드 39%(1975), 프랑스 13%(1978), 일본도 7%(1978) 수준에 이를 정도였다. 물론 각국의 주택시장 상황이 다르기 때문에 이를 단순 비교할 수는 없지만, 한국의 경제성장 속도나 대도시의 심각한 주거 사정을 감안하면 이상할 정도로 늦었던 것은 분명하다.

이렇게 주거복지정책이 늦어진 가장 큰 이유는 1980년대까지 광범위하게 분포했던 무허가 정착지가 일종의 저렴주택 공급원이 되었기 때문이다. 따라서 공공임대주택 공급의 일차적인 이유는 이들 무허가 정착지가 사라진 데 따른 대체 주택이 필요했기 때문이다. 그러나 이것만으로는 이후의 공공임대주택 확대 과정을 충분히 설명할 수는 없는데, 여기에는 부동산 가격 상승에 따른 정치적 위기 해소 측면과 외환위기 이후 복지 확대 과정과 연계된 지점이 있다. 이를 각각 살펴보도록 한다.

• 저렴주택을 대체하는 주택

우리나라에는 1980년대 초까지 무허가 정착지가 비교적 많이 분포하고 있었다. 특히 주택 문제가 가장 심각했던 서울에는 204개의 크고 작은 무허가 정착지(재개발구역)가 분포했고, 이는 정부의 묵인 아래 저소득층에게 유용한 주거공간 역할을 하고 있었다. 1983년 현재 무허가 정착지에는 모두 8만 4,818동의 주택이 있었는데, 당시 서울시 주택의 8.7%, 인구로는 약 13%에 해당하는 수준이었다(김수현, 1996: 99). 그러나 1980년대 들어 서울시에서 빈 땅이 사실상 사라지자 중산층용 주택 공급 차원에서 무허가 정착지를 고층 아파트로 개발하는 재개발사업(합동재개발)이 시작된다. 이때 무허가 주택을 소유한 가옥주는 새 아파트에 입주할 수 있는 권리를 다른 사람에게 파는 방법으로 경제적 보상을 받았지만, 세입자들은 법정 보상금만으로 대체 주거를 찾기란 불가능했다.

이런 상황에서 1983년부터 1989년까지, 67개의 재개발구역이 철거되면서 15만 명이 비자발적으로 이주하게 된다(김수현, 1996: 99에서 재계산). 이와 같은 저렴주택 감소는 저소득층의 주거비를 갑작스럽게 올려놓게 되는데, 특히 1980년대 후반의 전·월세금 상승과 동시에 이루어지면서 문제의 심각성을 더하게 된다. 이에 재개발지역 세입자들은 공공임대주택 등 주거대책을 요구하는 격렬한 투쟁을 벌였는데, 1987년 베를린에서 개최된 HIC(Habitat International Coalition) 총회에서 한국은 남아공과 함께 가장 비인간적인 철거를 하는 나라로 지목될 정도였다(ACHR, 1991).

따라서 1989년 영구임대주택을 공급하게 된 가장 직접적인 이유는 그동안 저렴주택 기능을 해왔던 무허가 정착지가 사라진 데 따른 대체주거가 필요했기 때문이다. 이것은 더 나아가 1990년부터 재개발구역에서 신축되는 주택의 17%를 공공임대주택(재개발임대주택)으로 공급하도록 하는 것으로 제도화된다. 이 정책은 지금도 계속되고 있는데, 2011년에는 공급 비율을 20%로 높이기도 했다.

• 정치적 정당화 수단

우리나라에서 그동안 주택가격이나 임대료 상승은 곧 정치적 불안정을 의미했다. 만성적인 주택 부족 상황에서 가격 상승은 바로 정치적 불만으로 이어졌기 때문이다. 이에 역대 정부들은 가격 상승 국면에는 어떻게든 가격을 안정시키기 위한 정책을 펼치곤 했다. 대대적인 공급정책이나 강력한 부동산 세제를 통한 투기억제책은 일반적인 패키지였다(국정브리핑 특별기획팀, 2007). 특히 공공임대주택은 서민들의 주거생활을 돌본다는 상징적인 의미가 있었기 때문에 1990년대부터는 가격 상승기마다 거창한 확대계획을 발표하게 된다. 공공임대주택이 많이 공급된 노태우 정부, 노무현 정부 기간은 주택가격 역시 가장 많이 올랐던 시기다.

이와 함께 정치적으로 취약한 상황에서는 서민층의 지지 확보 차원에서 공공임대주택정책을 강조하기도 했다. 공공임대주택정책을 처음 도입한 노태우 대통령은 당시 중간평가를 앞둔 상태에서 정치적 지지가 필요했다. 실제로 그는 영구임대주택 25만 호 계획을 발표하면서, 그의 캐치프레이즈였던 '위대한 보통사람들의 시대'를 강조하기도 했다(이영환, 1995). 김대중 정부도 비슷한 성격을 보였다. 외환위기를 극복하기 위해서는 국민적 지지가 필요했는데, 2000년부터 전·월세금이 다시 오르기 시작하자 서민 중심 정책 차원에서 국민임대주택 공급확대를 추진하게 된다(박윤영, 2006).

• 적극적인 복지 확대 차원

위의 두 가지 설명은 기본적으로 한국의 공공임대주택이 일종의 정치·경제적 위기 상황에 대한 대응책으로서 도입 및 확대되었다는 것을 의미한다. 그러나 이와 달리 적극적 복지정책 차원에서 평가해야 할 부분이 있다. 우리나라는 1997년 외환위기와 함께 종전의 소극적 복지정책에서 탈피하기 시작한다. 1998년부터 국민연금, 고용보험, 건강보험 제도를 도입 또는 확대하고, 생활보호제도를 대폭 강화한다. 이에 따라 1997년에는 GDP 대비 복지예산 비중이 3.3% 수준이었지만, 2012년에는 9.5%로 늘어나게 된다(현대경제연구원, 2012). 선별주의적인 속성이 강했던 데서 보편적 복지 성격을 확대하는 방향으로 변하고 있는 것이다(Kwon, 2005). 물론 이런 변화를 통해 기존의 발전주의 복지국가 모델의 틀을 완전히 벗어났다고 할 수는 없지만(Kwon, 2009), 분명 이전과는 다른 변화이며 근대적 복지국가로 이행하는 과정이라고 할 수 있다(Croissant, 2004; Hwang, 2012).

노무현 정부 당시에는 공공임대주택이 전체 주택공급량의 20-30%를 차지할 정도로 늘어났는데, 여기에는 이와 같은 복지확대정책도 관련이 있다. 노무현 대통령은 주거복지가 사회안정의 기초라는 점을 강조하면서, 공공임대주택 확대를 정권 초기부터 중요 국정과제로 수립하게 된다. 그 결과 국민임대주택 공급물량을 역대 정부 중 가장 높은 수준인 연간 10만 호로 높이면서 공급 방식도 다양해졌다.

2012년 대선에서도 복지 확대는 정치적 이슈가 되었다. 양대 후보는 서로 정책을 비판하기는 했으나, 기본적으로는 복지 확대와 복지국가 건설이라는 기조를 공유하는 가운데 경쟁했다(한국경제신문, 2012. 12. 11). 새누리당과 민주당의 주택정책은 모두 주거복지가 핵심 목표였다는 평가를 받았다(한국경제TV, 2012. 11. 13). 이에 따라 양당 모두 공공임대주택 확대정책을 내놓았다. 연간 목표치도 비슷하게 각각 11만 호와

12만 호였으며, 그 달성 목표도 전체 가구의 10% 수준이었다.

우리나라 공공임대주택의 성격

한국의 공공임대주택은 정부별로 정책기조가 조금씩 달라졌기 때문에 비교적 짧은 역사에도 불구하고 다양한 종류의 프로그램이 있다. 입주자격이나 임대료, 거주기간 등이 프로그램별로 차이가 있는데, 대체로 중위소득 이하(즉 5분위 이하)를 대상으로 한다. 그러나 실제 입주자 소득 조사결과를 분석해 보면 3분위 이하가 80.6%를 차지하는 등 저소득층 위주로 입주해 있음을 알 수 있다(김수현, 2010). 이는 유럽국가들, 그 중에서도 빈곤층 밀집도가 높다고 하는 영국(62%)보다도 저소득층 집중도가 높은 수준이다(Heijden, 2002: 334). 특히 처음으로 도입된 프로그램인 영구임대주택의 경우 입주자의 83.3%가 과거 또는 현재 정부의 생활보호대상자다(박신영 외, 2009). 또한 가구주의 평균 연령이 57.9세로 매우 고령화되어 있고, 장애인이 1명 이상인 가구는 33%나 되었다(건설교통부, 2005). 입주자의 주거이동률도 5% 정도로 전국적인 평균 주민등록 이전율인 20% 내외와 비교하면 이동성도 크게 떨어진다(박신영 외, 2009). 따라서 영구임대주택은 일반적인 의미의 주거지라기보다 아파트 단지 전체가 복지시설에 가깝다고 표현할 수 있다. 이런 이유로 영구임대주택은 일반 주거지와의 단절과 격리가 중요한 문제로 대두되어 있다.

영구임대주택의 이러한 문제 때문에 이후에 시작된 공공임대주택 프로그램은 사회적 혼합(social mix)에 보다 신경을 많이 쓰고, 특히 소득 5분위 계층까지 입주대상으로 확대한 바 있다. 하지만 실제 입주계층은 위에서 살펴본 바와 같이 여전히 저소득층이 주를 이루었다. 이는 공공임대주택 재고가 부족한 상황에서 실제 입주자는 복지수요가 높은 계층(즉, 빈곤, 노령, 장애 등) 중심으로 선발되기 때문이다. 부족한 사회적 자원을 가난한 계층에게 우선적으로 지원해야 한다는 일종의 사회적 우선순위가 작동한 결과라고 할 수 있다.

또 한국의 공공임대주택은 신속한 공급을 위해 대개 도시 외곽의 공공택지에 대단지로 건립되는 경향이 있다. 저소득층이 밀집 거주한다고 설명한 영구임대주택은 단지당 평균 1,086호 규모다(박신영 외, 2009: 16). 또 최근 건립하고 있는 국민임대주택도 평균 668호에 이른다(이종권·최은희·김수진, 2008: 44). 이 때문에 상위계층이 입주하는 국민임대주택의 경우에도 주변과 뚜렷이 구별되는 대단지로 조성됨으로써 일반주택과의 심리적 단절 문제가 발생할 수 있다.

이러한 문제를 극복하기 위해 2003년부터 기존 시가지의 주택을 매입하거나 임차하여 임대주택으로 활용하는 사업이 시작된 바 있다. 이들 프로그램은 기존 생활권에서 공공임대주택을 제공할 수 있고, 일반주택과 구별되지 않기 때문에 사회적 낙인의 우려가 적다는 평가를 받고 있다(국토해양부, 2011). 그러나 이 경우는 공공임대주택 확보에 소요되는 예산이 외곽의 택지개발지구에 비해 많이 들고 관리가 어렵다는 문제점이 있다(박신영 외, 2009).

국내적으로 보면, 공공임대주택정책은 그동안 양적·질적으로 빠르게 발전해 왔다. 입주자들의 만족도가 높고(LH 공사, 2012), 주변 시민들의 거부감도 낮은 편이다(김영민·신소영·김익환, 2012). 그러나 국제적인 기준에서 보면 우리나라 공공임대주택은 할로이(Harloe, 1995)가 분류한 저소득층 중심의 전형적인 잔여적 모델(residual model)에 속한다고 할 수 있다. 적은 공급량에 빈곤층 중심으로 입주하고 있으며, 재개발사업에 따른 대체주택의 성격도 가지고 있고, 특히 영구임대주택은 이미 사회적 격리현상마저 보이고 있기 때문이다. 또한 공공임대주택의 낮은 임대료에도 불구하고 민간시장의 상황을 변화시키지 못하고 있으며, 전체 임대시장 안에서는 단절된 시장이라는 점에서 케메니(Kemeny,

1995; 2006)가 설명하는 이중임대시장(dualist rental market system)의 전형적인 사례다.

4. 현 단계 주거복지정책의 과제[2]

비록 시작은 늦었지만 우리나라의 주거복지정책은 지속적으로 발전해 왔다. 공공임대주택정책은 정치·경제적 변수에 따라 부침이 있기는 했지만, 계속 확대되어 적어도 현재 개발도상국가 중에서는 가장 앞서가고 있다고 할 수 있다. 또한 임대료 보조 제도나 집수리사업 지원 등 다양한 주거복지 프로그램이 운용 중이거나 시행을 앞두고 있다. 시민사회, 정당, 정부 모두 주거복지 확대에 대해서는 일정한 사회적 합의에 이르기도 했다. 하지만 주거복지정책이 양적으로나 질적으로 더 발전하기 위해서는 몇 가지 사항에 대한 재점검이 필요하다. 그 과제를 1) 공공임대주택에 대한 정책 목표의 명확화, 2) 민간임대시장에 대한 주거복지 차원의 접근, 3) 내실 있는 임대료 지원 제도의 도입, 4) 저렴한 주택을 보호할 수 있는 주거재생, 5) 고령자 주거의 유동화와 청년층 구매력 지원, 6) 주거복지 프로그램의 종합적인 연계와 효과적인 관리 등 여섯 가지로 정리해 보았다.

공공임대주택에 대한 정책 목표의 명확화

공공임대주택이 유용한 것은 분명하지만 공급량을 늘리기가 쉽지 않다. 더구나 이미 선진국들은 공공임대주택을 줄이기 시작한 시점에 사업에 착수함으로써 너무 높은 땅값, 나아가 아예 구하기 어려운 땅으로

2 이 절은 김수현(2013b)을 보완했다.

인해 사업이 결코 쉽지 않다. 그렇다면 어떻게 늘릴 것이며, 어느 정도 확보하면 좋을 것인가?

사실 공공임대주택 물량 목표로 거론되고 있는 10%와 20% 모두 과학적 근거는 없다. 그러면 현재 짓고 있는 물량까지 합해 6.5% 수준인 우리나라에서 도대체 어느 정도를 목표로 하는 것이 바람직할까? 많을수록 좋은 것일까? 몇 가지 분석적인 수치가 있다. 건설교통부, 국토연구원 등의 연구결과에 따르면 국민임대주택을 필요로 하는 가구 수는 90-150만 호라고 한다(강미나, 2007; 진정수 외, 2005). 분석 방법마다 차이가 있지만 대체로 전체 가구의 10-15%에 해당하는 수치다. 이들 분석은 기본적으로 4분위 이하 서민층 중에서 임대주택을 원하거나 현재 최저주거기준에 못 미치는 가구를 수요계층으로 간주하는 방법이다.

그런데 이런 분석 방법은 한계가 있다. 공급지역, 입주계층, 공급방식의 다양성이 제대로 고려되지 않았기 때문이다. 우선, 공공임대주택은 지역별로 요구 사항이 상당한 편차를 보인다. 예를 들면 주택보급률이 110% 가까이 되는 지방도시에서는 비록 빈곤층이 주거 문제를 겪고 있다 하더라도 이를 신규 공공임대주택으로 해결하기보다는 기존 주택을 수리하여 임대주택으로 제공하는 것이 더 효과적일 수 있다. 이와 함께 대도시 지역에서도 주거 문제를 겪는 모든 가정이 반드시 공공임대주택으로 문제를 해결해야 하는 것은 아니다. 단신 가구라면 새로 짓는 아파트에 입주하기보다 기존 주택의 방 한 칸을 이용하는 것이 사회적 자원배분이라는 점에서 더 효율적이기 때문이다.

또한 공공이 직접 땅을 구해서 새로 짓는 주택만 공공임대주택이라고 생각할 필요는 없다. 다세대·다가구 매입임대주택은 기존 주택을 활용한 공공임대주택이다. 또 공공이 독채를 전세 내어 싼값에 재임대하는 전세(재)임대주택도 있다. 나아가 민간주택과 계약을 맺고 일정 가격 이하로 임대할 경우 지원하는 계약임대주택(준공공임대주택) 방식도 있는데, 이는 독일식 사회주택(social housing) 개념이다. 일본에서는 민간토지를 활용하여 공공이 주택을 건립한 후 임대주택으로 이용한 다음 일정 기간이 지난 다음 돌려주는 방식도 있다. 즉, 지역 여건과 가구 특성을 감안하여 다양한 방식으로 공공임대주택을 늘릴 수 있는 것이다.

이런 점들을 고려한다면, 공공임대주택을 지역별·계층별·유형별로 세분화해서 공급 목표를 정해야 한다. 직관적인 구상이지만 다음과 같은 방법을 제안해 볼 수 있다. 전체적으로는 2020년 무렵까지 전체 가구의 10%가 살 수 있는 공공임대주택을 확보한다는 목표를 세우고, 그 이상 늘리는 문제에 대해서는 새로운 사회적 합의를 거치는 방법이다. 또한 10%를 달성하는 데도 민간 부문의 주택재고나 토지를 활용하는 매입임대주택, 전세(재)임대주택, 계약임대주택 등을 적극적으로 적용할 필요가 있다. 각각 입주대상자를 특성화하고 운영 방식도 다원화하는 것이 중요하다. 특히 지방 중소도시의 경우 직접 건설하는 것보다는 민간 부문 재고의 재활용을 원칙으로 한다. 일부 지역의 경우 공공임대주택 신축을 중단하거나, 더 나아가 매각을 통해 구조 조정할 필요도 있다. 대신 주택 문제가 심각한 지역에 더 많이 확보하도록 한다.

이와 함께 재정 문제에 대한 근본적인 해법도 필요하다. 사실 그동안 우리나라는 공공임대주택 건설에 필요한 재원을 비상식적으로 적게 지출해 왔다. 연도에 따라 다르기는 하지만 매년 10만 호를 공급할 때도 연간 1조 원 내외의 중앙정부 재정만 지출한 것이다. 실제로는 10조 원 이상이 소요되는 사업을 어떻게 그렇게 적은 재정으로 해결했던 것일까? 여기에는 사업자인 LH 공사와 SH 공사가 다른 택지개발이나 주택공급 사업을 벌이면서 얻은 수익으로 이른바 내부 교차보조를 하면 된다는 생각이 깔려 있었다. 그러고도 부족한 부분은 사업자가 국민주택기금을 빌려서 해결했다. 그러나 현재 이 두 방식이 모두 한계에 봉착했다. 부동산 경기 침체가 단기간에 그치지 않을 것으로 보이는 상황에서 교차보조는 사실상 불가능하며, 국민주택기금도 이미 상환시점이 도래했기 때문에 주가 대출 여력을 확보하는 것은 쉽지 않은 상황이다.

따라서 이 문제는 원칙적으로 해결할 수밖에 없다. 즉, 정부 재정의 책임을 대폭 높여야 한다. 선진국 어느 나라도 우리 같은 방식으로 공공임대주택을 공급한 사례는 없다. 우리는 고도성장기에 부동산 개발이익을 사업자가 갖는 대신 공공임대주택을 공급했던 특별한 사례다. 이제 과거와 같은 부동산 시장 환경이 다시 돌아오기 어려운 상황에서, 종전의 방식으로 공공임대주택을 계속 공급하는 것은 불가능하다. 더 이상 사업자에게 전가하는 방식이 아니라, 적어도 소요 재원의 절반 정도는 중앙정부 재정으로 해결해야 한다. 정치권도 공공임대주택을 늘리겠다고만 할 것이 아니라, 실제로 늘릴 수 있는 재원과 제도를 마련해야 할 것이다.

민간임대시장에 대한 주거복지 차원의 접근

공공임대주택은 만병통치약이 아니다. 임대시장 연구에서 독보적인 영역을 구축하고 있는 케메니(Kemeny, 1995; 2006)는 공공임대주택의 임대료가 낮고 공급량이 많더라도 그것이 일반 임대시장과 단절된 '빈곤층만을 위한 주택'인 한, 그 나라의 전체적인 주거 사정은 안정될 수 없다고 보았다. 공공임대주택이 민간임대시장과 연속선상에서 운영될 때 전반적인 주거 사정이 안정될 수 있다는 것이다. 그는 이러한 임대시장을 '단일임대시장'으로 부른 반면, 단절된 임대시장을 '이중임대시장'으로 규정했다.

그런 점에서 공공임대주택은 민간임대주택, 나아가 자가 주택과의 일정한 역할분담과 균형 속에서 그 기능을 규정해야 한다. 무엇보다 민간임대차 제도를 근대화시키지 않은 채 진행할 경우에는 공공임대주택에 입주하지 못한 빈곤층이 더 열악한 조건으로 민간임대주택에서 생활하게 될 우려가 있다. 따라서 공공임대를 확충하는 것 외에도 민간임대도 규제와 지원을 통해 안정화시키는 방법을 병행해야 한다.

실제로 선진국에서는 세를 놓는 여유주택은 무조건 임대전용주택으로 등록하도록 하고 있으며, 이 경우에는 세입자의 자동 계약갱신권이 보장되어 있다. 이렇게 계약이 갱신될 때 대부분의 나라들은 일정 수준 이상 임대료를 올리지 못하도록 한다. 더구나 임대료 수준에 불만이 있을 경우 지역별로 설치된 임대료 사정위원회에 조정을 요청할 수도 있다. 그리고 임대용으로 등록된 주택은 임대소득세를 부담하지만, 동시에 정부의 임대주택 관련 지원을 받을 수도 있다. 특히 소득의 30% 이상을 임대료로 지출하는 가정에 대해서는 차액만큼 정부가 지원하는 임대료 보조 제도를 실시하는데, 이는 세놓은 가옥주에게도 도움이 된다. 요컨대 민간임대차시장을 투명화·공식화함으로써 세입자와 가옥주 모두 보호 및 지원 프로그램의 대상이 되는 것이다.

내실 있는 임대료 지원 제도의 도입

박근혜 정부가 구상하는 주택바우처, 즉 임대료 보조 제도의 도입은 분명 주거복지정책사에서 획기적인 진전이자 이정표가 될 것이다. 특히 공공임대주택에 입주할 자격이 있음에도 부족한 물량 때문에 입주하지 못한 가구에 대해서는 형평성 차원에서 당장 필요한 정책이다. 또한 저소득층일수록 전세에서 월세로 그 임대 형태가 빠르게 옮겨 가고 있기 때문에, 월세의 일부를 지원하는 방식은 체감 효과가 높을 것이다. 더구나 우리나라의 기초생활보장제도가 지역별 차이를 반영하고 있지 않기 때문에, 가장 큰 차이를 보이는 주거비를 차등화할 경우 생활보호제도의 실효성을 제고하는 효과도 있다.

그럼에도 불구하고 현재 준비되고 있는 바우처 제도가 너무 성급하게 진행된다는 우려가 있다. 무엇보다 민간임대시장의 대부분이 비공식·비제도화되어 있고, 저소득층의 소득 파악 수준도 낮은 상황에서 '임대료'와 '소득'을 정확히 파악해야 하는 방식으로 제도를 설계할 경우, 관리가 쉽지 않고 이는 더 나아가 제도 자체의 신뢰를 떨어뜨리기 십상이다. 또한 뉴타운, 재개발 문제에 대한 공공적 대안이 아직 자리를 잡지 못한 상태에서 저렴주택의 재고가 지속적으로 줄어든다면, 주택바우처 도입이 오히려 시장왜곡을 일으킬 우려도 있다. 임대료 보조와 같은 현금성 지원은 제도 설계가 잘못되거나 성급하게 시행될 경우에는 교정하는 데 엄청난 사회적 비용을 치를 우려가 있다.

따라서 신중한 단계적 접근이 필요하다. 적어도 2-3년간의 시범사업도 필수적인데, 이 기간 동안 정률제, 정액제 등 다양한 방식의 검토가 이루어져야 한다. 또한 지원 액수도 점진적으로 높여 가되, 지원 우선순위에 대한 집중 검토가 필요하다. 즉, 소득, 임대료, 가구원 수 외에도 가족 형태, 최저주거기준 미달 여부 등 다양한 변수를 함께 고려해야 한다. 그뿐만 아니라 임대차 시장을 투명화하는 것은 이 제도의 성공을 위해 필수적인 병행 과제다. 이와 함께 임대차 등록제와 임대전용주택 개념의 도입, 임대료 인상 상한제 도입 등 선진국에서 이미 오래전부터 시행되고 있는 임대차 관련 제도들을 정착시키려는 노력이 필요하다.

저렴주택을 보호할 수 있는 주거재생

우리나라의 소득 대비 임대료는 다른 선진국에 비해 높은 편은 아니다. 집값은 상대적으로 높은데도 어떻게 이런 일이 가능할까? 여기에는 우리나라의 전세제도가 갖는 특수성의 영향도 있지만, 더 중요한 이유는 우리 특유의 저렴주택이 많기 때문이다. 과거에는 판자촌, 요즘도 다세대·다가구 주택이나 옥탑방, (반)지하방 등이 싼 주거를 제공하고 있다. 물론 이들 주택은 열악하다. 환기가 잘 되지 않거나 볕도 제대로 들지 않는다. 조망권이나 일조권 같은 것은 생각하기도 어렵다. 주차공간뿐만 아니라 아이들이 뛰어놀 장소도 턱없이 부족하다. 그런 만큼 더 나은 주거에 대한 욕구는 커질 수밖에 없다. 계속 이 상태로 갈 수는 없다.

핵심은 주거환경이 열악한 다세대·다가구 주택을 개량하면서도 싼 집을 보호하고 나아가 추가로 확보하는 것이다. 재개발, 재건축, 뉴타운 사업 등에서도 소형주택과 저렴주택을 확보하는 데 중점을 두어야 한다. 실제로 도심지 내에서 공공임대주택을 확보하는 방법으로는 도시재생사업이 중요하다. 물론 이것이 가능하도록 하는 가장 중요한 전제는 공공이 개입하여 재정 지원과 속도 조절을 해야 한다는 것이다. 도시재생의 공공성을 강화함으로써 저렴주택을 보호하는 한편, 추가로 확보될 수 있도록 해야 한다.

고령자 주거의 유동화와 청년층 구매력 지원

우리나라의 노인 빈곤율은 OECD 국가뿐 아니라 전 세계적으로 최고 수준이다. 전 세계가 부러워하는 경제 기적을 이루었음에도, 그 기적의 주역들이 절반 가깝게 빈곤 상황에 놓여 있다는 것은 아이러니가 아닐 수 없다. 이들은 세계에서 가장 긴 시간 동안 노동을 하면서도 소비를 참고 낮은 복지까지 어쩔 수 없는 것으로 받아들였다. 대신 자녀 교육에는 아낌없이 투자하고 내 집 장만을 중산층이 되는 지름길로 여겼다.

집은 노후연금을 대체하는 수단이었으며 가족이 결속력을 유지하는 일종의 담보물이었다. 계속해서 오른 집값은 이러한 믿음을 뒷받침했다. 일본, 홍콩, 싱가포르, 타이완 등 동아시아에서 유독 심한 이러한 현상을 최근에 학자들은 '자산기반 복지시스템(property-based welfare system)'이라고 부른다. 주택이라는 자산이 부실한 공공복지를 대체했으며, 자산을 중심으로 동아시아 특유의 가족주의 복지체제를 강화한 것이다(김수현, 2013a).

그러나 이러한 자산기반 복지시스템은 1997년의 아시아 외환위기와 2008년의 전 세계적인 경제위기를 겪으면서 대부분의 나라에서 그 유효성이 심각한 도전을 받게 되었다. 무엇보다 자산가격의 하락이 예상되기 때문이다. 고령층의 자가소유율이 70%에 달하지만(통계청, 2010) 빈곤율은 45%에 이르는 모순적인 상황에서, 자칫 자가마저 노후복지 수단으로 더 이상 기능하기 어려울 수 있게 된 것이다. 더구나 가족해체가 가속화되면서 자녀가 노후복지를 담보하던 것도 더 이상 기대하기 어렵게 되었다. 그야말로 집만 가진 빈곤 노인이 크게 늘어난 셈이다. 2012년 대선에서 노인 기초연금이나 하우스 푸어 대책이 가장 중요한 이슈로 부각된 이유는 바로 여기에 있다.

이런 상황에서 노인층은 그나마 자신의 주택을 월세로 운영하여 부족한 소득을 보충하려는 경향이 있다. 하지만 이는 다시 청년층(즉, 자녀세대)과 일종의 세대 간 이해관계 충돌을 일으키는 지점이다. 청년층은 불안정한 직장과 낮은 소득으로 인해 갈수록 주택구입이 어려워지면서 역설적으로 노인세대의 주택가격을 더 떨어뜨리게 된다.

따라서 집만 가진 빈곤 노인들의 주택을 어떻게 현금화할 것인가는 그야말로 국가적 현안이 되었다. 주택연금이 그중 유용한 제도로 논의되고 있고, 가입 연령이나 대상을 확대하는 식으로 보완되기도 했다. 하지만 주택연금은 가입자가 늘어날수록 수익률이 더 떨어지는 모순이 있기 때문에 결코 완전한 대안이 될 수는 없다. 아직도 자산을 자녀들에게 물려주어야 한다는 고정관념을 가진 노인세대에게는 심리적으로도 수용하기 쉽지 않다.

그동안 실제 필요에 비해 크고 비싼 집, 즉 자산가치가 높은 집을 선호했다면 이를 다운사이징하는 출구전략이 시급하다. 단독주택이라면 일부를 세놓을 수 있는 구조로 바꾸고, 중·대형 아파트는 리모델링을 통해 2세대 거주주택으로 전환하는 등의 사업이 활성화될 필요가 있다. 이와 함께 청년층의 주택구매력을 어느 정도 유지하는 것도 주택시장의 건전성 차원에서 중요하다. 새로운 구매수요가 따라주지 않는다면 노인세대의 '자산함정' 탈출은 불가능하기 때문이다. 따라서 주택가격에서 거품이 빠져나가는 추세에 맞춰, 청년층의 구매력을 높일 수 있도록 모기지 제도나 세제를 보완할 필요가 있다. 생애최초 주택구입자금 지원이나 취득세 면제 등을 도입하는 것도 그런 이유 때문이다.

주거복지 프로그램의 종합적인 연계와 효과적인 관리

이와 함께 공공임대주택 관리에도 혁신이 필요하다. 먼저, 공공임대주택에 대한 입주 우선순위는 우리 사회가 권장하고 보호해야 될 가족형태에 두는데, 자녀와 부양 노인이 있는 가정이 우선적인 입주자격을 갖는 것이 바람직하다. 물론 장애인이나 한부모가정도 우선순위를 가져야 할 것이다. 대신 단신가구의 경우는 우선순위를 늦출 뿐 아니라 주택 형태와 이용 형태를 달리해서 공급하는 것도 방법이다. 원룸형 공공임대주택은 물론이고 부엌 등을 공유하여 사용하는 그룹홈 형태도 활용할 수 있다.

지나치게 복잡한 공공임대주택 입주자격과 임대료 체계를 전반적으로 조정할 필요가 있다. 현재는 누가, 어느 시기에 공급한 공공임대주택 프로그램인가에 따라서 임대조건이 큰 차이를 보인다. 지역별 임대료 수준의 형평성 문제도 심각하다. 수년 내에 공공임대주택 재고량이 2배 가까이 늘어나는 점을 감안하면, 더 늦기 전에 관리체계의 형평성을 기하지 않으면 안 된다. 민원 등을 이유로 늦추면 늦출수록 제도정비는 불가능하게 될 우려가 있다.

2015년 7월부터 별도로 시행되기 시작한 임대료 보조 제도와 공공임대주택을 연계하는 프로그램 관리가 필요하다. 공공임대라는 대표적인 공급자 보조 정책과 임대료 보조라는 소비자 보조 정책은 각각 관리 주체와 재원이 다르기 때문에 그다지 관계가 없는 정책처럼 오해할 수 있다. 그러나 수혜자의 관점에서 보면 이 둘은 동일한 범위에 놓인 정책이다. 대상자의 욕구와 특성에 따라 가장 효과적이면서, 동시에 재정도 가장 효율적으로 쓸 수 있는 방식의 조합이 필요하다. 더 나아가 도시재생 및 주거환경개선정책도 통합적으로 고려해야 한다. 공간을 개량하는 정책들이지만, 결과적으로 주거비와 주거수준에 영향을 끼치기 때문이다.

따라서 중앙정부에서는 보건복지부와 국토교통부로 나뉘어 있고, 또 지방정부, LH 공사, SH 공사 등이 복잡하게 얽혀 있는 주거복지정책 공급자와 관리자 문제도 체계적으로 정리할 필요가 있다. 주거복지정책의 지방화와 NGO 등 민간참여를 어느 수준으로, 어떻게 실현할 것인가도 풀어야 할 숙제다. 당장 바우처 제도를 도입할 경우, 그 관리를 어떻게 할 것인가는 현안이 되어 있기도 하다.

5. 결론

공공임대주택 확대, 임대료 보조 제도 도입과 같은 주거복지 프로그램 차원에서 보면, 우리나라는 이미 상당한 발전경로에 들어섰다. 비록 뒤늦게 시작했지만 공공임대주택은 그 재고가 착실히 늘어나는 가운데 적어도 전체 가구의 10%까지 늘어나는 것은 시간문제가 되었다. 임대료 보조 제도 역시 수혜대상이나 액수가 미흡하기는 하지만 이미 시행에 들어갔다. 정치적 입장에 관계없이 주거복지 확대에 대해서는 큰 틀의 공감대가 형성되어 있다. 이렇게 보자면 주거복지는 일종의 대기만성형 정책이라고 할 수 있다.

그러나 우리나라 주거복지정책의 발전과정은 부동산시장 불안에 대한 정치적 대응 측면이 강했다는 점에 주목할 필요가 있다. 주거복지 자체를 달성하려는 목표 외에도 당면한 주거 불안과 정치적 불안정을 달래는 차원이 상당했던 것이다. 그 결과 우리나라 주거복지정책은 정권이 바뀔 때마다 브랜드를 달리하면서,[3] 다분히 실체보다 과장되게 유포되기도 했다. 또한 단기간에 과도한 물량 목표를 달성하려 함으로써 다양한 부작용을 낳은 사례도 있다. 대표적으로 보금자리주택이 이른바 '로또'화된 일이라든지, 국민임대주택의 물량 목표를 달성하기 위해 지방 중소도시에까지 주택을 공급한 것 등이 그러하다. 또 물량 목표 달성에는 관심을 두면서도 정작 운영 효율화에 대해서는 등한시했던 점도 그런 결과다.

그런데 이보다 중요한 문제점은 주거복지정책과 전체적인 주택시장정책을 분리해서 사고했다는 것이다. 좁은 의미의 주거복지 프로그램을 얼마나 달성했는가보다 더 중요한 일은 전반적인 주택시장 상황이 얼마나 안정되고 서민들의 주거생활이 보호되는가 하는 점이다. 따라서 공공이 직접 지원하거나 개입하는 부분만을 주거복지로 보는 시각에서 탈피하여, 민간 부문까지도 안정화하고 주거의 권리를 보장하는 단계까지를 주거복지로 인식해야 한다.

그런 점에서 볼 때, 우리나라 주거복지정책에서 가장 시급한 부분은 민간임대시장 안정을 위한 제도 기반을 마련하는 일이다. 이것은 시

3 대표적으로 공공임대주택을 상징하는 명칭이 영구임대, 50년 임대, 국민임대, 보금자리주택, 행복주택 등으로, 김대중-노무현 정부로 이어지는 기간을 제외하고는 모두 바뀐 바 있다.

민단체 등이 요구하고 있는 임대료 규제나 세입자 보호를 넘어서, 투명한 정보와 형평성 있는 세제, 가옥주의 임대사업 의욕을 떨어뜨리지 않으면서도 세입자를 보호할 수 있는 시스템, 임대주택의 수준을 높이고 주거환경을 개선하는 일 등을 포함해야 한다. 또한 임대료 보조 제도를 적절히 활용하여 개별 가구들의 욕구에 맞는 주거지원을 하는 것도 중요하다.

이와 함께 '집만 가진 중·고령층'의 노후 문제도 주거복지정책 차원에서 고민해야 할 부분이다. 개인 복지를 희생하면서 자산 축적에 몰두했지만, 그 결과는 역설적으로 자산은 있지만 가난한 계층의 문제를 낳고 말았다. 이 문제는 앞으로 한국 사회가 직면할 가장 중대한 과제 중의 하나다. 따라서 청년층의 주거위기와 중·고령층의 노후위기를 동시에 해결할 수 있는 세대연합적 정책 모색이 필요하다.

결론적으로 주거복지정책은 몇몇 프로그램의 수치로 평가받을 수 있는 일이 아니다. 서민들, 더 나아가 국민 전체의 주거비 부담을 낮추면서도 주거수준을 높이는 것이 궁극적인 목적이다. 특히 고도성장기의 과도한 자산집중을 안전하게 연착륙시키는 일도 주거복지의 시각에서 접근해야 할 일이다. 이를 통해 주거복지가 일부 저소득 계층에게만 해당되는 정책이 아니라 국민의 삶을 바꾸는 정책으로 자리 잡을 수 있도록 발전해야 한다. 본질적으로는 주택정책 자체가 복지의 관점에서 이루어지도록 운영되어야 하는 것이다.

참고문헌

강미나. 2007.「국민임대주택 수요추정 연구」. 국토연구원.

건설교통부. 2005.「영구임대주택 주거실태조사」.

국정브리핑 특별기획팀. 2007.『대한민국 부동산 40년』. 한스미디어.

국토해양부. 2011.「기존주택 매입 및 전세임대 사업평가 연구」.

김수현. 1996.「한국 공공임대주택 정책의 전개과정」. 서울대학교 박사학위논문.

김수현. 2008.『주택정책의 원칙과 쟁점』. 한울아카데미.

김수현. 2009.「선진국 자가소유 논의와 우리나라에 대한 정책적 시사점」.『경제와 사회』83: 258-283.

김수현. 2010.「우리나라 공공임대주택의 성격과 서울시 장기전세주택: Harloe와 Kemeny의 논의를 중심으로」.『한국사회정책』17(3): 123-152.

김수현. 2011.『부동산은 끝났다』. 오월의 봄.

김수현. 2013a.「동아시아 주택정책 모델 논의와 시사점: 자산기반 복지 논의를 중심으로」.『주택연구』21(2): 93-118.

김수현. 2013b.「주거복지의 새로운 패러다임과 정책과제」. 제3회 주거복지 컨퍼런스 발표문.

김영민·신소영·김익환. 2012.「공공임대아파트에 대한 의식 및 평가에 관한 연구」.『대한건축학회연합논문집』14(1): 101-108.

김종림·진미윤·최조순·하성규·최정민. 2007.「공공임대주택 정책 로드맵 구상 연구」. 주택도시연구원.

박신영·윤영호·임미숙·이의중·임정민·박인제·김수현. 2009.「보금자리 영구임대주택의 공급 및 관리 운영방안」. 주택도시연구원.

박윤영. 2006.「국민임대주택 정책결정과정에 관한 연구」.『사회보장연구』22(2): 133-161.

LH 공사. 2012. 국민임대주택 입주자 조사.

이영환. 1995.「영구임대주택의 정책결정과정」. 서울대학교 박사학위논문.

이종권·최은희·김수진. 2008.「국민임대주택의 사회경제적 파급효과 분석」. 주택도시연구원.

진정수·최수·정희남·김근용·배순석·사공호상·황태일·윤지선·노희순·이상한·김선웅·박환용·이용만. 2005.「국민임대주택 100만호 건설 실현방안 연구」. 국토연구원.

통계청. 2010.「인구주택총조사」.
한국경제신문. 2012. 12. 11.「한국대선, 유럽식 복지경쟁」.
한국경제TV. 2012. 12. 13.「주택정책-이제는 복지」.
현대경제연구원. 2012.「역대정부 주요경제지표 추이」.

ACHR (Asian Coalition for Housing Rights). 1991. *Urban Poor Housing Rights in South Korea and Hongkong*.

Croissant, A. 2004. "Changing Welfare Regimes in East and Southeast Asia: Crisis, Change and Challenge." *Social Policy and Administration*, 38(5): 504-524.

Dol, K. and M. Haffner, eds. 2010. *Housing Statistics in the European Union*. The Hague: Ministry of the Interior and Kingdom Relations (The Netherlands).

Harloe, M. 1995. *The People's Home?: Social Rented Housing in Europe and America*. Blackwell.

Heijden, H. 2002. "Social Rented Housing in Western Europe: Developments and Expectations." *Urban Studies*, 39(2): 327-340.

Hwang, G. J. 2012. "Explaining Welfare State Adaptation in East Asia: The Cases of Japan, Korea and Taiwan." *Asian Journal of Social Science*, 40(2): 174-202.

Kemeny, J. 1995. *From Public Housing to Social Market: Rental Policy Strategies in Comparative Perspective*. London: Routledge.

Kemeny, J. 2006. "Corporatism and Housing Regimes." *Housing, Theory and Society*, 23(1): 1-18.

Kwon, H. J. 2005. "Transforming the Developmental Welfare State in East Asia." *Development and Change*, 36(3): 477-497.

Kwon, H. J. 2009. "The Reform of the Developmental Welfare State in East Asia." *International Journal of Social Welfare*, 18(1): 12-21.

3부

한국의 사회복지, 공공과 민간의 관계 변화

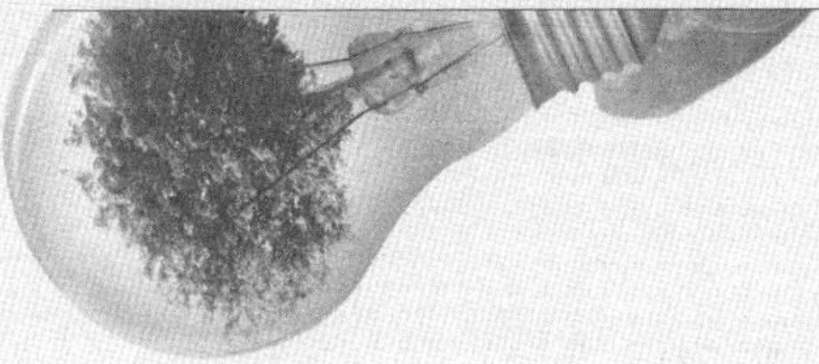

8장 /

사회(복지)서비스에서 공공과 민간의 역할 변화

백종만

1. 서론

이 글은 한국의 사회(복지)서비스 공급체계에서 공공과 민간의 역할분담 내용과 관계의 특성을 규명하려는 목적을 가진다. 이 글에서 분석하고자 하는 사회복지서비스를 포함하는 사회서비스제도는 2012년 개정된 사회보장기본법에서 사회보장제도의 하나로 법적으로 승인되었다. 새로 승인된 사회서비스제도는 1995년 사회보장기본법이 규정한 사회복지서비스와 관련 복지제도를 통합하고 문화, 환경 등을 포섭하여 확장된 영역을 포괄하는 사회복지제도로 이해할 수 있다.[1] 2012년 개정된 사회보장기본법에서 새로 법적 근거를 갖게 된 사회서비스는 그 개념적 범주와 내용을 둘러싸고 혼란과 논란이 제기되고 있지만(남찬섭, 2014), 공공부조와 사회보험제도를 제외한 영역으로서 국민의 인간다운 생활을 보장하고 삶의 질 향상을 지원하는 각종 지원제도로 법적으로 규정되어 있다.

본 연구의 목적은 한국의 사회(복지)서비스[2] 변천 과정에서 공공 부

---

1 2012년 개정된 사회보장기본법에 따르면(제3조 4호) '사회서비스'란 국가·지방자치단체 및 민간 부문의 도움이 필요한 모든 국민에게 복지, 보건의료, 교육, 고용, 주거, 문화, 환경 등의 분야에서 인간다운 생활을 보장하고 상담, 재활, 돌봄, 정보의 제공, 관련 시설의 이용, 역량 개발, 사회참여의 지원 등을 통하여 국민의 삶의 질이 향상되도록 지원하는 제도를 말한다. 이전의 사회보장에 관한 법률(제3조 3항)은 '사회복지서비스'를 국가·지방자치단체 및 민간 부문의 도움이 필요한 모든 국민에게 상담, 재활, 직업의 소개 및 지도, 사회복지시설의 이용 등을 제공하여 정상적인 사회생활이 가능하도록 지원하는 제도로 규정하고 있다. 한편 개정 사회보장기본법 제3조 5호에서는 '관련 복지제도'란 보건, 주거, 교육, 고용 등의 분야에서 인간다운 생활이 보장될 수 있도록 지원하는 각종 복지제도를 말한다고 되어 있어 사회서비스 개념이 구(舊)법의 사회복지서비스와 관련 복지제도를 통합하여 확장된 개념으로 사용하고 있음을 알 수 있다.

2 사회복지서비스라는 용어는 개정법에서 사라졌지만, 사회서비스의 여러 가지 영역 혹은 부문 중에서 가장 규모가 크고 역사적으로 볼 때도 가장 핵심적인 영역에 속하는 것이기 때문에 크게는 사회서비스 부문을 포함하여 고찰하지만 주로 사회복지서비스에 관심과 초점을 두고 검토한다는 점에서 '사회(복지)서비스'와 같이 괄호 안에 표기하였다.

문과 민간 부문(비공식 부문, 영리 부문, 비영리 부문을 포괄)의 역할은 무엇이었고, 또 어떻게 변화되었으며, 그런 역할 변화를 가져온 정치·경제적 배경과 역사적 배경을 분석하는 데에 있다. 부수적으로는 현재 한국의 사회(복지)서비스 발전을 위해 공공과 민간이 어떤 방향으로 역할분담을 위한 정책 방향을 모색해야 하는가를 제시해 보고자 한다. 이러한 연구 목적을 위해서 다음과 같은 두 가지 질문을 던져 보기로 한다.

첫째, 해방 이후 최근까지 사회(복지)서비스 공급체계에서 민간 부문과 공공 부문의 역할분담은 어떤 형태로 변화되어 왔으며, 그 배경은 무엇인가?

둘째, 현재 직면한 사회(복지)서비스 문제를 해결하기 위해서 공공과 민간 간의 적절한 역할분담상의 정책과제는 무엇인가?

이 연구에서는 1945년 해방 이후부터 현재까지를 크게 1) 해방 이후 1960년대 말까지, 2) 1970년대 초에서 1980년대 초까지, 3) 1980년대 초·중반부터 2000년대 초반까지(2003년 사회복지사업법 개정), 4) 2003년부터 현재까지의 네 시기로 구분하여 고찰하였다. 이와 같이 시기를 구분한 기준은 이 시기를 전후하여 사회(복지)서비스 공급체계의 내용과 특성이 달라지고 그에 따라 공공과 민간 간에 역할과 책임에 있어서 상당한 변화가 일어났기 때문이다. 각 시기의 특징을 요약하면 다음과 같다.

첫째, 외원의존적인 응급구호, 시설구호 중심의 잔여주의 시기(1945년부터 1960년대 말까지)다. 이 시기에는 일제 식민지배에서 해방된 데 따른 귀국 동포의 보호와 전쟁에 따른 참화를 극복하는 국가 위난 상황에서 외원에 의존하여 응급구호와 시설구호를 중심으로 극빈층과 요보호 대상자에게 잔여주의에 입각한 사회(복지)서비스가 제공되었다.

둘째, 외원이 철수하기 시작하면서 가족 책임의 강화, 규제의 제도화, 국가의 최소 재정 투입을 통한 시설보호 중심의 잔여주의 시기(1970년대 초부터 1980년대 초까지)다. 국가는 시설을 운영하며 시설보호를 제공하는 비영리 민간 부문을 규제하고 지도·감독하기 위해 1970년에 '사회복지사업법'(법률 제2191호)을 제정함으로써 비영리 부문에 대한 규제를 법적으로 제도화하였고, 1970년대 중반 이후에는 한국에서 철수하기 시작한 외원을 대신하여 비영리 부문이 시설 운영 재원의 상당 부분을 부담하게 되었다. 국가는 1980년대 초반에 아동복지법, 노인복지법, 장애인복지법을 제정하여 시설보호를 넘어선 사회(복지)서비스의 발전 가능성을 열어 놓았지만, 사회(복지)서비스 제도의 운영이나 내용 면에서 변화는 거의 없었으며, 성장 중심의 국가발전전략으로 가족을 포함한 비공식 부문의 역할과 책임도 강조되었다.

셋째, 재가복지 강조, 운영주체의 다원화, 시설보호 외에 사회(복지)서비스 외연의 확장 시기(1980년대 초·중반에서 2000년대 초반까지)다. 1980년대 초·중반에 자원봉사를 활용한 재가복지가 주목을 받으면서 재가복지사업이 1980년대 후반 사회(복지)서비스 정책의 기본 방향으로 추진되었다. 1990년대에는 보육, 학대, 방임, 성폭력 등의 문제에 대응하기 위한 사회(복지)서비스가 확대되었고, 이들 새로운 사회(복지)서비스는 주로 비영리 민간 부문이 운영하는 각종 이용시설을 통해 제공되었다. 1997년 개정된 사회사업법(법률 제5358호)에서는 국가와 비영리 민간 법인 이외의 민간에게도 사회복지시설을 운영하도록 함으로써 사회(복지)서비스의 운영 주체를 다원화할 수 있는 여지를 마련하였다.

넷째, 지역복지체계 구축, 지방정부의 역할 강화와 지역복지 거버넌스 구축, 시장기제 도입의 확대 시기(2004년 이후부터 현재까지)다. 이 시기는 사회(복지)서비스의 핵심정책으로 지역사회 중심의 복지체계 구축을 목표로 중앙정부와 지방정부 간 역할분담의 재조정이 이루어졌으며, 지역사회 단위에서 복지에 관한 거버넌스를 통해 민관 협력을 통한 사회(복지)서비스 제공이 강조되었다. 또한 새로운 사회적 위험에 대처하기 위해서 사회(복지)서비스 투자 개념이 도입되었고, 사회(복지)서비스 확충을 통해서 일자리를 창출하고, 증가하는 사회(복지)서비스 수요에 대처한다는 논리에서 공급체계에 시장기제 도입이 확대되었다.

이 글의 목적은 위와 같이 구분한 각 시기별로 공공 부문과 민간 부문이 어떤 역할을 수행했으며, 그 특성과 정치·경제·역사적 배경을 고찰하고, 이를 바탕으로 사회(복지)서비스 발전을 위한 역할분담상의 과제와 방향을 제시하는 데 있다. 이를 위해서 다음과 같이 논의를 전개하고자 한다. 우선 연구 주제에 대한 이론적 배경으로 사회(복지)서비스 공급 주체로 공공과 민간의 개념 및 사회(복지)서비스에서 공공과 민간의 역할 혹은 양자 간의 역할분담에 관한 이론적 논의와 그것이 갖는 함의를 정리한다(2절). 다음으로 각 시기별로 사회(복지)서비스 공급체계에서 국가와 민간이 각각 어떤 역할을 수행해 왔는가를 그 정치·경제·역사적 배경과 함께 분석한다(3절). 끝으로 이들 분석 결과가 한국 사회(복지)서비스의 발전을 위한 공공과 민간의 역할분담 방향과 과제에 주는 함의에 대해 논의한다(4절).

2. 공공과 민간의 역할에 관한 이론 검토

사회(복지)서비스의 개념과 범주

사회(복지)서비스는 명확하게 포착하기 어려운 개념으로, 그 내용과 포괄하는 범위가 경제발전 정도와 사회·문화·정치적 요인에 따라 국가마다 상이하다(Kahn and Kamerman, 1976).

영국에서는 대인사회서비스(personal social service), 미국에서는 일반 사회서비스(general social service), 한국에서는 사회(복지)서비스라는 용어로 사용되고 있는데 그 내용적 범주는 상이하다. 각국에서 사용되는 용어의 상이성에도 불구하고 '사회복지서비스'는 네 가지 특성을 가진 것으로 정의할 수 있다(Bahle, 2003). 이는 재화의 생산 및 분배와 관련된 서비스라기보다는 '대인(personal)' 서비스이고, 신체적 또는 지적 욕구보다는 개인의 '사회적(social)' 욕구 충족에 초점을 두고 있고, 직접적인 사회적 상호관계 속에서 인간에 대하여 인간에 의하여 수행되며, '사회적' 의미는 순수한 사적 관계를 넘어서 '사회적 중요성(social significance)'을 의미하는 것으로 사회(복지)서비스가 내포한 공공성이 강조된다.

한국의 경우에는 '사회복지서비스'가 공식적인 제도상의 용어로 사용되다가 2012년 사회보장기본법이 전면 개정되면서 '사회서비스'라는 용어가 사용되고 있으나, 실정법에서는 '사회복지사업'이라는 용어가 과거의 '사회복지서비스'에 관한 용어로 사용되고 있어 이들 용어 사용에서 그 개념의 범주를 명확하게 구별할 필요가 있다.

구(舊) 사회보장기본법(법률 제9932호)에서 사회보장제도는 공공부조, 사회보험, 사회복지서비스, 기타 관련 제도로 구성되며, "사회복지서비스란 국가·지방자치단체 및 민간 부문의 도움이 필요한 모든 국민에게 상담, 재활, 직업의 소개 및 지도, 사회복지시설의 이용 등을 제공하여 정상적인 사회생활이 가능하도록 지원하는 제도"(제3조 3항)로 규정되었다. 그러나 2012년 개정된 사회보장기본법(법률 제11690호)에서는 구법의 사회복지서비스와 관련 제도를 포괄하여 사회서비스를 새롭게 규정하고 있다. 개정법에서는 "사회서비스란 국가·지방자치단체 및 민간 부문의 도움이 필요한 모든 국민에게 복지, 보건의료, 교육, 고용, 주거, 문화, 환경 등의 분야에서 인간다운 생활을 보장하고 상담, 재활, 돌봄, 정보의 제공, 관련 시설의 이용, 역량 개발, 사회참여 지원 등을 통해 국민의 삶의 질이 향상되도록 지원하는 제도"로 그 범위와 내용이 확장되었다.

또 관련 용어로는 '사회복지사업'이 있는데, 사회복지사업법(법률 제11239호)에 따르면 사회복지사업이란 "다음 각 목의 법률에 따른 보호·선도(善導) 또는 복지에 관한 사업과 사회복지상담, 직업지원, 무료 숙박, 지역사회복지, 의료복지, 재가복지(在家福祉), 사회복지관 운영, 정신질환자 및 한센병력자의 사회복귀에 관한 사업 등 각종 복지사업과 이와 관련된 자원봉사활동 및 복지시설의 운영 또는 지원을 목적으로 하는 사업을 말한다."(제2조 1항) 한국에서 사회복지사업법은 구(舊) 사회보장기본법에 규정된 사회복지서비스[3]에 관한 일반법이자 기본법의 성격을 갖는 법으로, 사회복지사업법에 대한 입법 분석을 통해 사회(복지)서비스의 정책 정향과 내용을 파악할 수 있다.

이상에서 논의한 바와 같이 한국에서 사회(복지)서비스는 사회보장제도의 하나로 이해되며, 실정법상으로는 사회복지사업법에 의하여 주로 규율되는 각종 서비스나 프로그램의 총체라고 할 수 있지만, 사회서비스가 상위법인 사회보장기본법에서 새로운 제도로 규정됨으로써 사회서비스에 관한 일반법이 필요하다는 것이 학계의 중론이다(남찬섭, 2014).

공공과 민간의 역할분리에서 역할혼합(역할분담)으로

사회(복지)서비스의 공급주체는 크게 보아 공공 부문과 민간 부문으로

3 사회복지사업법 제2조 6항에서 '사회복지서비스'라 함은 국가·지방자치단체 및 민간 부문의 도움을 필요로 하는 모든 국민에게 상담·재활·직업소개 및 지도, 사회복지시설의 이용 등을 제공하여 정상적인 사회생활이 가능하도록 제도적으로 지원하는 것을 말한다고 정의하고 있다. 따라서 구 사회보장기본법에 규정된 사회복지서비스는 사회복지사업법에 의한 사회복지사업과 거의 동등한 의미로 사용된다고 볼 수 있다.

나뉜다. 오늘날 공공 부문의 대표 격인 국가는 하부기구인 중앙정부와 지방정부가 사회(복지)서비스를 제공하는 공급주체로 기능한다. 사회(복지)서비스의 공급주체로서 중앙정부와 지방정부의 역할분담 형태는 국가마다 다양하지만, 대체로 지방정부가 서비스 생산주체로 활동하며, 중앙정부는 재정을 분담하거나 서비스 조정권을 가지는 경우가 많다. 따라서 사회(복지)서비스 공급에서는 중앙정부보다 지방정부의 책임과 역할이 중요한 경우가 많다(강혜규 외, 2007: 5장).

한편 사회(복지)서비스의 공급주체로서 민간 부문(private sector)은 비공식 부문(informal sector)과 공식 부문으로 나눌 수 있으며, 공식 부문은 비영리 부문(nonprofit sector or voluntary sector)과 영리 부문(profit sector or commercial sector)으로 구별할 수 있다. 비공식 부문에는 조직화되지 않은 사적 관계에 기초한 가족, 친척, 이웃이 포함된다. 비영리 부문은 비공식 부문과 공식화 정도에 따라 구별될 수 있는데 일반적으로 근린조직, 자조조직, 서비스 제공 조직, 압력조직, 조정이나 연계조직 등이 비영리 민간 부문의 범주에 포함된다(Johnson, 1987: 94-95). 한편 영리 부문은 시장에서 활동하는 이윤추구를 목적으로 하는 조직이다. 비영리 민간 부문과 영리 민간 부문은 이론상으로는 서비스 제공자가 이윤추구의 목적으로 서비스를 제공하는지 여부를 기준으로 구분할 수 있다.

공공과 민간의 역할분담을 분석하기 위해서는 비공식 부문을 포함해야 할 것이다. 그러나 가족, 친척, 이웃과 같은 비공식 부문에 의해 제공되는 사회(복지)서비스는 대부분 보고되지 않고 이루어지기 때문에 그 규모와 중요성을 측정하기가 어려우므로 신뢰할 수 있는 통계자료나 연구자료가 부족하여 그 규모와 역할을 경험적으로 정확하게 파악하기 어렵다. 비공식 부문은 오늘날에도 여전히 사회(복지)서비스에서 중요한 공급자이지만, 국가나 비영리 부문은 비공식 부문을 통해 이루어지는 보호를 지지하고 강화하는 역할을 수행하며, 영리 부문은 비공식 부문을 대체하는 역할을 수행한다(Johnson, 1987). 따라서 사회(복지)서비스 공급에서 비공식 부문의 역할에 대해서는 국가의 관련 정책 형성과 정책 내용을 통해 파악할 수 있을 것이다.

사회(복지)서비스 공급에서 전통적인 접근 방식은 공적 영역(국가)과 사적 영역(민간)의 엄격한 구분을 특징으로 한다. 즉, 국가는 국가 재정을 재원으로 하여 공공행정체계를 바탕으로 복지급여를 전달하며, 사적 영역은 자원조직(voluntary organizations)과 같은 비영리 민간이 순수한 민간의 재원으로 사회(복지)서비스를 전달한다는 것이다. 그러나 오늘날 공공 영역과 민간 영역을 엄격하게 구별하기가 어려워지고 있다. 오늘날 비영리 민간단체에 대한 국가의 재정보조나 민간과의 계약을 통한 서비스 제공이 활성화된 상황에서 서비스 공급체계를 공공(국가) 부문과 민간 부문으로 구별하는 것은 한계가 있다(김태성, 1992).

주지하는 바와 같이 사회(복지)서비스를 포함한 사회복지 발전 과정에서 대체로 서구사회에서 산업화 이전에는 개인의 기본적 욕구를 충족시킴에 있어서 가족이나 사적·종교적 자선이 중심 역할을 하였고 국가의 역할은 매우 적었으나, 산업화가 진행되면서 국가가 전면에 등장하고, 가족이나 종교적 자선 및 시장의 역할은 줄어들었다. 1970년대에 복지국가 위기론이 서구 여러 나라에서 국가적 쟁점으로 등장한 이래 신보수주의 이데올로기와 복지다원주의의 맥락에서 가족과 같은 비공식 부문, 민간자선조직 또는 시장의 역할이 다시 강조되고 있다.[4] 이

4 이러한 경향은 국가의 재정위기와 보수주의 이념의 확산에 따라 사회복지분야뿐만 아니라 공공분야 전반에 걸쳐 나타나고 있다(박경원, 1989: 2장). 그에 따라 공공 부문에서 제공하던 서비스를 서비스 계약, 재정보조(grants), 허가(franchises), 강제(mandate), 규제 등의 여러 가지 방법을 통해 기업과 같은 영리 민간조직을 중심으로 한 시장에 맡기거나 비영리 민간조직에 맡기는 경우가 증가하였다(Savas, 1982: 53-75).

렇듯 서구사회에서는 복지국가 위기론 이후 민간 부문의 역할이 다시 강조되면서 복지다원주의나 민영화와 관련하여 사회(복지)서비스 분야에서도 급여의 전달주체와 (또는) 재정조달에서 국가와 민간의 역할이나 기능의 재조정과 관련된 여러 가지 쟁점이 제기되고 있다(배준만, 1994).[5] 특히 서구사회에서 사회(복지)서비스 급여의 제공에서 국가와 민간의 역할과 관련하여 최근에 정책적인 논의와 관심의 대상이 되고 있는 것은 국가와 민간의 역할 재조정이 초래한 각종 사회·정치·경제적 영향력에 관한 것들이다. 국가와 민간의 역할 재조정과 그 영향력에 대해서는 다음 절에서 좀 더 구체적으로 논의하기로 한다.

공공과 민간의 역할혼합

사회(복지)서비스 공급에서 역할혼합 혹은 공공과 민간의 역할분담이 논의된 배경에는 공급주체로 국가, 시장, 비영리 민간, 비공식 부문은

5 민영화 및 복지다원주의와 관련된 사회정책학적인 쟁점을 다룬 논문이나 저서에는 다음과 같은 것들이 있다. Ramesh Mishra, *The Welfare State in Capitalist Society*, New York: Harvester Wheatsheaf, 1990; Norman Johnson, *The Welfarestate in Transition: The Theory and Practice of Welfare Pluralism*, Amherst: The University of Massachusetts Press, 1987; S. B. Kammerman and A. J. Kahn (eds.), *Privatization and the Welfare State*, Princeton: Princeton University Press, 1989; Julian Le Grand and Ray Robison, *Privatisation and the Welfare State*, London: George Allen & Unwin, 1984; R. Rose and R. Shiratori (eds.), *The Welfare State East and West*, New York: Oxford University Press, 1986; Brian Munday (ed.), *The Crisis in Welfare: An International Perspective on Social Services and Social Work*, New York: Harvester Wheatsheaf, 1989; Marc Bendick, Jr., "Privatization of Public Services: Recent Experience," *Public-Private Partnership: New Opportunities for Meeting Social Needs*, ed. by H. Brooks, L. Liebman, and C. S. Schelling, Cambridge: Ballinger Publishing Company, 1984, pp. 153-174; Kirsten A. Gronbjerg, "Private Welfare in the Welfare State: Recent U.S. Patterns," *Social Service Review* (March 1982), pp. 1-27; Sheila B. Kamerman, "The New Mixed Economy of Welfare: Public and Private," *Social Work* (January-February 1983), pp. 5-10; Robert Morris, "Government and Voluntary Agency Relationships," *Social Service Review* (September 1982), pp. 333-345.

각각 장점과 한계를 가지고 있기 때문에 각각의 장점과 한계를 잘 절충할 필요가 있다는 인식이 자리 잡고 있다(백종만, 1994).

• 시장의 장점과 한계

일반적으로 시장의 이론적인 함의는 서비스 이용자에게 선택의 기회를 확대한다는 점과, 경쟁을 통해 양질의 서비스를 제공한다는 것이다(Johnson, 1987: 127). 그러나 영리 부문에 의한 서비스 공급체계가 안고 있는 실천적인 한계는 다음과 같다(Kramer, 1981: 279-280; Morris, 1982: 338; Hansmann, 1987: 28-32). 상업주의는 이윤동기를 강화함으로써 서비스를 비인간화하고 차별화하며, 지불능력이 있는 사람만 보호하여 결국 중·상류층 중심의 서비스만 확대하게 된다. 그리고 고객을 분리하여 문제가 심각한 고객은 걸러 버린다. 또한 소비자 선택권의 보장이라는 이론상의 이점은 실제에 있어서는 공급자 간의 경쟁이 적은 경우가 많고 정보의 비대칭성에 따른 계약 실패의 위험으로 잘 드러나지 않게 되며, 시장 경쟁은 전체 서비스 체계의 합리성을 도모하고 조정하는 데 있어서 애로가 발생하기 쉽다는 한계가 있다.

• 국가의 장점과 한계

정부가 직접 공급하는 법정 서비스가 갖는 긍정적인 효과는 이론적인 측면에서 대략 여섯 가지로 분류할 수 있다(Johnson, 1987: 157-162). 첫째, 정부공급은 광범위한 서비스 계획에 근거하므로 다양한 공급자에 의한 계획되지 않은 서비스에 비해서 형평성이 더욱 잘 확보될 수 있다. 둘째, 계획에 입각한 정부의 서비스는 평가받고 지적받을 다양한 기회가 주어지므로 책임성이 확보될 여지가 타 부문이 제공하는 서비스에 비해서 크다. 셋째, 지불능력을 가진 수요에 반응하는 영리 민간 부문에 비해서 비영리 부문과 정부 부문은 요구(needs)에 반응한다. 그러나 정부 부문만이 서비스에 대한 접근을 권리로서 가능하게 한다. 넷째, 정부는 영리 부문이나 비영리 부문보다 서비스의 대상 범위가 넓고 크다. 다섯째, 예방 서비스는 잠재적 고객을 감소시켜 영리조직의 이익에 반하기 때문에 영리 부문은 예방적인 서비스를 다룰 수 없다. 비영리조직은 예방 서비스를 제공할 수 있으나 그에 필요한 조정과 협력이 정부 부문에 비해 어렵다. 여섯째, 정부 부문의 서비스에 대해서는 광범위하고 다양한 형태의 시민참여가 가능하다. 특히 비영리 부문의 서비스에서 정치적 참여를 통한 통제 가능성이 보다 크다. 한편 대인 사회서비스 체계에 관한 8개국의 비교 연구에 따르면 정부가 재정을 책임지고 서비스를 권리로 인정하는 경우에는 서비스의 형평성, 적용범위, 책임성이 매우 높게 나타났다. 반면에 비영리 민간조직은 특수적이어서 특정 범주의 사람들에게만 서비스를 제공하여 형평성이 있고 일관된 대인사회서비스 체계를 구축하는 데 장애가 된다는 것이다(Kahn and Kamerman, 1976: 383).

그러나 이와 같은 정부 주도의 서비스 제공이 갖는 긍정적인 효과들이 실제 정책에서 어느 정도로 나타날 수 있는가에 대해서 비판적인 입장도 있다. 첫째, 정부 운영의 서비스 공급도 만약 분절적인 정부의 행정구조를 가지고 시행될 경우에는 이러한 장점들이 약화될 수도 있다는 것이다(Kahn and Kamerman, 1976: 384). 둘째, 공식적인 책임과 실천상의 괴리로 정부 운영 모형의 긍정적 효과가 약화되어 나타날 수 있다는 것이다. 이론상으로는 국가 부문이 사회(복지)서비스 체계의 포괄성, 보편성, 책임성을 가장 잘 확보할 것으로 보이지만, 영국에서의 실제 경험은 공식적인 책임과 실천 간의 괴리로 공공 부문의 목표를 달성하지 못하고 있다는 것이다. 정책 목표의 모호성, 자금부족, 과도한 관료화, 전문인력 및 행정적인 결함이 그 원인으로 지적되고 있다(Kramer, 1981: 277). 셋째, 대인사회서비스가 지방정부의 책임으로만 운영되는 경우에 지역 간 격차가 발생할 수 있다는 것이다. 즉, 영국에서와 같이 대인사회서비스가 권리로 인정되는 국가에서도 지방 사회서비스부 간의 격차가 커서 소위 '지역적 부정의' 문제가 발생할 수 있다(Johnson, 1987: 57). 넷째, 국가가 특정 서비스를 독점적으로 공급하는 경우에 정부가 중앙집권적이고 관료주의적이면 시민들의 변화하는 다양한 욕구를 충족시키지 못하며 효율성이 떨어진다는 것이다(Johnson, 1987: 57). 해들리(Roger Hadley)와 해치(Stephen Hatch)도 중앙집권화된 국가 주도의 서비스를 1) 정치·행정적 통제에 따른 불순응, 2) 비능률성과 비효과성, 3) 관료적인 경직성, 4) 대중의 참여와 지지 획득의 실패라는 네 가지 관점에서 비판한다. 그래서 국가의 역할을 대폭 줄이고 자원 부문과 비공식 부문에 좀 더 많이 의존해야 한다고 주장한다(Hadley and Hatch, 1981: 100).

이상에서 살펴본 바와 같이 정부 운영의 서비스 공급체계가 갖는 강점과 약점에 대한 평가가 상이하게 나타나는 것은 주로 관료적 경직성에 따른 효율성의 문제와 정부 서비스 공급에 대한 행정적·시민적 통제의 가능성에 대한 평가의 차이를 반영한다. 따라서 정부 운영의 서비스 전달체계가 서비스의 형평성, 범위(coverage), 책임성을 곧바로 보장한다고 보기는 어렵다. 오히려 정부 운영의 서비스 체계가 비전문 인력에 의해서 운영되거나 분절적인 행정구조를 갖는 경우에는 비효율성, 관료적 경직성, 시민 통제의 부족 등이 나타날 수 있고, 서비스 욕구의 크기에 비해 정부재정이 부족할 경우에는 서비스의 범위나 형평성의 확보는 쉽지 않을 것이다.

• 자원 부문(비영리 부문)의 장점과 한계

이론적인 면에서 비영리 민간 부문에 의한 서비스 제공의 장점은 자율적이며, 융통성이 있고, 프로그램이 혁신적이고, 시민의 자원봉사정신을 함양하고, 시민을 대변하여 변화를 주도하고, 효율적이며, 다양한 서비스를 제공하는 점이다(Kramer, 1987: 241; Salamon, 1987: 44). 그러나 이런 비영리 민간기관의 장점들은 경험적 증거에 기초한 것이 아니라 전통적인 고정관념에 근거한 것이라는 점이 지적되고 있다. 오늘날 민간기관은 정부와 민간기금단체의 지원에 크게 의존하게 되고 규모가 커지고 복잡한 공식 조직으로 변화됨으로써 민간기관의 장점을 점점 잃게 된 것이다(Kramer, 1987: 241-244). 또한 비영리 민간 서비스기관은 기부금, 실비의 이용료, 정부보조금을 재원으로 하기 때문에 재원이 항상 불충분하고 불안정하여 서비스 제공 목적보다도 기관 유지의 목적이 우선시되는 목적 대치 현상이 일어나기 쉬운데, 크래머(Ralphe M. Kramer)는 민간 서비스 기관의 기관장이나 직원, 자원봉사자가 기금 모금에 시간과 정력을 과도하게 소비하거나, 거액의 기부자들이 선호하는 프로그램을 강조하여 기부자들에게 의존성을 보이는 원인이 된다고 지적한다(Kramer, 1981: 266). 또 이사회 구성상의 문제로 정책결정 과정에서 시민 참여가 제한됨으로써 비민주성이 나타나고, 특수전문화나 서비스의 중복, 단절 등의 비효율성이 나타나며, 중산층 위주의 서비스 제공, 주민의 요구보다는 직원의 관심이나 기준에 의하여 클라이언트가 선정되고, 서비스 분포의 지역적인 불균형과 통제의 어려움에 따른 시민에 대한 책임성 미흡 등이 나타난다고 한다(Cooper, 1988: 237-250; Kahn and Kamerman, 1976: 384; Kramer, 1987: 242-243).

이러한 비영리 민간기관의 자원주의에 입각한 서비스는 결코 국가가 잘 제공할 수 있는 서비스, 특히 적용범위, 형평성, 자격(entitlement)이 중요시되는 서비스를 대체할 수는 없다(Kramer, 1981: 283). 이와 같이 민간 서비스 기관은 서비스 대상으로서 중상층을 선호하고, 보편적인 서비스를 제공하기보다는 특수한 문제에 서비스를 제공하고, 지리적인 분포를 통제하기 힘들어 불균등하고 비형평적인 서비스 분포를 가져오며, 서비스의 중복과 단절로 비효율성을 노출하게 된다(Cooper, 1988: 237-250). 따라서 이러한 문제들에 대한 대책 없이 민간복지기관에 의존하여 서비스를 제공하면 결국 저소득층이 누락될 수밖에 없다는 것이다(Kramer, 1979: 1-14; Ghere, 1981: 65-78).

• 비공식 부문 의존이 갖는 한계

비공식 부문을 강화하여 사회(복지)서비스 요구를 충족시키려는 정책 지향에 대해서, 로버트 핑커(Robert Pinker)는 지역사회보호를 위해 비공식적인 사회적 네트워크에 자원을 제공해야 한다는 1982년의 영국 바클레이 위원회(Barclay Committee)의 다수파 주장에 대하여 비판하면서 비공식 부문의 활동이 정부활동을 대체할 수 없는 이유를 다음의 세 가지로 요약한다(Kramer, 1985: 132-140). 첫째, 통상적으로 요보호자들에게는 사회적 네트워크가 존재하지 않거나 존재하더라도 이용하기 어렵다. 둘째, 요보호자들은 통상 이용할 수 있는 자원이 부족하다. 셋째, 비공식적 지원체계는 보호가 필요한 기간 동안 충분하게 지속적으로 제공되기 어렵다.

사회복지공급에서 국가 이외에 다양한 민간주체〔자원 부문, 영리(시장) 부문, 비공식 부문〕의 역할에 대한 강조는 복지국가 위기 이후에 나타났는데, 이른바 복지의 혼합경제를 강조하는 복지다원주의자들이 그 주창자였다고 할 수 있다. 복지다원주의자들은 특히 탈중앙화와 참여의 가치를 강조하면서 비영리 부문과 비공식 부문에 대한 지원을 통해 사회(복지)서비스 공급체계의 개편을 주장하였다. 특히 존슨(N. Johnson) 같은 학자들은 비영리 민간 부문이나 비공식 부문의 확대가 국가의 역할을 궁극적으로 대체할 수도 없고 대체해서도 안 되는 것으로 보았으며, 영리성의 원칙이 강화되는 것에 대해서는 부정적인 입장을 취했다. 특히 복지혼합의 시대에도 국가는 소요되는 재정을 부담하고 서비스를 조정하는 역할을 담당해야 한다고 생각하였다(Johnson, 1987: Ch. 3). 그러나 신우파들의 입장은 복지다원주의를 민영화 혹은 시장화로 이해하였고, 비용효과성, 경쟁, 소비자 선택과 같은 시장원리가 영국의 대처, 미국의 레이건 행정부의 신보수주의 정권을 통해서 사회(복지)서비스 분야에서 민간시장의 영역을 급속히 확장시키는 결과를 가져왔다(김진욱, 2007: 181).

그러나 유럽의 경우에는 영미식 신자유주의 처방이 아니라 점진적인 개혁안으로서 사회(복지)서비스 분야에서의 공사 혼합 시스템을 통한 공공과 민간의 역할분담이 이루어졌다. 이러한 점진적 개혁은 세 가지 방향에서 이루어졌다. 첫째, 국가의 직접 서비스 비중을 축소하는 대신 비영리 부문의 역할을 점진적으로 증대시키는 것이었다. 둘째, 그 결과 제3섹터가 서비스의 주된 제공자로 등장하면서 제3섹터에 대한 정부의 재정지원이 증가했으며, 사회서비스 공급에서 제3섹터의 책임성을 강화하는 방향으로 전환이 이루어졌다. 셋째, 그러는 한편으로는 서비스의 수혜자와 공급자 간의 관계를 규제하기 위해서 시장기제의 도입이 부분적으로 이루어졌다. 그 결과 국가에 따른 차이는 있지만 시장, 공공, 비영리 민간 부문 간에 점진적 경쟁체제가 강화되고 있다는 것이다. 이런 경향성에도 불구하고 유럽에서 복지의 혼합경제라는 전반적인 맥락에서 공공재원의 투입 비중과 국가의 규제와 개입의 정도가 각 국가 간의 차이를 보여 주는 핵심적인 변수라고 할 수 있다(김진욱, 2007: 182).

3. 사회(복지)서비스에서 공공과 민간의 역할 변화

이 절에서는 해방 이후 최근까지의 사회(복지)서비스 정책에서 공공과 민간의 역할이 어떻게 규정되고 작동되었는가를 분석한다. 사회(복지)서비스에서 공공과 민간의 역할 변화는 정부의 관련 주요 정책이나 제도 및 관련 법률의 내용 분석을 통해 파악할 것이다. 구체적으로는 사회(복지)서비스 관련 정책이나 제도 및 법의 이념과 목표, 서비스 대상자 할당의 원칙, 서비스의 범위와 내용, 서비스 생산 및 조정의 주체, 서비스 재정조달의 책임 등을 중심으로 국가와 민간의 역할 변화 내용과 경향성을 분석하고자 한다.

사회(복지)서비스의 확대 및 발전 과정에서 국가와 민간의 상대적 역할과 책임 면에서 상당한 변화를 찾아볼 수 있는 관련 정책의 변화와 사회복지사업법의 제정 및 개정 내용을 기준으로 아래와 같이 네 시기로 나누어 공공과 민간의 역할을 살펴보기로 한다.[6]

외원 의존적 응급구호·시설구호 중심의 잔여주의 시기: 해방 이후부터 1960년대 말까지[7]

해방과 분단, 미군정, 남한 단독정부 수립, 한국전쟁, 전쟁복구로 이어지는 격동의 역사 속에서 1950년대 말까지도 한국 사회는 빈곤과 혼란을 극복할 자주적인 역량을 확보하지 못하였다. 해방 후 미군정청은

---

6 1996년 해방 50년 남한의 민간복지에 관한 필자의 연구(백종만, 1996)에서는 공공부조와 사회보험을 포괄하는 사회보장에 관한 국가와 민간 간의 상대적 역할과 책임의 변화를 기초로 1) 외원의존적 응급구호와 민간 의존의 잔여적 복지 시기, 2) 자유주의적 국가복지와 가족보호 우선의 잔여적 복지 시기, 3) 시장순응적 통합복지국가와 비영리 민간 활용의 다원주의 복지 시기의 세 시기로 나누었다. 그러나 이 연구에서는 사회(복지)서비스 정책의 변화에 초점을 맞추고 있어 1996년의 분류와는 다른 네 시기로 구분하고자 한다.

7 이 시기의 분석은 백종만(1996)에 의존하여 일부 내용을 수정하고 보완하였다.

1946년 1월 12일자 후생국보 제3호와 동년 2월 7일에 발표한 후생국보 3-C호에 의거하여 이재민, 월남동포, 빈궁자, 고아 등에 대한 식량, 보건위생 및 치료, 응급주택 공급 등의 사업을 전개했으나 적극적이고 장기적인 복지정책을 실시하지는 않았다(하상락, 1989: 85). 또한 당시의 구호 수준과 구호율은 매우 낮았던 것으로 추정된다(하상락, 1989: 444).[8] 이와 같이 공공구호비용의 부족으로 미군정 당국은 시설구호에 있어서 지역사회의 자발적인 자선활동을 권장하였다.[9] 특히 한국전쟁으로 요구호 대상자는 1951-1953년에는 1천만 명에 달했고, 1954-1957년에는 300만 명 내지 400만 명이었던 것으로 추정된다(하상락, 1989: 89). 이들 전재민(戰災民)에 대해 정부는 외국원조단체들의 협조를 받아 중앙구호위원회와 지방구호위원회를 조직하여 주로 아동, 노인, 임산부, 유아를 거느린 부녀 등을 우선적으로 구호하였다. 이 당시의 구호 방법은 거택구호와 시설수용구호였다. 1951년의 요구호 대상자 약 780만 명 중 39% 정도인 300만 명 정도만 구호를 받았으며, 이들 피구호자 중에 40만 명 정도는 주로 1,207개의 일시적 난민수용시설과 사회복지수용시설에서 구호를 받았다(한국선명회, 1993: 214). 그러나 휴전협정이 성립된 후에는 종래의 구호 방침을 일부 변경하여 난민정착사업, 주택복구 및 건설사업, 조선구호령에 의한 생활보호사업, 천재지변에 대한 응급구호사업을 실시하였다. 또한 수용보호시설이 증가함에 따라[10] 정부는

---

8 미군정 3년간 최소 200만 명 이상의 요구호자가 존재했는데 1948년 공공구호율은 50% 미만으로 나타나고 있으며 구호 수준도 그리 높지 않았던 것으로 추정된다.

9 1947년 미군정 당시에 보건후생부장의 통첩을 보면, "국가재정상 — 전적으로 국비를 보조하는 것은 불가능하므로, 관민유지들과 — 후원단체를 구성케 하여 — 당해시설로 하여금 자급자족하도록 극력 추진할 것"이라 하고 있다(구자헌, 1970: 199).

10 수용보호시설은 해방 후 1948년 3월 말까지 47개에서 127개로 증가했으며, 1959년에는 691개로 급격하게 증가하였다. 1959년 691개 시설 중 영육아시설 수는 467개로 전체 시설의 약 67.6%에 달하였다(하상락, 1989: 88-92).

〈표 8-1〉 보건사회부 예산 대비 외원 도입액의 비중 (단위: %)

연도	1957	1958	1959	1960	1961	1962	1963	1964	1965
비율	–	36.2	27.9	61.6	216.3	106.2	124.7	201.0	165.9
연도	1966	1967	1968	1969	1970	1971	1972	1973	1974
비율	119.6	76.5	43.9	65.8	105.7	72.2	99.9	109.9	145.6
연도	1975	1976	1977	1978	1979	1980	1981	1982	1983
비율	34.7	–	–	–	–	14.6	15.8	12.7	10.3
연도	1984	1985	1986	1987	1988	1989	1990	1991	1992
비율	10.1	6.4	5.6	5.6	4.0	2.3	2.0	2.0	1.66

자료: 1957-1991년은 김학묵(1993: 209-235), 1992년은 보건사회부(1993).

시설사업에 대한 지도·감독·통제를 시작하였다.[11]

이와 같이 해방 후 1950년대까지는 전쟁으로 인한 요구호자에 대한 응급구호가 사회복지의 중심 활동이었다. 당시의 응급구호비용은 UN 구호계획에 의한 구호물품과 외국 민간구호물자였으며 미 공법 PL 480에 의한 양곡이 전재민의 구호에 크게 기여하였다. 1950년대까지 응급구호에 소요된 비용 중에서 외국 민간원조단체의 원조액이 차지하는 비율에 관한 정확한 자료는 없으나, 보건사회부 예산과 외국 민간원조단체의 외원액을 비교해 보면 1950년대 말에는 외원액이 보건사회부 예산의 30% 내외였으나, 1960년대에는 보건사회부 예산의 2배 가까이 될 정도로 외원이 구호비용 조달에서 큰 비중을 차지하고 있었다(〈표 8-1〉 참조).

1950년대에는 국가의 불충분한 생산력과 재정력에 비해 공공구호

11 정부의 지도·감독·통제는 다음과 같은 행정명령으로 이루어졌다. 1) 후생시설설치기준(1950. 2. 27): 시설의 최소기준 마련, 2) 사회사업을 목적으로 하는 법인 설립허가 신청에 관한 건(1952. 4. 21): 시설설립을 등록제에서 허가제로 전환, 3) 후생시설운영요령(1952. 10. 4): 시설의 종류를 분류하고 재단법인만이 시설을 운영하도록 함.

에 대한 요구는 매우 컸으며, 이러한 공백을 민간구호시설과 외국 민간자선단체가 메워 주었다. 1950년대의 외원기관 수는 평균 39개 단체였으며(한국선명회, 1993: 215), 이 시기 외원단체의 활동은 1) 시설이나 기관을 직접 설립하여 운영하는가 하면(병원, 학교, 고아원 등 복지시설), 2) 학교에 장학금과 도서, 교육용 기자재를 기증하거나, 병원에 의약품과 의료기기 등을 지원하고 고아원에 있는 아동에게 후원금을 전달하는 활동을 전개했으며, 3) 전재민을 위한 주택 건설, 정착민을 위한 각종 지원, 기생충 박멸과 같은 보건사업 등 프로젝트별로 활동을 벌이거나 프로젝트를 지원하였다(KAVA 40년사 편찬위원회, 1995: 66-67). 이 시기에는 소득보장, 의료보장, 대인사회서비스 등이 분화되어 독립된 복지제도로 기능했다고 보기는 어렵다. 즉, 시설수용보호와 거택구호라는 소득보장 중심의 응급구호활동이 주된 사회복지급여였는데, 의료보장의 영역에서는 공적인 대책은 마련되지 않았으며, 대인사회서비스는 응급구호라는 소득보장의 영역과 분리되지 않은 채 주로 비영리 민간이 운영하는 시설구호를 중심으로 존재하였다. 다만 한국전쟁 이후에 홀트양자회를 통한 혼혈아 및 고아의 해외입양사업이 그나마 소득보장과 분리된 대인사회서비스라고 볼 수 있다. 1950년대 중반 이후 매년 평균 500명 정도의 아동이 홀트를 통해 해외로 입양되었다(KAVA 40년사 편찬위원회, 1995: 115).

1950년대 국가의 복지업무는 크게 1) 생활구호사업, 2) 의료구호사업, 3) 사회복지사업, 4) 보건위생사업, 5) 군경원호사업, 6) 노동 관련 사업 등으로 구성되었고, 사회복지사업은 부녀국에서 주로 담당했는데 오늘날로 보면 사회(복지)서비스에 해당하는 것이라 볼 수 있다. 부녀복지사업은 모자복지, 윤락여성 보호, 전쟁미망인과 그 자녀의 보호사업, 아동복리사업 등으로 이루어져 있었고, 주택건설사업은 원호국에서 담당했던 난민정착사업과 연계되어 추진되었다(남찬섭, 2005).

1961년에는 '아동복리법'이 제정됨으로써 아동대인사회서비스에 대한 제도적인 정비가 최초로 이루어졌다. 이 법 역시 요보호아동에 대한 시설보호, 입양, 위탁보호 및 결연사업을 규정한 것으로, 대상자의 면에서 잔여주의적 성격을 벗어나지 못했으며, 서비스 제공에서도 국가의 역할은 입양, 위탁보호, 결연을 촉진하는 등 국가의 재정을 직접 투입하기보다는 비영리 민간이나 비공식 부문의 자원을 적극적으로 동원하려는 의도를 가지고 있었다. 아동복리법에 의한 아동복리위원회와 아동복지지도원은 가정환경조사, 입양위탁, 거택구호에 관한 업무를 통해 시설구호 아동의 가정 복귀 내지는 지역사회 복귀를 추진하여 탈시설화를 통한 지역사회보호를 추구하였다.

이와 같이 아동복리법의 제정을 통해서 시설보호 중심의 아동복지서비스는 1960년대 이후 시설보호아동의 탈시설화 정책의 기조 아래 전개되었다. 즉, 정부는 재정부담의 극소화와 요보호아동의 발생 예방을 강조하면서, 시설구호아동의 가정 복귀를 적극 추진하였다. 이러한 정책의 연장선상에서 1961년에 '고아입양특례법'이 제정되어 해외입양이 합법화됨에 따라 해외입양이 급격히 증가했고 국내입양이 장려되기도 했다. 또한 1962년부터 위탁보호사업에 대해 국가예산을 지원했으며, 외원단체도 이에 적극 협력하여(KAVA 40년사 편찬위원회, 1995: 115) 1962년에서 1970년까지 약 10만 명의 아동을 위탁가정으로 복귀시켰다(이혜경, 1993: 209). 아울러 탁아시설도 적극 권장하여 1959년 11개소이던 것이 1966년에는 116개소, 1969년에는 399개소로 급격하게 증가하였다(김정자, 1991).

한편 장애인, 노인, 여성에 대한 사회(복지)서비스는 별도의 독립된 법체계 없이 생활보호법에 의한 공공부조체계와 분리되지 않은 채 시설보호 중심으로 전개되었다(이현주, 2003). 특히 시설구호는 주로 비영리 민간이 운영하는 시설을 중심으로 이루어졌고 국공립시설은 극소수

〈표 8-2〉 아동복지시설 운영재원 구성비 추이 (단위: %)

<table>
<tr><th colspan="2">연도</th><th>정부보조</th><th>외원</th><th>자체</th><th colspan="2">기타</th></tr>
<tr><td colspan="2">1957</td><td>26.8</td><td>32.8</td><td>19.6</td><td colspan="2">20.8</td></tr>
<tr><td colspan="2">1958</td><td>28.3</td><td>36.5</td><td>22.3</td><td colspan="2">12.9</td></tr>
<tr><td colspan="2">1959</td><td>22.9</td><td>41.5</td><td>21.5</td><td colspan="2">14.1</td></tr>
<tr><td colspan="2">1961</td><td>21.1</td><td>53.3</td><td>20.4</td><td colspan="2">5.2</td></tr>
<tr><td colspan="2">1962</td><td>20.2</td><td>56.0</td><td>18.0</td><td colspan="2">6.0</td></tr>
<tr><td colspan="2">1965</td><td>15.5</td><td>64.0</td><td>13.2</td><td colspan="2">7.3</td></tr>
<tr><td colspan="2">1966</td><td>17.4</td><td>53.3</td><td>18.7</td><td colspan="2">10.6</td></tr>
<tr><td colspan="2">1967</td><td>19.8</td><td>50.3</td><td>20.7</td><td colspan="2">9.2</td></tr>
<tr><td colspan="2">1968</td><td>22.2</td><td>52.5</td><td>16.8</td><td colspan="2">8.5</td></tr>
<tr><td colspan="2">1969</td><td>26.2</td><td>51.0</td><td>15.8</td><td colspan="2">7.0</td></tr>
<tr><td colspan="2">1974</td><td>48.0</td><td>29.0</td><td>15.0</td><td colspan="2">8.0</td></tr>
<tr><td colspan="2">1975</td><td>49.1</td><td>25.9</td><td>18.6</td><td colspan="2">6.4</td></tr>
<tr><td colspan="2">1977</td><td>43.2</td><td>27.6</td><td>15.0</td><td colspan="2">8.0</td></tr>
<tr><td colspan="2">1981</td><td>62.6</td><td>5.7</td><td>12.9</td><td colspan="2">18.8</td></tr>
<tr><th colspan="2">연도</th><th>정부보조</th><th>외원</th><th>자체</th><th>민간보조</th><th>기타</th></tr>
<tr><td rowspan="3">1985</td><td>영아</td><td>57.8</td><td>5.3</td><td>14.1</td><td>19.1</td><td>3.7</td></tr>
<tr><td>육아</td><td>63.6</td><td>11.7</td><td>12.0</td><td>9.1</td><td>3.6</td></tr>
<tr><td>직업보도</td><td>81.1</td><td>2.1</td><td>13.5</td><td>1.5</td><td>1.7</td></tr>
<tr><td colspan="2">1989</td><td>65.0</td><td></td><td>15.8</td><td>12.0</td><td>7.3</td></tr>
</table>

주: 1) 1957-1969년, 1974년, 1975년은 '기타'에 민간보조금 포함.
2) 1981년 '기타' 중 15.4%는 국내민간자원.

자료: 1957-1969년은 한국사회복지연감(1972: 394); 1974년, 1977년, 1981년은 한국아동복지시설협회(1990: 65); 1975년은 한혜동(1976: 39); 1985년은 한국사회복지협의회(1987: 38); 1989년은 경제사회개발원(1991: 27).

에 지나지 않았다. 당시의 구호비용은 국가 구호재정의 부족으로 민간 외원단체의 원조에 크게 의존했는데, 당시 아동복리시설의 운영재원을 보면 국고 보조보다 외원이 차지하는 비중이 더욱 크게 나타난다(〈표 8-2〉 참조).

이상에서 살펴본 바와 같이 해방 후 1960년대 말까지의 사회복지는 요구호 빈민에 대한 응급구호의 성격을 가진 잔여적인 복지급여로서, 대인사회서비스와 융합된 채로 주로 생존에 필요한 최소한의 보호를 거택구호나 시설수용구호를 통해서 제공하는 소득보장을 중심으로 이루어졌다. 이들 공적 구제의 대상은 대체로 가족으로부터 부양을 받을 수 없는 아동, 노인, 임산부, 장애인이었는데 특히 전후에는 아동이 공적 구호의 주된 대상이었다. 1960년대에 들어서 요보호 아동을 대상으로 입양 활성화, 위탁가정보호 추진, 결연사업을 추진하는 과정에서 가족과 비공식 부문의 자원을 적극적으로 활용하고자 하였다. 그러나 노인, 장애인 등 요보호자에 대한 보호서비스는 여전히 생활보호제도와 결합하여 시설구호를 중심으로 주로 민간이 운영하는 시설에서 이루어졌으며 국공립시설은 소수에 불과하였다.[12]

정리하면 1960년대까지의 사회(복지)서비스는 응급구호적인 성격을 벗어나지 못했다. 즉, 주로 보호를 요하는 여성, 아동, 노인, 장애인을 대상으로 시설구호 중심으로 공공부조와 분리되지 않은 채로 운영되는 잔여주의적 성격을 벗어나지 못했다고 할 수 있다.

국가의 역할은 시설의 설치·운영에 대한 최소한의 지도·감독의 업무를 수행하는 데 그쳤으며, 그나마도 시설의 설치·운영은 국가의 법률에 근거하지 않고 정부의 훈령에 의해서 지도·감독이 이루어지고, 비영리 민간 부문이 운영하는 시설에 대한 재정 지원도 외국의 민간원조에 크게 의존하는 상황이 1960년대 말까지 계속되었다. 그러나 1950년대와 달리 1960년대는 정부가 수출주도형 산업화 전략을 추진하였고, 응

---

12 1957년 기준으로 양로시설은 사립만 47개소이며 영육아시설은 사립 472개소, 국공립 14개소이고, 부녀보호시설은 사립이 26개소, 국공립이 4개소다. 또 윤락여성보호시설인 자매원은 국립만 2개소로 대부분의 수용시설을 민간이 설립하여 운영하고 있었음을 알 수 있다(보건사회부, 1958: 442-498).

급구호적인 사회복지체계에서 부분적으로 벗어나 생활보호법을 제정하여 생활보호제도를 중심으로 자조와 자활을 조성하여 비공식 부문과 가족의 책임을 강조하는 잔여적인 사회복지서비스 체제로 전환되는 시기라고 할 수 있다. 1961년 제정된 '생활보호법'은 자립정신을 강조하고 자활 조성을 목적으로 하였고, 1963년 제정된 '사회보장에 관한 법률'에서도 복지제도가 경제성장의 도구라는 점을 분명하게 선언했으며, 1968년 '자활지도사업에 관한 임시조치법'도 자활을 조성하고 유휴노동력을 활용한다는 목적을 가진 법이었다.

요약하면 이 시기에 한국 정부는 요보호 대상자에 대한 직접적인 서비스 제공자로서 역할을 방기했으며, 재정공급자로서의 역할도 최소화하면서 비영리 민간 부문과 비공식 부문의 자원을 동원하고 활용하여 잔여주의적 관점에서는 요보호 아동, 노인, 장애인, 여성 등에 한정하여 생계구호와 시설수용보호를 위주로 사회(복지)서비스를 운영했다고 할 수 있다. 반면에 국내의 비영리 민간은 시설보호서비스의 주된 제공자로서 활동하고, 해외 원조단체들은 입양, 가정위탁, 지역사회개발 등을 통한 서비스 제공자로 활동하였으며 주된 재정지원자의 역할도 수행했다고 할 수 있다.

이와 같이 이 시기에 공공 부문인 국가보다도 국내의 비영리 민간 부문과 해외 민간 부문이 사회(복지)서비스의 주된 공급자와 재정지원자로서 역할을 수행했다. 이는 한국 사회가 당시에 처한 특수한 역사적인 상황과 요인(한국전쟁과 식민지수탈, 남북 분단에 따른 경제난 등)에 기인한 것으로 보이며, 이 시기의 한국이 처한 독특한 역사적 경험이 이후의 한국 사회(복지)서비스 공급체계 형성의 역사적이고 제도적 제약 요인의 하나로 작용한 것이 아닌가 생각한다.

가족 책임의 강화와 비영리에 대한 규제의 제도화, 최소한의 국가재정 투입을 통한 시설보호 중심의 잔여주의 시기: 1970년대 초부터 1980년대 초까지

1970년대에 들어서도 시설보호 중심의 대인사회서비스와 가족에 의한 보호를 강조하는 정부의 정책 지향은 그대로 유지되었고, 이는 사회복지사업법의 제정을 통해 법적으로 확고하게 제도화되었다. 1970년에 제정된 사회복지사업법의 배경의 일면을 과학기술처와 미국국제개발협조처의 지원으로 1969년에 발표한 「구호행정의 개선을 위한 조사연구」에서 찾아볼 수 있다. 이 연구보고서는 당시 시설의 문제점으로 공적 책임의 결여, 운영의 불건전, 시설의 종류별·지역별 격차, 정부의 지도·감독 불충분을 지적하면서 사회복지사업자의 자격, 활동범위 및 운영의 규제, 수익사업의 허용과 운영의 규제, 외원단체로부터의 수수(受援) 및 기본재산에 대한 규제가 필요하다고 지적하고 있다(한국응용사회과학연구소, 1969: 107-120). 이와 같이 당시의 사회복지사업법 제정은 국가 책임에서 사회복지사업을 확충하고자 함이 아니라 민간 사회사업의 활성화와 통제의 편의를 고려하여 제정된 것이라 할 수 있다(신남균, 1970: 87).

사회복지사업법을 통해서 국가는 그동안 민간에 의해 주도된 사회복지사업에 대한 지도·감독과 민간조직의 설치기준(시설, 자산, 사회복지종사자 등)을 강화하고 사회복지사업의 실시를 국가, 지방자치단체, 사회복지법인, 보건사회부 장관의 허가를 받은 법인이 수행할 수 있도록 했으나 국가나 지방자치단체의 전달체계에 대한 구상은 전혀 포함되지 않았다. 그러나 민간공동모금제도의 법적 근거를 명시하는 한편, 수익사업을 허가함으로써 비영리 민간 부문을 통한 민간 자원 동원을 활성화하고 국가는 최소한의 지원만 하고 비영리 민간에 대한 규제를 통해 사회(복지)서비스 공급체계를 구축한다는 정책 지향을 명백히 하였다.

1970년대는 중화학공업을 통한 급속한 산업화의 진전에 따라 노인, 장애인, 근로자, 근로청소년 등의 문제가 심각해졌으나 국가의 획기적인 서비스 대책은 없었다. 다만 비영리 민간이 운영하는 생활시설 중심의 시설보호체계 내에서 새롭게 증가하는 보호 욕구에 대응하기 위하여 아동시설을 장애인시설이나 노인시설로 전환하기 위한 행정적인 지도와 감독 정책이 전개되었다.

사회(복지)서비스에 대한 재정책임 면에서 보면 요보호 대상자에 대한 시설보호사업과 요보호 아동을 위한 입양사업, 탁아사업, 위탁가정사업 등은 정부와 민간외원단체의 재정적인 지원에 의해서 주로 이루어졌다. 외원단체는 아동복지사업을 집중적으로 지원했는데, 1974년에 '외국민간원조단체에 관한 법률'의 시행령과 시행규칙이 개정되어 외원단체의 활동에 대한 통제가 강화됨에 따라 외원이 감소하였다. 많은 외원단체들이 철수하기 전까지는 수용시설의 운영재원에서 외원이 차지하는 비중은 50-60%였고, 정부는 평균 25% 내외를 지원하였다. 1976년에는 이러한 상황이 반전되어 외원이 25% 내외를 부담하고 정부가 50-60%를 부담했으며 이후 정부의 재정부담이 점차 증가하였다(앞의 〈표 8-2〉 참조).

서구의 경우 사회(복지)서비스는 정부의 책임하에 발달했지만, 한국의 경우는 정부 수립 이후 혼란과 궁핍을 겪으면서 정부의 역량이 부족했던 시기에 설립된 많은 비영리 민간단체들과 외원민간단체들이 정부의 서비스 부족을 보완하거나 보충하는 역할을 수행해 왔다. 1970년 사회복지사업법 제정은 그동안 사회복지사업을 수행해 왔던 재단법인 또는 사단법인으로 하여금 정부가 정한 요건을 갖추어 특수법인인 '사회복지법인'으로 등록하게 한 것이다. 그러나 정부가 정한 법인등록요건이 당시 국내 시설의 여건에 비추어 지나치게 높아 영세한 국내 민간단체들은 개인의 재산을 또다시 보태어 법인등록요건을 충족하여 정부의 보조금을 받으려 노력했다. 그러나 법인등록요건을 충족시키지 못한 많은 시설들이 사실상 사회(복지)서비스를 제공하고 있음에도 불구하고 사회복지사업법에 규정된 법률관계에 편입되지 못함으로써 법적 규제도 받지 않지만 법적 보호도 받지 못하는 법외단체인 이른바 '미인가시설'이 되었다. 미인가시설에 대해서 법적 제제를 가하지 못한 것은 법에 따라 사회복지사업을 행하지 못하게 할 경우 이들 시설이 담당하던 보호대상자들을 정부가 보호해야 했기 때문이다(남찬섭, 2006). 국가의 보호와 규제의 법적 사각지대에 있던 미인가시설을 양성화할 필요성은 1997년 사회복지사업법 개정을 통해 시설 설립을 허가제에서 신고제로 전환하면서 대두되었다.[13]

한편 1970년대는 제3차, 제4차 경제개발 5개년계획이 시행된 기간으로 제3차, 제4차 5개년계획상의 사회복지사업 분야의 정부 정책은 사회복지수용시설의 확대와 조정에 국한된 것이었으며, 사회복지사업의 대상은 요보호 대상자로 생활보호법상의 생활보호대상자와 구분되지 않았다. 예컨대, 제3차 5개년계획상의 부문별 사업계획에서 사회복지사업 분야는 생활보호사업, 영세민 자조 근로사업, 아동복리사업, 부녀복지사업의 4개 분야로 나누어져 있어 장애인복지나 노인복지는 독립된 사업계획조차 없었다(보건사회부, 1971: 295-360). 제4차 5개년계획에 와서야 노인복지와 장애인복지가 별도로 구분되어 제시되고 있으나 그 정책의 내용은 탁아소 확대, 아동복지시설의 특수시설로의 조정, 노인복지시설과 장애인복지시설의 증설 및 운영비 지원이었으며, 공공의 서비스 공급체계 정비와 관련하여 아동복리지도원과 부녀상담원의 증

13 이에 따라 김대중 정부는 '조건부 신고제도'를 통해 법인시설로 유도하거나 폐쇄하기로 하였다. 2002년 10월 15일 복지부 자료에 따르면 전국에 1,008개 시설이 미신고 상태로 운영되고 있으며 1만 7,179명을 보호하고 있는 것으로 나타났다.

원계획에 관한 것이 전부였다(보건사회부, 1976: 238-242).

이러한 성장 중심 국가발전전략의 맥락에서 1970년대에도 여전히 시설보호 중심의 사회복지서비스와 가족에 의한 보호를 강조하는 정부의 정책 지향과 기조가 지속되었다고 할 수 있다. 다만 정부는 사회복지사업법 제정을 통해 사회복지사업 분야의 합법적인 공급주체로서 국가와 비영리 민간법인과 사회복지법인을 명확하게 규정하고, 이들에게 국가가 재정지원을 할 수 있도록 명확히 규정했다는 점이 이전 시기에 비해서 달라졌다면 달라진 점이라 할 수 있다.

1970년대는 남북 간의 체제 경쟁, 수출입국(輸出立國)과 중화학공업 육성을 통한 경제성장이라는 국가 아젠다가 모든 국가 정책의 기초가 되었다. 사회복지의 확대는 정치·경제적 고려가 우선되어 실행되었다. 1972년 국민복지연금제도의 도입 논의는 중화학공업 육성을 위한 자본 동원의 맥락에서 추동되었고, 1976년 국민의료보험제도와 의료보호제도의 도입이 7.4 남북공동선언에 따른 북한과의 체제 경쟁에서 촉발된 것은 잘 알려진 사실이다. 성장우선과 가족책임의 강조에 따른 국가 재정지원의 최소화라는 사회복지정책의 정향은 1981년 제정된 노인복지법과 심신장애자복지법, 그리고 개정 아동복지법에도 그대로 반영되었다. 이들 법령에서는 국가의 사회(복지)서비스 시설 설치에 대해서는 '설치할 수 있다'라는 임의적 규정으로 일관하고 있고,[14] 정부는 정부 직영의 새로운 시설을 설립하기보다는 민간기관에 대한 행정지도와 국고보조금정책을 통해 변화된 서비스 욕구를 충족시키기 위한 장애인시설이나 노인복지시설 등 민간시설의 설치를 장려하고 보조하는 방식을 채택하였다.

14 사회복지사업법 제2조, 심신장애인복지법 제5조, 노인복지법 제4조, 아동복지법 제3조 등.

1970년 사회복지사업법의 제정과 그 내용, 제3차와 제4차 경제개발 5개년계획, 국민연금 도입 논의와 의료보험제도 도입에 관한 정책과정을 통해 추론할 수 있는 한국의 사회(복지)서비스 정책에서 국가와 민간의 역할 관계는 명확하다. 1970년 사회복지사업법의 제정은 한국정부의 정책이 국가의 재정투입을 최소화하고 비영리 민간을 활용하여 민간자원을 동원하고 비영리 민간 부문을 국가서비스의 대행자(public agent)로 활용하는 것이라 할 수 있다. 따라서 국가는 사회복지사업법 제정을 통해 공공이 사회(복지)서비스 공급에서 주된 생산자로 활동하기보다는 사회복지법인제도를 도입함으로써, 비영리 조직이 정부의 보조와 민간자원의 조달을 통해서 시설보호 중심의 사고를 벗어나지 못한 채로 사회(복지)서비스를 시행하고자 한 것으로 평가할 수 있다. 국가와 민간의 역할 측면에서 이를 정리해 본다면, 국가가 비영리 민간에 대한 지도·감독과 규제를 강화하고 명확히 제도화한 면에서는 규제자로서의 역할이 강화되었지만, 재정지원자로서의 역할에서는 법적 근거를 명확히 마련했음에도 불구하고 커다란 변화는 없었던 것으로 평가할 수 있다.

규제자로서의 역할은 시설의 설치기준이나 허가에 관한 것과 운영의 회계적인 감사 수준으로, 서비스의 질이나 내용에 대한 실질적인 지도까지 포괄하는 것은 아니었다. 재정지원자로서의 역할은 비영리 민간 공급자에 대한 보조금 지원 방식이었으나 그 수준은 높지 않았다.

재가복지 강조, 공급 주체의 다원화와 서비스 외연 확장 시기: 1980년대 중반에서 2000년대 초까지

• 재가복지의 강조: 지역사회의 비공식 지원체계 활용 증가

제5차 및 제6차 5개년계획부터 사회발전 개념이 채택되어 국가계획의 명칭이 '경제사회발전계획'으로 바뀌었다. 제5차 계획에서는 "국가 발전에 맞는 복지시책, 가족 및 지역복지 기능의 조장, 자립촉진 복지시책, 민간자원 동원"을 사회(복지)서비스의 핵심 정책 방향으로 하여 한국적 복지모형을 모색하는 계기를 마련하였다. 한국적 복지모형은 "국가 개입의 축소정책, 가족 기능의 강화, 자원봉사자의 적극 활용 등"을 사회(복지)서비스의 정책 방향으로 정함으로써 국가의 책임을 인정하면서도 그 역할에서는 최소 개입주의를 명확히 하였다(김영모, 1986: 75).

이런 사회(복지)서비스 발전 계획은 선 가정보호, 후 시설보호 정책과 함께 자립·자활 프로그램이 강조됨으로써 시설보호 중심의 정책을 재가복지 중심의 정책으로 변화시키는 전기를 마련하였다. 재가복지의 개념은 영국의 지역사회보호(community care)의 개념이나 지역사회중심재활(community based rehabilitation)과 유사한 점도 있지만, 공공 부문의 서비스 제공자 역할이나 재정지원자 역할이 거의 부재한 한국적 상황에서 1992년 정부 정책으로 공식 도입된 재가복지서비스는 사실상 지역사회의 비공식 민간 부문을 서비스 제공자로 적극 동원한다는 정책과 크게 다르지 않았다.[15] 이렇듯 사회(복지)서비스 공급에서 비공식적인 민

---

15 재가복지서비스는 한국노인복지회에서 1987년부터 재가노인복지사업을 시작하여 가정봉사원을 통한 가사원조와 상담을 제공하면서 노인을 대상으로 한 재가복지서비스 사업이 확장되었다. 정부도 1989년 6월에 보건복지부 훈령 제568호로 제정된 "사회복지관설치·운영규정"에서 목욕서비스, 식사서비스, 가정봉사원 파견 등의 재가복지서비스 프로그램을 규정하였고, 1992년에는 재가복지센터 설치·운영지침을 마련하여 재가복지서비스를 활성화하기 시작하였다(김범수, 2000: 333-334).

간지원체계를 활성화하고 활용하려는 정책 지향은 1990년대에 더욱 강조되었는데, 1999년에는 사회복지공동모금회법이 제정되었고, 자원봉사활동기본법은 1990년대 말부터 논의되다가 2006년에 제정되었다.

• 복지공급주체의 다원화와 규제 강화

1980년대 후반 이후의 변화에서 주목되는 것은 비공식 민간 부문을 활용한 재가복지의 강조 외에도 복지공급주체를 다원화하는 방향으로 여러 가지 정책적인 전환이 이루어졌다는 것이다.

① 비영리 민간의 진입 확대와 공적 규제 강화: 전문화, 시설 운영의 투명성, 공정성 강화

1983년 개정된 사회복지사업법은 사회복지법인만이 아니라 비영리 법인도 시설을 설치·운영할 수 있도록 하여 비영리 부문의 진입장벽을 낮추는 한편, 부담능력이 있는 이용자에게 비용의 전부 혹은 일부를 수납할 수 있도록 했으며, 사회복지사제도의 도입과 채용을 의무화하였다. 1992년 개정된 사회복지사업법에서는 조례로 시·군·구에 사회복지전담기구를 설치할 수 있도록 하였고, 1997년 개정된 법에서는 사회복지사업의 목적을 '인간다운 생활을 할 권리 보장'이라고 처음으로 규정했으며, 시설 운영의 공정성·투명성·적정성을 보장하기 위해 시설평가제도와 시설운영위원회제도를 도입하였다. 또한 사회복지시설의 설치·운영을 허가제에서 신고제로 전환하였다. 1980년대 중반부터 2000년대 초반까지 사회복지사업법의 개정을 통해서 복지공급주체의 다원성이 강화되었다고 할 수 있다. 이는 증가하는 서비스 욕구에 대응함에 있어서 비영리 민간 부문을 서비스 생산자로 활용하고 정부는 재정지원자와 규제자로서의 역할을 강화하겠다는 정책 방향에서 나온 것으로 이해된다.

② 영리 민간 부문의 서비스 시장 진입 허용

시설의 설치·운영에서 제한적이나마 개인과 기업에게 참여의 길을 확대함으로써 복지공급주체를 영리 민간에까지 확대한 점이다. 1991년의 영유아보육법에서는 국가와 사회복지법인은 물론이고 개인과 기업, 종교단체도 보육서비스를 제공할 수 있도록 했으며, 개정 노인복지법(1993)에서도 재가노인복지사업과 유료노인복지시설의 운영을 개인과 기업이 시·도지사의 허가를 받아 수행할 수 있도록 하였다. 이러한 변화의 흐름은 이미 제7차 경제사회발전 5개년계획에서 제시된 소득계층별 사회(복지)서비스 전략을 보면 소득이 최저생계비 미만인 계층에는 정부가 부담하는 무료 서비스를 제공하고, 최저생계비 이상의 계층은 소득 수준에 따라 수익자 부담으로 실비 혹은 유료 서비스를 제공하도록 계획하고 있어 서비스 시장에 영리 부문의 진입이 가능하도록 하겠다는 정책을 확인할 수 있다.

• 서비스의 외연 확장과 전문화

다음으로 이 시기에 사회(복지)서비스 공급체계에 일어난 큰 변화로 사회(복지)서비스의 외연 확장을 들 수 있다. 여기서 서비스의 외연 확장은 서비스 관련하여 다양해진 욕구를 충족시키기 위한 법들이 제정되고 이들 욕구를 충족시키기 위한 전문 서비스 기관들이 확장된 것을 의미한다.

우리나라의 사회복지법체계에서 사회복지서비스에 관한 일반법인 사회복지사업법은 개별 사회복지서비스의 상위법으로, 개별 사회복지서비스법을 인도하고 지도하는 역할을 한다. 따라서 사회복지사업법을 통해 사회복지서비스에 관한 정책이념과 정책의 지향성과 전략적 방향을 가늠해 볼 수 있다. 따라서 사회복지사업법에 의해 규율되는 사회복지서비스법들을 살펴보면 한국 사회에서 사회복지서비스의 확장 수준과 내용을 확인할 수 있다. 1970년 제정된 사회복지사업법은 생활보호법, 아동복리법, 윤락행위 등 방지법에 의한 사회복지사업을 규율하는 법으로 출발하였는데, 1983년 개정 사회복지사업법에서는 노인복지법과 심신장애자복지법이 추가되었고, 1990년대에는 모자복지법과 영유아보육법, 정신보건법, 입양촉진법, 성폭력 피해자 관련 법들과 가정폭력방지법, 일제위안부지원법, 장애인·노인·임산부 등의 편의증진 보장에 관한 법률들이 사회복사업법의 규율을 받게 되었다. 사회(복지)서비스에 대한 욕구가 다변화됨에 따라 2000년대에는 1990년대보다 훨씬 많은 관련법들이 제정되어 사회(복지)서비스의 외연이 확대되었다.[16]

이러한 외연의 확장은 생활시설이 아니라 해당 서비스 욕구나 문제를 해결하기 위한 전문적인 서비스 기관으로서 각종 이용시설의 확대로 나타났다. 이용시설의 확대에 있어서도 국가가 직접 운영하는 것이 아니라, 비영리 민간이 운영을 담당하고 국가는 보조금이나 기관운영위탁제도를 활용하여 비영리 민간을 서비스 생산자로 활용하고 있다. 사회복지시설의 설립 추이와 사회복지이용시설 설립 연대에 관한 〈표 8-3〉과 〈표 8-4〉를 종합해 보면 1980년대 중반 이후 이용시설이 증가

---

16 '사회복지사업'이란 다음 각 목의 법률에 따른 보호·선도(善導) 또는 복지에 관한 사업과 사회복지상담, 직업지원, 무료 숙박, 지역사회복지, 의료복지, 재가복지(在家福祉), 사회복지관 운영, 정신질환자 및 한센병력자의 사회복귀에 관한 사업 등 각종 복지사업과 이와 관련된 자원봉사활동 및 복지시설의 운영 또는 지원을 목적으로 하는 사업을 말한다(사회복지사업법 제2조).

해당 법률들을 열거하면 국민기초생활보장법, 아동복지법, 노인복지법, 장애인복지법, 한부모가족지원법, 영유아보육법, 성매매방지 및 피해자보호 등에 관한 법률, 정신보건법, 성폭력방지 및 피해자보호 등에 관한 법률, 입양특례법, 일제하 일본군위안부 피해자에 대한 생활안정지원 및 기념사업 등에 관한 법률, 사회복지공동모금회법, 장애인·노인·임산부 등의 편의증진 보장에 관한 법률, 가정폭력방지 및 피해자보호 등에 관한 법률, 농어촌주민의 보건복지증진을 위한 특별법, 식품기부 활성화에 관한 법률, 의료급여법, 기초노령연금법, 긴급복지지원법, 다문화가족지원법, 장애인연금법, 장애인활동 지원에 관한 법률, 노숙인 등의 복지 및 자립지원에 관한 법률, 보호관찰 등에 관한 법률, 장애아동복지지원법 등이 있다.

〈표 8-3〉 사회복지시설의 설립 추이 (단위: 개소)

연도	노인 생활시설	장애인 생활시설	종합사회 복지관	노인 복지관	장애인 복지관	재가노인 시설[2]	장애인 주간·단기 보호시설	장애인 공동생활 가정
1995	146	174	297	80[1]	–	80	–	–
2000	250	195	347	133[1]	92[3]	168	76[3]	63[3]
2006	1,166	288	397	183	137	1,045	343	358

주: 1) 노인복지관, 재가노인복지시설의 1995년 수치는 1997년, 2000년 수치는 2001년 자료.
2) 재가노인시설은 가정봉사원파견시설, 주간보호시설, 단기보호시설을 의미함.
3) 장애인복지관, 주간 및 단기보호시설, 공동생활가정의 2000년 수치는 2002년 자료(이전 자료 없음).
자료: 『보건복지통계연보』 등 보건복지부 발간 자료에서 구성.

〈표 8-4〉 사회복지이용시설의 설립 연대(1992. 12. 31) (단위: 개소)

구분	1950년대	1960년대	1971-75	1976-80	1981-85	1986-90	1991-	합계
아동상담소	2	3	3	15	21	4	1	49
부녀상담소	0	5	4	11	21	59	21	121
여성회관	0	9	3	3	3	14	11	43
사회복지관[1]	25					35	94	154
일반청소년회관	0	1	0	0	12	7	3	23
청소년상담실	0	0	0	0	0	3	5	8
장애인복지관	0	0	1	0	5	14	11	31
재가복지센터	0	0	0	0	0	0	144	144
보육시설[2]	9.8%					43.5%	47.9%	100%

주: 1) 사회복지관은 거의 1992년 말 기준 154개 중 129개소가 1986년 이후 건립·운영되고 있으며 나머지 25개소는 그 이전부터 설립·운영되고 있는 것들로 정확한 설립 연도 파악이 이루어지지 않았음.
2) 보육시설 설립 연도는 1993년 224개 시설에 대한 표본조사 결과임(지역사회탁아소연합회, 1993: 15).
자료: 보건사회부, 「사회복지시설현황-1992. 12. 31 기준」(내부자료); 『보건사회백서』(1981-1992); 『청소년백서』(1975, 1980, 1985, 1990, 1992).

〈표 8-5〉 사회복지인력 추이

(단위: 명)

사회복지인력	1990	1995	2000	2005	2007
사회복지사 자격증 교부자	7,804	18,586	42,292	129,999	208,866
사회복지전담공무원	324	3,000	4,800	9,738	10,515

자료: 남찬섭(2009: 14)을 수정.

〈표 8-6〉 공공사회지출과 사회(복지)서비스 지출 추이

(단위: 십억 원)

구분		1990	1995	2000	2005	연평균 증가율(%)		
						1990–2005	1995–2005	2000–2005
공공사회지출		5,607	13,783	29,537	55,703	16.5	15.0	13.5
사회보험		3,697	9,422	18,866	38,868	16.6	14.6	14.3
공공부조		861	1,524	3,810	9,204	17.1	19.7	19.3
사회(복지)서비스	소계	156	562	1,410	3,290	22.5	19.3	18.5
	시설보호	52	148	258	161	7.8	1.6	−9.0
	재가복지	104	424	1,152	3,129	25.5	22.1	22.1

자료: 고경환 외(2007).

하고 있으며, 특히 2000년대 이후 시설 수가 급증함을 알 수 있다.

이와 같은 사회복지서비스시설의 확충은 인력 증가로 이어졌고, 사회복지사 자격증 교부자 수와 사회복지전담공무원의 수에서도 괄목할 만한 변화가 있었다. 특히 1989년에 일선 읍·면·동사무소에 배치되기 시작한 사회복지전담공무원은 이후 꾸준히 증가하여 공공부조 및 사회복지서비스 공공전달체계의 한 축을 담당하고 있어 공공 부문에서도 사회복지의 전문화를 추구하고 있었음을 알 수 있다(〈표 8-5〉 참조). 이같이 사회복지인력이 급증한 현상은 한국이 2002년 고령화사회로 진입하였고, 여성의 취업활동 증가와 핵가족화에 따라 가족 기능이 약화되면서 아동, 노인, 장애인에 대한 다양한 돌봄(care) 수요가 증가한 것

이 그 배경이라고 할 수 있다.

특히 1990년대 후반 이후 사회(복지)서비스 수요 증가에 대응한 사회(복지)서비스 공급기관(시설)의 증가는 사회(복지)서비스 부문에의 공공 재정 투입을 크게 증가시켰다. 〈표 8-6〉에서 보는 바와 같이 1990년부터 2005년까지 사회(복지)서비스 지출 증가율은 연평균 22.5%로 공공부조(17.1%)와 사회보험(16.6%)보다 큰 폭으로 증가했고, 이와 같이 지출 규모의 빠른 증가는 저출산·고령화에 따른 사회(복지)서비스 수요 증가에 기인한다. 그러나 사회(복지)서비스 지출과 사회(복지)서비스 제공기관의 증가 및 사회(복지)서비스 공급 인력의 증가에도 불구하고, 사회(복지)서비스 공급량이 충분하지 않다는 평가가 지배적이다(남찬섭, 2008).

지역복지체계 구축, 분권화, 시장기제의 확대: 2003년부터 현재까지

1980년대 중반 이후부터 2000년대 초반까지 사회(복지)서비스의 급격한 외연 확대에 따른 복지공급주체의 다원화 경향, 재가복지의 강조는 현재까지도 정부의 사회(복지)서비스 정책의 한 축으로 작용하고 있다. 이러한 지속적인 변화 과정 속에서도 2000년대 초·중반 이후에는 이전 시기와는 질적으로 다른 내용으로 공공과 민간의 역할에서 커다란 변화를 가져올 정책 전환이 연속적으로 이루어졌다. 즉, 1) 지역복지체계 구축을 위한 사회복지사업법의 개정, 2) 사회(복지)서비스 관련 국고보조사업의 지방 이양과 그에 따른 분권교부세 도입, 3) 2006년 사회서비스 확충계획에 따라 사회(복지)서비스 공급에서의 시장기제로서 바우처 방식에 의한 서비스 공급의 확대로 영리 부문에 의한 사회(복지)서비스 확대를 들 수 있다. 이 점에서 2000년대 사회(복지)서비스 공급체계의 세 가지 키워드는 지역복지체계, 분권화, 시장기제의 도입 강화라고 할 수 있다.

• 지역복지체계의 구축

2003년 개정 사회복지사업법은 지역복지체계의 구축을 사회복지사업의 목표로 규정하였다. 지역복지체계에 대한 명확한 법적 정의는 사회복지사업법에서 찾아볼 수 없다. 그러나 학술적으로 지역복지체계의 구축이라 함은 지역사회를 단위로 하여 주민의 일상적인 생활상의 각종 서비스 수요와 욕구가 충족되는 체계를 수립해야 한다는 의미를 내포하고 있으며, 지역사회의 각종 서비스 자원과 욕구를 개발하고 연결하여 통합적으로 서비스 욕구를 충족시키는 서비스 체계를 의미하는 것이라 할 수 있다.

지역복지체계 구축과 관련한 법 개정 내용은 다음과 같다. 우선 자치단체로 하여금 사회복지계획을 수립하고 지역사회복지협의체를 구성하여 운영하도록 의무화했으며, 서비스 신청에 의한 사회(복지)서비스의 실시를 의무화하였다. 또한 사회복지사업법 제3장의 2에 재가복지의 장을 신설함으로써 시설에 앞서 재가복지서비스를 제공하도록 함으로써 시설보호가 아닌 재가복지서비스 우선의 원칙을 명확히 하여 지역복지체계 구축이 시설 중심의 보호가 아니라 지역사회 중심의 보호임을 분명히 하고 있다.

기초자치단체와 광역자치단체가 지역보건계획과 연계하여 4년마다 지역사회복지계획을 수립하고, 또 매년 연차별 실행계획을 세우는 것을 의무화하고 있다. 지방자치단체에게 지역 실정에 부합하는 사회(복지)서비스 계획을 수립할 권한과 책임을 부여하는 것이 개별적인 전문가의 판단과 지역 특성을 반영하는 사회(복지)서비스의 성격에 맞는 일이다. 그러나 지방자치단체의 재정적인 제약 등으로 지역사회복지계획 수립이 형식화되고 있다는 문제가 있다(감정기·백종만·김찬우, 2007).

지역사회복지협의체는 지역사회 수준의 협치기제(local governance)로, 기초지방자치단체 수준에서 지역사회(복지)서비스에 관한 공동의사결정기구 내지는 공동문제해결기구의 위상을 법적으로 부여받았다. 이는 행성에 관한 주요 의사결정에서 시민참여를 통한 주민통제의 의미를 갖지만, 이 제도 역시 구성과 운영이 관의 주도로 일방적으로 이루어지는 사례가 많다(감정기·백종만·김찬우, 2007).

지역복지체계의 구축은 사회(복지)서비스의 기획과 집행에서 지방자치단체의 역할과 책임을 강화하는 방향으로 중앙과 지방 간 역할분담 구조를 변화시키는 기제로 작동하게 된다. 이는 사회(복지)서비스 공급체계에서 지방정부의 의사결정권을 강화하게 될 것이고, 이는 곧 지방정부의 책임성을 강화하는 방향으로 작동할 것으로 예상된다. 한편 지역사회복지협의체의 구성과 운영은 복지혼합모형으로 운영되고 있는 사회(복지)서비스체계에서 민간 부문의 참여와 발언권을 강화함으로써 복지 관련 시민 요구에 대한 반응성을 높이는 동시에 공공과 민간의 협력관계를 강화하는 제도로 작동할 것을 기대하고 있다.

• 분권화

지역복지체계 구축을 위한 지역사회복지계획 수립 의무화, 지역사회복지협의체의 설치·운영도 사실 분권화 조치라고 할 수 있다. 그러나 기획 기능과 집행 기능을 분권화하면서 그에 따라 재정 기능이 그에 적합하게 운영되지 않는다면 분권화는 달성되기 어렵다. 참여정부 때 사회복지국고보조금사업의 지방 이양에 따른 분권교부세의 도입은 그런 의미에서 본다면 상호 조응성이 높은 정책 조합일 수도 있다. 2005년 1월 재정 분권의 수단으로 도입된 분권교부세는 5년간 운영한 뒤 2010년 일반교부세로 전환할 예정이었으나 5년 더 연장된 중앙정부의 이전재원이다. 분권교부세는 경직적인 국고보조금제도의 확대에 따라 지방의 자율성이 저해되고 있다는 비판에서, 국고보조사업을 지방으로 이양하고 그 자금을 사용 용도가 자유로운 교부세로 전환함으로써 지방자치를 발전시킨다는 논리에서 도입되었다. 이는 지방자치단체의 인구사회학적·경제적·지리적 특성에 따라 사회(복지)서비스가 결정되고 집행되어야 한다는 면에서 원칙적으로 수용 가능하다. 그러나 분권교부세 제도의 설계와 운영에서 지방자치단체의 재정 격차를 충분하게 반영하지 못하고, 지방으로 이양된 국고보조사업의 비용을 동등하게 보상하지 못함으로써 운영상의 문제점을 드러내고 있다.

그동안 지적된 분권교부세가 초래한 문제점으로는 첫째, 지방자치단체의 재정부담 증대를 들 수 있다. 지방자치단체의 복지예산이 전체 예산에 비해 빠른 속도로 증가하는 가운데 지방자치단체의 전체 복지 예산 증가율보다 사회복지분야 이양사업의 예산 증가율이 더 높게 나타나며, 지방이양사업에 대한 전체 예산 중 지방비 부담 비율이 이양 이전에 비해 점차 높아지고 있다. 둘째, 서비스 배분의 지역 간 격차가 발생함으로써 재정력이 취약한 자치단체의 경우에는 상대적으로 사회복지 지방이양 사업에 대한 재정지출 수준이 낮아 자치단체 간 사회복지 지방이양 서비스 배분에서 격차가 발생한다. 셋째, 지역별 복지시설 불균형 분포와 타 지역 주민 입소에 따른 경비부담 조정 시스템 부재 문제를 들 수 있다. 노인, 장애인, 정신요양 등 일부 생활시설의 경우 대도시 주변과 농촌에 시설이 집중되어 해당 지방자치단체의 재정부담이 가중되고 있다(곽채기 외, 2008). 이는 사회(복지)서비스 발전을 위해서 중앙-지방 정부 간의 행·재정 관계에서 역할을 재조정하는 문제와 연결해서 생각할 필요가 있다.

• 시장기제의 도입 강화

사회(복지)서비스 공급에서 시장기제의 도입과 강화는 2006년 참여정부에서 사회서비스 확충 전략을 채택하면서 비롯되었다. 1997년 외환위기 이후 진행된 고용의 양극화로 케인즈주의에 입각한 전통적인 복지국가 전략의 유용성에 대한 회의에서 한국 사회에 사회투자국가 논의가 촉발되었고, 이런 논의의 연장선에서 사회복지서비스를 포함한 사회서비스 확충전략의 정책적인 목표를 사회투자형 서비스 개발과 새로운 일자리 창출에 두었다(제갈현숙, 2009). 정부는 변화된 산업 및 사회구조에서 사회서비스 확대의 필요성을 인식했지만, 공공성에 기반을 둔 복지서비스로서가 아니라, 새로운 산업으로서 사회서비스를 인식하고 이를 설계한 것이다(안상훈, 2006).

한국의 사회(복지)서비스체계에서 재정은 공공이 부담했으나, 전달체계의 운용 측면에서는 거의 대부분이 비영리 민간 중심으로 발전하였다. 국가는 장애인, 기초생활수급권자, 한시적 보호대상자와 같은 매우 제한적인 대상에 대해서만 공적 전달체계를 중심으로 사회(복지)서비스를 제공해 왔다. 반면에 사회서비스 확충전략은 이러한 제한적이고 선별적이었던 서비스 대상을 일반시민인 아동과 노인층으로 확대함에 있어서 기존의 비영리 민간을 통한 방식보다 시장기제를 적극적으로 활용하는 시장화 전략을 유도하고 있다. 여기서 시장화 전략의 하나로 사용한 것이 바우처(voucher) 방식의 재정지원이다.

대표적인 전략은 2007년에 도입한 바우처 제도를 통한 사회서비스 시장형성 촉진 전략으로 정부가 공공 공급자로 직접 나서지 않고, '시장형성→공급자 경쟁→바우처 제도를 통한 서비스 품질 제고→적정 시장 유지'라는 효과를 기대하고 있다. 바우처 도입 논리는 서비스 품질 유지와 소비자 선택권의 보장에서 찾을 수 있지만, 선진 외국의 경우와 달리 한국에서 바우처 도입의 사회적 맥락은 사회서비스의 공급량을 확대하고 사회적 일자리 창출이라는 목적이 우선시되었기 때문에 바우처가 공급자 간 경쟁을 통해 수요자의 선택권을 보장하기는 어려운 상황이다(남찬섭, 2008).

바우처 방식의 도입은 한국의 사회서비스 공급에서 국가과 민간의 역할 관계에 커다란 변화를 가져온 것으로 평가된다. 전형적인 공급자 지원 방식이었던 보조금 지원 방식이 아니라 수요자 지원 방식을 도입하고 서비스 시장에 영리사업자의 진출을 허용한 것이다. 이는 국가와 비영리 민간, 영리 민간, 서비스 수요자(수급자) 간의 관계를 변화시키고 있다. 경쟁을 통한 서비스 품질 향상, 서비스 수요 급증에 대응하여 바우처 방식은 시장을 형성할 수 있는 좋은 기제이고 이를 통해서 일자리를 창출할 수 있다는 것이 바우처 제도의 도입 배경이다(배화숙, 2007; 남찬섭, 2008).

바우처 제도의 도입이 사회서비스의 공급을 늘리고 괜찮은 일자리를 확대했는가에 대해서도 평가하기는 조금 이르지만, 현재의 시점에서는 부정적 평가가 내려지고 있다. 사회서비스 확대를 통해 창출된 일자리는 31만 5천 개(2006-2008년)로 여기에 요양보호사, 간호사 등 시설 종사자 확충을 통한 5만 개의 새로운 일자리까지 포함하면 36만 개 이상의 일자리가 생긴 것이다. 그러나 이들의 월평균 노동시간은 1인당 최소 20시간에서 최대 108시간으로 기관별로 4배 이상 차이가 난다. 5인 이상 사업장 상용근로자의 월평균 노동시간인 191.4시간(2006년 기준)과 비교하면 바우처 도입으로 창출된 일자리는 매우 불안정한 고용이라고 할 수 있다. 게다가 정규직보다는 일용직, 상용직, 계약직 등의 비정규 고용 형태가 많아 고용의 불안정에 노출되어 있다.

또한 바우처 제도가 수요자의 선택권을 보장할 정도로 사회(복지)서비스 시장을 확대했는가에 대해서도 부정적인 평가가 내려지고 있다. 4대 바우처 사업은 모두 행위당(시간당) 비용을 지불하는 방식인데, 문제는 서비스 공급가격과 이용 가능 시간을 해마다 정부가 결정하고 있고, 본인부담제가 적용된다는 것이다. 정부의 결정은 정권 교체, 총액예산에 따른 조정 등으로 변화를 겪는데, 예를 들면 2008년에 노인장기요양보험제도의 실시로 노인돌보미사업과 노인실비입소이용료 지원은 전년도 대비 각각 14%와 93% 이상 예산이 감소했다. 그러나 노인장기요양보험제도로 포괄되는 노인은 2008년 3%로 설정해 8월 이후 판정 예외 노인들에 대한 돌보미사업이 긴급하게 지원되기도 했다(국회예산정책처, 2007). 이렇듯, 중앙 정부의 정책 결정과 기존 복지시설에서 무료로 제공해 오던 서비스가 바우처로 인해 본인부담금이 발생하면서, 저소득층에게 새로운 부담으로 작용하게 되었다. 이로 인해 지속적이고 통합적으로 서비스를 제공받아야 하는 수급권자(이용자)들에게 안정적으로 서비스를 제공할 수 있는 환경을 조성하기 어렵다는 비판이 제기되고 있다(제갈현숙, 2009).

사회서비스가 보다 많은 대상자에게 안정적·지속적으로 제공되기 위해서는 영리적 속성을 배제한 공적 영역에서 사회서비스 노동자에 대한 노동권을 보장하는 방식으로 사회서비스 공급구조의 전환이 필요하다. 바우처를 통한 정부의 사회서비스 시장화 전략은 결코 지속가능하지도 않고, 서비스의 질적 제고도 담보할 수 없으며, 꾸준한 일자리 창출도 약속할 수 없다는 비판이다(제갈현숙, 2009).

4. 결론: 사회(복지)서비스 정책에서 공공과 민간의 역할 실태와 과제

한국 사회의 사회(복지)서비스 공급에서 공공과 민간의 역할과 역할 관계는 공공이 민간을 활용하여 서비스를 공급하는 민간활용모형의 구조 속에서 규정되고 있다. 1992년을 기준으로 한 횡단적 분석자료를 토대로 필자는 한국의 사회(복지)서비스 공급체계를 '민간비영리활용모형'으로 분류하고, 공공 부문으로서 정부와 비영리 민간의 복지혼합모형이 가질 수 있는 이론적인 강점과 한계를 분석하였다(백종만, 1994). 그러나 최근 10여 년간의 사회(복지)서비스 공급에서 비영리 민간의 등장과 바우처 방식의 도입은 공공과 민간의 역할관계에 대한 분석에서 공공과 비영리 민간의 관계만이 아니라 영리 민간과 공공의 관계도 재정립해야 할 것으로 보인다. 이들 관계에서 국가와 영리 민간의 역할, 국가와 비영리 민간의 역할 관계를 사회(복지)서비스의 정책 목표와 여건에 비추어 재정립할 필요가 있다.

사회(복지)서비스에서 공공과 민간의 역할 변화와 복지혼합

한국 사회(복지)서비스 변천의 역사를 검토한 결과 해방 이후 1970년대 초까지는 부족한 재원으로 공공이 민간 부문에 충분한 재정지원을 하지 못했으며, 오히려 비영리 민간이 부족한 정부 서비스를 보충해 주는 보충자로서의 역할과 정부가 수행하지 못한 사업을 수행하는 보완자로서의 역할을 수행했던 것으로 보인다. 따라서 사회(복지)서비스 변천 과정의 초기 단계에서 정부와 비영리 민간은 협력관계에 있기보다는 각 부문이 처한 현실적 조건과 역사적 상황에서 서로 독립적으로 역할을 수행했던 것으로 이해할 수 있다. 이런 상황은 한국이 전쟁의 피해를 복구하고 경제적으로 성장하기 시작하는 1970년대 초·중반까지 계속된 것으로 보인다. 정부가 민간의 협력관계를 통해 사회서비스 욕구에 대응할 현실적인 필요성을 절실하게 인식한 것은 국민들의 다양한 복지 욕구가 분출하고 가족기능이 약화되는 1980년대 후반 혹은 1990년대 초반 이후인 것으로 보인다. 그러한 인식의 변화는 산업화에 따른 새로운 사회문제의 발생과 가족 및 지역사회 해체에 따른 보호 욕구의 증가가 배경이 된 것으로 추정된다. 이 같은 사회적 요인 외에 1980년대 후반의 사회민주화와 정치민주화에 따른 국민들의 다양한 복지 욕구에 국가가 대응해야만 했던 정치적 요인도 국가가 사회서비스에 대한 최소한의 개입을 시작하는 동인이 되었다.

사회(복지)서비스 발전에서 신자유주의 경제위기를 전후로 급증한 국민들의 사회(복지)서비스 욕구는 1990년대 말 이후부터 현재까지는 아동보육, 노인요양 등 돌봄 영역에서 크게 나타나고 있다. 보육과 노인요양 욕구의 증가는 비공식체계를 통한 대응만으로는 한계에 부딪쳤고, 그에 따라 자연스럽게 아동보육과 노인돌봄 영역을 중심으로 사회서비스제도를 통해 서비스 욕구에 대응해야만 했던 것이다. 이런 상황에서 한국 사회는 물론 전 세계에 불어 닥친 신자유주의에 따른 실업과 고용안정성의 문제는 사회서비스 투자라는 새로운 해법과 화두를 우리 사회에 던져놓았다. 2000년대 초·중반의 이런 사회·경제적 상황과 조건에서 창출된 것이 돌봄 욕구를 충족해야 할 필요와 일자리 창출이라는 이해관계의 조우였다. 이것은 바로 사회서비스의 시장화를 추진하는 동력으로 작용하였고 또 하나의 민간 공급자로 영리 민간 부문이 새롭게 부각되었다고 할 수 있다.

사회서비스의 시장화를 촉진하기 위해서 2006년에 도입된 바우처 방식의 사회서비스 사업은 1970년대 중반 이후 형성되어 온 정부와 비영리 민간의 역할 관계에 커다란 변화를 가져왔다. 이는 바우처가 도입된 사회(복지)서비스의 특정 영역에서는 공급자 간의 협력보다는 경쟁이, 서비스 이용자와 서비스 공급자 간의 상호 신뢰의 관계보다는 시장 논리에 따른 교환관계가 생성됨으로써 공급자와 이용자의 관계를 변화시키고 있다. 민간 영리가 진입한 사회서비스 시장에서 비영리와 영리 간의 경쟁이 서비스의 질을 담보할 것인지에 대한 우려에서 서비스의 품질 관리와 서비스의 질 유지, 정보에 취약한 사회서비스 이용자들의 정보 접근 및 이용권의 확대 및 보장 같은 새로운 문제와 과제가 제시되고 있다. 국가의 품질관리자로서 역할과 이용자의 권리 보장, 영리와 비영리 간의 공정한 경쟁을 통한 서비스 질 향상 등의 과제가 산적해 있다.

이런 변화는 공정한 시장의 관리자로서 정부의 역할 강화를 새롭게 요청하고 있다. 또한 다양한 사회(복지)서비스 영역에서 어떤 영역들이 영리 부문의 진입을 통해서 서비스의 질을 담보할 수 있는가에 대한 면밀한 검토가 요청된다. 사회(복지)서비스 공급 주체에서 비영리 민간의 진입은 공공 부문으로서 정부의 관리자·규제자로서의 역할에 변화를 요구하고 있다.

또 공공 부문에서 또 다른 과제는 중앙정부와 지방정부 간의 적정한 역할분담이다. 이는 사회서비스 재정 분권화, 지역복지체계의 구축, 지역의 실정과 주민의 요구에 부합하는 공급체계 구성이라는 요구와 바우처 방식이라는 중앙집권적인 서비스 공급 방식 간의 부정합성의 문제다. 사회서비스 공급 주체로서 영리 민간의 진입 허용과 서비스 비용지불 방식으로서 공급자에 대한 보조금 지급 방식과 소비자에 재정지원 방식으로서 바우처 방식은 서비스 공급에서 공공, 영리 민간, 비영리 민간 간의 역할 관계에 긴장과 변화를 초래할 것이다.

영리-비영리, 중앙-지방이라는 복지혼합경제하에서 복지공급주체의 과제

사회(복지)서비스에서 공공과 민간의 역할분담에서 고려해야 할 선택 방향은 사회(복지)서비스 공급에서 공공성을 강화하는 것이다. 여기서 공공성이 의미하는 바는 정부가 사회(복지)서비스 할당, 재정조달, 전달체계를 독점해야 한다는 것은 아니다. 공공성이란 사회(복지)서비스가 갖는 사회적 중요성이 인정되어야 하고, 가치재(merit goods)로서 사회(복지)서비스가 사회적으로 필요한 수준에서 필요한 사람에게 지역이나 소득계층에 따른 차별 없이 적정한 수준으로 형평성 있게 공급되어야 한다는 의미다. 이런 의미에서 사회(복지)서비스에서 공공성 강화는 대상자 할당, 재정조달, 전달체계 구축에서 중심 가치로 자리 잡아야 하고 이는 공공 부문이 그 책임과 역할을 담당하는 핵심적인 역할이 되어야 할 것이다.

첫째, 대상자 할당의 원리에서는 필요에 의한 서비스 할당의 원리가 실제 사회(복지)서비스 운영에서 관철될 수 있어야 한다. 이념적으로나 법제도적으로는 이 원칙이 천명되고 있지만, 실제 정부가 재정을 지원하는 많은 서비스들이 자산조사 기준을 부과하고 있어 필요에 따른 서비스 이용이라는 원칙이 훼손되고 있다. 필요에 따라 사회(복지)서비스를 누구나 이용할 수 있기 위해서는 서비스 이용에 따른 비용이 가정경제에 부담이 되지 않아야 한다. 이 점에서 한국에서 필요에 따른 서비스 대상자 할당 원칙의 관철은 공공재정의 투입을 확대하는 문제와 밀접한 관련이 있다.

둘째, 재정조달에서는 공공재정의 투입이 확대될 필요가 있다. 2001년 18개국의 사회서비스 지출규모는 GDP 대비 평균 1.85%로 한국(0.32%)의 약 6배에 달한다(강혜규 외, 2007: 294). 한국의 사회복지지출 및 사회서비스 지출은 경제발전 정도에 비추어 볼 때 낮은 수준이므로 전체적인 규모가 확대될 필요가 있다. 공공재정의 투입 확대는 대상자 할당의 원리에서 욕구에 따른 할당의 원리 확보에 있어서 매우 중요한 전제 조건이다.

셋째, 전달체계의 구축에서는 지방자치단체 수준에 전문적인 공공 전달체계가 확립될 필요가 있다. 사회(복지)서비스가 지닌 지역성과 주민 밀착성을 고려할 때, 행정적이고 정책적인 수준에서 주민의 욕구를 보다 더 잘 반영하기 위해서 기초지방자치단체 수준에서 전달체계가 구축되어야 한다. 또한 다양한 영역에서 사회(복지)서비스를 전달하는 민간 부문 전달체계와 네트워크를 통한 협력체계를 구축함으로써 지역사회 수준에서 서비스 통합을 이루어야 한다.

이와 같은 정책 방향에 기초하여 지역복지체계 구축을 목표로 공공과 민간의 역할분담과 관련한 정책과제를 제시하면 다음과 같다.

국가, 시장, 비영리 민간의 적절한 역할분담에 대한 논의와 연구가 좀 더 구체적으로 진행될 필요가 있다. 또한 시장화를 통한 궁극적인 정책 목표와 가치에 대한 검토가 요구된다. 시장화를 통한 일자리 창출과 서비스 질 확보, 크리밍(creaming) 현상, 계약 실패의 문제에 대비할 필요가 있다. 지역복지체계 구축이라는 사회(복지)서비스 정책의 주요 목표와 중앙집권적인 서비스 관리를 요구하는 바우처 방식은 조화를 이루기 쉽지 않다. 두 마리 토끼를 다 잡기 어렵다면, 결국은 정책 선택의 문제를 가치와 목표의 관점에서 고민할 필요가 있다. 중앙정부와 지방자치단체 간에 적정한 역할분담을 설정하고, 그에 따라 지방자치단체의 행정역량 강화, 재정조달의 원칙, 전달체계의 구축과 운영에 관한 세부 정책이 마련되어야 한다(감정기·백종만·김찬우, 2007; 백종만 외, 2006; 백종만, 2003; 백종만, 1994; 곽채기 외, 2008; 강혜규 외, 2006; 강혜규 외, 2007; 제갈현숙, 2009; 양난주, 2010).

1) 국가, 시장, 비영리 민간의 역할분담에서 민간 부문과 협력관계를 형성해야 한다. 협력을 위해서는 중앙정부와 지방정부 수준에서 다양한 협의기구를 활성화할 필요가 있다. 서비스 시장의 확장과 일자리 창출을 위한 바우처 제도의 노입은 사회(복지)서비스 시장의 공급주체를 다원화하고 있다. 시장기제의 도입에 따라 규제자로서 중앙정부의 역할을 강화할 필요가 있다. 규제자로서의 역할은 가격 규제, 서비스 생산 과정과 절차 규제, 품질 규제 등 다양한 측면에서 시장 실패를 최소화하기 위해서 필요하다.

2) 중앙-지방 간 사회(복지)서비스 역할분담에서 중앙정부의 재정분담 책임성을 강화하고 국가 차원에서 사회(복지)서비스 발전 계획을 수립하고, 지방은 지역사회 단위에서 사회(복지)서비스를 기획하고 집행하는 역할을 해야 한다. 중앙정부가 재정을 분담하고 배분함에 있어서 지역 간 재정 격차를 완화할 수 있는 각종 재정분담 방식을 개선해야 한다. 지방교부세의 배분에서는 기준재정수요 계산 방식에서 사회복지수요를 더욱 반영해야 하며, 국고보조금의 배분에서 차등보조율제도를 확대해야 하며, 국고보조금제도의 운영에서 지방자치단체의 보조금 운영 재량권을 확대할 수 있도록 포괄보조금제도(block grant)의 운영을 확대할 필요가 있다. 또한 분권교부세제도가 지닌 여러 가지 문제를 해결하는 다양한 재정지원 방식을 포괄적으로 검토할 필요가 있다.

3) 사회(복지)서비스의 재정 원천은 조세를 기반으로 하는 공공재정, 민간의 자선모금, 서비스 이용요금(service fees), 노인요양보험과 같은 보험료(contributions) 등이 있다. 한국의 경제발전 수준에 비해서 지나치게 낮은 공공재정의 부담률을 증가시킬 필요성과 중앙정부와 지방자치단체 간에 재정분담에서 중앙정부의 역할에 관한 정책과제는 위에서 제시하였다. 다만 모든 사회(복지)서비스를 이용자의 부담이 없이 제공하는 것은 현실적으로 어려움이 많을 것이다. 보육이나 요양서비스

와 같은 돌봄서비스는 여성의 경제활동 증가와 고령사회로의 조기 진입을 고려할 때 모든 국민들이 필요로 하는 서비스라고 할 수 있다. 이들 서비스에 대하여 소득수준에 따라 차등요금을 적용할 수 있을 것이다. 서비스 이용자의 부담 여부와 수준은 서비스의 보편성과 사회적 중요성, 그리고 그것이 사회 전체에 미칠 파급효과를 감안하여 신중하게 결정할 필요가 있다. 무상보육, 보육료 차등 지원을 둘러싼 논란이 좋은 예가 될 것이다. 또한 재정지원 방식에서 공급자 지원 방식과 소비자 지원 방식이 갖는 이론적 장단점에 대한 논의를 바탕으로 현실의 제도에서 그것이 사회(복지)서비스 공급에 미치는 영향력을 신중하게 판단하여 세부적인 정책을 수립해야 한다.

4) 전달체계 개편과 관련해서는 공적 전달체계의 확충이 최우선 과제다. 2000년대 초·중반 이후 사회(복지)서비스 공급의 중심축은 지방으로 이동했으나, 지방자치단체 수준에서 공공 부문의 행정 역량은 매우 취약하다. 공공 부문은 지방행정체계에 편입된 주민생활지원서비스체계를 통해 서비스 통합과 민간서비스 전달체계와의 서비스 연계까지 활성화할 것을 기대했으나, 그에 대한 답은 부정적이다. 그동안 공공전달체계의 개편 노력이 공공인력의 확충 없이 사업구조나 기능의 재편이라는 틀에 얽혀 있었던 것이 사실이다. 2011년에는 공공전달체계의 전문인력인 사회복지전담공무원을 2014년까지 7천 명 정도 증원할 계획을 발표하였고 2012년 3월부터 희망복지지원단이 설치되었다. 희망복지지원단과 지역사회복지협의체가 지역사회에서 민관 협력을 기반으로 서비스 조정과 연계를 통해서 사례관리를 할 수 있도록 운영될 필요가 있다.

참고문헌

감정기·백종만·김찬우. 2007. 『지역사회복지론』. 나남.

강혜규. 2008. 「지난 정부 10년의 사회복지서비스 개혁전략: 특성과 쟁점」. 『비판과 대안을 위한 사회복지학회 2008년 춘계학술대회자료집』: 109-130.

강혜규. 2009. 「사회복지서비스 수급환경의 변화와 거버넌스」. 『사회복지서비스 시장제도의 혼돈과 복지경영』. 한국사회복지행정학회 2009년 추계학술대회자료집.

강혜규 외. 2006. 「지방화시대의 중앙-지방간 사회복지역할분담 방안」. 한국보건사회연구원.

강혜규 외. 2007. 「사회서비스 공급의 역할분담모형개발과 정책과제: 국가·시장·비영리민간의 재정분담 및 공급참여 방식」. 한국보건사회연구원.

고경환·장영식·김교성·최성용. 2007. 「한국의 사회복지지출추계(1990-2005)와 자발적 민간급여 실태조사」. 한국보건사회연구원.

곽채기 외. 2008. 「사회복지지방이양사업개선방안」. 보건복지부.

구자헌. 1970. 『한국사회복지사』. 한국사회복지연구소.

국회예산정책처. 2007. 「2008년도예산안 분석(III)」.

국회예산정책처. 2008. 「2009년도예산안 분석(III)」.

기획예산처. 2007. 「사회서비스 확충전략」.

김범수. 2000. 『지역사회복지론』. 홍익재.

김영모. 1986. 『한국사회복지의 제문제』. 한국복지정책연구소.

김영종. 2003. 「한국 사회복지조직의 형성과정에 관한 역사적 연구: 1950-70년대 부산지역을 중심으로」. 『한국사회복지행정학』 10: 31-62.

김영종. 2004. 「한국 사회복지서비스의 공공과 민간부문간 협력관계」. 『한국사회복지행정학』 6(1): 1-33.

김정자. 1991. 「한국탁아사업의 정책과 방향」. 『한국사회복지학』 17: 17-32.

김진우. 2007. 「한국 사회서비스의 공사역할분담 개혁방향에 관한 연구」. 『사회복지정책』 31: 177-210.

김태성. 1992. 「사회복지에서 공공부문과 민간부문의 역할분담에 관한 연구」. 『사회복지연구』 4(1): 57-80.

김학묵. 1993. 「선명회와 외원수원사업」. 『한국선명회 40년 발자취』. 한국선명회.

김현용. 1993. 「한국사회의 변화와 사회복지서비스의 전개방향」. 한림과학원 편. 『복지국가의 현재와 미래』. 나남.
남찬섭. 2005.「1950년대의 사회복지」.『복지동향』 81: 28-34.
남찬섭. 2006.「1970년대의 사회복지」.『복지동향』 88: 39-45.
남찬섭. 2008.「한국사회서비스에서 바우처의 의미와 평가」.『상황과 복지』 26: 7-45.
남찬섭. 2009.「최근 사회복지서비스 변화의 함의와 전망」.『상황과 복지』 28: 7-49.
남찬섭. 2014.「개정 사회보장기본법의 사회서비스의 의미와 개념적 긴장」.『한국사회복지학』 64(3): 79-100.
박경원. 1989.「도시공공서비스 공급의 민간화에 관한 연구」. 연세대학교 박사학위논문.
박수지. 2009.「복지국가의 사회서비스 제도화 및 재구조화 고찰: 독일사례를 중심으로」.『한국사회복지학』 61(3): 155-177.
배화숙. 2007.「사회복지서비스에서 바우처제도 도입의미와 과제」.『사회복지정책』 31: 319-342.
백종만. 1994.「사회복지서비스에서 국가와 민간간의 역할분담유형 개발과 적용에 관한 연구」. 서울대학교 박사학위논문.
백종만. 1996.「해방 50년과 남한의 민간복지」.『상황과 복지』 창간호: 39-62.
백종만. 2002.「비영리민간부문 활용의 근거: 사회복지서비스를 중심으로」.『사회복지정책』 15: 59-80.
백종만. 2003.「한국사회복지에서 중앙정부와 지방정부간 역할 변화」.『한국사회복지학회 2003년도 춘계학술대회자료집』: 127-145.
백종만. 2008.「사회복지 재정분권의 쟁점과 정책과제」. 지방이양 사회복지사업문제대안토론회. 국회의원 정하균·한국사회복지협의회·한국사회복지사협회.
백종만 외. 2006.「사회복지사무소 시범사업 2차년도 평가 및 사회복지 전달체계 개선방안 연구」. 보건복지부·한국사회복지학회.
보건사회부. 1958.『보건사회통계: 1955-1957 합병본』.
보건사회부. 1971.「제3차 5개년계획 보건사회부문사업계획」.
보건사회부. 1976.「제4차 5개년계획 보건 및 사회보장부문계획」.
보건사회부. 1992.「제7차 경제사회발전 5개년계획」.
보건사회부. 1993.『보건사회백서 1993』.
신남균. 1970.「사회복지사업법해의」.『사회복지』 1970년 6월.
안상훈. 2006.「사회서비스투자국가로의 전환논리」.『한국사회복지학회 2006년도 추계학술대회자료집』.
양난주. 2010.「한국 사회복지서비스의 변화: 행위자간 관계의 분석」.『한국사회복지학』 62(4): 79-102.

양난주. 2011.「한국 사회서비스 공급특성 분석: 보조금과 바우처방식의 검토」.『사회복지정책』38(3): 191-219.

이현주. 2003.『공공부조와 사회복지서비스의 체계분석 및 재편방안』. 한국보건사회연구원.

이혜경. 1993.「경제성장과 아동복지정책의 변용: 한국의 경험」.『한국아동복지학』1: 199-233.

이혜경. 1998.「민간사회복지부문의 역사와 구조적 특성」.『동서연구』10(2): 41-75.

이혜경. 2002.「한국 사회복지서비스 공급체계의 민관파트너쉽 구축의 과제와 전망」. 사회복지공동모금회 창립4주년 기념 심포지엄.

제갈현숙. 2009.『사회서비스 시장화전략의 문제와 대안모색』. 사회공공연구소.

지역사회탁아소연합회. 1993.『영유아보육시설의 실태와 보육정책의 대안』.

KAVA 40년사 편찬위원회 편. 1995.『외원사회사업기관활동사』. 홍익재.

하상락 편. 1989.『한국사회복지사론』. 박영사.

한국사회복지협의회. 1987.「사회복지시설 재무구조 조사연구보고서」.

한국선명회. 1993.『한국선명회 40년 발자취』. 한국선명회.

한국아동복지시설협회. 1990.『한국아동복지편람 上』.

한국응용사회과학연구소. 1969.『구호행정의 개선을 위한 조사연구』.

한혜동. 1976.『사회복지사업을 위한 재원조달방안에 관한 연구』. 사회보장심의위원회.

Bahle, Thomas. 2003. "The Changing Institutionalization of Social Services in England and Wales, France and Germany: Is the Welfare State on tne Retreat?" *Journal of European Social Policy*, 13(1): 5-20.

Bendick, Marc Jr. "Privatization of Public Services: Recent Experience." In: H. Brooks, L. Liebman, and C. S. Schelling, eds., *Public-Private Partnership: New Opportunities for Meeting Social Needs*. Cambridge: Ballinger Publishing Company.

Cooper, Joan. 1988. "The Mosaic of Personal Social Services: Public, Voluntary and Private." *British Journal of Social Work*, 18(3): 237-250.

Ghere, Richard K. 1981. "Effects of Service Delivery Variations on Administration of Municipal Human Services Agences: The Contract Approachs Agency Implementation." *Administration in Social Work*, 5(1): 65-78.

Gilbert. N., and P. Terrell. 2002. *Dimensions of Social Welfare Policy*. 5th ed. Boston: Allyn and Bacon.

Gronbjerg, Kirsten A. 1982. "Private Welfare in the Welfare State: Recent U.S. Patterns." *Social Service Review* (March 1982): 1-27.

Hadley, R., and S. Hatch. 1981. *Social Welfare and the Failure of State*. London: Allen and Unwin.

Hansmann, Henry. 1987. "Economic Theories of Nonprofit Organization." In: Walter W. Powell, ed., *The Nonprofit Sector: A Research Handbook*. New Haven: Yale University Press.

Johnson, N. 1987. *The Welfarestate in Transition*. Amherst: The University of Massachusetts Press.

Kahn, A. J. 1973. *Social Policy and Social Planning*. New York: Random House.

Kahn, A. J. 1977. "A Framework for Public-Voluntary Collaboration in the Social Services." *The Social Welfare Forum, 1976*. New York: Columbia University Press.

Kahn, A. J., and S. B. Kamerman. 1976. *Social Services in International Perspective: The Emergence of Sixth System*. Washington, D.C.: Government Printing Office.

Kamerman, Sheila B. 1983. "The New Mixed Economy of Welfare: Public and Private." *Social Work* (January-February 1983): 5-10.

Kammerman, Sheila B., and A. J. Kahn, eds. 1989. *Privatization and the Welfare State.* New Jersey: Princeton University Press.

Kramer, Ralph M. 1979. "Public Fiscal Policy and Voluntary Agencies in Welfare States." *Social Service Review* (March 1979): 1-14.

Kramer, Ralph M. 1981. *Voluntary Agencies in the Welfare State*. Berkeley: University of California Press.

Kramer, Ralph M. 1985. "The Welfare State and The Voluntary Sector: The Case of The Personal Social Services." In: S. N. Eisenstadt and Ora Ahimeir, eds., *The Welfare State and It's after Math*. Barnes & Novel Books.

Kramer, Ralph M. 1987. "Voluntary Agencies and the Personal Social Service." In: Walter W. Powell, ed., *The Nonprofit Sector: A Research Handbook*. New Haven: Yale University Press.

Le Grand, Julian, and Ray Robison. 1984. *Privatisation and the Welfare State*. London: George Allen & Unwin.

Mishra, Ramesh. 1990. *The Welfare State in Capitalist Society.* New York: Harvester Wheatsheaf.

Morris, Robert. 1982. "Government and Voluntary Agency Relationships." *Social*

Service Review (September 1982): 333-345.

Munday, Brian, ed. 1989. *The Crisis in Welfare: An International Perspective on Social Services and Social Work*. New York: Harvester Wheatsheaf.

Rose, R., and R. Shiratori, eds. 1986. *The Welfare State East and West*. New York: Oxford University Press.

Salamon, Lester M. 1987. "Of Market Failure, Voluntary Failure, and Third-Party Government: Toward a Theory of Government-Nonprofit Relations in the Modern Welfare State." *Journal of Voluntary Action Research*, 16(1&2): 30-49.

Savas, E. S. 1982. *Privatizing the Public Sector: How to Shrink Government*. Chatham: Catham House.

9장 /

한국 복지국가의 전개

정부와 민간복지의 관계 변화

이혜경

1. 서론

한국은 지난 반세기여에 걸친 압축적 산업화와 민주화의 성공으로 발전국가의 대표적인 사례로 꼽히게 되었다. 옥스포드 대학의 링겐(Stein Lingen) 교수는 한국의 정치경제에 두 개의 미스터리가 있다고 말한다(Lingen et al., 2011). 하나는 어떻게 그렇게 철저히 파괴된 전쟁의 폐허에서 이같이 풍요로운 시장경제가 꽃필 수 있었을까 하는 것이고, 다른 하나는 어떻게 그렇게 철저한 권위주의 정치체제가 이처럼 안정적인 민주주의 정치체제로 전환될 수 있었을까 하는 것이다. 그러나 한국 모델의 진정한 성공은 한국의 시장경제가 앞으로 지속적인 성장을 확보하는 동시에 질 높은 민주주의를 실현할 수 있을지, 다시 말해서 시장경제와 민주주의의 균형적 발전을 담보하는 '민주적 복지국가'로 전환하는 데 성공할 수 있느냐에 달려 있다.

한국의 '복지국가 만들기'는 1997년 IMF 외환위기를 계기로 본격화되기 시작했다. 그로부터 20년이 되어 가는 오늘날, 한국은 현대적인 공공부조제도와 5대 사회보험제도를 갖추고 취약계층을 위한 전통적인 사회복지사업뿐 아니라 보편적 아동보육, 노인요양 등 돌봄의 사회화까지 제도화하고 있다. 국민의 정부가 기본권 보장의 기반을 닦았고, 참여정부는 사회투자적 접근으로 사회서비스를 확충했다. 반복지와 감세 공약으로 집권한 이명박 정부도 이러한 기조와 궤도를 돌려놓지는 못했다. 오히려 정부의 과도한 성장주의와 시장주의는 경제민주화와 복지국가 건설에 대한 국민적 관심을 고조시켜서, 총선과 대선을 치른 2012년 주요 정당들은 복지공약을 경쟁적으로 쏟아냈다.[1]

---

1 서울대학교의 김상균(2008) 교수는 해방 이후 한국의 복지발전은 한강의 기적보다 더 큰 상전벽해, 천지개벽의 성취라고 말한다. 많은 학자들이 '복지국가 만들기'는 이제 한국의

그러나 한국의 '복지국가 만들기'는 아직 초기 단계에 있으며, 앞으로의 환경도 결코 우호적이라고 보기 어렵다. 한국 경제는 이미 저성장기에 접어들었고, 계속되는 세계경제불안은 해외의존도가 높은 한국 경제에 치명적일 수 있다. 예외적으로 빠른 저출산·고령화는 성장잠재력을 둔화시키고 있으며, 고용 없는 성장이 현실화되고 있다.[2] 사회·경제적 양극화의 악순환이 구조화되고 있으며, 낮은 고용률에 근로자의 3분의 1이 비정규직이다. 공동체의 해체와 개인의 소외가 심각하고, 자살률은 10년째 세계 1위를 기록하고 있다. 많은 사람들이 우리 사회가 공정하지 않다고 생각하고, 삶에 대한 주관적 만족도는 OECD 국가 중 최하위군에 속한다.[3]

압축적 산업화와 민주화에 성공한 오늘의 한국 사회는 세계화와 탈산업화라는 전 세계 동시적인 과제들과 중첩된 다중적 위기 상황과 마주하고 있다. 한국 모델의 성공은 세계화와 탈산업화시대에 한국 '복지국가 만들기'라는 역사의 명령에 어떻게 답할 것인가에 달려 있다.

이 글은 21세기 세계화와 탈산업화는 소득보장중심의 전통적인 복지국가 모형의 현실 정합성을 급속히 약화시키고 있다는 사실과 첨단과학기술혁명과 양극화, 저출산·고령화, 그리고 저성장이 초래하는 21세기의 신사회위험(new social risks)에 대응하려면 인적자본투자와 일-가정 양립, 노동시장참여 확대가 중요하고, 이를 위해서는 민관 파트너십이 강화되어야 한다는 인식에서 출발한다. 특히 이 글의 관심은 민간과

시대정신이 되었고 역사의 명령이라고 말한다.

2 2010년 고용률은 58.7%로 2000년 이래 최저치를 기록했으며, 청년실업률은 공식적으로는 8%대이지만, 구직 단념자와 취업 준비자를 포함하면 22%에 달한다. 경제성장의 고용유발효과를 나타내는 고용유발계수도 매년 감소하고 있다.

3 OECD는 2012년 1월 31일, World Value Survey(1994-2008) 자료에 기초하여 주관적 복리(subjective well being)의 결정요인 분석결과를 발표하였다. 이에 따르면 한국의 삶의 만족도 수준은 32개국 중 31위였다.

정부의 파트너십에 있고, 한국 복지국가 전개 과정에서 정부와 민간복지의 관계가 어떻게 변화했으며, 앞으로 동반자적 협력관계의 형성은 가능할 것인지에 주목한다. 주지하는 바와 같이 한국 복지국가의 기본 골격은 고도성장기 권위주의 정부에 의해 구축되었고, 이 기간 동안 정부와 민간복지의 관계는 전형적인 종속적 대행자 모형으로 제도화되었다. 그러나 1987년 이후 권위주의의 종식과 시민사회의 성장은 민간복지의 구도를 변화시켰고, 정치적 민주화는 민간 부문에 대한 정부의 태도도 변화시켰다. 특히 IMF 외환위기 이후 정부가 생산적 복지, 참여복지, 사회투자 등 과거와 다른 새로운 패러다임의 복지개혁을 추진하는 과정에서 민간복지의 범위와 역할도 달라졌다. 참여연대의 사회복지위원회 활동이나 지역빈민운동에 뿌리를 둔 자활공동체운동은 정부와와 관계에서 종속적 대행자라기보다 독립적이거나 아니면 수평적으로 협력하는 동반자 관계를 전제했다.

이 글에서는 민간복지의 역할, 정부와 민간의 관계 변화에 초점을 맞추어 대한민국정부 수립 이후 한국 복지국가의 발달 과정을 4단계로 나누어 살펴본다. 이에 앞서 2절에서 이글의 기본적인 시각으로서 복지국가의 정치경제학적 본질과 함께 정부와 민간복지 관계의 유형론을 검토하고, 마지막 절에서 앞으로의 과제와 방향을 논의한다.

2. 복지국가의 본질적 기능과 정부 - 민간복지의 관계

복지국가란 모든 시민에 대한 인간다운 삶의 보장을 명시적 의무로 하는 국가를 말한다. 그것은 1942년 「베버리지 보고서」 이래 광범위하게 합의된 복지국가의 정의였다. 그러나 서구에서 복지국가는 전후의 황금기 30년과 소강기 30년을 거치면서, 복지 주체로서 국가의 역할에 무계중심이 실린 '복지국가'보다 복지다원주의를 포괄할 수 있는 '복지자본주의 체제' 구축에 대한 관심이 높아졌다. 복지자본주의 체제의 유형 분석으로 이러한 전환에 결정적인 역할을 한 에스핑-안데르센(Gøsta Esping-Andersen)은 다양한 복지자본주의 체제의 본질적인 기능을 폴라니(Karl Polanyi)의 "탈상품화" 개념으로 정리한 바 있다.

폴라니에 의하면 시장경제체제는 노동과 토지, 화폐와 같이 진정한 상품일 수 없는 것의 상품화를 전제하기 때문에 그 허구가 낳은 왜곡에 시달릴 수밖에 없다(Polanyi, 1957). 역사적으로 보면, 상품화의 역기능은 이른바 '계몽된 반동(Enlightened Reactionaries)'에 의한 사회적 규제와 탈상품화의 노력으로 완화되거나 해결된다. 시장관계가 사회관계에서 분리되는 상품화 과정과 다시 사회관계로 통합하는 탈상품화 과정을 폴라니는 '이중운동(Double Movement)'이라 불렀다. 탈상품화는 인간을 상품으로 간주하는 자기조절적 시장경제체제의 허구의 위험으로부터 사회 자체를 보호하는 체제 생존의 기제다.

이런 시각에서 보면 탈상품화 기제로서의 사회복지제도는 시장경제체제의 결과인 동시에 조건이 된다. 탈상품화 기제로서의 복지국가는 고정된 것이 아니라 주어진 사회의 사회·경제·역사·정치·문화적 조건을 반영하며 스스로 변화한다. 케인지언-베버리지언-마샬리언 전후 복지국가는 비교적 자율적인 국민경제를 전제로, 탈상품화를 통해 사회권을 보장하고(빈곤 추방), 수요관리를 통해 완전고용을 유지함으로써 시장경제를 보호하는[4] 완벽한 해답이자 놀라운 발명품이었다. 그러

---

4 케인즈가 원한 것은 현명하게 관리된 자본주의 체제였고, 그의 문제는 비교적 폐쇄적인 국민경제에서 주로 수요관리를 통해 완전고용을 촉진하는 것이었다. 베버리지의 계획은 국민건강서비스, 아동수당과 완전고용을 전제로, 전 국민을 적용대상으로 하고(보편주의), 모든 소득중단 사고를 포괄하는(포괄주의) 사회보험제도를 통해 누구도 그 이하로 떨어져서는 안 되는 국민적 최저기준을 국가의 책임으로 보장한다는 것이다. 케인즈와 베버리지의 복지국가는 전후의 특정한 정치경제 질서를 배경으로 탄생한 역사의 산물이다.

나 비교적 폐쇄적이고 자율적이던 국민경제가 지구 단일 자본주의 체제로 통합되고, 제조업 중심의 산업사회가 지식기반의 서비스경제로 이행하면서 고용시장구조, 가족구조, 인구구조가 변화하였고, 그리하여 개인지언 복지국가가 전제했던 조건들이 사라지자 그것의 현실적합성은 떨어질 수밖에 없었다. 영국과 미국, 대처와 레이건의 복지국가 해체 실험은 실패로 끝났고, 영국 신노동당정부의 제3의 길, 네덜란드의 폴더(Polder) 모델, 덴마크의 유연 보장(flexicurity), EU와 남미, 아시아 지역의 사회투자전략 등 새로운 복지자본주의의 실험이 계속되고 있다. 이는 세계화와 탈산업화 시대에 시장경제체제의 생존을 위한 이중운동의 새로운 모습이라 할 수 있다.

공공복지와 민간복지

이중운동의 관점에서 보면 시장을 위한 비시장적 지지체계가 반드시 국가에 의해 독점되어야 할 이유는 없다. 또, 허구적인 상품들의 상품화와 시장화에 길항하며 해독하려 하는 '계몽된 반동'은 개인일 수도 있고 집단 또는 국가일 수도 있다. 20세기 말 복지국가 재편의 핵심은 공공복지와 민간복지의 관계 변화라 할 수 있다. 전후 복지국가의 황금기를 통해 민간복지의 역할이 축소되고 평가절하되기도 했으나, 복지제도나 복지국가를 구상하는 사람들에게 공공 부문과 민간 부문, 국가와 시장, 가족과 자원(自願) 부문(비영리 부문, 제3섹터, 시민사회) 사이의 역할 분담은 항상 중요한 딜레마였다.

역사를 거슬러 올라가 보면, 1601년 세계 최초로 구빈법을 제정하여 구빈의 국가책임 원칙을 천명한 영국도 바로 같은 해 자선활동법을 제정하여 국가는 자발적인 민간의 자선활동을 중시하며 법으로 보호하고 장려한다는 원칙을 강조하였다. 19세기 페이비언 협회(Fabian Society)를 이끌던 베아트리스 웹(Beatrice Webb)과 시드니 웹(Sidney

Webb)도 공공복지의 확충을 주장하면서 확장사다리 모형의 공공과 민간의 협력관계를 강조했고, 전후 노동당 사회정책의 브레인이었던 티트머스(Richard Morris Titmuss)도 그의 유명한 「자발적 기부관계(Voluntary Gift Relationship)」라는 글에서 민간 부문의 자발적·이타적 동기의 중요성과 수월성을 증명해 보였다. 1942년 보고서에서 복지국가의 청사진을 제시한 베버리지도 1948년에 「자발적 행동(Voluntary Action): 사회적 진전(Social Advance)의 방법에 관한 보고서」라는 제3보고서를 발표하여 보다 넓은 의미의 사회발전을 위해 시민의 자발적인 공익 활동이 얼마나 중요한지를 역설하였다.[5]

민간복지에 대한 관심이 다시 높아진 것은 1970년대 복지국가 위기론 이후의 일이다. 복지국가 위기에 대한 대응으로서 민간 부문의 역할에 대한 관심은 두 가지 흐름으로 나타났는데, 하나는 복지국가의 위기를 시장과 국가의 이중의 실패로 보고 그 대안을 시장도 국가도 아닌 비영리 부문에서 찾으려는 것이 비영리부문론이다. 이는 주로 자유주의와 시민사회 전통이 강한 미국을 중심으로 발전하였고, 이들은 기본적으로 작은 정부를 전제하여 비영리 부문의 확대가 국가 부문의 축소를 보상한다고 보는 입장이다. 다른 하나는 유럽을 중심으로 발전한 제3섹터론으로 이들의 관심은 신자유주의 세계화가 초래한 '사회적 배제' 문제에 초점을 맞추고, 이에 대한 대응으로 자본주의 시장경제의 대안으로서 '사회적 경제'(연대경제, 대안경제)에 관심을 가졌다.

5 1944년에 출판한 제2보고서인 「자유사회에서의 완전고용(Full Employment in a Free Society)」에서는 그의 사회보험제도가 전제했던 완전고용의 중요성과 사회보험과의 순환적 관계를 설명했다. 제3보고서에서는 우애협회, 상조회, 자선신탁, 박애활동 등 영국의 전통적인 민간복지활동을 체계적으로 분석하고 시민사회 부문의 자발적인 공익활동이야말로 문명의 진보를 가져올 것이라고 주장했다. 첫 번째 보고서에서는 빈곤을 추방하기 위해 국가가 할 일만을 제시했던 것이며 민간의 자발적인 공익활동이 국가의 역할과 함께 중요한 것임을 강조했다.

비영리부문론이 신자유주의 세계화에 대한 미국식 반응이라면 사회적 경제론과 제3섹터론은 유럽식 반응이라고 볼 수 있다. 전자가 미국에서 미국식 자유주의 복지국가의 맥락에서 시작된 것이라면 후자는 협동조합과 공제조합의 오랜 전통을 가진 유럽의 조합주의 복지국가의 경험을 바탕으로 한 것이다. 전자의 초점이 작은 정부를 전제로, 보다 광범위한 사회개혁에 맞춰졌던 것에 반하여, 후자는 신자유주의 세계화가 초래한 사회적 배제 문제의 해결이 관심의 초점이다. 전자는 공공복지와 민간복지가 영합관계에 있다고 가정하나, 후자는 공공복지와 민간복지의 경계가 불분명하고 정부와 민간단체의 협력적 파트너십을 강조한다.

• 작은 정부와 비영리 부문

설러먼(Lester Salamon)은 복지국가 위기론 이후 '비영리 부문의 혁명'이 세계 도처에서 목격된다고 표현하였다(Salamon, 1994). 1990년대 초부터는 이윤극대화를 위한 지구 단일 자본주의가 확산되고, 국가의 기존 역할이 축소됨에 따라 새로운 대안으로 시민사회와 NGO의 역할이 강조되고, 자선단체, 민간자원단체, 공익재단, 자원봉사단체, 옹호단체 등 비영리 부문이 급성장하였다. 복지국가 성장의 한계와 비영리 부문의 대안적 기능을 강조하는 다양한 이론과 함께(김인춘, 1998), 복지국가의 재편이 본격화되면서 복지다원주의적 시각에서 정부와 민간의 파트너십을 논의하게 되었다. 특히 영국이나 미국과 같이 자유주의 전통이 강한 국가에서는 공공 부뮤의 성장이 한계에 달한 1970년대 이래로 민영화와 상업화 논의가 시작되었으며, 국가가 직접 관리하던 서비스를 민간기관으로 이양하고 민간 기관과 계약하여 서비스를 매입하고 보조금을 지급하는 새로운 형태의 협조관계가 구체화되었다(Smith, 2007). 사회복지서비스의 제공에 있어서 이전의 평행봉 모형이나 확장사다리 모형으로는 설명할 수 없는 새로운 공공-민간 협조관계 유형이 등장한 것이다. 정부와 비영리 부문의 파트너십은 제3자 정부론과 제3섹터 실패론에 그 이론적 근거를 두고 있다(Salamon, 1995). 전자는 정부 고유의 역할로 간주되었던 각종 복지서비스를 제공하는 역할을 정부보다 NGO가 대행하고 있음을 강조하고, 후자는 자생력이 부족한 자원 부문의 약점을 정부의 강점으로 보완하여 양자의 파트너십으로 발전한다는 논리다. 특히 설러먼은 비영리조직의 한계(자원부문의 실패요인)로 인하여 정부의 개입과 지원이 정당화된다는 점을 통해 정부와 비영리 조직의 협력관계를 설명한다(Salamon, 1995). 그에 따르면 비영리조직은 인적·물적 자원의 불충분성, 전문성 부족, 수혜 대상의 한정성, 자선 주체의 온정주의적 시각 등의 한계를 가지고 있고, 이를 극복하기 위한 하나의 대안으로 정부와 비영리조직 간의 파트너십이 가능하게 되었다는 것이다(Salamon, 1995: 44-49). 칸(Alfred Khan)과 카머맨(Sheila Kamerman)은 이러한 새로운 관계를 공공 부문이 제공해야 할 서비스를 민간 부문이 단순대행해 주는 관계라 하여 '공공대행자 모형(public agent model)'이라 불렀고(Khan and Kamerman, 1977), 크래머(Ralph Kramer)는 정부가 비영리 민간조직에게 재원을 제공하면서 운영권을 위임하여 재량권을 허용하는 동시에 관료화를 방지하고 다양성을 살려 비영리 민간 부문의 장점을 강화하는 측면에 초점을 맞추어 '실용적 동반관계(pragmatic partnership)'라 이름 붙였다(Kramer, 1981).

〈표 9-1〉은 사회복지서비스의 재정은 정부가, 전달은 비영리 민간부문이 나누어 맡는 새로운 협력 모델을 포함하는 확대된 정부와 비영리 부문 관계모형 분류다. 기드론(Benjamin Gidron) 등은 정부지배모형과 비영리부문지배모형 사이에 이중모형과 협조모형을 위치시키고, 이중모형을 다시 보족형(supplement)과 보완형(complement)으로, 협조모형을 대행자형과 동반자형으로 구분하였다(Gidron, Kramer and Salamon,

〈표 9-1〉 정부-비영리 부문 관계유형

<table>
<tr><th colspan="2" rowspan="2">구분</th><th colspan="2">기능</th></tr>
<tr><th>재정</th><th>전달</th></tr>
<tr><td colspan="2">정부지배모형</td><td>정부</td><td>정부</td></tr>
<tr><td rowspan="2">이중모형</td><td>보족형
(supplement)</td><td rowspan="2">정부/비영리 부문</td><td rowspan="2">정부/비영리 부문</td></tr>
<tr><td>보완형
(complement)</td></tr>
<tr><td rowspan="2">협조모형</td><td>대행자형</td><td rowspan="2">정부</td><td rowspan="2">비영리 부문</td></tr>
<tr><td>동반자형</td></tr>
<tr><td colspan="2">비영리부문지배모형</td><td>비영리 부문</td><td>비영리 부문</td></tr>
</table>

자료: Gidron, Kramer and Salamon(1992: 18).

1992). 이중모형은 정부와 비영리 부문이 각기 다른 대상에게, 다른 서비스를 각각의 재원으로 전달하고, 협조모형에서는 동일 서비스의 재정은 정부가 맡고 전달은 민간이 맡는다. 이중모형의 보족형은 정부의 손이 미치지 않는 대상에게 정부가 제공하는 것과 동일한 서비스를 민간 부문이 제공하는 것을 말하고, 보완형은 동일한 대상에게 정부가 제공하지 못하는 서비스를 민간 부문이 제공하는 것을 말한다. 베아트리스 웹과 시드니 웹이 그들의 소수 보고서에서 사용한 평행봉 모형과 확장사다리 모형이 바로 보족형과 보완형의 다른 이름이다.

협조적 대행자 모형은 비영리 민간조직들이 재량권이나 협상능력을 가지지 못하고 정부 재원으로 정부의 프로그램을 대행해 주는 데 그치는 관계를 말하고, 협조적 동반자 모형은 비영리조직이 프로그램의 관리나 개발에서 상당한 정도의 재량권을 갖는 경우를 말한다. 이들에게 협조적 대행자 모형과 협조적 동반자 모형의 구분은 정부의 재정지원을 받는 비영리조직이 유지할 수 있는 재량권과 협상력의 정도의 문제다. 이와 같이 확장된 정부와 비영리 부문 관계모형들은 사회복지서비스 공급체계의 구조의 다양성을 이해하는 데 도움이 된다. 이러한 정부-비영리 부문의 관계모형은 국가 단위의 비교에도 유용하고 개별 기관 수준의 분석에 적용할 수도 있다. 한 국가 안에서도 서비스 분야에 따라 상이한 모형이 실험될 수 있고, 사회변동과 함께 관계모형의 변화도 예상된다. 데니스 영(Dennis Young)은 정부와 비영리 부문의 관계를 독립적 보족형(independent supplement), 동반자적 보완형(complementing partnership), 적대형(adversarial relationship)의 세 유형으로 구분하고, 영국·미국·이스라엘·일본에서 시기별로 관계유형이 변화하고 있음을 보여 주었다(Young, 2000).

미국에서 비영리 부문의 국제비교연구를 주도해 온 설러먼과 안하이어(Helmut Anheir)는 공공복지의 규모와 비영리 민간 부문의 규모가 상관관계가 있을 것이라는 가설에서 출발하여 공공복지지출과 비영리 부문 규모를 교차시켜 비영리 부문 체제를 〈표 9-2〉와 같이 네 가지로 유형화하였다(Salamon and Anheir, 1998). 영국과 미국에서처럼 국가 부문의 비대화에 대한 반감과 비영리 민간 부문에 대한 선호는 공공복지비 지출이 낮고 비영리 부문의 규모가 상대적으로 큰 자유주의 모형을 형성한다. 반대로 스웨덴과 이탈리아처럼 국가에 의한 복지지출 규모가 크고 민간 비영리 부문의 역할이 상대적으로 작은 사민주의 모형이 있다.[6] 이 모형은 국가에 의한 복지급여의 범위가 충분히 확대되어서 비영리조직의 복지급여의 여지가 제한되어 있다는 것이다. 이것은 노동계층이 효과적으로 정치 세력화된 나라에서 가능한 모형이다.

국가주의 모형에서는 국가가 사회정책 전반에 강한 영향력을 행사

6 스웨덴과 이탈리아가 높은 수준의 공공복지지출과 작은 비영리 부문을 가지고 있어서 함께 사민주의 모형으로 분류되는 것은 이해하기 힘들다. 이탈리아의 경우 높은 공공복지지출이 거의 현금급여(연금)로 지출되고 사회서비스는 거의 무시되는 경향이 있어서 높은 복지지출과 낮은 비영리 부문의 조합은 전혀 다른 복지국가체제를 포괄할 수 있음을 말해 준다.

〈표 9-2〉 비영리 부문 체제유형

구분		비영리 부문의 규모	
		작음	큼
공공복지 지출규모	작음	국가주의(일본)	자유주의(영국, 미국)
	큼	사민주의(스웨덴, 이탈리아)	조합주의(독일, 프랑스)

자료: Salamon and Anheir(1998).

하지만, 사민주의 모형에서처럼 조직화된 노동계층의 대변자로서가 아니라 국가 자체로서의 자율성을 갖거나, 아니면 기업 또는 경제 엘리트의 대변자로서 자율성을 가지는 경우다. 국가주의 모형에서는 정부의 사회복지 지출이나 비영리 부문의 활동 모두 크게 제약을 받게 되며, 국가의 낮은 복지비 지출이 높은 비영리 부문 활동으로 보상되지 않는다. 마지막으로 프랑스와 독일로 대표되는 조합주의 모형에서는 국가의 복지지출 규모와 비영리 부문의 규모가 크다. 따라서 정부의 복지지출이 증대함에 따라 비영리 부문도 커지는 선형관계를 예측하게 된다. 자유주의 모형과 사민주의 모형은 기본적으로 국가의 사회복지지출이 비영리 부문의 대안이라는 영합가설에 기초하고 있으나, 조합주의 모형과 국가주의 모형은 사회복지 급여에 있어서 국가 부문과 비영리 부문이 영합관계를 보여 주지 않는다.

에베르스(Adalbert Evers)와 라빌(Jean-Louis Laville)은 복지국가 유형에 따라 민간단체의 역할이 달라진다고 주장한다(Evers and Laville, 2004). 그들에 따르면 사회적 경제 전통이 강한 조합주의 복지국가들에서 민간단체들은 자신들의 처지에 맞게 대응해 온 서비스의 개척자들로서, 새롭게 등장하는 사회적 요구를 발굴하고, 정부로부터 위탁·지원·규제를 받으며, 국가는 서비스에 대한 재정 충당과 제도 보장 기능뿐 아니라 서비스 전달 과정과 근로조건에 대해서도 규칙을 설정한다. 따라서 사회서비스 공급에서 정부와 민간, 정부와 제3섹터 사이의 구분이 분명할 수가 없으며, 민간복지에 상당한 역할이 부여된다. 반면에 서비스 제공이 국가 책임인 사민주의 복지국가에서 민간단체들은 복지서비스의 요구를 정부에 전달하는 통로 역할을 하면서 사회적 압력을 행사한다. 공공복지서비스 전달체계가 제한적인 자유주의 복지국가에서는 민간단체가 독립적으로 사회복지서비스 공급자로 기능하거나 정부의 재정지원을 받으면서부터는 협조적 대행자 혹은 파트너로 존재한다.

• 사회적 배제와 사회적 경제

설러먼 등의 비영리 부문 체제유형론이나 기드론 등의 정부와 비영리 민간조직 간의 관계유형론은 주로 자유주의 복지국가인 미국의 경험과 비영리 부문의 개념에 기초한 것이었다. 특히 미국에서 설러먼 등이 말하는 비영리조직의 첫 번째 조건은 영리를 추구하지 않는 것인데,[7] 그것은 미국식 편견이라는 것이 보르자가(Carlo Borzaga) 등의 비판이다(Borzaga and Defourny, 2001). 유럽 대륙 국가들에서는 자선단체, 자원기관, 옹호단체 외에 협동조합, 상호공제조합 등 영향력 있는 '사회적 경제'가 존재하고, 이들은 언제나 이윤이나 잉여를 창출해 왔다는 것이다(Evers and Laville, 2004). 비영리 부문의 미국식 개념을 사용하면, 잉여의 일부를 조합원들에게 분배할 수 있다는 이유 때문에 협동조합과 공제조합은 비영리 부문에서 제외되는 문제가 생긴다는 것이다. 이를 고려하여 유럽에서는 비영리 부문보다 '사회적 경제'를 포괄할 수 있는 '제3섹터'라는 용어를 선호한다.

사회적 경제란 투자자가 직접 수익자가 되는 일반 기업조직들과는 전혀 다른 범주의 조직들이 제도적으로 인정받게 된 것이며, 협동조합

---

7 Salamon(1994)은 비영리 부문(nonprofit sector)의 다섯 가지 구조적 특징으로 1) 공식적인(formal) 조직, 2) 사적인(private) 조직, 3) 비영리분배(non-profit distributing)의 원칙, 4) 자율적(self-governing) 운영, 5) 자발적(voluntary) 참여가 있는 조직 등을 강조하였다.

이나 상호공제조합은 연대적인 요소를 토대로 하는 다른 경제, 개인 투자의 회수보다는 공동의 부를 창출하는 데 초점을 맞추는 대안 경제를 만들고자 하는 시도라 할 수 있다. 유럽에서 제3섹터의 구분은 영리조직과 비영리조직 사이에 그어지는 것이 아니라 자본주의 시장경제조직과 사회적 경제조직 사이에 그어진다고 볼 수 있다. 미국에서 비영리부문은 시장의 실패와 국가의 실패를 보완하려는 것으로 해석되고 경제학적 접근이 지배적인 데 비하여, 유럽에서 제3섹터에 대한 학문적 관심은 대부분 사회학과 정치학의 관점을 취하며 사회적 배제, 전통적 복지국가의 위기, 신자유주의 세계화에 따른 불평등의 심화, 사민주의의 한계에 초점이 맞춰지고 있다(Evers and Laville, 2004).

역사적으로 보면, 유럽대륙의 상호공제조합들은 사회보장시스템을 만드는 데 기여하는 등 공공서비스를 만들어 낸 원천이었고, 제3섹터 조직들은 공공선을 위한 복지서비스의 일부로서 활동하는 경우가 많았다. 따라서 많은 경우에 국가와 시장, 비공식 부문 등과 경계를 명확하게 구분하기 어렵고, 미국과 달리 복지혼합 또는 복지의 혼합경제로 보는 것이 강조되어 왔다. 에베르스와 라빌에 의하면, 자원 부문의 주된 자원은 다른 사람에 대한 헌신으로서의 이타주의이고, 사회적 경제의 철학적 기반은 공화주의적 평화주의, 사회에 대한 부채로서의 연대의식이다(Evers and Laville, 2004). 자선단체를 주창한 사람들은 특정한 계층에게 혜택을 주는 공익 추구 조직을 만들어 냈고, 사회연대의 원칙에 기반한 사회적 경제 조직들은 계급이나 집단 내부의 연대가 결정적으로 중요하고, 따라서 자신들의 구성원들에게 서비스를 제공하는 상호적 이익 추구 조직들을 만들어 냈다는 것이다.

유럽에서 '사회적 경제(social economy)'가 새롭게 주목을 받게 된 것은 1980년대 이후, 유럽이 과거의 빈곤과는 성격이 다른 세계화와 탈산업사회의 '사회적 배제'를 정책의 표적으로 접근하면서부터였다. 사회적 배제란 빈곤, 교육기회 부족, 기본적 능력의 결여와 차별 때문에 사회참여가 불가능하게 되는 과정, 개인이 사회의 주변으로 밀려나는 과정을 말하며, 지역사회 활동 참여뿐만 아니라 고용, 수입, 교육의 기회를 가질 수 없게 되어 가는 것을 가리킨다. 중요한 것은 사회부조나 소득보장 같은 전통적인 사회보장 시스템만으로는 해소할 수 없는 다차원적이고 역동적인 과제라는 것이다. 1980년대에 이르면 불안정한 직장(일)과 장기실업, 가족이나 가족 외의 사회적 네트워크의 약화, 사회적 지위 상실 등 구조적으로 다차원적 과제를 발생시켰다는 것이다.

사회적 배제는 1989년 유럽사회헌장의 서문에 명확하게 언급되고, 1997년 암스테르담 조약에 사회적 배제와의 투쟁이 EU의 주요 목표의 하나로 포함되었으며, 새로운 유럽사회모델의 수립을 중요한 정책목표의 하나로 천명하였다.[8] 사회적 배제와 싸우는 주체로는 초국가기관인 EU와 회원국 정부 외에 정책 파트너로서 사회적 경제와 사회적 기업의 역할이 강조되었다. 예를 들어서 안정되고 괜찮은 일자리를 창출하려면 직업훈련정책뿐만 아니라 일과 가정생활의 양립을 촉진하는 정책이 필요하며, 이 과정에서 대상이 되는 집단에 대하여 최전선에서 사회적 통합을 위해 기능하는 주요 기관으로 사회적 경제, 사회적 협동조합, 제3섹터, 사회적 기업 등이 위치하게 된다.

사회적 경제에 관한 관심은 전 세계적으로 확산되어서, UN도 2009년 총회에서 2012년을 세계협동조합의 해로 지정하고, 협동조합이 빈곤을 줄이고 일자리를 창출하는 데 독특하고 가치 있는 기업 모델임을 강조하면서 그 활성화를 각국 정부에 권고하였다. UN과 함께 국제협

8 2000년 12월 유럽이사회에서는 '빈곤 및 사회적 배제'와 싸우기 위한 공통 목표로서 1) 고용참가 및 자원, 권리, 재화, 서비스에 대한 모든 시민의 접근 촉진, 2) 배제의 리스크 예방, 3) 가장 취약한 사람들 지원, 4) 모든 관계자 동원 등 네 가지를 제시하였다(European Commission, 2000).

동조합연맹, 국제노동기구 등은 특히 최근 세계적인 경제침체를 겪고 있는 자본주의 경제의 취약성을 보완하고 위기 극복에 효과적으로 기여할 수 있는 제3섹터 모델로서 협동조합의 역할을 강조하며, 협동조합기본법 제정을 권고하였다(김두년, 2012).

사회적 경제 조직의 또 다른 형태인 사회적 기업은 일반 기업처럼 재화와 용역을 생산하고 판매하여 이윤을 내지만, 그 이윤은 투자자들에게 돌려주기 위한 것이 아니라 사회적 목적을 위하여 재투자하기 위한 것이다. 이윤을 낸다는 점에서는 민간영리기업과 같지만, 이윤의 배분이 제한되고 사회적 목적을 추구한다는 점에서는 비영리조직과 유사하다. 이러한 사회적 기업은 영리기업의 관점에서 보면 어의 모순적이라 할 만큼 획기적인 혁신이지만, 비영리 부문의 경험으로 보면, 이미 비영리 부문의 재원 조달을 위해 상품과 서비스의 판매에 의한 요금과 이용료 수입의 비중이 작지 않고, 비영리조직의 목적사업을 위한 영리행위가 이미 인정되어 왔기 때문에, 영리사업으로 재원을 확보하는 비영리조직으로서의 사회적 기업은 개념적으로는 비영리조직의 연속선상에서 이해될 수 있다. 또한 유럽식 사회적 경제의 관점에서 말하면 이미 언급한 바와 같이, 사회적 기업은 협동조합을 포함하는 사회적 경제의 한 형태인 것이다. 〈그림 9-1〉과 같이 유럽의 사회적 경제와 미국

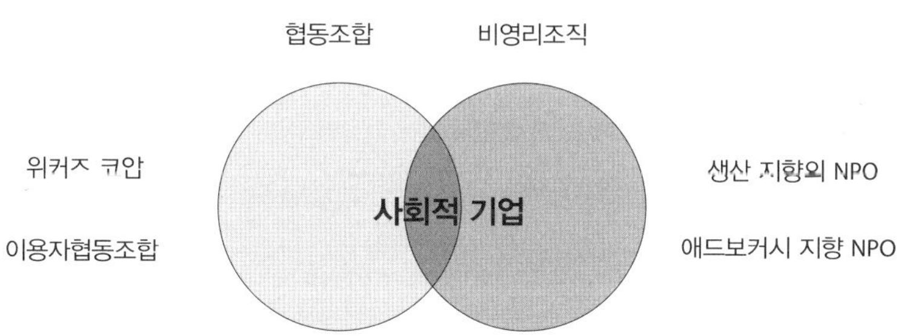

〈그림 9-1〉 사회적 기업의 특성

자료: Borzaga and Defourny(2001: 22).

식 비영리조직이 교차하는 공간에 존재하며, 자발성과 자율통치 등 비영리 조직의 특성과 민주적 관리, 제한적 이익분배 등이 사회적 경제의 특징이다.

한국의 시민사회와 민간복지

민간복지란 공공 부문이 아닌 비정부, 비영리, 민간, 시민사회 부문의 사회복지 노력을 총괄적으로 이르는 말이다. 민간복지는 제3섹터와 사회복지제도가 교차하는 부분으로서 한편으로는 제3섹터를 구성하는 요소이고, 다른 한편으로는 공공복지와 함께 사회복지를 구성한다. 따라서 민간복지는 정부와의 관계, 제3섹터와의 관계 속에서 이해되어야 한다. 전통으로 말한다면, 한국은 미국 같은 비영리 시민결사체의 전통도, 유럽식 협동조합·공제조합의 전통도 매우 취약하다. 일제 식민통치하에서 전통적인 자생적 상부상조 조직들이 효과적으로 해체되었고, 오랜 권위주의 정부하에서 시민사회의 정치적 공간은 억압되고 통제되었다.

한국 민간복지의 초기 지형은 시민사회가 출현하기 전에 해외원조와 권위주의 정부에 의해서 형성되었다. 1987년 6월 민주항쟁 이후 시민사회의 성장과 1997년 IMF 위기 이후 민주 정부의 본격적인 복지개혁을 전환점으로 한국의 민간복지는 구성이 다변화되고, 국가-시민사회-민간복지의 관계에도 변화가 나타나기 시작하였다.

유팔무(1998: 78-79)는 한국의 사회운동과 운동단체의 성격을 정부와의 관계 측면에서 친정부단체, 비정부단체, 반정부단체의 세 유형으로 구분한다. 친정부적인 사회운동과 단체들은 정부와의 친화적인 관계 속에서 정부를 위해 활동하는 운동이나 단체들이다. 대개 정부로부터 재정적·법적으로 육성·지원·보호되는데, 새마을운동 등이 그 예가 된다. 두 번째 유형인 비정부적 운동과 단체들은 정부의 주도에 의한 것도 정부를 위한 것도 아닌, 따라서 자생적으로 생겨나 자율적으로 활동하는 사회운동과 단체를 모두 포괄한다. 정부에 적대적인, 즉 반정부적인 입장에서 활동하는 단체들은 비정부단체에서 분리하여 별도의 유형으로 구분한다. 정부를 비판하고 반대하는 반정부운동과 단체는 많은 경우 정부로부터 정치적·사법적으로 억압을 받고 통제·금지되며, 일부는 불법으로 규정되기도 한다. 한국에서 이러한 운동과 단체는 민주화운동 혹은 민족민주운동 혹은 민중운동이라 불려 왔으며,[9] 이 유형을 제외한 두 번째 유형의 운동과 단체는 대개 '시민운동(단체)'이라 불려 왔다. 경제정의실천시민연합(1989년 설립, 이하 '경실련'), 환경운동연합(1993년 설립), 한국여성단체연합(1987년 설립), 참여민주사회시민연대(1994년 설립, 이하 '참여연대') 등이 대표적인 시민운동단체들이다. 1987년 이후 민주화운동은 쇠퇴하고 시민운동으로 전환하게 되었다.

유팔무의 이러한 분류는 조대엽(2003)이 정부에 강력히 저항하는 도전형과 체제 내적 정책 수준의 이슈를 제기하는 성원형, 혹은 공동체형과 시장형으로 분류하는 것이나, 박상필(2013)이 사회운동과 시민운동을 구별하는 것과 맥을 같이한다. 박상필은 사회운동과 시민운동을 구분하여 전자는 민주주의와 자본주의의 발전 과정에서 주로 국가권력에 영향을 미쳐서 새로운 사회질서를 형성하려는 것으로, 후자는 NGO가 주체가 되어 주로 합법적 공간에서 초계급적으로 점진적인 사회 변화를 추구하고 공공선 증대를 목표로 한다고 정의하고, 시민운동을 다시 그람시적 관점과 토크빌주의적 관점으로 구분한다(박상필, 2013). 그람시적 관점은 국가와의 긴장, 자본에 대한 견제, 공론장의 형성, 대항

9 1980년대 민주화운동 과정에서 만들어진 재야운동조직들, 특히 노동운동, 학생운동, 농민운동 조직들로, 공통의 지리적 공간이나 공통의 사회적 관계를 기반으로 만들어진 조직들이다. 민주주의민족통일전국연합, 전국교직원노동조합, 전국민주노동조합총연맹, 한국대학생총연합 같은 단체들이 대표적인 예가 된다.

헤게모니를 강조하는 반면, 토크빌주의는 시민성의 습득, 공동체 문화의 형성, 공공서비스의 생산, 사회적 자본의 생성 등을 중시한다. 그람시적 관점은 서구유럽의 대륙계를 대변하고 토크빌주의 관점은 영미계를 대변한다고 말한다. 복지국가 위기 이후 시민사회가 복지국가와 교차하는 방식을 보면 미국에서는 시민의 자발적인 기부(시간과 금전), 기업의 사회적 공헌, 자발적인 자선과 박애, 사회적 기업가정신, 사회적 자본 형성 등 복지다원주의로 거대 관료조직으로서의 복지국가의 실패를 보완하려는 데 반하여, 유럽 국가들에서는 협동조합, 공제조합 등 사회적 연대의 철학과 사회적 경제의 전통을 기반으로 사회적 배제를 표적으로 하여, 자본주의 시장경제에 대한 대안으로서 사회적 경제의 부활을 시도하고 있다.

1987년 민주화 이후 한국 사회에 형성된 민간 사회복지 부문은 권위주의 정부 시대로부터의 유산과 미국식 복지다원주의, 유럽식 사회연대주의의 실험들이 누적적으로 공존하는 공간이 되었다. 1970년대 이래의 사회복지법인들이 사회복지서비스 공급자로서 여전히 큰 비중을 차지하고 있고, 새로운 시민단체들은 한편으로는 국민의 기본권 보장을 옹호하는 운동을 펴고, 다른 한편으로 기부문화 확산, 기업의 사회공헌 확대, 민간공동모금 확대를 추진하는가 하면, 또 다른 한편으로는 사회적 기업, 마을 만들기, 협동조합 활성화를 추진하고 있다. 특히 IMF 위기 이후 한국의 민간복지는 정부의 확장이자 대행자로서, 서비스를 제공하는 사회복지법인들 외에 사회권 보장을 지지하는 전형적인 옹호적·대변자적 시민사회단체들, 정치적으로 급진적인 민중운동 성향이 있는 지역주민 역량개발운동 및 공동체 운동 단체들, 그리고 정치적 성향이 없거나 약한 YMCA 같은 시민단체가 공존하며 활동하는 다변적이고 역동적인 영역이 되었다.

정부와의 관계를 보면 민주화 이후 민주 정부는 전반적으로 시민사회와의 협치를 진전시켰으나, 개별 민간복지조직과의 관계로 보면 재정의 상당 부분을 담당하면서 정부는 재정지원과 연계된 성과관리, 품질관리제도를 통해 더 정교하게 영향력을 행사할 수 있게 되었다. 또한 바우처제도의 도입과 확대로 사회서비스 공급체계에 영리 부문이 진입하고 시장적 경쟁 개념이 도입되었다. 사회복지서비스 공급자 간의 시장적 경쟁은 효율성과 혁신성, 책임성을 높일 수 있으나 민간복지 본래의 기능과 사명을 약화시키는 힘으로 작용할 수 있다(Aspen Institute, 2001).

크래머, 살러먼과 안하이어에 따르면 시민사회단체의 본래 기능은 1) 가치의 수호자와 옹호자로서 소수집단의 가치가 존중되는 다원주의의 발달을 촉진하고, 2) 선구적 서비스 제공자로서 새로운 욕구를 개발하고 실험적인 서비스를 제공하며, 3) 공공서비스의 개선자, 보충자로서 공공서비스를 끊임없이 감시하고, 공공기관이 다루지 않는 욕구를 충족시키기 위한 프로그램을 지원하며, 4) 사회적 자본의 형성자로서 민주주의와 시장경제가 효과적으로 기능하도록 사회적 신뢰와 상호성을 촉진하는 것이다(Kramer, 1981; Salamon and Anheir, 1997).

한국 민간복지의 과제는 복지체제의 일부로서 복지체제의 발달을 견인할 뿐 아니라, 시민사회의 일부로서 한국의 민주적 시민사회 발전에 기여할 수 있도록 체질을 강화하는 일이다. 정부는 민간복지가 이러한 과제를 수행할 수 있도록 민간 부문의 자율성과 책임성, 실험성을 지원하며 동반자적 상호관계를 키워 가는 노력을 경주해야 할 것이다. 민간복지는 정부와의 관계에서 서비스 제공자일 뿐 아니라 선구적 실험자, 개선자, 보충자, 옹호자로서의 정체성을 확고히 할 수 있어야 한다. 동반자적 상호관계란 파트너들이 상호 신뢰와 존경을 기초로 가치와 목적을 공유하고, 의사결정 과정에서 지배가 아니라 평등한 참여가 이루어지고, 협력 과정에서 수평적인 조정이 이루어지는 공생적 관계를 말한다. 상호 신뢰와 존경은 파트너 사이의 호혜성, 정체성과 책임성 위에서 가능한 것이다. 세계화와 탈산업화 시대가 요구하는 한국의 복지자본주의 체제는 한국 사회의 고유한 역사적 맥락에서 유연한 실험과 혁신을 통해 만들어 가야 한다. 민간복지의 역할이 중요해지는 이유다.

다음 절에서는 이제까지 검토한 민간복지의 구성과 정부와 민간 부문 간의 관계유형을 준거로 하여 산업화 이전의 해외 의존적 민간복지 모형으로부터 권위주의적 발전국가시대의 종속적 대행자 모형을 거쳐 민주화 첫 10년, 그리고 IMF 위기 이후 사회서비스의 확대와 사회적 경제의 확산에 이르기까지 한국 복지국가의 전개를 살펴본다.

3. 한국 복지국가가 걸어온 길: 결손국가에서 사회투자국가로

제2차 세계대전 후 서구의 70년은 케인지언 복지국가가 황금기 30년과 소강기 30년을 거쳐 복지자본주의 체제론적 이해와 사회투자적 재편으로 재생되는 기간이었다. 같은 기간 동안 한국은 식민 경험으로부터 해방, 분단, 독립, 전쟁을 거쳐 압축적 산업화와 민주화를 경험하고, IMF 위기 이후 최근 15년 본격적으로 '복지국가 만들기' 단계에 들어섰다. 이 절에서는 해방 후 한국 복지국가 발전을 시장경제의 생래적 결함이 요구하는 불가피한 현상이라 이해하고, 시장경제 발전이 요구하는 '탈상품화'의 노력이 어떻게 전개되어 왔는지, 정부와 민간복지의 관계 형성과 변화에 초점을 맞추어 네 단계로 나누어 정리해 본다. 첫째는 해방 후 1961년까지 건국정부시대, 둘째는 1961년에서 1987년에 이르는 권위주의적 발전국가시대, 셋째는 1987년부터 1997년까지 민주화의 첫

10년, 그리고 1997년 IMF 위기 이후 현재까지다.

건국정부: 해외원조 의존적 민간복지 모형

해방 후 1961년까지는 해방, 분단, 독립, 전쟁, 4.19 학생혁명과 5.16 군사혁명으로 이어진 빈곤과 혼란의 시기였다. 임혁백(2011: 405)의 지적처럼, 한국은 주권, 입헌성, 정통성, 관료제를 갖춘 근대국가로 탄생했지만, 실효적으로는 헌법에 규정된 영토의 절반밖에 지배할 수 없는 분단국가, 한국인들의 자율적인 노력이 아니라 냉전의 산물로, 반공의 보루로 세워진 결손국가 형태로 출범하였다. 국가의 공식 이데올로기는 다원적 자유민주주의였으나 실천적 이데올로기는 반공주의였고, 계급정당의 출현은 원천적으로 봉쇄되었고 사회정치의 공간도 제한되었다. 국민 생산성은 극도로 낮은 수준이었고 아직 산업자본주의가 정착하지 못한 시기로서, 한국 사회의 사회문제는 산업자본주의의 결과로서가 아니라 식민수탈과 분단, 전쟁과 같은 민족적·역사적 재앙의 산물로 이해되었다. 두레, 향약과 같은 전통적인 상부상조 조직은 일제에 의해 효과적으로 해체되었으나, 자생적인 상부상조 조직은 뿌리내리지 못한 시기였다.[10]

해방 후 미군정 당국(1945-1948)은 체계적인 복지제도를 구상하기보다 1944년 조선구호령의 원칙들을 재확인하거나[11] 민간복지자원의

10 일제강점기를 통해 두레, 향약 등 전통적인 자생의 상부상조 조직들은 효과적으로 해체되었다. 1920년대 도쿄 유학생 중심의 협동조합운동과 조선농민사운동(朝鮮農民社運動)이 있었으나 항일운동의 방편으로 일어난 이 운동은 곧 일제에 의해 소멸되었고, 총독정치의 일환으로 관제조합이 만들어졌다. 서구 산업자본주의 초기의 본원적 축적 과정에서 등장하는 상호부조 조직이나 협동조합 등 사회적 경제의 자생적 성립의 기회는 일제에 의해서 봉쇄된 것이다(정병호, 1983).

11 1946년 1월자로 발부된 일반 공공구호의 조건을 규정한 행정각서를 보면 "공공구호는 가족이나 친척이 없는 빈곤자, 취업이 불가능한 빈곤자, 공공시설 외에 갈 곳이 없는 빈곤자로서, 65세 이상 노인이거나 13세 미만 아동, 6세 미만 아동을 양육하고 있는 여성,

동원, 주민자조와 관민협조를 강조하는 행정각서와 행정지침[12]을 발부하는 정도였다. 1948년 제헌헌법도 제84조 경제적 기본질서 조항에서는 사회정의 실현과 균형 있는 국민경제 발전을 한국 경제 질서의 기본이라고 명시하고 있지만, 제19조 생존권 조항에서는 보호에 대한 국가의 책임과 국민의 권리를 노동능력을 상실한 사람에게로 한정하였다. 남북 분단은 한국전쟁의 원인이 되었고, 전국을 잿더미로 만든 이 전쟁으로 해외원조단체들의 구호 물결이 이어졌고, 이리하여 한국 사회복지제도 역사의 중요한 첫 단추는 해외원조에 의한 민간복지로 끼워지게 하였다.

1950년대 후반에는 해외원조에 의한 민간외원단체들의 지원이 정부의 복지예산 규모를 넘어섰고, 1954년에 조직된 외국민간원조기관한국연합회(KAVA)는 한때 '제2의 보사부'라고 불릴 정도로 영향력이 커졌다. 이들은 물질적·금전적 구호사업에 그치지 않고, 종래의 자선적 차원의 사회사업과 시설중심 구호사업에서 탈피하여 의료사회사업, 가족복지사업, 지역사회개발사업 등을 소개하고, 자조와 자활을 돕는 전문적 사회사업 실천을 교육하는 등 한국 사회복지서비스의 전문화를 선도하는 역할을 하였다.

건국정부는 1951년 기부금품모집금지법을 제정하고, 1952년 10월 4일자 사회부 장관 훈령으로 '후생시설운영요령'을 시달한다. 기부금품

만성 질병자, 임산부, 장애자 중 한 범주에 속해야 함"을 밝히고 있다.

12 1947년 미군정 당국이 각 도지사에게 지시한 보건후생부 장관의 통첩(후생시설 운영강화에 관한 건)을 보면, "국가 재정상, 수많은 요구호 아동에 대하여 전적으로 국비를 보조하는 것은 불가능하므로, 관과 민의 유지들과 긴밀한 조직적 연락하에 당해 시설의 지역별, 또는 개별적 후원단체를 구성하게 하여, 인적 · 물적 자원을 유감없이 발휘하여 당해 시설로 하여금 자급자족하도록 극력 추진할 것"이라 하고 있다. 당시 한국 사회는 지역사회의 후원이나 자선활동을 기대하기는 어려운 상황이었고, 전쟁의 발발로 이는 아예 불가능하게 되었다.

모집금지법은 당시 사회적 궁핍과 혼란 속에서 난립했던 기부금품의 강요로부터 국민의 재산권을 보호하고 생활안정에 기여하려는 취지였다. 이 법은 민생보호와 치안유지의 차원에서 필요했기에 내무부가 집행을 맡았는데, 1996년에 기부금품모집규제법으로 완화되었다. '후생시설운영요령'에서는 국가, 특별시, 시, 도, 읍, 면 이외의 자가 후생시설을 설치하는 경우에 재단법인 설립을 필한 후 특별시장 또는 도지사의 인가를 요건으로 규정하였다. 또한 후생시설장은 시·읍·면장이 발행하는 의뢰장에 의해 요구호자를 수용하는 것을 원칙으로 하고, 이에 대한 시·읍·면장의 지도·감독권을 규정하고, 특별시장 또는 도지사에게 시설 운영에 대한 업무 감사의 권한을 부여하였다. '후생시설운영요령'에 의해 후생시설 설립을 등록제에서 허가제로 전환하고 민간복지시설에 대한 정부의 실질적인 통제와 지도·감독을 강화하였다. 외원단체들이 완전히 철수하는 1970년대 초까지, 정부는 구호사업을 위해 재정이나 전달에서 별다른 역할을 수행하지 못했지만, 규제의 차원에서만은 국가주의적 개입을 확실히 관철했던 것이다.

정부는 사회복지서비스의 재정과 전달을 외원단체에 전적으로 맡긴 채, 기부금품모집금지법을 제정하여 국내 민간복지 모금활동은 아예 금지하고, 후생시설 설립 허가권, 운영의 지도·감독권을 행사함으로써 민간 부문의 활동을 규제할 수 있게 되었다. 기드론 등의 분류에서는 그 어느 모형에도 속할 수 없는 정부와 민간복지 관계모형이 성립되었던 것이다(Gidron, Kramer and Salamon, 1992). 재정과 전달 모두에서 정부의 역할이 없었으므로 비영리부문지배모형이라 하겠으나 자발적이고 독립적인 비영리 민간 부문 자체가 존재하지 않고, 정부는 허가·지도·감독권을 가지고 모든 사회복지사업을 규제하는 모형이다. 이와 같이 한국 사회복지 발달의 제1단계는 외원 의존의 응급구호와 정부의 강한 규제로 특징지어진다.

권위주의적 발전국가: 공공복지의 형성과 종속적 대행자 모형

1960년 학생혁명은 제1공화국의 12년 통치를 끝내고 장면의 민주정부를 탄생시켰다. 그러나 장면 정부는 1961년 5.16 군사혁명으로 9개월 만에 무너지고 말았다. 그 후 1987년 의회 민주주의의 재개를 보게 될 때까지 25년 동안 제3공화국, 유신정부, 제5공화국으로 이어지는 3개의 군부 권위주의 정부가 집권하였다. 이 기간 동안 한국의 민주주의는 철저히 유보되었으나 놀라운 경제성장에 성공하여, 찰머스 존슨(Charlmers Johnson)이 "권위주의적 발전국가(Authoritarian Developmental State)"[13]라 부른 한국 근대화의 전범이 만들어졌다(Johnson, 1988). 이 기간 동안 외원은 완전히 철수했고 사회보험과 공공부조 그리고 각종 사회복지서비스까지 사회보장제도의 대부분이 소개되었다.

• 제3공화국

수출주도형 경제성장과 복지국가 건설을 약속한 제3공화국은 1962년 헌법개정으로 생존권 조항을 강화하여, 모든 국민의 인간다운 생활을 할 권리(제30조 1항)와 사회보장 증진에 노력해야 할 국가의 의무(제30조 2항)를 명시했다. 그리고 생활보호법(1961), 군인연금법(1963) 등 10여 개가 넘는 사회복지 관련 법들을 제정하였다.[14] 그러나 1962년에 시작한 제1차 경제개발 5개년계획이 목표를 초과달성하자,[15] 정권의

---

13 권위주의적 발전국가는 국가가 소유는 피하지만, 각종 유인, 자본과 자원의 할당과 행정지도를 통해 통제를 행사하는 국가로서, 경제발전을 주도하고 자본을 직접 동원 · 배당하며, 사업을 민간 기업에게 허가하고, 하청을 주며, 노동자들의 조직을 통제하는 데 지배적인 역할을 한다.

14 공무원연금법(1960), 군사원호보상법(1961), 생활보호법(1961), 아동복리법(1961), 윤락행위 등 방지법(1961), 재해구호법(1962), 군인연금법(1963), 사회보장에 관한 법률(1963), 산업재해보상보험법(1963), 의료보험법(1963) 등이 제정되었다.

15 제1차 5개년계획 기간(1962-1966)에는 연평균 7.8%, 제2차 5개년계획 기간(1967-1971)에는 연평균 10.5%의 놀라운 성장 기록을 보였다.

정당성을 위하여 사회보장제도를 동원할 필요가 없어지게 되었다. 제3공화국은 '선성장-후분배' 노선을 명확히 하고, 빠른 경제성장을 통해 소득을 증대시키는 것이 최선의 복지정책이며, 복지지출은 비생산적이고 낭비적인 유출이라고 간주하는 성장제일주의를 강화하였다.

1963년에 제정된 '사회보장에 관한 법률'을 보면 사회보장을 사회보험과 공공부조로 좁게 정의하고 "정부는 사회보장사업을 행함에 있어서 국민의 자립정신을 저해하지 않도록 해야 한다"(제3조 2항), "사회보장사업은 국가의 경제적 실정을 참작하여 순차적으로 법률이 정하는 바에 의하여 행한다"(제3조 3항)라고 밝힘으로써 사회보장에 대한 국가의 소극적인 입장과 민간복지의 역할을 언급하지 않고 있다. 1960년대 초 제정된 많은 사회복지 관련 법들 중에서 실제로 시행된 것은 공무원연금법, 군인연금법, 산업재해보상보험법, 생활보호법 등 몇가지에 불과했다. 공무원연금과 군인연금은 노후생활보장수단일 뿐 아니라 다른 직업에 대한 군인과 공무원의 직업적 지위 상승을 도모하여 그들의 지속적인 충성을 확보하는 수단이기도 했다. 1961년 제정된 생활보호법은 1944년 일제의 조선구호령 이래 처음으로 공공부조의 근거가 되는 법이 마련되었다는 점에서 의미가 있었으나, 내용에 있어서 조선구호령이나 미군정 각서의 틀을 벗어나지 못했고, 생활보호 예산이 따로 책정된 것은 1969년에 이르러서였다.

제3공화국의 가장 현실적인 과제는 1960년대 중반부터 시작된 외원 철수였다. 외원이 철수함에 따라 재원 없는 민간시설과 시설 운영 경험은 있으나 재정능력이 없는 민간복지 종사자들이 남게 되었다. 따라서 민간시설의 운영재원을 국가가 책임지지 않으면 안 되었다. 이에 따라 1970년 국가가 재정을 담당하고 민간이 전달을 맡는 역할분담을 전제로, 사회복지사업 전반에 공통적으로 기본이 되는 사항들을 규정한 사회복지사업법(1970)을 제정하였다.

사회복지사업법의 핵심은 민간이 경영하는 사회복지사업의 공공성과 공정성을 확보하기 위해 사회복지법인제도를 설치한 것이다. 민법에 의한 일반 공익법인과는 달리, 사회복지법인은 국가로부터 공비 지원을 받을 수 있으며, 국가에 의한 '복지조치 위탁'에 대한 수탁 의무가 있으며, 국가의 특별감독을 받으며, 동시에 사회복지사업의 재정을 위하여 수익 사업을 할 수 있고, 이용자로부터 비용을 징수할 수 있게 하였다. '복지조치의 위탁'이란 국가가 수행해야 할 복지조치를 민간시설에 위탁하고 그 비용을 지불하는 것을 말한다. 제정 당시 사회복지사업법이 규율하는 사회복지법률은 생활보호법, 아동복지법, 윤락행위등 방지법의 복지 3법에 불과했다. 사회복지법인의 설립은 '후생시설운영요령'(1952)에서처럼, 보건사회부 장관의 인가가 필요하며, 사회복지시설을 설치·운영할 수 있는 자격을 사회복지법인으로서 서울특별시장, 부산시장 또는 도지사의 허가를 받아야 한다고 규정하였다.[16] 이 법으로 국가에 의한 복지조치에 대하여 수탁할 의무가 있고, 국가의 허가와 재정지원, 특별감독을 받는 사회복지법인이 탄생하였다. 권위주의 정부와 사회복지법인 간의 종속적 대행자 관계가 제도화된 것이다. 1983년 5월 일부개정으로 사회복지법인 외에 기타 법인에게도 사회복지시설 설립이 허가되었으나, 1992년까지 국가의 보조를 받을 수 있는 것은 사회복지법인뿐이었다. 1970년 사회복지사업법으로 규정된 정부와 민간 간의 종속적 대행자 모형의 관계는 발전국가 기간 25년을 특징지었다.

16 사회복지사업법은 사회복지사업의 전 영역을 규율하는 최초의 입법으로, 사회복지사업의 책임이 국가와 지방자치단체 그리고 법인에 있음을 명백히 하고, 사회복지사업의 범위와 한계, 사회복지사의 자격, 공공복지 전달체계, 민간복지 지원방안, 공공복지와 민간복지 사업의 조정을 위한 사회복지협의회의 법정 단체화 등을 명문화하였다.

• 유신정부

1972년 10월 유신체제[17]의 도입과 유신정부의 중화학공업 추진은 국내 자본가 계급의 독점과 재벌화의 분기점이 되었다. 방대한 투자를 요구하는 중화학공업을 육성하기 위해 정부는 대기업 형성을 장려하고 중소기업을 소외시켰다. 중화학공업에 대한 정부의 집중투자로 임금격차는 벌어지고 노동분절 현상은 심화되었으며, 1970년대를 통하여 지니계수가 악화되고 노동쟁의 발생도 크게 증가하였다. 유신정부의 전례 없이 강한 억압에도 불구하고 1970년대에는 민중 수준에서 서민 근로자들에 의한 최초의 노동운동이 시작되었다. 유신정부는 중화학공업 육성을 위한 재원 동원 방안으로 국민복지연금법(1973)을 제정하나 시행을 미루게 되고, 1차 석유위기 3년째 되던 1976년 남북대화 개시에 즈음하여 의료보험법(1963년 제정)을 전면 개정하여 1977년부터 실시하고, 이와 병행하여 의료부조 프로그램도 실시하였다. 당시 의료보험제도는 대기업부터 시행하는 조합주의를 선택하여 행정편의주의라는 비판도 받았으나, 오늘날 보편주의와 통합주의를 원칙으로 하는 한국 사회보장제도의 중핵적인 제도로 성장하였다. 공공부조와 사회복지사업은 최소주의로 일관하였다.

• 제5공화국

1970년대의 점증하는 소득격차와 권위주의 정부에 대한 저항이 합쳐지면서 박정희 대통령은 자신이 임명한 정보부장에 의해 살해되고 이로써 18년 통치의 막을 내리게 된다. 그 후 정치적 혼란을 배경으로 광

---

17 메이지유신에서 이름을 따온 이 헌법체제하에서는 대통령이 국회의원의 3분의 1과 모든 법관을 임명하고, 임기 6년에 횟수 제한 없이 연임할 수 있었다. 유신체제는 행정·입법·사법의 3권을 모두 쥔 대통령이 종신 집권할 수 있도록 설계된 1인 영도적·절대적 대통령제였다.

주 유혈 사태까지 일으킨 전두환 군부세력에 의해 제5공화국이 출범하였다. 제5공화국은 당시의 세계적인 경향을 반영하여 '복지국가' 아닌 '복지사회'의 구현을 국정지표로 내걸었다. 제5공화국의 복지정책은 대체로 유신체제의 연속이었다. 공공부조는 극빈층에 국한하고 연금이나 의료보험이 도입되어 있었으나 적용대상은 제한적이었다. 다만 사회복지서비스 관련하여, 1981년 노인복지법과 아동복지법(1984년 개정), 장애자복지법(1984년 개정), 1982년 유아교육진흥법을 제정하여 취약계층을 위한 사회복지사업의 분야별 기본법을 정비하였다. 이러한 법들은 각종 서비스가 '제공되어야 한다'가 아니라 '제공할 수 있다'라는 규정에 머물고 있어서 정부의 재정적 의무는 명시하지 않았지만, 생활보호대상자 등 빈곤계층을 위한 사회복지사업이라는 잔여적 개념에서 벗어나 전 국민을 대상으로 하는 보편주의적 사회복지사업의 개념이 소개되었다.

이러한 변화는 1983년 사회복지사업법 개정에 반영되어, 사회복지사업의 범위에 심신장애자복지법과 노인복지법을 추가하고, 생활시설뿐 아니라 이용시설인 사회복지관사업이 포함되고, 사회복지 종사자를 '사회복지사'로 개칭하였으며, 사회복지협의회의 성격을 강화하는 등 사회복지서비스 공공전달체계를 확립하고자 하였다. 1983년 개정으로 사회복지시설 설치를 사회복지법인 외에도 공익법인들에게 허용하였지만, 정부보조금은 사회복지법인으로 한정하였다. 사회복지서비스가 다양해지고 범위가 넓어지면서, 엄격한 종속적 대행자 관계를 모든 사회복지서비스 공급체계에 강요할 수 없게 되었다.[18] 한편 3저 호

18 사회복지의 민간재원을 확보하기 위해 1980년 말 사회복지사업기금법을 제정하여, 민간 모금에 국고가 대응자금(matching)을 지원하는 사회복지사업기금을 설치하고, 필요한 경우 내무부 장관과 협의하여 기부금품을 모집할 수 있는 기관을 지정할 수 있게 하였다. 그러나 사회복지 민간모금을 정부가 주도하여 기금화하여 사용하는 것은 문제가 있다는

황으로 경제가 회복되면서, 제5공화국 때에는 휴면 중이던 국민복지연금법에 대한 관심도 고조되어, 1986년에는 '국민연금'이라는 새로운 이름으로 법을 전면 개정하여 1988년 실시하게 된다. 그리하여 권위주의 빌전국가 시대가 종료되는 무렵에는 산업재해보상보험, 공무원연금, 군인연금, 국민연금, 의료보험, 공공부조, 아동복지, 노인복지, 장애인복지 등 각종 사회보장 법제도를 갖추게 되어, 명목적으로는 복지국가의 제도적 기반이 구축되기에 이르렀다.

• 권위주의 정부와 민주화운동

1962년에서 1987년에 이르는 25년, 3개의 권위주의 정부는 경제발전을 국가의 최우선 목표로 두고(선성장-후분배) 민주적 절차를 시간과 에너지의 낭비로 간주하였으며, 복지정책은 경제정책의 효과적 수단으로 기능하는 범위 내에서 채택하는 것으로 하였다. 집권 초기 복지국가 건설의 약속은 군사정권이 필요로 했던 정당성 창출을 위한 선전적 약속이 되고 말았다. 그러나 이미 살펴본 바와 같이 한국의 주요 사회보장 제도들은 이 기간 동안에 거의 소개되었다. 이 시기 한국 복지국가 형성의 특징은 1) 선성장-후분배를 원칙으로 하고, 2) 복지제도 시행을 위한 국가 부담은 최소화하려 했고, 3) 국가복지는 재정중립적 사회보험을 중심으로 했으며, 4) 사회보험은 보험료 부담능력이 큰 사람에서 작은 사람으로 점차 확대해 가고(생산자 우대), 5) 공공부조와 사회복지서비스는 가족과 민간 부문에 맡겨졌다는 것으로 정리될 수 있다(김상균, 2008). 제5공화국은 노인복지, 아동보육 등 사회서비스 분야를 확충했으나 보통 초기 복지국가 발달 과정에서 중요한 역할을 하는 자생적 민

지적과 정부대응의 부진으로 제 역할을 하지 못했다.

간복지의 역할은 보이지 않았다. 엄격한 국가통제 속에서 자율적인 시민사회공간으로서 시민사회 형성 자체가 어려웠다. 1970년대 중반 외원이 완전히 철수하자, 권위주의적 정부가 재정을 맡고 민간 부문이 대행자로서 서비스를 전달하는 관계모형이 제도화되었다.

이 시기에 종속적 대행자로서의 민간복지를 뛰어넘는 혁신적 실험이 없었던 것은 아니다. 1980년 광주민주항쟁 이후 유신체제의 청산과 민주화를 열망하는 국민에게 전두환 정권은 법적·도덕적 정당성을 인정받을 수 없었다. 1980년대는 강력한 반정부투쟁과 민주·민족·민중의 삼민이념의 사회운동전선이 강화되고 민주화운동이 폭발적으로 전개된 시기였다. 복지문제는 민주화운동의 우선적인 과제는 아니었다.

그러나 1980년대 초 서울시의 신시가지 조성계획이 추진되면서 시작된 철거반대운동은 당시 민주화운동세력에게도 놀라울 정도로 조직적이고 강력한 자구적·자발적 반대운동이었다(김수현, 2010). 이 운동은 1970년대 빈민운동가들과 1980년대 학생운동권의 적극적인 지원을 받았고, 이 운동에서 주도적으로 일했던 사람들은 일용건설노동자 조직운동이나 건설노동자들의 노동공동체운동을 시도하였다. 이들의 공동체운동은 1960년대부터 종교계를 중심으로 한 빈민지역활동, 1970년대 제정구(복음자리) 김진홍 목사(남양만 두레마을) 등의 주거 및 경제공동체운동의 연속선상에 있는 것이었다. 이후 빈민지역활동은 경제적 자립에 강조점을 두는 생산공동체운동으로 발전하여 성공회를 중심으로 한 자활공동체운동이 활성화되고, 건설일용노동운동은 빈민들의 생활문제를 적극적으로 제기함으로써 이후 기초생활보장제도 도입 등 빈곤층 대책 수립의 밑거름이 되었다. 1990년대 중반이 되면 자활공동체를 제도화하게 되는데, 이는 2000년대 이후 전국적인 자활후견기관 설치로 이어지는 모델이 된다. 김수현(2010)의 지적과 같이 1980년대 빈민운동은 민주화운동에 도시빈민 생존권 문제의 중요성을 각인시켰고,

노태우 정부의 서민주택정책을 추동했으며, IMF 위기 이후 사회안전망 확충 운동과 주거권 운동으로 이어지는 뿌리를 형성했다.

민주화의 실험과 소극적 복지국가

1987년 6월의 민주항쟁은 권위주의를 종식시키고 민주주의로의 이행이 시작되는 한국의 정치적 민주화의 역사적 분수령이었다. 6월 항쟁은 대통령직선제와 반정부인사 감시 중단, 연내 개헌을 담은 6.29선언을 이끌어냈고, 그것은 시민사회의 승리이자 국가권력의 후퇴로 인식되었다. 그러나 직접적인 결과만으로 볼 때, 1980년 광주민주항쟁이 전두환 군부정권의 성립을 저지하지 못한 실패한 민주화 투쟁이었던 것처럼, 1987년 6월 항쟁도 제6공화국, 노태우 정권의 성립으로 귀결된 실패한 운동이었다.

1987년에서 1998년 IMF 위기에 이르는 10년은 제5공화국의 후계자였던 노태우 대통령과 3당합당을 기반으로 한 김영삼 대통령의 제한적 민주화의 이행기였다. 3당합당은 보수주의적 권위주의와 보수주의적 자유주의의 결합을 실현한 것으로서, 정책과 이데올로기적 정향, 엘리트구조에서 제5공화국과 고도의 연속성을 유지하는 제한적 민주화의 이행을 보장하는 것이었다(최장집, 2001). 두 정부의 사회복지정책은 보수적이고 소극적이었다.

• 제6공화국

노태우 대통령의 제6공화국은 사회보장정책에서도 제5공화국이 약속한 대개의 계획을 실천에 옮겼다. 예정대로 의료보험제도를 농어민과 도시자영자에게 확대하여 전 국민 의료보험을 실시하고 1988년 국민연금제도를 실시하였으며, 실업보험제도도 제7차 5개년계획 기간(1992-1996) 중에 실시하도록 준비하였다. 그리고 1987년 7월부터 대

도시 저소득층 집단거주지역의 동사무소에 사회복지전문인력을 배치하기 시작함으로써 생활보호 및 사회복지서비스 전달체계의 확립을 시도했다. 제6공화국은 이와 같이 이전 정권의 결정을 존중하고 충실히 실천에 옮기면서, 근로자들에 대한 억압을 대폭 완화함으로써 6.29 이전과는 다른 면모를 보이기도 했다. 종합적인 근로자 복지제도를 구상하여 1992년까지 근로자주택 25만 호를 건설하는 계획이라든가, 노동은행 설립 등 근로자 복지사업을 지원하고, 사내복지기금 운영, 우리사주제도의 활성화와 같이 기업 내 복지기반 확충을 추진하는 등 적극적인 노동정책을 제시하였다. 실업보험제도의 구상에도 고용을 주된 목적으로 하는 노동시장 정책적 성격이 강하게 반영되었다. 이것은 과거 권위주의 정부하에서 성장과 복지를 별개의 영역으로 인식하고, 복지정책은 시장경제 원칙과는 대립적인 별개의 영역으로, 그리고 복지정책은 산업 현장 노동자의 직접적인 요구와는 별개의 사안으로 접근하던 것과는 다른 모습이라 할 수 있다. 그러나 정권의 보수성으로 말미암아 제6공화국의 노동통합적 복지정책은 동력을 얻지 못하였다.

• 문민정부

1992년 선거로 당선된 김영삼 대통령의 문민정부는 적어도 출범 초기에는 국민과 노동계급의 복지증진을 위한 복지개혁을 거의 염두에 두지 않았다(성경륭, 2002). 김영삼 대통령은 군사정부와의 차별화를 위해 문민정부라 이름 하였고, 과거 수십 년간 누적되어 온 부정, 부패와 정경유착의 적폐를 해소하고 군부 출신 정치 엘리트에 대한 과감한 인적 청산을 통해 국가의 도덕적·문민적 토대를 새롭게 다지고자 했다. 문민정부의 주도세력들은 출범 당시의 한국 경제가 상당히 중대한 문제상황에 처해 있다고 진단하고, 경제위기를 극복하기 위해서는 한국병을 치유해야 하고, 모든 계층이 고통분담의 차원에서 기업에 대한 임금 인상 요구, 정부에 대한 복지 요구 등을 자제해 줄 것을 요청했다. 문민정부는 노태우 정부 시절에 도입이 결정된 고용보험제도를 1995년 7월부터 상시 근로자 30인 이상 사업장에 의무적용하기 시작했고, 1995년 7월 국민연금법 개정을 통해 농어촌지역 주민들에게까지 국민연금제도를 확대 실시하였다. 공무원, 교원 의료보험조합과 지역의료보험조합의 통합을 위한 국민의료보험법을 제정하고, 민간복지 활성화를 위해 사회복지공동모금법을 제정했으며, 사회보장에 관한 법률(1963)을 폐기하고 사회보장기본법(1995)을 제정하였다. 그러나 문민정부의 복지예산을 보면, 1993년부터 1995년까지의 전반기 동안 사회보장 부문과 보건복지 부문에 대한 예산의 상대적 비중을 오히려 감축시켰고, 문민정부 5년 내내 보건복지부 예산은 노태우 정부 시절의 수준을 넘어본 적이 없다.[19] 1997년 IMF 위기 전야까지 한국의 사회복지제도는 경제 수준에 비해 이례적으로 낮은 지출 수준이었고, 고용보험을 제외한 7개 사회보험제도와 구시대적 공공부조, 사회복지서비스 관련 법률들은 대부분 1987년 민주화 이전, 개발국가 시대에 도입된 것들이었다. 이 시기에는 철저한 노동배제와 선성장-후분배를 기본원칙으로, 사회보험의 조합주의 편향성과 권력의 도구주의적 접근, 공공부조의 구체제적 낙후성, 사회복지서비스의 저발전 등을 특징으로 하는 발전주의적 복지체제가 구조화되어 있었다.

---

19 1995년에는 보건복지부 예산 비중이 중앙정부 예산의 3.82% 수준으로 줄어들었다. 이 수치는 노태우 정부가 복지 분야에 투자한 것보다 훨씬 낮은 수준이다. GDP 대비 총 사회복지비 지출규모는 1993년 4.48%에서 1996년 5.29%로 늘었지만(고경환·장영식·이내연, 2003: 154), 일반예산에서 사회보장예산이 차지하는 비율은 1993년 6.35%에서 1996년 6.0%, 1997년 6.23%로 줄었다.

• 민주화 첫 10년과 민간복지

그러나 1987년에서 1997년에 이르는 한국 민주화의 첫 10년은 민간복지 환경이 크게 달라진 시기였다. 무엇보다도 민주적 공론과 시민참여의 장으로서 시민사회가 빠른 속도로 성장하였다. 과거 민족·민주·민중운동으로서의 반정부 민주화 운동과는 가치와 목표, 전략을 달리하는 새로운 시민운동단체들이 등장하였다. 경실련(1989)을 비롯하여 환경운동연합(1993), 참여연대(1994), 한국여성단체연합(1987) 등 대표적인 시민단체들이 크고 작은 시민단체들과 연대하며 옹호활동 중심의 1990년대 시민사회운동을 주도하였다. 사회복지 분야에서도 1994년 12월부터 참여연대 사회복지특별위원회가 주도한 국민복지최저선 확보운동, 경실련·참여연대·YMCA·한국소비자연맹·녹색소비자연대 등이 참여한 의약분업운동, 1992년 전국 자원활동단체 협의회 등 7개 단체가 연대하여 시작하고 1996년에 경실련 등 7개 단체가 참여한 사회복지예산확보운동, 그리고 9개 단체가 1994년 인도주의실천의사협의회 등 73개 시민사회단체와 지역의보연대회의가 결성한 '의료보험 통합일원화 및 보험적용 확대를 위한 범국민연대회의'의 의료보험 통합운동 등이 전개되었으며, IMF 위기 이후 의약분업, 의보통합, 국민기초생활보장법 제정 등이 국민의 정부가 추진한 주요 복지개혁의 실질적인 추동력이 되었다. 이들은 사회복지서비스를 직접 제공하는 조직들과는 달리, 사회복지를 옹호하고 대변해 주는 정책제언형 시민단체들이다. 공공복지와 민간복지에 대한 이들의 지지는 민간복지 부문에 매우 중요한 자산이다.

둘째, 보수적이고 성장 지향적이던 문민정부가 OECD 가입을 앞두고 복지에 대한 태도 변화를 보였다. 삶의 질의 세계화를 선언하고, 국민복지최저선 보장, 생산적 복지, 공동체 복지 등을 원칙으로 하는 포괄적이고 전향적인 복지국가의 청사진('삶의 질의 세계화를 위한 국민복

지기본구상')을 발표하여 복지국가 건설이 국가의 책임임을 확실히 한 것이다.[20]

셋째, 이 기간 동안 1992년과 1997년 두 차례에 걸쳐 사회복지사업법(1970년 제정)의 개정이 이루어졌다. 1992년 개정은 사회복지전문요원 배치와 이용시설로서의 종합사회복지관의 법적 근거를 마련한 것으로, 공공복지전달체계와 민간사회복지서비스 전달체계에서 전문가 집단의 역할을 확실히 하였다. 1997년 개정은 사회복지사업법의 전면개정으로 사회복지시설의 설치를 허가제에서 신고제로 바꾸고, 법인이 아닌 개인도 사회복지시설을 설치할 수 있게 하고, 사회복지사업 실천의 전문성 확보를 위해 1급 사회복지사는 국가고시를 치르게 하였다. 또한 사회복지사업의 투명성과 책임성을 제고하기 위해 시설에 대한 평가를 정기적으로 실시하고 평가결과를 시설의 감독이나 국고지원에 반영할 수 있게 하였다.

넷째, 1980년대 지역빈민운동의 일환으로 시도되고 있던 자활공동체의 실험을 저소득층을 위한 자활지원사업으로 제도화하여 후에 국민의 정부의 자활후견제도, 참여정부의 사회적 서비스 일자리 정책, 사회적 기업 육성정책의 원형이 되게 하였다. 그것은 '삶의 질의 세계화를 위한 국민복지기본구상'의 5대 원칙 중 하나였던 공동체 복지의 예라 할 수 있고, 민간 부문의 선도적 실험을 정부가 받아들여 제도화한 정

---

20 국민복지기본구상은 경제개발과 새회개발의 상호 보완을 기본 방향으로 하고, 주요 원칙으로 1) 최저수준 보장의 원칙, 2) 생산적 복지의 원칙, 3) 공동체적 복지의 원칙, 4) 정보화, 효율화의 원칙, 5) 안전 중시의 원칙을 제시하였다. 이를 위한 국민복지기획단의 주요 정책 제안으로는 최저생계비 완전보장(1998년까지), 국민연금 전 국민 확대(1999년 이후), 의료보험 급여기간 철폐(2000년까지), 사회보험관리운영은 현재의 분립체계를 유지하면서 정보공유, 징수 기준 일원화, 사회적 취약계층 지원 확대, 민간 부문 복지참여 확대(복지 기부에 대한 유인 제공, 자원봉사활동 촉진), 복지재정 확충(2010년까지 복지예산 증가율은 일반회계예산 증가율의 1.2배 수준 유지) 등을 추구하는 것이 포함되었다.

부와 민간복지의 드문 쌍방향적 상호성(mutuality)의 사례가 되었다.

민주화 첫 10년은 김영삼 정부로 하여금 포괄적인 복지국가 건설의 기본구상을 발표하게 하고, 시민사회단체 활동이 활발해졌으며, 사회복지공급체계에 전문가집단이 등장하고, 재가복지 및 이용시설 서비스의 확대로 사회복지서비스가 확대되고 다양해지는 계기가 마련되었으며, 정부의 신공공관리적 평가제도가 도입되고, 경제적 자립을 중시하는 공동체적 접근의 실험이 정부와 민간의 협력으로 이루어진 시기였다. 권위주의 시대의 발전주의적이고 제한적인 복지로부터 민주적 복지 패러다임으로 전환되는 단초가 마련된 셈이다.

외환위기 이후: 민주적 복지자본주의와 사회적 투자

한국 사회복지제도가 비약적인 발전을 이룬 것은 IMF 위기 이후의 일이다. 한국 민주화의 두 번째 10년이 시작된 1997년 말에 발발한 IMF 위기는 사상 처음으로 정당 간 평화적 정권교체를 가져왔고, 이로써 국민의 정부와 참여정부 10년의 복지개혁이 시작되었다. 민주주의를 향한 시민사회의 에너지로 민주적 공론의 장은 더욱 확대되었고, 사회복지운동도 탄력을 받아 의약분업, 의료보험 통합, 국민기초생활보장법 제정 등 복지개혁의 파트너로서 중요한 역할을 하였다.

• 국민의 정부

경제위기 속에서 집권한 김대중 정부는 IMF가 요구하는 신자유주의 개혁을 충실히 이행하였다. 김대중 정부의 정치적 기반은 노동자, 농민 등 민중 부문이었다. IMF가 요구하는 정리해고제 도입을 위해 김대중 당시 대통령 당선자는 노사정 합의를 구했다. 국란의 현실에서 노동계는 정리해고제의 즉각적 도입에 동의하였고, 대신 사회안전망 확충을 주문했다. 사회적 약자를 위한 복지 확충은 국민의 정부에 대한 정체성의 요구이자 한국 역사의 명령이기도 했다. 1999년 김대중 정부는 IMF 조기졸업을 선언하고, 2000년 4월 총선을 앞두고 1999년 8.15 광복절 경축사에서 생산적 복지의 확충을 약속했다. 민주주의 구현과 시장경제 발전이라는 국정 철학의 양대 축에 생산적 복지라는 세 번째 축을 추가한 것이다. 토마스 험프리 마샬(Thomas Humphrey Marshall)의 민주적-복지-자본주의 체제로의 전환을 공식적으로 선언한 셈이다.

생산적 복지는 기본권 보장, 인간개발, 노동을 통한 복지, 복지다원주의로 구성된, 세계화시대의 새로운 패러다임의 복지구상이었다. 국민의 정부의 문제의식은 기든스의 제3의 길과 유사했지만, 집권기간 동안 실제로 추진된 것은 공공부조와 사회보험제도의 확충을 통한 기본권 보장과 복지다원주의였다.

국민의 정부는 집권 5년 동안에 한국 복지국가 발달에 두 가지 역사적 이정표를 남겼다. 하나는 국민기초생활보장법의 제정으로 노동능력 유무에 상관없이 공식적인 빈곤선을 기준으로 전 국민에게 최저생활을 보장하도록 한 것으로, 모든 국민의 생존권 보장을 위한 실질적인 사회안전망이 역사상 처음으로 설치되었다. 다른 하나는 4대 사회보험제도 개혁으로, 국민연금을 도시 자영자에게 확대하면서 (World Bank가 제안한 다층구조를 택하지 않고) 전 국민 소득재분배형 단일 연금제도로 통합하고, 의료보험은 노사정위원회의 합의를 거쳐 227개 지역조합과 142개 직장조합, 그리고 공무원·교원 의료보험을 단일 국민건강보험으로 완전 통합을 단행하면서, 적용 대상을 전 국민 혹은 1인 이상 사업장으로 확대하였다. 국민의 정부의 공공부조 정비와 의료보험·연금보험의 대개혁은 노동배제와 조합주의, 국가의 재정중립과 소극적 재분배 원칙들과의 결별을 의미하는 경로 이탈과 새로운 경로 형성의 전환이었다. 공공부조와 사회보험의 획기적인 제도정비 외에 국민의 정부는 1) 국민기초생활보장제도의 틀 안에 탈빈곤을 위한 자활지원사업을 제도화하여 노동 통합적 빈곤대책의 시작을 마련했으며, 2) 성평등을 위한 제도개혁에서 상당한 진전을 이룸으로써 참여정부가 가족정책과 사회투자정책을 추진하는 기반을 마련하였다.

국민의 정부의 복지개혁은 민주화 첫 10년에 걸친 시민사회 성장과 사회복지운동의 연장선상에 있었다. 국민의 정부가 시행한 복지개혁 대부분이 1990년대 참여연대 사회복지위원회, 경실련 등 사회복지운동의 과제들이었고, 정책 형성 과정에 이들의 적극적인 옹호와 대변자 역할이 있었다. 1994년 약사법 개정 이래로 쟁점이 되어 온 의약분업은 김대중 대통령 후보의 100대 과제 중 하나로 선정되었고, 그 후 의약분업이 안착하는 전 과정을 통해 경실련, YMCA, 참여연대, 한국소비자연맹, 인도주의실천의사협회 등 시민단체들이 참여한 '시민대책위원회'나 '시민운동본부'의 활동이 결정적인 역할을 했다. 국민기초생활보장제도의 제정도 참여연대 사회복지위원회 소속 소장학자들의 주도로 시작된 국민복지최저선 확보운동[21]의 결실이었다. 국민복지최저선 확보운동이 IMF 위기 이후 국민기초생활보장법 제정운동으로 구체화되고, 시민운동단체 간의 느슨한 연합에서 수십 개의 단체가 참여하는 결속력 있는 '연대회의'로 발전하면서, 시민사회의 개혁적 역동성이 정부의 정책결정 기제에까지 침투·확산하여 결국 기존 법체계를 크게 바꾸는 개혁입법을 성취해 낸 사례가 되었다. 법이 통과된 후에도 연대회의는 시행령, 전달체계 예산 마련과 기초생활보장 수급권 찾기 운동, 비닐하우스촌 주민등록 찾아주기 운동, 조례제정운동 등을 통해 국민기초생활보장법이 제 기능을 다하도록 지속적인 운동을 펼쳐 나갔다. 국민의

21 이 운동에서 제시한 다섯 가지 기본원칙은 1) 최저보장은 국가 책임이고, 2) 최저보장은 국민의 권리이며, 3) 최저보장의 대상은 모든 국민이며, 4) 최저보장의 범위는 모든 생활영역이고, 5) 운영원리는 국민의 민주적 참여로, 이 원칙하에 모든 국민에게 최저생계비 이상의 삶을 보장하는 것을 목표로 했다.

정부의 중요한 업적 가운데 하나인 의료보험 통합 역시 1994년 4월에 인도주의실천의사협의회 등 73개 시민사회가 연대하여 결성한 '의료보험 통합일원화 및 보험적용확대를 위한 범국민연대회의' 활동의 지원이 없이는 불가능했을 것이다. 국민의 정부가 대통령직속 여성특별위원회 및 여성부를 설치하고 성주류화 정책을 추진한 배경에는 여성단체연합 등이 주도한 1990년대 여성운동의 요구가 있었다.[22]

국민기초생활보장제도의 틀 안에 탈빈곤을 위한 자활지원사업을 제도화한 것은 이미 언급한 바와 같이, 지식인들과 전문가들의 사회복지운동 조직의 옹호와 정책제언 활동과는 성격을 달리하는 지역빈민운동의 선도적 실험과 혁신의 결과였다. 국민기초생활보장제도는 근로능력이 있는 수급권자를 위하여 조건부과 규정을 두었고, 이를 근거로 자활후견센터의 자활지원사업을 제도화했다. 자활후견센터의 자활지원사업은 이미 언급한 바와 같이 1980년대 저소득층 밀집지역을 중심으로 빈민운동단체들의 생산자 협동조합 활동과 성공회를 중심으로 활성화된 자활공동체 운동이 그 원형이고, 1990년대 문민정부하에서 실험적으로 도입된 자활지원기관들의 자활공동체사업 경험을 확대한 것이었다.[23] 20개에 불과하던 자활지원센터를 '자활후견기관'이라 이름을 바꾸어 2000년 70개로, 2001년 157개로 증가시켰다(신명호·김홍일, 2002).

---

22 1998 대통령직속 여성특별위원회가 신설되고 교육부, 복지부, 노동부, 농림부, 법무부, 행자부 등 6개 부처에 여성정책담당관실이 설치되었으며, 2001년에 여성부를 출범시킨 이래, 남녀고용평등법 전면개정, 모성보호법 개정, 호주제 폐지 등 여성 인권 강화와 보호기반을 마련하고, 군가산점제도 폐지 등 여성 관련 정책은 비약적으로 발전하였다. 1995년 베이징여성대회에서 채택한 '성주류화' 전략을 여성단체들이 권고하였고, 국민의 정부는 이를 지지하고 적극 반영하고자 하였다.

23 5개로 시작한 자활지원센터가 20개까지 늘어났는데 체계적인 사업개발 노력이 이루어지지 않아서 사업 아이템은 도시락, 출장뷔페, 세탁업, 청소용역 등 일정 수준 이상으로 다양화되지 못했다.

• 참여정부

국민의 정부가 시민운동단체들과의 협치를 통해 성장 제일주의적 복지 모형을 해체하고 기본권 보장 개념에 기초한 소득 보장의 기반을 구축했다면, 국민의 정부를 계승한 참여정부는 그 기반 위에서 국민기초생활보장제도의 사각지대 해소, 건강보험의 보장성 강화, 국민연금 재정의 지속가능성을 모색하면서 동반성장을 위한 사회적 투자[24]로서 사회적 서비스를 확대하였다. 참여정부가 출범한 2003년에는 이미 노동시장 유연화, 탈규제, 민영화, 자유화 등 신자유주의적 경제개혁의 사회적 결과로서 분배의 악화, 장기실업, 근로빈곤층, 비정규직, 아동빈곤, 다문화가정, 노숙인 문제, 젠더관계 변화와 저출산·고령화, 가족구조 변화 등 신빈곤과 사회적 배제의 문제가 심각하게 노정되고 있었다. 경제성장의 회복에도 불구하고 분배는 악화되고 고용 없는 성장, 고용의 질, 비정규직과 근로빈곤층 문제가 사회·경제적 양극화를 심화시키고 있었다.

참여정부의 사회복지 과제는 이미 고성장 산업사회의 그것이 아니었다. 전통적인 케인지언 복지국가정책으로 답할 수 없는 새로운 사회적 위험들로 옮겨와 있었다. 참여정부는 출산을 장려하고, 개개인의 잠재력을 개발하고, 지식기반경제에의 적응능력을 향상시키고, 고용률을 높이고, 고용을 통한 빈곤 탈출을 지원해야 했다. 이러한 문제의식은 참여정부 복지개혁의 세 가지 특징을 낳았다. 첫째는 한국 정부로서는 최초로 복지국가를 최고 목표로 하는 포괄적 국가경영의 로드맵(비전 2030)을 체제론적 관점에서 제시한 점이고, 둘째는 사회투자 개념의 사

24 국민의 정부의 생산적 복지의 기본 구상에서도 사회적 투자의 개념이 사용되고는 있으나, 주로 취약계층을 위한 인간개발과 경제활동기회 확대, 자활을 위한 사회적 투자의 의미로 제한적으로 사용되었다(대통령비서실 삶의 질 향상 기획단, 1999: 37).

회적 서비스를 획기적으로 확대한 점이다. 셋째는 사회서비스의 확충을 일자리 전략으로 접근하여 사회적 경제 조직을 육성한 것이다.

① 비전 2030과 사회투자

2006년 참여정부가 발표한 '비전 2030'은 성장 동력의 확충, 인적자본의 고도화, 사회적 자본 확충, 사회복지 선진화, 적극적 세계화라는 5대 국가전략을 씨줄로 하고 제도 혁신과 선제적 투자라는 수단을 날줄로 하여, 모든 분야의 세부 정책들이 유기적으로 협력·조정·통합되면서 동반성장과 선진 복지국가라는 지향점을 향하는 국가경영전략의 포괄적인 청사진이라 할 수 있다. 생산적 복지 개념이 사회복지를 시장경제, 민주주의와 동급의 국가 목표로 끌어올렸다면, 비전 2030에서 사회정책과 경제정책의 통합은 물론이고 교육정책, 무역정책, 노동정책, 가족정책, 문화정책 등과 이중 삼중으로 교차하면서 사회정의와 통합의 가치를 보편적으로 구현하는 핵심적 국가경영전략으로 구체화되었다. 복지국가는 더 이상 개별 사회보장 프로그램의 산술적 합이 아니라, 변화하는 생산체제와 재생산체제, 노동시장과 가족구조가 긴밀하게 포괄적으로 상호작용하는 미래지향적인 '복지자본주의 체제'이자 시장경제의 체제 생존 양식으로 이해되었다.

참여정부가 사회투자적 사회서비스 확충을 시도한 것은 이같이 역동적이고 통합적이며 포괄적인 장기 비전을 전제로 한 것이었다. 참여정부에게 아동, 노인, 장애인, 여성과 여타의 노동취약계층을 위한 사회복지서비스 확충은 국민의 삶의 질을 높이는 정책일 뿐 아니라 일자리 창출정책이고, 인적자원투자정책이며, 출산을 장려하는 인구정책이고, 취업 여성과 남성을 위해 일-가정 양립을 지원하는 성평등정책이고, 노동시장 참여를 지원하는 노동시장정책이었다. 참여정부의 사회서비스 확충정책은 탈산업사회의 신사회위험에 대처하는 다목적적 사회투자 프로젝트였다. 아동보육서비스가 출산장려정책이 되려면 모든 소득계층을 대상으로 확대해야 했고, 노인장기요양서비스도 사회보험방식을 선택함으로써 사회서비스 대상의 보편주의가 쉽게 정당화되었다. 2002년 3,500억 원을 밑돌던 보육예산이 2007년 1조 3,500억 원으로 증가하고, 정부 예산에서 사회복지 예산이 차지하는 비중도 증가하였다.

② 사회서비스 일자리

출범 초기부터 빈민의 경제적 자립을 중시하여 일을 통한 빈곤 탈출을 강조하던 참여정부는 노동취약계층을 위한 자활지원사업에서 사회적 일자리 사업, 사회서비스 일자리 사업, 그리고 사회적 기업 육성정책으로의 정책적 진화를 시도하였다. 국민기초생활보호제도의 최저생계 보호의 틀 안으로 들어온 자활공동체사업이 사업 아이템의 다양성이나 기술의 전문성, 경영능력, 판로, 자본 등에서 한계를 보이고, 대상의 부적합성, 사업 수행의 자율성 문제, 자활공동체사업에 대한 종사자들의 이해와 경험의 편차 등 다양한 이유로 탈수급의 성과가 기대에 미치지 못하자, 2003년 후반기부터 사회적 일자리와 사회서비스 일자리 확대를 범정부적인 국가고용전략으로 추진하였다. 2003년 시범사업 형태로 73억 원을 투입하여 2천 명에게 일자리를 제공하던 사회적 일자리 사업이 2007년에는 11개 부처 사업으로 1조 3천억 원에 달하는 예산규모에 일자리 20만 개를 제공하는 규모로 확대되었다. 그러나 무료간병, 음식물 재활용, 빈곤가정 집수리사업 등으로 창출된 일자리들이 대부분 국가재정지원에 의존하고 임금이 최저생계비에 못 미치며 단기적인 일자리로 복지지원의 시혜적 성격을 벗어나지 못하자, 2007년 이후에는 사회서비스 일자리 창출에 초점을 맞추게 되었다.[25]

사회적 일자리는 시장에서 창출하거나 공공 부문 또는 제3섹터에서 창출하는 방법이 있는데, 참여정부는 제3섹터의 사회적 기업 육성을 선택하였다. 2007년 '사회적 기업 육성법'을 제정하여 사회적 기업에 법적 지위를 부여하고 인증을 받은 사회적 기업에 대해서는 경영 지원, 시설비 지원, 공공기관의 우선 구매, 조세감면 및 사회보험료 지원, 재정 지원(사회서비스 제공 기업)이 이루어지게 되었다(신명호·김홍일, 2002: 27). 이와 같은 정책 진화 과정에는 1980년대의 생산공동체운동단체, 1990년대 자활공동체운동단체, IMF 위기 이후 실업극복운동단체 등의 적극적인 참여가 있었다. 특히 이들은 자활지원사업과 사회적 일자리 사업의 제도 설계 과정에 참여했기 때문에 자활지원사업이나 사회적 일자리 사업의 부진은 자활공동체운동과 지역빈민운동 전체의 고민이기도 했다(신명호·김홍일, 2002).

③ 사회적 기업

사회적 경제로서의 사회적 기업은 마이크로 크레딧, 사회투자재단, 대안경제 등이 함께한 실험적 대안이었다. 그것을 정부가 법제화한 것이다. 사회적 기업 육성법(2007)에서 사회적 기업은 "취약계층에게 사회서비스 또는 일자리를 제공하여 지역주민의 삶의 질을 높이는 등의 사회적 목적을 추구하면서 재활 및 서비스의 생산, 판매 등 영업활동을 수행하는 기업"으로 정의되어 있다. 2007년 첫해에는 36개가 인증을 받았으나, 2009년에는 총 252개, 2011년 말에는 총 600개의 인증 사회적 기업이 활동하게 되었고, 인증 대기 중인 사회적 기업도 늘고 있다(노대명, 2008; 곽선화, 2011). 사회적 기업 육성법에 의한 사회적 기업의 7개 인증기준[26]에는 조직 형태로 비영리조직, 협동조합, 상법상의 회사

25 사회적 일자리 사업은 대부분이 보건복지 분야의 사업이었다. 사회적 일자리 사업단의 조직 형태는 공익형과 자립지향형이 절대다수를 차지했고, 전략적으로 육성하고 있는 광역형이나 기업연계형은 수적으로 많지 않았다.

26 7개 인증조건은 1) 조직의 형태에서 민법상의 법인·조합, 상법사의 회사, 비영리 민간단

여야 하고, 이해당사자가 참여하는 민주적 의사결정구조, 이윤의 사회적 목적 사용을 명시하고 있어서 유럽식 사회적 기업의 개념을 채택하고 있음을 알 수 있다(이혜경, 2009). 그러나 정부의 인증을 받은 경우에만 사회적 기업이라는 명칭을 사용할 수 있게 하는 등 정부는 협의로 접근하고 있다.

④ 바우처 방식

한편 참여정부의 사회복지서비스 확충 정책은 지방분권정책과 결합되면서 많은 사회복지서비스가 지방으로 이양되었고, 2006년 산모·신생아 도우미사업을 시작으로 바우처 방식은 2007년 이후 사회서비스 일자리 사업의 새로운 재정지원방식이 되었다. 특정 서비스 수요자의 선택권을 보장하고 공급자 간 경쟁을 통한 질 높은 서비스 제공을 목적으로 하는 바우처 제도는 민간복지 공급자 체계에 영리 부문을 진입시킴으로써 사회서비스 공급자 시장의 구성을 변화시켰다. 사회복지서비스 공급자로서 영리 부문의 참여가 법적으로 허용된 것은 1997년 사회복지사업법 개정에 의해서였으나, 구매력을 갖춘 시장의 부재로 참여가 이루어지지 못하다가 사회적 일자리 사업의 지원방식으로 바우처 제도가 도입되면서 영리 부문의 진입이 본격화되었다. 영리 부문의 진입은 사회적 일자리 사업만이 아니라, 노인장기요양서비스나 아동보육서비스 영역에서도 지배적인 서비스 제공자로 자리를 잡고 있다.

체의 형태를 갖추어야 하고, 2) 유급근로자를 고용하여 영업활동을 수행해야 하며, 3) 주된 목적이 취약계층에게 일자리나 사회서비스를 제공하여 지역주민의 삶의 질을 높이는 것이고, 4) 이해관계자가 참여하는 민주적 의사결정구조를 갖추어야 하고, 5) 정관규약을 구비해야 하고, 6) 영업활동을 통한 수입이 일정 수준 이상이어야 하고, 7) 배분 가능한 이윤이 발생할 경우에는 이윤의 3분의 2 이상을 사회적 목적을 위해 사용해야 한다는 것이다.

• 이명박 정부

2008년 참여정부는 747 공약과 감세를 내세운 이명박 정부에게 정권을 내주었다. 임혁백(2011: 446)은 2007년 대선은 이슈가 없는 선거였지만, 진보정권시대 10년을 마감하고 보수정권으로 권력을 교체한 중대 선거였다고 말한다. 그것은 한국 민주주의가 20년 만에 헌팅턴(Samuel Huntington)이 말하는 "두 번의 정권교체 테스트(two turn-over test)"를 통과했기 때문이라는 것이다. 그러나 그는 제2차 정권교체로 이명박 보수정권이 들어선 이후 한국 민주주의는 후퇴했다고 말한다. 친기업, 작은 정부, 트리클다운(trickle-down)론의 조합은 복지철학이 부재한 신자유주의론을 의미한다.

그럼에도 불구하고 이명박 정부는 IMF 위기 이후 지속된 복지 확대의 궤도를 돌려놓지는 못했다. 2010년 결산으로 보면, 한국의 공공복지지출 규모는 81.2조 원으로 2008년 진보정부로부터 물려받은 복지예산 68.8조 원보다 12.4조 원이 늘었다(박인화, 2010). 작은 정부와 친기업을 표방한 보수정부였지만, 미국발 금융위기로 집권 중반기에 접어들면서부터는 '동반성장위원회'를 설치하는 등 '친서민'을 강조하였다. 이명박 정부는 복지행정 효율화를 위해서 통합행정전산망 구축에 투자했고, 2011년 '사회서비스 이용 및 이용권 관리에 관한 법률'을 제정하여 사업자 신청 제도와 품질관리 강화 등으로 바우처 제도 운영 기조를 유지·강화하려 하였다.[27]

이명박 정부 기간 동안에는 2개의 중요한 의원 입법안이 발의되고 제정되었다. 하나는 2011년 손학규 의원의 대표발의로[28] 제정된 협동

---

27 2011년 기준으로, 보건복지부 6개 국/과에서 총 28개 사업으로 총 3조 7천억 원의 예산을 쓰는데, 그중 4분의 3인 2조 8천억 원이 8개 바우처 사업의 예산이었다(김영종, 2012).

28 손학규 의원 대표발의의 협동조합기본법안 외에 정부 부처 간 협의 내용을 반영한 협동조합기본법안을 김성식 의원이 제출하고 이정희 의원 소개로 협동조합기본법 제정 연대

조합기본법이고 다른 하나는 2012년 박근혜 의원의 발의로 이루어진 사회보장기본법 전부개정이다. 협동조합기본법은 사회적 경제의 확대라는 점에서, 그리고 사회보장기본법 전부개정은 사회투자 개념으로 사회서비스의 확대라는 점에서 IMF 위기 이후 한국 복지국가 만들기의 새로운 두 가지 흐름을 보여 준다.

① 사회보장기본법

2012년 1월 선포된 사회보장기본법 전부개정은 사회보장의 3대 기둥인 공공부조, 사회보험, 사회서비스의 확충을 기본 틀로 하되 사회복지서비스와 관련 제도로 나누던 것을 사회서비스 개념으로 통합하여, 인적자본 투자, 일-가족 양립, 활성화정책을 포괄하는 사회투자로서의 사회서비스 개념으로 넓게 정의하고 있다. 법안의 제안 이유를 보면 "저출산·고령화로 인한 인구구조의 변화, 세계경제위기로 인한 사회·문화 및 경제적 환경이 변화하면서 […] 전통적인 복지국가 형태는 더 이상 존립하기 어려워졌다. […] 우리나라의 상황에 맞게 선제적이고 적극적인 복지정책의 체질개선이 필요해졌다. […] 현금급여 위주의 소득보장형 복지국가에서 개인별 맞춤식 생활보장형 복지국가로의 전환이 요구된다"라고 나와 있다. 개정 기본법에서 사회보장제도가 포괄하는 사회적 위험에 '출산'과 '양육'이 추가되었고, 사회복지서비스의 정의에는 상담, 재활, 직업소개 등에 '돌봄'과 '사회참여'가 더해졌다. 이에 더하여 사회보장 장기발전계획 수립, 지역사회복지계획 수립 및 시행, 사회보장위원회를 통한 복지정책의 통합 조정 기능 강화 등 IMF 위기 이후 소득보장 중심 복지국가에서 사회서비스 중심 복지국가로 무게 중심을

회의 등 민간단체 합의안이 입법청원되어, 세 가지 법안을 중심으로 국회 기획재정위원회 차원의 통합대안을 마련하였다(김두년, 2012: 6).

옮겨놓으려는 한국 복지국가 만들기의 패러다임적 전환을 담고 있다.

② 협동조합기본법

협동조합기본법 제정의 필요성은 1980년대부터 학계와 시민단체를 중심으로 제기되어 왔으나 협동조합에 대한 인식 저조와 여건의 미성숙으로 학계와 시민단체의 논의에 머물고 있었다. 그러던 것이 2007년 사회적 기업 육성법에서 사회적 기업의 조직 형태로 비영리법인, 상법상의 회사와 함께 협동조합을 포함하고 있고, 앞에서 언급한 바와 같이 UN이 2012년을 세계협동조합의 해로 지정하여, 국내외적으로 협동조합을 재인식하는 계기가 만들어졌다(김두년, 2012). 협동조합기본법이 2012년 1월 26일 공포됨으로써, 조합원이 5명만 모이면 출자금 제한 없이 금융과 보험업을 제외한 모든 업종에서 협동조합을 자유롭게 설립할 수 있게 되었다. 이로써 그동안 사실상 협동조합 형태로 운영되고 있지만 법적 근거가 없었던 자활공동체나 사회적 기업 3천여 곳과 법적 기반이 미흡했던 의료생협이나 공동육아 협동조합 2,500여 곳이 협동조합의 지위를 얻을 수 있게 되었다(송재일, 2012). 정부에서는 협동조합기본법이 시행되면 자활단체, 돌봄, 대안기업, 청소, 재활용, 공동육아, 주택, 구매, 생산 등 다양한 형태의 소액 및 소규모 창업이 활성화되고, 취약계층의 경제활동을 지원하고 일자리를 창출함으로써 서민, 영세상인 및 소상공인을 지원하고 지역경제 활성화와 양극화 해소에 기여할 것으로 기대하고 있다(기획재정부, 2012). 협동조합기본법의 제안이유가 말하듯, "새로운 경제주체이면서 대안적 경제 모델인 협동조합을 통해 일자리 확충 및 고용안정, 사회양극화를 해소할 수 있는 사회통합적 경제 모델을 구축"하기 위한 것이어서, 사회적 기업 육성법과 짝이 되어 사회적 경제조직 활성화의 제도적 토대가 마련되었다고 볼 수 있다.

• IMF 위기 이후

국민의 정부가 시민운동단체들과의 협치를 통해 공공부조와 사회보험제도를 정비함으로써 국민의 기본권 보장을 추진했다면 참여정부는 시민사회와의 수평적 협력을 전제로 국민의 정부가 실행하지 못한 생산적 복지의 다른 두 축, 즉 인적자원투자와 고용을 통한 복지를 사회적 서비스의 획기적인 확충으로 추진하였다. 사회정의와 연대주의의 철학 없는 이명박 정부는 신자유주의적 반복지를 공약으로 집권했으나, IMF 위기 이후 10년간의 복지개혁 방향을 바꾸지는 못했다. 오히려 이명박 정부 기간 동안 사회보장기본법을 개정하여 사회투자와 사회서비스 중심의 사회보장제도 확립을 제도화했고, 협동조합기본법을 제정함으로써 사회적 경제 활성화의 법적 기반을 확립하였다. IMF 위기 이후 복지개혁의 전반적인 방향을 유지·강화한 셈이다.

IMF 위기 이후 15년여에 걸친 한국 복지국가 만들기는 공공복지와 민간복지 양쪽 모두의 성장과정이었다. 사회권 보장을 위한 사회보장제도의 확충과 함께, 민간복지 부문도 크게 성장하였다. 사회복지서비스 제공자로서 기존의 사회복지법인 외에 일반 공익법인, 영리법인, 개인 등이 참여하게 되었고, 사회복지의 옹호자이자 대변자이며, 선도적 실험자로서 시민사회단체의 참여가 확대되었고, 사회적 기업이나 사회적 협동조합 같은 새로운 사회적 경제조직이 육성되었다. 총량적 지출 규모를 보면, 2000년 GDP 대비 4.8%에서 2009년 GDP 대비 9.6%로 증가했고(고경환·장영식·이내연, 2003; 박인화, 2010), 정부의 예산 구성으로 보면 정부 예산 대비 사회복지 예산 비중이 1998년 14.9%에서 2004년 24.5%로 증가하여 사상 처음으로 경제·교육·국방 예산을 앞질렀고 그 후 계속 증가하는 추세다. 제도개혁의 내용을 보면 사회보험제도는 전 국민 적용, 보장성 제고, 사회통합성 강화를 원칙으로 확충하였고, 공공부조는 보충급여와 적정급여를 원칙으로 현대화하였으며, 사회복지서비스는 대상과 급여의 범위를 확대하고 사회투자적 접근과 사회·경제적 접근을 제도화하는 패러다임적 변화를 시도하였다.

4. 결론

한국은 선진복지국가들이 수백 년에 걸려 도달한 산업화·민주화·복지화의 길을 불과 반세기 만에 달려왔다. 서구 자유주의 국가들이 구체제의 중상주의로부터 자유방임주의를 거쳐 케인즈주의, 신자유주의, 다시 포스트 신자유주의로 이행해 온 과정을 한국은 식민 경험에서 반공을 국시로 하는 자유민주주의 국가로, 권위주의적 발전국가로, 보수적 민주국가로, 생산적 복지국가로, 사회투자적 복지국가로 가로지르는 경험을 하고 있다.

1945년 해방에서 1961년 5.16 군사혁명까지, 첫 번째 단계는 외원에 의한 응급구호적 민간복지가 사실상 전부였다. 두 번째 단계는 1961년에서 1987년 6월 민주항쟁까지, 권위주의적 발전국가 기간 25년은 민주적 시민사회 부문은 철저히 억압되었고, 공공부조는 노동능력이 없는 극빈자에게로 제한되었고, 사회복지서비스도 공공부조대상자로 대상을 한정하였으며, 외원의 철수에 대비하여 제정한 1970년 사회복지사업법으로 정부와 민간복지의 관계를 종속적 대행자 관계로 제도화하였다. 1987년에서 1997년 11월 IMF 위기까지, 세 번째 단계는 보수적 권위주의와 보수적 자유주의 정부가 민주주의 공고화에 집중한 한국 민주화의 첫 10년이다. 이 기간은 경실련, 참여연대, 한국여성단체연합 같은 새로운 시민사회운동단체의 활동이 활발해져서 민주적 공론의 장이 크게 확대된 기간이고, 1995년 OECD 가입을 앞두고 문민정부는 '삶의 질의 세계화를 위한 국민복지기본구상'을 발표하여, 민주정부의 사회보장에 대한 의무를 천명하였다. 새로운 시민사회운동에서 사회복지운동의 비중이 큰 것은 아니었지만, 폴라니의 '이중운동'을 주도할 '계몽된 반동'의 저변이 확대되고 정부와의 수평적 동반자 관계의 가능성이 확장된 시기였다.

그리고 1997년 외환위기 이후 현재까지가 네 번째 단계로서, 세계화와 탈산업화의 압력 속에서 생산적 복지와 사회투자적 접근이 본격적으로 제도화하기 시작한 시기다. 위에서 살펴본 바와 같이 4대 사회보험제도가 정비되고 확충되었으며, 공공부조의 현대화, 사회투자로서의 사회서비스, 일자리로서의 돌봄서비스가 확대되었고, 민간복지의 외연이 확대되고 구도가 다변화되었으며, 공공복지행정의 효율화도 추진되었다. GDP 대비 공공사회지출 규모가 2012년 9% 수준으로 증가하고, 정부 일반 예산에서 사회복지 예산이 차지하는 비중이 2004년 이래로 경제 예산을 넘어서 가장 높아졌다. IMF 위기 이후의 복지개혁은 소득보장과 사회투자적 사회서비스, 그리고 노동 통합적 사회적 연대주의에 기반한 사회적 경제조직을 확대함으로써, IMF 위기 이전 한국의 발전주의적·최소주의적 사회정책 기조와 결별하는 데 상당히 성공하였다. 특히 2012년 이명박 정부 말에 사회보장기본법이 개정되고 협동조합기본법이 제정된 것은 IMF 위기 이후 복지개혁의 큰 틀이 대체로 유지되고 있음을 말해 준다. 1970년대 중반까지만 해도 거의 전적으로 해외원조에 의존하고 있던 한국의 복지가 IMF 위기 이후 15년 만에 이 같은 양적·질적 성장을 이룬 것은 놀라운 일이 아닐 수 없다.

이미 언급한 바와 같이 이 기간 동안 사회보험제도는 보편주의와 통합주의적 개혁에 성공하였고, 공공부조는 보충급여와 적정급여에 대한 시민권 개념으로 개혁하였다. 그러나 비정규직의 증가, 높은 자영업 비중, 낮은 고용률, 저출산·고령화에 따른 인구구조 변화, 산업구조와 노동시장의 양극화 현실을 고려할 때, 완전고용을 전제로 하는 보편주의 사회보험의 정합성은 지속되기 어렵고, 공공부조 역시 제도를 개혁하고 예산을 늘리더라도 양극화가 구조화되어 진행된다면 최후의 사회안전망으로서의 공공부조제도는 유지되기 어렵다. 전 국민 사회보험제도와 공공부조의 운영으로 빈곤을 완전히 퇴치할 수 있다고 주장한 베버리지의 구상은 저성장·저고용 시대에 이르러 사회·경제적 기반을 잃게 되었다. 한국에서도 국민의 정부가 어렵사리 통합한 국민연금제도에 대해 박근혜 정부에 이르러 기초(노령)연금과의 관계 설정을 두고 첨예한 논란이 일고 있고, 국민의 정부가 국민기초생활보장제도를 도입했지만, 참여정부는 근로장려세제(EITC)를 도입하여 사회권적 보충급여 개념을 보완하였다.

IMF 위기 이후 한국은 서구의 전통적인 복지국가의 소득보장제도로 대응하기 어려운, 세계화와 탈산업화의 문제, 신사회위험이라고 하기도 하고 사회적 배제라고도 하는 전 세계 동시성의 새로운 문제에 직면하게 된 것이다. 세계화와 탈산업화 시대의 빈곤은 단순히 자원의 결핍이 아니라 교육의 기회 부족, 기본적 능력의 결여와 차별 때문에 고용·수입·교육의 기회를 가질 수 없게 되는 다차원적 현상이다. 참여정부는 저출산·고령화와 사회·경제적 양극화 담론을 발전시키고, 사회서비스 확충을 복지, 가족, 여성, 인구, 고용 등 다목적 정책이자 특히 국가고용전략으로 추진하였다. 복지국가 위기론 이후 전 세계 복지국가들의 질문은 신자유주의 세계화와 탈산업화, 노동시장 유연화, 사회·경제적 양극화, 저출산·고령화와 같은 세계사적인 경향적 전환에 어떻게 대응할 것인가로 옮겨와 있었다. 복지국가들 포괄적으로 재설계할 필요성은 광범위하게 수용되고 있었으나 '어떻게'에 이르면 광범위한 합의는 쉽지 않다. 각국이 위치한 고유한 역사적·제도적 맥락에서 국가경쟁력과 사회권 개념을 살려내려는 새로운 제3의 길을 모색해야 하기 때문이다.

헤머릭(Anton Hemerijck)은 복지국가 재설계의 세 가지 원칙을 제시하고 있는데, 1) 정책들 간의 상호 연계를 인식하는 통합적 시각과 그에 기초한 새로운 방법론으로 접근해야 하며, 2) 사회적 위험의 성격이 달라지고 심화됨에 따라 더 강력한 사회정의의 기준이 적용되어야 하며, 3) 사후적 재분배와 치료가 아니라 사전적 투자와 고용활성화로 소비와 투자가 혼합된 사회투자적 사회정책을 규범으로 채택되어야 한다는 것이다(Hemerijck, 2002). 참여정부의 비전 2030, 다목적적 사회서비스 확충정책, 고용전략으로서의 사회서비스 확충 등 참여정부의 핵심적 복지개혁은 헤머릭이 제시한 재설계의 세 가지 원칙을 모두 충실히 포괄하고 있다. 그럼에도 불구하고, 2009년 GDP 대비 9%의 공공사회지출은 같은 해 OECD 평균(22.7%)의 절반에도 못 미치는 수준이고, 〈표 9-3〉이 보여 주는 바와 같이 다양한 복지수준의 지표에서 모든 유형의 복지국가체제의 평균에 훨씬 못 미친다.

IMF 위기 이후 사회적 투자로서의 사회서비스 확충으로 사회복지서비스 대상을 중산층까지 확대하고, 사회서비스 일자리 사업으로 접근

〈표 9-3〉 복지수준 국제비교(2009)

구분	공공 복지지출	복지 급부율	AGE 비율	1인당 공공복지지출*	1인당 실질 GDP(2011)**
앵글로색슨	20.8	1.19	0.35	7,160 PPP US$	36,775 PPP US$
스칸디나비아	27.7	1.43	0.42	9,810	34,994
서유럽형	28.2	1.39	0.52	9,310	–
남유럽형	25.8	1.10	0.56	6,497	24,407
한국	9.4	0.70	0.18	2,378	27,541

복지급부율 = GDP 대비 공공사회복지지출 비중/(65세 이상 인구 비중 + 실업인구 비중)
AGE 비율 = GDP 대비 노령현금급여 비중/ 65세 이상 인구 비중
* 2000년 기준 PPP US 달러; ** 2005년 기준 PPP US 달러
자료: OECD Economic Outlook. OECD Social Expenditure database(고경환 외, 2012: 40 재인용).

함으로써 한편으로는 저숙련 돌봄노동 일자리를 창출하고, 다른 한편으로는 사회적 기업, 사회적 협동조합 등 사회적 경제조직의 성장을 가져왔다. 또한 사회복지사업의 상당 부분을 지방으로 이양하고 바우처 방식의 재정지원을 확대함으로써 영리 부문의 진입에 박차를 가하고 시장경쟁의 개념을 강화하였다. 사회서비스 일자리 정책이 괜찮은 일자리의 창출에 성공할 것인지, 사회적 기업과 사회적 협동조합이 성공적으로 뿌리 내릴 수 있을지 아직 답하기 이른 실험 단계에 있다.

헤머릭이 말하는 사회정의의 원칙, 통합적이고 포괄적 접근, 사회투자적 정책규범으로 복지국가 만들기는 어떻게, 얼마나 성공할 수 있을까? IMF 위기 이후 한국의 복지개혁은 민주화 이후 급성장한 시민사회 부문과 민주정부의 수평적 협력으로 가능했다. 사회보험과 공공부조제도의 개혁에서도 정책제언형, 대변자형 시민사회단체의 역할이 결정적이었고, 사회서비스 확대 과정에서도 현장의 민간단체들의 적극적인 옹호, 선도, 혁신의 실험과 협력이 중요한 역할을 했다. 민주화 이후 시민사회의 성장은 한국 민간복지의 구도와 정부와의 관계에 큰 영향을 미치게 되었다. 한국의 민간복지는 공공복지와 함께 성장했지만, 구도에서 과거와는 비교할 수 없을 정도로 복잡하고 다양해졌다. 한국의 민간복지는 더 이상 정부의 제한된 사회복지서비스를 대행하는 사회복지법인들만의 제한된 영역이 아니라 다양한 옹호형 시민사회단체들과 공익법인, 영리법인, 개인 등이 상호 협조·견제·경쟁하는 역동적인 사회 부문이 되었다.

사회복지서비스 현장의 구도로 보면 여전히 사회복지법인의 비중이 절대적으로 높다. 노인복지, 모자복지, 부랑인복지, 아동복지, 장애인복지 등 보건복지부 소관 생활시설의 운영주체는 공공이 2.5%에 불과하고 97.5%가 민간운영인데 그 대부분이 사회복지법인이다. 이용시설 운영의 경우도 사회복지관의 운영주체를 보면 공공이 3%, 사회복지법인이 73%, 비영리법인이 14%, 학교법인이 6%의 분포를 보인다(김영종, 2012). 이들 활동의 재원의 상당 부분이 정부로부터 나오고, 정부는 민간복지에 관해 사실상 인허가, 지도·감독, 감사와 평가 등을 통해 무제한의 규제를 행사할 수 있다. 오늘의 한국의 민간복지체계는 적어도 세 가지 유형의 서비스 제공 조직들과 다양한 지원조직들로 구성되었다. 첫째는 1970년 이래의 사회복지법인들이고, 둘째는 1990년대 민주화 이후에 진입이 허용된 공익법인들, 그리고 2000년대에 등장한 공동체 지향의 사회적 경제조직들이 그것이다. 지원조직으로는 다양한 자조/회원 조직과 옹호/대변 시민단체, 재정지원조직, 연구단체 등으로 사회복지 가치의 수호와 옹호가 주된 설립목적이 아니더라도 옹호와 지지에 참여할 수 있는 단체를 말한다. 각각 조직으로서의 정체성과 철학이 다르고 정부와의 관계유형도 상이하다.

민간복지의 지형을 구성하게 된 사회복지법인 이외의 민간단체는 적어도 세 가지 유형으로 구별할 수 있다. 첫째, 사회권 보장을 위한 옹호자와 대변자로서, 예를 들어 국민복지최저선 보장운동 등을 주도한 전형적인 시민사회단체들이 있는가 하면, 둘째, 지역주민 역량개발과 지역공동체운동을 해온 민중운동 성향의 시민단체들이 있고, 셋째, 정치적 성향이 약한 YMCA 같은 시민단체들도 민간 부문의 복지활동에 참여하게 되었다.

여기에 하나를 더한다면 사회적 기업 육성법과 협동조합기본법 제정 이후 지방자치단체 조례에 의한 마을공동체 만들기, 마을기업 만들기, 마을 만들기 활동이 늘고 있다. 첫 번째 유형은 사회복지의 가치를 옹호하고 대변하는 것을 주된 목적으로 설립되지 않았으나 필요하면 연대할 수 있는 옹호조직으로, 서비스를 직접 제공하지는 않지만 정부와 사회에 대한 임팩트는 클 수 있다. 둘째 유형은 1980년대부터 시작된 지역주민 공동체운동에 뿌리를 두고, 사회적 경제조직을 통해 주민들에게 필요한 서비스를 개척하여 제공하고 제도화를 위한 옹호활동도 벌인다. 세 번째 유형은 직접 서비스 제공에 참여한다. 전자가 박상필(2013)이 말하는 그람시적 관점의 시민운동단체라면 후자는 토크빌주의적 시민운동단체라 할 수 있다. 이들은 각기 다른 문제의식과 철학적 뿌리와 역사적 정체성을 가진 조직들이라 할 수 있다.

한국의 민간복지는 기본적인 재원의 불충분성 때문에, 해외원조에 의존하던 기간을 예외로, 항상 재정적으로 정부에 의존하는 의존적 협력관계에 있었고, 정부는 언제라도 민간복지활동을 규제·지도·감독할 수 있는 위계적 관계에 있었다. 따라서 기드론 등의 이중모형은 성립할 수 없었다. 이미 언급한 바와 같이 한국의 민간복지는 정부가 제공해야 할 서비스를 대행하는 정부의 연장(extension), 대행자 기능을 수행하는 사회복지법인제도로 출발하였다. 민간복지기관이 정부의 대행자 기능을 수행한다는 것은 민간복지기관의 정체성이 낮고 민간 부문의 자율성과 책임성에 대한 정부의 신뢰도 낮다는 것을 말해 준다. 그러나 시민사회 부문이 전반적으로 성장하고 사회복지 욕구가 확대되면서, 민간복지는 민간 부문의 본래 기능을 수행할 수 있어야 할 것이다. 첫째, 세계화와 탈산업화가 불러온 새로운 사회적 욕구나 근로빈곤 문제처럼 전통적인 사회보장제도로 해결되기 어려운 새로운 사회적 욕구를 발굴하고 새로운 실험으로 대처하는 서비스의 개척자, 혁신적 선구자 기능은 민간 부문의 몫이다. 둘째, 정부의 복지정책이 확대됨에 따라 민간 부문의 본래 기능 중 하나인 정부의 복지정책을 감시하고 비판하는 감시자 기능을 수행해야 한다. 셋째, 감시와 비판뿐 아니라 새로운 대안을 제시하는 정책제언과 대변자 기능도 민간복지에 기대되는 역할이다.

참여연대 사회복지위원회가 기존 생활보호제도의 문제를 비판하고, 국민복지최저선 보장운동을 펴고 국민기초생활보장법의 제정을 견

인해 낸 것이 감시와 비판과 대변자 기능 수행의 예라고 한다면, 성공회 중심의 자활공동체운동은 기초생활보장 수급자의 자활이라는 새로운 복지 요구에 대응하는 새로운 서비스를 실험하며 개척한 경우라 할 수 있다. 민간복지에 기대되는 더 중요한 기능은 복지정책의 이해당사자로서 사회복지정책과 실천에 대한 시민의 관심과 참여를 확대시키는 기능이다. 민간복지는 구체적인 복지서비스 공급자일 수도 있고, 사회복지의 이념과 철학의 주창자, 옹호자, 선도자일 수 있으며, 시민조직의 역량을 강화하고 사회적 자본을 키우는 일도 민간복지의 몫이다.

앞으로 한국 복지국가 만들기의 과제는 민간복지를 구성하는 기관과 단체가 어떻게 각각의 자율성과 정체성을 확립하여, 상호 협력하고, 각각에게 또는 전체에게 우호적인 환경을 만들어 가며, 또 어떤 형태로 어떻게 정부와 협력하여 어떤 복지국가 발전경로를 선택해야 할 것인지를 시민들과 함께 고민하고 시민의 동의를 이끌어내는 일이다. 정부는 민간 부문과의 평등한 관계, 공생적 관계를 인식하고 민간복지가 성숙할 수 있도록 견인하며 협력하는 자세가 중요하다. 예를 들어 생산공동체운동이나 자활공동체운동, 자활지원사업의 경험이 말해 주듯이 사회적 기업이 성공을 거두기 위해서는 사업 아이템 개발, 사회적 기업가의 양성, 사회적 기업의 창업을 도와줄 민간기금과 금융정책을 준비하는 것이 중요하다.

참고문헌

강혜규·김미숙·박수지·이윤경. 2012.「사회서비스 영역의 확대와 정책과제」.『보건복지포럼』(2012. 7): 97-113.

고경환·장영식·이내연. 2003.「한국의 사회보장비 지출 추계: 1990-2001」. 한국보건사회연구원.

고경환·윤영진·강병구·김은경·김태은. 2012.「복지정책의 지속가능성을 위한 재정정책: 스웨덴, 프랑스, 영국을 중심으로」. 한국보건사회연구원.

곽선화. 2011.「사회적기업의 경제적·사회적 성과: 사회적기업 성장단계별 성과 및 지속 기능성 분석」. 한국사회적기업진흥원위탁연구보고서.

기획재정부. 2012.「협동조합기본법 공포, 2012년 12월 시행: 새로운 기업모델, "협동조합" 도입, '복지 증대'와 '일자리 창출' 효과 기대」(2012년 1월 26일자 보도자료).

김두년. 2012.「협동조합기본법 제정의 의미와 과제」.『한국협동조합연구』30(2): 1-21.

김상균. 2008.「60년 복지 및 분배정책 평가의 두 얼굴」. KDI 주최, 건국 60주년 기념 대한민국 경제 60년 학술세미나(2008. 8. 20) 발표논문.

김수현. 2010.「1980년대 도시빈민 운동사」. 민주화운동기념사업회 엮음.『한국 민주화운동사 3』. 돌베개.

김연명. 2004.「참여연대 '사회복지위원회' 활동의 성과와 과제」.『한국의 사회복지운동: 성과와 과제』(비판과 대안을 위한 사회복지학회 2004년 추계학술대회 자료집): 11-23.

김영종. 2004.「한국 사회복지서비스의 공공과 민간부문간 협력관계」.『한국사회복지행정학회』6(1): 1-33.

김영종. 2012.「한국 사회서비스 공급체계의 역사적 경로와 쟁점, 개선방향」.『보건사회연구』32(2): 41-76.

김인춘. 1998.「비영리부문 연구의 이론적 고찰: 한국 비영리부분 연구를 위한 시론」.『동서연구』10(2): 5-40.

노대명. 2007.「한국 사회적 경제의 현황과 과제: 사회적 경제의 정착과정을 중심으로」.『시민사회와 NGO』5(2): 35-71.

노대명. 2008.「한국의 사회적 기업과 사회서비스」.『보건복지포럼』138: 62-85.

닐 길버트·폴 테릴 지음. 2005.『사회복지정책론: 분석 틀과 선택의 차원』. 남찬섭·유태균 옮김. 나눔의 집.

대통령 비서실 삶의 질 향상 기획단. 1999.「새천년을 향한 생산적 복지의 길: 국민의 정부 사회정책 청사진」.

문병주. 2004.「복지 NGO의 구조적 특성과 대정부관계 인식에 대한 경험적 연구」.『한국정치학회보』38(5): 55-83.

박상필. 2013.「시민운동 측정모형의 개발」.『한국비영리연구』12(1): 3-31.

박인화. 2010.「복지재정 운용실태와 정책과제」. 국회예산정책처.

박재창 엮음. 2010.『한국 민주주의와 시민사회』. 아르케.

박정선. 2014.「사회복지법의 개념정립을 위한 소고」.『사회보장연구』30(1): 81-103.

성경륭. 2002.「민주주의의 공고화와 복지국가의 발전: 문민정부와 국민의 정부 비교」. 김연명 편.『한국 복지국가 성격논쟁 I』. 인간과 복지.

송경용. 2007.『사람과 사람』. 생각의 나무.

송재일. 2012.「협동조합기본법 제정과 신협의 역할」.『신협연구』58(1): 1-37.

신동면. 2001.「한국의 복지혼합에 관한 연구」.『한국사회복지학』45: 220-249.

신명호. 2009.「한국의 '사회적 경제' 개념 정립을 위한 시론」.『동향과 전망』75: 11-46.

신명호·김홍일. 2002.「생산공동체운동의 역사와 자활지원사업」.『동향과 전망』53: 6-37.

유팔무. 1998.「비정부사회운동단체(NGO)의 역사와 사회적 역할: 시민운동과 정부의 관계를 중심으로」.『동서연구』10(2): 77-119.

이선우. 1998.「사회복지의 민영화와 비영리기관의 역할 확대」. 한국사회과학연구소 편.『한국사회복지의 현황과 쟁점』. 인간과 복지.

이인재. 2004.「지역복지운동의 성과와 과제」. 비판과 대안을 위한 사회복지학회 2004년 추계학술대회 자료집『한국의 사회복지운동: 성과와 과제』: 89-15.

이혜경. 1998.「민간 사회복지부문의 역사적 구조와 특성」.『동서연구』10(2): 41-76.

이혜경. 2000.「사회복지 제3부문 연구를 위한 이론적 고찰: 개념의 이해와 이론적 쟁점을 중심으로」.『동향과 전망』2000년 여름호.

이혜경. 2001.「한국 사회복지의 민·관 파트너쉽 구축의 과제와 전망」. 사회복지포럼준비위원회(2001. 12. 5) 강연자료.

이혜경. 2007.「사회투자국가와 시민사회의 역할」. 세계공동모금회 아태총회 개최 기념 세미나(2007. 8. 21) 기조발제.

이혜경. 2009.「복지국가의 재편과 사회적 기업: 한국의 선택」. 2009년 사회복지행정학회추계학술대회(2009. 9. 18) 기조강연.

임혁백. 2011.『1987년 이후의 한국 민주주의: 3김정치시대와 그 이후』. 고려대학교출판부.
장원봉. 2008.「한국 사회적기업의 실태와 전망」.『도시와 빈곤』89: 46-74.
정병호. 1983.「한국협동조합운동의 회고와 전망」.『한국협동조합연구』1(1): 31-45.
조대엽. 2003.「시민운동의 제도화와 시민사회의 정치참여」.『시민사회와 NGO』창간호: 19-48.
조영복. 2008.『사회적 기업의 이해와 국내외 경영사례』. 노동부.
최장집. 2001.『한국민주주의의 조건과 전망』. 나남.
최조순. 2013.「지역 일자리 창출정책의 제도적 동형화에 관한 연구: '사회적 기업'과 '마을기업' 정책을 중심으로」.『시민사회와 NGO』11(1): 3-32.
한상진·서종균·황미영·엄형식 편. 2005.『사회적 기업, 어떻게 만들 것인가』. 실업극복국민재단 함께 일하는 사회.
황창순. 1998.「한국공익법인의 성격과 기능: 기업재단을 중심으로」.『동서연구』10(2): 145-170.

Aspen Institute. 2001. *The Nonprofit Sector and the Market: Opportunities and Challenges*. Publication 01-013, Washington, D.C.: Aspen Institute.
Beveridege, William. 1944. *Full Employment in a Free Society*. London: George Allen and Unwin Ltd.
Beveridge, William. 1948. *Voluntary Action: A Report on Methods of Social Advance*. New York: Routlege.
Borzaga, Carlo and Jacques Defourny, eds. 2001. *The Emergence of Social Enterprise*. New York: Routlege.
Brenton, Maria. 1985. *The Voluntary Sector in British Social Services*. London: Longman.
Esping-Andersen, Gøsta. 1990. *The Three Worlds of Welfare Capitalism*. Princeton: Princeton University Press.
European Commission. 2000. *Social Policy Agenda*. Brussels: European Commission.
Evers, Adalbert, and Jean-Louis Laville, eds. 2004. *The Third Sector in Europe*. Edward Elgar Publishing.(자활정보센터 옮김. 2007.『세계화시대의 새로운 복지: 사회적 경제와 제3섹터』. 나눔의 집.)
Gidron, Benjamin, Ralph Kramer, and Lester Salamon, eds. 1992. *Government and the Third Sector: Emerging Relationship in Welfare States*. Jossey-Base Publishers.
Hemerijck, Anton. 2002. "Self Transformation of European Social Models" (ch. 6). In: Gøsta Esping-Andersen, D. Gallie, Anton Hemerijck, and John Myles, eds., *Why*

We Need a New Welfare State. Oxford: Oxford University Press.

Johnson, Charlmers. 1988. "The Democratization of South Korea: What Role Does Economic Development Play?" Unpublished Paper presented at the Second Ilhae-Carnegie Conference, July 8-9, Seoul.

Kahn, Alfred, and Sheila Kamerman. 1977. *Social Services in International Perspective: The Emergence of the Sixth System*. Washington DC; US Department of Health, Education, and Welfare, Social rehabilitation Services, Office of Planning, Research and Evaluation.

Kramer, Ralph. 1981. *Voluntary Agencies in the Welfare State*. Berkeley: University of California Press.

Kuhnle, Stein, ed. 2000. *Survival of the European Welfare State*. New York: Routledge.

Lindert, Peter. 2004. *Growing Public*. Cambridge: Cambridge University Press.

Lingen, Stein, Huck-Ju Kwon, Ilcheong Yi, Taekyoon Kim, and Jooha Lee. 2011. *The Korean State and Social Policy: How South Korea Lifted Itself from Poverty and Dictatorship to Affluence and Democracy*. Oxford: Oxford University Press.

Nam, Sang Woo. 1982. *Korea's Financial Reform since the Early 1980s*. KDI Working Paper No. 9207.

O'Donnell, Guillermo, and C. Schmitter. 1986. *Transitions from Authoritarian Rule: Tentative Conclusions about Uncertain Democracies*. Baltimore: The Johns Hopkins University Press.

Polanyi, Karl. 1957. *The Great Transformation: The Political and Economic Origins of Our Time*. Boston: Beacon Press.

Salamon, Lester. 1994. "The Rise of the Nonprofit Sector." *Foreign Affairs*, July/August 1994.

Salamon, Lester. 1995. *Partners in Public Service: Government-Nonprofit Relations in the Modern Welfare State.* Baltimore: Johns Hopkins University Press.

Salamon, Lester, and Helmut Anheir. 1997. *Defining the Nonprofit Sector: A Crossnational Analysis*. New York: Manchester University Press.

Salamon, Lester, and Helmut Anheir. 1998. "Social Origins of Civil Society: Explaining the Nonprofit Sector Cross-Nationally." *Voluntas*, 9(3): 213-248.

Smith, Steve Rathgeb. 2007. "Privativation and Devoluntion in Social Services: Contracting and Its Policy and Practice Implications." Paper delivered at International Symposium on Social Service Provision System: The Issues of Policy Modeling in

Korea, in Seoul, Korea.
Young, Dennis. 2000. "Alternative Models of Government-Nonprofit Sector Relations: Theretical and International Perspectives." *Nonprofit and Voluntary Sector Quarterly*, 29(1): 149-172.

10장 /

사회정책수단의 변화와 전망*

정광호

1. 서론

한국에서 사회정책수단의 변천 과정은 정치·경제적 발전과 궤를 같이 한다. 한국전쟁 후 재건시대에는 해외원조에 의존했다. 정부가 주도한 사회정책수단도 없었으며, 사회정책수단을 설계하고 집행할 수 있는 예산과 역량도 존재하지 않았다. 그러나 1960년 이후 경제성장의 과실(果實)을 통해 사회정책의 재정 기반과 제도를 시행할 수 있는 여건이 마련되었다. 경제개발이 추진된 1960년대에 정부는 사회정책에 관한 각종 법률을 제정하면서 최소한의 법적 근거를 마련했지만, 정부재원으로 보편적 사회정책을 실제로 시행하지는 않았다. 여전히 각종 사회정책수단을 시행하기에는 정부재원이 부족했기 때문이다. 다만 1960년대부터 군인과 공무원 등 소수집단에 한정된 연금제도가 도입되었고, 경제발전에 있어 근로자의 산업재해를 최소 수준에서 보상하기 위한 산재보험과 극빈층이나 공무원 등 일부 집단에게만 의료보험을 도입했을 뿐이다. 그 이후 지속적 경제성장과 민주화로 정부는 최소 수준의 복지안전망에서 시작하여 이를 전체 근로자와 전 국민으로 점차 확대하는 전략을 취했다. 복지재정이 여전히 부족했을 뿐만 아니라 복지비의 급작스런 팽창을 최대한 억제하려는 전략을 취했다.

하지만 1980년대 후반에 진행된 민주주의로의 본격적인 이행과 1997년 말 외환위기에 따른 세계화 속에서 사회정책도 큰 변화를 맞게 된다. 민주화는 무엇보다 근로자 복지에 대한 정부의 관심과 지원을 이끌어 냈다. 1980년대 후반부터 박성희 정부 시절에 부분적으로 도입되

---

* 이 글은 서울대학교 행정대학원 국가리더십연구센터 주최 세미나에서 2013년 10월 24일 발표한 내용을 보완한 것이다. 자료 준비에 도움을 준 서울대학교 은종환 박사과정생과 보건복지정보개발원 김종호 과장에게 감사 드린다.

기 시작한 각종 사회보험의 적용범위가 전국과 전 국민으로 확대되기 시작했다. 그리고 김대중 정부가 출범하면서 4대 보험이 전 국민에게 보편적으로 적용되기 시작했다. 특히 김대중 정부로의 정권교체는 국민기초생활보장법을 제정하여 사회적 권리로 사회정책을 바라보는 패러다임의 변화를 가져왔다. 노무현 정부의 경우 고령화와 저출산이라는 사회인구학적 위험에 맞추어 사회적 투자 개념과 더불어 시장친화적 정책수단인 바우처를 통해 취약계층에 사회서비스를 제공하는 정책혼합모형을 도입하였다.

2000년대에는 이러한 정부 차원의 노력에도 불구하고 신자유주의 확산과 세계화의 영향으로 양극화가 더욱 심화되었고, 시장원리(market mechanism)가 각종 사회정책수단에 도입되었다. 그 대표적인 예는 2000년대 중반에 시행된 각종 사회서비스 바우처인데, 바우처는 사회서비스뿐만 아니라 문화체육관광부, 고용노동부, 교육부, 산업통상자원부 등 중앙부처와 지방자치단체에서도 활용되어 거의 모든 정부기관에서 취약계층을 위해 널리 사용하는 정책수단으로 자리를 잡았다.

그동안 한국 정부는 해방 이후 미군정 통치 속에서 미국의 최소복지 모형과 일본의 복지제도를 선별적으로 모방하면서 우리 나름의 혼합형 정책수단을 도입해 왔다. 개발독재의 경제발전 과정에서 미국처럼 최소한의 복지에 바탕을 둔 사회정책전략을 취하였다. 미국도 1965년까지는 연방정부가 지원하는 의료보험제도 자체가 존재하지 않았는데, 한국의 경우도 1977년 의료보험이 도입되기 전까지 의료는 국가 관심 밖의 개인 차원의 문제였다. 그러나 미국과 달리, 경제가 성장함에 따라 한국 정부는 일본의 사례를 참고하여 정부재정보다는 사회보험방식으로 의료보험,[1] 국민연금, 고용보험, 산재보험 등을 중심으로 사회정책의 근간을 마련하였고, 최소한의 적용 범위와 보장 수준에서 사회보험을 시작해 점차 확대하는 전략을 채택하였다.[2]

한편 한국의 사회정책수단은 국가가 직접 재원을 조달하고 조직을 관리하기보다는 민간의 재원과 인력을 적극적으로 활용하는 전략을 취해 왔다. 실제 사회정책 관련 공공서비스를 제공하는 국공립기관의 비중은 의료, 보육, 그리고 그 밖의 각종 사회서비스 영역에서 극히 적고, 대부분 민간 비영리기관 또는 영리기관이 참여하고 있다. 이로 인해 한국의 사회정책수단의 가장 중요한 관리 영역은 성과평가와 품질관리 등에 초점을 둔 계약관리(contract management)다.[3]

본 연구는 이상에서 논의한 내용을 바탕으로 해방 이후 지금까지 한국 사회정책에서 사용된 정책수단을 고찰해 보고, 향후 쟁점이 될 정책수단의 내용을 다음과 같은 방식으로 서술하고자 한다. 첫째, 구체적으로 정책수단의 유형과 특성을 중심으로 사회정책수단에서 고려해야 할 다섯 가지 요인을 선정한 후 이를 바탕으로 사회정책수단의 특징을 논의할 것이다. 다섯 가지 요인은 1) 부문 간 혼합과 경쟁(전달주체에 따른 정부-비영리-민간시장 구분), 2) 사회위험과 정책수단, 3) 사회정책 시

1 한국 의료보험은 자부담이 기형적으로 큰 사회보험이지만 뛰어난 접근성과 보편성을 갖추어 미국이나 개발도상국이 참고사례로 인용할 만큼 제도 설계와 운영의 우수성을 지닌 것으로 평가된다.

2 한국 복지에서 가장 큰 비중은 4대 보험 재정이며, 국가 근무자(공무원, 군인 등)와 관련된 보험 이외에는 정부의 지원이 없고 오로지 기업과 개인의 사회보험부담금으로 재원이 마련된다. 다만 극빈층의 의료급여나 보훈 차원의 의료서비스, 그 밖에 사회서비스 이용권(바우처)만 정부재정으로 운용된다. 바우처의 경우 대부분 정부재정으로 충당되지만, 일부의 경우 대개 10% 미만의 자부담이 포함된 방식으로 운영된다. 전체적으로 정부의 직접 재정으로 충당되는 사회정책수단은 사회보험에 비해서는 상대적으로 매우 작다.

3 사회보험모델은 국가재정으로 직접 운영하는 모델(direct government)보다는 공공성이 약하지만, 미국이나 스위스의 의료시장처럼 시장모델보다는 공공성이 높다. 또한 한국의 경우 정부재정이 투입되는 의료나 복지는 대부분 정부가 직접 관리하거나 운영하지 않고(국공립시설의 비중이 적다는 의미), 비영리와 심지어 영리까지 포함한 민간단체에 그 전달체계를 크게 의존하고 있다. 이로 인해 국가재정이든 사회보험이든 계약방식이 사회정책의 근간을 이룬다. 공급자 중심의 보조금이든 수요자(이용자) 중심의 보조금이든 간에 계약관리(contract management)를 통해 거의 모든 사회정책이 전달된다.

장화에 따른 정책수단의 변화와 특성(시장기반 정책수단과 이용자 중심 재정), 4) 사회정책수단과 전자급부(EBT), 5) 제3세대 정책수단(정보 공개와 제공, 민관협력, 민간 자발성 이용)이다. 둘째, 이를 토대로 한국의 사회정책을 전달주체별로 보건의료, 보육 등 각종 사회서비스 현황을 고찰한다. 셋째, 한국 사회정책의 근간을 이루는 4대 사회보험의 개요와 도입과정을 서술한다. 넷째, 2000년대 중반 참여정부에서 도입한 사회서비스 바우처(voucher)를 중심으로 바우처라는 시장기반 정책수단과 수요자(이용자) 중심 전달체계에 대한 내용을 다룬다. 나아가 제3세대 정책수단으로 정보공개, 정보제공, 성과관리, 자발적 협약 등도 간략히 논의한다.

이상의 논의를 토대로 본 연구는 사회정책수단의 전망을 논의하고 있는데, 여기에는 1) 과도한 시장화의 위험, 2) 가족가치의 사회적 외부성, 3) 비영리조직의 자발성과 위축, 4) 정보제공과 민주주의 구현, 5) 웹기반 사회정책과 디지털 리터러시(digital literacy)와 정책수단의 융합 등이 포함된다.

2. 사회정책과 정책수단

정책수단의 유형과 특성: 정부개입 이론으로서의 정책수단

사회정책수단을 논의하기에 앞서 정책수단의 유형에 대해 살펴보고, 사회정책과 관련된 정책수단의 특징을 알아보고자 한다. 기본적으로 정책수단은 정책문제를 해결하기 위해 정부가 동원하는 수단이다. 즉, 시장실패(market failure)를 보완하거나 나아가 각종 사회문제에 있어 정부개입(state intervention)이 요구될 때 정부가 사용하는 수단을 말한다. 결국 정책수단은 정부개입 시 사용되는 수단-도구라고 보면 된다. 정책수단의 이론은 정부개입의 논리 및 방식과 관련된 이론이나 사례가 모두 그대로 적용될 수 있는 정부개입 이론인 것이다. 정부개입의 실패는 '정부실패'로 불리기도 하는데 이것도 결국은 정책수단의 실패라고 보면 된다. 이런 관점에서 사회정책수단이라는 것도 정부 개입의 방식과 정도에 따라 그 종류가 달라지며, 사회정책수단의 다양한 형태의 성공과 실패가 나타날 수 있다. 요약하면, 시장에서 제대로 공급되거나 충족되지 않는 각종 복지나 사회서비스에 대한 문제를 과연 정부가 어떻게 개입하여 해결할 것인가를 두고 사용하는 정부개입수단이 바로 사회정책수단이다. 정책수단의 유형은 여러 가지로 나눌 수 있으나 여기서는 크게 다섯 가지 쟁점으로 나누어 살펴보고자 한다.

• 시대별 정책 패러다임의 변화

정책 패러다임의 변화에 따라 정부개입 방식이 변하고, 이에 따라 정책수단도 달라진다. 정책수단은 정책 영역에 상관없이 거의 대부분 1) 명령과 통제(command and control: 규제, 조세, 의무교육, 의무가입 등 권위를 바탕으로 한 강제적·억압적 정책수단), 2) 시장기반 거버넌스(market based governance: 가격, 경쟁, 선택, 성과관리 등 시장기제나 당근-채찍 모형을 활용한 각종 정책수단), 3) 소통적 수단(communication tools: 정보공개, 정보제공, 라벨링, 성과리포트 등), 4) 협업(collaboration: 협약, 파트너십, 시민참여 등 네트워크 방식)과 같은 방식으로 발전해 왔다. 그 밖에도 학자에 따라 다양한 정책수단 분류가 이루어져 왔는데, 이들을 종합해 보면 정책수단은 규제(regulatory), 경제(economic), 소통(communicative) 수단으로 나눌 수 있고, 다시 이를 적극적(긍정적)-소극적(부정적) 측면으로 분류한다(〈표 10-1〉 참조). 지금까지 사회정책수단의 변화를 보면, 소극적-부정적 금지(prohibitions)부터 각종 안전에 대한 적극적 금지 수단까지 등장하고 있다. 또한 시장원리를 이용한 정책수단(바우처, 자부담)을 사회정책에도

〈표 10-1〉 정책수단의 분류

정책수단	적극적-긍정적	소극적-부정적
규제수단	처방	금지
경제수단	장려금, 보조금	조세, 사용자 부담금
소통수단	정보 공개 및 제공	선동

자료: Bemelmans-Videc et al.(1998: 250).

〈표 10-2〉 정책수단의 성격: 정부-비영리-민간시장의 특성

구분		사회서비스 전달체계(provision)		
		정부(state)	비영리(nonprofit)	민간시장(market)
재원 출처 (funding)	정부	• 국공립-공공기관 직영 (Direct Government, 예: 공립유치원, 국공립병원) • 본인부담이 있을 경우 혼합 형태	• 비영리기관 아웃소싱 (예: 100% 정부 부담 사회서비스)	• 영리기관 아웃소싱
	민간	• 100% 자부담 • 국공립-공공기관 전달 방식	• 자원주의 방식 (voluntary delivery, 예: 비영리기관 사회서비스)	• 시장 (예: 영리기관 사회서비스)
	혼합	• 국고 + 일부 자부담 • 국공립-공공기관방식 직영	• 국고 + 일부 자부담 • 비영리기관 운영 (예: 사회서비스 바우처, 사회보험)	• 국고 + 일부 자부담 • 영리기관 운영 (예: 사회서비스 바우처)

주: 국공립-공공기관 직영의 경우 국공립방식과 정부산하기관(Quangos)을 포함. 서울대학교의 경우 국립대학으로 고등교육을 제공했으나 법인화 이후 공공기관으로 교육서비스를 제공함. 이상의 논의는 여러 문헌에서 제시되고 있는데, 대표적으로 Hood(1986), Vedung(1998), Eliadis et al.(2005), Hood and Margetts(2007) 등이 있음.

많이 사용하고 있으며, 사회정책수단의 품질관리와 일반시민의 알권리 보장을 위해 최근 정보공개와 정보제공도 적극 활용하고 있다.

한편 사회정책수단을 전달체계와 재원 출처에 따라 다양한 유형으

로 구분할 수 있다(〈표 10-2〉 참조). 전달체계의 경우 정부와 공공기관의 직접제공, 시민사회의 비영리기관 활용, 민간영리기관의 활용 등으로 나눌 수 있고, 재원 출처는 조세, 민간 자부담, 혼합 형태의 사회보험 등 다양한 방식이 가능하다. 또한 국가개입은 직접개입, 아웃소싱을 활용한 간접개입, 시장원리를 활용한 민영화 방식 등 다양한 형태로 구분할 수 있다. 시장원리를 활용할 경우 사회정책수단에 가격(price), 선택(choice), 경쟁(competition)의 요소가 얼마나 시장원리에 맞추어 작동하는가에 따라서도 정부관리 시장모델(state managed market), 시민사회관리 시장모델(civic managed market) 등 다양한 준시장(quasi-market) 유형이 가능하다.

위에서 살펴본 것처럼 정책수단론은 정부개입론과 일맥상통하는 측면이 있다. 경우에 따라 정부의 직접개입 또는 간접개입이 적절한 경우가 있고, 민간과 협업이 유익한 경우도 있다. 이처럼 정부개입 방식에 따라 정책수단의 선택이 그때그때 달라진다는 것이다. 일종의 상황적 모형(contingency model)이다. 설러먼(Lester M. Salamon)에 따르면, 정부의 직접 개입이 요구될 때는 정부가 직접 공조직이나 공적 재원을 활용하는 정책수단이 바람직하다(Salamon, 2002). 예를 들면, 합법성과 강제성이 요구될 경우, 재난과 안전관리의 경우, 기본권보장이나 형평성이 강조될 경우, 정부기능 유지가 필요할 경우, 시장이 전혀 작동하지 않거나 부재할 경우 정부가 직접 개입하는 정책수단이 적절하다.

• 정책대상집단을 보는 관점의 변화

정책수단의 선택은 정책대상집단(policy target group)을 어떻게 바라보느냐에 따라 달라질 수 있다. 인간을 바라보는 이러한 시각을 사회구성적 시각에서 정책대상집단에 접목하여 정책설계나 정책수단과 연계한 논의도 있다.[4] 흔히 정책대상집단을 바라보는 시각은 기존의 X-Y이분형

인간모델, 동기1.0 모형(생존모형), 동기2.0 모형(당근-채찍 모형), 동기 3.0 모형(공감모형) 등과 관련되어 있다(Pink, 2010). X이론은 인간을 불신의 대상으로 보기 때문에 명령과 강제에 따른 정책수단이 불가피하며, 당근과 채찍 같은 동기2.0 모형에 따라 유인과 처벌의 대상으로 본다. 전통적 시장기반 성과관리가 여기에 해당한다. 하지만 최근에 정책대상집단을 신뢰와 협력 대상으로 볼 수 있고, 이에 따라 자립하여 성공할 수 있는 정책수단(예: 아동발달계좌)을 적극 활용해야 한다는 주장도 있다. 특히 성과급과 같은 당근-채찍 모형이 한계가 있는 만큼 설득과 동의를 이끌어내 일정한 보상 수준에 상관없이 정부가 원하거나 사회적으로 바람직한 행동을 유도할 필요가 있다. 각종 성과 보상금이 자칫 공동체의 유대를 파괴하고 사회자본을 훼손할 수도 있기 때문이다.

• 정책수단의 다양한 분류방식

최근 학자들이 시도한 정책수단의 분류방식을 살펴보면 사회정책수단의 성격을 파악하는 데 도움이 된다. 후드(Christoper Hood)는 정보, 권위, 재원, 조직으로 정책수단으로 구분한다(Hood, 1986).[5] 맥도널(Lorraine

---

4 Schneider와 Ingram(1993)은 정책대상집단을 사회적 이미지와 권력에 따라 4개의 집단(긍정적 이미지를 가진 사회적 강자와 약자, 부정적 이미지를 가진 사회적 강자와 약자)으로 나눈다. 부정적 이미지를 가진 집단의 경우 정부의 강제적 개입과 처벌을 강조하는 정책수단이 활용되며, 긍정적 이미지를 가진 집단의 경우 정부지원이 따른다. 여기서 사회정책수단은 주로 사회적 약자를 위해 시행되는데, 부정적 이미지를 가진 사회적 약자집단(마약 중독자, 게으른 복지수급자)에 대해서는 늘 정부지원을 두고 논란이 따른다. 반면 긍정적 이미지를 가진 사회적 약자인 빈곤층 어린이의 경우 지원을 하되 취약한 정치권력과 재원 논란으로 정책 과정에서 소외되기 마련이다.

5 사회정책수단에 있어 정보는 정책대상집단의 특성(예: 소득 판별 기준, 취업 여부, 각종 리스크에 대한 정확한 자료)을 결정하는 데 매우 중요한 기준이 된다. 이 기준이 명확하지 않으면 정부재정 지원 논란이 야기된다. 일반적으로 보편복지를 시행하면 소득지원 등의 경우 큰 문제는 없으나 재원문제가 불거진다. 그 밖에 각종 리스크(질병, 실업, 장애 등)에 근거한 사회정책은 리스크 그 자체에 대한 정확한 진단이 늘 요구된다. 권위의 경우 정부

〈표 10-3〉 정책대상집단이 가진 사회적 이미지와 권력에 따른 분류

구분		정책대상집단에 대한 사회적 이미지	
		긍정적	부정적
정책대상집단의 사회적 권력	강함	• 수혜집단(advantaged) • 노인(the elderly) • 기업(business) • 퇴역군인(veterans) • 과학자(scientists)	• 투쟁집단(contenders) • 부유층(the rich) • 거대노동조합(big unions) • 소수집단(minorities) • 문화상류층(cultural elites) • 윤리적 다수(moral majority)
	약함	• 의존집단(dependents) • 아동(children) • 부녀자(mothers) • 장애인(disabled)	• 일탈집단(deviants) • 범죄자(criminals) • 약물중독자(drug addicts) • 공산주의자(communists) • 국기소각자(flag burners) • 깡패집단(gangs)

자료: Schneider and Ingram(1993), Figure 1; 정정길 외(2009: 326)에서 재인용.

M. McDonnell)과 엘모어(Richard F. Elmore)의 경우 명령수단, 유인수단, 능력배양수단, 체제작동방식 변화수단 등을 제시한다(McDonnell and Elmore, 1987). 슈나이더(Anne Schneider)와 잉그램(Helen Ingram)에 따르면 정책수단은 권위, 유인, 능력함양, 상징과 설득, 학습 등 정책대상집단의 행태를 기준으로 유형화된다(Schneider and Ingram, 1990). 여기서 상징과 설득, 학습에 대해서 잠시 살펴보면, 상징과 설득은 정부의 직

가 금연이나 안전 등과 관련하여 강제적으로 규제하는 경우다. 재원은 사회정책에 있어 중요한 쟁점이다. 특히 공공부채가 증가하고 경제성장이 더딘 시기에 재원은 중요한 정책수단의 선택 기준이 된다. 조직의 경우 사회정책을 누가, 어떻게 관리할 것인지가 쟁점이 된다. 일반적으로 정부-비영리(자원봉사단체)-시장(개인)으로 구분하여 사회정책의 조직수단을 유형화할 수 있다. 그 밖에 정부가 각종 산하기관(Quangos)을 만들어 사회정책을 위탁하여 대리집행하는 방식인데, 현재 한국의 경우 4대 보험 업무를 맡고 있는 건강보험관리공단, 근로복지공단, 국민연금관리공단 등이 여기에 해당한다. 그 밖에 보건복지정보개발원 등과 같은 사회서비스 관리기관을 둘 수도 있다.

접 지원이나 개입 없이 각종 캠페인이나 사회운동을 통해 구현되는 정책수단으로, 금연캠페인과 비만광고가 여기에 해당한다. 학습수단의 경우 직업훈련이 그 예인데, 학습지 바우처와 같이 취약계층 아동에 대한 읽기 지원 서비스가 대표적이다. 각종 학자금 지원정책도 여기에 포함시킬 수 있다.[6]

설러먼(Lester M. Salamon)이 편집한 책(*The Tools of Government*, 2002)에서는 각종 정책수단 종류를 잘 정리해 소개하고 있다. 이 연구에 따르면 정책수단은 크게 직접수단(정부소비, 공기업, 경제적 규제, 정보제공, 직접대출 등)과 간접수단(계약, 보조금, 공적 보험, 사회적 규제, 바우처, 대출보증, 조세지출, 사용료 및 과징금, 손해책임법 등)으로 구분된다. 한편 효율성, 효과성, 형평성, 책임성 등을 중심으로 정책수단의 평가기준을 제시한다. 또한 정책수단의 특성을 정부지원, 정부규제, 재원흐름의 투명성, 기존 전달체계의 활용도 등을 고려하여 직접성(directiveness), 강제성(coerciveness), 가시성(visibility), 자동성(automaticity)과 같은 기준을 제시한다.

• 정책수단의 조합 논리와 방식

각종 정책수단의 조합을 어떤 논리에 따라 어떻게 할 것인가 하는 정책수단 조합방식에는 크게 두 가지 논리가 있다. 첫째, 재원의 효율적 배

---

6 명령수단은 권위에 따른 정책수단인데, 위에서 논의한 Hood의 권위 기반 수단과 유사하다. 유인수단은 동기2.0 모형에 근거하여 성과에 따른 당근과 채찍을 사용하는 전형적인 시장기반 정책수단이다. 능력배양수단은 직업훈련이나 각종 인지력과 신체능력을 함양시키는 정부지원 프로그램을 일컫는다(예: 아동인지능력 향상을 위한 학습지 바우처). 대체로 능력배양수단은 미국의 EITC(Earned Income Tax Credit)처럼 보수와 진보 진영 모두에서 환영받는 정책수단이다. 체제변화수단은 기존의 명령수단이나 당근-채찍 모형이 작동하지 않을 때 정부조직이나 정책을 재설계하여 권위와 재원을 다른 방식으로 배분함으로써 정책대상집단의 행태 변화를 유도하거나 강제하는 방법이다. 일종의 정책수단의 원천인 권위와 재원배분을 재설계하는 것이라고 보면 된다.

〈표 10-4〉 정책수단의 주요 종류

학자	내용	분류기준
Hood(1986)	• **N**odality (information) **A**uthority (legislation) **T**reasure (additional funding) **O**rganisation (structure) • 제도 형태(institutional form as instruments)와 정책도구화의 정치학(politics of instrumentality)	제도적 특성과 정치 측면 부각
McDonnell and Elmore(1987)	• 명령수단(mandates) • 유인수단(inducements) • 능력배양수단(capacity-building) • 체제작동방식 변화 수단(system-changing)	정책목표 달성을 위한 수단적 측면
Schneider and Ingram(1990)	• 권위수단 • 유인수단 • 능력함양수단 • 상징·설득수단 • 학습수단	정책대상집단의 행태에 초점
Vedung(1998)	• 규제수단 • 경제수단 • 정보수단	정책수단의 강제성 정도
Salamon (2002)	• 직접수단: 정부소비, 공기업, 경제적 규제, 정보제공, 직접대출 • 간접수단: 계약, 보조금, 공적 보험, 사회적 규제, 바우처, 대출보증, 조세지출, 사용료 및 과징금, 손해책임법	공공서비스 특성, 전달기제, 전달기관 등

분과 효과성을 높이기 위해 이에 맞는 정책수단 조합을 찾는 것이다. 이는 정책수단을 집행하는 공급자 시각에서 나온 것이며, 정책수단을 결정할 때 주로 합리모형에 바탕을 둔다. 하지만 정치적 저항이나 요구에 따라 정치적으로 정책수단이 조합되는 경우도 있다. 둘째, 정책수요자 입장에서 여러 개의 정책수단을 편리하게 묶어서 조합하는 방식이 있다. 이용자 입장에서 정책수단이 통합운영되는 방식으로 진화할 수

도 있는데, 늘 정책수단의 공급자와 갈등이 빈번하게 일어난다. 셋째, 실제 정책현장에서는 하나의 정책에 여러 수단이 혼재되어 있다. 이들 정책수단이 서로 조화를 이루어 시너지를 내야 하지만 경우에 따라 충돌할 수도 있다. 정책 복잡성의 증가로 다양한 정책수단조합이 나오고 있는 것이다(Schneider and Ingram, 1990; Howlett and Rayner, 2007). 최근에는 유사한 바우처를 하나로 묶는 통합 바우처(bundled voucher)도 논의되고 있다(문화체육관광부의 경우 2013년부터 문화 바우처, 스포츠 바우처, 관광 바우처를 하나로 통합).

• 정책수단의 선택전략

정책수단의 선택전략은 거시 차원과 미시 차원으로 나누어 볼 수 있다. 먼저 거시 차원의 선택전략을 보자. 한국의 사회정책수단을 선택하는 전략은 일본처럼 서구 선진복지국가를 참고하여 만들었다. 특히 한국은 서구뿐만 아니라 일본이라는 또 다른 모델을 참고할 수 있었다. 한국의 사회정책수단 설계전략은 우선 경제성장 과정에서는 사회정책의 기본 골격만 갖추고 최소한의 시행을 통해 정책 경험을 점차 축적하여 오류를 수정하고 학습하는 방식이다. 후발주자의 이점을 누렸던 것이다. 또한 국가의 재정지원을 최소화하고 규제를 통한 사회정책 인프라를 구축하는 전략을 취하였고, 경제성장의 과실(果實)로 복지를 대체하는 패러다임을 견지해 왔다. 하지만 정치민주화 이후 점증주의(incremental model) 방식을 통해 경제성장의 과실을 전 국민에게 확대하려는 노력을 기울였다. 점증주의(incrementalism)는 재원이 부족하고 이해관계자의 갈등이 클 경우 타협하고 부분적 해결책을 통해 학습하는 단계적 모델(다원주의적 권력자원모델)이다. 민주화 이전에는 정부 주도의 합리적 계획에 따른 최소한의 제도구축전략(국가주의)을 취했고, 민주화 이후에는 점증주의적 확충전략을 취한 것이다. 물론 정권 변동 등에 따른 급격한 정책 변동이 일어난 사례로 김대중 정부에서 이루어진 의약분업, 의료보험통합, 기초생활보장제도 등이 있다.

미시 차원에서 정책수단의 선택에 영향을 미치는 여러 가지 요인은 복합적으로 얽혀 있는데, 이를 몇 가지 기준으로 구분하여 살펴볼 수 있다. 첫째, 어떤 정책이 만들어지는가에 따라 정책수단이 달라진다. 정책 내용이 진보 또는 보수 정책인지, 특정 기술을 강조하는 정책인지, 새로운 정책대상집단에 초점을 두는 정책인지 등에 따라 정책수단이 달라진다. 즉, 정책목표와 정책내용이 정책수단을 결정한다는 논리로, 정책목표와 정책내용이 어떤 요인에 의해 결정되는가를 보면 정책수단의 선택 과정을 쉽게 파악할 수 있다. 한편 정책수단 그 자체의 논리가 작동할 수도 있다. 정책수단 자체가 가진 분위기(policy mood: 긍정적 또는 부정적 인상, 긴급하고 중요한 현안인지 여부), 정당성(legitimacy: 정치적 지지 확보 정도), 기술적·관리적 실현가능성(technical and managerial feasibility) 등도 정책수단의 선택에 영향을 준다. 그 밖에도 무작위실험을 활용해 정책대상집단의 행태를 파악하고 어떤 정책수단이 효과적인가를 규명하는 실험경제학(experimental economics)도 최근 주목을 받고 있다(Banerjee and Duflo, 2011).

이상에서 논의한 것처럼 정책수단의 선택에는 다양한 정책환경과 특성이 얽혀 있다. 합리모형을 따를 경우 정책수단 중 가장 효과적인 정책수단이 선택되며, 비용편익 관점에서는 경제적으로 효과적인 정책수단이 선호된다. 반면 비합리모형의 경우 정책이념, 규범, 관행, 정파적 이해관계, 정책유형 등을 중시한다.[7] 최근 국내에서도 사회정책수

7 이에 관한 연구로는 Peters(2002)가 대표적인데, 여기서는 정책 아이디어, 정책 관련 집단의 이익, 제도, 정책리더-주도자(policy entrepreneurs), 정책유형 등이 제시된다. 국내 연구로는 정책수단의 정치적 성격을 강조한 권혁주(2009)가 있다.

단의 선택에 대한 정치경제학 접근으로 발전주의 국가론, 생산레짐이론이나 정치적 행위자를 중시하는 논의도 활발하다(권혁주, 2009; 양재진, 2008; 심상용, 2010).

사회정책의 주요 쟁점과 정책수단의 특성

여기서는 사회정책과 관련하여 주목해야 할 쟁점을 정책수단과 관련하여 간략히 살펴보고자 한다. 구체적으로 사회정책수단에 내재된 다음과 같은 다섯 가지 특성을 중심으로 논의하고자 한다. 1) 사회정책의 전달주체(조직) 영역(sector: state, nonprofit, market), 2) 리스크 관리(risk management), 3) 시장화(marketization) 문제, 4) 전자급부(Electronic Benefits Transfer, EBT) 방식, 5) 제3세대 정책수단(정보공개, 정보제공, 신고포상금)에 관한 것이다.

• 사회정책 전달주체의 혼합: 정부, 비영리 부문, 시장

사회정책을 집행하는 전달주체에 관한 쟁점이다. 기본적으로 정부가 직접 제공하는 것에서부터 비영리조직과 시장을 활용하는 방법 등이 있다. 최근 시장기제(market mechanism)를 적극 활용하는 사회정책수단이 도입되면서 비영리조직과 시장의 영리조직을 활용하는 정책수단이 활용되고 있다. 산모·신생아 도우미 같은 바우처의 경우 영리기관이 비영리기관과 함께 경쟁하면서 서비스를 제공하고 있다. 여기서 각 조직 주체의 역량과 한계에 대한 논의가 정부실패(government failure), 시장실패(market failure), 비영리 부문 실패(voluntary failure) 등으로 논의되고 있다. 정부실패를 보완하기 위해 비영리조직에 위탁하여 서비스를 제공하기도 하지만 여전히 비영리 부문도 서비스 제공에 있어 아마추어리즘(amateurism), 특수주의(particularism)와 같은 한계점을 지닌다. 최근에는 사회서비스처럼 준시장(quasi-market) 관점에서 사회서비스 제공기관의 역량을 논의하기도 한다. 준시장모형의 경우 기본 재원이 정부에서 나오지만 가격, 경쟁, 선택이라는 시장 기제를 활용한다는 점에서 시장과 가깝다.[8] 하지만 준시장실패(quasi-market failure)가 흔히 발생하기 때문에 이를 보완할 필요가 있다.[9] 준시장모형의 경우 시장 기제를 활용하지만 나름대로 한계가 있기 때문에 정부직접제공의 국공립 제공기관이 일정 부분 존재하여 비영리 또는 영리 부문의 준시장실패에 따른 위험을 보완할 필요가 있다.[10]

• 리스크 관리와 정책수단: 사회보험(social insurance)

사회정책의 경우 정책대상집단이 각종 리스크를 안고 있다. 국가마다 이런 리스크를 시장기제에 맡기거나, 아니면 강제적으로 리스크 풀(risk

---

8 그런데 여기서 시장규모는 기본적으로 정부의 재원에 의해 거의 결정되며, 가격규제와 품질규제 등이 강하게 작동하여 실제 시장상황처럼 운영되는 데 한계가 있어 이를 '준시장'으로 묘사한다.

9 준시장 실패는 여러 요인 때문에 발생한다(Lowery, 1998). 기본적으로 공공서비스 시장은 민간시장의 수요와 공급 원리에 따라 가격이 결정되는 것이 아니라 사회서비스에 대한 정부재정 지원규모, 전달방식, 관련 주체 간 정치적 합의와 같은 비시장원리에 의해 가격이 결정되는 경우가 많다. 이로 인해 서비스 제공자가 더 나은 서비스를 생산하여 매출을 늘리고 가격을 올릴 유인이 없다. 서비스 이용자의 경우에도 더 높은 가격을 지불해 더 좋은 서비스를 제공받으려는 선택권이 제한된다. 사회서비스의 성격상 경우에 따라 품질이나 성과를 측정하기 어려워 정보 비대칭 문제와 이용자 선호가 왜곡되는 현상이 나타나기도 한다. 시장에서 규모의 경제가 형성되지 않아, 정부가 반강제적으로 비영리기관이나 영리기관에 보조금이나 이에 상응하는 혜택을 주면서 시장공급자를 인위적으로 배양한다. 이에 따라 공급의 경우 경쟁적 공급기관이 존재하기 어렵고 정부와의 협약에 의해 서비스를 제공하는 한정된 공급자만 존재하는 경우가 많다.

10 예를 들면, 한국의 경우 의료서비스나 보육서비스의 경우 비영리 민간기관이 서비스 제공 규모나 제공기관 숫자 면에서 90% 이상을 차지한다. 이에 따라 제공기관이 압도적 민간 위주로 되어 있어, 정부는 기본적으로 이들 민간기관과 위탁이나 계약방식으로 이용자 중심 재정지원(demand-side financing)이든 공급자 중심 재원지원(supply side financing)이든 상관없이 공공서비스를 제공할 수밖에 없다. 이런 환경 속에서는 정부의 직접제공에 따른 민간 부문의 견제와 상호 균형에 따른 긍정적 경쟁 효과를 기대하기 어렵다. 가령 보육시설의 경우 정부 부문이 약 20% 정도 존재하면 그만큼 민간보육시설의 도덕적 해이나 비효율성 문제를 견제할 수 있기 때문이다.

pool)을 만들어 미래의 안전에 대비하는 사회보험시스템을 운영하는 상이한 선택을 하고 있다. 현재 선진국 대부분은 위험으로부터 안전망을 확보하기 위해 의료보험, 연금, 산재보험, 고용보험 등의 사회보험을 활용하고 있다. 그런데 대체로 보험수단의 경우 역선택(adverse selection)과 편의적 선취(creaming)라는 고질적 문제점을 안고 있다. 이러한 문제를 줄이기 위해 정부규제로 이를 금지하는 처벌규정을 두기도 한다. 나아가 소득이나 자산이 많은 사람이 상대적으로 많이 부담하고 혜택은 동일하게 받도록 하여 소득 재분배의 성격을 띤 사회보험을 운영하기도 한다. 반면 근래 서구 선진국을 중심으로 민영화 정치논리가 확산되면서 글로벌 경제위기나 공공부채 문제가 쟁점화될 때마다 사회보험의 공공성을 약화시켜, 재정적 복지(financial welfare)에 대한 국가와 고용주(employer)의 책임을 점차 개인과 가족에게 전가하고 있다. 복지에 수반되는 재정 리스크를 국가나 공동체가 책임지는 것이 아니라 개인과 시장에 맡기려는 경향이 커진다는 비판도 있다(Hacker, 2004).

• 사회정책수단의 시장화(marketization)

정책수단 패러다임의 변화 중 가장 큰 특징은 시장화다. 사회정책뿐만 아니라 환경정책, 산업정책, 농업정책 등 제반 정책 영역에서 시장기제를 활용한 정책수단이 널리 활용되고 있다. 이러한 정책수단의 시장화 바람은 신자유주의의 등장과 확산의 산물이다. 정책대상집단의 행태 변화를 유도하기 위해 당근-채찍에 근거한 동기2.0 모형이 널리 채택되었고 이는 가격-경쟁-선택과 같은 시장모형(market model)으로 보편화되고 있다. 한국 사회에서 2005년 이후 도입되어 정착된 바우처(voucher, 이용권)에서 잘 나타난 것처럼, 한국 정부는 가격 도입-공급자 경쟁-이용자 선택이라는 시장원리에 본인 부담금이라는 유인 기제를 첨가한 당근-채찍 모형을 적극 활용해 왔다(정광호, 2007; 2008a; 2011).

그러나 시장화 논리는 자본주의 사회에서 공급자와 소비자라는 교환관계(가격-경쟁-선택)를 공동체적 성격을 가진 사회서비스 전달체계에 접목한 것이다. 이것은 장점과 단점을 동시에 갖고 있으며, 이러한 장단점은 시장기제 그 자체에서 파생된다. 시장의 장점인 경쟁과 선택은 기존의 공급자 중심의 외주(contracting out)보다는 바우처[11]와 같이 이용자 중심 전달체계[12]에서 더욱 효과적이다. 반면에 단점은 정부가 직접 제공하지 않아 공공성이 취약해진다는 것이다. 정부의 규제뿐만 아니라 시장기제의 선택이나 경쟁을 통해 서비스 품질을 높일 수도 있고 이를 통해 공공성을 담보할 수 있다고 하지만, 여러 가지 도덕적 해이가 발생할 여지가 크다.[13] 사회정책에서 제공되는 각종 사회서비스의 경우 제공자와 이용자 사이의 정보비대칭, 이용자의 선호표출과정에서 발생하는 오류-왜곡, 사회서비스 품질-성과 측정의 어려움과 같

11 바우처는 기존 공급자 중심의 전달체계를 이용자 중심 전달체계로 바꾸어 이용자의 선택권을 확장하고 전달체계의 반응성도 제고할 수 있다. 공급자 중심의 독점을 해소하여 혁신을 유도하고 관료적 비효율성을 줄일 수도 있다. 규제와 재원을 제공하는 정부와 이를 위탁대행한 공급자 사이의 유착관계나 공급자의 대리인 문제를 억제할 수도 있다.

12 2005년 사회서비스 바우처가 도입된 이후 공급자 중심에서 이용자 중심으로 재원전달과정이 재편되었고, 그만큼 시민 중심의 전달체계로 전환되었다(supply side financing → demand side financing). 이는 한국 사회복지전달체계에 있어 가장 큰 변화다. 기존 공급자 중심 전달체계에서는 시민보다 정부와 공급자 사이의 관계와 협력이 중요했기 때문에 상대적으로 최종 공공서비스 수요자인 시민의 입장과 니즈를 반영하는 데 소홀했다. 바우처와 같은 이용자 중심의 서비스 전달체계는 과거 공급자 중심 전달체계의 문제점을 해소하는 데 기여한 것으로 보인다. 또한 이용자 중심 재원전달체계는 사회서비스 관리체계의 분권화(decentralization)를 촉진하고 있어, 전달체계의 기본 틀을 바꾼 것으로 평가된다.

13 최근 한국의 경우 장기요양, 산모·신생아돌봄, 아동인지 등의 서비스 영역에서 영리기관이 진입하면서 기존 비영리기관 사이의 경쟁으로 어떤 결과가 나올지 주목된다. 최근 영리 위주의 사업으로 사회서비스 품질관리와 전달과정에서 상당한 부작용이 보고되고 있어 이에 대한 정책수단의 재조정과 재설계가 필요하다. 시장화가 가져올 파급효과에 대해 예단하기에는 시간이 더 필요하지만, 장기적으로 사회서비스 분야의 시장화가 어떤 영향을 가져올 것인지 면밀한 관찰과 분석이 필요하다.

은 준시장(quasi-market) 특성이 존재하는데, 여기서 제공자와 이용자 모두 이러한 특성을 악용하는 각종 도덕적 해이가 발생할 수 있다. 그런데 순수한 시장기제만으로는 이를 통제하는 데 한계가 있기 때문에, 준시장의 문제점을 제도적으로 보완하고 제공기관과 이용자 모두 공공서비스 동기(public service motivation)를 제고할 필요가 있다. 또한 정부의 직접제공을 통해 공익에 충실한 공공 마인드를 갖춘 공공기관이 민간과 함께 역할을 분담하여 서로 견제와 경쟁을 하도록 유도하는 것이 바람직할 것이다.

• 전자방식과 정책수단

전자정부는 이제 정부운영의 기본 인프라로 자리를 잡았다. 웹을 활용하면서 정책수단도 다양하게 활용된다. 과거 종이 방식의 푸드스탬프는 이제 전자급부(EBT) 카드로 교체되었다. 이로써 업무효율성과 투명성이 높아지고, 서비스 전달과 이용 내역에 대해 실시간 자료 추적과 정리가 가능해짐으로써 부적절한 사용이나 각종 부정이 줄어든 것으로 평가된다. 이처럼 전자방식이 정책수단에 접목되면서 정책수단 전달기제에 큰 변화가 발생했다. 복지전달체계에서도 전자정부가 접목되면서 이에 관한 관심이 높다(Pirog and Johnson, 2008; 정광호, 2008a; 2011). 전자급부 방식은 이제 실시간 결제(거래)를 위한 신용카드나 직불카드의 사용, RFID의 활용, 웹 기반 소통과 각종 상호작용으로 다양하게 발전하고 있다. 앞으로 사례분석이나 실증연구를 통해 그 효과에 대한 분석이 필요하다.

• 제3세대 정책수단

사회정책수단에서도 제3세대 정책수단이 널리 채택되고 있다. 정보공개나 정보제공과 같은 정보활용은 품질(성과)관리, 알권리 확장, 선택권 보장 등에 유용하기 때문이다(정광호, 2008b). 사회정책 제공기관에 대한 인증도 정보에 기반한 정책수단으로 품질관리뿐만 아니라 이용자가 서비스를 선택할 때 도움을 준다. 소비자 보고서(consumer report)처럼 성과리포트 카드(organizational report card)도 정보제공수단으로 활용된다. 최근에는 사회정책의 대부분이 위탁되면서 계약관리(contract management)가 표준적 전달체계로 정착했고, 이에 따라 정보공개나 리포트 카드를 통한 성과관리가 널리 이용되고 있다. 그 밖에 사회서비스 제공기관과의 협력과 협약 등을 통해 사회서비스 품질관리도 이루어진다. 신고포상금의 경우 아직 사회정책수단으로 널리 채택되지는 않고 있으나,[14] 앞으로 사회서비스 제공기관의 부적절한 행태가 많아지면 이의 적극적인 도입도 예상된다.

3. 한국의 사회정책수단 현황

역대 정부에 있어서 사회정책수단의 주요 특성

여기서는 역대 정부가 어떤 정책기조를 가지고 각종 사회정책수단을 활용했는지 살펴보고자 한다. 먼저 박정희 정부 이전(제1·2공화국)에는 한국전쟁을 겪으면서 국가 건설 초기에 발생한 혼란비용이 컸다. 이때는 극빈국이었고 재원이 없어 정부가 사용할 수 있는 사회정책수단이 없었다. 따라서 매우 제한된 형태로 민간 차원의 기부나 원조활동만 존재했다. 외국원조단체의 구호물자를 중앙구호협의회를 통해 천재지변, 난민정착사업, 주택복구 등에 활용한 정도였다. 요약하면 이승만 정부

14 의료서비스와 관련하여 건강보험심사평가원 홈페이지에서 본인이 실제 진료를 얼마나, 어떻게 받았는지 확인할 수 있다. 이는 의료기관의 허위청구를 막자는 취지로 도입한 것인데, 의료비 허위청구에 대한 신고포상금이 이에 해당한다.

의 경우 사회정책에 대한 법적·제도적 인프라, 재원, 역량이 없었다.

다음으로 박정희 정부(제3·4공화국)는 과거 정부가 여력이 없어 하지 못했던 각종 사회복지제도의 인프라를 마련하고자 했다. 우선 박정희 정부가 출범하면서 장면 정부의 보건사회부에서 운용했던 사회보장심의위원회가 건의한 사회보험법이 도입되었다. 예를 들면, 국가기반 집단을 대상으로 공무원연금법(1960), 각종 유공자 지원 법률(1961-1962), 군인연금법(1963)이 도입되어 시행되었다. 또한 생활보호법(1961), 아동복지법(1961, 아동복리법), 재해구호법(1962)이 제정되었고, 사회보장에 관한 법률(1963), 산업재해보상보험법(1963), 의료보험법(1963)도 도입되었다. 1977년에는 500인 이상 사업장에 의료보험을 적용하였고, 공무원 및 사립학교교직원 의료보험을 도입하여 건강한 인력 양성의 기반을 마련하고자 했다. 이와 같이 박정희 정부는 경제성장에 필요한 노동력 확보와 더불어 개발독재의 정당성을 사회정책의 입안을 통해 확보하려는 상징적 노력을 기울였다. 하지만 각종 사회정책수단은 형식상 도입되었을 뿐 실제 그 혜택은 경제성장의 과실이 커지는 박정희 정부 이후에야 실현되기 시작했다. 일반 빈곤층에 대한 지원법은 형식상 존재할 뿐 제대로 시행되지 않아 그 혜택이 거의 없었다. 산재보험이나 의료보험의 경우 뒤에 제정된 국민연금법과 더불어 1980년대 후반에 가서야 전 국민에게 그 혜택이 돌아갔던 것이다.

요약하면 박정희 정부의 경우 사회정책수단의 근간이 되는 각종 법률을 도입했고, 향후 사회정책 확장과 강화에 필요한 제도적 기반을 조성하였다. 특히 경제발전을 통한 일자리와 소득증가라는 성장정책의 추동력과 그 지속가능성을 담보하기 위한 차원에서 각종 사회정책을 도입하고 복지제도의 기초를 다졌다. 그러나 여전히 이러한 경제개발 시대에는 빈곤층에 대한 소득지원정책이나 산업재해-실업-연금-건강증진에 필요한 대규모 사회보험의 시행과 같은 정책수요나 선호는 억압되어 있었다.

전두환 정부는 박정희 정부의 사회정책을 확대 발전시켜 나갔다. 특히 정권의 정당성 확보 차원에서도 사회정책은 중요한 정권 차원의 수단으로 활용되었다. 산재보험과 의료보험의 적용을 확대했으며 기업복지를 간접적으로 지원하는 수단을 활용했다. 그리고 노인, 아동, 장애인에 대한 지원제도와 기관을 확충하였다.[15] 이러한 지속적 복지 확대에도 불구하고 여전히 1980년대 서구 복지국가에서 나타났던 복지국가의 폐해에 대한 우려(신자유주의의 케인즈형 복지국가 모델 비판)가 정책기조에 담겨 있었고, 급격한 복지 확대를 억제하려고 했다.

민주화 이후 집권한 노태우 정부도 복지 영역을 지속적으로 확대해 나갔다. 장애인복지,[16] 기업복지의 책무(1991년 사내복지기금법 제정)를 강조했다. 특히 민주화 이후 사회정책 과정에서 근로자의 정치력이 확대되자 노동은행의 설립을 허용하였다(1992년 한국노총의 건의 수용). 또한 마지막 4대 보험인 고용보험을 제7차 경제사회발전 5개년계획(1992-1996) 기간 중 도입을 기획했다.

김영삼 정부의 경우 세계화라는 정책 패러다임에 근거하여 사회정책도 4대 사회보험의 보편적 확대를 강조했으며, '삶의 질 세계화'(국민복지기획단)라는 구호를 통해 사회정책 수준을 높이고자 했다. 4대 사회보험 중 시행되지 않았던 고용보험을 1995년에 시행했으며, 농어촌

---

15 예를 들면, 노인복지법(1981)을 제정하여 노인 전체를 대상으로 공공부조에 의한 노인복지의 한계성을 보완하고, 65세 이상 노인을 대상으로 경로우대제를 도입했다(1982). 또한 아동복지법을 개정하여 일반아동까지 그 혜택을 확대했다(1981). 장애인의 경우 심신장애자복지법(1981)을 제정하고 국립재활원을 설립하였으며, 시·군·구 등 일선행정기관에 심신장애자복지 지도원을 의무적으로 배치하였다. 또한 건축법을 개정(1984)하여 공공시설과 학교 등에 신체장애인을 위해 경사로 설치를 의무화했다(정홍익, 1987).

16 1990년 '장애인고용촉진 등에 관한 법률'을 제정하여, 300인 이상 상시 근로자를 고용한 사업장의 경우 전체 근로자의 1%에 해당하는 장애인을 의무적으로 고용하도록 하고, 위반 시 장애인고용부담금을 부과하였다.

연금까지 시행하여 4대 보험의 제도화에 기여하였다. 또한 민간복지의 활성화를 위해 '사회복지공동모금법'을 제정했다.

역대 정부와 획기적으로 다른 차원의 진정한 복지제도는 김대중 정부가 출범하면서 이루어졌다. 김대중 정부는 특히 외환위기 속에서 각종 사회위험이 급격히 확산되면서 빈곤과 실업에 대해 적극적으로 대응해 나갔다. 당시 복지 패러다임은 생산적 복지로 하면서도 일반국민의 복지를 '사회권'으로 선언하여 제도적으로 보장하려는 노력을 기울임과 동시에 복지를 통한 연대성을 강조했다. 이는 복지를 이제 보편적 권리로 인정해야 한다는 정책 패러다임의 전환을 의미하는 것으로 한국 사회정책의 큰 정책 변동이라 할 수 있다. 이를 통해 한국의 공공부조[17]가 서구복지와 유사한 모습을 띠게 되었다. 구체적으로 김대중 정부의 사회정책을 살펴보면 첫째, 2000년 도입된 국민기초생활보장제도를 들 수 있다. 국민기초생활보장제도의 시행은 역대 정부에서 시도하지 않았던 기초생계에 대한 사회적 권리를 부여한 것이다. 최저생계비 이하 모든 가구에 대해서 연령과 근로능력에 상관없이 의식주와 의료, 교육 등에 있어 기초생활을 공적으로 지원해 주는 것이다. 둘째, 의료와 연금에 있어 보편주의의 강화이며, 이에 따라 오랜 논란을 겪었던 지역과 직장의 의료보험을 통합하고, 자영자와 임금근로자를 동일한 국민연금으로 통합했다. 셋째, 사회취약계층에 대한 보장성의 지속적 확장이다.[18] 국민연금이 도시자영업자까지 확대되었고, 고용보험과

17 공공부조에 있어 두 개의 전환점으로 의료보호(1976년 의료보험법 제정 이후 1977년 1월 생활보호대상자를 위한 의료부조)와 국민기초생활보장제도를 들 수 있다.

18 국민연금에서 제외된 빈곤노인에 대한 경로연금(2-5만 원) 지원(1998. 7), 장애인 범주 확대(2000년부터 만성신장질환, 심장질환, 만성중증정신질환, 자폐증 포함), 농어촌 저소득 자녀를 위한 무상보육사업을 시행했다. 또한 각종 사회제공기관의 확충을 도모하였다(1999년 사회복지관 338개소, 재가복지봉사센터 295개소, 가정봉사원 파견센터 74개소 설립).

산재보험도 1인 사업장까지 확장되면서 전 국민을 대상으로 4대 보험이 시행되고 의료보험의 보장 수준도 지속적으로 높여 갔다.[19] 또한 노인, 장애인, 여성, 편부모가정 등 사회적 취약계층에 대한 복지도 확장했다.[20]

노무현 정부의 경우 김대중 정부의 복지 패러다임을 확대하는 한편, 고령화와 저출산에 따른 사회위험에 적극 대처하기 위해 사회적 투자와 같은 정책수단을 도입했다. 2005년 저출산·고령사회기본법을 제정하고 저출산·고령화위원회를 설치했다. 복지재원의 효율적 운용을 위한 시장친화적 정책수단도 적극 활용했다. 예를 들면, 고령화에 대비한 노인장기요양보험법을 제정(2007. 4)하고 시행(2008. 7)에 들어갔다. 또한 보육지원도 강화하여 보육 예산이 크게 증가했는데, 이러한 보육지원 정책수단은 어린이집과 유치원이라는 제공기관을 활용한 바우처를 통해 이루어졌다. 국공립 어린이집과 유치원 비중이 매우 작다는 점에서 보육의 공공성이 강화되었다고 보기는 어렵다. 노무현 정부는 연금제도의 개혁과 근로자의 자율과 책임의식을 고취시키기 위해 근로장려세제(EITC), 바우처 자부담(copayment) 등 각종 인센티브 방식의 정책

---

19 1999년 연금의 경우 당시 900만 명에 이르는 도시지역 자영자로까지 확대되었다. 1998년 1월 고용보험을 10인 이상 사업장으로, 동년 10월에는 1인 이상 전 사업장까지 확대하였고, 산재보험도 2000년 7월 1인 이상 사업장에까지 적용하였다.

20 몇 가지 예를 들면, 1) 1998년 7월부터 국민연금을 받지 않는 65세 이상의 저소득노인에게 경로연금(2-5만 원) 지원, 2) 2000년부터 장애인의 범주를 만성신장질환, 심장질환, 만성중증정신질환, 자폐증까지 넓혀 국가의 보호를 확대하고 장애수당을 단계적으로 현실화, 3) 가정폭력으로부터 여성을 보호하기 위해 1997년 12월에 '가정폭력방지법'을 제정하고 가정폭력상담소 15개소 운영, 4) 1999년 하반기부터 농어촌지역 저소득층 자녀를 위한 무상보육사업을 2002년까지 전국으로 확대하고 만 5세 미만의 저소득층 자녀를 위해 보육료 지원, 5) 저소득 편부모가정의 생활기반을 조성하기 위해 생업자금 융자대상을 확대하고 2001년까지 자녀들의 학비를 인문계 고교생에게도 확대 지원, 6) 그 외 사회복지관과 재가복지봉사센터의 설치를 확대하고(1999년에 각각 338개소와 295개소) 가정 내 노인보호를 위해 가정봉사원 파견센터 확대 설치(1999년에 74개소) 등이 주요 사례들이다.

〈표 10-5〉 주요 사회정책의 법제화 현황

	사회정책 시대구분			
	사회정책 제도 도입기	사회정책 제도 형성기	복지시스템 전국적 확장기	사각지대 정비기
공공부조	· 생활보호법(1961) · 국가유공자지원법률	· 의료보호법 (1977)	· 기초생활보장법 (1999)	· 국가유공자 예우 등에 관한 법(1997)
사회보험	· 공무원연금법(1960) · 군인연금법(1963) · 산업재해보상보험법 (1963) · 의료보험법(1963)	· 사학연금(1975) · 직장의료보험 (1977)	· 국민연금(1988) · 전국민의료보험 (1989) · 고용보험(1995) · 전국민연금(1999)	· 노인장기요양보험법(2007) · 기초노령연금법(2007)
사회(복지)서비스	· 아동복지법(1961, 아동복리법) · 직업안정법(1961) · 사회보장에 관한 법률(1963)	· 사회복지사업법 (1970) · 노인복지법 (1981) · 장애인복지법 (1981, 심신장애자복지법)	· 모자보건법(1986) · 영유아보육법 (1991) · 사회보장기본법 (1995)	· 영유아보육법 전면 개정 (2004) · 사회적 기업 육성법(2007) · 사회서비스 이용 및 이용권 관리에 관한 법률(2011) · 사회보장기본법 전면개정 (2012)
인센티브제도				· 근로장려세제(2008) · 사회서비스 바우처 자부담 제도(2008) · 유산기부 활성화를 위한 세제개편 논의(2013)

주: 1) 1963년 '사회보장에 관한 법률' 제정, 1995년 '사회보장기본법' 제정, 2012년 '사회보장기본법' 전면개정. 동법 2012년 개정 시 사회서비스 및 평생사회안전망 정의 신설.

2) 의료보험법은 1963년 제정되었으나 임의가입 형식으로 사실상 사문화되었고, 1977년 '국민보건향상을 위한 의료시혜 확대방안'에 의해 개정되어 당연적용과 임의적용을 구분하여 직장의료보험, 의료보호법 등으로 분화되어 감.

3) 유공자 지원에 관한 법률로는 군사원호대상자임용법(1961), 군사원호대상자고용법(1961), 원호대상자정착대부법(1961), 군사원호보상법(1961), 군사원호대상자자녀교육보호법(1961), 국가유공자 및 월남귀순자특별원호법(1962), 군사원호보상급여금법(1962) 등이 있음.

4) 2004년 영유아보육법 전면개정에는 보육시설평가인증국 설치(2004), 보육교사자격관리사무국 설치(2005) 등이 포함.

5) '직업안정법'은 직업선택의 자유와 근로권 보장을 통해서 직업안정과 고용촉진의 가치를 실현하기 위해 제정되었다. 이 법은 1961년 12월 6일 제정된 후 1967년 3월 30일 '직업안정 및 고용촉진에 관한 법률'로 전면 개정되었다. 그 뒤 민주화 이후 1994년 1월 7일 다시 '직업안정법'으로 명칭이 변경되었고, 고용촉진 관련 규정은 '고용정책기본법'으로 옮겨 갔다. 이 법률에는 직업소개와 같은 정보제공수단뿐만 아니라 구직시장의 원활한 작동을 위한 각종 규제수단이 포함되어 있다.

자료: 권선주·이천우(2005)의 〈표 6〉을 수정·보완하여 재작성.

수단도 도입했다.[21]

지금까지 역대 정부가 시행한 사회정책의 주요 제도를 정리해 보면 〈표 10-5〉와 같다. 위에서 논의한 것처럼 한국의 사회정책수단은 박정희 정부 이전에는 외국원조 이외에는 찾기 어려웠다. 박정희 정부가 출범하면서 각종 사회정책수단을 도입·활용할 수 있는 기본 근거를 법률 형태로 만들어 나갔다. 하지만 거의 사문화된 내용이 많고 본격적으로 관련 제도가 효과를 발휘하기 시작한 것은 경제성장이 어느 정도 이루어진 박정희 정부 후반기부터다. 전두환-노태우-김영삼 정부를 거치면서 사회정책제도가 보완되어 갔고, 김대중 정부가 출범하면서 사회정책은 완숙기에 이르렀다. 그 이후 각종 복지사각지대에 대한 보완이 사회서비스, 노인장기요양서비스, 기초노령연금 등을 중심으로 이루어졌다. 한편 최근에는 사회정책수단으로 근로장려세제나 유산기부 등 각종 세제도 사회정책수단으로 활용하려고 한다.

사회정책수단의 주요 쟁점에 따른 분석

• 전달주체의 부문별 현황

여기서는 사회정책 전달주체를 정부·비영리·민간영리 부문(섹터)으로 구분하여, 부문(섹터) 자체가 어떻게 정책수단으로 기능하는지 살펴보고자 한다. 사회서비스 영역에 따라 공급주체의 소속 부문이 다양하게 혼재되어 있다. 예를 들면, 1) 국가가 직영할 경우 국가 주도,

21 예를 들면, workfare의 일종인 근로장려세제(EITC)를 도입하였다. 또한 빈곤취약계층을 대상으로 한 각종 육아, 노인, 장애인에 대한 바우처 방식의 정책수단을 전격적으로 도입하였다. 특히 차상위계층의 경우 일부이지만 자부담을 하도록 설계했다. 한편 생애관점에서 복지제도를 운용한다는 취지에서 산모에 대한 지원서비스(산모지원 관련 바우처 시행)와 빈곤아동의 자립성을 길러주기 위해 아동발달계좌(Child Development Account, CDA) 제도를 시행하였다.

2) 비영리기관이나 민간영리기관이 주도할 경우 제3자 정부(Third-Party Government), 3) 여러 섹터의 기관이 골고루 혼재할 경우로 나눌 수 있다. 사회정책을 어떤 부문이 얼마나 수행하는가에 따라 공공성과 시장성의 상대적 비중에 달라지기 때문에 부문 간 역할분담이나 비중에 대한 관심이 커지고 있으며, 이에 따라 각 부문별 현황에 대한 비교분석의 필요성이 높다. 그러면 사회정책 각 영역별로 부문별 현황을 살펴보면 다음과 같다.

① 보건의료와 연금

의료서비스의 경우 국가, 비영리, 시장 부문의 역할분담에 따라 전달체계의 특성을 비교할 수 있다. 여기서 국가중심 의료체계, 사회보험형 의료체계, 민간주도 의료체계 같은 모형이 도출된다. 영국처럼 의료서비스를 NHS와 같은 국가기관이 담당하기도 하지만, 한국처럼 국민건강보험관리공단과 건강보험심사평가원 같은 공공기관을 통해 위탁·대행할 수도 있다. 우리의 경우 국립 또는 시·도 공립병원처럼 중앙정부나 지방정부가 일부 직영하는 것도 있지만, 비영리 민간 의료법인이나 의원이 대부분의 의료서비스를 제공하고 있다.

한국의 경우 아직 영리 의료법인은 허용되지 않고 있다. 그러나 실제로 국가 주도의 국공립병원의 비중이나 경쟁력도 민간에 비해 우월하다고 보기 어렵다. 과거 1977년 의료보험이 시행되기 전까지 의료기관은 의료법인 형태로 국가나 사회보험이 없이 민간시장 원리로 운영되었다. 의료보험이 전 국민으로 확대된 지금도 국공립의료기관이 전체 의료기관에서 차지하는 비중은 매우 작다. 연금도 민간보험에서 시장원리로 운영되었지만 이제는 국민연금, 교직원, 군인, 공무원 등 일반국민과 각 직능별 연금제도가 상당 부분 사회보험 형식으로 운영되고 있다. 하지만 상대적으로 민간 연금시장의 규모도 상당하다. 현재 연금의 경우 공공성이 강한 군인, 공무원, 교직원 등 특수영역과 전형적 사회보험 형태를 띤 국민연금이 있다. 한편으로 민간보험에서 각종 연금상품을 판매하고 있고, 이에 대한 정부의 세제지원도 있다. 따라서 연금의 경우 국가, 사회보험, 민간보험이 혼재된 형태로 운영된다고 볼 수 있다.

② 돌봄 영역

2000년대 중반 다양한 유형의 사회서비스 바우처[22]가 시행되기 전까지 돌봄서비스는 기본적으로 지불능력을 가진 고소득집단을 중심으로 시장원리에 따라 운영되었다. 2013년 기준으로 각종 돌봄서비스 영역에는 다수의 영리기관이 진출해 있다(〈표 10-6〉과 〈표 10-7〉 참고).

현재 한국의 경우 영리기관과 비영리기관의 서비스 품질, 종사자의 서비스 역량을 비교평가해 볼 수 있는 좋은 실험무대를 제공하고 있다. 특히 노무현 정부는 빈곤층에 대한 사회서비스를 바우처를 통해 제

〈표 10-6〉 사회서비스 제공기관 현황(2013. 8) (단위: 개)

구분	운영 형태		
	영리기관	비영리기관	국가 · 지자체
노인돌봄종합	607	817	1
산모신생아도우미	195	74	0
가사간병방문	200	286	0
지역사회서비스투자	1,573	810	2

주: 지정제 사업(장애인활동지원, 발달재활서비스, 언어발달지원서비스사업)은 보건복지정보개발원에서 현황을 관리하고 있지 않음. 등록제 전환사업으로 행복e음을 통해 전송정보 기준이므로, 전자바우처시스템상의 활동하는 제공기관 현황과 상이할 수 있음.

22 사회서비스 관련 바우처에 종류에 대해서는 후술하는 '사회서비스 바우처 사업 전개 과정'을 참고하기 바란다.

〈표 10-7〉 사회서비스 바우처 제공기관 현황(2011. 1)

구분		돌봄서비스					기타 서비스			총계
		가사간병	노인	산모	장애인	소계	장애아동	지역사회	소계	
유형	영리	5 (1.6%)	25 (2.7%)	115 (45.5%)	4 (0.8%)	149 (7.5%)	369 (46.1%)	371 (34.3%)	740 (39.3%)	889 (23.0%)
	비영리	305 (98.1%)	887 (97.2%)	138 (54.5%)	504 (99.2%)	1,834 (92.4%)	432 (53.9%)	708 (65.5%)	1,140 (60.6%)	2,974 (76.9%)
	국가 및 지자체	889 (23.0%)	889 (23.0%)	889 (23.0%)	889 (23.0%)	889 (23.0%)	0	2 (0.2%)	889 (23.0%)	4 (0.1%)
	합계	311 (100%)	913 (100%)	253 (100%)	508 (100%)	1,985 (100%)	801 (100%)	1,081 (100%)	1,882 (100%)	3,867 (100%)
고용규모	10명 미만	72 (25.5%)	219 (31.3%)	43 (19.4%)	67 (13.6%)	401 (23.7%)	–	–	–	401 (23.7%)
	10–40명 미만	202 (71.8%)	425 (60.8%)	100 (45.0%)	195 (39.7%)	922 (54.4%)	–	–	–	922 (54.4%)
	40명 이상	8 (2.8%)	55 (7.9%)	79 (35.6%)	229 (46.6%)	371 (21.9%)	–	–	–	371 (21.9%)
	합계	282 (100%)	699 (100%)	222 (100%)	491 (100%)	1,694 (100%)	–	–	–	1,694 (100%)

주: 1) 사업별 중복되는 제공기관 수 제외(동일 기관이 가사간병과 노인돌봄서비스를 동시에 제공할 경우 중복 제외).
2) 고용규모의 경우 2010년 2월 1일부터 2011년 1월 31일까지 제공기관 인력 수.
3) 장애아동재활치료사업, 지역사회서비스투자사업 도우미의 경우 등록 없이도 결제가 가능하여 보건복지정보개발원에서 인력 파악이 어려움.

자료: 강혜규 외(2012)의 〈표 4-1-4〉 재인용.

공하는 과정에서 영리기관의 참여를 허용했다. 사회서비스 바우처를 도입할 당시 정부가 영리기관의 참여를 배제하지 않았고, 영리-비영리 간 경쟁을 유도하는 정책을 설계해 왔다. 결국 사회서비스에 대한 국가의 적극 개입 방식이 바우처라는 시장친화적 정책수단을 활용한 셈이다. 또한 무료서비스에 따른 도덕적 해이를 막기 위한 제도적 장치로 본인부담금제도를 도입했다. 사회서비스의 기본 재원은 국가 세금으로 운영

〈표 10-8〉 보육시설 제공기관 추이

구분		국공립	사회복지법인	법인단체	민간	가정	부모협동	직장	합계
2012년		2,203	1,444	869	14,440	22,935	113	523	42,527
		5.18%	3.40%	2.04%	33.95%	53.93%	0.27%	1.23%	100%
2008년		1,826	1,458	969	13,306	15,525	65	350	33,499
		5.45%	4.35%	2.89%	39.72%	46.34%	0.19%	1.04%	100%
2006년		1,643	1,475	1,066	12,864	11,828	59	298	29,233
		5.62%	5.05%	3.65%	44.01%	40.46%	0.20%	1.02%	100%
2002년		1,330	1,633	575	10,471	7,939	–	199	22,147
		6.01%	7.37%	2.60%	47.28%	35.85%	–	0.90%	100%
1998년		1,258	1,927	227	7,468	6,541	–	184	17,605
		7.15%	10.95%	1.29%	42.42%	37.15%	–	1.05%	100%
1994년		983	807	17	2,267	2,864	–	37	6,975
		14.09%	11.57%	0.24%	32.50%	41.06%	–	0.53%	100%
1993년		837	624	19	1,776	2,205	–	29	5,490
		15.25%	11.37%	0.35%	32.35%	40.16%	–	0.53%	100%

하지만 여기에 최소한의 본인부담금을 가미하여 운영하도록 한 것이다.

한편 보육의 경우, 어린이집 운영 형태를 보면 2012년 기준으로 국공립(5.18%), 사회복지법인(3.40%), 법인단체(2.04%), 민간(33.95%), 가정(53.93%), 부모협동(0.27%), 직장(1.23%) 등으로 구분된다(〈표 10-8〉 참고). 국공립 비중이 5% 정도로 매우 작고, 대부분 민간에 의해 운영되며, 영리기관도 34% 정도를 차지한다. 국공립시설이 많이 부족하여 의료전달체계와 유사하게 대부분 민간제공기관에 의해 서비스가 전달되는 것이다. 즉, 재원은 정부가 대부분 조달하고 전달은 민간기관이 하는 시스템이다. 위에서 언급한 것처럼 민간 부문에 과도하게 의존할 경우 공공성이 약화될 우려가 있다.

〈표 10-9〉 사회보험과 민간보험의 구분

구분	사회보험	민간보험
제도의 목적	최저생계 또는 의료보장	개인적 필요에 따른 보장
보험가입	강제	임의
부양성	국가 또는 사회부양성	없음
수급권	법적 수급권	계약적 수급권
독점/경쟁	정부 및 공공기관의 독점	자유경쟁
공동부담 여부	공동부담의 원칙	본인부담 위주
재원부담	능력비례부담	개인의 선택
보험료 부담 방식	주로 정률제	주로 소득정률제
보험료 수준	위험률 상당 이하 요율	경험률
보험자의 위험선택	불필요	필요
급여 수준	균등급여	기여비례
인플레이션 대책	가능	취약
보험사고대상	사람	사람, 물건
성격	집단보험	개별보험

자료: 4대 사회보험 홈페이지(http://www.4insure.or.kr/ins4/ptl/guid/insu/SoclInsuDefLay-out.do, 검색일: 2013. 10. 17).

• 사회보험

사회보험제도는 국민에게 발생한 사회적 위험을 보험 방식에 의해 대처함으로써 국민의 건강과 소득을 보장하는 제도다. 사회보험제도는 사회적 위험을 예상하고 이에 대처함으로써 국민의 경제생활을 보장하려는 소득보장제도다. 우리나라의 4대 사회보험제도는 업무상 재해에 대한 산업재해보상보험, 질병과 부상에 대한 건강보험 또는 질병보험, 폐질·사망·노령 등에 대한 연금보험, 실업에 대한 고용보험제도로 나누어 볼 수 있다. 이러한 4대 사회보험은 정부가 직접 운영하는 것이 아니라 산하기관을 만들어 위탁·대행하는 방식으로 운영하고 있다. 이처럼 국가재정이 투입되지 않는 '사회보험'이라는 정책수단과 '공단'이

〈표 10-10〉 4대 사회보험 비교

구분	국민연금	건강보험	고용보험	산재보험
시행 연도	1988	1977 (노인장기요양보험 2008. 7. 1)	1995	1964
기본 성격	소득보장 장기보험	의료보장 단기보험	실업고용 중기보험	산재보상 단기보험
급여 방식	현금급여 소득비례	현물급여 균등급여	현금급여 소득비례	현물–균등급여 현금–소득비례
재정 및 관리	수정적립방식 전체일괄관리	부과방식 이원화 (직장, 지역) 관리	수정적립방식	순부과방식
관리 단위	개인별 관리	사업장 세대별 관리	사업	사업장
보험료 관장	보건복지부 장관	보건복지부 장관	고용노동부 장관	고용노동부 장관
자격관리 방식	직장지역 통합관리	직장지역 통합관리	사업별 관리 가입자 관리	사업별 관리 가입자 관리
보험료 부과 단위	사업장, 지역 (개인별)	사업장, 지역 (세대별)	사업	사업

자료: 4대 사회보험 홈페이지(http://www.4insure.or.kr/ins4/ptl/guid/insu/SoclInsuDefLayout.do/, 검색일: 2013. 10. 17).

라는 정부산하 공공기관을 활용하고 있다. 또한 사회보험 운영을 위해 강제가입과 당연지정제(모든 의원과 병원은 무조건 건강보험의 적용을 받으며 건강보험 적용을 받지 않는 의료행위를 할 수 없음)와 같은 강력한 규제수단과 더불어 보험재정의 안정을 위해 도덕적 해이를 막기 위한 각종 인센티브를 도입하는 등 시장기반형 정책수단도 접목하고 있다. 이상에서 살펴본 4대 사회보험의 기본 특성을 정리하면 〈표 10-10〉과 같다.

위에서 살펴본 것처럼 한국의 4대 사회보험은 사회안전망의 핵심 기반이자 버팀목 역할을 한다. 건강보험은 보건의료안전망의 핵심이며 연금은 노후 생활의 지지대다. 이러한 4대 사회보험은 경제발전과 더불어 순차적으로 도입되었지만, 해외 선진국과 비교할 때 매우 빠른 시간 내에 그 시행 영역이 전 국민으로 확대되었다.[23] 건강보험의 경우 1977년 일부 공공 부문과 직장인을 대상으로 실시하면서 점차 그 시행범위를 확대하여 1990년대에는 전 국민 의료보험 시대를 열었다. 연금의 경우도 공무원, 교원, 군인의 경우 정부가 주도하여 만들었지만 1988년 일반 국민을 대상으로 한 연금제도를 도입하였다. 산재보험의 경우 경제발전과 더불어 산업노동자에 대한 재해를 보상하는 차원에서 1964년부터 도입되어 시행되고 있다. 반면 고용보험은 고도성장기에는 실업 자체가 큰 문제가 되지 않아 그 필요성이 적었으나 노태우 정부에서 시작하여 김영삼 정부에서 동 제도를 1995년 시행했다. 그동안 미래의 재난이나 위험에 대응한 정책을 찾아보기 어려웠으나 고용보험만큼은 예외적으로 1997년 말 외환위기가 발생함으로써 사전에 만든 선제적 정책 사례로 꼽히게 되었다.

이들 4대 사회보험은 각각의 고유한 문제와 공통된 문제를 동시에 안고 있다. 공통의 문제로는 보험 관리비를 어떻게 줄일 것인가 하는 점과 노사문제를 꼽을 수 있다. 거대 보험의 특성상 관리비가 많이 차지할수록 실제 가입자 비용은 증가하고 혜택은 줄어들기 때문이다. 4대 보험의 노조도 늘 정치적 쟁점으로 떠올라 이에 대한 정부의 고민은 클 수밖에 없다. 한편 최근에는 국민건강보험관리공단에서 4대 보험료를 통합징수하는 시스템을 갖추었다. 아래에서는 구체적으로 각 4대 보험별로 도입과정과 그 운영현황을 중심으로 정책수단의 특성을 간접적으로 살펴보고자 한다.

---

23 국민연금의 경우 시행된 지 11년 만에 전 국민으로 확대되었고, 고용보험도 도입된 지 4년 만에 전체 임금근로자에게 그 혜택이 확대되었다. 유럽의 경우 나라마다 차이는 있으나 연금이나 의료보험이 전 국민으로 대상으로 그 혜택을 확대할 때까지는 대체로 최소 40~50년 정도 걸렸다. 비교적 사회보험을 일찍 도입한 라틴아메리카와 같은 중간소득국가에서도 여전히 전 국민 사회보험 적용이 이루어지지 않은 것을 고려하면, 한국의 경우 사회보험 적용범위의 확장 속도는 세계적으로 유례가 드문 "압축성장"에 해당된다(김연명, 2000: 8).

① 국민연금

국민연금은 노후 소득보장을 위해 국가에서 시행하는 사회보장제도다. 급속한 경제발전으로 인한 산업화, 도시화, 핵가족화, 노령화가 빠른 속도로 진행되고, 이에 따라 사회보험의 필요성이 증대되어 1973년 12월 24일 국민복지연금법이 제정 공포되었다. 그러나 이후 석유파동 등으로 무기한 연기되었다. 하지만 베이비붐(baby boom) 세대가 1980년대 중반 이후 노동시장에 본격적으로 진입하고 지속적인 출생률의 저하로 연금가입자 대비 연금수급권자의 비율이 시간이 지날수록 높아질 것이라는 점 등을 감안하여, 1986년부터 국민복지연금제도를 수정·보완하여, 1988년 10인 이상 사업장을 대상으로 시행한 이후 1995년 7월에는 농어민까지 확대하였고, 그 이후 1999년 4월 도시지역 자영업자까지 포함함으로써 전 국민을 대상으로 하는 국민연금제도를 구축하였다(국민연금공단, 2008: 16-20). 또한 1987년 9월 독립기관으로 국민연금관리공단을 설립하고 10인 이상 사업장에 근무하는 18세 이상 60세 미만 근로자와 사업주를 대상으로 국민연금제도를 실시하였다. 그 뒤 1988년 10인 이상 사업장을 중심으로 시작되었으며, 1992년 5인 이상 사업장으로 당연적용대상을 확대했으며, 1995년에는 농어촌 지역에까지 국민연금제도를 확대하고, 1999년 4월에는 도시지역에도 확대 적용하였다.

국민연금 업무[24]는 크게 자격관리, 징수관리, 연금급여관리, 기금운

---

24 자격관리는 국민연금제도의 적용대상에 해당하는지 판단하고 가입자의 자격과 이력을 지속적으로 관리하는 업무로, 국민연금관리공단에서 수행하고 있다. 징수관리는 가입자의 자격관리를 토대로 연금보험료 산정 및 고지서 발송, 연금보험료 납부 및 수납, 정산, 보험료 미납에 따른 독촉 및 체납처분 등 연금급여의 기초가 되는 연금보험료를 징수하는 일이다. 1995년 8월에 시중은행들과 협조 위탁체계를 구축하였으며, 2000년 7월 표준 OCR 수납체계를 구축하였다. 기금은 기금운용위원회에서 의결한 바에 따라 운용된다. 보건복지부 장관이 기금관리 및 운용의 주체이며, 업무의 일부를 연금공단에 위탁할 수

용, 연구개발로 나뉘며, 국민연금관리공단(2007년 7월 23일 국민연금관리공단에서 국민연금공단으로 명칭 변경)이 주로 수행한다. 2015년 1월 기준으로 국민연금공단은 106개 지사, 국민연금상담센터 47개소, 장애심사센터 1개, 국제협력센터 1개로 운영되고 있으며 직원은 총 5,222명(임원 5명, 1급 59명, 2급 238명, 3급 701명, 4-6급 3,948명, 연구직 39명, 기금운용직 228명, 별정직 2명, 기능직 2명)이다.

② 건강보험

건강보험제도는 보험료에 기반하여 단일기관이 추진하는 국민건강보험방식(NHI)으로, 이는 추진체계가 복수인 사회보험방식(SHI)이나 재원 및 추진체계가 다른 국민보건서비스방식(NHS)과도 구별된다(〈표 10-11〉 참조). 한국의 경우 강제적 사회보험 방식이며(의료급여의 경우 정부 전액부담), 가입자가 부담하는 것을 기본으로 하고 직장의 경우 고용주와 피고용주가 분담하는 형식을 취한다. 건강보험은 사회적 권리[25]의 성격을 띠지만 자부담 비중이 높아 의료공공성이 희석되는 한계가

있고, 이에 따라 연금공단은 기금운용본부를 설치하여(1999. 11) 운용하고 있다.

25 건강보험과 같은 정책수단은 일종의 법적 권리와 같은 특성을 갖는다. 건강보험은 '인간다운 생활을 할 권리'를 규정한 헌법 제34조 제1항 및 국가의 사회보장·사회복지 증진 의무를 규정한 헌법 제34조 제2항에 기반을 두기 때문이다. 이러한 사회적 권리라는 속성 때문에 건강보험제도는 첫째, 일정 요건하에 본인의 의사와 무관하게 강제적용된다. 둘째, 사회적인 연대를 기초로 의료비 부담하는 것이 목적이므로 소득수준 등 부담능력에 따라 보험료가 차등 부담된다. 셋째, 보험료 부과 수준과 무관하게 법령에 따라 균등한 보험 급여가 이루어진다. 넷째, 연금 보험과 달리 균일한 조건에 따라 단기적으로 지급액과 지급기간이 결정된다. 또한 2008년 7월부터 노인장기요양보험제도를 시행하고 있는데, 이는 장기요양보험을 사회적 권리로 인정한 것이라 할 수 있다. 다만 건강보험제도와는 별개의 제도로 도입·운영하지만, 운영의 효율성을 위해 국민건강보험공단이 동 제도의 보험자와 관리를 맡고 있다. 그리고 동 제도는 사회보험방식과 국고지원 혼합방식으로 운영되며, 자격기준은 장기요양보험가입자 및 그 피부양자, 또는 의료급여수급권자로 65세 이상 또는 65세 미만의 노인성 질병을 가진 자가 그 대상이 된다.

〈표 10-11〉 보건의료체제 운영방식

<table>
<tr><th>구분</th><th>재원</th><th>추진체계</th><th>장점</th><th>단점</th><th>채택 국가</th></tr>
<tr><td>사회보험방식(SHI)</td><td>보험료</td><td>복수 기관</td><td rowspan="2">• 양질의 의료 서비스 제공
• 민주적 추진 체계</td><td rowspan="2">• 보험료 적용 기준 책정
• 의료비 상승</td><td>• 독일
• 프랑스</td></tr>
<tr><td>국민건강보험 방식(NHI)</td><td>보험료</td><td>단일 기관</td><td>• 한국
• 타이완</td></tr>
<tr><td>국민보건서비스 방식(NHS)</td><td>일반 조세</td><td>국가</td><td>• 소득재분배</td><td>• 의료서비스 질적 저하
• 과다한 복지 재정 지출</td><td>• 영국
• 스웨덴
• 이탈리아</td></tr>
</table>

있다. 국가마다 의료보험의 재원조달방식이 세금, 사회보장기금, 민간시장 등으로 다양하다. 선진국의 경우 대부분 국가 또는 사회보험 방식이며, 미국의 경우 메디케어(Medicare)와 메디케이드(Medicaid)는 연방정부와 주정부가 직접 재원을 조달하지만, 그 밖에 일반국민은 고용주나 본인이 의료보험을 구매하는 민간시장방식으로 운영된다.

건강보험 관리기관은 보건복지부, 국민건강보험공단, 건강보험심사평가원, 건강보험정책심의위원회로 나누어 살펴볼 수 있다.

첫째, 보건복지부는 건강보험제도와 관련된 전반적인 정책을 결정한다. 보험료율과 보험료 부과기준, 요양급여의 범위 등을 결정하며 관리·운영 주체인 국민건강보험공단의 예산 및 규정 등을 승인한다. 세부적으로는 급여 결정 영역에 있어 신의료기술 평가, 급여의 기준(방법, 절차, 범위, 상한 등)과 약제, 치료 재료의 상한금액과 급여의 상대가치를 결정하고 고시하는 기능도 수행한다.

둘째, 국민건강보험공단은 건강보험 가입자의 자격을 관리하고, 보험료를 부과·징수하는 역할을 담당한다. 또한 요양기관에 비용을 지급하는 역할을 수행한다. 요양기관이 건강보험심사평가원에 급여비용을 청구하면 건강보험심사평가원에서 이를 심사하여 국민건강보험공단에 결과를 통보하고, 국민건강보험공단은 심사를 통해 조정된 비용을 요양기관에 지급하는 역할을 한다. 국민건강보험공단의 급여 관련 업무는 제약회사와 협상을 통해 약가 결정, 보험급여비용 지급, 상대가치의 점수당 단가(환산지수) 계약 체결 업무 등이다.

셋째, 건강보험심사평가원은 요양급여비용을 심사하고, 요양급여의 적정성을 평가하며, 급여와 관련된 보건복지부 업무를 지원하는 급여 업무 전반을 수행한다. 건강보험심사평가원의 급여 관련 업무는 상대가치점수 산정, 약가 상환금액 산정 등 상대가치점수 및 치료재료 상한금액 결정 등에서 실질적인 역할을 담당하며 진료비 지불 방식 및 수가 결정을 위한 자료를 제공하기도 한다. 또한, 신의료기술 급여의 범위를 결정하는 신의료기술 전문평가위원회를 운영하고 관리한다.

넷째, 건강보험정책심의위원회는 국민건강보험법 제4조에 의해 명시된 보건복지부 장관 소속의 위원회다. 위원회는 총 25인(위원장: 보건복지부 차관, 가입자단체 8인, 공급자단체 8인, 공공기관 4인, 관련 전문가 4인)으로 구성되며 요양급여의 기준, 요양급여비용, 가입자의 보험료 수준 등 건강보험에 관한 주요 사항을 심의·의결한다.

③ 고용보험

고용보험은 전통적 의미의 실업보험사업을 비롯하여 고용안정사업과 직업능력사업 등의 노동시장정책을 연계하여 통합적으로 실시하는 사회보장보험이다. 고용보험은 1980년대 초반 높은 실업률로 실업보험제도의 필요성이 제기되어 제7차 경제·사회발전 5개년계획 기간(1992-1996) 중 고용보험제도를 도입하기로 결정하였다. 이후 1992년 5월 고용보험연구기획단이 설치되고, 1993년 7월 신경제 5개년계획의 1995년 시행을 고지하였다. 이에 따라 1993년 12월 고용보험법이 제정되었고, 1995년 7월 고용보험이 시행되었다. 그 후 1998년 10월 1인 이상

전 사업장으로 고용보험이 확대 적용되었으며, 2001년 11월에는 고용보험을 통해 모성보호급여를 지급할 수 있도록 제도를 도입하였다. 또한 2002년 12월에는 일용근로자 고용보험 적용 등 고용보험법을 개정 반영하였다. 고용보험과 관련된 업무는 고용노동부, 고용센터, 근로복지공단에서 수행하고 있다. 고용노동부와 고용센터는 피보험자 관리, 실업급여 지급, 고용안정사업 관련 각종 지원업무를 수행하고 있다. 실업 관련 업무를 주로 담당하는 수급자의 거주지 관할 고용센터는 직업능력개발 관련 각종 지원업무를 통해 고용개선을 위해 노력하고 있다. 근로복지공단은 고용보험 집행기관으로서, 고용보험 가입과 보험료 징수, 보험사무조합 인가 등을 담당하고 있다.

④ 산재보험

해방 이후 '근로기준법'(1953)에서 사업주는 과실 유무를 불문하고 업무상 재해를 입은 근로자에게 보상하도록 규정하였다. 그러나 이 당시에는 사업주가 보상을 법령에 맞게 하지 않는 경우가 많았으며, 대형 사고나 사망사고 발생 시 기업이 폐업하는 경우도 많이 발생하였다. 그 결과 근로자는 산업재해에 대한 보상을 제대로 받지 못하고, 기업은 기업대로 재정부담이 컸다. 따라서 사업주의 비용부담을 줄이고 근로자도 적절하게 보상을 받을 수 있도록 정부와 사업주가 연대하여 책임을 분담하는 '산업재해보상보험법'(이하 산재보험법)을 시행하였다(1964. 7. 1). 그 뒤 산재보험도 다른 사회보험과 유사하게 그 적용범위가 꾸준히 확대되어 왔다.

초기에는 보건사회부 장관이 관장하면서 그 적용 범위를 당시 근로기준법을 적용받고 있던 광업과 제조업으로 제한했다. 동 제도의 도입 첫해였던 1964년에는 상시근로자 500명 이상 사업장에 우선 적용하도록 하고 산재보험료는 사업주가 전액 부담하도록 했다.[26] 그리고 보험

사업의 효율적 운영을 위해 자문기구인 산업재해보상보험심의위원회를 설치하였다. 그 이후 산재보험법은 36차(타법에 의한 개정 포함)에 걸쳐 개정되었고 보험수혜자 확대, 적정한 보상 수준 정립, 보험급여 종류 확대 등이 이루어졌다.[27] 산재보험 운영기관으로 고용노동부, 근로복지공단이 있고, 권리구제기관으로 근로복지공단에서 구성한 산업재해보상보험심사위원회, 고용노동부에서 구성한 산업재해보상보험재심사위원회가 있다. 또한, 산재보험 심의기관으로 산업재해보상보험및예방심의위원회와 업무상질병판정위원회(근로복지공단)가 있다.[28]

• 사회서비스 정책수단으로서 바우처

한국의 사회서비스는 국가 주도로 형성되었고, 기존의 비영리 민간을 활용하고 영리기관의 진입을 촉진하면서 사회서비스산업 육성 차원에서 사회서비스가 추진된 측면도 있다. 또한 사회서비스는 기존의 전통

26 산재보험급여의 종류는 요양급여(11일 이상 요양 필요 시 지급), 휴업급여(평균임금의 60% 지급), 장해급여(장해등급 1-10급에게 1,000일분에서 50일분 지급), 유족급여(1,000일분 지급), 장의비(90일분 지급) 및 일시급여(1,000일분 지급)의 여섯 가지를 두었다.

27 1964년 법 시행 당시 상시근로자 500명 이상인 대규모 광업 및 제조업 부문에만 적용하던 산재보험을 2000년부터는 농·임·어업 등 일부 업종을 제외하고 상시근로자 1명 이상 사업장으로 확대 적용했고, 법 제정 당시 11일 이상 요양이 필요한 경우에만 보상하던 것을 1981년에는 4일 이상 요양이 필요한 경우로 확대하였다. 또한 보험급여 종류도 처음에는 여섯 가지로 출발했으나, 2000년에는 상시 또는 수시로 간병이 필요한 중증장해자를 보호하기 위해 간병급여를, 2008년에는 산재근로자의 사회·직업 복귀를 촉진하기 위해 직업재활급여를 도입하였다. 2011년 말 기준으로 산재보험 적용 사업장은 약 174만 개, 적용 근로자 수는 1,436만 명에, 보험료 수납액도 4조 7,669억 원에 달한다.

28 현재 산재보험 시설로 설립된 일반요양 및 진폐전문 요양시설, 척손환자 요양시설, 재활시설 등 9개 병원 시설과 2개 연구소, 2개 케어센터를 운영하고 있다. 2013년 3월 23일 현재 산재 관련 업무는 고용노동부 산재예방보상정책국에서 맡고 있다. 산재보험법 제8조에 근거하여 산재보험 관련 주요 쟁점 사항에 대한 자문기구로 산업재해보상보험및예방심의위원회를 구성하여 운영하고 있다. 또한, 산재보험 징수 및 산재근로자에 대한 보상과 관련된 행정심판기구로서 고용노동부 내 산업재해보상보험재심사위원회를 두고 있다.

적 빈곤층 중심의 복지를 넘어 차상위계층과 중산층까지 아우르는 복지확대전략의 일환으로 추진되었다.

이러한 사회서비스 추진 과정에서 한국은 크게 세 가지 특성을 보여 준다.

첫째, 사회서비스 전달방식을 바우처로 하여 공공서비스의 경쟁과 선택을 강조하였다. 바우처는 원래 시장친화적 정책수단으로 보수정부가 주로 채택하는 정책수단이지만 참여정부 시절 유시민 장관의 정책 아이디어로 시작되었다. 이명박 정부에서 바우처는 전 부처로 널리 확산되었다.

둘째, 재원전달체계에 있어 바우처는 기존의 공급자 중심(supply side financing)에서 수요자 중심(demand side financing)으로 전환하는 계기가 되었다. 이로 인해 기존 공급자 단체의 강력한 저항이 있었지만 정부가 효과적으로 대응함으로써 이용자 중심 재원전달체계를 정착시킬 수 있었다.

셋째, 사회서비스 바우처 전달기제는 한국의 우수한 전자정부 인프라와 각종 전자금융과 웹 기반 시설이 접목되는 첨단 전달체계의 총아다. 기존 종이 방식에서 전자 방식으로 공공서비스가 정착되는 데 사회서비스 바우처가 크게 기여한 것이다. 각종 신용카드나 스마트폰과 결합하여 사용할 수도 있고, 그 밖에 각종 RFID 기술을 활용하여 결제를 어디서 어떻게 하는지 실시간으로 파악할 수 있는 기반이 마련되었다. 현재 이 기술은 음식물쓰레기종량제와 같은 다양한 정책수단에 접목되어 활용되고 있다.

지난 2005년 이후 사회서비스 바우처 사업은 점점 증가하고 그 영역도 확대되어 노인·산모·장애인 돌봄 등 표준화되어 안정적 사업 영역으로 정착되고 있다. 그 밖에도 틈새영역이 발생하면 각종 지역사회서비스 사업으로 초기 단계에서 실험을 한 이후 이를 전국으로 확산하

【사회서비스 바우처 사업 전개 과정】

- 2006년 7월 보건복지부에 '사회서비스혁신추진단' 및 전자바우처 시스템 구축 T/F 설치
- 2006년 9월 대통령 업무보고 '사회서비스 확충의 필요성' 강조
- 2007년 3월 전자바우처 사업 위탁기관인 '사회서비스관리센터' 발족
  (최초에는 한국노인인력개발원 부설 기구로 설치)
- 2007년 4월 전자바우처 시스템상 전산기반 설계
  (행정정보공유추진단 및 대전 ID 통합전산센터 등과 협의)
- 2007년 5월 노인돌봄종합서비스, 장애인활동보조서비스사업 시작
  (2011년 11월 장애인활동보조사업에서 장애인활동지원사업으로 전환)
- 2007년 7월 보건복지부 전자바우처 사업의 담당 부서인 '지역복지서비스정책관실' 설치
- 2007년 7월 지역사회서비스투자사업 시작
- 2007년 12월 '사회서비스관리센터' 별도 재단법인으로 독립
- 2008년 1월 산모·신생아도우미사업 시작
- 2008년 8월 가사·간병방문도우미사업 시작
- 2008년 9월 사회서비스선도사업 시작
  (2010년 12월 종료, 일부 사업은 지역사회서비스투자사업으로 흡수)
- 2008년 12월 임신·출산 진료비지원사업(고운맘카드) 시작
- 2009년 2월 장애아동재활치료서비스사업 시작
  (2012년 8월 발달재활서비스사업으로 명칭 변경)
- 2009년 8월 청년사업단 지원사업 실시
  (2009년 12월 종료, 2010년 2월 지역사회서비스투자사업으로 흡수)
- 2009년 9월 '(재)사회서비스관리센터'를 '(재)한국사회서비스관리원'으로 명칭 변경
- 2010년 1월 위탁집행형 준정부기관으로 지정
- 2010년 2월 언어발달지원사업 시작
- 2011년 5월 '한국사회서비스관리원'이 '한국보건복지정보개발원'으로 흡수통합
- 2011년 8월 장애인활동보조사업에서 장애인활동지원사업으로 전환
- 2011년 11월 장애인활동지원사업 차세대 결제시스템으로 전환
  (은행수수료 절감 등을 위해 종전 '국민은행결제시스템'에서 '자체결제시스템'으로 전환)
- 2012년 7월 장애인활동지원을 제외한 사업은 차세대 결제시스템으로 전환
- 2012년 8월 일부 사업 제공기관 등록제로 변경
  (7대 바우처 사업 중 노인돌봄종합, 지역사회서비스투자, 가사·간병방문, 산모·신생아도우미사업 만 등록제로 변경되고 나머지 사업은 지정제로 유지)
- 2013년 2월 지역자율형 사회서비스 투자 사업을 포괄보조금으로 전환
  (대상사업: 지역사회서비스투자, 가사·간병방문, 산모·신생아도우미사업)

〈표 10-12〉 사회서비스 전자 바우처 사업 현황(2013. 2)

사업 구분	대상	선정기준	사업내용	이용시간	서비스 단가
노인 돌봄 종합	만 65세 이상 노인	• 전국 가구 평균 소득 200% 이하 • 치매·중풍 노인 • 전국 가구 평균 150% 이하 노인 요양 등급 외 A, B	가사활동 지원 또는 주간보호 서비스 제공	• 방문서비스: 월 27, 36시간 • 주간보호서비스: 월 9, 12일	• 방문서비스: 9,500원/시간 (일 2시간 기본) • 주간보호서비스: 28,500원/일
장애인 활동 지원	등록 1-2급 장애인 (만 6세 이상-만 65세 미만)	• 소득기준 없음 • 장애등급심사 결과 1-2급	일상생활과 사회활동이 어려운 장애인에게 활동지원, 방문목욕, 방문간호 서비스 제공	등급에 따라 42-103시간 (추가급여 20-80시간)	활동지원: 8,550원/시간
산모 신생아 도우미	출산 가정	• 전국 가구 월평균 소득 50% 이하	출산 가정에 산후조리 가정방문 서비스 제공	기본 2주(12일) 상생아 3주 삼태아 이상 4주	• 단태아: 53,500원/일 • 쌍생아: 65,556원/일
가사 간병 방문	기초수급자 및 차상위 계층	• 기초수급자 • 차상위계층	취약계층에 재가 간병·가사지원 등 제공	월 24, 27시간	시간당 9,500원 (일 2시간 기본)
발달 재활 서비스	만 18세 미만 장애아동	• 전국 가구 평균 소득 150% 이하	장애아동에 재활 치료 서비스 지원	월 22만 원 내에서 이용 횟수 조정	서비스 및 제공 기관별 상이: 27,500-55,000원
언어 발달 지원	만 18세 미만 비장애아동	• 전국 가구 평균 소득 100% 이하	시청각장애 부모의 자녀에게 언어발달지원서비스 제공	월 22만 원 내에서 이용 횟수 조정	서비스 및 제공 기관별로 상이: 27,500-55,000원
지역 사회 서비스 투자	사업별로 상이	• 전국 가구 평균 소득 100% 이하 (노인, 장애인 대상 사업 120% 이하)	아동, 장애인, 노인 등 다양한 수요에 부합하는 서비스 제공(아동인지: 독서도우미 파견)	사업별로 상이: 월 1-20회	사업별로 상이: 21,000-300,000원

는 절차를 사용하고 있다(Community Service Innovation 사업). 사회서비스 전자 바우처 현황은 〈표 10-12〉와 같다.

〈표 10-13〉 사회서비스 바우처 예산과 제공기관 (단위: 백만 원)

구분	2007년	2008년	2009년	2010년	2011년
가사간병방문도우미	–	59,583 (292)	53,625 (303)	13,624 (309)	13,624 (315)
노인돌봄종합	30,769 (478)	27,543 (490)	19,910 (505)	53,459 (1,001)	62,225 (931)
산모신생아도우미	15,007 –	18,641 (164)	25,684 (197)	24,400 (250)	24,400 (283)
장애인활동지원	27,637 (406)	72,322 (409)	109,539 (453)	127,914 (528)	111,657 (585)
지역사회서비스투자사업	72,693 (390)	97,066 (880)	82,000 (906)	110,000 (1,566)	135,300 (2,044)
장애아동 재활치료	–	–	28,944 (636)	48,043 (770)	48,043 (991)
전체	146,106 (1,274)	275,155 (2,235)	319,702 (3,000)	377,440 (4,424)	395,249 (5,149)

주: 괄호 안은 제공기관 수.

• 사회정책에 있어 제3세대 정책수단

제3세대 정책수단으로는 기존의 1세대(명령과 통제)와 2세대(시장기제)를 넘어 정보활용, 민관협력, 사회금융(social finance) 등을 들 수 있다.

첫째, 정책수단으로서의 정보활용인데, 여기에는 정보공개와 정보제공이 포함된다. 현재 보육시설과 의료기관뿐 아니라 각종 사회서비스 제공기관에 대한 정보공개를 의무화하고, 제공된 정보를 바탕으로 시민들이 기관을 선택할 때 도움을 주는 노력이 여기에 포함된다. 아직까지 정보공개나 정보제공이 미흡한 실정으로 충분한 정보공개와 제공이 요구된다. 특히 성과관리 차원에서 리포트 카드(organizational report card)를 적극 활용할 필요가 있다. 예를 들면, 현재 어린이집 관련 정보공개나 인증 등이 형식적으로 이루어지고 있고, 실제로 필요하고 중요한 정보가 누락되어 있거나, 각종 인증도 그 자체로 믿을 만한 신뢰성을 담보하고 있지 못해 이에 대한 개선이 요구된다.

둘째, 자발적 협약처럼 민간과 정부가 협약을 맺어 재원부담을 최소화하면서도 양질의 사회서비스를 제공하는 환경을 조성할 필요가 있다. 이는 민간의 자발성을 활용하여 각종 사회문제를 해결하는 것이다. 민간의 자발성을 촉진하고 장려하기 위해서는 세제혜택 등 다양한 관련 정책수단에 대한 정비가 필요하다. 최근 유산기부 활성화로 복지재원을 마련하는 정책 아이디어가 나오고 있다. 이는 민간의 참여를 촉진하며, 세제혜택과 같은 조세정책을 가미하여 복지재정을 마련하는 복합적 정책수단이라고 볼 수 있다.[29]

셋째, 민간의 자발성을 이용한 저소득층 대상 사회금융이다. 미소금융과 같은 사회뱅킹(social banking)과 윤리뱅킹(ethical banking)이 여기에 해당된다. 방글라데시의 무함마드 유누스(Muhammad Yunus) 박사의 '그라민은행(Grameen Bank)'이 대표적 사례다. 저소득층에게 소액의 자금융자를 통해 빈곤의 덫에서 탈출하는 사다리를 제공하는 것인데, 기본적으로 경제적 합리모형에 근거한다. 빈곤층이라 하더라도 근로의욕이나 좋은 기술이 있을 경우 정책설계에 따라 얼마든지 빈곤탈출이 가능하다는 것을 잘 보여 주는 사례다.[30] 한국의 경우 미소금융과 같은 사회뱅킹이 운용되고 있으나 그 성과에 대해서는 아직 회의적이다. 그 밖에 사회적 기업도 일종의 사회벤처(social venture)로서 정부와 민간이

---

29 고소득자 세금탈루 예방 차원에서 상속세를 정비하고 이를 유산기부로 전환하는 세제수단을 활용할 수 있다. 유산기부자에 상속증여세 공제 및 감면 혜택을 주는 것이다. 그 밖에 유산재단 등을 만들어 유산 관련 공공캠페인과 각종 지원서비스를 제공할 수도 있다. 예를 들어, 사회복지공동모금회법을 개정하여 유산재단을 설립하거나 상속증여세 소득공제나 감면을 위한 상속세 및 증여세법 개정이다. 그 밖에도 현금이나 부동산, 연금 등을 유산으로 기부하는 것을 촉진하는 제도적 장치에 대한 검토가 필요하다.

30 저개발국가의 빈곤층을 대상으로 각종 사회정책수단의 효과성을 검증한 연구로는 Banerjee & Duflo(2011) 참고.

협력하여 이루어진 사례로서 앞으로 이러한 영역에 대한 창의적 정책 수단 개발이 요구된다.

4. 결론: 사회정책수단의 전망

과도한 시장화(massive marketization)에 대한 성찰

한국 사회정책에서 가장 두드러진 특징은 초기에는 정부 주도로 매우 미약하지만 각종 비영리조직을 배양·육성하면서 사회정책을 수행해 왔다는 것이다. 당시 정책수단은 정부규제와 공급자 중심의 지원방식이었다. 하지만 최근 이와 정반대로 정부가 재정지원을 계속하되, 지원방식에 있어 바우처와 같은 시장친화적 정책수단이 접목되고, 경쟁과 성과평가를 통해 지속적으로 사회사업을 관리해 나가고 있다. 특히 사회서비스 전달기관에 영리기관의 진입을 허용하면서 각종 돌봄서비스의 경우 대도시와 같이 일정 규모가 존재하는 지역에는 영리기관이 노인·산모·장애인 영역에 상당수 진출해 있다(반면 의료법인의 경우 아직 영리법인이 허용되지 않아 의료서비스 산업 활성화 차원에서 지속적으로 논쟁이 되고 있다). 앞으로 사회정책 전달과정에 들어온 민간영리조직의 활동과 그 양상에 대한 고찰이 요구된다. 비영리와 영리의 경쟁에 따른 진입과 탈퇴에 대한 분석과 더불어 어떤 경쟁방식이나 혼합방식(welfare mix)이 서비스 품질 향상과 책임성 제고에 유리한지 관찰할 필요가 있고(신동면, 2001 참고), 이를 토대로 적절한 정책수단을 수정·보완해 나가야 할 것이다. 한편 과도한 시장화에 따른 사회자본이 파괴와 같은 부정적 측면이 없는지도 살펴봐야 할 것이다. 특히 준시장실패(quasi-market failure)와 같은 현상이 어떻게 나타나며, 이에 대한 대응으로 적절한 정부개입 방식이 무엇이며 비영리기관의 자발성과 자원을 어떻게 활용할 것인가에 대해서도 연구가 필요하다.

사회 리스크에 대한 객관적 진단과 적절한 사회정책수단의 개발

사회정책수단에 대한 전망은 개인과 사회에서 발생하는 각종 리스크에 대한 예방과 치유와 관련된다. 미래 한국 사회가 당면할 각종 리스크를 과학적으로 진단하고, 이에 대한 대응전략으로 민간의 자발성을 촉진하고 사회적 기업과 같은 사회벤처의 확산이 필요하다. 앞으로 인구와 가족변동에서 예상되는 리스크는 고령화, 단독가구 증가, 이혼 증가에 따른 가족해체가 가속화되는 것이다. 가족해체를 막기 위해 지역사회 공동체와 연계된 정책수단을 찾아야 한다.[31] 빈곤과 소득격차도 심화될 것이다. 복지의존성(welfare dependency)을 악화시키는 기존 복지제도에 대한 고민도 있어야 한다. 현재 일자리나 직업훈련과 연계된 각종 실업수당 지급 등 복지지원책이 제공되지만 그 효과는 의문이다. 현재 근로장려세제(EITC) 등이 운용되고 있으나, 그 적용범위가 협소해 적극적으로 확대할 필요가 있다.

앞으로 실제 일자리와 복지와 연계되어 작동될 수 있는 스마트 정책수단을 개발해야 한다. 최근 사회적 기업을 통해 각종 일자리가 만들어지고 있으나 앞으로 협동조합 설립을 자유롭게 허용하는 제도가 도입된 만큼 각종 사회벤처가 활성화될 수 있는 정책 아이디어를 적극 발굴해야 할 것이다. 이를 위해 비영리조직의 자발성을 장려하고 정

---

31 가족가치의 사회적 외부성에 주목해야 한다. 이제는 핵가족이 아니라 일인 단독가구가 증가하는 '홀로사회'가 형성되고 있다. 이에 따라 가족이 가진 사회·경제적 가치(사회적 외부효과)가 사라지고, 공동체 형성에 상당한 악재로 작용할 전망이다. 앞으로 대가족처럼 대규모 가족에 대한 정부의 각종 지원책이 활성화될 필요가 있다. 이는 주거문제, 돌봄문제 등을 가족내부화를 통해 완화할 수 있고, 가족의 긍정적 돌봄 기능이 작동할 경우 건강이나 범죄 등 각종 사회문제를 줄이는 데도 기여할 수 있기 때문이다.

부 주도에 따른 구축효과와 같은 부작용을 줄여야 한다. 그동안 한국은 정부주도로 다양한 사회정책을 시행하면서 민간의 자발성이 위축된 측면이 있다. 경제개발 초기와 중기에는 정부의 역할이 비영리 민간조직의 활성화에 기여했지만, 이제는 과도한 정부개입에 따라 비영리 민간조직의 위축이 우려되는 상황이다. 정부에 대한 지나친 재원의존은 정부 하수인으로 전락하는 부작용을 초래할 수도 있기 때문이다(일명 Shadow Government 가설).[32] 여전히 사회서비스의 기본 재원이 정부에서 나오기 때문에 정부에 대한 비영리조직의 자원의존성(resource dependence)은 더욱 고착화될 것이며, 시민사회의 형성과 비영리 민간조직의 활성화에도 악영향을 줄 것이다.

사회정책수단에서 웹의 활용

앞으로 각종 사회서비스 전달은 웹 기반 정보통신기술이 적극 활용될 것으로 보인다. 정부의 전자정부 인프라, 민간 금융기관의 전자금융 인프라 등이 서로 결합되면서 과거에는 생각할 수 없었던, 원하는 시간에 이용가능한 실시간 접근과 장소에 구애받지 않는 범공간 접근성을 가진 사회서비스 전달이 이제 현실로 다가오고 있다. 그만큼 사회정책의 운영에 있어 투명성과 효율성도 높아질 것이다.[33] 반면 사회서비스 전달체계의 시스템 안전에 대한 우려와 관심도 높아지고 있다. 이러한 환경 변화에 맞추어 사회정책수단과 관련된 제공자와 이용자 모두 일정

---

32 반면 서비스전달체계에서 비영리조직에 대한 지나친 의존은 정부의 책임성을 희석시키는 문제를 유발한다는 주장도 있다. 정부의 핵심 책임 부문이 민간에 이전됨으로써 정부책임성이 공동화된다는 것이다(일명 Hollowing Government 가설).

33 하지만 아직 사회서비스 전달체계에 있어 전자방식과 웹방식이 결부되면서 얼마만큼 효율성과 품질에 제고되었는가에 대한 실증연구가 드물다. 이 연구 영역은 전자정부, 전자사회, 사회복지 분야가 결부된 융합영역인데 이에 대한 선도적 학술연구가 요망된다.

수준의 디지털 리터러시(digital literacy)를 갖추어야 한다.

사회정책의 융합

사회정책의 경우도 단일한 정책수단만으로 설계되거나 집행되지 않는다. 정책수단 간 융합[34]은 수직적 형태와 수평적 형태로 구분할 수 있다. 첫째, 서로 유사한 정책수단 간 전달체계의 수평적 융합이다.[35] 예를 들면 유사 바우처 간 통합바우처시스템 운용이다. 보건복지부에서 운영하는 어린이집과 교육부에서 운영하는 유치원의 경우 취약 전 아동을 대상으로 한 사회서비스인데, 전자의 경우 돌봄과 같은 보육 개념이, 후자의 경우 보육보다는 취학 전 교육 개념이 강조된다는 것이 다를 뿐 거의 유사한 사회서비스라고 볼 수 있다. 그런데 양자의 통합은 부처 간 이해관계와 관할권 다툼으로 통합에 어려움이 있다. 반면 양자의 통합을 통해 비용절감이나 서비스 품질의 효과성을 기대하기 어렵다면 오히려 이원화를 통해 경쟁을 유도하는 것이 바람직할 수도 있다.[36] 현재 개별 수혜자가 여러 부처에서 여러 개의 바우처 서비스를

34 전달체계의 혼합, 결합, 융합 등 여러 가지 용어가 가능할 것이다. 여기서는 '융합'이라는 용어를 사용하고자 한다. 전달체계의 혼합은 기본적으로 정부-비영리-민간기업이 공동으로 제공하는 복지혼합(welfare mix)이며 복지전달 주체 간 또는 정책수단 간 다양한 혼합형태를 띤다. 구체적으로 정책수단이 결합되는 형태(policy tool mix)는 이미 다양하게 현실에서 적용되고 있다. 환자에게 의사가 처방을 할 때 다양한 약을 중복처방할 수도 있고, 약뿐만 아니라 운동이나 음식 등 다른 것을 중복적으로 수행하라는 처방을 할 수 있다. 이와 같이 사회문제를 해결하기 위한 사회정책수단의 경우도 사회문제의 특성에 따라 다양한 정책수단을 결합한 중복처방이 필요한 것이다. 앞으로 정책수단 간 혼합-결합 융합에 대한 개념의 구체화, 이론개발, 현실에서의 적용 실태 파악 등을 통해 이에 대한 연구를 계속할 필요가 있다.

35 최근 범부처 바우처시스템을 통합하려는 시도가 있으나 실재로 부처 간 협력을 통해 범부처 통합바우처 시스템이 탄생하기는 어려울 것으로 보인다. 다만 부처 간 바우처 사용자의 정보를 기획재정부나 그 밖의 공공기관에서 통합관리하는 시스템을 구축할 필요가 있다.

36 이러한 두 부처 간 경쟁은 일종의 관리된 경쟁(managed competition) 체제다. 이와 같은

중복해서 받는 경우가 다수 존재하기 때문에 이러한 실태를 정확하게 파악하고,[37] 향후 사회서비스 예상수요를 설계하고 예측하는 데도 이러한 정보가 필요하기 때문이다. 둘째, 핵심 정책수단과 부가적 정책수단의 수직적 융합 형태다. 가령 사회서비스사업의 바우처 수단도 바우처라는 정책수단을 바탕으로 바우처 사용과 관련하여 제공기관과 이용자를 중심으로 자격기준과 품질 관련 규제를 한다. 또한 공공정보(public information)와 같은 정책수단은 사회서비스 제공기관으로 하여금 정보공개(information disclosure)나 정보제공(information provision)을 강제적으로 하도록 규제하는 성격을 가진다. 다시 말해 공공정보는 정부규제와 같은 특성을 갖는다. 나아가 정부는 '인증'이라는 정책수단을 이용하여 바우처를 제공하는 기관을 평가하고 이를 통해 성과관리와 이용자에게 서비스 선택 시 참고자료로 제공할 수 있다. 그 밖에 바우처 관련 제공기관에 정부가 시설개선 등의 명목으로 보조금을 지불할 수도 있다. 이처럼 바우처라는 하나의 핵심 정책수단을 기준으로 다른 부가적 정책수단이 수직적으로 결합되어 활용될 것이다.

정보제공과 사회적 협약

사회정책의 경우 정보비대칭(asymmetric information)과 이에 따른 각종 도덕적 해이가 골칫거리로 남아 있다. 적절하고 충분한 정보의 부족은 정부가 올바른 정책을 설계하고 시민들이 적절한 제공자(기관)를 선택

관리된 경쟁체제는 네덜란드의 의료보험관리기관을 분할하여 서로 경쟁하게 만드는 사례에서도 찾아볼 수 있다.

37 바우처를 제공하는 개별 부처에서 필요한 정보를 모두 공유하지는 못해도 최소한 몇 가지 핵심 정보만이라도 공유한다면 부당하게 집행되는 재원을 줄일 수 있다. 특히 현행 바우처 시스템에서 필요한 의료서비스 이용정보(의료기관 방문 시간정보), 출입국관리기록, 사망기록 등 기본 정보만이라도 공유되면 재원 낭비를 방지할 수 있다.

하는 데 큰 장애요인이 된다. 이 때문에 정부는 정보공개와 정보제공을 꾸준히 확대해 왔으나 정보공개 대상기관의 저항으로 효과적인 정보공개 및 제공이 쉽지 않은 상황이다. 앞으로 정보공개(제공) 수준을 시민 입장에서 평가하여 이를 정부 지원과 강력하게 연계시킬 필요가 있다. 특히 일반시민의 경우 시간적 여유가 없거나 해당 서비스에 대한 관심과 지식이 부족한 경우가 많기 때문에 정부와 제공기관이 적극적으로 정보를 공개하고 알리도록 강제할 필요가 있다.

앞으로 연금제도나 건강보험제도의 개혁에 있어 가장 큰 장애물은 해당 관계자 집단의 저항일 것이다. 공무원 연금개혁의 경우 공무원 노조의 저항이 우려되고 건강보험개혁에서도 보건의료계와 다국적 제약회사 등 관련 집단의 이해과 복잡하게 얽혀 있다. 정치적 지혜를 모아 정치·사회적 합의를 끌어내는 것이 앞으로 사회정책의 성패를 좌우할 것으로 보인다. 그렇지 못하면 사회재정의 건전화와 지속가능성이 위협을 받을 수밖에 없다. 사회적 협약에 대한 공감대 확산과 진정한 이성적 토론이 요구된다. 앞으로 취약계층을 위한 정책과정과 내용에 있어 민주주의가 얼마나 구현되는지도 냉정히 살펴봐야 한다. 사회정책의 개혁 과정과 민주성(정책과정의 참여와 취약계층 보호)의 담보는 한국의 민주주의 공고화 수준과도 직결될 것이다.

참고문헌

강혜규·박수지·이정은·장은진. 2012.「사회서비스 바우처사업의 정책효과 분석 연구」. 한국보건사회연구원(연구 2012-38).

국민연금공단. 2008.『국민 연금 20년사: 함께 나누고 함께 누려요』.

권선주·이천우. 2005.「우리나라 권력구조의 사회보장정책에 대한 영향: 박정희 대통령에서 노무현 대통령까지」.『산업경제연구』18(6): 2479-2501.

권혁주. 2009.「정책수단의 정치적 성격: 사회정책을 중심으로」.『한국행정논집』21(4): 1301-1319.

김연명. 2000.「변혁기 한국 사회보험의 현황과 과제」.『사회복지』가을호: 7-21.

신동면. 2001.「한국의 복지혼합(welfare mix)에 관한 연구」.『한국사회복지학』45: 220-249.

심상용. 2010.「한국 발전주의 복지체제 형성연구: 억압적 발전주의 생산레짐과 비공식 보장의 복지체제」.『사회복지정책』37(4): 1-25.

양재진. 2008.「한국 복지정책 60년: 발전주의 복지체제의 형성과 전환의 필요성」.『한국행정학보』42(2): 327-349.

정광호. 2007.「바우처 분석: 한국과 미국을 중심으로」.『행정논총』45(1): 61-109.

정광호. 2008a.「정책수단: 정보제공의 현황과 과제」. 서울대학교 행정대학원 한국정책지식센터(정책 & 지식 포럼, 379회).

정광호. 2008b.『바우처 연구』. 법문사.

정광호. 2011.『바우처 분석: 이론과 현실』. 법문사.

정정길·최종원·이시원·정준금·정광호. 2009.『정책학 원론』. 대명출판사.

정홍익. 1987.「복지행정」. 조석준 외.『한국행정의 역사적 분석(1968-1984)』. 서울대학교출판부.

Banerjee, A., and E. Duflo. 2011. *Poor Economics*. New York: Public Affairs.(이순희 옮김. 2012.『가난한 사람이 합리적이다』. 생각연구소.)

Bemelmans-Videc, M. L., Ray C. Rist, and Evert Vedung, eds. 1998. *Carrots, Sticks and Sermons. Policy Instruments and Their Evaluation*. New Brunswick and London: Transaction Publishers.

Eliadis, P., M. Hill, and M. Howlett, eds. 2005. *Designing Government: From Instruments to Governance*. Montreal: McGill-Queen's University Press.

Hacker, J. 2004. "Privatizing Risk without Privatizing the Welfare State: The Hidden Politics of Social Policy Retrenchment in the United States." *American Political Science Review*, 98(2): 243-260.

Hood, C. 1986. *The Tools of Government*. Chatham: Chatham House.

Hood, C., and H. Z. Margetts. 2007. *The Tools of Government in the Digital Age*. Chatham: Chatham House.

Howlett, M., and J. Rayner. 2007. "Design Principles for Policy Mixes: Cohesion and Coherence in New Governance Arrangements." *Policy and Society*, 26(4): 1-18.

Lowery, D. 1998. "Consumer Sovereignty and Quasi-market Failure." *Journal of Public Administration Research and Theory*, 8(2): 137-172.

McDonnell, L. M., and R. F. Elmore. 1987. "Getting the Job Done: Alternative Policy Instruments." *Educational Evaluation and Policy Analysis*, 9(2): 133-152.

Peters, G. 2002. "The Politics of Tool Choice." In: L. M. Salamon, ed., *The Tools of Government: A Guide to the New Governance*. Oxford: Oxford University Press.

Pink, D. H. 2010. *Drive: The Surprising Truth about What Motivates Us*. Edinburgh: Canongate Books.

Pirog, M. A., and C. L. Johnson. 2008. "Electronic Funds and Benefits Transfers, E-Government, and the Winter Commission." *Public Administration Review*, 68: S103-S114.

Salamon, Lester M. 2002. "The New Governance and the Tools of Public Action: An Introduction." In: Lester M. Salamon, ed., *The Tools of Government: A Guide to the New Governance*. Oxford: Oxford University Press.

Schneider, A., and H. Ingram. 1990. "Behavioral Assumptions of Policy Tools." *Journal of Politics*, 52(2): 510-529.

Schneider, A., and H. Ingram. 1993. "Social Construction of Target Populations: Implications for Politics and Policy." *American Political Science Review*, 87(2): 334-347.

Vedung, E. 1998. "Policy Instrument: Typologies and Theories." In: M. L. Bemelmans-Videc, Ray C. Rist, and Evert Vedung, eds., *Carrot, Stick and Sermons: Policy Instruments and Their Evaluation*. New Brunswick and London: Transaction Publishers.

4부

한국의 사회복지, 종교의 역할 변화

11장 해방 후 종교사회복지와 국가 _강인철

12장 가톨릭 사회복지의 역사적 변화와 전망 _김인숙

11장 /

해방 후 종교사회복지와 국가

복지 재원과 정치적 자율성의 상관성을 중심으로

강인철

1. 서론

서구사회와 마찬가지로 한국에서도 '근대적인' 사회복지활동은 종교계에서 먼저 시작되었다. 특히 개신교와 천주교는 19세기 말 이래 한국에서 근대적 사회복지를 개척해 온 것으로 널리 인정받고 있다. 최근까지도 한국의 '민간 부문' 사회복지에서 종교사회복지 활동은 가장 큰 비중을 차지하고 있다(노길명, 2010a: 27-28; 정무성, 2003: 26-30). 서구사회가 20세기 들어 '복지국가'로 발전함에 따라 민간 및 종교 사회복지의 상대적 비중이 감소했던 데 비해, 한국에서는 '국가복지'의 지체와 후진성으로 인해 종교사회복지가 민간 부문에서는 물론이고 나라 전체로 볼 때도 사회복지 영역 전반에서 큰 역할을 담당해 온 것이다.

개별 교회·사찰·교당 수준에서 이루어지는 활동까지 포함할 경우, 종교사회복지의 역할은 통상적으로 알려진 것보다 훨씬 커진다. 전문복지기관이 아닌, 개별 교회·사찰·교당 차원에서 이루어지는 사회복지 관련 활동은 거의 파악되지 못하고 있고, 관련 통계에서도 대부분 빠져 있기 때문이다.

조사에 따라 편차가 크긴 하지만, 개신교회의 경우 1980년대에는 연간 재정의 약 2-5%를 '사회봉사비'나 '구제비'로 지출했지만 1990년대에는 그 비율이 4-8% 수준으로 증가한 것으로 보인다(유장춘, 2003: 210-221; 이만식, 2003: 157-158; 노치준, 1998: 188). 천주교의 경우에도 1996년 현재 본당의 연간 재정 중 3-6%가량을 '사회복지' 분야에 사용하고, 서울대교구 소속 본당들은 1995년의 연말 결산액 중 9.4%를 '사회봉사비'로 지출한 것으로 나타났다(김인숙·최해경·이선우, 1997: 81; 강인철, 1996a: 65). 노치준은 1992년도 재정결산서를 분석하여 같은 해 한국 개신교회의 연간 예산 총액을 2조 5,500억 원으로 추산하고, 이 가운데 사회봉사비의 비율이 전체의 3.9%였음을 밝혀낸 바 있다(노치준, 1995:

220-221, 264-265). 그렇다면 한국 개신교의 개별 교회들은 1992년에 (전문적인 개신교 사회복지기관 대부분을 제외하고도) 대략 990억 원을 넓은 의미의 사회복지사업에 별도로 투입했던 셈이다.

이 글에서 필자는 해방 후부터 최근에 이르기까지 약 70년 동안 사회복지 영역에서 전개되어 온 종교-국가 관계, 즉 사회복지를 매개로 형성되고 변화된 종교와 국가의 상호관계를 집중적으로 고찰할 것이다. 종교사회복지와 국가 관계의 역사적 변화를 다루면서 필자는 종교사회복지의 '재원(財源)'과 '자율성'의 상관관계가 어떻게 변해 가는가에 초점을 맞추려고 한다. 특히 종교사회복지의 재원에서 국가재정의 비중이 어느 정도이며, 그에 따라 종교사회복지의 정치적 자율성이 어떻게 달라지는가 하는 점이 핵심적인 관심사가 될 것이다.

2. 복지 재원과 정치적 자율성

종교사회복지의 재원과 정치적 자율성에 초점을 맞춘다고 할 때, 여기서 '정치적 자율성'은 종교계 복지단체와 그 지도자들이 정부나 지배엘리트의 영향력에서 자유롭게 활동의 내용과 방향을 결정하고 조직을 운영해 나갈 수 있는 정도, 종교계 복지단체들이 정부와의 교류·대화·협상·협력 등에서 어느 정도나 대등한 혹은 종속적인 파트너십을 형성하는가에 주로 달려 있다고 할 수 있다. 종교사회복지 영역의 정치적 종속성은 일정한 시차를 두고 다른 종교 영역에서도 정치적 자율성을 위축시킬 수 있다. 한편 종교계 복지 재원은 종교사회복지 비용 및 자금의 원천이 어디에 있는가를 가리킨다. 종교계 복지 재정의 원천이 어느 것이냐에 따라 종교사회복지의 정치적 자율성이 크게 달라질 수 있

〈표 11-1〉 종교사회복지의 재원

구분	재원의 내부 구성
국내민간조달	• 복지 법인 혹은 기관의 자체 기금, 보조금 • 같은 교단, 교당, 신자 개인이 후원 • 수익자 부담금, 자체 수익사업 • 기타 후원(기업, 비종교적 복지재단 등)
국외원조(해외원조)	• 사회복지시설의 설립 및 운영 자금 지원 • 특정 사회복지 프로그램에 대한 일시적 지원
국가재정	• 공립 사회복지시설의 종교단체 위탁운영과 운영비 보조 • 종교계의 기존 사회복지시설에 대한 보조금 제공 • 종교사회복지 프로그램에 대한 보조금 지급

다는 점이 중요하다.

종교계의 복지 재원은 크게 보아 국내민간조달(국내 자체 재원), 국외원조(해외원조), 국가재정의 세 가지로 나눌 수 있다(〈표 11-1〉 참조). 첫 번째의 '국내민간조달'은 다시 1) 복지 법인 혹은 기관의 자체 기금이나 보조금, 2) 같은 교단, 교당, 신자 개인의 후원, 3) 수익자 부담금, 자체 수익사업, 4) 기타 후원(타 종교인이나 무종교인도 포함)으로 나뉜다. '기타 후원' 범주에는 (대체로 공모를 통한 선별과정을 거치는) 기업의 후원, 다른 비(非)종교적/초(超)종교적 복지재단의 재정지원도 포함될 수 있다. 국내민간조달의 대부분은 해당 교단의 자체 모금이나 재원, 수익자 부담금과 자체 수익사업에 의한 것이다. 두 번째의 '국외원조'는 외국의 협력 교단·단체의 재정적 도움을 가리키며, 이런 도움의 대부분은 그리스도교(개신교와 천주교) 계통 복지단체들에 국한된다. 세 번째의 '국가재정'은 중앙 및 지방정부의 사회복지보조금, 민간위탁시설에 대한 운영보조금 등을 가리킨다. 보다 구체적으로 종교사회복지에 대한 정부의 보조금은 대략 세 가지 유형으로 구분할 수 있는데, 1) 중앙정부나 지방정부가 설립한 사회복지시설을 종교단체에 위탁운영하면서 운영비의 일부 혹은 전부를 보조하는 것, 2) 종교단체들이 설립·운영해 오던 기

〈표 11-2〉 종교사회복지에서 재정적 종속성과 종교적·정치적 자율성의 관계

구분		종교적 자율성	정치적 자율성
재정적 자립		높음	높음
재정적 종속	국외원조 의존	낮음	높음
	국가재정 의존	높음	낮음

존 사회복지시설에 보조금을 제공하는 것, 3) 종교계가 참여한 특정 사회복지 프로그램에 보조금을 지급하는 것 등이 그것이다.

종교사회복지 재원과 관련해서, 우리는 '재정적 자립/종속의 역학'에 주목할 필요가 있다(〈표 11-2〉 참조). 여기서 종교복지단체들의 '재정적 자립'은 복지비용 대부분을 국내 자체 재원으로 충당함으로써 국외원조에 대한 의존도와 국가재정에 대한 의존도가 매우 낮은 상황을 가리킨다. 반면에 '재정적 종속'은 국외원조나 국가재정에 대한 의존도가 매우 높은 반면, 자체 재원의 비중은 매우 낮은 상황을 말한다. 그러나 동일한 재정적 종속 상태라 하더라도, 의존 대상이 누구냐에 따라 자율성의 성격이나 정도 면에서 현격한 차이가 나타난다. 재정적 의존 대상이 '국가재정'일 경우, 종교 복지단체의 정치적 자율성은 낮아질 것이다. 다시 말해 국가재정에 대한 의존도가 높은 상황은 정치적 종속성으로 귀착될 것이다. 반면에 재정적 의존 대상이 '국외원조'일 경우, 재정적 종속성은 '종교적' 종속성을 강화하는 한편 국가권력에 대한 '정치적' 자율성을 높여 주는 경향이 있다. 때때로 국외원조에 대한 재정적 종속성은 재정적 자립에 가까운 경우보다 훨씬 강력한 정치적 자율성을 제공할 수도 있다.[1] 예컨대 한국 정부가 미국 정부에 종속적인 상황에서, 미

1 재정자립 상황은 당연히 종교복지단체들에 상당한 정치적 자율성을 제공할 것이다. 그런데 해당 종교의 지도자들이 정부정책에 대해 비판적이어서 종교와 국가의 충돌이 빚어질

국 정부와 의회에 상당한 영향력을 지닌 미국 그리스도교가 한국 그리스도교의 사회복지 재원을 거의 전적으로 지원해 주고 있다고 상정해 보자. 이 경우에는 한국 그리스도교의 사회복지활동이 미국 그리스도교에 재정적으로 종속되어 있다는 사실 자체가 한국 정부에 대한 강력한 자율성을 뒷받침해 줄 가능성이 높은 것이다. 필자는 탈식민지 시대의 한국 사회에서 실제로 이런 일이 벌어졌다고 파악한다. 그리고 이런 현상은 (종교적) '종속성'이 (정치적) '자율성'의 지렛대로 작용한다는 측면에서 '종속성의 역설'이라고 불릴 만하다.

결국 이 글에서 필자가 견지할 가설적 입장을 다음의 명제로 요약할 수 있다: "종교사회복지 재원에서 국내민간조달이나 국외원조의 비중이 높아질수록 종교사회복지의 정치적 자율성은 높아지는 반면, 복지 재원에서 국가재정의 비중이 높아질수록 정치적 자율성은 낮아진다." 바로 이런 관점에서 필자는 국내민간조달, 국외원조, 국가재정 등 세 가지 복지 재원의 상대적 비중이 역사적으로 어떻게 변화되어 왔으며, 그에 따라 종교사회복지의 대(對)국가 자율성이 어떻게 변해 왔는가에 주목할 것이다. 종교사회복지의 '재원'과 '자율성'에 초점을 맞출 경우, (다소 거칠게 구분하자면) 복지 영역에서 종교-국가 관계는 해방 후 대략 세 국면을 거쳐 왔다고 볼 수 있다. 필자는 해방 후 사회복지를 중심으로 한 종교-국가 관계의 역사적 전개과정을 〈표 11-3〉처럼 요약할 수 있다고 본다.

한국에서 근대적인 형태의 종교사회복지가 시작된 시점은 해방 이전으로 거슬러 올라가지만, 이 글에서의 논의는 해방 이후로 한정할 것

경우, 권위주의적인 국가는 해당 종교에 우호적인 기업들, 기업을 경영하는 부유한 신자들, 공무원 신분인 신자들의 복지비용 지원에 부정적인 압력을 가함으로써 재정자립 상황을 흔들 수도 있다.

〈표 11-3〉 사회복지를 중심으로 한 종교-국가 관계의 전개과정

시기	주된 복지 재원	종교사회복지의 정치적 자율성	종교사회복지의 특징
해방 후-1960년대	국외원조가 대부분, 국내민간조달도 일부	매우 높음	그리스도교 중심의 종교사회복지 전성기
1970-80년대	여전히 국외원조가 대부분이나 빠르게 축소	높은 편	국외원조 축소에 따른 재정 위기로 종교사회복지의 위축 및 부분적 위기
1990년대 이후	국가재정이 가장 많고 국내민간조달도 일부를 차지	점점 낮아짐	민간위탁 및 정부보조금 증가에 따른 종교사회복지의 재활성화

이다. 앞서 밝혔듯이 그리스도교는 왕조시대의 끝 무렵인 19세기부터 근대적 사회복지를 가장 먼저 실행하기 시작했다. 아무래도 개신교보다 한 세기가량 일찍 조선에 진출한 천주교가 '근대적 사회복지의 선구자'라는 타이틀에 더 어울리며, 이미 1850년대에 아동복지 영역에서 천주교의 사회복지활동이 시작된 것으로 간주된다(노길명, 2005: 185-186, 209). 그러나 선교의 자유는 고사하고 천주교 자체가 금지된 상태에서 교회가 왕성한 사회복지활동을 펼칠 수는 없는 형편이었다. 따라서 천주교 박해가 종식되고 선교의 자유를 허용하는 조치가 내려진 1880년대 이후에야 본격적인 사회복지활동이 가능해졌고, 그런 연유로 천주교와 개신교의 사회복지가 본격화된 시기는 거의 비슷해졌다. 특히 개신교의 경우, 1884년 7월 당시 고종이 개신교 측에 선교의 자유를 허용한 조건 자체가 의료와 교육에 국한된 것이었다(한국기독교역사연구회, 1989: 177-180, 194). 따라서 개신교 선교사들은 한국에 진출한 직후부터 넓은 의미의 사회복지활동에 열심이었고, 그런 가운데 1885년 이후 개신교 계통 의료기관과 고아원 성격의 교육기관이 잇따라 설립되었다(한국기독교역사연구회, 1989: 194-198).

조선왕조가 멸망하고 식민지체제로 접어든 이후에도 그리스도교 사회복지는 지속적인 발전 양상을 보였다. 예를 들어 우리는 조선총독부 자료를 통해 1936년 현재 존속하던 그리스도교 계통 사회복지기관들의 설립 시기 분포를 확인할 수 있는데, 전체 38개소 가운데 1880년대에 1개소, 1890년대에 6개소, 1900년대에 7개소, 1910년대에 13개소, 1920년대에 7개소, 1930년대(1930-1936)에 4개소가 각각 설립된 것으로 나타난다(한국기독교역사연구소, 1990: 240-241). 전체 기관의 34.2%가 설립된 1910년대를 정점으로, 1890-1920년대 사이의 40년 동안 그리스도교 사회복지의 활성이 계속 유지되었음을 알 수 있다. 다만 천주교의 경우에는 "과거의 무료 시약소가 이제는 정식 자격증을 취득한 의사와 처방으로만 가능하게 되었고, 또 다른 복지 분야에서도 모든 것을 인가·허가 제도로 묶어둠으로써" 상당수의 무료 시약소와 본당 단위의 소규모 사회복지시설이 폐쇄되는 어려움을 겪어야 했다(심흥보, 2000: 654).

해방 이전의 종교사회복지는 압도적으로 그리스도교 중심이었다. 불교계에서도 1910-1920년대에 근대적인 사회복지사업이 시작되었다고는 하나(권경임, 2004: 126-127; 조보각 외, 2012: 70-71), 한국 최대 종교인 불교와 유교, 신종교 중 최대 교세를 보였던 천도교 등 토착종교들은 구한말이나 일제강점기 동안 사회복지 분야에서 부진을 면치 못했다. 그런데 일제강점기 말기에는 그리스도교 사회복지도 중대한 도전에 직면하게 되었다. 유럽에서 제2차 세계대전이 발발하고 한반도 주변에서도 중일전쟁과 태평양전쟁이 연이어 개시되면서, 국외원조에 의존해 온 그리스도교의 사회복지활동은 크게 위축되었다. 국제정세가 급변함에 따라 국내에서 활동하던 선교사들의 처지도 극명하게 엇갈렸다. "일본과의 동맹관계에 따라 선교사들의 운명은 추방(미국계 선교사들)에서부터 연금(아일랜드계 선교사들), 그리고 거의 자유로운 활동의 보장(독일계 선교사들)에 이르기까지 다양하게 갈렸다. 프랑스계 선교사들은 대전 초기에는 적성국 국민으로 분류되어 억압을 받았지만, 프랑스에 독일의 괴뢰국가가 들어선 이후에는 활동의 여지가 한결 넓어졌다."(강인철, 2006: 74) 식민지 말기에 개신교의 경우 미국 선교사의 비중이 압도적이었던 반면, 천주교의 경우 프랑스와 독일 선교사의 비중이 높은 상태에서 아일랜드와 미국 선교사들이 부분적으로 가세하고 있었다. 따라서 태평양전쟁(미일전쟁) 발발 이후 선교사들이 대부분 추방되고 국외원조도 완전히 끊어져 개신교의 사회복지사업은 더욱 심각한 타격을 입을 수밖에 없었다. 유럽 국가들 역시 전란에 휘말린 상태에서 프랑스·독일 천주교회의 재정지원 여력도 급격히 감소되었지만, 뒤에 나올 〈표 11-4〉에서도 보듯이 (개신교와는 달리) 천주교 사회복지사업은 1940년대 초반에도 침체에 빠지지는 않았던 것으로 보인다.

국외원조가 격감했지만 전시체제의 압박과 자원 약탈로 인해 국외원조의 감소분을 국내민간조달로 대체할 형편도 되지 못했다. 결국 식민지 말기에 그리스도교 중심의 종교사회복지(특히 개신교 사회복지)는 선교사 추방, 선교자금 유입 중단으로 인해 사실상 위기 내지 빈사 상태에 빠져 있었던 셈이었다. 그런데 해방과 함께 남한에 미군정이 들어서면서 상황이 극적으로 반전되었다.

3. 1940-1960년대: 종교사회복지의 전성시대, 외원에 기초한 높은 자율성

해방이 되자 사회복지 수요가 폭증했다. 해외귀환동포와 38선 이북 월남자 수백만 명이 남한의 도시들로 몰려들면서 거대한 빈곤인구가 형성되었다(강인철, 1999). 그럼에도 불구하고 이에 대응할 국가의 복지 역량은 매우 낮은 수준에 머물러 있었다. 민간 부문, 특히 종교 부문의 사회복지서비스가 절실한 상황이었다.

해방과 함께 미군정이 시작되었다는 사실은 난관에 봉착한 그리스도교 사회복지에 '매우 기쁜 소식'으로 작용했다. 미군정 당국은 한국 사정에 정통하고 한국어에 능통한 미국인 선교사들의 복귀를 서둘렀고, 1945년 말부터 선교사들이 속속 한국으로 돌아옴에 따라 1946년 이후에는 이전의 선교부들이 순조롭게 복원되었다(강인철, 1996b: 168-172; 안종철, 2008, 2009; 한국기독교역사학회, 2009: 23-28). 선교사들의 한국 복귀와 더불어 그리스도교 사회복지사업도 빠른 속도로 다시 활성화되었다. 해방 후 처음으로 한국에 진출한 개신교 계통 교단들도 다수였으며, 이들 역시 그리스도교 사회복지사업에 활력을 보태 주었다.

해방 직후인 1940-1960년대에 종교사회복지는 급성장 가도를 달렸다. 그러나 당시에도 여전히 그리스도교가 종교사회복지의 대부분을 차지하고 있었다. 다시 말해 해방 이후에도 (개신교, 천주교와 함께) 이른바 '6대 종교'를 형성했던 불교, 유교, 천도교, 대종교의 사회복지활동은 여전히 부진한 편이었다. 국외원조는 생각할 수도 없고 국가의 재정지원 역시 기대하기 힘든 상태에서, 이들 토착종교들은 오로지 특정 사찰이나 신자의 자력(自力)에만 의존하여 사회복지사업을 펼쳐야 했다. 예컨대 불교계는 해방 후 1940년대에 혜명보육원, 대전보육원, 금주사 자선원, 용주사 자혜원 등을 설립하고, 1950년대에는 혜능보육원, 정화양로원·자혜원, 쌍암사보육원, 경주 대자원, 영락양로원, 자혜정신요양원, 광명보육원, 제주양로원, 모자원, 대각사 보육원 등을 설립했다. 1940-1950년대에 설립된 14곳의 불교계 사회복지시설 가운데 거의 대부분(11곳)은 불교 신자 개인에 의해 설립되었다. 나머지 3곳은 개별 사찰에 의해 설립되었고, 교단 차원에서 설립한 기관은 전무했다(동국대학교 석림동문회, 1997: 471). 문제는 이런 상황이 1960-1970년대에도 크게 개선되지 못했다는 것이다. 그러니 다음과 같은 평가가 나오는 것도 무리가 아니었다.

> 8.15 해방과 6.25로 인한 민족의 분단기를 지나 사회복지사업이 제도적으로 정착될 때까지 불교의 사회복지활동은 답보상태에 있었다. 이러한 사실은 복지에 대한 불교계의 인식 부재로 인한 재정과 시설 및 전문인력의 부족 현상을 통해서 알 수 있다. 이러한 현상은 1970년대 이후부터 더욱 심각한 수준으로 표면화되기 시작했다. [···] 불교계의 사회복지활동은 개인적 차원에서 비인가 시설을 운영하는 경우가 대부분이었는데, 전문적인 시설이나 인력을 갖추지 못하고 국가의 재정지원을 받을 수 있는 법적 기준을 충족하지 못하여 운영예산을 확보하지 못한 채 문을 닫을 수밖에 없는 상황에서 단지 수용시설을 운영하는 경우가 대부분이었다.(권경임, 2004: 127)

> 해방 이후 한국 불교계는 급변하는 사회가 요구하는 복지사업, 즉 제도적·시설적 복지사업에 제대로 동참하지 못하였다. 더구나 정화불사(淨化佛事)로 인해 사찰에서 운영하고 있던 보육원, 양로원 등의 복지시설을 폐쇄시키기도 하였다. 결국 불교계는 정화불사가 끝나는 60년대 후반까지 시설복지 사업을 여법하게 전개하지 못하다가, 뒤늦게 제도가 요구하는 시설복지 사업에 참여하게 되었다.(동국대학교 석림동문회, 1997: 460)

유교, 천도교, 대종교는 해방 후에도 주목할 만한 사회복지활동을 거의 하지 못하고 있었다. 당시에는 6대 종교에도 포함되지 못했던 소규모 신생 교단인 원불교가 오히려 주목할 만한데, 해방 직후 '전재동포구호사업(戰災同胞救護事業)'과 서울보화원 설립 등을 통해 사회복지사업에 처음 참여한 이래 1953년 현재 서울보화원, 익산보화원, 신룡양로원, 전주양로원 등 7곳의 사회복지기관을 운영하고 있었다고 한다(원불교 정화사, 1977: 1102-1104, 1116).

토착종교들의 부진과는 대조적으로, 1940-1960년대는 풍부한 외원에 의존한 '그리스도교 사회복지의 전성기'였다. 다음 인용문들은 이런 상황을 잘 묘사하고 있다.

> 외국 교회의 대대적인 지원으로 한국교회는 역사상 가장 활발한 사회사업 시대를 맞이하였다. 이 시기에 기독교 외원단체들을 통해 전개된 구호 및 복구 활동은 한국교회 초기에 선교사와 한국 기독교인들이 행한 교육과 의료 활동만큼이나 중요한 것이었다. 외원단체들이 대부분 구미의 선교단체이거나 기독교적 배경을 가졌기 때문에 한국의 구호 및 사회사업에는 기독교의 영향이 강하게 나타났다. 1950년대에 교회는 교인뿐만 아니라 일반인에게도 구제기관으로 알려질 정도로 사회구호 단체로서 중요한 역할을 수행하였고, 점차 봉사의 폭을 넓히면서 "사회보호 기능"을 담당하였다.(한국기독교역사학회, 2009: 68-69)

> 가톨릭구제회는 자체 사업을 운영하면서 동시에 미국 정부, 한국 정부, 한국 천주교회 각 교구와 협조하여 사업을 수행하였다. 가톨릭구제회가 중심이 되어 도입된 수많은 물자와 자금은 해방 직후부터 한국전쟁 당시와 전후복구 시기까지 피난민 구호사업의 일환으로 난민과 빈민들에게 광범위하게 분배되어 당시 한국민들 가운데 그 혜택을 입지 않은 사람이 별로 없을 정도이다. [···] 한국 천주교회는 외국 가톨릭교회의 대규모적 원조로 전재복구 사업에 앞장설 수 있게 되었다. 1950년대의 교회는 교인뿐만 아니라 일반인에게도 구제기관으로 알려질 정도로 한국 천주교회사상 가장 활발한 사회구호사업을 전개하였다.(장정란, 2001: 196, 214)

1940-1950년대에 그리스도교 교회는 국가와 '거의 대등한' 복지 파트너십을 유지하고 있었다. 그리고 이런 상황은 1960년대에도 대체로 유지되었다. 국가의 복지재정과 맞먹을 정도로 방대한 국외원조를 제공받았던 그리스도교 사회복지는 국가에 대해 강력한 자율성을 갖고 있었을 뿐 아니라 정부의 사회복지정책 결정에도 실질적인 영향을 미쳤다. 이처럼 강력한 정치적 자율성의 구조적 기반은 상호 연관된 다음의 세 가지 사실, 즉 1) 해방과 전쟁이라는 두 번의 연이은 계기를 거치면서 한국 교회에 제공되는 국외원조가 급속히 팽창했다는 사실, 2) 해방 후 10여 년 동안 국외원조의 주된 원천이 한국 정부가 종속성을 드러낸, 다시 말해 한국 정부에 강력한 영향력을 지닌 미국의 그리스도교 교회들이었다는 사실, 3) 한국인들의 폭증하는 사회복지 수요에 대응할 국가 역량의 부족으로 인해 한국 정부가 민간 국외원조에까지 도움을 요청하지 않을 수 없었던 사실에서 비롯된다.

해방 이전까지 내한(來韓)한 '민간 외원단체'가 22개에 그쳤던 데 비해, 1945-1950년의 5년 사이에 10개의 새로운 민간 외원단체들이 한국에 진출했고, 1950년대의 10년 동안에는 민간 외원단체가 무려 51개로 늘어났다. 이와 같이 외국 그리스도교 교회의 원조가 해방 이후부터 1950년대에 집중되었음을 알 수 있다. 대부분 그리스도교 계통이었던 이들 민간 외원단체들은 미군정 시기인 1946년에 '아시아구호단체(Licensed Agencies for Relief in Asia, LARA)'라는 연합단체를 만들어 활동했다. 이 단체가 한국전쟁으로 해체된 후인 1952년 5월에는 7개의 외원단체들이 '외국민간원조기관한국연합회(Korea Association of Voluntary Agencies, KAVA)'를 결성했다. KAVA는 막대한 보유자원에 기초하여 한국 정부의 사회정책 결정에도 큰 영향을 미쳤으며, 한국에서 근대적인 사회복지교육을 선도하는 역할 역시 담당했다. 1947년 9월에 이화여자대학교에 기독교사회사업학과가 한국 최초로 설립되었고,

1963년에는 대한YMCA연맹의 후원으로 중앙신학교에서 사회사업 교육이 시작되었으며, 1958년에는 미국 유니테리언봉사회의 건의로 국립 서울대학교에 사회사업학과가 설치되기도 했다. 한국에 진출한 외원단체들은 미군정 시기에는 주로 해외귀환 동포와 월남한 북한 동포를 위한 전재민 구호사업을 전개하였고, 한국전쟁 이후에는 전시응급구호사업과 전후복구사업에 주력했다(최원규, 1996; 강인철, 1996b: 205-207). 한편 1950년대 한국 정부 외환정책의 골격을 이루었던 '복수(複數)환율제도'는 1954년부터 1960년 사이에 연간 300만 달러 안팎이던 현금 국외원조(이른바 '종교불')의 가치를 1.5-3.6배가량 부풀려 주기도 했다(강인철, 2013: 133-136 참조). 복수환율제도로 인해 현금 원조의 위력이 그만큼 커졌다는 얘기다.

특히 1950년대에는 외원단체들이 보건사회부보다 더 많은 재원을 사용함으로써, 이들의 연합단체인 KAVA가 '제2의 보사부'라고 불릴 정도였다고 한다.

> 카바의 위상이 높아져 '제2의 보사부'라는 별명을 얻게 된 것은 카바 회원단체를 통하여 구호, 사회복지, 보건, 교육, 지역개발사업 등에 쓰여진 재원 규모를 통해 살펴볼 수 있다. 우선 카바의 초창기라고 할 수 있는 1952년 12월 이후 1957년 5월까지의 외원단체의 구호 상황을 보자. 이 기간 동안 25만 3,000여 톤의 각종 구호물자가 이들 민간기관을 통해 도입되었으며 그 가격은 8,400만 달러에 해당하는 것이었다. 이 외에도 현금 또는 기술원조를 통한 원조도 막대하였다. 물자별로는 양곡, 헌옷, 의약품, 기타 물자(건축자재 등)가 도입되었고, 외원단체의 자원봉사활동에 의하여 모집된 기부금도 2억 5,000여만 달러에 이르고 있다. 이러한 물자와 현금은 전후 구호사업을 위시한 보건, 교육, 사회복지 및 지역개발사업에 큰 원동력이 되었다. 카바를 제2의 보사부라고 칭했던 것에는 사회 분야에 대해 한

국의 보사부와 대등할 정도로(초창기에는 보사부보다 더 많은 재원을 사용했다) 많은 재원을 사용한 단체들의 협의체라는 점에서였다.(카바 40년사 편찬위원회, 1995: 78-79)

개신교와 천주교의 사회복지활동에 대해 좀 더 구체적으로 살펴보자. 먼저 개신교의 경우, 원조단체들로부터 제공된 막대한 양의 구호품은 제외하더라도, 미국의 기독교세계봉사회(Church World Service, CWS) 한 단체에서만도 1947-1955년 사이에 현금 약 1억 달러를 비롯하여, 의류 37,329포, 분유 122,017섬, 밀가루 12,510포, 쌀 16,326식(食), 식용기름 3,382상자 등 막대한 구호물자를 한국 개신교회로 보내주었다. 주로 미국 교회들이 보내온 국외원조에 기초하여 한국 개신교는 많은 사회복지시설을 운영할 수 있었는데, 1955년 현재 고아원 560개소, 노인관 25개소, 모자원 49개소, 영아관(영아원) 14개소, 나병환자원 25개소, 폐병요원(肺病療院) 4개소, 전쟁미망인 직업보도소 17개소 등 모두 694개소의 방대한 사회복지기관을 거느리고 있었다(김양선, 1956: 130). 1957년 현재 개신교 계통인 539개 수용시설에 몸을 의탁한 이들이 무려 63,787명에 달했다(전택부, 1987: 317).[2] 〈표 11-4〉에서도 확인할 수 있듯이, 한국전쟁 직후 개신교가 국가보다 훨씬 더 많은 수의 사회복지기관을 운영하고 있었다. 국가가 설립·운영하던 육아사업(고아원), 양로사업, 감화(感化)사업, 불구자(不具者) 수용, 기타 수용 등 이른바 '후생시설' 숫자와 수용인원은 1950년 153개소 10,554명, 1951년 234개소 24,774명, 1952년 365개소 41,594명, 1954년에는 497개소 53,937명 등 한국전쟁을 거치면서 급속하게 증가했음에도 불구하고, 그 규모가 단

2 한국기독교연합회가 편찬한 『한국기독교연감』(대한기독교서회, 1957)의 234-245쪽에서 이 가운데 515개소의 수용인원, 대표자, 주소 등을 확인할 수 있다.

〈표 11-4〉 개신교회와 국가(국공립)의 사회복지시설 비교 (단위: 개소)

구분	국공립(1954)	개신교(1955)
영아원(영아관)	20	14
고아원(육아원)	394	560
양로원(노인관)	29	25
모자원	23	49
불구자 대상 기관	14	0
기타	17	46
합계	497	694

자료: 국가(국공립) 통계는 보건사회부(1954: 254-255), 개신교 통계는 김양선(1956: 130).

하나의 종교에도 미치지 못했던 것이다.[3]

천주교회 역시 선교사들을 통해 미국 천주교회로부터 제공되는 방대한 원조금품을 향유할 수 있었다. 1946년부터 1954년까지 미국 천주교회는 2,500만 달러 상당의 구호물자를 한국교회로 보내주었다(유홍렬, 1956: 61). '미국가톨릭복지협의회(National Catholic Welfare Conference, NCWC)' 산하의 해외원조기관인 '가톨릭구제회(Catholic Relief Services, CRS)'가 한국전쟁 기간인 1950-1953년에 보내준 구호물자를 현금으로 환산하면 1,525만 달러에 이르렀다(장정란, 2001: 197). 보건사회부 통계에 의하면, 1947년 2월부터 1957년 말까지 미국가톨릭복지협의회(NCWC)가 한국에 제공한 구호물자는 모두 129,447톤으로, 이는 같은 기간 동안 74개의 외국 구호단체에서 도입한 구호물자 총량의 72%에 달하는 막대한 양이었다. 이 밖에 개신교계인 기독교세계봉사

3 1950-1952년 통계는 『1952년 대한민국통계연감』(공보처, 1953)의 291쪽, 1954년 통계는 『보건사회통계연보 1954』(보건사회부, 1955)의 254쪽 참조. 물론 단순한 수치 비교를 넘어 개개 시설의 질(質), 예산 규모, 운영방식 등을 따져보면 평가는 상당히 달라질 수 있을 것이다.

〈표 11-5〉 천주교의 주요 사회사업기관 설립 추이(1789-1980)

연도	병원	양로원	보육원	나병수용소
1789-1900				
1901	1		2	
1910	1		2	
1920			3	
1930			2	
1940	4		3	
1944	9	5	3	
1949	7	2	9	
1954	20	5	23	2
1960	29	5	24	4
1965	31	8	26	13
1970	46	13	18	22
1975	30	11	22	18
1980	31	11		26

자료: 한국가톨릭대사전편찬위원회(1985: 322-327)에서 재구성.

회(CWS)가 구호물자 전체의 12%를, 나머지 72개 단체가 16%를 각기 차지하고 있었다(『경향잡지』, 1958. 5: 217).

천주교 계통 사회복지기관들의 설립 시기를 보여 주는 〈표 11-5〉와 〈표 11-6〉에서도 1940-1950년대에 그리스도교 사회복지가 급팽창했음을 확인할 수 있다. 우선 〈표 11-5〉는 1949-1954년 사이에 천주교 사회복지기관의 증가 속도가 엄청났음을 보여 준다. 기관 수만 놓고 보자면 불과 5년 사이에 무려 178%나 증가했던 것이다. 아울러 〈표 11-5〉는 1950년대 중반 이후 1960년대 말에 이르기까지도 천주교 사회복지기관의 비교적 빠른 확장세가 계속 유지되었음을 확인시켜 준다. 또 〈표 11-6〉에서 보듯이, 1956년 현재 천주교 '사회사업기관'

〈표 11-6〉 천주교 사회사업기관의 설립연도와 운영(설립) 주체(1956)

교구	기관 명칭	설립 시기	운영 주체
서울교구	성모병원	1936	서울교구
	성모병원 제기동진료소	**1947**	성바오로수녀회
	성분도자선병원	**1953**	성분도수녀회
	성모병원 용산분원	**1942**	파리외방전교회
	성요셉병원	**1953**	중림동천주교회
	성모자애병원	**1955**	부평천주교회
	인천해성병원	1938	성바오로수녀회
	천주교보육원	1885	성바오로수녀회
	성신보육원	**1951**	평택천주교회
	해성보육원	1892	성바오로수녀회
	성심원(육아원)	**1946**	메리놀외방전교회
	성심원(육아사업)	**1947**	잠실천주교회
	연백성모원	**1947**	부평천주교회
	골롬바어린이집	**1951**	골롬바사
	청평친애원(육아)	**1953**	골롬바사
	소사솔롬바어린이집	1950년대	골롬바사
	천혜원(육아사업)	**1949**	메리놀외방전교회
	천주교양로원	1921	성가회수녀원
	성나자로요양원(구라사업)	**1950**	서울교구
	성모여자기숙사	1926	성바오로수녀회
대구교구	성모성심병원	**1954**	성모성심수녀회
	성가병원	**1950**	대구교구
	안또니오의원	**1953**	성분도수녀회
	성모의원	**1946**	대구교구
	성요셉의원	1934	성바오로수녀회
	성모의원	**1955**	송정천주교회
	성분도자선병원	**1951**	성분도수녀회
	메리놀병원	**1950**	메리놀외방전교회

〈표 11-6〉 (계속)

교구	기관 명칭	설립연도	운영 주체
대구교구	성모자애보육원	1935	송정천주교회
	성모건설원(보육원)	**1953**	신선동천주교회
	소화보육원	**1946**	범일동천주교회
	백합보육원	1915	성바오로수녀회
	성모성심보육원	**1954**	성모성심수녀회
	성가양로원	**1952**	계산동천주교회
	안나양로원	**1953**	비산동천주교회
	성모자애양로원	1935	성모성심시녀회
전주교구	성모병원	**1949**	전주교구
	군산성모보육원	**1953**	군산천주교회
광주교구	성골롬바노병원	**1955**	성골롬바노수녀회
	현애원(구라사업)	**1952**	성골롬바노수녀회
춘천교구	강릉성심보육원	**1948**	강릉천주교회
	성골롬바노진료소	**1956**	성골롬바노수녀회
대전교구	당진소화의원	**1953**	당진천주교회
	자모의원	**1953**	성바오로수녀회
	소화보육원	**1952**	당진천주교회
	합덕육아원	1918	성가회수녀원
	충남애육원	1944	대전천주교회
	논산천주교회양로원	**1955**	성바오로수녀회

자료: 『한국천주교연감 1956』, 251-263쪽에서 재구성.

48곳 중 1945-1956년 사이에 설립된 기관이 35곳이나 되었다. 전체의 73.9%가 해방 후 11년 사이에 설립되었던 셈이다. 또 교구·본당이 설립한 기관이 21곳(교구 5곳, 본당 16곳)이었고, 대부분 외국계인 수도회·전교회가 설립한 기관들이 절반이 넘는 27곳(56.3%)이었다. 교구·본당 부설 사회사업기관도 외국계 수도회·전교회의 지원을 받는 곳이 상당수였을 것이다.

1940-1950년대에 그리스도교 측은 한국 정부의 정책 결정에 큰 영향을 미쳤을 뿐 아니라, 정부에 실질적인 물질적 도움을 제공하기도 했다. 이와 관련하여 외국 교회들이 한국 그리스도교에 제공한 원조물자의 대부분이 사회부 등 정부기구를 통해 한국인들의 손에 전달되었다는 사실이 중요하다. 장정란에 의하면, 1940-1950년대에 "원조물자는 미국 정부의 책임하에 한국에 수송되고 그 후 국내에서의 조작 비용은 우리 정부에서 부담하였다."(장정란, 2001: 198) 이에 따라 1947년 2월 이래 1950년대 후반까지 미국가톨릭복지협의회(NCWC)가 한국으로 도입한 구호물자의 9할가량은 주로 정부기관 등 천주교회 밖의 기관이나 사람을 통해서 지급되었다고 한다(『경향잡지』, 1958. 5: 218).

〈표 11-7〉에서 보는 바와 같은 '다단계 전달체계'의 특성 때문에, '종교사회복지'가 '국가복지'라는 외양으로 둔갑하고, 그리스도교 교회들 덕분에 '가난한 국가'(한국 정부)는 운송비용만을 대고서도 '국민 복지의 수호자'라는 생색을 낼 수 있었다. 종교사회복지에 대한 부채의식을 매개로 국가엘리트와 종교엘리트의 우호적 협력관계가 형성되었지만, 그런 와중에도 종교엘리트의 정치적 자율성은 극대화되어 있었다.

전쟁 도중에 그리고 전쟁 이후에도 미국 천주교회로부터 전달된 막대한 구호금품이 사회부, 보사부 등 정부기관을 통해 상당 부분 분배되었다. 그

〈표 11-7〉 천주교 계통 구호물자의 전달체계

구분	구호물자의 전달경로
1단계 (미국 → 한국)	• 미국 교회 → 미국 정부 → 한국 교회
2단계 (한국 내 분배)	• 한국 교회 → 한국 정부 → 한국인들 (전체 물량의 90%가량) • 한국 교회 → 한국인 신자 (전체 물량의 10%가량)

리하여 미국으로부터 대규모의 구호물자가 도착했을 때의 '분여식(分與式)'은 범정부적인 행사로 치러졌다. 일례로 미국 천주교회가 보낸 230만 파운드 분량의 구호물자가 1953년 1월 말 부산에 도착하여 각처로 수송되었고, 2월 초에는 서울에 배당된 2천 포대 분량의 분여식이 거행되었다. 이 분여식에는 이승만 대통령 부부와 서울시 시장·부시장 등이 참석했다. 분여식에서 이승만 대통령은 "미국 천주교인들은 전란 후 우리들을 구호함에 있어서 가장 최고의 열성을 보여준 데 대하여 깊이 감사한다"라는 요지의 축사를 했다. […] 이처럼 미국 천주교 신자들이 보내온 구호물자의 엄청난 규모에 감탄하고 환호하면서, 그것을 즐거이 분배하는 과정은 언제나 국가-교회 엘리트 간의 돈독한 협력과 신뢰 관계를 재확인하고 강화하는 자리이기도 했다.(강인철, 2013: 280)

이승만 대통령은 한국을 방문한 개신교 외원단체 대표들에게도 감사의 뜻을 표하곤 했는데, 특히 미국 교회들이 제공한 구호물자를 "기독교적 형제애의 상징"으로 간주했다(김흥수, 2005: 106). 어쩔 수 없이 그리스도교 교회의 물질적인 도움을 받는 처지였던 한국 정부는 한국을 방문한 외국교회 거물인사들을 극진히 환대하거나, 사회복지에 기여한 개신교·천주교 외국인 선교사들에게 훈장·표창장·감사장을 듬뿍 선사하곤 했다.

이 절의 서두에서 언급했듯이, 해방과 전쟁을 거치면서 폭증한 사회복지 수요에 대응할 한국 정부의 능력은 매우 낮은 수준이었다. 복지 수요에 대응할 의지가 있었을지라도, 그것을 뒷받침할 실제적인 재정적 여력이 거의 없었다. 따라서 (전혀 없지는 않았을지라도) 민간 복지기관에 대한 정부보조금 제공이나 공립 복지기관의 민간위탁은 거의 활성화되지 않았다.[4] 최시룡에 따르면, 해방 후 이승만 정권은 조선총독부의 '나환자 격리수용정책'을 거의 그대로 계승했고, 이런 정책은 1960년대 초 '나환자들의 사회복귀사업'을 벌일 때까지 10년 이상 지속되었다. '나환자 격리수용정책'을 고수함에 따라 1950년대에는 (기존의 소록도 갱생원 외에도) 여러 곳의 국공립 나요양소가 신설되었고, 이로 인해 이승만 정권은 보건사회부 예산의 절반가량을 나요양소 수용환자와 나환자 집단부락 구호 등에 집중적으로 쏟아 부어야 했다(최시룡, 1985: 903-908 참조). 따라서 아마도 '구라사업(救癩事業)'은 1950년대에 정부재정이 지원될 가능성이 가장 높은 민간 복지 분야였을 것이다.

『1952년 대한민국통계연감』은 "나요양소 및 수용 상황"이라는 대목에서 (다른 사회복지 분야들을 취급할 때와는 달리) '국립' 요양소 5곳(갱생원, 애생원, 싱게원, 소생원, 심육원)과 '공립' 요양소 3곳(상애원, 애경원, 청애원)뿐만 아니라 '사립' 요양소 7곳(애락원, 애양원, 신생원, 성라자로원, 전남수용소, 경남수용소, 동명학원)의 명칭과 현황까지 상세히 소개하고 있는데(대한민국 공보처 통계국, 1953: 285-286), 이는 당시의 '나환자 격리수용정책'에 따라 민간 나요양소들마저 '준(準)국가기관'처럼 간주되고 있었음을 시사한다. 물론 사립 요양소들 가운데서도 개신교(애락원, 애양원 등)나 천주교(성라자로원) 계열은 정부 재정지원 없이 운영되었겠지만, "국립에서 사설이 된 안동 성좌원"(최시룡, 1985: 907) 같은 개신교 색채의 요양소는 정부의 지원 대상이었을 가능성이 높다. 또 "1958년 12월 31일에 대구시가 행려자들을 위한 '희망원'을 설립하여 대구교구에 위탁·운영하기 시작"했다는 기술을 통해 공립 사회복지시설의 민간위탁 사례가 1950년대에도 존재했음을 확인할 수 있기도 하다(심흥보, 2000: 655). UN을 비롯한 비종교적 원조기관들이 보내온 구호물자가 정부를 매개로 고아원·모자원 등의 민간복지기관들로 흘러들기도 했을 것이다.

4 물론 1940-1950년대 민간 복지기관에 대한 보조금 제공이나 공립 복지기관 민간위탁 사례에 대해서는 앞으로 더 면밀히 따져봐야 할 것이다.

그러나 이런 부분적이고 다분히 예외적인 몇몇 사실들이 1940-1950년대에 한국 정부의 복지 역량이나 복지 재정이 극도로 빈약했다는 사실을 뒤집지는 못한다. 아울러 당시에 적어도 그리스도교 계통의 사회복지기관들은 막대한 국외원조에 힘입어 정부재정에 의존할 필요를 거의 느끼지 못했으며, 그 때문에 그들이 매우 높은 수준의 정치적 자율성을 확보하고 있었다는 것 역시 의심의 여지가 없는 사실이다.

4. 1970-1980년대: 외원 감소에 따른 종교사회복지 위축, 여전히 높은 자율성

1970-1980년대를 거치면서 그리스도교 사회복지는 '국외원조의 점진적 감소'에 따라 점차 위축되었고, 특히 복지 재원을 국외원조에 거의 전적으로 의존하던 상당수의 그리스도교 계통 '수용시설들'은 위기 상황을 맞게 되었다. 이 시기에도 국가는 이전처럼 종교사회복지에 재정적 도움을 주지도 않고 간섭도 거의 하지 않는 상황에 가까웠다. 따라서 종교사회복지의 자율성 역시 이전처럼 높은 수준으로 유지되었던 것으로 판단된다. 다만 1970년대 중반 이후 일부 종교계 '부랑인시설'이나 '성매매여성 보호·직업교육 시설' 등에 대한 정부의 민간위탁이 시작되고, 1980년대 초 이후에는 사회복지 영역 전반으로 민간위탁이 더욱 확대되면서, 부분적이나마 '재정지원에 따른 규제 강화' 현상이 초기적으로 나타나고, 종교사회복지의 자율성 역시 다소 감소하는 양상을 보였다. 그러나 전체적으로 보면, 1980년대까지 민간위탁이나 보조금 지급은 특별한 경우에 한정된 '예외적인' 현상에 속했다.

국외원조의 점진적 감소와 중점 이행

1970년대를 거치면서 국외원조의 규모가 감소하기 시작했다. 이에 따라 한때 '제2의 보사부'로 불리던 KAVA의 활동도 위축을 면치 못했다. "1975년 외원단체에 관한 법률이 개정되면서 외국에서 들여오는 구호물자가 축소되기 시작했고, 또 외원본부에서 한국은 독자적으로 사업을 할 수 있는 능력을 가지고 있다고 판단하여 기관들을 철수시키기 시작한 후 1976년에 이르러서는 전용사무실까지 폐쇄되었다."(카바 40년사 편찬위원회, 1995: 216) 한국 그리스도교 사회복지의 급성장을 뒷받침해 온 핵심 요인인 국외원조가 1970년대 말부터 꾸준히 감소함으로써, 대외의존적이었던 그리스도교 사회복지사업 전반이 침체에 빠질 수도 있는 위기 상황에 봉착했다. 그리스도교의 복지종사자들은 외원 감소로 인한 충격을 국내 모금(자체 재원)을 증가시켜 상쇄하려 시도했을 것이나, 국내 모금의 증가 속도나 규모는 국외원조 감소의 규모나 속도를 상쇄하기에 충분치 못했던 것으로 보인다.

우선 〈표 11-8〉을 보자. 이에 따르면, 1953년부터 1990년까지 38년 동안 도입된 국외원조는 모두 10.93억 달러에 이른다. 시기별로 보면, 1953-1960년의 국외원조 규모는 1.21억 달러였고, 1961-1970년에는 2.4억 달러, 1971-1980년에는 3.43억 달러, 1981-1990년에는 3.89억 달러로 나타난다. 외관상으로는 1980년대에도 국외원조 규모의 증가세가 계속된 것처럼 보이지만, 실제로는 1983년의 4,600만 달러를 정점으로 국외원조 규모는 (반드시 일관된 패턴을 보이는 것은 아닐지라도) 확연한 감소 주세로 돌아섰다. 외원단체의 숫자는 이미 1970년대부터 뚜렷하게 감소하고 있었다. 그러나 〈표 11-8〉도 아직은 정확한 실상을 보여 주지 못하고 있다.

〈표 11-8〉에서 파악된 상황을 좀 더 구체적으로 분석하기 위해, 이번에는 국외원조가 어떤 분야에 실제로 분배되었는가를 살펴보기로 하

〈표 11-8〉 1953년 이후 시기별 외국민간원조단체 외원 도입 실적 (단위: 백만 달러)

시기		도입 금액(물자가액 포함)	등록 외원단체 수
1953–1960		121	39
1961–1970		240	123
1971–1980		343	81
1981–1990	1981	43	81
	1982	42	80
	1983	46	79
	1984	40	79
	1985	40	79
	1986	31	77
	1987	37	78
	1988	45	75
	1989	32	74
	1990	33	74
	소계	389	
합계		1,093	

자료: 카바 40년사 편찬위원회(1995: 78).

자. 〈표 11-9〉는 1968년부터 1982년 사이에 한국에서 활동하는 외원단체들의 연도별 예산집행 상황을 사회복지 하위 영역별로 구분해서 제시한 것이다. 여기에는 종교색을 띠지 않는 원조단체도 일부 포함되어 있지만, 당시에도 외원단체의 약 80%는 그리스도교 계통이었다(최원규, 1996: 59).

〈표 11-9〉에서 확인할 수 있듯이 사회복지 원조 규모 측면에서 1) 1968-1972년에는 꾸준한 증가세를 보이다가, 2) 1974-1976년에는 근소한 감소세로 반전되며, 3) 1976-1978년에는 다시금 비교적 빠른 증가세를 보이다가, 4) 1978년을 정점으로 지속적인 감소세로 돌아서

〈표 11-9〉 주한 외원기관의 연도별 예산집행 추이 (단위: 달러)

연도	구호	사회사업	보건의료	지역개발	합계
1968	3,089,000	6,667,000	2,593,000	563,000	12,912,000
1971	2,935,000	7,203,000	5,144,000	1,781,000	17,063,000
1972	3,304,000	7,284,000	5,243,000	1,699,000	17,530,000
1973	3,337,000	7,433,000	4,435,000	1,892,000	17,097,000
1974	3,132,000	8,754,000	4,306,000	1,917,000	18,109,000
1975	3,342,000	7,326,000	4,478,000	2,053,000	17,199,000
1976	3,915,000	8,598,000	3,001,000	1,548,000	17,062,000
1977	3,805,000	8,915,000	6,561,000	2,241,000	21,522,000
1978	3,736,000	10,251,000	7,302,000	2,188,000	23,477,000
1979	3,273,000	10,571,000	7,787,000	1,385,000	23,016,000
1980	3,036,000	9,095,000	7,906,000	2,120,000	22,157,000
1981	2,913,000	9,977,000	6,925,000	1,239,000	21,054,000
1982	2,054,000	7,562,000	6,909,000	2,191,000	18,716,000
합계	41,871,000 (17.0%)	109,636,000 (44.4%)	72,590,000 (29.4%)	22,817,000 (9.2%)	246,914,000 (100.0%)

자료: 최원규(1996: 80)의 〈표 3-3-3〉에서 사회복지 관련 항목들만을 간추린 것임.

는 흐름을 보인다. 1982년에는 특히 현저한 감소 현상을 보였다. 또한 1968-1982년에 '구호' 영역은 전체 원조액의 17.0%, '사회사업' 영역은 44.4%, '보건의료' 영역은 29.4%, '지역개발' 영역은 9.2%로 전통적인 사회복지 분야인 '구호'와 '사회사업' 분야가 가장 큰 비중(61.4%)을 차지하고 있었다.

여기서 필자의 일차적인 관심은 사회복지의 개별 영역별로 원조 규모의 증감이 어떻게 차별적으로 나타나는가이다. 첫째, '구호' 영역은 1976년을 정점으로 비교적 빠른 속도로 감소하는 추세를 보였다. 둘째, '사회사업' 영역은 1979년 이후 감소 추세를 보이며, 특히 1982년에 급격한 감소세를 보였다. 셋째, '보건의료' 영역은 1980년 이후부터 감소 추세로 돌아섰다. 넷째, '지역개발'의 경우 1968년부터 1975년까지 꾸준히 증가하다가, 1976년 이후에는 일관된 추세를 보이지는 않지만 전체적으로는 비슷한 수준을 유지했다. 따라서 전체적으로 보면, 넓은 의미로 보나, 좁은 의미인 '구호'와 '사회사업'으로 좁혀서 보나 두 가지 뚜렷한 경향을 보인다. 즉 1) 1970년대 후반부터 사회복지 영역의 국외원조가 분명한 감소 추세를 보이고, 2) 이런 흐름 속에서 국외원조의 중점적인 대상 영역도 '구호'와 '사회사업'에서 '지역개발' 쪽으로 빠르게 변화되었음을 알 수 있다.

이번에는 1970년대의 한국 천주교에 대한 국외원조만 따로 살펴보자. 1971-1979년 사이에 한국 천주교의 사회복지활동에 대한 외국의 원조 규모는 모두 728개 사업에 23,099,122달러였다(한국천주교주교회의 인성회, 1981: 2). 〈표 11-10〉에서 보듯이, 1971-1979년에 한국 천주교의 사회복지활동에 대한 분야별 국외원조 규모는 '의료사업' 영역(앞의 '보

〈표 11-10〉 한국 천주교에 대한 국외원조의 분야별 규모(1971-1979)

<table>
<tr><th>구분</th><th>사업 수</th><th>비율(%)</th><th>지원액(달러)</th><th>비율(%)</th></tr>
<tr><td>의료사업</td><td>157</td><td>21.6</td><td>5,585,000</td><td>24.2</td></tr>
<tr><td>교육사업</td><td>148</td><td>20.3</td><td>6,875,000</td><td>29.8</td></tr>
<tr><td>복지사업</td><td>75</td><td>10.3</td><td>2,179,000</td><td>9.4</td></tr>
<tr><td>자조개발사업</td><td>110</td><td>15.1</td><td>2,375,000</td><td>10.3</td></tr>
<tr><td>농수산·축산사업</td><td>56</td><td>7.7</td><td>2,039,000</td><td>8.8</td></tr>
<tr><td>주택사업</td><td rowspan="2">182</td><td rowspan="2">25.0</td><td>미상</td><td>7.3</td></tr>
<tr><td>기타</td><td>미상</td><td>10.2</td></tr>
<tr><td>합계</td><td>728</td><td>100.0</td><td>23,099,122</td><td>100.0</td></tr>
</table>

자료: 한국천주교주교회의 인성회(1981: 8-9)의 내용을 표로 작성.

〈표 11-11〉 1970년대 한국 천주교에 대한 독일 천주교회의 원조 규모 추이

연도	원조액(달러)	전년 대비 증감 비율
1971	2,677,000	
1972	2,315,000	−13.5%
1973	1,969,000	−14.9%
1974	1,814,000	−7.9%
1975	1,874,000	3.3%
1976	921,000	−50.9%
1977	1,655,000	79.7%
1978	1,538,000	−7.1%
1979	3,052,000	98.4%
합계	17,815,000	

자료: 한국천주교주교회의 인성회(1981: 20-21)의 내용을 표로 작성.

건의료' 영역에 해당)이 5,585,000달러, '복지사업' 영역(앞의 '사회사업'과 '구호'를 합친 영역)이 2,179,000달러, '자조개발사업'과 '농수산·축산사업' 영역(이 두 영역과 '주택사업'을 합친 것이 앞의 '지역개발'에 해당)이 4,414,000달러로 나타난다.

한편 한국천주교주교회의 인성회의 자료를 통해 독일 천주교회가 한국 천주교회에 지원한 금액을 연도별로 확인할 수 있다. 독일 천주교회는 이 시기에 독일 주교회의의 공식 해외원조기구인 미제레올(Misereor)을 통해 한국 천주교를 지원했다. 〈표 11-11〉에서 보다시피, 한국 교회에 대한 독일 교회의 원조총액은 1971-1974년에 꾸준하게 감소했으며, 1974-1975년에 증가세로 잠시 반전되었다. 그러나 1976년(921,000달러)에 전년도(1,874,000달러)의 절반 이하로 감소했다가, 이듬해인 1977년(1,655,000달러)에는 이전 수준을 거의 회복하며, 1979년(3,052,000달러)에는 전년도(1,538,000달러)의 거의 2배로 증가한다.

원조 규모의 이런 추이는 앞서 〈표 11-9〉에서 확인되었던 패턴, 즉 '그리스도교 전체'의 패턴과는 상당히 다르다. 아마도 개신교 계통 외원단체들의 소속 국적이 압도적으로 미국이 많았던 데 반해, 천주교의 경우 1970년대 이후에는 독일, 오스트리아, 네덜란드 등 유럽 3개국의 비중이 전체의 97.1%에 달할 정도로 증가함으로써(한국천주교주교회의 인성회, 1981: 4-5) 1960년대까지 압도적 원조 국가였던 미국 교회에 대한 의존 상황에서 완전히 탈피했던 탓이 큰 것 같다. 독일 교회가 1979년에 원조 규모를 대폭 확대했음은 물론이고, 네덜란드 역시 1976년부터 뒤늦게 원조 대열에 합류하여 거액의 달러를 제공했기 때문에, 천주교의 경우 1970년대 말에도 전체 원조 규모가 감소하기는커녕 오히려 증가하는 양상을 보였다. 그러나 이보다 더욱 중요한 점은 사회복지 하위 영역별 원조 비중의 두드러진 차이다. 〈표 11-9〉와 〈표 11-10〉을 비교해 보면, 천주교의 경우 전체 원조액 중 사회사업·구호(복지사업) 영역의 비중은 두드러지게 낮은 반면(9.4%), 지역개발(자조개발사업과 농수산·축산사업) 영역의 비중은 매우 높은(19.1%) 특징을 보인다. 이 사실은 결국 '구호·사회사업에서 지역개발로의 국외원조의 중점 이동 추세'가 개신교보다 천주교 쪽에서 더욱 빠르게 진행되었음을 뜻한다.

한국천주교주교회의 인성회의 보고서는 1950-1960년대에는 대단히 활발했던 '복지사업' 분야에 대한 국외원조가 1970년대에 들어와 지속적인 감소 추세를 보일 뿐만 아니라, 1970년대로 접어들자 국외원조단체들이 이구동성으로 '복지'보다는 '개발'을 주창하는 가운데, 특히 '수용시설 중심의 사회복지 분야'에 대한 원조가 저조해졌다고 강조한다. 그런데 이것은 그리스도교 사회복지에 매우 심각한 상황 변화, 나아가 그리스도교 사회복지에 위기 상황이 도래했음을 의미할 수 있다.

바로 이 대목이 중요하다! 1970년대 말부터 본격화된 외부원조의 감소로 인해 가장 심한 타격을 받았던 곳은 '수용시설 중심의 사회복지', 다시 말해 고아원, 육아원, 양로원, 장애인공동체 등 그리스도교가 강세를 보였던 '수용시설들'이었던 것이다. 더욱이 1970년대에 "시설 사회사업이 대종인 교회 복지사업"에 대해 외부지원이 거의 끊기다시피 한 것은 "복지 부분은 이제 한국 교회나 정부의 지원이 투입되는 것이 바람직하다는 견해"에 의해 뒷받침된 것이었다고 한다.(강인철, 2012: 147)

전통적으로 한국의 그리스도교 사회복지는 '수용시설 중심'이라는 편향성을 보여 왔고, 해방과 한국전쟁을 거치면서 이런 수용시설 편중성은 더욱 심화되었다. 그러나 1960-1970년대를 통해 나타났던 국외원조 패턴에서의 두 가지 변화, 즉 1) 국외원조 규모의 점진적 감소와 2) 복지로부터 개발로의 국외원조 중점 이행이 시기적으로 중첩됨으로써 수용시설 중심이던 그리스도교 사회복지가 직격탄을 맞게 되었다. 수용시설 중심이라는 체질을 점진적으로 개선하면서, 국외원조의 공백을 국내민간조달이나 국가재정으로 재빨리 메우지 못한다면, 그리스도교 사회복지 전체가 흔들릴 수도 있는 상황이었다.

정부의 복지서비스 민간위탁과 보조금 제공

1970-1980년대에는 사회복지 영역의 일각에서나마 정부의 민간위탁과 보조금 제공이 시작되었다. 구체적으로, 1) 부랑인 수용시설, 2) 성매매여성 보호 및 직업선도 시설, 3) 사회복지관, 4) 도시 저소득층 자녀를 위한 청소년복지시설 등이 그 대표적인 사례들이었다. 이 가운데 뒤의 세 가지가 '공립' 복지시설을 민간 부문에 위탁하는 방식으로 1980년대에 시작되었다면, 부랑인 수용시설의 경우에는 정부가 '공립 혹은 사립' 사회복지시설에 이른바 '부랑인들'을 강제로 수용한 후 시설운영비를 지원하는 형태로 1970년대부터 시작되었다. 고아원 등 공립 아동복지

시설을 민간에 위탁운영하던 이전의 방식은 1970년대에도 지속되었던 것으로 보인다.[5]

언론보도에 따르면, 정부가 사회복지관 등 공립 사회복지시설들을 종교단체를 비롯한 민간 부문에 위탁운영하기 시작한 것은 1982년부터였다고 한다(새누리신문, 1995. 9. 2). 서울시가 1982년 12월 강동구 고덕동에 설립한 "한국 최초의 장애인종합복지관"인 서울장애인종합복지관의 경우, 설립 직후부터 현재까지 30년 이상 천주교 계열인 '영원한 도움의 성모수도회'가 위탁운영하고 있다(한국천주교주교회의 사회복지위원회, 1999: 339; www.seoulrehab.or.kr 참조). 따라서 서울장애인종합복지관은 아마도 최초의 복지시설 민간위탁 사례 중 하나였을 것이다.

성매매 여성들을 수용하여 기술교육을 실시하는 '윤락여성 보호/선도/직업보도시설'도 이 무렵부터 민간에 위탁되기 시작한 것으로 보인다. 1995년 8월 21일 원생들이 비인간적 처우에 항의하여 집단적 탈출을 시도하면서 방화하여 무려 39명이 사망하고 16명이 화상을 입은 사건이 발생했던 경기여자기술학원의 경우, 경기도 양주군(현재의 서울시 노원구 상봉동)에 있던 종전의 '국립부녀보호소'를 1962년 5월 경기도가 인수하여 그해 6월 '도립부녀보호소'로 개소한 것인데, 1966년 9월에 '경기여자기술학원'으로 이름이 바뀌었다. 경기도 가정복지국 부녀복지과가 직접 운영하던 이 학원은 1983년에 위탁운영 방식으로 전환했는데, 이에 따라 공개경쟁입찰을 거쳐 1983년 1월 '사회복지법인 대한예수교장로회총회(통합) 자선사업재단'이 위탁경영자로 선정되었다. 이후 미군부대 주변 윤락여성을 수용하던 '동두천부녀보호소'가 1991년에 경기여자기술학원으로 통합되면서 시설 확충이 요구되자 경기도 용인군

5 심홍보 신부에 의하면, 1975년 1월 1일부터 마리아수녀회가 '서울시립 소년의 집' 운영을 맡아 청소년을 대상으로 기술교육 등을 수행했다고 한다(심홍보, 2000: 656).

구성면 마북리 일대에 새 건물을 지어 1992년 1월에 이전했다(세계일보, 1995. 8. 22; 경향신문, 1995. 8. 22; 대한매일, 1995. 8. 22 등 참조). 경기여자기술학원과 동일한 목적으로 1963년에 설립된 인천시 북구 산곡동의 '협성여자기술양성원'도 비슷한 시기에 감리교 계열인 '사회복지법인 협성원'에 위탁운영되기 시작한 것으로 보인다. 1995년 참사 발생 당시 경기여자기술학원과 협성여자기술양성원은 마지막으로 남아 있던 성매매 여성 보호시설이었다(연합뉴스, 1995. 8. 22; 세계일보, 1995. 9. 23).

도시 저소득층 자녀를 위한 공립 청소년 복지시설의 민간위탁도 1980년대에 시작된 것으로 보인다. 이남재에 따르면, "(정부는 — 인용자) 도심지 저소득층 자녀들의 학업환경 조성을 위해 공공시설 내에 독서실을 설치하여 관련 단체에 위탁운영을 맡겼다. 이에 불교계도 청소년 복지시설을 위탁운영하였다. 1985년 사자암이 상도3동 독서실을 위탁받아 운영한 것이 교계 최초이다."(이남재, 2003: 187)

1970-1980년대에는 이른바 '부랑인 수용시설'이 종교단체를 비롯한 민간 부문에 위탁되었다. 유신체제의 절정기인 1975년 이후 전국적으로 설치된 '부랑인 수용소'에서는 인권침해 행위가 광범위하고 일상적으로 행해졌다. 이재승에 따르면, "정부는 1975년 12월 15일 내무부 훈령 410호(부랑인의 신고, 단속, 수용, 보호와 귀향 및 사후 관리에 관한 사무 처리 지침)에 입각하여 부랑자를 시설에 수용할 권한을 창설하고 거액의 예산도 지원하고, 경찰과 시설 운영자들은 부랑인을 거리에서 사냥하고 강제로 수용하고, 시설 운영자는 노예 노동을 강제하고, 그들의 노동을 착취하고, 철저한 감시망 속에서 수용자들에게 폭력을 행사하고, 열악한 생활 조건과 의료 여건으로 수용자를 학대함으로써 다수를 사망케 하였다."(이재승, 2013) 이것은 "경찰관직무집행법, 경범죄처벌법, 사회복지사업법, 생활보호법 등 어떠한 법률에도 근거함이 없이 오직 '대통령의 명령'에 따라 국가 조직에 의한 '단속 체계'에 의하여 계획

적으로, 대량으로 그리고 체계적으로 자행된 불법적인 강제 구금" 행위였다고 평가된다(김명연, 2013). 전두환 정권도 이른바 '부랑인 보호사업'을 지속했다. 심흥보 신부에 의하면, "1981년 정부의 부랑인 실태조사에 이어 1982년부터 중앙정부의 지원 아래 교회는 부랑인 보호사업을 실시하였다."(심흥보, 2000: 658)

수용소를 연상시키는 수십 채의 건물들 가운데 우뚝 솟은 십자가 첨탑과 교회당의 존재가 선명했던 형제복지원이 최고의 악명을 떨쳤다. 1960년 설립된 아동복지시설인 형제복지원을 장인으로부터 물려받은 박인근은 1975년 7월 부산시와 '부랑인 일시보호사업 위탁계약'을 체결하고, 이후 정부의 지원을 받아 형제복지원을 전국 최대의 부랑인 수용시설로 발전시켰다. 그는 종종 강한 신앙심을 공개적으로 밝혔다(한종선·전규찬·박래군, 2012: 241-246). 박인근은 수용자들에게도 찬송가 제창과 기도, 주기도문·사도신경·십계명 암송, 예배 참석 등 강도 높은 종교적 교육과 훈육을 강요했고, '영혼구원을 위한 불가피한 신체적 고역'으로 폭력이나 기합을 정당화했다(한종선·전규찬·박래군, 2012: 263-292). 15년 동안이나 종교적 외피에 가려졌던 형제복지원의 참혹한 실상은 1987년 세상에 폭로되었다.[6]

1986년 말 현재 '부랑인 시설'은 모두 36곳이었는데, 시립(市立) 시설이 5곳, 종교단체 시설이 10곳(천주교 8, 개신교 1, 불교 1), 비종교적인

6 "형제복지원은 전국 최대의 부랑아 수용시설로, 이곳에서 1987년 3월 22일 원생 1명이 구타로 숨지고 35명이 탈출하는 사건이 발생하면서 형제복지원의 실체가 사회에 알려지게 되었다. 조사 결과 형제복지원은 부랑인 선도를 명목으로 역이나 길거리에서 주민등록증이 없는 사람을 끌고 가서 불법 감금하고 강제 노역을 시켰으며, 저항하면 굶기고 구타하거나 심지어 살해하여 암매장까지 하였다. 이렇게 하여 12년 동안 무려 531명이 사망하였고, 일부 시신은 300-500만 원에 의과대학의 해부학 실습용으로 팔려나간 것으로 밝혀졌다. 원장 박인근은 매년 20억 원의 국고 지원을 받는 한편, 원생들을 무상으로 노역시키고 부실한 식사를 제공하여 막대한 금액을 착복하였다. 또한 자신의 땅에 운전 교습소를 만들기 위해 원생들을 축사에 감금하고 하루 10시간 이상의 중노동을 시켰다."(김명연, 2013)

사회복지법인 운영시설이 21곳이었다. 당시 최대 규모의 시설은 3,164명을 수용한 형제복지원이었고, 그 다음으로는 "수용자가 많으면서도 모범적으로 운영되고 있다는 평을 들은" 서울의 마리아수녀회 갱생원(1,998명), 대구시립희망원(1,400명), 서울시립부녀보호소(1,200명) 등이었다(경향신문, 1987. 2. 17; 한종선·전규찬·박래군, 2012: 234, 240에서 재인용). 모두 16,149명을 수용하고 있던 이 36곳의 부랑인 시설에는 약 80억 원에 해당하는 국고보조금이 지원되고 있었다(임덕영, 2013).

여기서 1986년 말 현재 10개의 종교단체 시설 중 '불교'라고 표현된 것은 '원불교'로 수정해야 더 정확할 듯하다. 원불교 교단이 1981년에 설립한 이리(익산) '자선원(慈善院)'이 그것인데, 1985년에는 자선원 수용자 중 정신장애인를 위해 별도로 '삼정원'을 설립하기도 했다(심대섭, 2003: 150). 불교의 경우 스스로 설립한 기관이 아니라 공립 복지시설을 위탁받아 운영한 쪽이었다. 1975년에 원주 성불원이 원주시로부터 위탁받아 운영한 원주시립복지원, 1983년 자비복지원이 강릉시로부터 위탁받아 운영한 강릉시립복지원이 그것이다(동국대학교 석림동문회, 1997: 467). 심대섭이 원불교 자선원의 설립 경위와 운영 방식을 비교적 소상하게 설명한 바 있는데, 자료로서의 가치도 상당하다고 생각되므로 다소 길더라도 인용해 보자.

> 원불교에서 특수사회사업에 대한 발의가 있게 된 것은 1981년 초 공익부 주관의 자선사업회 운영위원회에서 논의된 것이 시초였다. [...] 김서오 보육원장의 다음과 같은 제의가 만장일치로 받아들여지게 되었다. "이리 보육원 관계로 이리시청 사회과를 수시로 드나들게 되는데 이리 지역 부랑자 수용 문제가 시정의 중요한 과제가 되어 있다고 한다. 그러나 이리시 산하에는 수용시설이 없어서 인부를 고용하여 부랑자 신고가 접수되면 시설이 있는 군산과 전주에 인계해주는 일이 고작 이리시가 하는 일이

라는 것이다. 우리가 이것을 맡아서 사회사업을 해보는 것이 어떨까 하는 생각이 들었다"고 하자 이구동성으로 찬동을 하게 되었다. [⋯] 원기 66년(1981) 5월 7일의 제188회 임시원의회는 공익부 산하에 부랑인 복지시설로 자선원이 발족할 수 있도록 결의하여 주었다. 이후 일은 급진전되어 동년 8월 27일자로 이리시청으로부터 이리시 마동 산40번지 소재 자활원 건물 39평을 사용해도 좋다는 사용승인서가 나왔다.

이 건물은 본래 박인홍 씨가 원기 48년(1963) 1월 20일 시내의 부랑자들을 모아 휴지 수거를 시켜 자활 대책을 지도해오던 '희망원'이라 부르던 곳이었다. 그 후 박 씨가 떠나자, 이곳은 시내 우범자들의 소굴로 이용되고 이리경찰서에서는 골치 아픈 단속 대상 지역이 되었다. 원불교가 이 집을 개수하여 밝은 희망과 새 삶을 개척하는 장소로 활용하려 하자 다 같이 성원을 보내주었다. [⋯] 원기 66년(1981) [⋯] 시 보조금 411,000원과 재단(공익부 자금)에서 5백만 원을 투자하여 개수를 끝내고 동년 12월 1일 '이리자선원' 개원 현판식을 거행하였다.

원기 68년(1983) [⋯] 9월에 중앙의 보사부로부터 지원 자금 5천 7백만 원과 이리시 자원 1천만 원, 재단에서 4천 4백만 원을 투입하여 이리시 신룡동 75번지의 2에 건평 148평의 원사를 신축 착공하였다. 동년 12월 3일 이리시 마동의 구 희망원 자리에서 신룡동의 신축 원사로 이전하고 [⋯] 원기 71년(1986) 2월 현재 임원 현황은 원장 1인, 부원장 1인(김병무), 교무 1인(이혜선), 원감 1인, 기사 1인이고 시설 현황은 1,800평의 대지에 건물 2동 343평, 수용인원은 105명(남 74, 여 31)이다. 운영재정은 국고·지방비 92%, 성금 8%로 이루어지고 있으며 자체사업으로 양돈, 양우(養牛) 등 목축사업과 밭을 빌려 채소를 가꾸고 있다.(심대섭, 1989: 630-632)

이처럼 1970년대 중반 이후 '부랑인 수용시설'의 민간위탁, 그리고 1980년대 초부터 시작된 '윤락여성/가출소녀 선도·직업보도시설'의 민간위탁, 1982년부터 시작된 사회복지관의 민간위탁, 1980년대 중반부터 시작된 도시 저소득층 자녀를 위한 청소년 복지시설 민간위탁과 같은 '비교적 희귀한' 민간위탁 사례들에서는 사회복지를 매개로 한 종교-국가 관계에도 의미 있는 변화가 일어날 수밖에 없다. 수탁자 선정과 재계약, 보조금 제공 등을 지렛대 삼아 국가의 통제력은 강화되는 반면에 종교단체의 자율성은 그만큼 축소될 것이기 때문이다.

그러나 이런 변화를 과장할 것은 못 된다. 종교단체에 위탁 운영된 '부랑인 수용시설'이나 '윤락여성/가출소녀 선도·직업보도시설'의 경우 지배권력의 하위 파트너로 간택된 일부 종교인들이 국가를 대신하여 유신, 새마을, 사회정화를 비롯한 당시의 지배이데올로기를 앞장서 실행했던 사례에 가깝다. 말하자면 종교인들이 복지사업을 빙자하여 일종의 '청부형 대행기관' 역할을 수행한 셈이었다. 운영 과정에서도 수용자들의 신체자유 박탈이나 일상적인 인권침해 등 사회복지의 본령에서도 심하게 일탈한 것이었다고 평가받을 만했다.[7] 부랑인, 윤락여성, 가출소녀라는 범주에서는 (사회복지보다는) 사회통제의 의도가 더욱 강하게 드러난다. 1980년대까지의 민간위탁에는 성격 면에서 '사회복지와 사회통제의 혼합' 현상이 두드러졌던 것이다. 무엇보다 1980년대에는 공립 사회복지시설의 종교계 위탁경영이나, 종교계 사회복지시설과의 위탁계약을 통한 재정지원은 여전히 '예외적이고 주변적인' 현상에 불과했다. 이런 일들이 광범위하게 발생한 것은 1990년대 이후였다.

7 엄청난 사회적 충격을 안겨준 형제복지원과 경기여자기술학원 외에 인천 협성여자기술양성원에서도 "구타 등 인권침해 사례가 끊이지 않았"다고 한다(세계일보, 1995. 8. 22).

5. 1990년대 이후: 국가재정 의존성 확대, 종교사회복지의 자율성 위축

1990년대에는 종교사회복지의 재원 구성에서 국외원조의 비중이 급속히 감소한 반면, 국가재정의 비중이 급속히 증가하는 변화가 진행되었다.[8] 국외원조, 국내민간조달, 국가재정이라는 3대 종교사회복지 재원 중에서 국외원조 요인의 중요성과 영향력이 빠르게 축소되었고, 그에 따라 국내민간조달과 국가재정의 중요성이 커질 수밖에 없었다. 한마디로 지난 20여 년은 종교사회복지의 재정조달구조에서 대대적인 변화가 진행된 시기였다. 그러나 사회복지 재원의 국가재정 의존도가 증가할수록 종교사회복지의 정치적 자율성은 위축될 수밖에 없었다. 특히 해방 후 40-50년 동안 유지되어 온 그리스도교 사회복지의 정치적 자율성이 크게 위협받게 되었다.

민간위탁과 정부보조금 증가에 따른 종교사회복지의 활력 증대

1990년대에는 국외원조가 감소하고 사회복지 비중이 축소되는 추세가 가속화되었다. 앞서 〈표 11-8〉에서 보았듯이 1960년대에는 최대 123개에 달했던 등록 외원단체는 1980년에는 81개, 1990년에는 다시 74개로 줄어들었다. 1993년에는 등록 외원단체 수가 60개로 격감했다.[9]

---

8 이 절의 논의는 필자의 『종교정치의 새로운 쟁점들』(127-144쪽)의 내용을 압축하고 수정·보완함과 동시에, 기존 내용을 대폭 발전시킨 것이다.

9 1990년에는 74개 단체의 국적별 분포가 미국 39개(52.7%), 독일 9개(12.2%), 이탈리아 6개(8.1%), 기타 10개국 20개(27.0%)였고, 1993년에는 60개 단체 중 미국 29개(48.3%), 독일 8개(13.3%), 이탈리아 5개(8.3%), 기타 8개국 18개(30.0%)로 나타났다. 1990년 현재 74개 단체 중 개신교 37개(50.0%), 천주교 26개(35.1%) 등 종교 계통이 63개로 전체의 85.1%를 점하고 있었고, 1993년에는 60개 단체 중 개신교 28개(46.7%), 천주교 24개(40.0%) 등 종교 계통이 52개로 전체의 86.7%를 차지했다(카바 40년사 편찬위원회, 1995: 217, 439).

KAVA 가입 단체도 1989년 현재 27개로 전성기였던 1950-1960년대의 3분의 1 수준에 지나지 않았고, "1990년대 들어서면서 카바 활동은 세인의 주목을 거의 받지 못하고" 있는 실정이었다고 한다(카바 40년사 편찬위원회, 1995: 206-207).

〈표 11-12〉에 나타나듯이, 1990년대에도 국외원조의 규모는 여전히 무시하지 못할 수준을 유지하고 있었다. 1989년에 4,367만 달러였던 국외원조 규모는 1991년에는 5,277만 달러로 대폭 늘어나기도 했다. 그러나 1991-1993년의 불과 2년 사이에 국외원조액은 절반 이하로 감소해 버렸다. 1993년의 지원액(2,631만 달러)은 1991년의 49.9%에 지나지 않는다. 더구나 선교비 등 '단체 자체 경비'의 비중이 전체 원조액의 절반에 육박하면서, 전체 사업비 가운데 (교육·문화 시설 지원비를 제외한) 실질적인 사회복지사업의 비중은 1989년 41.8%(1,828만 달러), 1991년 34.3%(1,810만 달러), 1992년 35.2%(1,159만 달러), 1993년 40.0%(1,059만 달러) 정도에 머물고 있다.

국외원조가 축소되는 추세는 '외원의 독식'이라는 엄청난 경쟁력과 비교우위를 그리스도교에 안겨주던 불평등한 상황이 수십 년 만에 비로소 종식되었음을 뜻했다. 아울러 이런 변화에 따라 그리스도교를 포함한 모든 종교들이 새로운 복지 재원, 특히 '국내 재원'을 찾아 나서야만 했다. 그러나 (이 장의 서두에서 밝혔듯이) 1990년대에도 개별 그리스도교 교회들이 사회복지 분야에 지출한 예산은 연간 재정의 10%에도 미치지 못하는 상황이었다. 국내민간조달이 여의치 않은 상황에서, 결국 전문적인 사회복지기관이나 법인은 국가재정, 즉 정부의 공립 복지기관 민간위탁이나 복지보조금 쪽으로 눈을 돌릴 수밖에 없었다.

그런데 때마침 국가가 외원 감소로 어려움에 직면한 그리스도교 사회복지의 구원투수를 자청하고 나섰다. 이 시기에 대규모 공립 복지시설의 민간위탁이나 민간복지시설에 대한 공적 보조금 지원이 대폭 확

〈표 11-12〉 세부항목별 외원사업 실적 (단위: 천 달러)

사업			1989년		1991년		1992년		1993년	
			지원액	%	지원액	%	지원액	%	지원액	%
사회복지사업	후생시설	아동시설	6,724	15.4	3,900	7.4			3,169	12.0
		탁아시설	96	0.2	148	0.3			128	0.5
		모자시설	147	0.3	150	0.3			2	0.0
		양로·불구시설	2,028	4.6	4,395	8.3			317	1.2
		직업보도시설	526	1.2	747	1.4			639	2.4
		기타	234	0.5	516	1.0			1,851	7.0
		소계	9,755	22.3	9,856	18.7	6,381	19.4	6,106	23.2
	보건시설	병원	3,316	7.6	3,862	7.3			2,840	10.8
		나환자정착촌	807	1.8	509	1.0			127	0.5
		기타	511	1.2	394	0.7			74	0.3
		소계	4,634	10.6	4,765	9.0	3,260	9.9	3,041	11.6
	교육·문화시설	교육	5,356	12.3	6,288	11.9			3,866	14.7
		문화	1,333	3.1	975	1.8			1,138	4.3
		기타	416	1.0	514	1.0			614	2.3
		소계	7,105	16.3	7,777	14.7	6,926	21.1	5,618	21.3
	일반 영세민 구호		2,489	5.7	2,234	4.2	1,053	3.2	568	2.2
	지역사회개발		1,402	3.2	1,248	2.4	894	2.7	789	3.0
	계		25,385	58.1	25,880	49.0	18,514	56.3	16,122	61.3
단체자체경비	경상비		2,437	5.6	5,232	9.9	1,807	5.5	1,941	7.4
	인건비		3,884	8.9	4,359	8.3	3,553	10.8	3,473	13.2
	선교비		10,295	23.6	12,695	24.1	7,364	22.4	4,440	16.9
	기타		1,670	3.8	4,603	8.7	1,622	4.9	334	1.3
	계		18,286	41.9	26,889	51.0	14,346	43.7	10,188	38.7
총계			43,671	100.0	52,769	100.0	32,860	100.0	26,310	100.0

자료: 카바40년사 편찬위원회(1995: 35, 221, 445-446) 재구성.

대되었던 것이다. 국가의 민간위탁과 복지보조금은 그리스도교 사회복지를 구원했을 뿐 아니라, 복지재원 부족에 시달리던 토착종교의 사회복지활동이 급성장하는 결정적인 촉진제로 작용했다. 이로 인해 1990

년대 이후 토착종교 중에서도 불교와 원불교의 사회복지 발전이 눈부셨다.

어떻게 국가는 1990년대에 종교사회복지의 구원자가 되었는가? 한국에서는 '복지화'[10]와 '복지민영화', 그리고 '민주화'가 거의 동시에 진행되었다. 민주화 이행이 개시된 1980년대 후반부터 한국 사회에서는 '삶의 질'과 '복지'에 대한 관심이 빠른 속도로 고조되고 확산되었다. 민주화가 복지 수요를 창출하는 요인이 아님은 명백하지만, 민주화가 복지화의 촉진요인 중 하나라는 것도 비교적 분명했다. 민주화는 대중에게 복지 욕구 표출의 기회와 자유를 더 많이 허용했고, 이런 요구에 반응하라는 사회적 압력을 정치엘리트에게 더욱 강하게 부과했으며, 대중의 요구에 능동적으로 대응하려는 정치인들이 빠르게 증가하는 데 기여했다.

그러나 한국의 복지화 과정은 전형적인 서구적 경로를 취하지 않았다. 1993년에 출범한 김영삼 정부는 '신경제 5개년계획'을 추진하면서 사회복지 영역에 대한 민간 부문의 참여를 적극적으로 유도했다. 1990년대 초의 한국은 복지국가 단계에 진입하기도 전에 '복지의 효율성'과 '복지의 민영화'를 강조하면서 "반관반민(半官半民) 형태의 혼합적 복지 정책"으로 나아가려고 했다(정병오, 1994: 18). 여기서 정부가 추진하는 복지민영화의 최대(最大)이자 최적(最適)의 파트너가 바로 종교단체였다는 사실이 중요하다. 이런 배경에서 공립 복지시설의 종교단체 위탁경영이 활성화되었고, 종교단체가 운영해 오던 복지시설들에 대한 재정보조가 급속히 증가하였다. 1997년의 외환위기 역시 다급해진 국가로 하여금 종교계를 복지 파트너로 적극 끌어들이도록 강제한 요인이

10 여기서 필자는 대중적인 복지 수요의 분출 및 그에 대응하는 복지 예산, 제도의 급팽창 현상을 '복지화'라고 지칭하였다.

었다. 급증하는 복지 수요와 후진적인 복지 공급의 괴리로 압박받던 김대중 정부는 다양한 복지 프로그램으로 종교단체들을 유인했다. 1990년대 이후 대략 다음의 시설 혹은 사업 영역에서 종교단체에 대한 정부보조금 제공이 새로 시작되거나 이전보다 확충되었다: 1) 청소년 공부방, 2) 재가복지봉사센터, 3) 특수교육, 4) 영·유아 보육시설, 5) 소년소녀가장 후견인제도, 6) 주민자활지원센터 혹은 자활후원기관, 7) 방과후 교실, 8) 노숙인 쉼터, 9) 실업극복국민운동, 10) 푸드뱅크 사업, 11) 저소득 재가노인 식사배달사업, 12) 결식아동 급식지원.

이런 역사적 계기를 거치면서 1990년 이후 방대한 정부자금이 종교사회복지 영역으로 흘러들어왔다. 특히 공립 복지시설의 민간위탁에는 직접적인 운영비 보조뿐 아니라 상당한 공신력 제고 효과까지 따라왔으므로, 유치 경쟁이 치열하게 전개되곤 했다. 종교단체들은 공공 사회복지시설의 수탁 경쟁에서 비종교적 민간단체들보다 확연한 우위를 보였다. 예컨대 서울시의 「1994년도 종교별 사회복지시설 위탁 현황」이라는 자료에 따르면, 1994년 현재 서울시 소유의 사회복지관을 수탁한 주체는 개신교·천주교 19곳, 불교 3곳, 일반(비종교 단체) 15곳의 분포를 보였다. 사회복지관 37곳 중 59.5%에 해당하는 22곳을 종교단체들이 위탁운영하고 있었던 셈이다. 위탁운영 대상을 사회복지시설 전체로 확대해 보면, 개신교·천주교 40곳, 불교 4곳, 기타 종교 3곳, 비종교 단체 23곳으로 나타났다(세계일보, 1995. 7. 23). 서울시가 위탁한 70개 사회복지시설 중 종교단체의 비중이 전체의 67.1%(47곳)나 되었던 것이다.

한편 비교적 큰 규모인 국공립 사회복지시설의 민간 위탁경영이 활성화된 시기가 1990년대 이후였음을 〈표 11-13〉과 〈표 11-14〉가 명확히 보여 준다. 우선, 〈표 11-13〉은 대표적인 위탁운영 대상 기관인 종합사회복지관, 노인종합복지관, 장애인종합복지관을 대상으로 1999년

〈표 11-13〉 천주교의 공립 사회복지관 위탁운영 시기

시기	종합사회복지관	장애인종합복지관	노인종합복지관
1989년까지		1(1982년)	
1990년	3		
1991년	1	1	
1992년	5	1	
1993년	3	1	
1994년	8		
1995년	2	1	1
1996년	2		
1997년	1	1	
1998년	1		
합계	26	6	1

자료: 한국천주교주교회의 사회복지위원회가 1999년에 발간한 『천주교사회복지편람』에 수록된 524개의 사회복지시설·기관을 필자가 조사하여 정리한 결과임.

현재 천주교가 위탁받아 운영하고 있는 시설 전체를 수탁 시기별로 정리한 것이다. 당시 천주교가 위탁운영하던 33개소의 공립 복지관 중에서 1990년대 이전에 수탁한 곳은 단 한 군데뿐이었다. 가장 활발하게 수탁이 진행된 시기는 1992년부터 1995년까지였다. 이 복지관들은 전액 정부예산으로 건립되었을 뿐 아니라, 천주교가 위탁경영을 맡은 이후에도 최소 27%, 최대 90%, 평균 59.6%의 연간 운영비를 보조받고 있었다.

〈표 11-14〉는 개신교 대형 교단 중 하나인 감리교의 공립 복지기관 위탁운영 상황을 보여 준다. 감리교 교단은 1996년 9월에 '기독교대한감리회 사회복지재단'을 설립하여 2013년 4월에 이르기까지 모두 33곳의 공립 사회복지시설들을 수탁했다. 시기별로 살펴보면, 법인 설립 직후인 1996-1997년에는 수탁 실적이 없었으나 1998-1999년에

〈표 11-14〉 설립 이후 2013년 4월 현재까지 감리교 교단이 수탁한 사회복지시설

연도	수탁 시설 수	수탁 시설
1996	0	
1997	0	
1998	5	작은노인의집, 세화종합사회복지관, 효자종합사회복지관, 이웃사랑어린이집, 마포치매노인주간보호소
1999	3	조양어린이집, 삼청어린이집, 심곡복지회관
2000	1	정선자활후견기관
2001	2	창동종합사회복지관, 사북공공도서관
2002	2	원곡동 경로식당, 율목종합사회복지관
2003	5	홍성자활후견기관, 녹번종합사회복지관 및 어린이집, 도봉구청직장어린이집, 화성가정상담소, 여성의전화 1366센터와 모자일시보호소
2004	4	은평구립역촌2동어린이집, 군자사회복지관, 소사노인복지회관, 철원군노인전문요양원
2005	2	서초구립상명어린이집, 도봉노인복지센터
2006	0	
2007	2	로뎀의집, 보령생생꿈마을
2008	2	단원구노인복지회관, 안산시립별빛어린이집
2009	1	마포구립연남어린이집
2010	1	한서데일케어센터
2011	1	송산종합사회복지관
2012	0	
2013. 4	2	서울시교육청 지역교육복지센터, 서울역 노숙인 무료급식소
합계	33	

자료: 기독교대한감리회 사회복지재단 홈페이지(www.kmcswf.or.kr)의 '연혁' 참조(검색일: 2013. 11. 8). '재수탁'은 제외했음.

8곳, 2000-2009년에 21곳, 2010년 이후 4곳의 분포를 보였다. 공립 사회복지시설의 수탁 시기가 1990년대 말부터 10년 사이에 집중되어 있는 것이다.

종교단체가 설립하여 자체적으로 운영해 오던 사회복지시설에도 상당한 정부보조금이 지원되었다. 『천주교사회복지편람』에 따르면, 천주교가 자체적으로 설립한 '장애인종합복지관'의 경우 1999년 현재 연간 운영비의 50-80%, 평균 71.8%를 정부가 지원하고 있었다. 천주교가 설립한 '종합사회복지관'의 경우에도 9-85%, 평균 53%의 운영비를 보조받고 있었다. 미인가 시설을 제외하고, 천주교가 설립·운영 중인 13곳의 복지관 가운데 정부보조금을 전혀 받지 못하는 곳은 단 한 군데뿐이었다.

1990년대 이후 공립 복지시설의 민간위탁 활성화와 종교사회복지에 대한 정부의 재정지원 확대는 종교사회복지기관의 폭발적인 양적 팽창을 수반했다. 첫째, 대부분의 종교들은 위탁받은 복지기관들을 자체 복지기관 통계에 포함시키므로, 수탁기관의 증가 자체가 해당 종교의 사회복지기관 숫자 증가로 직결된다. 둘째, (수탁기관이 아닌) 자체적으로 설립·운영하는 복지기관의 연간 운영비의 절반 정도를 정부가 지원해 준다면, 해당 기관은 동일한 복지 기금으로 2개의 기관을 운영할 재정적 여력을 확보하는 셈이다. 이 두 가지 요인이 함께 작용하여 종교사회복지기관의 양적 팽창을 가능하게 만들었던 것이다. 예컨대 천주교의 경우 사회복지 시설·기관의 숫자가 1989년 394개소에서 1996년 438개소, 1998년 524개소, 2002년 596개소로 증가했다. 1990년대에 200여 개의 사회복지 시설·기관들이 신설되었던 것이다(이태수, 2003: 177, 〈표 6-4〉 참조).

그리스도교를 제외한, 다시 말해 불교를 비롯한 토착종교들도 이런 국가재정의 혜택에서 비켜가지 않았다. 〈그림 11-1〉에서 확인할 수 있듯이, 해방 후 1970년대까지 30년 이상 답보상태를 면치 못하던 불교사회복지는 1980년대 이후 비교적 빠른 속도로 활성화된다. 1999년 간행된 『한국불교사회복지총람』에 수록된 불교계 사회복지시설 427

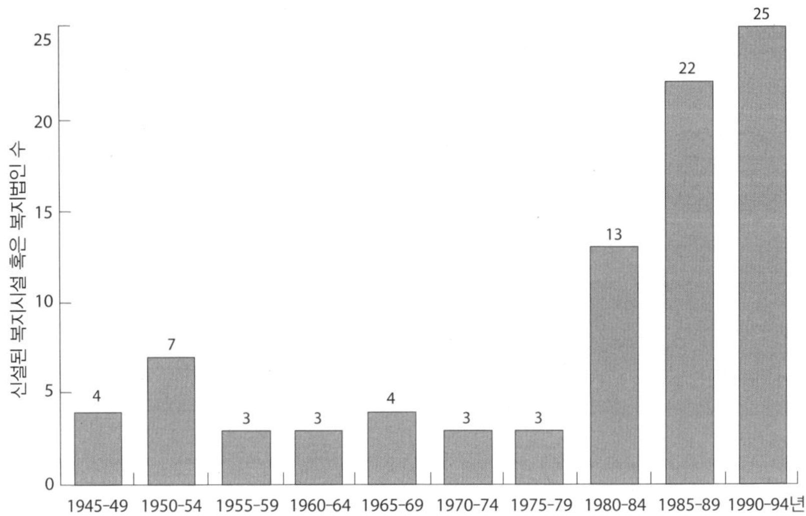

〈그림 11-1〉 불교계 사회복지 시설 및 법인의 설립 추이

자료: 동국대학교 석림동문회(1997: 471-476)에서 재구성(사회봉사·후원단체 창립 사례는 제외했음).

곳 중 1990년대 이후에 설립되거나 위탁운영되기 시작한 시설이 전체의 73%에 달했다. 전체의 거의 절반(47.7%)은 설립 혹은 위탁운영 시작 시기가 1995-1998년 사이에 몰려 있었다(권경임, 2004: 160-161; 2003: 116). 고경환 등의 연구에 의하면, '직영시설'과 '위탁시설'로 구분할 때 2003년 현재 개신교의 경우 사회복지시설 중 직영시설이 79.7%, 천주교는 70.8%인 반면, 불교의 경우 자체 직영시설(36.3%)보다 정부 위탁시설(63.7%)이 2배가량 더 많았다(고경환 외, 2005; 붓다뉴스, 2006. 6. 26에서 재인용). 이처럼 불교는 처음부터 '정부보조금 확대, 민간위탁 활성화'라는 1990년대 이후의 시대적 추세에 편승하여 불교사회복지의 급속한 발전을 이루어낸 경우였다.

토착종교 중에서 불교를 제외하면 원불교의 사회복지가 1990년대 이후 급성장세를 보였다. 여기서도 정부 지원이 결정적인 견인차 역할을 담당했다. 심대섭에 의하면, "1고아원, 2양로원 시대가 1980년까지 지속되었다. 이 시기를 원불교 사회복지사업의 잠재기 또는 정체기라고 한다. […] 1980-1990년대의 원불교 사회복지사업은 정부의 적극적인 지원에 힘입어 다원화, 전문화의 계기를 맞게 되었다. […] 1987년 노인요양시설이 익산과 제주에 설립되고 1989년에는 종합사회복지관 사업이 시작되면서 2-3년 사이에 10여 개의 복지관이 수탁되었다. 이로써 원불교 사회복지계는 수용시설, 이용시설, 상담시설, 재활시설을 갖춘 사회복지 종합서비스 시대를 맞이하게 된다."(심대섭, 2003: 149-150) 2008년에 발간된 『원불교사회복지총람』에 따르면, 당시 원불교는 노인복지 87개소, 아동복지 42개소, 장애인복지 20개소, 지역사회복지 17개소, 부랑·노숙인복지 1개소, 기타 9개소 등 14개 사회복지법인 산하에 모두 176개소의 사회복지 기관·시설을 운영할 정도로 1990-2000년대에 고속성장을 거듭했다(심대섭, 2013: 485).

정부보조금 의존도 심화와 종교사회복지의 자율성 축소

앞서 지적했다시피, 1970년대 이후 국외원조의 규모가 축소되고 원조의 중점도 '복지'에서 '개발'로 전환됨에 따라 해방 후 종교사회복지를 선도해 온 그리스도교의 '수용시설 중심의 사회복지'가 위기에 처하게 되었다. 그런데 1980년대 말과 1990년대 초부터 본격화된 대규모 공립 사회복지시설들의 민간위탁에 이은 운영자금 보조, 그리고 기존 종교 사회복지시설에 대한 정부보조금 지급은 난관에 봉착한 그리스도교 사회복지시설들로서는 마치 '구원의 손길'처럼 느껴졌을 것이다. 바로 이 시기에 급팽창하는 복지재정 부담을 가급적 줄이려는 정부, 외원 축소에 따른 복지 재원 부족에 시달리던 그리스도교계는 서로 이해관계가 절묘하게 맞아떨어졌다. 복지 재원의 빈곤과 전문인력 부족으로 사회복지 영역에서 오랫동안 부진을 면치 못하다 엄청난 어부지리를 얻은

〈표 11-15〉 종교 사회복지시설의 수입 규모와 구성(2001-2003) (단위: 백만 원, %)

구분	2001년		2002년		2003년		합계	
	규모	비율	규모	비율	규모	비율	규모	비율
정부보조금	260,933	57.0	292,612	56.7	318,657	57.3	872,202	57.0
종교계 지원금	54,864	12.0	58,065	11.2	59,009	10.6	171,938	11.2
이용자 부담금	73,515	16.1	79,829	15.5	87,594	15.7	240,938	15.7
기타	68,202	14.9	86,011	16.7	91,232	16.4	245,445	16.0
합계	457,514	100.0	516,517	100.0	556,492	100.0	1,530,523	100.0

자료: 고경환(2006: 69). 여기서 '정부보조금'은 중앙정부와 지방정부의 보조금을 포함하며, '기타' 범주는 기업·민간모금단체 등의 후원금, 잡수익, 전년도이월금 등을 포함함.

불교와 원불교는 사회복지의 도약을 위한 일대 전환기를 맞이하게 되었다.

그런데 문제는 1990년대를 거치는 동안 '보조금 중독증'이라고도 말할 수 있을 정도로 종교사회복지 전반에서 정부보조금에 대한 의존도가 급증했다는 사실이다. 2000년대 초에 이르면 종교계 사회복지시설의 연간 총수입에서 정부보조금의 비율이 절반을 넘어설 정도로 종교사회복지의 정부재정 의존도가 높아졌다. 〈표 11-15〉에 따르면, 2001-2003년 사이에 종교계 사회복지시설의 총수입에서 정부보조금의 비율은 57.0%나 되었다. 반면에 같은 기간 동안 종교계의 자체 지원금은 총수입의 11.2%로, 정부보조금의 5분의 1 정도에 불과했다. 또 〈표 11-16〉에서 보듯이, 2003년 현재 사회복지시설의 연간 총수입에서 정부보조금이 차지하는 비율은 개신교의 경우 50.9%, 천주교 61.0%, 불교 58.2%였다. 세 종교 모두 총수입의 절반 이상을 정부보조금으로 충당하고 있지만, 천주교·불교 사회복지가 개신교 사회복지에 비해 국가에 종속될 가능성이 더욱 높은 편이다. 천주교는 정부보조금의 규모와 비율 면에서, 불교는 정부보조금의 비율과 정부 위탁시설의 비율 면

〈표 11-16〉 종교별 사회복지시설의 수입 규모와 구성(2003) (단위: 백만 원, %)

구분	개신교		천주교		불교	
	금액	비율	금액	비율	금액	비율
정부보조금	80,230	50.9	133,234	61.0	75,087	58.2
종교계 지원금	16,955	10.8	27,908	12.8	9,707	7.5
이용자 부담금	27,865	17.7	20,160	9.2	31,382	24.3
기타	32,461	20.6	37,202	17.0	12,892	10.0
합계	157,511	100.0	218,504	100.0	129,068	100.0

자료: 고경환 외(2005); 『붓다뉴스』, 2006. 6. 26에서 재인용.

〈표 11-17〉 종교사회복지시설 재정의 정부보조금과 법인전입금 비율(2010)

구분		정부보조금 비율(%)	법인전입금 비율(%)
개신교	영락사회복지재단	49.5	15.9
	사랑의교회 반포복지관	38.5	12.8
	새문안교회 종로복지관	57.7	7.6
	명성교회 강동노인복지관	73.4	4.9
	광림교회 양재복지관	53.1	2.2
불교	조계종 과천복지관	86.5	1.7
천주교	대구교구 구미복지관	59.2	3.3
원불교	원광복지관	68.7	1.4
	지산복지관	52.9	7.2

자료: 전명수(2012: 266)의 내용을 표로 재구성.

에서 특히 그러하다고 말할 수 있다.[11]

〈표 11-17〉에서 보듯이, 2010년의 통계도 10년 전과 크게 다르지 않은 현실을 보여 준다. 다시 말해 재정에서 종교계 사회복지법인의 전입금 비율은 매우 낮은 반면, 정부보조금에 대한 의존도는 매우 높은

---

11 불교의 경우 직영시설보다 위탁시설이 2배나 많다.

현실이 지속되고 있다.

종교사회복지의 재원 차원에서 외원기관과 외국교회의 자리를 국가가 때마침 대체하지 않았더라면, 1990년대에는 그리스도교 사회복지 전반이 존폐 기로에 놓였을지 모른다. 국가의 개입 덕분에 그리스도교사회복지는 '재정 위기'에서 벗어날 수 있었고, 나아가 재도약의 기회를 맞게 되었다. 그러나 종교사회복지의 재원 측면에서 국가재정 의존도가 급격히 심화되는 경향은 종교사회복지 영역에서 '자율성의 위기'를 조장한다. 국가와의 관계에서 종교사회복지의 '자율성 위축, 종속성 심화' 경향이 점점 뚜렷해지는 것이다. 민간위탁과 정부보조금은 모두 국가가 종교를 종속시키고 통제하는 수단으로 기능할 잠재력을 갖고 있다. 특히 재화 흐름의 방향이 공공 부문에서 민간 부문 쪽으로 굳어져 있고, 게다가 민간 부문 내부의 치열한 경쟁이 상수(常數)와 다름없는 상태에서, 지원 대상자 선정 및 지원 규모가 국가 관료에 의해 결정되는 이상, 공공 부문과 민간 부문의 '협조' 관계는 언제든 '통제' 관계로 바뀔 수 있는 것이다. 정부보조금의 증가 추세가 지속되고 그에 대한 종교사회복지의 의존성이 더욱 심화된다면, 사회복지 영역에서 국가와 종교 사이의 대립 가능성은 점점 희박해질 것이다. 종교사회복지의 입지는 국가복지의 '순응적인 하위 파트너'로 더욱 고착될 것이다.

6. 전망: 종교사회복지의 두 갈래 길

종교사회복지가 한국 사회복지 전체에서 차지하는 비중이 워낙 크기 때문에, 종교사회복지의 성격이나 진로는 한국 사회복지의 향배나 복지국가 형성 가능성에도 적잖은 영향을 미칠 수밖에 없다. 앞서 보았듯이 종교사회복지는 1940-1960년대에 전성기를 구가했지만, 해방 후

세 번째 국면인 1990년대 이후에도 여전히 강세를 유지하고 있다. 종교사회복지의 미래는 어떻게 될까? 현재 한국 종교사회복지 앞에는 두 갈래의 길이 놓여 있다고 생각된다.

현실화될 가능성이 보다 큰 선택, 곧 보다 넓은 길은 복지 분야에서 '보조금의 종교정치'가 더욱 활성화되는 것이다. '보조금의 종교정치'에서는 '재정지원과 통제/순치 효과의 상호 관련성'이 핵심이다. 이는 '더 많은 보조금, 더 많은 통제'라는 보다 간명한 표현으로 압축될 수 있고, 하나의 명제로 정리하자면 "보조금의 규모·빈도·지속성·중요성·비중이 커질수록, 정부나 지배층이 보조금을 통제나 정치적 반대급부 요구의 지렛대로 사용할 가능성이 커지며, 그에 따라 보조금에 내포된 잠재적·현재적인 통제 효과 및 순치 효과 또한 더욱 커질 것이다"라는 것이 된다. 보다 구체적으로, 보조금의 종교정치는 다음 세 가지 측면들로 구성된다: 1) 정부보조금을 매개로 이루어지는 규제(종교에 대한 국가 규제), 종속(종교의 정치적 종속), 유착(정치-종교 유착)의 과정과 기제들, 2) 같은 맥락에서 국가-종교 사이의 은밀한 혹은 공공연한 거래, 협상, 선물(gift) 수수, 3) 보조금 지급의 형평성과 종교차별 시비와 관련된 종교-국가, 종교-종교 간 갈등(강인철, 2012: 48-49).

국외원조 감소로 심각한 재정적 난관에 봉착해 있었기 때문에, 그리스도교 사회복지세력이 정부의 '보조금 제공과 민간위탁 패키지 제공'을 매개로 한 파트너십 제안에 충분한 비판적 성찰 없이 적극적으로 호응했음은 분명했던 것 같다. 필자가 '보조금의 종교정치'라고 부르는 상황에 대해서도 충분한 성찰이 없었던 것 같다. 앞서 강조했듯이, '보조금의 종교정치'는 종교사회복지 영역에서 새로운 형태의 '정치적 종속성(약한 자율성)'과 '정교유착' 가능성을 증가시킨다. 나아가 그것은 다음과 같은 서로 연관된 두 가지 상황을 고착시키는 데 기여할 수 있다. 첫째, 종교사회복지가 정부의 민간 쪽 파트너가 되어 '복지 민영화'의

첨병 내지 촉진자 역할을 지속적으로 담당할 수 있다. 둘째, (첫 번째 역할의 자연스런 귀결로) 종교사회복지가 '과소 복지국가 체제'의 생존력을 보강해 주는 버팀대 역할을 담당할 수 있고, 그럴수록 한국 사회는 '복지국가'의 이상(理想)과 더욱 멀어질 것이다.

남아 있는 또 하나의 선택, 그러나 비교적 좁은 길은 종교사회복지를 '지역복지운동' 내지 '지역사회운동'으로 발전시켜 나가는 것이다. 이태수에 따르면, 한국에서 종교사회복지가 수행해야 할 역할은 1) 복지프로그램의 내실화, 2) 지역복지운동의 활성화, 3) 복지정책의 추동으로 압축될 수 있는데, 여기서 2)와 3)에 이런 문제의식이 담겨 있다. '지역복지운동의 활성화'는 종교사회복지가 지역 내 NGO들과의 네트워크를 구성하여 '지역복지공동체'의 구현에 적극 참여하는 것이다. '복지정책의 추동'은 중앙·지방 정부 차원의 복지정책 결정과 집행 과정에 감시자 역할을 수행하고 대안을 제시·관철하는 것, NGO들과의 연대나 종교단체들의 독자적인 사회세력화를 통해 '사회운동'으로서의 복지운동에 적극 참여함으로써 복지국가의 기틀을 확립하는 것이다(이태수, 2003: 185; 1999). 이태수는 이를 "NGO들과의 연대를 통해, 그리고 NGO로서 기능함으로써 복지 프로그램을 내실화하고 지역복지운동을 활성화하는 동시에 복지정책의 발전을 추동하여 궁극적으로 사회복지의 발전을 꾀함은 물론 종교사회복지의 정체성을 확립해 나가는 것"으로 요약했다(이태수, 2003: 184-185).[12] 비슷한 시기에 유승무가 제안한 '종교시민사회복지모델'도 이와 유사한 문제의식을 담고 있다(유승무, 2003).

---

12 필자(인용자)가 인용문 중 '가톨릭'을 '종교'로 고쳐 넣었다.

이런 제안들이 현실화될 수 있다면, 종교사회복지 기관·단체들은 앞서의 길(선택)과는 판이한 역할들을 수행할 수 있을 것이다. 첫째, 종교사회복지 기관·단체들은 지역주민들에게 질 좋은 맞춤형 복지서비스를 제공할 수 있다. 특히 종교사회복지는 관성과 형식주의에 젖은 정부 관료들이 도저히 수행할 수 없는 미묘하고 세부적인 부분에서 두각을 나타낼 수 있다. 둘째, 종교사회복지 기관·단체들은 지역사회에서 사회적 연결망을 형성하는 역할, 지역주민들 특히 빈곤층 등 사회적 약자들에게 유용하게 활용될 수 있는 사회자본(social capital)의 형성을 촉진하는 역할을 담당할 수도 있다. 셋째, 정부 복지정책에 대한 감시와 견제 그리고 바람직한 방향으로의 견인 노력을 통해, 종교사회복지는 지역주민들의 삶의 조건과 질을 개선할 수 있는 지역사회운동의 씨앗이 될 수 있다. 넷째, 종교사회복지 기관·단체들은 지역 내 관련 NGO들과 연대하여 사회적 기업이나 협동조합운동 등 '아래로부터의 (자율)경제'를 촉진함으로써 지역주민 중 빈곤층의 경제자본(economic capital) 확충에도 부분적으로 기여할 수 있다. 몇 가지 조건들이 충족된다면, 특히 1) 일정한 자율성과 자립성을 갖춘 종교사회복지기관들이 긴밀한 연결망을 형성하고, 이 연결망이 소속 종사자들의 정기적인 연수·공동사업·공동행동 등을 통해 다져지고 효과적으로 작동할 경우, 2) 개혁·진보적인 지방정부 혹은 지방의회가 자리 잡고 있는 지역들에서 지방정부·의회와 종교사회복지기관들이 신뢰성 있는 협력관계를 구축할 경우, '지역복지운동으로의 길'도 어느 정도 실현 가능한 대안이 될 것이다.

마지막으로 덧붙일 것은, 조만간 한국에서도 양심적 병역거부자에 대한 민간대체복무제(civilian alternative service)가 도입된다면 이것이 종교사회복지를 활성화하는 중요한 기회로 작용하리라는 점이다. 외국의 사례들을 보건대 양심적 병역거부자에 대한 민간대체복무에서 사회복지기관들이 매우 큰 비중을 차지하기 때문이다. 대체복무제도가 도입된 후 시간이 흐름에 따라 대체복무 기간이 현역 군복무 기간과 거의 비슷해지고, 대체복무의 강도(強度)도 서서히 낮아진다면, 민간대체복무를 선택하는 이들이 크게 증가할 것이다. 이 단계에서는 한국의 주요 종교들도 (대체복무제를 선택하는 자기 신자들을 영적으로 보살피기 위해) 더 많은 산하 복지기관들을 '대체복무기관'으로 지정받으려는 노력을 기울이게 될 것이다. 그리고 이런 노력의 과정에서 종교사회복지기관의 신설이나 시설 개선이 자연스럽게 이루어질 것이며, 덤으로 종교사회복지기관들은 낮은 인건비의 풍부하고도 성실한 인적 자원을 안정적으로 공급받게 될 것이다.

참고문헌

강인철. 1996a. 「가톨릭 신자들의 사회복지의식: 비교분석을 중심으로」. 『21세기 한국 가톨릭사회복지의 전망』(서울가톨릭사회복지회 설립20주년기념 심포지엄 자료집). 서울가톨릭사회복지회.

강인철. 1996b. 『한국기독교회와 국가·시민사회: 1945-1960』. 한국기독교역사연구소.

강인철. 1999. 「미군정기 남한 유입인구의 사회인구학적 분석과 정치적 효과」. 『미군정기 한국의 사회변동과 사회사 I』. 한림대학교출판부.

강인철. 2006. 『한국 천주교의 역사사회학: 1930-1940년대의 한국 천주교회』. 한신대학교출판부.

강인철. 2012. 『종교정치의 새로운 쟁점들』. 한신대학교출판부.

강인철. 2013. 『종속과 자율: 대한민국의 형성과 종교정치』. 한신대학교출판부.

고경환. 2006. 「한국종교계의 사회복지시설 지원금 실태분석」. 『보건복지포럼』 115: 65-73.

고경환 외. 2005. 「사회복지 지출 추계를 위한 한국 종교계의 사회복지시설지원금 실태조사: 2001-2003」(연구보고서). 한국보건사회연구원(『붓다뉴스』, 2006. 6. 26에서 재인용).

권경임. 2003. 「시민사회에 있어서 불교사회복지의 역할」. 종교사회복지포럼 편. 『시민사회와 종교사회복지』. 학지사.

권경임. 2004. 『불교사회복지실천론』. 학지사.

김명연. 2013. 「전두환은 왜 531명 죽어 나간 그곳을 칭찬했나」. 『프레시안』, 2013. 5. 9.

김양선. 1956. 『한국기독교 해방10년사』. 예장총회 종교교육부.

김인숙·최해경·이선우. 1997. 『한국 가톨릭사회복지의 실태와 전망』. 한국천주교주교회의 사회복지위원회.

김흥수. 2005. 「한국전쟁 시기 기독교 외원단체의 구호활동」. 『한국기독교와 역사』 23: 97-124.

노길명. 2005. 『민족사와 천주교회』. 한국교회사연구소.

노길명. 2010a. 「서론: 한국의 종교문화와 종교운동」. 『한국의 종교와 사회운동』. 이학사.

노길명. 2010b. 「종교 사회복지의 성격과 과제」. 『종교와 사회』 1: 191-215.

노치준. 1995.『한국의 교회조직』. 민영사.
노치준. 1998.『한국 개신교사회학: 한국 교회의 위기와 전망』. 한울.
대한민국 공보처 통계국 편. 1953.『1952년 대한민국통계연감』. 공보처.
동국대학교 석림동문회. 1997.『한국불교현대사』. 시공사.
보건사회부 편. 1955.『보건사회통계연보 1954』. 보건사회부.
심대섭. 1989.「사회사업사」.『원불교 70년 정신사』. 원불교출판사.
심대섭. 2003.「시민사회에 있어서 원불교사회복지의 역할: 한국의 시민사회와 원불교의 사회봉사」. 종교사회복지포럼 편.『시민사회와 종교사회복지』. 학지사.
심대섭. 2013.「사회복지」.『원불교대사전』. 원불교출판사.
심흥보. 2000.「한국 천주교회의 사회복지 활동」.『한국 천주교회사의 성찰』. 한국교회사연구소.
안종철. 2008.「미국 북장로교 선교사들의 활동과 한미관계, 1931-1948」. 서울대학교 박사학위논문.
안종철. 2009.「미군정 참여 미국 선교사·관련 인사들의 활동과 대한민국 정부수립」.『한국기독교와 역사』30: 5-30.
원불교 정화사 편저. 1977.「원불교 교사」.『원불교 전사』. 원불교출판사.
유승무. 2003.「시민사회의 등장과 새로운 종교사회복지 모델의 모색」. 종교사회복지포럼 편.『시민사회와 종교사회복지』. 학지사.
유장춘. 2003.「기독교사회복지의 이념과 실제」. 종교사회복지포럼 편.『시민사회와 종교사회복지』. 학지사.
유홍렬. 1956.「한국천주교회 약사」.『한국천주교연감 1956』. 한국천주교중앙협의회.
이남재. 2003.「불교사회복지사업의 회고와 전망」.『종교사회복지』. 동국대학교출판부.
이만식. 2003.「기독교의 사회복지 참여 실태 및 활성화 방안」.『종교사회복지』. 동국대학교출판부.
이재승. 2013.「500명 넘게 죽인 그곳…박정희·전두환은 책임 없나?」.『프레시안』, 2013. 5. 22.
이태수. 1999.「한국사회복지의 동향과 종교사회복지의 방향」.『종교 사회복지의 정체성과 방향』(심포지엄 자료집). 한국종교계 사회복지대표자협의회.
이태수. 2003.「시민사회 내에서의 가톨릭사회복지의 역할과 과제」. 종교사회복지포럼 편.『시민사회와 종교사회복지』. 학지사.
임덕영. 2013.「박정희와 전두환은 왜 '부랑인'을 겨냥했나」.『프레시안』, 2013. 6. 12.
장정란. 2001.「한국전쟁과 외국 가톨릭교회의 전재복구 활동에 관한 연구」. 한국 사목연구소 편.『한국 천주교회사의 성찰과 전망 2: 해방 공간과 한국전쟁을 중심으로』.

한국천주교중앙협의회.
전명수. 2012. 「종교와 사회복지의 접점: 종교의 사회적 책임과 복지활동의 실제」. 『종교연구』 68: 253-280.
전택부. 1987. 『한국교회발전사』. 대한기독교출판사.
정무성. 2003. 「종교와 사회복지」. 종교사회복지포럼 편. 『시민사회와 종교사회복지』. 학지사.
정병오. 1994. 「사회복지사업에의 민간참여 확대와 문제점」. 『가톨릭사회복지』 2: 17-22.
조보각·손능인·김혜도·최영신. 2012. 『불교사회복지개론: 불교사회복지의 사상과 역사, 실천체계 및 현황』. 운주사.
최시룡. 1985. 「현대 한국천주교회와 구라사업의 전개」. 『한국교회사논문집』. 한국교회사연구소.
최원규. 1996. 「외국민간원소난제의 활동과 한국 사회사업 발전에 미친 영향」. 서울대학교 박사학위논문.
카바 40년사 편찬위원회 편. 1995. 『외원사회사업기관 활동사: 외국민간원조기관한국연합회 40년사』. 홍익재.
한국가톨릭대사전편찬위원회 편. 1985. 『한국가톨릭대사전』. 한국교회사연구소.
한국기독교역사연구소. 1990. 『한국 기독교의 역사 Ⅱ』. 기독교문사.
한국기독교역사연구회. 1989. 『한국 기독교의 역사 Ⅰ』. 기독교문사.
한국기독교역사학회 편. 2009. 『한국 기독교의 역사Ⅲ』. 한국기독교역사연구소.
한국기독교연합회 편. 1957. 『한국기독교연감(1957년판)』. 대한기독교서회.
한국천주교주교회의 사회복지위원회 편. 1999. 『천주교사회복지편람』. 한국천주교주교회의 사회복지위원회.
한국천주교주교회의 인성회. 1981. 「1970년대 주요 선진국 교회개발 원조기구의 대한국 교회사업 원조 현황 및 분석 보고서: CIDSE 자료를 중심으로」. 한국천주교주교회의 인성회(미간행 자료).
한국천주교중앙협의회 편. 1956. 『한국천주교연감 1956』. 한국천주교중앙협의회.
한종선·전규찬·박래군. 2012. 『살아남은 아이: 우리는 어떻게 공모자가 되었나?』. 도서출판 문주.

12장 /

가톨릭 사회복지의 역사적 변화와 전망

김인숙

1. 서론

한국의 사회복지는 1990년 민주화 이후 비약적으로 확장되어 왔다. 학계에서만 논의되던 '보편적 복지'라는 개념이 국민적 용어가 되는 등 복지국가 담론은 이제 복지 영역을 넘어서 국가체제의 문제로 확장되고 있다. 일반적으로 한 사회의 사회복지는 공공 부문과 민간 부문의 총합으로 이루어진다. 공공 부문의 사회복지는 중앙정부와 지방정부가 제공하는 사회복지이며, 민간 부문은 가정, 시장 및 비영리단체 등이 제공하는 사회복지를 말한다.

우리나라에서 사회복지의 민간 부문은 사회복지서비스의 공급자로서, 순수한 민간 부문이라기보다는 정부의 재정지원을 받는 민간 부문이다. 사회복지서비스의 공급자로서 민간 부문의 역할을 강조하는 것이 복지다원주의다. 그래서 혹자는 한국의 사회복지는 국가복지의 확대 이전에 복지다원주의가 뿌리내렸다고 평가하기도 한다. 최근 복지서비스를 공급하는 민간 부문에서 다양한 변화가 발생하고 있다. 집단적인 수용보호 위주에서 지역사회보호의 강조, 개인의 재활 및 사회복귀를 강조하는 정상화와 탈시설화, 소공동체의 증가, 사회복지서비스 이용을 위한 기관·시설의 증가, 정부의 사회복지기관·시설 위탁 급증 등이 그 예다.

서구를 비롯하여 우리 사회에서 민간 부문의 역할을 수행하는 대표적인 부문은 종교계다. 특히 시민사회 영역이 뒤늦게 출발하고 더딘 발전을 보인 우리나라의 사회복지에서 종교계의 역할은 그만큼 크다고 할 수 있다. 한국전쟁 이후 공공 부문의 역할이 미약했던 사회복지 영역에서 종교계의 사회복지활동은 공공 부문을 대신할 만큼 폭발적으로 증가하였다. 종교계는 한때 보건복지부보다 많은 예산을 운용하기도 했다. 이처럼 한국의 종교 부문은 근현대사를 통해 공공 부문의 손길이 미치지 못하는 곳에서, 혹은 공공 부문과의 긴밀한 협조 아래서 사회복지 영역을 개척해 온 오랜 역사를 갖고 있다(하상락, 1989). 한국 가톨릭교회의 사회복지활동도 이러한 자장 안에 있으며, 한국 사회의 역사적 변화에 따라 변화해 왔다.

한국 가톨릭교회의 사회복지활동은 1980년대 이후 양적으로 급격하게 팽창하고 있다. 사회복지를 위한 교회 내 조직이 신설되고 확장되었으며 가톨릭이라는 이름 아래 운영되는 사회복지기관과 시설도 급증하였다. 그렇다면 가톨릭교회는 우리나라 복지국가의 확장 과정에서 어떤 역할을 하였는가? 앞으로 어떤 역할을 담당할 것이며, 담당해야 하는가? 사회복지서비스를 전달하는 전달체계로서의 역할인가, 국가 자원의 부족분을 보완하는 자원 보완의 역할인가? 국가복지 부문이 포괄하지 못하는 복지대상층에 보조적 서비스를 제공하는 역할인가? 국가 부문을 비판하고 자극함으로써 복지국가로의 이행을 촉진하는 촉진자 역할인가? 이런 질문에 답하기 위해서는 그만큼 많은 연구와 시간이 필요하다. 현재 종교계의 사회복지활동에 대한 연구는 복지국가로의 이행 과정이라는 틀 안에서 종교계가 어떤 역할을 수행했는지에 대한 심도 깊은 연구는 찾아보기 어렵고, 각 종파들의 사회복지사업 현황을 소개하고 정리하는 수준에 머물러 있다.

극소수 연구에서 사회복지 발전에 대한 종교계의 공헌을 평가한 바 있지만, 양적 단일 지표에 의한 평가라서 그 한계가 뚜렷하다. 이들 연구에서는 우리나라 사회복지사업의 발달 과정을 감안할 때 가톨릭은 1960-70년대까지 선구적·주도적 역할을 해왔고 1980년대 이후 사회복지 부문에서 정부의 역할이 커지면서 보완적 역할을 충실히 해온 것으로 평가받고 있다. 예를 들면 9개 사회복지사업 분야에서 각 종교의 기여도를 분석한 결과 종교별 인구수를 감안한다면 가톨릭의 공헌이 가장 큰 것으로 평가된 바 있다(김홍권, 1997). 이 글도 이러한 한계 내에서 가톨릭교회의 사회복지활동 현황을 통해 가톨릭교회의 사회복지활동의 역사적 변화와 그 특성을 살펴보고, 이를 바탕으로 복지국가 확장 과정에서 민간 영역의 한 부문으로서 가톨릭교회의 역할을 전망해 보고자 한다.

2. 가톨릭 사회복지의 역사적 개관

가톨릭교회는 교황 요한 23세에 의해 소집된 제2차 바티칸 공의회를 통해「현대 세계의 사목헌장」을 내놓았다. 이 사목헌장은 인간의 존엄성, 인권과 평화는 물론 사회정의와 사회적 차별대우, 저개발, 개발도상국가 국민들의 빈곤과 기아가 교회의 책임임을 언급하고 있다. 1967년 '교황청 정의평화위원회(The Pontifical Council for Justice and Peace)'의 설립으로 한국의 가톨릭교회도 '정의평화위원회'를 통해 이에 적극적으로 관여하였다(박석돈, 1996: 20-22). 이 역사적 사건은 가톨릭이 '사회 속에 존재하는 교회'임을 보여 주었는데, 이는 가톨릭교회의 사회복지활동에 심대한 영향을 미쳤다.

그 연장선에서 가톨릭교회는『한국 천주교 사목 지침서』(제2장 222-235조)에서 사회복지의 범위를 단순히 시혜적이고 자선적인 것만이 아니라 사회개혁적 차원의 행동까지 포괄하는 것으로 보았다(김인숙, 1996: 90). 이는 가톨릭교회의 '사회복지'에 대한 규정이 복지와 정의를 모두 포괄하고 있으며, 따라서 진보적이고 폭넓음을 보여 준다. 박문수(1996)는 진정한 의미의 가톨릭 사회복지를 사회정의와 분배정의를 실현하는 사회정의 사목으로 보았다. 사회정의 사목은 사회불의와 기회불균등, 재화의 불공평한 분배, 빈부격차, 가난한 이들의 영구적인 격리와 같은 구조적인 사회문제를 해결하려는 노력이다.

『한국 천주교 사목 지침서』에는 가톨릭 사회복지활동의 대상과 방법에 대해서도 언급되어 있다. 사회복지활동의 대상으로 노인, 장애인, 아동, 청소년, 여성, 부랑인, 빈민, 산업재해와 직업병, 교정 사업, 혼혈아, 외국인 노동자 등을 포괄하고 있다. 또 사회복지활동의 방법으로 조직적 자원동원, 유관단체와의 정보교환 및 유기적 관계를 강조하는 등 사회사목의 일환으로 사회복지활동의 대상과 방법을 구체적으로 언급한다. 따라서 가톨릭 사회복지는 사회사목의 일환이라는 교회 내적 역할과 사회복지의 민간 영역이라는 교회 외적 역할이 중첩되면서 이루어진다고 볼 수 있다. 그러면 가톨릭교회는 어떤 사회복지활동을 전개해 왔을까?

가톨릭교회의 사회복지활동은 가톨릭교회가 우리나라에 들어온 초기부터 시작되었다. 파리 외방전교회 선교사들에 의해 1854년에 설립된 영해회는 가톨릭교회 최초의 조직화된 사회복지활동으로 볼 수 있다. 영해회는 아동복지의 일환인 고아구제사업과 의료복지사업을 중심으로 사업을 전개해 나갔다. 이후 해방 전까지 샬트르 성 바오로 수녀회, 메리놀 외방전교회 등 수도원이 사회복지사업을 전개하였다(심흥보, 2001; 서울가톨릭사회복지회, 2006).

해방 이후 한국전쟁을 거치면서 가톨릭교회의 사회복지활동은 한국 사회가 직면한 다양한 사회적 문제에 개입하였다. 가장 대표적인 예로는 '가톨릭구제위원회(Catholic Relief Service)'의 활동을 들 수 있다. 가톨릭구제위원회는 미국 천주교 주교회의 산하의 공식적인 해외 원조기관으로, 제2차 세계대전으로 피해를 입은 세계 각지의 난민들을 구호하고, 전쟁 희생자와 빈민을 돕기 위해 조직된 각국의 사회사업단체를 지원하기 위해 1943년에 조직되었다(서울가톨릭사회복지회, 1996: 43). 한국 가톨릭구제위원회는 1946년부터 구호와 구빈 사업을 비롯하여 사회경제개발사업과 지역사회개발사업(신용협동조합 육성 등)을 적극적으로 수행하였다. 30년에 걸친 가톨릭구제위원회 활동은 1974년 미국의 가톨릭구제위원회가 철수하면서 1975년 '인성회'에 양도되었다. 이 당시 가톨릭교회는 가톨릭구제위원회 외에도 본당과 수도회를 중심으로 나환자, 장애인, 노인, 아동에 대한 복지사업을 적극 시행하였다(심흥보, 2001; 서울가톨릭사회복지회, 2006).

인성회(Human Development Committee)는 주교회의 산하의 가톨릭교회의 사회복지를 활성화하고 조정하는 기구로 발족하였고, 긴급구호는 물론 자선활동, 복지사업, 개발활동, 사회운동과 연관된 의식계발을 관장하였다. 이후 인성회는 각 교구에 교구 인성회의 설립을 촉구하였는데, 그 결과 각 교구에 사회복지회가 설립되었고, 사회운동단체를 조직화함으로써 교구별, 분야별로 사회복지기구를 통합하고 조정하였다. 1980년대에는 가톨릭교회 내의 다양한 복지분야 활동 협의회(가톨릭아동복지협의회, 가톨릭장애인복지협의회, 한국가톨릭사회복지협의회, 가톨릭공부방협의회 등)가 결성됨으로써 가톨릭교회의 사회복지활동은 더욱 조직화되어 갔다(심흥보, 2001; 서울가톨릭사회복지회, 2006). 즉, 1970년대와 1980년대에 가톨릭 사회복지는 사회복지활동을 위한 교회 내 조직을 구축하고 확장함은 물론이고 자선에서 사회운동에 이르는 넓은 의미의 사회복지활동을 이끌어 갔다. 가톨릭교회의 이러한 모습은 국가복지가 미약하던 당시에 사회복지의 개척자, 개발자, 옹호자, 보완자로서의 역할을 충실히 수행한 것으로 볼 수 있다.

1990년대 이후 가톨릭교회의 사회복지는 지방자치제의 시행과 국가복지의 성장을 배경으로 미신고시설을 신고시설로 전환하고, 정부와 지방자치단체로부터 운영권을 위탁받아 복지시설 및 기관을 위탁운영하는 경향을 보였다. 즉, 민간 부문으로서 사회복지활동에 적극 참여하길 바라는 정부의 요청에 호응한 것인데, 그 결과 2000년 이후 가톨릭교회의 사회복지사업에서 시설 위탁운영이 급격히 증가하였다. 또한 1990년대 이후 가톨릭교회는 가톨릭 사회복지활동을 위한 체계와 기반을 구축했는데, 주교회의 산하 인성회가 '사회복지위원회'로 개칭되어 가톨릭교회 전반의 사회복지활동을 조정하고 지원하였고, 사회복지회가 설립되어 있지 않던 여러 교구들이 사회복지회를 설립했으며, 대다수의 본당에도 사회복지분과가 만들어졌다.

3. 가톨릭 사회복지의 구조와 변화

가톨릭교회의 사회복지구조는 가톨릭교회가 갖고 있는 모든 조직단위를 하나의 체계로 하여 구성되어 있다. 가톨릭교회는 수직적·수평적 구조를 갖고 있다(김인숙·최해경·이선우, 1997). 수직적으로는 주교들의 협의체인 주교회의, 지역별 독립체인 교구, 지역단위의 최일선 독립체인 본당으로 구성되어 있고, 수평적으로는 다양한 수도회가 있다. 이들 각 조직단위는 각기 다른 사회복지조직을 갖고 있다. 주교회의는 '주교회의 사회복지위원회', 교구는 '교구 사회복지회(국)', 본당은 '본당 사회복지분과', 그리고 수도회는 다양한 사회복지시설을 운영하고 있다(〈그림 12-1〉 참조).

여기서 수직적 구조는 엄격한 위계서열적 구조를 의미하지 않는다. 가톨릭교회의 주교회의 사회복지위원회는 교구 사회복지회(국)에 대해 직접적인 위계구조를 갖고 있지는 않다. 즉, 주교회의 사회복지위원회는 각 교구 주교들의 협의체인 주교회의 산하의 한 위원회로서 가톨릭 사회복지를 대표하는 기구의 위치를 점하고는 있지만, 교구와의 관계에서 상의하달의 위계구조를 가지는 것은 아니다. 그러나 명실공히 주교회의 사회복지위원회는 우리나라 가톨릭 사회복지를 대표하는 기구로, 독립적으로 운영되는 각 교구의 사회복지활동에 대한 조언자와 조정자의 기능을 수행하는 위치에 있다.

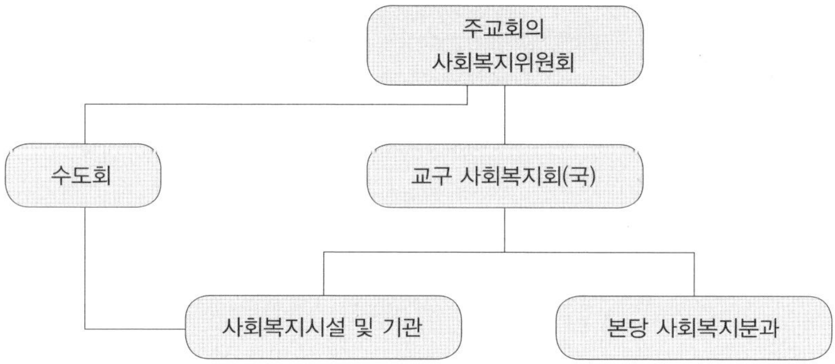

〈그림 12-1〉 가톨릭 사회복지의 기본 조직 체계

또한 교구 사회복지회(국)와 본당 사회복지분과의 관계도 위계적 관계라고는 볼 수 없다. 그러나 가톨릭교회의 자치 단위는 교구이고, 본당은 해당 교구에 소속되어 있으므로 교구의 방침이나 지원 등과 무관할 수 없다. 그러므로 주교회의-교구-본당으로 이어지는 계통에서 사회복지활동은 권위를 가지고 상의하달의 구조를 갖는다고 볼 수는 없지만, 업무 및 활동 대상의 포괄범위와 그 영향권이라는 측면에서 보았을 때 주교회의 사회복지위원회-교구 사회복지회(국)-본당 사회복지분과로 이어지는 라인을 '수직계통'으로 명명해도 무리는 없을 것으로 보인다. 따라서 여기서 말하는 '수직'의 의미는 상하의 엄격한 권위구조에 의한 통제를 의미하지 않고, 오히려 각 체계의 활동 대상 및 영향의 포괄범위, 그리고 조정 대상의 규모가 일정한 계통성을 지니면서 차이가 있다는 의미에 더 가깝다.

수평적 구조에는 개별 사회복지기관·시설, 사회복지 분야별 전국협의체, 수도회 등이 포함된다. 개별 사회복지기관과 시설은 가톨릭 사회복지 전달체계 중에서 대상자에게 직접적 서비스를 제공하는 가장 대표적인 체계이고, 사회복지 분야별 전국협의체는 개별 사회복지기관·

시설에 대한 조정, 지원, 협력을 위한 체계다. 그리고 수도회는 가톨릭 내의 사회복지조직 중 가장 독립적으로 운영되면서 사회복지 대상자에게 직접적 서비스를 제공하는 개별 기관·시설을 운영 및 지원하는 체계다. 이들은 가톨릭교회의 공식적인 조직 단위인 주교회의, 교구, 본당이라는 교회 내 조직과 긴밀한 관계 없이 공식적 교회조직 주변에서 자생적으로 형성되어 가톨릭 사회복지에 일익을 담당하는 체계다. 따라서 이들 조직 간의 관계는 수직계통 전달체계처럼 일정 기준을 중심으로 한 포함관계라기보다는 주로 개별 조직의 필요성에 따라 관계를 맺고 교류하는 체계로 볼 수 있다.

주교회의 사회복지위원회

1991년에 설치된 주교회의 사회복지위원회는 수직적 계통의 가장 상위에 위치하면서 공식적으로는 전국의 가톨릭 사회복지를 통괄한다. 주교회의 사회복지위원회는 각 교구 주교들의 협의체로서 주교회의가 선임한 위원장 주교, 주교회의 상임위원회가 인준한 총무 신부, 각 교구의 교구장이 임명한 교구 대표 신부, 주교회의 사회복지위원회가 인준한 분야별 사회복지전국협의단체의 지도 신부 등으로 구성되고 상임위원회와 감사 및 사무국을 두고 있다. 주교회의 사회복지위원회가 공식적으로 표방한 기능은 1) 보조성의 원리에 입각한 조정 기능, 2) 인적·물적 자원을 동원하는 자원 동원 기능, 3) 정부와 국제사회 그리고 전국 차원에서의 가톨릭 사회복지를 대표하는 대표성의 기능이다.

주교회의 사회복지위원회의 역사적 출발은 해방 이후 미국가톨릭구제위원회의 지원을 받은 '가톨릭구제위원회'다. 가톨릭구제위원회는 해외 원조금으로 모자보건, 학교급식, 아동급식, 극빈자 구호, 지역사회 개발 등의 사업을 전개하였다. 1947년에서 1963년 사이에 가톨릭구제위원회가 받은 원조금액은 140만 달러에 이르렀다. 여기서 한 가지 주목할 것은 1960년대와 1970년대의 가톨릭 사회복지활동은 구호에만 머물지 않고 지역사회개발사업에 많은 노력을 기울였다는 점이다. 이는 국외적으로는 제2차 바티칸 공의회의 영향이기도 했고, 국내적으로는 산업화정책으로 인한 인구의 도시집중화로 농촌이 침체 상황에 있었기 때문이다(심흥보, 1998).

가톨릭구제위원회는 미국가톨릭구제위원회의 지원이 1974년으로 끝남에 따라 재산 일체를 1975년에 설립된 주교회의 산하 인성회에 양도하게 된다(심흥보, 1998). 인성회는 긴급구호, 복지, 개발활동 등 사업을 전개하면서 한국 가톨릭 사회복지를 이끄는 공식적 대표 기구로 자리매김하였다. 그러나 1980년대 사회복지가 사회적으로는 물론 가톨릭교회 내에서도 양적으로 팽창하자 1991년 인성회는 '사회복지위원회'라는 명칭으로 바뀌게 된다. 현재 주교회의 사회복지위원회는 긴급구호 및 해외원조, 가톨릭 내 사회복지조직에 대한 조정, 가톨릭 내 사회복지 종사자에 대한 교육 및 홍보뿐만 아니라 가톨릭 사회복지를 대표하고 자원을 동원하는 역할을 주로 하고 있다.

교구 사회복지회(국)

교구 사회복지회(국)는 주교회의 사회복지위원회의 조정 기능에 영향을 받으면서 가톨릭 사회복지의 중심에 위치한 기구다. 우리나라에는 군종교구를 제외한 15개 교구에 해당 교구의 사회복지사업을 수행하기 위해 사회복지회(국)가 설치되어 있다. 그리고 이들 교구의 절반 이상이 1990년대 이후에 설치되었다. 인천교구가 1967년에, 서울교구가 1976년에, 전주와 광주, 원주, 수원 교구가 1980년대에, 그리고 이들을 제외한 나머지 9개 교구는 1990년대에 들어서 교구에 사회복지를 전담하는 기구인 교구 사회복지회(국)를 설치하였다(〈표 12-1〉 참조). 교구 사회복지회는 인천교구를 제외한 14개가 사회복지법인으로 설립되

〈표 12-1〉 교구 사회복지 담당 기구의 기본 현황

교구명	교구 사회복지 담당 기구	직원 수	법인 설립 여부
광주대교구	사회복지법인 가톨릭광주사회복지회	12	설립
대구대교구	천주교 대구대교구 사회복지회	17	설립
대전교구	사회복지법인 대전가톨릭사회복지회	5	설립
마산교구	사회복지법인 천주교마산교구사회복지회	2	설립
부산교구	사회복지법인 로사리오 카리타스	6	설립
서울대교구	사회복지법인 서울가톨릭사회복지회	20	설립
수원교구	사회복지법인 천주교수원교구사회복지회	7	설립
안동교구	사회복지법인 천주교안동교구사회복지회	3	설립
원주교구	사회복지법인 원주가톨릭사회복지회	5	설립
의정부교구	사회복지법인 대건 카리타스	4	설립
인천교구	인천가톨릭사회복지회	5	미설립
전주교구	사회복지법인 전주가톨릭사회복지회	4	설립
제주교구	사회사목위원회	3	설립
청주교구	사회복지법인 천주교청주교구사회복지회	3	설립
춘천교구	사회복지법인 천주교춘천교구사회복지회	5	설립

자료: 한국천주교 주교회의(2013).

어 있다. 각 교구 사회복지회(국)의 조직구조는 교구의 실정에 따라 매우 다양하다. 사회복지회(국) 아래에 사회복지와 관련한 하부구조를 갖추지 않은 교구도 상당수에 이르고, 설령 하부구조를 갖추고 있다 해도 사회복지에 대한 지도신부와 실무자의 인식 및 교구의 사회복지 실정에 따라 차이가 많다. 교구 사회복지회(국)의 하부 조직구조는 그 교구가 사회복지의 어떠한 측면에 더 많은 관심을 갖고 있는가를 볼 수 있는 하나의 지표로 여겨진다.

교구 사회복지회(국)는 해당 광역지역을 중심으로 가톨릭 사회복지시설들을 직영하고 인력을 지원하는 내부 사업과, 해당 지역 또는 해당 지역범위를 넘어서는 사회복지 이슈들에 대한 새로운 접근과 문제제기, 비영리 민간기관들과의 연계 등 다양한 사업을 수행한다. 그러나 교구 내 사회복지시설과 본당에서 제기되는 사회복지 이슈를 파악하고, 이들 문제를 해결하기 위한 의도적인 조정 역할은 교구 간에 편차가 크다.

교구 사회복지회(국)의 중요한 기능 중 하나는 자원 개발 및 동원이다. 이 기능은 교구의 사회복지사업을 유지하기 위해 반드시 필요하다. 교구 사회복지사업의 재원 출처는 교구의 보조금, 개인 및 단체 후원금, 자선주일과 사순절 2차 헌금, 정부의 지원금〔교구 사회복지회(국)가 사회복지법인인 경우〕, 기타 수익사업 등으로 구분할 수 있다.

우리나라 15개 교구 사회복지회(국) 중 두세 군데를 제외하고는 대부분이 재정적으로 어려운 형편이다. 특히, 많은 교구 사회복지회(국)는 교구청의 충분한 재정 지원을 원하고 있으나 이 또한 여의치 않은 상황이다. 교구 사회복지회(국)의 자원 개발 및 동원의 기능은 교구 간에 편차가 매우 크고, 빈익빈 부익부 현상이 두드러진다.

그러나 기본적으로 교회 내에 자원을 동원할 수 있는 제도적 장치(자선주일과 사순절 2차 헌금)를 마련하고 있다. 문제는 이러한 제도적 장치를 통해 동원할 수 있는 자원의 양이 교구의 사회복지사업을 활성화하기에 부족하다는 점이다. 각 교구의 재정규모는 그 교구가 위치한 지역적 특성뿐만 아니라, 해당 교구의 지도급 성직자들의 사회복지에 대한 견해와 관점에 따라 차이가 있다. 또한 사회복지사업에 대한 접근 방식에서도 교구의 특성에 따라 중앙집권적 접근에서 분권적 접근에 이르기까지 다양하다.

본당 사회복지분과

가톨릭 사회복지조직의 수직 계통 중 가장 기초 단위인 본당은 2013년

〈표 12-2〉 본당 사회복지활동 현황(2013)

교구명	본당	사회복지 관련 조직 본당	활동 인원	대상자
광주대교구	131	90	450	270
대구대교구	159	152	1,855	5,482
대전교구	126	110	1,200	3,000
마산교구	72	70	217	3,578
부산교구	120	120	600	1,314
서울대교구	229	214	2,892	6,874
수원교구	200	168	865	415
안동교구	39	39	117	70
원주교구	47	-	-	-
의정부교구	73	70	500	700
인천교구	118	108	857	1,890
전주교구	93	92	200	-
제주교구	25	25	-	-
청주교구	76	62	702	-
춘천교구	57	31	650	700
합계	1,565	1,351	11,105	24,293

자료: 한국천주교 주교회의(2013).

현재 총 1,565개로서, 공식적 교회조직 내에서 이루어지는 가톨릭 사회복지활동의 가장 작은 단위라고 볼 수 있다. 한국전쟁 이후 한국의 사회복지가 시설복지 중심으로 변화하면서 본당의 사회복지활동은 상대적으로 위축되었지만, 1990년대 이후 들어 다시 활성화되기 시작하였다. 2013년 현재 전체 본당의 86%에 본당이 위치한 지역사회를 중심으로 사회복지활동을 전개하기 위해 사회복지분과가 설치되어 있다(〈표 12-2〉 참조).

사회복지분과는 대부분 1990년대에 조직되었으며, 교구에 따라서

〈표 12-3〉 본당 사회복지분과의 재정(N=372)

구분		빈도	비중(%)
사회복지분과 2004년도 지출	100만 원 미만	34	9.4
	100만 원-500만 원 미만	78	21.5
	500만 원-1,000만 원 미만	87	24.0
	1,000만 원-2,000만 원 미만	97	26.8
	2,000만 원-5,000만 원 미만	54	14.9
	5,000만 원-1억 원 미만	10	2.8
	1억 원 이상	2	0.6
	무응답	10	2.7
본당 총지출 중 사회복지분과 지출 비율	3% 미만	126	37.3
	3-5% 미만	82	24.3
	5-7% 미만	73	21.6
	7-10% 미만	45	13.3
	10% 이상	12	3.6
	무응답	34	9.1

자료: 천주교 주교회의 사회복지위원회 카리타스 아카데미(2006).

〈표 12-4〉 본당에서 실행하고 있는 활동(복수응답 가능)

활동 내용	1997년		2005년	
	빈도	비중(%)	빈도	비중(%)
기초생활 수급자 지원	287	76.1	284	71.2
시설 방문, 지원 및 노력봉사	255	67.6	283	70.9
소년 · 소녀가장 지원	213	56.5	198	49.6
경로잔치	188	49.9	174	43.6
병원 방문	182	48.3	176	44.1
의료비 지원	150	39.8	150	37.6
장학회 운영	120	31.8	77	19.3
임종 노인을 위한 봉사	103	27.3	96	24.1
재가복지(노인 심부름, 빨래, 청소)	97	25.7	159	39.8
아동 · 청소년 · 노인 · 장애인 상담	65	17.2	78	19.5
긴급재해 구호활동	65	17.2	50	12.5
자선진료기관 소개	59	15.6	60	15.0
노인대학 운영	51	13.5	84	21.1
생활시설 운영	47	12.5	41	10.3
무의탁자를 위한 무료식사 제공	36	9.5	41	10.3
이용시설 운영	36	9.5	30	7.5
상담실(노동 · 법률 · 가정 문제) 운영	25	6.6	14	3.5
취업알선	22	5.8	26	6.5

자료: 천주교 주교회의 사회복지위원회 카리타스 아카데미(2006).

는 사회분과, 사회선교분과 등으로 불린다. 본당에서는 주로 저소득층에 대한 소득 지원, 의료 지원, 서비스 지원 등 사회복지 영역의 다양한 활동이 전문적이고 체계적이지는 않지만 활발히 이루어지고 있다(김인숙·최해경·이선우, 1999). 교구는 본당 전체 예산의 10%를 사회복지 예산으로 사용하도록 권장하고 있으나 이를 이행하는 본당은 극소수에 그치고 있다(〈표 12-3〉과 〈표 12-4〉 참조).

수도회

수도회는 그동안 가톨릭 사회복지의 주된 전달체계로 간주되지는 않았으나, 물적·인적 차원에서 가톨릭 사회복지에 깊이 관여하고 있는 체계다. 우리나라의 남녀 수도회는 2014년 현재 총 168개(남자 수도회 47개, 여자 수도회 121개)인데(한국천주교 주교회의, 2014), 이들 수도회 중 상당수가 사회복지에 직접 또는 간접으로 관여하고 있는 것으로 알려져 있다.

해방 이후 한국전쟁을 전후한 초창기 가톨릭교회의 사회복지활동은 교구나 본당의 도움보다는 여자수도회에 의해 이루어졌다. 이때는 빈민과 전쟁고아를 중심으로 전재민 구호사업을 통해 정부의 손이 미치지 못하는 부문에 대한 보충적 역할을 수행하였다. 경제성장기인 1960년대부터 1980년대까지는 제2차 바티칸 공의회의 영향으로 여성 수도자들의 사회참여가 강조되면서 국제수도회들이 대거 한국에 진출하여 빈민과 구호사업을 역점으로 사회복지활동이 확장되고 다원화되었다.

1970년대와 1980년대에는 외국의 원조가 중단됨에 따라 가톨릭교회 내부의 사회복지활동이 활발히 이루어지고, 국내 정치 상황과 불합리한 사회제도로 인해 인권운동의 성격이 강화되었는데, 수도회는 특히 후자의 활동에 적극 참여하였다. 1990년대 이후 한국 사회가 민주화되면서 정부는 사회복지 부문에 민간참여를 적극 유도하였고, 바로 이 지점에서 가톨릭 수도회들이 적극 호응하고 합류하였다(서경돈·이인숙·남인숙, 2005).

수도회는 사회복지시설이나 기관을 직접 운영하거나 이들에 대한 재정 및 인력 지원을 통해 가톨릭 사회복지 내에서 중요한 역할을 수행한다. 또한 교구나 본당의 사회복지활동에도 인력을 파견하는 등 직·간접적으로 사회복지 전달체계에서 중요한 역할을 하고 있다.

가톨릭 사회복지 역사에서 수도회는 공공 영역에 앞서 사회문제에 대한 새로운 접근을 시도하고, 복지의 새로운 영역을 개척함으로써 개척자와 선도자로서의 역할을 수행해 왔다. 최근 들어서는 개척자와 선도자로서의 역할보다는 국가 대행자로서의 역할에 비중을 두고 있다. 특히 교구가 지방자치단체로부터 사회복지기관 및 시설 위탁을 제안받는 경우, 교구의 중개를 통해 사회복지기관·시설을 실제적으로 위탁받아 운영하는 경우가 많다. 전체적으로 볼 때, 가톨릭교회의 수도회들은 서비스 제공을 통해 지역운동에 관여하고, 국가복지의 사각지대를 보완했음은 물론이고, 사회복지 실천영역에서 새로운 모델을 제시하는 등의 역할을 수행해 왔다고 볼 수 있다. 이처럼 수도회는 가톨릭 사회복지의 다양한 분야에 관여함으로써 가톨릭 사회복지에서 중요한 역할을 담당하고 있다.

가톨릭 사회복지시설

수도회와 교구를 중심으로 하는 사회복지기관·시설은 가톨릭 사회복지 체계 중에서 가장 왕성한 활동을 보이는 영역이다. 따라서 가톨릭 사회복지라고 하면 당연히 가톨릭 관련 기관에서 운영하는 사회복지기관·시설이라고 인식할 정도다. 그만큼 가톨릭 사회복지에서 사회복지 시설 및 기관이 갖는 비중과 중요성은 크다.

앞에서 살펴본 것처럼 가톨릭교회의 사회복지활동은 가톨릭교회의 다양한 조직을 포괄하고 있다. 이들 조직이 수행하는 사회복지 내용의 핵심은 사회복지시설과 기관 운영을 통해서 드러난다. 주교회의, 교구, 본당은 국가복지의 맥락에서 이들 사회복지시설 및 기관의 복지 서비스를 조정하고 촉진·보완하는 역할을 한다. 따라서 여기서는 사회복지시설의 변화를 중심으로 가톨릭 사회복지의 변화를 살펴보고자 한다.

그러나 여기서 한 가지 강조할 것은 가톨릭교회의 사회복지가 사회복지시설의 운영만으로는 설명하기 어렵다는 점이다. 사회복지시설 운영으로 환원되지 않는 부분(예를 들면, 사회운동 형태의 다양한 활동 등)이 있다. 앞서 언급한 바 있듯이, 가톨릭교회의 사회복지에 대한 정의는 진보적이고 그 범위가 넓다. 여기서는 이러한 넓은 의미의 사회복지활동 중에서 전통적이고 전형적인 사회복지활동만을 다루며, 사회복지시설 운영으로 환원되지 않는 가톨릭 사회복지의 역사적 변화는 제외하였다.

• 사회복지시설 수의 변화

『한국천주교사회복지편람』에 따르면, 가톨릭교회의 사회복지기관·시설의 설립은 1980년대 이전에는 4.7%에 불과했으나 1980년대에는 8.2%, 1990년대에 설립된 비율이 31.5%, 2000년대에는 46.8%, 2010년 이후도 8.8%로 사회복지기관·시설 설립은 1990년대 이후, 특히 2000년 이후 폭발적으로 팽창하였다(〈표 12-5〉 참조). 2011년 현재 가톨릭교회에서 운영하는 사회복지시설은 1,023개이다. 1970년대까지 가톨릭 사회복지는 결핵·한센병 환자에 대한 의료복지와 아동청소년 복지에 중점을 두다가 1980년대 이후에는 노인·장애인·지역복지 분야가 증가하면서 사회복지 영역이 확대되었다(〈표 12-6〉 참조).

〈표 12-5〉 사회복지시설의 설립시기별 분포

설립시기	기관 수	비중(%)
1980년대 이전	48	4.7
1980년대	84	8.2
1990년대	322	31.5
2000년대	479	46.8
2010년 이후	90	8.8
합계	1,023	100.0

자료: 한국천주교 주교회의 사회복지위원회(2011).

〈표 12-6〉 사회복지시설의 설립시기와 분야별 분포

설립 시기	아동 청소년	노인	여성 복지	장애인 복지	노숙인 복지	의료복지 (결핵, 한센병)	상담	교정	지역 복지	기타	합계
1950년대 이전	2 (40.0)	0 (0.0)	0 (0.0)	2 (40.0)	0 (0.0)	1 (20.0)	0 (0.0)	0 (0.0)	0 (0.0)	0 (0.0)	5 (0.6)
1950년대	3 (23.1)	3 (23.1)	0 (0.0)	2 (15.4)	2 (15.4)	3 (23.1)	0 (0.0)	0 (0.0)	0 (0.0)	0 (0.0)	13 (1.5)
1960년대	5 (21.7)	2 (8.7)	1 (4.3)	5 (21.7)	4 (17.4)	6 (27.7)	0 (0.0)	0 (0.0)	0 (0.0)	0 (0.0)	23 (2.6)
1970년대	5 (21.7)	6 (26.1)	2 (8.7)	2 (8.7)	0 (0.0)	4 (17.3)	0 (0.0)	0 (0.0)	1 (4.3)	3 (13.0)	23 (2.6)
1980년대	31 (30.4)	20 (19.6)	4 (3.9)	34 (33.3)	5 (4.9)	5 (4.9)	1 (1.0)	0 (0.0)	0 (0.0)	2 (2.0)	102 (11.4)
1990년대	103 (31.3)	63 (19.1)	20 (6.1)	73 (22.2)	14 (4.3)	1 (3.3)	3 (0.9)	1 (0.3)	32 (9.7)	9 (2.7)	329 (36.9)
2000년 이후	102 (25.8)	93 (23.5)	33 (8.3)	86 (21.7)	4 (0.0)	5 (1.3)	9 (2.3)	1 (0.3)	43 (10.9)	20 (5.1)	396 (44.4)
합계	251 (28.2)	187 (21.0)	60 (6.7)	204 (22.9)	29 (3.3)	35 (3.9)	13 (1.5)	2 (0.2)	76 (8.5)	34 (3.8)	891 (100.0)

자료: 한국천주교 주교회의 사회복지위원회(2008).

• 사회복지시설 운영 형태의 변화

가톨릭교회의 사회복지시설 운영 형태의 변화는 크게 직영/위탁과 신고/미신고 시설의 측면으로 나누어 살펴볼 수 있다. 우선 운영 형태와 관련해 지속적으로 뚜렷하게 나타나는 현상은 직영시설에서 위탁시설로, 미신고시설에서 신고시설로 전환되었다는 점이다. 이 두 측면은 국가복지의 확대를 보여 주는 하나의 지표이기도 하다. 즉, 복지시설의 확대와 이를 국가보조금을 통해 지원함으로써 복지 영역에서 민관관계가 규정되는 모습을 엿볼 수 있다.

운영 형태의 변화를 보면, 1980년대까지 직영 형태가 증가하다가, 1990년대 이후부터 직영 형태는 줄어들고 위탁 형태가 급격히 늘어났다(〈표 12-7〉 참조). 그 결과 2011년 현재 직영은 전체 가톨릭 사회복지시설 중 35.8%인 반면, 위탁 형태는 57.7%에 이르렀다(〈표 12-8〉 참조). 또한 신고시설과 미신고시설의 비율도 2002년 62.7%와 36.1%에서 2008년에는 87.3%와 10%로, 그리고 2011년에는 93.8%와 5.9%로 미신고시설이 급격히 줄어드는 것을 알 수 있다(〈표 12-9〉 참조).[1] 이는 국가가 국가 통제 밖의 미신고시설을 신고시설로 전환하려 했던 정책의 결과다. 이로써 국가는 가톨릭교회의 사회복지활동을 국가 영역으로 끌어들였고 가톨릭교회는 이러한 국가의 요구에 부응해 갔다.

민간 영역과 국가의 파트너십은 1) 민간이 사업의 다양성을 강화함으로써 상호적 관계가 이루어진다는 입장, 2) 민간이 국가 틀과 헤게모니에 종속된다는 비판적 관점, 3) 민간이 국가에 의해 식민화되지만 새로운 헤게모니를 설정한다는 대안적 관점으로 구분할 수 있다(Kim,

1 참고로, 1995년 현재 정부가 추정한 미신고시설의 분포를 보면 총 293개소 중 가톨릭이 53개소(18.1%)였고, 개인이 운영한 것이 152개소(51.9%)로 나타났다. 변용찬(1996)은 이 개인 운영 부분에 가톨릭교회와 연관된 시설이 상당수 포함되어 있을 것으로 보았다(정기원, 1996: 128에서 재인용).

〈표 12-7〉 설립시기별 사회복지시설의 운영 형태

설립시기	직영		위탁		기타		전체	
	시설 수	비중(%)	시설 수	비중(%)	시설 수	비중(%)	시설 수	비중(%)
1950년대 이전	4	100.0	0	0	0	0	4	5
1950년대	8	61.5	5	38.5	0	0	13	1.5
1960년대	11	55.0	8	40.0	1	5.0	20	2.3
1970년대	16	72.7	4	18.2	2	9.1	22	2.6
1980년대	72	76.6	16	17.0	6	6.4	94	11.0
1990년대	177	55.5	114	35.7	28	8.8	319	37.3
2000년 이후	199	51.8	149	38.8	36	9.4	384	44.9
합계	487	56.9	296	34.6	73	8.5	856	100.0

자료: 한국천주교 주교회의 사회복지위원회(2008).

〈표 12-8〉 사회복지 시설·기관의 운영 형태 현황

구분		2002년		2011년		증감
		빈도	비중(%)	빈도	비중(%)	
위탁 여부	위탁	150	24.2	595	57.7	445
	자체 운영	470	75.8	369	35.8	101
	기타	–	–	67	6.5	67
합계		620	100.0	1,031	100	411

자료: 한국천주교 주교회의 사회복지위원회(2013).

〈표 12-9〉 사회복지시설의 신고 여부

구분	2002년		2008년		2011년	
	빈도	비중(%)	빈도	비중(%)	빈도	비중(%)
신고	387	62.7	725	87.3	922	93.8
미신고	223	36.1	83	10.0	58	5.9
조건부신고	7	1.1	22	2.7	3	0.3
합계	617	100.0	830	100.0	983	100.0

* 2002년 조건부 신고의 경우 해당 없음으로 처리된 자료임.
자료: 한국천주교 주교회의 사회복지위원회(2011).

2011). 가톨릭교회의 사회복지는 국가 책임의 확대와 함께 국가복지로 영입되고 포섭되어 가는 경향을 보인다. 즉, 다양성이 강화됨으로써 국가와 민간의 상호적 관계가 발전되거나 새로운 헤게모니를 형성하는 모습보다는 국가가 민간 영역인 종교 부문에 대한 헤게모니를 강화하는 측면이 더 두드러지게 나타난다.

• 운영주체의 변화

가톨릭 사회복지에서 사회복지시설 운영의 가장 큰 주체는 교구 사회복지회(국)와 수도회다. 기독교가 개교회(個教會) 중심으로 사회복지사업을 운영하는 것과 비교할 때 가톨릭은 개교회에 해당되는 본당이 사회복지시설을 운영하는 비중은 극히 미미하며(2011년 현재 1.6%), 교구 사회복지회(국)와 수도회가 이를 담당하고 있다. 비율로 보면 교구 사회복지회(국)에 비해 수도회의 사회복지시설 운영이 다소 앞서는 경향이 있다(〈표 12-10〉 참조). 그러나 실질적인 운영주체의 측면에서 보면

〈표 12-10〉 가톨릭교회 사회복지 시설·기관 운영주체 현황

운영주체	2002년		2011년		증감
	빈도	비중(%)	빈도	비중(%)	
교구	256	42.7	372	36.9	116
수도회	221	36.9	383	38.1	162
성직자 개인	8	1.3	7	0.7	1
본당	26	4.3	16	1.6	10
평신도	55	9.2	84	8.3	29
기타 법인	19	3.2	144	14.3	125
기타	14	2.3	1	0.1	13
합계	599	100.0	1,007	100.0	408

자료: 한국천주교 주교회의(2013).

〈표 12-11〉 사회복지시설의 공식 운영주체와 실질 운영주체(2011)

구분	공식적인 운영주체		실질적인 운영주체	
	빈도	비중(%)	빈도	비중(%)
교구 사회복지회(국)	483	47.9	372	36.9
수도회	273	27.1	383	38.0
성직자(개인)	13	1.3	7	0.7
본당	11	1.1	16	1.6
평신도 개인	59	5.8	84	8.3
단체(사회복지법인)	99	9.8	94	9.3
교구 유지재단	69	6.8	50	5.0
기타	2	0.2	1	0.1
합계	1,009	100.0	1,007	100.0

자료: 한국천주교 주교회의 사회복지위원회(2011).

이러한 격차는 더 벌어진다(〈표 12-11〉 참조). 즉, 2011년 현재 교구 사회복지회(국)의 경우 공식적인 운영주체가 47.9%인데 실질적인 운영주체는 36.9%로 감소한다. 이 차이는 교구 사회복지회(국)가 수도회나 사회복지법인에 위탁을 주는 경우에 해당된다.

• 사회복지시설의 분야별 변화

가톨릭 사회복지시설의 분야별 변화는 우리나라 사회복지 영역의 변화 양상과 맞물려 있다. 1970년대까지 한센병 환자에 대한 복지와 같은 독자적 영역을 사회복지의 활동 분야로 설정하면서 아동·청소년과 같은 복지 분야에 관심을 기울였다. 그러나 1990년대 이후 전개된 사회복지 분야의 변화(사회복지관을 비롯한 지역복지의 확대, 장애인복지와 노인복지 관련 입법 증가로 인한 이들 분야의 확대 등)로 노인과 장애인, 지역복지 분야가 괄목할 만한 증가를 보였다.

사회복지시설 분야에서의 이러한 변화는 민간의 사회운동이 제도화되면서 가져온 변화를 보여 주는 것이기도 하다. 예를 들어, 아동복

〈표 12-12〉 사회복지시설의 분야별 분포

구분	2002년		2008년		2011년	
	빈도	비중(%)	빈도	비중(%)	빈도	비중(%)
아동·청소년복지	158	25.5	255	28.0	276	26.5
장애인복지	165	26.7	206	22.6	238	22.8
노인복지	117	18.9	194	21.3	235	22.5
지역복지	59	9.5	78	8.6	85	8.1
여성복지	29	4.7	60	6.6	74	7.1
노숙인복지	39	6.4	30	3.3	42	4.0
의료복지	16	2.6	20	2.2	23	2.2
상담	8	1.3	15	1.6	10	1.0
한센병환우복지	16	2.6	11	1.2	7	0.7
결핵환자복지	4	0.6	5	0.5	4	0.4
교정	2	0.3	2	0.2	4	0.4
가족복지	–	–	–	–	25	2.4
기타	6	0.9	34	3.7	20	1.9
합계	619	100.0	910	100.0	1,043	100.0

자료: 한국천주교 주교회의 사회복지위원회(2011).

〈표 12-13〉 아동·청소년복지시설의 분야별 분포

2002년			2008년		
구분	빈도	비중(%)	구분	빈도	비중(%)
육아시설	18	10.7	양육시설	32	12.6
전문치료시설	2	1.2	보호치료시설	4	1.6
공동생활시설	40	23.7	일시보호	5	2.0
입양원	1	0.6	공동생활가정	33	13.0
어린이집	55	32.5	입양원	1	0.4
공부방	32	18.9	어린이집/놀이방	78	30.7
쉼터	12	7.1	공부방/지역아동센터	68	26.8
상담소	3	1.8	아동청소년쉼터	11	4.3
청소년기술훈련기관	1	0.6	아동상담소	4	1.6
청소년회관	2	1.2	청소년기술직업훈련기관	3	1.2
기타	3	1.8	청소년수련관	3	1.2
			청소년상담소	2	0.8
			기타	10	3.9
합계	169	100.0	합계	254	100.0

자료: 한국천주교 주교회의 사회복지위원회(2008).

〈표 12-14〉 노인복지 분야 분포

2002년			2008년		
구분	빈도	비중(%)	구분	빈도	비중(%)
무료실비양로원	65	54.2	유료 및 실비양로원	31	16.8
유료양로원	5	4.2	유료양로원	4	2.2
무료실비요양원	8	6.7	무료 및 실비요양원	22	11.9
전문요양시설	6	5.0	유료요양원	1	.5
주간보호시설	9	7.5	전문요양시설	30	16.2
노인종합복지관	8	6.7	주간(단기)보호시설	19	10.3
노인복지회관	3	2.5	노인복지회관	16	8.6
무료급식소	10	8.3	노인보호전문기관	3	1.6
가정봉사원파견센터	4	3.3	기타	59	31.9
기타	2	1.7			
합계	120	100.0	합계	185	100.0

자료: 한국천주교 주교회의 사회복지위원회(2008).

지 분야의 지역아동센터나 국민기초생활보장법에 따른 자활지원센터, 가정폭력방지법 제정으로 인한 가정폭력상담소, 성매매방지법 제정으로 인한 성매매여성에 대한 상담과 자활지원센터 등이 대표적이다. 제도화의 주체별로 본다면, 아동복지와 여성복지 분야는 사회운동집단이 제도화를 추동하였고, 노인복지 분야는 국가가, 그리고 장애인복지 분야는 장애인 당사자들이 제도화를 이끌었다고 볼 수 있다. 제도화로 인해 사회복지에서 국가가 담당하는 영역이 확대됨에 따라 민간 영역은 변화하는 복지 환경에 적응하고 대응하는 과정에서 정체성의 문제를 놓고 고민했으며, 이는 가톨릭 사회복지도 마찬가지였다. 가톨릭교회의 각 복지분야별 변화는 이러한 한국 사회의 역사적 변화를 반영하고 있다. 가톨릭교회의 사회복지 분야별 변화를 개괄하면 다음과 같다.

아동복지 분야는 양육시설과 같은 생활시설이 감소하는 대신 공부방, 지역아동센터와 같은 이용시설의 증가가 눈에 띄며(〈표 12-13〉 참조), 노인복지 분야는 장기요양보호법의 제정으로 요양시설과 전문요

〈표 12-15〉 장애인복지 분야 분포

2002년			2008년		
구분	빈도	백분율	구분	빈도	백분율
특수교육기관	10	6.2	특수교육기관	2	1.0
생활시설	46	28.4	생활시설	68	33.0
공동생활시설	28	17.3	지역사회재활시설	85	41.3
장애아보육시설	9	5.6	직업재활시설	34	16.5
직업훈련시설	1	0.6	장애아보육시설	7	3.4
보호작업시설	21	13.0	기타	10	4.9
장애인복지관	23	14.2			
정신장애인시설	4	2.5			
기타	20	12.3			
합계	162	100.0	합계	206	100.0

자료: 한국천주교 주교회의 사회복지위원회(2008).

〈표 12-16〉 여성복지 분야 분포

2002년			2008년		
구분	빈도	백분율	구분	빈도	백분율
미혼모시설	6	19.4	미혼모보호시설	9	15.3
윤락여성보호시설	4	12.9	윤락(요보호)여성보호시설	5	8.5
모자원	1	3.2	쉼터	16	27.1
쉼터	13	41.9	여성복지관	1	1.7
상담소	4	12.9	모부자보호시설	3	5.1
기타	3	9.7	성폭력상담소	2	3.4
			가정폭력상담소	10	16.9
			기타	13	22.0
합계	31	100.0	합계	59	100.0

자료: 한국천주교 주교회의 사회복지위원회(2008).

양시설이 큰 폭으로 증가하였다(〈표 12-14〉 참조). 장애인복지 분야도 아동복지 분야와 마찬가지로 탈시설화의 영향으로 생활시설은 줄어들고 이용시설이 대폭 증가하는 경향을 보인다(〈표 12-15〉 참조). 이 외에도 여성복지 분야에서는 여성폭력 관련 법(가정폭력방지법, 성매매방지법)

〈표 12-17〉 시설 분야의 교구별 분포

구분	시설 분야													전체
	아동 청소년	노인	여성	장애인	노숙인	의료	지역	가족	결핵	한센병	상담	교정	기타	
광주	7	7	1	15	0	0	4	3	0	**3**	0	0	2	42
	(2.5)	(3.0)	(1.4)	(6.3)	(0.0)	(0.0)	(4.7)	(12.0)	(0.0)	**(42.9)**	(0.0)	(0.0)	(10.0)	(4.0)
대구	24	28	5	29	**8**	1	**13**	1	**2**	1	2	1	3	118
	(8.7)	(11.9)	(6.8)	(12.2)	**(19.0)**	(4.3)	**(15.3)**	(4.0)	**(50.0)**	(14.3)	(20.0)	(25.0)	(15.0)	(11.3)
대전	13	14	5	12	2	1	5	2	0	0	1	1	2	58
	(4.7)	(6.0)	(6.8)	(5.0)	(4.8)	(4.3)	(5.9)	(8.0)	(0.0)	(0.0)	(10.0)	(25.0)	(10.0)	(5.6)
마산	4	10	8	6	1	0	7	0	1	0	1	0	0	38
	(1.4)	(4.3)	(10.8)	(2.5)	(2.4)	(0.0)	(8.2)	(0.0)	(25.0)	(0.0)	(10.0)	(0.0)	(0.0)	(3.6)
부산	25	6	4	17	**8**	0	9	0	0	0	0	0	4	73
	(9.1)	(2.6)	(5.4)	(7.1)	**(19.0)**	(0.0)	(10.6)	(0.0)	(0.0)	(0.0)	(0.0)	(0.0)	(20.0)	(7.0)
서울	**91**	**36**	**23**	**48**	6	**9**	12	1	0	0	2	1	2	231
	(33.0)	**(15.3)**	**(31.1)**	**(20.2)**	(14.3)	**(39.1)**	(14.1)	(4.0)	(0.0)	(0.0)	(20.0)	(25.0)	(10.0)	(22.1)
수원	35	36	8	32	4	2	10	3	1	1	0	1	1	134
	(12.7)	(15.3)	(10.8)	(13.4)	(9.5)	(8.7)	(11.8)	(12.0)	(25.0)	(14.3)	(0.0)	(25.0)	(5.0)	(12.8)
안동	7	8	1	4	4	0	3	**7**	0	1	0	0	1	36
	(2.5)	(3.4)	(1.4)	(1.7)	(9.5)	(0.0)	(3.5)	**(28.0)**	(0.0)	(14.3)	(0.0)	(0.0)	(5.0)	(3.5)
원주	12	14	0	12	1	0	7	3	0	0	0	0	0	49
	(4.3)	(6.0)	(0.0)	(5.0)	(2.4)	(0.0)	(8.2)	(12.0)	(0.0)	(0.0)	(0.0)	(0.0)	(0.0)	(4.7)
의정부	12	5	1	15	1	0	3	0	0	0	0	0	0	37
	(4.3)	(2.1)	(1.4)	(6.3)	(2.4)	(0.0)	(3.5)	(0.0)	(0.0)	(0.0)	(0.0)	(0.0)	(0.0)	(3.5)
인천	28	19	8	4	2	0	6	4	0	0	**4**	0	4	79
	(10.1)	(8.1)	(10.8)	(1.7)	(4.8)	(0.0)	(7.1)	(16.0)	(0.0)	(0.0)	**(40.0)**	(0.0)	(20.0)	(7.6)
전주	4	5	1	7	1	3	4	0	0	1	0	0	0	26
	(1.4)	(2.1)	(1.4)	(2.9)	(2.4)	(13.0)	(4.7)	(0.0)	(0.0)	(14.3)	(0.0)	(0.0)	(0.0)	(2.5)
제주	0	4	2	6	0	1	0	0	0	0	0	0	0	13
	(0.0)	(1.7)	(2.7)	(2.5)	(0.0)	(4.3)	(0.0)	(0.0)	(0.0)	(0.0)	(0.0)	(0.0)	(0.0)	(1.2)
청주	9	24	3	17	2	1	2	1	0	0	0	0	0	59
	(3.3)	(10.2)	(4.1)	(7.1)	(4.8)	(4.3)	(2.4)	(4.0)	(0.0)	(0.0)	(0.0)	(0.0)	(0.0)	(5.7)
춘천	5	19	4	14	2	5	0	0	0	0	0	0	1	50
	(1.8)	(8.1)	(5.4)	(5.9)	(4.8)	(21.7)	(0.0)	(0.0)	(0.0)	(0.0)	(0.0)	(0.0)	(5.0)	(4.8)
합계	276	235	74	238	42	23	85	25	4	7	10	4	20	1,043
	(26.5)	(22.5)	(7.1)	(22.8)	(4.0)	(2.2)	(8.1)	(2.4)	(0.4)	(0.7)	(1.0)	(0.4)	(1.9)	(100.0)

자료: 한국천주교 주교회의 사회복지위원회(2011).

이 제정되면서 가톨릭 사회복지에서 이와 관련된 시설 운영이 증가하였고(〈표 12-16〉 참조), 자활센터와 사회복지관을 비롯한 지역복지 분야의 운영도 큰 폭으로 늘어났다. 아울러 최근 사회적 이슈로 대두되는 다문화 영역에서도 가톨릭 사회복지의 관여가 대폭 증가하였다.

가톨릭교회가 운영하는 시설의 교구별 분포를 보면 서울, 대구, 수원의 3개 교구에 크게 편중되어 있음을 알 수 있다. 서울교구는 전체 15개 교구 중 22.1%로 가장 많은 시설을 운영하고 있다. 교구에 따라 중점을 두는 복지 분야가 다르다. 광주교구의 경우 가톨릭 사회복지활동의 초기에 진행되었던 한센병 환자를 위한 시설에, 대구교구는 노숙인·지역복지·결핵 분야에, 서울교구는 아동청소년·노인·여성·장애인·의료 분야에 집중되어 있다(〈표 12-17 참조).

〈표 12-18〉 가톨릭교회 사회복지 시설·기관 재정 현황 (단위: 백 만원, %)

구분		2002년			2008년		
		금액	비중	전체비중	금액	비중	전체비중
자체 부담	수익자 부담	26	5.8	38.7	73	8.8	26.8
	법인 보조	33	7.3		49	5.9	
	자체 수익사업	115	25.6		100	12.1	
보조금(지원금)	정부	219	48.7	51.5	444	53.7	61.0
	교구	8	1.8		14	1.6	
	본당	4	0.9		8	0.9	
	외국원조	0.5	0.1		40	4.8	
민간후원금		32	7.1	7.1	74	8.8	8.8
기타		12	2.7	2.7	28	3.4	3.4
총액(A)		450	100	100	830	100	100
시설 수(B)		620			921		
연간 재원 규모(A×B)		279,000			764,430		

자료: 한국천주교 주교회의(2013).

• 사회복지시설의 재정 변화

가톨릭교회 사회복지시설 운영 재정의 변화는 전체적으로 자체 부담은 줄어들고 정부보조금은 늘어나는 경향을 보인다. 〈표 12-18〉에 의하면, 2002년 전체 운영비에서 자체 부담이 38.7%였으나 2008년에는 26.8%로 줄어들었다. 이와 달리 정부보조금은 2002년 48.7%에서 2008년에는 53.7%로 증가하였다. 가톨릭 사회복지시설의 재정 현황이 이렇게 변화한 것은 민관 파트너십의 증가로 볼 수 있지만 동시에 민간 영역이 정부의 대행자 역할을 수행하는 방향으로 지속적으로 선회해 온 결과로도 볼 수 있다.

4. 가톨릭 사회복지의 특징과 전망

교회조직의 체계적 복지조직화

가톨릭 사회복지의 구조는 개신교나 불교보다 조직적이고 체계적이다. 이는 가톨릭교회가 사회복지사업을 수행하기 위해 횡적·종적으로 조직 기반을 체계적으로 갖추고 있는 데서 알 수 있다. 앞서 언급한 것처럼, 가톨릭교회는 사회복지사업을 위해 수직적으로는 주교회의 사회복지위원회로부터 교구 사회복지지회(국), 본당 사회복지분과에 이르는 일련의 조직 기반을 갖추고 있고, 수평적으로는 수도회를 통해 국가복시의 협력자, 대행자로서의 역할을 하고 있다.

가톨릭 사회복지에서는 가장 상위 기구라고 할 수 있는 주교회의부터 가장 말단 조직인 본당에 이르기까지 공식적인 조직기구로 명시화되어 있고, 이들은 서로 유기적인 관계 속에서 복지사업을 진행해 나간다. 주교회의 사회복지위원회는 가톨릭 사회복지를 대표하면서 가톨릭 내 사회복지조직들을 조정하고, 교구 내 사회복지사업을 직·간접적으로 제공, 지원하면서 본당 사회복지활동을 촉진한다. 본당은 교구와 연계하면서 본당이 위치한 지역주민을 대상으로 다양한 사회복지활동을 전개한다. 수도회는 가톨릭 내 사회복지시설 및 기관을 운영하는 최대 조직이면서 동시에 주교회의는 물론이고 교구, 본당과의 인적교류를 통해 직·간접적으로 가톨릭 사회복지활동에 관여하고 있다. 가톨릭교회 사회복지활동의 체계성을 보여 주는 또 하나의 지표는 전국 규모의 재정 확보를 위한 제도화다. 예를 들어 사회복지주일과 자선주일을 제정함으로써 전국의 가톨릭교회에서 해당 주일에 모금되는 금액은 사회복지와 자선에 사용되도록 한 것을 들 수 있다.

그러나 이러한 외형상의 체계적 조직구조는 사회복지사업의 체계적 접근을 촉진할 수도 있지만, 대두되는 사회복지적 사안에 민첩하게 반응하는 데 장애가 될 수도 있다. 외형상의 체계적 구조가 밀접한 연관관계 속에서 유기적으로 작동하지 않으면 빠르게 대응하기가 어렵기 때문이다. 이는 특히 주교회의, 교구, 본당이 연관을 가지면서 동시에 독립적 기구로 작동하는 가톨릭교회 조직의 특성 때문이기도 하다. 그러나 이러한 내부 메커니즘과 역동에 대한 비판과 제한이 있을지라도 가톨릭교회의 사회복지구조는 다른 어떤 종교보다 완결적이고 체계적인 구조를 갖추고 있다고 말할 수 있다. 아울러 역사적 변화에서 살펴보았듯이, 시대적 변화에 부응하여 조직구조를 유연하게 변화시킴으로써 미래에 변화할 가능성이 상존하고 있음을 알 수 있다. 또한 사회복지활동이 가톨릭교회의 곳곳에 스며들어 전개될 수 있는 기반을 갖고 있다는 점에서, 앞으로 사회복지가 활성화될 가능성이 높다고 할 수 있다.

공공복지의 보완: 발굴, 개발, 옹호

일반적으로 민간 부문의 사회복지활동은 공공 부문에 비해 규모가 작고 서비스의 내용도 한정적인 면이 있으나, 정부기관이 제공할 수 없는 서비스와 프로그램을 시행하는 특성이 있다. 즉, 사회복지 민간 부문의 역할로는 공공 부문에 대한 보완적 역할, 시범적이고 융통성 있는 프로그램의 시행, 정부 활동에 대한 비판과 압력의 역할 수행을 들 수 있다. 정부와 민간의 역할분담에 관해서는 다양한 모델이 주장되고 있기 때문에 그 사회의 특성에 기반하여 바람직한 모델이 논의되어야 한다. 그러나 규범적인 차원에서 국가가 기본적인 서비스를 제공하고 민간은 이를 보충하고 보완하는 역할을 수행해야 한다는 것이 일반적이다. 다시 말해, 민간 부문은 정부가 하지 못하는 누수 영역에 관심을 갖고 정부의 정책 변화를 끌어내야 하는 것이다(백종만, 1994; 성한표, 1999).

가톨릭교회의 사회복지활동은 1990년대 이전까지 정부 부문의 사각지대를 발굴하여 이들을 선도적으로 지원함으로써 국가의 공공복지를 보완하고 촉발하는 역할을 담당해 왔다. 예를 들어, 국민개보험제도가 해체되기 전까지 보건공제회라는 의료공제조합을 만들어 의료보험의 사각지대에 있는 이들의 의료서비스 접근성을 높여 준 것, 1960년대에 나환자복지와 함께 비영리 금융운동인 신용협동조합운동을 전개한 것, 교구 내 소규모 사회복지시설에 대한 재정지원, 긴급재해 지원, 소년소녀가장에 대한 결연, 빈곤가정 청소년에 대한 장학사업, 재가노인돕기사업, 가정위탁사업은 물론 AIDS나 가정폭력, 알코올중독, 행려인 등 사회복지 공공영역에서 관심을 갖지 못하던 사회문제에 관여하여 직접적 서비스를 제공하고 협의체를 형성하도록 한 것이 그 예다(심흥보, 2001).

또 한 가지 주목할 것은 가톨릭교회의 사회복지활동이 구호나 자선에만 머무르지 않고 지역사회 중심의 '개발' 및 '운동' 패러다임과 병행되었다는 점이다. 1960년대 지역사회개발사업의 확장, 신용협동조합운동, 1960-1970년대에 걸쳐 다양하게 결성된 사목협의회(예: 도시빈민사목협의회, 노동사목협의회, 농민사목협의회 등), 도시빈민이 밀집한 금호동 지역에서 금호성당을 중심으로 재가장애인 재활사업을 시범적으로 시도한 본당 중심의 사회복지활동 등이 이를 말해 준다(심흥보, 1998; 2001). 이러한 일련의 활동을 통해 가톨릭교회는 한국전쟁 이후 국가복지가 접근하지 못한 다양한 영역에서 발굴, 개발, 옹호 등의 방법을 통해 국가의 공공복지를 보완하고 촉진하는 역할을 해왔다.

그러나 현재 가톨릭 사회복지는 사회가 필요로 하는 사회복지 영역을 선구적으로 개척하고, 새로운 모델을 제시하는 것과 같은 보완적 역할이 약화되고 있다. 이는 물론 한국 사회와 정부의 복지정책 방향 등과 맞물려 있기 때문에 더욱 그러하다. 가톨릭 사회복지의 정체성을 어디에 둘 것인가를 고민하고 결단하는 노력이 수반되지 않는다면, 가톨릭 사회복지는 복지에 대한 국가의 대행자 역할에만 머물 수도 있다. 대행자로서의 역할이 의미가 없는 것은 아니지만, 한국 복지국가의 형성에 좀 더 적극적으로 관여하기 위해서는 1960년대부터 1980년대까지 담당했던 공공복지의 보완자, 촉진자, 개발자로서의 역할을 적극적으로 확대할 필요가 있다.

공공복지의 대행자로의 이동

1990년 이후 가톨릭교회의 사회복지활동은 정부가 위탁하는 사회복지기관 및 시설을 운영하는 쪽으로 기울면서 공공 부문을 발굴·개발하고 옹호하는 역할보다는 대행자로서의 역할 비중이 커지고 있다. 1990년대 이후 가톨릭 사회복지에서 정부의 보조금을 받는 사회복지기관과 시설의 비중이 점점 더 커지고 있고, 미신고시설이 신고시설로 전환되어 정부의 지원을 받게 됨으로써 가톨릭교회의 전체 사회복지활동에서 정부위탁과 정부지원금의 비중이 급격히 증가하는 현상은 이를 잘 말해 준다.

이는 가톨릭교회의 사회복지활동이 공공복지의 보완자에서 공공복지의 대행자로 이동하고 있음을 말해 준다. 가톨릭교회 내부적으로도 가톨릭 사회복지활동의 이러한 경향성에 대해 자성의 목소리가 나오고 있으나 이러한 대행자로의 이동은 당분간 계속될 것으로 보인다. 복지 영역에 대한 국가의 주도권은 보편복지의 확대라는 흐름에 따라 더 강화될 것이고, 이에 따라 민간 영역은 구조상 국가복지 영역으로 편입되고 그에 따라 가톨릭교회의 사회복지활동도 국가에 종속될 가능성, 국가와 가톨릭 사회복지활동의 중첩 가능성이 높아질 수 있다(강인철, 1996: 41). 가톨릭 사회복지의 이러한 경로의존성은 복지국가 형성 과정에서 비판자로서의 역할을 약화시킬 가능성이 크다.

복지국가 형성을 위한 대사회적 이슈에 대한 대응

사회복지 민간 부문의 역할 중 중요한 것은 정부 역할에 대한 비판과 압력을 통해 정부의 정책 방향을 새롭게 끌어내는 것이다. 이는 정부가 간과하고 있는 사회복지 문제를 이슈화하거나 정부가 진행하는 사회복지정책의 문제를 이슈화함으로써 가능하다. 그동안 종교계는 사회복지와 관련하여 정부 역할을 비판하고 압력을 행사하는 비판적 역할보다는 정부의 사회복지를 맡아서 수행하는 충실한 대행자나 헌신 행위에 만족해 온 것이 사실이다. 사회복지에 대한 종교단체들의 기여가 총량적으로나 소외된 사람들에 대한 헌신성 면에서 상당함에도 불구하고 이들을 공론화하고 제도화하는 데는 상대적으로 소홀하였다(김인숙, 2001).

물론 1997년 말 이후 IMF라는 사회·경제적 위기를 맞아 범종교 차원의 사회복지대표자협의회를 결성하여 정부의 실업정책에 대한 비판과 대안을 제시하기도 했다. 또한 사회복지기관·시설이 안고 있는 문제(미신고시설)를 비롯하여 그룹홈과 아동복지법 개정, 사회복지공동모금법, 알코올 문제 등 사회복지 현안에 대한 토론회 개최, 정부 관계자와의 회의, 성명서, 정부에 대한 정책건의 등의 방식을 통해 공적 문제에 대한 관심을 표명함으로써 제한적이나마 사회복지 문제를 이슈화하는 데 기여하였다. 특히 서울대교구 사회복지회는 사회적 변화에 따라 제기되는 사회문제에 지속적으로 관심을 기울였다. 예를 들어, 1980년대 후반 도시재개발로 인한 철거민 문제나 1990년대 중반 일반 사회복지에서 전혀 관심을 갖지 않았던 AIDS 문제와 호스피스, 그리고 1990년대 후반 실직 노숙인 문제 등 정부의 개입이 요구되는 사회문제에 지속적으로 관심을 가져 온 것이 이를 말해 준다(김인숙, 2001).

그러나 이들 접근방식은 문제의 핵심과 그 의미를 공론화하기보다는 구체적이고 실질적인 차원에서 관련 당사자들을 어떻게 도울 것인가에 초점이 맞춰져 있었다. 또한 이때의 이슈화는 상당 부분 가톨릭 시설과 기관의 욕구 및 이해관계와 맞물린 부분에 국한되었다는 한계를 가진다. 따라서 가톨릭의 사회복지활동은 그동안 사회적 변화에 따른 사회복지의 문제와 정부의 복지정책 문제에 이슈를 제기하고 문제를 공론화하는 데 적극적으로 대처했다고 말하기는 어렵다. 그것은 소극적 대응이라고 말할 수 있다. 즉, 복지국가로 이행해 가는 과정에서 정부의 복지정책 이슈를 리드하고 직접 제기했다기보다는 가톨릭과 직접 관련된 사안을 중심으로 대정부 차원과 대사회적 차원에서 소극적으로 문제를 제기하거나 공적 사회복지제도의 중간 정보전달자로서의 역할을 주로 수행했다고 할 수 있다.

한국의 복지국가 형성 과정에서 가톨릭 사회복지가 복지국가 형성을 위한 사회적 이슈를 적극적으로 선도할 수 있을지는 미지수다. 국가복지가 확대되고, 국가가 맡기는 사업을 대행하는 경향이 심화되고 있기 때문이다. 가톨릭 사회복지가 이러한 이동 경로에 대한 의존성에서 조금이라도 벗어나려면 사회문제에 대한 민감성을 강화하고, 대행자로서의 역량 외에 비판자 혹은 대안 제시자로서의 역량을 강화할 필요가 있다.

국가 및 시민사회와의 관계에서 자율성 중시

외형상 가톨릭 사회복지활동이 정부의 협력자로서 정부의 대행자 역할로 이동하고 있기는 하지만, 가톨릭교회 내에는 항상 국가와의 관계에서 가톨릭교회의 자율성을 확보하려는 움직임이 내재되어 있다. 재정적 부담을 감수하더라도 가톨릭교회의 자율성이 훼손되는 것은 바람직하지 않은 것으로 보는 것이다. 이것은 전체적이고 조직적인 가톨릭교회의 외양과 달리 각 조직들이 독립적으로 움직이는 가톨릭교회의 특성이 반영된 것으로 볼 수도 있다.

일례로, 지금은 많은 미인가시설이 인가시설로 전환되었지만, 1990년대 후반까지만 해도 가톨릭 사회복지 안에 미인가시설이 가장 많았다.[2] 1990년대 후반과 2000년 초에 정부가 미인가시설을 인가시설로 전환하는 정책을 주도할 때 당시 미인가 가톨릭 사회복지시설에 대한 반응은 다양하게 엇갈렸다. 설립단체의 의지를 실현하기 위해 정부의

---

2 김인숙(1998)의 추가 분석 결과(종교계 사회복지기관·시설 운영 실태)

구분	사회복지시설법인 수	법인과 비법인 포함한 수	비고(종교인구수 비율)
기독교	461	195[1)]	36.4%
가톨릭	112	561[2)]	11.8%
불교	37	268[3)]	8.8%

자료: 1) 대한예수교장로회총회(1994: 29-30).
2) 한국천주교주교회의 사회복지위원회(1997: 143).
3) 대한불교조계종 사회복지재단으로부터 전송받은 자료를 토대로 산출(1998. 11).

지원을 받을 필요가 없다는 견해도 상당수 존재하였다.

가톨릭교회의 이러한 자율성 경향은 그 자체로 사회복지 지형에 일정한 함의를 갖고 있다. 자율성 경향이 정부정책에 대한 비판으로도, 정부정책을 보완하는 발굴과 옹호의 형태로도, 혹은 정부정책이 따를 수 있는 시범적 사업 등 다양한 방향으로 전화할 수 있는 가능성을 갖고 있기 때문이다. 현재 가톨릭 사회복지가 공공복지의 대행자로 이동하고 국가복지에 종속되는 경향을 보이지만, 가톨릭교회가 가진 자율성은 상기에서 언급했던 보완자, 촉진자, 비판자로서의 역할을 되살릴 수 있는 가능성을 담지하고 있다. 이와 같이 잠재된 가능성을 극대화하기 위해서는 가톨릭교회 내부의 자원을 최대한 발굴하고 동원할 수 있는 기제와 방법을 좀 더 세밀하게 마련하는 것이 필요하다.

5. 결론

한국의 사회복지에서 종교계로 대표되는 민간 영역, 특히 가톨릭 사회복지는 한국전쟁 이후 국가의 사회복지 발전과 함께 변화해 왔다. 복지국가를 추동하는 세력으로 작용하지는 못했더라도, 국가복지의 보완자, 협력자, 대행자로서의 역할을 수행해 오고 있다. 시민섹터의 발전이 부진한 상황에서 가톨릭을 비롯한 종교계는 사회복지의 충실한 전달체계이자 전달자로 막강한 힘을 발휘하고 있다. 특히 가톨릭은 가톨릭교회가 가진 이미지가 사회복지 전달자로서의 후광효과를 발휘하면서 국가복지의 대행자로서 신임을 얻고 있다.

그러나 가톨릭 사회복지는 국가복지의 대행자 역할을 넘어설 필요가 있다. 즉, 가톨릭교회는 우리나라의 복지국가 형성 과정에서 보완과 비판적 역할을 강화할 필요가 있다. 대행자 역할을 넘어 초기에 가졌던 발굴자, 개발자, 촉진자, 옹호자로서의 역할을 확대할 필요가 있다. 국가복지의 사각지대는 단순히 서비스 사각지대만을 의미하지 않는다. 서비스만이 아니라 복지국가로의 이행을 촉진하는 복지이슈를 제기하고 쟁점화하며 조직화하는 역할을 좀 더 보강할 필요가 있다. 그러기 위해서는 가톨릭 내 사회복지조직들 간의 유기적 연계를 강화하고 소통구조를 원활히 하며, 타 종교계와의 협력관계는 물론 시민섹터의 NGO와의 연계가 필요하다. 복지서비스를 필요로 하는 사람들에 대한 '헌신'도 필요하지만, 동시에 복지국가로의 이행 과정에서 이행을 촉진하고 촉발하는 역할도 필요한 것이다.

참고문헌

강인철. 1996.「가톨릭 신자들의 사회복지의식: 비교분석을 중심으로」.『21세기 한국 가톨릭사회복지의 전망』(서울가톨릭사회복지회 설립 20주년기념 심포지엄 자료집). 서울가톨릭사회복지회.

김인숙. 1996.「사회복지실천의 당면과제」.『21세기 한국 가톨릭사회복지의 전망』. 서울가톨릭사회복지회.

김인숙. 1998.「종교계 사회복지 참여현황 및 활성화 방안」.『사회복지』139: 54-65.

김인숙. 2001.「사회복지회 25주년 평가와 전망」. 서울가톨릭사회복지회 25주년 기념 심포지엄 발표 논문.

김인숙·최해경·이선우. 1997.『한국가톨릭 사회복지의 실태와 전망』. 한국천주교 주교회의 사회복지위원회.

김인숙·최해경·이선우. 1999.『서울대교구 본당 사회복지활동 실천 현황: 서울 대교구를 중심으로』. 서울가톨릭사회복지회.

김홍권. 1997.「종교의 사회복지 기여도 평가」. 경제정의실천시민연합 경제정의연구소.

대한예수교장로회총회. 1994.『교회사회봉사총람』.

박문수. 1996.『너희가 이웃을 사랑하려면: 가톨릭 사회복지 종사자를 위한 사회영성 지침서』. 서울가톨릭사회복지회.

박석돈. 1996.「사회복지의 전망과 가톨릭교회의 역할」.『21세기 한국 가톨릭사회복지의 전망』. 서울가톨릭사회복지회.

백종만. 1994.「사회복지서비스에서 국가와 민간간의 역할분담 유형 개발과 적용에 관한 연구」. 서울대학교 박사학위논문.

서경돈·이인숙·남인숙. 2005.『해방 이후 가톨릭 여자수도회의 사회복지활동』. 한국가톨릭신학학회.

서울가톨릭사회복지회. 2006.『서울가톨릭사회복지회 30년사』. 서울가톨릭사회복지회.

성한표. 1999.「실업극복국민운동의 평가와 방향」.『실업극복국민운동 걸어온 길, 나아갈 길』. 실업극복국민운동위원회.

심흥보. 1998.「한국 천주교 사회복지사 연구」. 가톨릭대학교 석사학위논문.

심흥보. 2001.『한국 천주교 사회복지사』. 한국천주교중앙협의회.

정기원. 1996.「민간복지투자 활성화 방안」. 한국보건사회연구원.

천주교 주교회의 사회복지위원회 카리타스 아카데미. 2006.『2005년 본당 사회복지실태 조사보고서』.
하상락 편. 1989.『한국사회복지사론』. 박영사.
한국천주교 주교회의. 2013.『한국천주교회총람기초조사자료』.
한국천주교 주교회의. 2014.『한국 천주교회 통계 2014』.
한국천주교 주교회의 사회복지위원회. 1997.『한국가톨릭 사회복지의 실태와 전망』.
한국천주교 주교회의 사회복지위원회. 2008.『한국천주교사회복지편람』.
한국천주교 주교회의 사회복지위원회. 2011.『한국천주교사회복지편람』.

Kim, Suyoung. 2011. *The Politics of Struggle in a State-Civil Society Partnership: A Case Study of a South Korean Workfare Partnership Programme*. London School of Economics.

5부

한국의 사회복지, 복지국가와 정치의 관계 변화

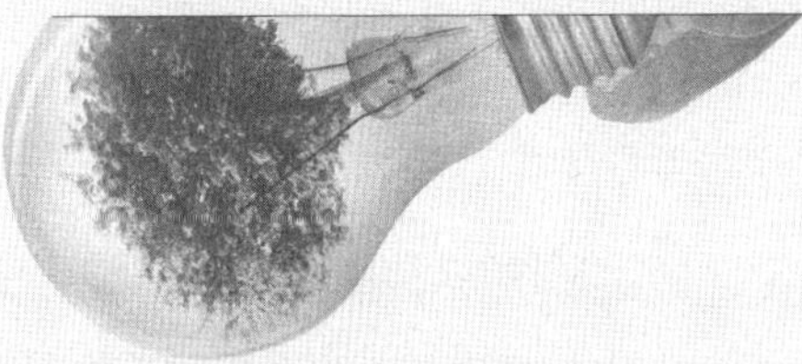

13장 /

한국 복지국가 발전의 정치적 기제

노무현 정부와 이명박 정부 비교분석

성경륭

1. 서론

지난 반세기 동안 한국 사회는 선성장-후복지의 기조 아래 고도성장을 추구해 왔다. 이와 같은 발전주의의 정책기조로 인해 한국 사회는 경제적으로는 선진국에 진입하게 되었지만, 복지와 분배가 급속도로 악화되어 사회적 지속가능성은 물론 경제적 지속가능성까지 위협받는 상황에 이르렀다. 이런 가운데 1997년에 발생한 외환위기는 역설적으로 그간 억제된 복지 분야의 발전을 촉진하는 새로운 계기를 조성하였다.

경제위기가 고조된 상황에서 등장한 김대중 정부는 집권 이후 국민기초생활보장제도를 도입하고 사회보험 가입 대상자와 복지지출을 크게 확대함으로써 한국을 성장에 집착하는 발전국가에서 복지를 국민의 사회권으로 보장하는 "맹아적 복지국가(embryonic welfare state)"로 전환시키기 시작했다(Ramesh, 2003).[1] 한국 현대사의 긴 흐름에서 볼 때, 김대중 정부의 이 같은 복지개혁이 갖는 중요한 의미는 빈곤에 대한 국가의 보호를 최초로 국민 기본권의 하나로 제도화했다는 것이며, 그 결과 국민 대중의 기본생계가 시장의존성에서 벗어날 수 있는 단초를 마련했다는 점이다.

이런 역사적 의의에도 불구하고, 김대중 정부가 수립한 복지국가는 현대사회에서 발생하는 다양한 사회·경제적 위험에 대한 사회보장의 범위와 수준 면에서 아직 초보적 단계를 넘어서지 못했다는 점을 지적하지 않을 수 없다. 이 시기에 빈곤, 질병, 실업, 퇴직 등 구사회위험(old social risks)에 대응하기 위해 공공부조와 사회보험을 중심으로 소득보

1 이 시기에 등장한 복지국가를 "초기적 복지국가(emerging welfare state)"로 볼 수도 있다(Lee, 1999). 그 이후 한국 사회는 형태상으로는 에스핑-안데르센(Esping-Andersen, 1990)이 분류한 바의 보수적 복지체제와 자유주의적 복지체제의 혼합형(hybrid type) 복지국가를 발전시켰으나, 복지지출 수준 면에서는 복지후진국에 머물러 왔다고 이해된다.

장을 강화하는 중요한 진전이 있었던 것은 사실이다. 그러나 1990년대 이후 한국 사회에서 빠르게 진행된 탈산업화와 고용구조의 변화, 저출산과 가족구조의 변화, 고령화와 인구구조의 변화 등에 따른 노동시장의 양극화, 자녀양육, 노인돌봄, 여성 경력단절 등 급증하는 신사회위험(new social risks)에 대응하기 위한 사회서비스 분야의 발전이 지체되어 사회보장체계에 중대한 결함이 노정되기에 이르렀다.

이런 시대적 조건 속에서 등장한 노무현 정부와 이명박 정부는 김대중 정부의 복지성과를 이어받으면서도 김대중 정부 시기의 제한적 복지개혁을 넘어서는 중요한 복지 발전을 이루었다고 평가할 수 있다. 이 두 시기에 공공부조와 사회보험 분야의 대상자와 지출이 과거보다 크게 늘어난 것은 물론이고 아동·여성·노인을 위한 가족정책 분야와 고용 확대 및 고용안정성 증진을 위한 노동시장정책 분야에서도 중대한 진전이 있었기 때문이다.

그런데 흥미롭게도 김대중 정부의 복지개혁은 국가부도 사태라는 절체절명의 경제위기에 의해 촉발된 것이지만, 노무현 정부와 이명박 정부의 경우 그 같은 극단적 수준의 경제위기가 부재했거나 아니면 위기의 정도가 상대적으로 훨씬 낮은 상태에서 복지 확대가 이루어졌다. 물론 두 정부 모두 정권 초기에 상당한 정도의 경기침체가 발생하여[2] 복지수요가 크게 증가한 것은 사실이다. 그러나 두 정부의 임기 전체를 놓고 볼 때, 경제위기 요인으로 환원되지 않는 정치적 메커니즘이 복지 발전을 촉진하는 더 중요한 기제로 작용했다고 판단된다. 특이한 점은 정치적 메커니즘이 중요한 역할을 했다고 하더라도 서구의 복지국

2 김대중 정부의 집권 초기인 1998년의 경제성장률은 −6.9%였다. 이에 비해, 노무현 정부의 집권 첫해인 2003년의 경제성장률은 2.8%였고, 이명박 정부의 집권 이듬해인 2009년의 경제성장률은 0.3%였다(e나라지표, 시계열 자료).

가 발전을 분석하는 데 가장 많은 설명력을 가지고 있는 것으로 알려진 권력자원이론(power resource theory)이 이 두 시기의 복지국가 발전을 제대로 설명하지 못한다는 것이다. 그 이유는 권력자원이론의 경우 좌파정당과 노동계급의 연합에 의한 권력자원 동원이 유럽의 복지국가 발전을 촉진한 동력이라고 설명했지만(Korpi, 1983, 2006; Esping-Andersen, 1990; Korpi and Palme, 2003), 노무현 정부와 이명박 정부의 두 시기에는 주변화한 좌파정당과 10% 내외의 낮은 노조조직률을 기록한 노동계급이 복지 발전을 주도하는 원동력으로 전혀 작용하지 못했기 때문이다(신진욱, 2011; 정태환, 2012; 고세훈, 2012).[3]

그러면 노무현 정부와 이명박 정부가 집권한 지난 10년 동안 복지 발전을 추동한 핵심 동력은 무엇인가? 본 연구는 한국 사회의 정치제도가 갖는 경쟁조장적 특성과 치열한 정당 간 선거경쟁, 그리고 정당과 사회계층 및 사회집단이 맺는 정치연합의 성격과 지향이 두 정부 시기의 복지 발전을 가져온 중심 동력이라는 관점에서 문제에 접근하고자 한다. 이러한 관점은 생산력의 발전을 중시하는 산업주의나 생산관계 변화를 강조하는 자본주의의 작동이 복지 발전을 가져온다는 기능주의적 설명과 달리(Kerr et al., 1960; O'Connor, 1973), 성장과 복지를 둘러싼 정당과 사회세력의 연합과 갈등을 중심으로 복지 발전을 이해하는 복지정치(welfare politics)에 주목한다(Myles and Quadagno, 2002; Häusermann, Picot, and Geering, 2010; 권혁용, 2010; 정태환, 2012; 김윤태, 2012;

3 좌파정당이 주변화되어 있고 노조조직률이 낮다는 것은 좌파정당과 노동계급의 권력자원동원 수준이 낮다는 것을 의미하고, 바로 이런 요인에 의해 한국의 복지 발전 수준이 유럽의 복지선진국에 비해 낮다고 설명할 수도 있다. 따라서 비교론적 관점에서는 한국의 경우에도 권력자원이론의 적실성이 낮은 것이 아니라 상당히 높다고 볼 수도 있다. 그럼에도 불구하고 권력자원이론은 노무현 정부와 이명박 정부 시기에 복지제도와 지출 면에서 매우 중요한 복지 발전이 이루어진 것을 설명하는 데에는 많은 한계를 갖는다.

김영순, 2013).

독재 시기는 물론 민주화 이후 김대중 정부가 집권한 시기까지만 해도 복지의 저발전 혹은 복지 발전은 주로 정부와 관료들의 정책결정에 의해 좌우되었다(신광영, 2012; 고세훈, 2013). 따라서 이 기간 동안 정당, 노동조합, 경영자단체, 다양한 시민사회 집단 등이 중심이 되는 복지정치는 거의 활성화되지 못했다. 그러나 3김 시대가 끝나고 노무현 정부가 등장하면서부터 정치경쟁과 복지정책 결정은 중대한 질적 변화를 보이기 시작했다. 그동안 권력 형성과 유지를 안정적으로 담보해 주던 지역주의와 지역균열이 과거보다 크게 약화되면서 정당 간 경쟁이 복지와 분배 문제를 둘러싼 사회계층 및 사회집단 간 대결을 중심으로 새롭게 재편되었던 것이다. 그리하여 노무현 정부와 이명박 정부에 들어와 그간 복지정책을 부차적 이슈로 취급하던 진보와 보수진영의 주요 정당들이 복지정치의 중심적 행위자로 급속히 부상했고, 이런 가운데 정당-계층-집단의 상이한 정치연합이 복지이슈의 선취를 통해 선거경쟁에서 이기고자 복지정치를 전면화시키기 시작했다. 그 결과 복지정치의 작동에 의해 복지정책이 결정되고 복지 발전이 촉진되는 중대한 변화가 나타나게 되었다(김영순, 2011; 신광영, 2012; 김윤태, 2012; 정태환, 2012; 마인섭, 2012).

이런 관점에서 본 논문은 세 가지 연구목적을 추구하고자 한다. 첫째, 본 논문은 노무현 정부와 이명박 정부 두 시기에 이루어진 복지 발전 과정과 주요 정책내용을 분석하고자 한다. 이를 위해 복지정치의 구조와 작동방식을 설명하는 정치경쟁 중심의 새로운 분석 모델을 제시하고, 이 틀 속에서 각 시기별로 복지제도와 복지지출이 어떻게 확대되었는지를 분석할 것이다. 둘째, 본 논문은 정치이념과 정책노선에서 뚜렷한 차이를 보인 노무현 정부와 이명박 정부가 복지제도의 설계와 집행방식, 그리고 복지 성과 면에서 어떤 질적 차이를 보였는지도 설명하고자 한다. 셋째, 본 논문은 두 정부 시기에 이루어진 많은 성과에도 불구하고 한국의 복지지출과 효과가 여전히 복지선진국에 비해 크게 뒤떨어지는 구조적·정치적 이유를 설명하고자 한다.

이런 연구 작업을 위해 이 연구에서는 통시적 관점에서 노무현 정부와 이명박 정부를 비교하는 비교분석 방법을 채택하고자 한다. 보다 구체적으로는 비교분석의 두 가지 중심적 방법인 일치법과 차이법을 모두 적용하여 이념적으로 상이한 정책노선을 지향하는 두 정부에서 공통적으로 복지 확대가 일어난 이유와 상이한 정책노선이 상이한 정책설계와 복지제공 방식으로 귀결된 메커니즘도 설명하고자 한다.[4] 나아가 두 시기 사이의 공통점과 차이점을 밝히기 위해 정부와 국제기구에서 발표하는 다양한 사회복지 관련 통계자료를 분석하고, 동시에 한국사회과학데이터센터(KSDC)가 16대 및 17대 대선 직후 실시한 대선 서베이 자료도 분석하고자 한다.

2. 복지국가 발전을 설명하기 위한 이론적 분석 모델

진보정권과 보수정권하에서의 복지 확대

이념과 정책노선 면에서 큰 차이를 보인 노무현 정부와 이명박 정부가 집권기간 동안에 공통적으로 복지지출을 상당히 큰 폭으로 증액시켰다는 것은 역사적 아이러니이다. 그러나 다른 나라의 경우를 보더라도 진보정권에서만이 아니라 보수정권에서도 복지국가 발전의 중대한 진전은 폭넓게 관찰되는 현상이다(양재진·정의룡, 2012; 김윤태, 2012). 이런 점

4 비교분석 방법에 대해서는 Lijphart(1971), 김용학(1995), Ragin and Rubinson(2009) 등을 참고할 것.

을 생각할 때, 노무현 정부와 이명박 정부가 복지정책의 설계와 집행에서 어떤 차이를 보였는지를 분석하기 전에 두 정부에서 모두 복지 확대가 이루어졌다는 공통점을 확인하는 것이 중요하다.

그러면 실제로 두 정부에서 복지 확대가 어느 정도로 이루어졌는가? 〈그림 13-1〉에 의하면, 김대중 정부에서 GDP 대비 5% 초반에 머물렀던 공공복지지출 비율은 노무현 정부에서 7% 후반대까지 크게 증가했고, 이명박 정부에서는 다시 9% 초반대까지 증가하였다. 이러한 사실은 공공복지지출 비율이 박정희 정부의 전 시기(1961-1979)에 1% 미만, 전두환 정부 시기(1980-1988)에 1% 후반, 노태우 정부 시기(1988-1993)에 2% 후반, 김영삼 정부 시기(1993-1998)에 3-4% 초반에 머물렀던 것을 생각하면 엄청난 변화라고 볼 수 있다(한국개발연구원, 1990; 기획예산처, 2005). 또한 윤석명(2007)이 2006년의 시점에서 인구고령화와 제도성숙을 중심으로 미래의 공공복지지출 증가를 추정했을 때, GDP 대비 비율이 2015년 6.9%, 그리고 2020년 8.3%에 도달할 것으로 예측된 것과 비교하여 노무현 정부와 이명박 정부에서 공공복지지출이 크게 증가한 것은 고령화와 제도 성숙 외에 매우 강력한 정치적 기제가 작동하고 있음을 잘 보여 준다.

역대 정부와 비교하여 노무현 정부와 이명박 정부에 들어와 공공복지지출 비율이 큰 폭으로 증가했다는 것은 이 두 시기에 김대중 정부로부터 물려받은 맹아적 복지국가의 성장이 상당히 빠르게 진행되었음을 의미한다. 또한 〈그림 13-1〉에서 보는 것처럼, 이 두 시기에 법정 민간복지지출 비율에 큰 변화가 없었다는 것도 대체로 복지 확대가 국가 중심으로 이루어졌다는 사실을 뒷받침한다. 2002년부터 2011년 사이에 공공복지지출 비율은 4%p 증가한 반면 민간복지 지출은 0.5%p 증가에 그쳤는데, 이것을 보면 한국의 복지 확대가 과거의 재정 보수주의의 틀을 벗어나 점차 국가복지의 확대로 나아가고 있음을 발견할 수 있

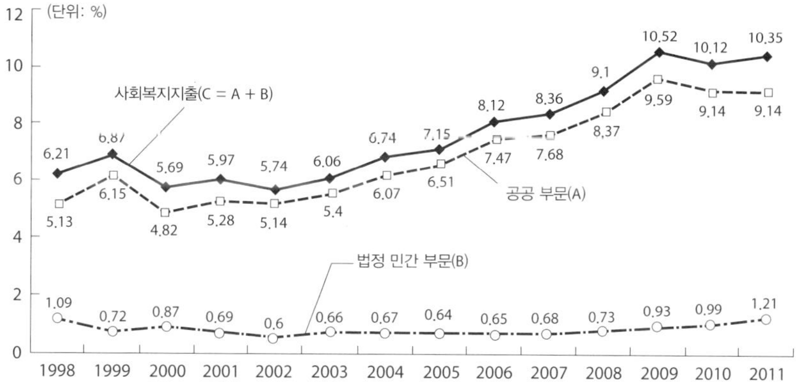

〈그림 13-1〉 GDP 대비 공공복지 및 법정 민간복지 지출의 비중 변화

주: 2012년의 공공복지 비율은 9.3% 수준.
자료: 보건복지부(2012).

다. 지난 10년간 공공부조가 증가하고 가족복지와 노동시장정책 분야의 사회서비스 투자가 크게 늘어난 것이 공공복지지출의 확대로 귀결된 것이다.

역대 정부와 비교할 때 노무현 정부와 이명박 정부에 들어와 복지지출이 크게 늘어난 것은 중대한 진전이다. 그러나 OECD 회원국들과 국제비교를 할 경우 한국의 복지지출 수준은 여전히 매우 낮은 단계에 머물러 있는 것이 현실이다. 〈그림 13-2〉에 제시된 것처럼, 이들 국가와 비교할 때 한국은 국민부담률과 공공복지지출 면에서 최하위 수준에 머물고 있다. 2007년의 경우, 한국은 복지국가의 세 가지 유형, 즉 1) 고부담-고혜택 복지국가, 2) 중부담-중혜택 복지국가, 3) 저부담-저혜택 복지국가 중 세 번째 유형의 전형적 사례에 속한다는 것이 드러난다. 이 시기에 GDP 대비 국민부담률은 26.5%였으며, 공공복지지출 비율은 7.7%에 불과했다.

2011년에 접어들어 한국의 GDP 대비 국민부담률은 25.9%로 약간 줄어들었으나 공공복지지출 비율은 9.1%로 꽤 큰 폭으로 늘어났다. 이

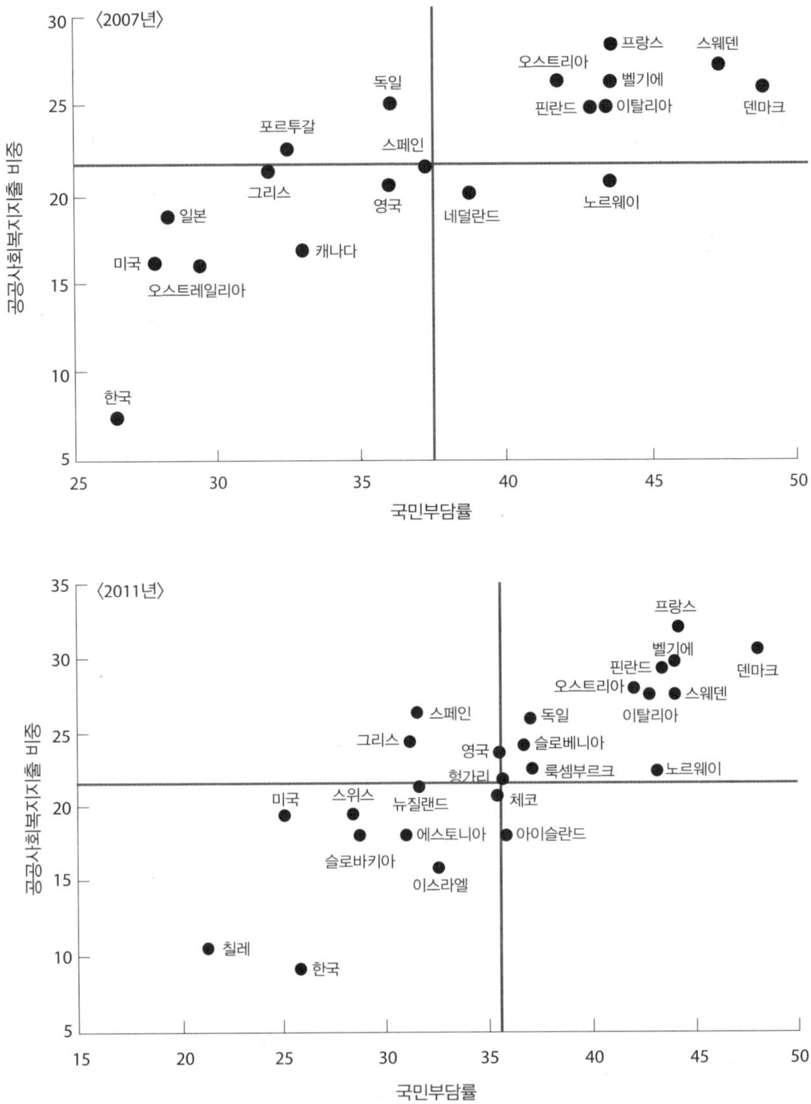

〈그림 13-2〉 OECD 회원국의 GDP 대비 국민부담률과 공공사회복지지출 비중 비교

자료: http://stats.oecd.org/Index.aspx?DataSetCode=SOCX_AGG

주: 1) 2007년 그래프는 유근춘·국중호·김태은(2012)이, 2011년 그래프는 필자가 작성.

2) 실선은 OECD 평균치(2007년의 국민부담률과 공공사회복지지출 비율은 각각 37.5%와 21.7%; 2011년의 경우 각각 35.6%와 21.7%).

명박 정부의 감세정책으로 인해 국민부담률은 약간 줄어들었지만, 그 반면 복지지출은 경로의존성과 제도성숙 등 여러 가지 요인에 의해 지속적으로 확대된 것이다(김원섭·남윤철, 2011). 그리하여 한국의 복지지출 규모는 OECD 국가들의 평균치에 다소 근접해 가는 변화를 보였다. 그러나 이런 약간의 진전에도 불구하고 한국은 노무현 정부와 이명박 정부를 통틀어 국민부담률과 공공복지지출 면에서 여전히 OECD 회원국 중 저부담-저혜택의 최하위권 복지국가에 머물러 있는 상황이다.

〈그림 13-1〉과 〈그림 13-2〉에 제시된 자료를 토대로 다음의 두 가지 중요한 결론을 이끌어낼 수 있다. 첫째, 이념을 달리하는 노무현 정부와 이명박 정부가 경제성장과 복지 저발전의 불균형을 시정하기 위해 나름대로 많은 정책 노력을 기울인 결과 공통적으로 상당히 큰 규모의 복지 확대를 이루었다. 둘째, 그러나, 신자유주의 정책 노선을 견지한 이명박 정부가 재정 확대와 복지 확대를 동시에 추구한 노무현 정부의 정책 기조에서 이탈하여 감세와 복지 확대라는 모순적 정책을 추진함으로써 일정 정도 복지 확대를 이루었으나 바로 그 모순적 성격으로 인해 복지 발전의 지속가능성과 확장성이 구조적으로 제약받는 문제가 발생하였다. 다시 말해 재정적 제약성이 기존 복지제도의 지속가능성을 위협하거나 새로운 복지정책의 도입을 원천적으로 억제하게 된 것이다. 결국 이명박 정부가 추진한 감세와 복지확대 정책은 미래의 복지 발전을 억제하는 족쇄와 같이 작용하고 있음을 확인할 수 있다.

이론적 분석 모델과 연구가설

그러면 노무현 정부와 이명박 정부 시기에 이루어진 복지 확대를 어떻게 설명할 수 있는가? 나아가 두 정부 사이의 정책 차이와 이명박 정부에 의해 구축된 모순적 복지체제의 등장을 어떻게 설명할 수 있는가?

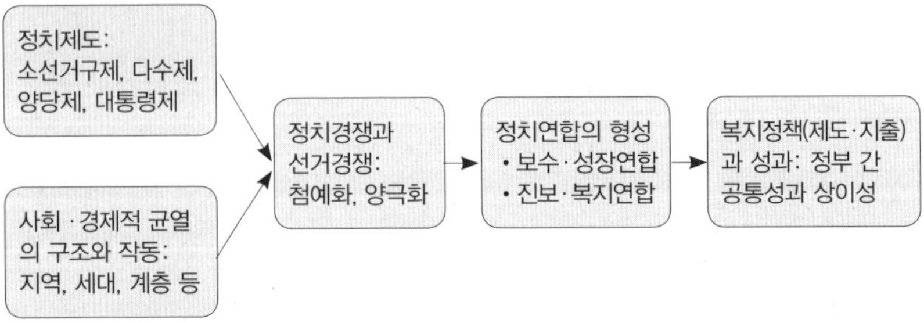

〈그림 13-3〉 이론적 분석 모델

이 문제를 규명하기 위해 〈그림 13-3〉에 분석 모델을 제시했다. 이 모델은 크게 1) 정치제도와 사회·경제적 균열구조로 구성되는 '배경변수', 2) 정치경쟁·선거경쟁과 정치연합 형성으로 구성되는 '과정변수', 3) 복지정책과 복지성과라는 '종속변수'의 세 부분으로 구성되어 있다.

먼저, 정치제도와 사회·경제적 균열구조는 정치경쟁과 선거경쟁의 강도와 방향을 결정하는 요소들이다. 정치제도의 경우, 한국 사회는 소선거구제, 다수제(majoritarian rule),[5] 양당제, 대통령제를 채택하고 있는데, 이러한 제도들은 한결같이 승자독식을 조장하여 정치경쟁과 선거경쟁을 증가시키고 격렬하게 만드는 경향이 있다. 또한 이러한 제도들은 중위투표자 이론(median voter theory)의 예측(Downs, 1957)과는 달리, 경쟁하는 정당들로 하여금 외형적으로는 중도적으로 보이지만 다수의 개별 정책쟁점에서는 뚜렷한 선호를 가지고 있는 유권자들 사이에 존재하는 차이의 크기와 방향성에 더욱 집중하게 만든다(Macdonald, Rabinowitz and Listhaug, 1997). 그리하여 그 차이를 활용하여 득표를 극대화하고자 하는 정당들은 중위투표자로 수렴하는 것이 아니라 진보 또는 보수의 의견을 가진 유권자들을 적극적으로 동원하게 되고, 이로

5 다수제란 국회의원 당선자를 결정하거나 의회 의안을 결정할 때 한 표라도 많이 획득하는 쪽이 승리하는 방식을 의미한다.

인해 정당의 선거전략과 유권자들의 선호는 갈수록 양극화(polarization) 되는 경향이 있다.[6] 그러므로 소선거구제, 다수제, 양당제와 같은 정치제도는 정치경쟁과 선거경쟁의 방향을 진보진영과 보수진영 사이의 대결로 양극화시킨다.

이렇듯 한국 사회가 채택하고 있는 정치제도들은 모두 정치경쟁과 선거경쟁의 격렬성과 양극화를 증가시키는 강한 경향성을 가지고 있다. 여기서 한 걸음 더 나아가, 이들 제도들은 다음과 같은 두 가지 이유로 복지국가의 발전을 저해하거나 낮은 수준의 복지국가를 형성하도록 하는 경향이 있음도 이해해야 한다. 첫째, 마노우(Philip Manow)가 지적하듯, 소선거구제, 다수제, 양당제를 채택하는 나라의 경우 증세를 두려워하는 중산층 유권자들이 자신들보다 증세를 더 기피하는 상위계층 유권자와 연합하여 선거에서 보수적(또는 중도우파적) 정당의 승리를 위해 노력하고, 그 결과 미국에서 보는 것과 같은 낮은 수준의 복지국가(즉 자유주의 복지체제)를 탄생시키는 경향이 있다(Manow, 2009).[7] 이와 달리 중대선거구제, 비례대표제, 다당제, 의원내각제를 채택하는 나라의 경우, 산업자본주의 사회의 특성상 전체 유권자 중 노동자 계층의 비율이 가장 높고 따라서 노동자들이 지지하는 진보적(또는 중도좌파적) 정당이 제1당이 될 가능성이 많으므로, 다수의 중산층 유권자들은 노동자들과 연합하여 상위계층에 대한 높은 과세를 통해 자신들도 광범위한 복지혜택을 누리기 위해 진보적 정권을 탄생시키는 경향이 있

---

6 이런 이론적 관점에서 브루어(Mark D. Brewer)와 스톤캐시(Jeffrey M. Stonecash)는 미국의 민주당과 공화당, 그리고 양당의 지지자들이 이념과 정책노선의 측면에서 장기적으로, 특히 1960년대 말 이후 양극화가 확대되는 추세를 보이고 있다고 지적한다(Brewer and Stonecash, 2009).

7 영국의 경우는 의원내각제를 채택하고 있지만 동시에 소선거구제, 다수제, 양당제의 특징을 가지고 있기 때문에 미국과 유사하게 자유주의적 복지체제 유형을 발전시켰다.

다(Manow, 2009; Iversen and Soskice, 2006). 그 결과, 유럽의 노르딕 국가들에서 보는 것처럼 고부담-고혜택의 수준 높은 복지국가(즉 사민주의적 복지체제)가 등장하게 된다.[8]

둘째, 비례대표제, 다당제, 의원내각제를 채택하는 나라들은 집권과 재집권을 위해 타 정당은 물론 다양한 사회세력들과 협력하고 연합해야 하며, 집권 기간 중에는 국가적 수준과 산업 부문 수준에서 노사갈등을 줄이기 위해, 나아가 노동자들의 기업특수적·산업특수적 기술 습득을 증진하기 위해 노사정위원회와 같은 다양한 조정장치를 발전시키게 되는데, 바로 이러한 협력장치가 조정시장경제(coordinated market economy)와 복지국가를 발전시키는 제도적 촉진작용을 한다(Hall and Soskice, 2001; Iversen and Stephens, 2008). 이에 반해, 소선거구제, 다수제, 양당제, 대통령제를 채택하는 나라들의 경우 정치경쟁이 주로 보수와 진보의 양 진영 사이에서 진행되므로 정치세력 및 사회세력 간 협력과 연합의 필요성이 적고, 따라서 시장경제 내에서 활동하는 다양한 계급조직과 이익집단 사이의 협력을 조율하기 위해 정당과 정부가 주도하는 조정장치가 발달할 가능성도 적다. 그 결과 이들 나라는 자유시장경제(liberal market economy)와 낮은 수준의 복지국가를 발전시키는 경향이 있다.

---

8 마노우(Manow, 2009)의 연구에 의하면, 1945-1998년 기간 동안 비례대표제(다당제)를 채택한 나라들에서 보수 우파정권이 집권한 기간은 전체의 26%에 불과한 반면, 다수제(양당제)를 채택한 경우 그 기간은 무려 75%에 달한다고 한다. 이것을 보면 정치제도가 선거를 통해 탄생하는 정권의 유형과 복지국가의 유형에 결정적 영향을 미치는 것을 확인할 수 있다. 이 이론에서 다소 예외적인 나라들은 독일, 벨기에, 네덜란드, 이탈리아, 프랑스, 오스트리아 등 유럽 대륙국가들이다. 이 나라들은 근대 국가의 등장 과정에서 자본과 노동의 경제적 균열구조 외에 구교와 신교의 종교적 균열구조가 강력하게 존속해 온 나라들인데, 대개 기민당이 자본가, 중산층, 노동자를 포괄하는 범계층적 선거연합을 구축하여 사회통합적 복지정책을 추진함으로써 복지지출의 규모가 사민주의 복지국가보다는 다소 적지만 자유주의 복지국가보다는 훨씬 큰 보수적(조합주의적) 복지국가를 발전시켰다.

이런 이론적 관점에서 볼 때, 정치제도는 한국의 복지국가 발전에 상충하는 두 가지 효과를 미칠 것이라는 가설을 제시할 수 있다. 먼저 소선거구제, 다수제, 양당제, 대통령제라는 정치제도는 상위계층과 중산층 유권자의 연합을 촉진하여 보수 정당의 집권에 유리한 여건을 조성하고,[9] 동시에 사회계층 간 조정기제를 결여한 자유시장경제를 구축하여 높은 수준의 복지국가 발전을 저해할 것으로 전망할 수 있다(강명세, 2008; 조흥식, 2010). 그러나 다른 한편으로 한국의 정치제도는 정당 간 경쟁을 증폭시키고 양극화시킴으로써 복지정치를 활성화하고, 이를 통해 지속적·장기적으로 복지 발전을 추동할 수 있는 강력한 긍정적 효과를 발휘할 것으로 예상할 수 있다.

그런데 정치제도가 복지 발전에 미치는 억제적 효과와 촉진적 효과가 어느 시기에 어떻게 나타날 것인가 하는 문제는 사회·경제적 균열구조의 종류와 발현 양태에 달려 있다고 보아야 한다. 이 문제를 연구한 립셋(Seymour M. Lipset)과 로칸(Stein Rokkan)에 의하면, 서구의 경우 근대화 과정의 두 하위과정인 국가혁명(national revolution)과 산업혁명(industrial revolution)에서 발생한 국가-지방의 균열, 국가-교회의 균열, 농업 부문-산업 부문의 균열, 자본-노동의 균열 등 네 가지 균열 중 근대화 과정에서 국가와 산업 부문이 승리함으로써 최종적으로 자본과 노동의 균열이 정치경쟁을 조직하는 중심적 균열구조로 자리 잡게 되었고, 이 균열이 좌우 이념정당과 결합되어 복지국가의 발전을 촉진했다고 분석한다(Lipset and Rokkan, 1967).

9 이런 이론적 예측과 달리, 한국 사회에서 중산층(중간 소득계층)은 실제 선거에서 진보적 선택과 보수적 선택을 오가는 유동투표자(swing voter)의 특성을 보였고, 저소득층의 다수는 주로 보수적 선택 경향을 보였다. 복지에 대한 태도에서는 특이하게도 중산층이 저소득층보다 더 친복지적 태도를 보였다. 자세한 내용은 3절과 4절에서 살펴본다.

한국의 경우 균열구조의 변화는 유럽과 매우 상이한 과정으로 전개되었다. 우선 해방 이후 강력한 반공국가·군사국가가 등장하여 자신에게 도전하는 정치·사회세력을 제압하여 국가의 지배력을 확고히 한 것은 서구와 유사한 점이다. 그러나 국가가 농지개혁을 주도하여 지주세력을 실질적으로 붕괴시키고, 그 결과 국가의 후원하에 급속히 성장한 산업세력이 농업세력을 압도한 것은 서구와 상이한 경험이다. 또한 이 과정에서 자본과 노동의 계급균열이 국가의 강력한 통제와 반공주의에 의해 억압·왜곡됨으로써 이 균열이 오랫동안 복지정치를 활성화는 중심축으로 작용하지 못한 점도 한국의 독특한 경험이다.

그 대신 한국 사회의 경우 오랜 독재시기에 독재와 반독재의 균열이 정치의 중심적 균열구조로 자리 잡았고, 민주화 이후에는 영남과 호남의 대결을 기축으로 하는 지역균열이 중심적 균열구조로 작동하였다(Seong, 2013). 그러나 3김 시대가 끝난 뒤 최초로 치러진 2002년 16대 대선부터는 지역균열이 상대적으로 약화되면서 새로운 균열구조, 즉 외환위기 이후 심화된 사회·경제적 양극화의 영향을 크게 받은 세대(청년세대와 노인세대)와 계층·계급(하위층과 중간층, 비정규직 노동자와 자영업자)을 중심으로 하는 세대균열과 계층·계급균열이 정치경쟁과 선거경쟁의 새로운 대결구조로 부상하기 시작했다. 그리하여 지역균열의 상대적 퇴조와 새로운 균열구조의 등장이 노무현 정부와 이명박 정부에 들어와 복지 발전을 촉진하는 중요한 조건을 형성하게 되었다. 이상의 논의를 종합하면, 두 정부 시기에 접어들어 복지정치가 활성화되고 상당히 큰 복지 발전이 이루어진 것은 거시적으로 볼 때 균열구조의 변화에 의해 촉발된 것이라는 가설을 제시할 수 있다.

정치제도와 사회·경제적 균열구조가 배경변수를 구성한다면, 정치경쟁·선거경쟁과 정치연합 형성은 복지 발전의 형태와 수준을 결정하는 과정변수로 작용한다. 앞서 설명한 것처럼, 정치제도와 사회·경제적 균열구조는 한국 사회의 정치경쟁과 선거경쟁의 강도와 방향성을 결정하는 강력한 구조적 요인으로 작용하는데, 실제 대통령 선거 국면에서 정치세력 간 경쟁의 정도와 방향성은 이들 요인이 후보단일화, 현 정부에 대한 회고적 평가, 대안세력에 대한 전망적 평가, 핵심 정책공약의 매력도 등 단기적 요인과 상호작용을 통해 구체화된다(Lewis-Beck et al., 2008).

노무현 정부와 이명박 정부 시기에 상당히 주목할 만한 복지국가 발전이 이루어진 것을 설명하기 위해 우리가 정치경쟁과 선거경쟁에 주목하는 이유는 좌파정당과 노동조합의 연합에 의한 권력자원 동원을 중시하는 권력자원이론의 설명력이 한국 사회에서는 그다지 크지 않기 때문이다. 무엇보다도 이 두 시기에는 복지국가 발전을 추동할 만한 노동조합의 조직력 확대와 좌파정당의 정치력 확대가 없었다.[10] 그럼에도 불구하고 노무현 정부 5년 동안 GDP 대비 공공복지지출 비율이 2.93%p나 증가했고, 이명박 정부 기간(2008-2012)에는 0.93%p나 증가하는 특이한 현상이 발생했다. 그러면 무엇으로 이 약진을 설명할 것인가? 우리는 그 해답이 한국 사회에서 끊임없이 경쟁을 조장하는 정치제도의 작용과 균열구조의 변화에서 비롯된 정치경쟁과 선거경쟁, 즉 정치적 경쟁 메커니즘에 있다고 판단한다.

이런 점을 고려하여 다음의 두 가지 예측을 제시할 수 있다. 첫째, 경쟁조장적 정치제도의 특징과 균열구조의 변화에 의해 고조될 가능성이 있는 정치경쟁과 선거경쟁이 후보단일화 등으로 인해 보수정당과 진보정당 어느 일방도 상대방을 쉽게 제압할 수 없는 힘의 균형에 도

10 2004년 총선에서 정당투표제가 도입되어 정당별 득표율이 비례대표 배분에 반영됨으로써 민주노동당의 의회진출이 가능해진 것은 좌파정당의 정치력이 확장된 것으로 볼 수도 있다. 그러나 민주노동당은 2004년 총선에서 10명(비례대표 8명), 2008년 총선에서 5명(비례대표 3명)만 당선시킴으로써 현실적 영향력은 극히 미미했다고 봐야 할 것이다.

달하면 경쟁의 정도는 사생결단식 대결로 증폭될 가능성이 있다. 둘째, 이로 인해 선거에서 승리하고자 하는 정당들은 득표 극대화를 위해 적극적으로 새로운 균열구조를 발굴·동원하게 되고, 이 과정에서 약화되는 지역균열과 병행하여(혹은 그것을 대체하여) 외환위기 이후 점증해 온 사회·경제적 문제의 해결을 위해 유권자들의 잠재적 요구가 많은 복지 이슈를 새롭게 쟁점화할 가능성이 크다.[11]

이 두 가지 예측에 기초하여 노무현 정부와 이명박 정부의 비교연구를 통해 검증할 세 가지 연구가설을 다음과 같이 제시해 볼 수 있다.

• 경쟁성 가설(competitiveness hypothesis)

좌파정당과 노동조합이 연대하여 복지국가 발전을 견인한 유럽의 복지 선진국과 달리 노무현 정부와 이명박 정부에서는 그러한 조건이 갖추어지지 않았지만 정치제도와 균열구조의 변화가 정당 간 경쟁을 증폭시킴으로써 복지 발전을 촉진하였다. 이런 점에 주목하여, 경쟁성이 증가할수록 선거과정에서 더 많은 복지공약이 제시되고, 그 결과 선거 이후 집권하는 정치세력은 복지 확대 노력을 증가시킬 것이라는 경쟁성 가설을 제시할 수 있다(Hicks and Swank, 1984; Myles and Quadagno, 2002; Carbone, 2012 참조). 이 가설이 타당하다면 과거 안보정치와 성장정치가 중심이 된 한국 정치가 민주화 이후 정당 간 경쟁성이 증폭되면서 지역주의 정치를 경과하며 점차 복지정치가 중심이 되는 새로운 단계로 진화해 온 과정을 설명할 수 있다.

11 이신용(2010)은 민주주의 또는 위임민주주의 사회에서 정당들이 선거경쟁에서 승리하기 위해 유권자들에게 강한 단기적 유인효과를 갖는 복지정책을 매우 중요한 정치적 수단으로 활용한다고 한다.

• 정파성 가설(partisanship hypothesis)

어떤 정당이 집권하느냐는 복지 발전의 수준과 내용을 결정하는 매우 중요한 요소다. 그 이유는 여러 나라에서 진보정당은 대체로 복지 확대와 분배 개선을 추구하고, 보수정당은 성장 증진과 복지 축소(또는 복지 최소화)를 추구하기 때문이다(Hibbs, 1977; Korpi, 1983; Esping-Andersen, 1990; Allan and Scruggs, 2004; Häusermann, Picot and Geering, 2010; 권혁용, 2010). 이러한 정파적 차이는 대부분의 경우 자본과 노동의 계급균열에 기초하는데, 특이하게도 한국에서는 이 계급균열이 권위주의 정권에 의해 장기간 억압되고 지역균열에 의해 대체되어 복지 발전이 지체되어 왔다.

그러나 민주화 이후, 특히 3김 시대가 끝난 2002년 대선에서부터 계급·계층균열이 지역균열 및 세대균열과 병행하여 발현되면서 새로운 현상이 나타났다. 즉, 진보와 보수정당들이 종교균열에 기반하여 통합정당을 발전시킨 유럽의 대륙국가들과 유사하게 자신들의 정치노선에 따라 지역 이익과 세대 이익에 더해 계급·계층 이익을 통합적으로 대변하는 현상이 나타나기 시작했던 것이다(Manow, 2009; Iversen and Soskice, 2006). 그리하여 유럽의 노르딕 국가에서 볼 수 있는 계급정당은 아니지만 다계급적·다계층적 통합정당이 형성되어 상이한 정파적 노선을 추구하기에 이르렀다.

이런 변화를 고려하여 우리는 두 가지 정파성 가설을 제시할 수 있다. 첫째, 한국 사회의 경쟁조장적 정치제도 속에서 계급·계층균열이 부상하게 되면 장기간 지역대결의 좁은 테두리 내에서 경쟁해 온 다계급적·다계층적 통합정당들은 최대한의 복지(포괄적·보편적 복지)를 추구하는 진보정당과 최소한의 복지(잔여적·선별적 복지)를 추구하는 보수정당으로 정치적 분화를 겪게 될 것이다. 둘째, 이 분화과정을 통해 선거경쟁에서 승리한 정당은 자신의 정책노선에 따라 특정 내용과 수준의 복지정책을 추진하게 되고, 그에 따라 빈곤과 불평등에 대한 상이한 결과가 초래될 것이다. 특히 보수정당에 비해 진보정당이 집권하는 경우 더 큰 규모의 복지 확대가 이루어지고 나아가 더 많은 복지 성과가 발생할 것이다.

• 정치연합 가설(political coalition hypothesis)

특정 정책노선을 추구하는 정당은 선거에서 승리하기 위해 다양한 지지집단과 정치연합을 구성하는데, 정당과 정치연합의 관계에 대해서도 두 가지 하위가설을 제시할 수 있다. 첫째, 성장증진과 복지최소화를 추구하는 보수정당은 상위층을 중심으로 중상위층의 지지를 받는 친성장 정치연합을 조직하고, 복지 확대와 분배 개선을 추구하는 진보정당은 하위층을 중심으로 중하위층을 견인하는 친복지 정치연합을 조직하게 될 것이다(Manow, 2009; Iversen and Soskice, 2006). 둘째, 진보정당이 확장성·정합성·견고성[12]이 높은 정치연합을 형성할 경우 복지 확대의 가능성이 증가할 것이며, 반대로 보수정당이 확장성·정합성·견고성이 높은 정치연합을 형성할수록 현상유지 또는 복지 축소의 결과를 가져올 것이다(Esping-Andersen, 1990; Iversen and Soskice, 2006; 김영순, 2013).[13]

---

12 확장성은 연합할 수 있는 사회집단 및 계층의 범위에 관한 문제이며, 정합성은 복지와 재분배를 추구하는 정당(진보정당)과 계층(저소득층) 또는 성장을 추구하는 정당(보수정당)과 계층(상위계층)의 이념적 일치성을 의미한다. 한편 견고성이란 정당과 집단 · 계층 사이의 정치연합이 쉽게 와해되지 않고 긴 시간 동안 지속되는 정도를 뜻한다.

13 김영순(2012)은 스웨덴, 독일, 호주 등에 관한 연구에서 노동계급이 중간계급 유권자와 연합한 스웨덴에서는 사민당의 집권 기간이 길고 더 포괄적이며 경제적 충격에 더 강한 복지국가가 등장했으며, 노동계급이 중간계급과의 선거연합을 이루지 못한 독일과 호주에서는 덜 포괄적이고 더 계층화되거나 더 불안정한 복지국가가 형성되었다고 한다. 이것을 보면 노동계급이 중간계급과 정치연합의 형성 여부가 진보정권의 집권과 복지국가의 형태에 결정적 영향력을 미쳤다는 것을 알 수 있다.

3. 노무현 정부 시기의 복지국가 발전

선거경쟁과 정치연합 형성

한국 사회가 채택하고 있는 소선거구제, 다수제, 양당제, 대통령제는 경쟁조장적 성격을 갖는 정치제도이지만 그 자체로는 정태적 속성을 갖는다. 이런 제도의 틀 속에서 2002년 대선을 전후하여 선거경쟁을 증폭시키고 사회구성원들을 정치적 소용돌이로 몰아간 강력한 동력은 외환위기 이후 심화된 사회·경제적 불평등과 그에 따른 세대균열과 계급·계층균열의 부상이었다(강원택, 2003; 마인섭, 2003; 신광영, 2012). 이런 가운데 이 시기에는 3김의 퇴장과 함께 지역주의가 과거에 비해 상당히 약화되는 새로운 변화도 나타났다.

그러나 사회·경제적 불평등의 증가로 경제적 압박이 가중되는 세대(청년세대와 노인세대)와 계층(하위층과 중간층)을 중심으로 새로운 균열구조가 부상하기 시작했다는 사실만으로 복지 확대가 쉽게 이루어지지는 않는다. 복지 확대에는 필연적으로 조세 증가, 사회보험 부담 증가, 정부 세출 부문의 재조정 등 큰 규모의 자원재분배가 수반되고 이 과정에서 다양한 정치·사회집단과 이익집단 간에 '복지전쟁'이라고 부를 수도 있는 대규모 갈등이 발생하기 때문이다. 따라서 이런 정치적 갈등과 고통, 정권의 위험과 불안정을 무릅쓰고 복지 발전을 이루기 위해서는 권력자원이론이 제시하듯 노동계급의 대규모 조직화, 노동계급과 중산층의 광범위한 선거연합, 좌파정당의 집권과 같은 강력한 정치적 조건이 형성되어야 한다. 그런데 특이하게도 노무현 정부 시기에는 이런 조건이 제대로 갖추어지지 않은 상태에서도 상당한 수준의 복지 발전이 이루어졌다. 그러면 그것을 가능하게 한 조건은 무엇인가?

앞서 제시된 분석 모델에 의하면, 노무현 정부 시기에는 세 가지 조건, 즉 1) 정치경쟁과 선거경쟁의 높은 경쟁성, 2) 대통령 후보와 정당의 높은 정파성, 3) 광범위한 정치연합의 형성이라는 조건이 갖추어졌다고 볼 수 있다. 먼저 2002년 16대 대선 때에는 민주화 이후 정치적 경쟁성이 가장 높은 수준까지 도달했다. 잘 알려져 있듯이, 선거 과정의 초기에는 노무현 후보의 지지도가 매우 낮았고, 측근 비리로 인해 김대중 정부에 대한 비판적 여론이 비등했다. 이런 틈새에서 정몽준 후보가 대선 참여를 선언하자 범개혁진영이 분열되었고, 그로 인해 한나라당의 이회창 후보가 확고한 우위를 차지하여 승세를 굳히는 듯했다. 그러나 노무현 후보가 행정수도 이전 공약을 제시한 가운데 정몽준 후보와 단일화를 실현하자 진보와 보수 양 진영 간에 힘의 균형이 회복되기 시작했고, 뒤이어 대선의 균형추가 빠른 속도로 노무현 후보로 기울었다. 그리하여 선거의 판세가 시시각각 변화하며 아무도 결과를 예측할 수 없는 고도의 경쟁상황이 꽤 긴 시간 동안 지속되었으며, 그 속에서 노무현 후보는 불과 57만 표 차이(48.9% 대 46.9%)로 초박빙의 승리를 거두었다.[14]

다음으로 정파성 문제를 보면, 이회창 후보와 한나라당은 명백하게 안보와 성장을 중시하며 선별적 복지를 강조하는 보수적 정책노선을 추구한 반면, 노무현 후보와 민주당은 민주주의와 평화를 중시하며 성

14 2002년 대선 이외에도 여러 선거에서 정치적 경쟁성이 고조된 경우가 나타났다. 4당 간 선거경쟁이 벌어진 1987년 대선, DJP 연대가 이루어진 1997년 대선, 박근혜 후보와 문재인 후보가 양자 대결을 벌인 2012년의 대선에서도 치열한 경쟁이 벌어졌다. 그 반면 3당 합당 이후 치러진 1992년의 대선과 진보개혁 진영의 분열이 극심했던 2007년 대선에서는 그 경쟁의 정도가 훨씬 낮았고, 결국 김영삼 후보와 이명박 후보가 각각 압승을 거두었다. 흥미롭게도 의미 있는 복지 발전이 이루어진 것은 모두 치열한 경쟁을 거쳐 정권이 탄생한 경우였다. 4자 대결을 통해 등장한 노태우 정부는 국민연금제도를 실시하고 의료보험을 전 국민에게 확대하고 고용보험의 도입을 추진하였다. 김대중 정부는 국민기초생활보장제도를 도입하고 사회보험의 적용범위를 대폭 확대하였다. 노무현 정부는 소득보장을 확대하는 것은 물론 그간 취약했던 사회서비스 분야의 확충을 도모했다. 박근혜 후보와 문재인 후보의 경쟁에서는 대한민국 역사상 최초로 복지국가 건설이 최대의 선거 쟁점으로 부상하였다.

장과 복지의 선순환을 모색하는 진보적 정책노선을 추구했다고 볼 수 있다(박찬욱, 2006; 현재호, 2004).[15] 물론 이념적 측면에서 노무현 후보와 민주당의 입장을 성장보다 복지와 분배를 더 우선시하는 좌파로 볼 수는 없다. 그러나 한국의 정치 지형이 안보, 성장, 선별적 복지에 과도하게 우편향되어 있던 현실을 고려할 때, 당시 전체적으로 중도노선을 견지했던 노무현 후보와 민주당은 강력한 진보적 잠재력을 가지고 있었으며, 실제로 노무현 정부는 집권 후 복지정책 측면에서 적극적으로 중도진보 또는 진보의 길을 걸었다고 평가할 수 있다.

마지막으로, 16대 대선에서의 후보별 지지기반을 분석해 볼 때(〈표 13-1〉 참조), 대선과정에서 노무현 후보와 민주당은 호남권과 충청권의 지역연합을 토대로 40대 이하의 젊은 층, 계층적으로는 하위층과 중간층(중상위층까지 포함), 직업상으로는 농어민, 생산직, 전문직 유권자들과 광범위한 선거연합을 형성했음이 드러난다. 이로써 정치연합 측면에서도 복지 확대를 강력하게 추진할 수 있는 친복지연합이 구축되었다고 볼 수 있다. 그러나 특이한 점은 복지 확대의 가장 큰 수혜집단이 될 수 있는 50대와 60대 이상의 고령층, 무직·퇴직자와 주부집단의 노무현 후보 지지가 상대적으로 적었다는 것이다.[16] 우리 사회의 최하위층 내지 취약계층을 구성하는 이들은 오히려 상위층 및 고위직 유권자들과

---

15 16대 대선에서 노무현 후보와 이회창 후보를 지지한 유권자들의 평균 이념 점수는 5점 척도에서 각각 2.56(중도진보 성향)과 3.24(보수 성향)였다(t-test 결과, p = .000). 이것을 보면 노무현 후보와 이회창 후보의 지지자들도 서로 상이한 이념성향을 가지고 있었음이 발견된다.

16 MBC와 한국리서치의 선거후 조사에 의하면, 50대와 60대 이상의 노무현 후보에 대한 지지율은 각각 40.1%와 34.9%로 나타났다. 다른 조사도 이와 비슷한 결과를 보여 주며, 주부의 경우 54 대 46의 비율로 이회창 후보 지지가 더 많은 것으로 나타났다(박찬욱, 2006). 이것을 볼 때, 본 연구가 분석하고 있는 한국사회과학데이터센터의 서베이 자료는 노무현 당선자에 대한 긍정적 응답을 더 많이 포함하고 있는 것으로 판단된다. 따라서 이 점은 주의를 요한다.

〈표 13-1〉 2002년 16대 대선에서의 노무현 후보 지지집단 분석 (단위: %)

지역	세대	계층	직업	학력
호남권: 87.8 충청권: 73.8 수도권: 59.3 강원권: 50.0 영남권: 31.3	20대: 67.6 30대: 61.1 40대: 48.5 50대: 45.7 60대 이상: 50.9	하위층: 56.1 중하위층: 52.8 중간층: 55.9 중상위층: 63.8 상위층: 46.0	농어민 상층: 81.8 학생:71.4 농어민 하층: 63.0 전문직: 62.2 생산직: 55.4 주부: 50.8 고위 공무원·기업체 간부: 47.1 무직 · 퇴직자: 47.0	중졸 이하: 51.2 고졸: 53.2 대재 이상: 61.7

주: 서베이 결과 노무현 후보의 지지율은 55.4%, 이회창 후보의 지지율은 38.9%로 실제 대선 결과(노무현 후보 48.9%, 이회창 후보 46.6%)와 큰 차이를 보임.
자료: 한국사회과학데이터센터(2002).

결합하여 이회창 후보와 한나라당을 상대적으로 더 많이 지지했던 것으로 드러났다.

민주화 이후 2012년 대선까지도 노인과 무직자·퇴직자 등의 최하층 유권자들이 왜 진보정당(민주당 계열)을 외면하고 보수정당(새누리당 계열)을 상대적으로 더 많이 지지해 왔는지는 쉽게 풀리지 않는 수수께끼인데, 이 문제에 하나의 실마리를 제공하는 요소가 인지능력을 결정하는 교육수준이다. 〈표 13-1〉에 제시된 것처럼 교육수준이 낮은 유권자들일수록 상대적으로 보수정당 후보를 더 지지하고, 반대로 교육수준이 높은 유권자들은 진보정당을 더 지지하는 것으로 나타난다. 이것은 보수정당이 제시하는 안보와 성장 논리는 비교적 쉽게 이해할 수 있는 '쉬운 쟁점(easy issue)'이고, 진보정당이 제시하는 증세와 복지 논리(특히 보편적 복지 논리)는 상당히 복잡한 추론을 해야만 이해할 수 있는 '어려운 쟁점(hard issue)'이기 때문으로 풀이된다.[17] 이런 차이로 인해 교육수준이 낮은 저소득층 유권자들은 보수언론이 끊임없이 발신하는 보수적 메시지에 인지적으로 쉽게 포획당하게 된다고 볼 수도 있다.

이상에서 살펴본 것처럼, 2002년 16대 대선에서 나타난 정치경쟁과 선거경쟁의 높은 경쟁성, 노무현 후보와 민주당의 높은 정파성, 그리고 광범위한 정치연합의 형성은 노무현 정부가 추진한 복지확대정책의 정치적 토대가 되었음을 확인할 수 있다. 물론 이 시기에 구축된 정치연합의 경우 정당과 지지집단 사이의 정합성과 견고성이 취약했던 것은 분명하지만, 당시 지역주의 극복과 정치개혁을 주장한 노무현 후보와 민주당을 중심으로 상당히 확장성이 높은 폭넓은 정치연합이 형성된 것은 사실이다.

본 연구의 분석 모델에서 제시한 연구가설은 지역주의가 퇴조하는 상황에서 선거경쟁의 경쟁성이 높고, 후보와 정당의 정파성이 강하며, 광범위한 정치연합이 형성될 경우 그 결과는 복지정책에 대한 유권자와 정당 모두의 관심이 증가하고 선거 후 복지 확대가 이루어질 가능성이 크다는 것이었다. 그러면 16대 대선에서 복지정책은 어느 정도 중요한 정책으로 부각되었는가? 2002년 대선과 2004년 총선에 참여한 주요 정당의 선거강령을 대상으로 내용분석을 시도한 이지호의 연구(2009)에 의하면, 이 선거에 참여한 8개 정당의 강령을 문장 단위로 나누어 분석할 경우 이미 16대 대선부터 주요 정당들이 '복지 확대'를 가장 중요한 정책공약으로 제시하기 시작했던 것으로 드러난다. 〈표 13-2〉에 제시한 것처럼, 2002년의 16대 대선과 2004년의 17대 총선에 참여한 8개 정당은 모두 복지 확대를 가장 중요한 정책공약으로

17 카마인(Edward G. Carmine)과 스팀슨(James A. Stimson)에 의하면, '쉬운 쟁점'은 기술적 문제보다는 상징적 문제를 다루고, 수단보다는 목표를 지향하며, 장기간 대중적 관심의 초점이 되어 왔다는 특징을 갖는다(Carmine and Stimson, 1980). 이런 면에서 보면, 복지쟁점은 조세 및 재원배분과 관련된 복잡한 기술적 문제와 수단적 과제를 내포하고 있으며 최근에 들어와 대중에게 부각되기 시작한 새로운 쟁점이라고 볼 수 있다. 따라서 복지쟁점은 쉬운 쟁점이 아니라 어려운 쟁점이며, 그런 만큼 그것을 이해하는 인지능력이 매우 중요하게 작용한다고 봐야 한다.

〈표 13-2〉 2002년 대선과 2004년 총선 참여 8개 정당의 선거강령 내용분석

정책범주	평균	표준편차
복지 확대	7.86	2.37
민주주의	7.41	3.88
기술과 인프라	6.30	2.67
농업	6.27	1.06
문화	6.07	2.28
정치부패	5.55	2.90
교육 확대	5.20	2.44
시장규제	4.95	2.93
환경보호	4.72	1.46
여성	4.68	3.32

자료: 이지호(2009: 129).

제시했으며, 그 다음으로 '민주주의'와 '기술과 인프라' 등을 제시하였다.

이러한 사실은 16대 대선을 뒤흔든 정책공약이 '행정수도 이전'이었다는 사실과 크게 상치되는 의외의 결과다. 그러나 이 결과는 균열구조 변화와 복지정치 활성화라는 긴 시대적 흐름에서 볼 때 기존의 균열구조가 약화되고 새로운 균열구조가 등장하는 정치적 전환기에서 발생했던 현상으로 이해할 수 있다. 즉, 16대 대선은 지역주의를 상징하던 3김이 이제 막 퇴장했으나 아직도 과거의 선거를 지배하던 지역균열이 상당한 영향력을 유지하고 있었고, 그런 가운데 참여민주주의를 갈망하는 젊은 세대와 복지·분배개혁을 요구하는 저소득층과 중간층의 열망이 수면 위로 새롭게 부상하던 교체기의 선거였던 것이다. 그리하여 이 시기에 빠르게 부각된 세대균열과 계층균열은 그 이후 10년 동안의 정치적 발효과정을 거친 뒤 2012년의 18대 대선에 이르러 선거결과를 좌우하는 최대의 균열구조로 확고하게 자리 잡았다. 그러므로 우리는 바로 이 세대균열과 계층균열이 한국 사회의 복지 발전을 추동하는 구조

적 조건이 되었음을 분명히 확인할 수 있다.

정책공약의 성격이라는 측면에서 보면, 16대 대선 당시 선거의 승패를 좌우했던 행정수도 이전 공약은 일종의 승리쟁점으로서 '현저성(salience)'이 가장 높은 공약이었다. 이에 비해 복지 확대 공약은 그보다 현저성은 다소 떨어졌지만 그 당시에나 그 이후에 대중의 절박한 사회·경제적 관심을 반영한 '중요성(importance)'이 가장 높은 공약이었다고 평가할 수 있다. 놀라운 점은 2002년 대선과 2004년 총선에 참여한 주요 정당들이 모두 현저성은 약간 떨어지지만 중요성이 높은 복지정책에 대해 그것을 가장 비중이 큰 선거강령으로 채택할 만큼 이러한 현실에 대해 이미 충분히 이해하고 있었다는 사실이다. 말하자면 지역대결을 부추기며 특정 지역에서 몰표를 획득하거나 아니면 DJP 연대처럼 지역연합을 형성하여 손쉽게 선거경쟁에서 이기고자 하던 시대가 서서히 지나가고 있으므로,[18] 복지 확대를 통해 유권자들의 요구를 충족시킴으로써 효과적으로 표를 얻을 수 있다는 새로운 자각이 정당에서 일어나고 있었던 것이다(이신용, 2010). 이 시기 이후의 역사는 이러한 자각이 점진적으로, 그리고 극명하게 현실화되어 간 과정이었음을 잘 보여 준다.

---

18 그럼에도 불구하고 지역균열은 16대, 17대, 18대 대선에서 모두 중요한 작용을 했다는 사실을 과소평가해서는 안 된다. 16대 대선의 경우 행정수도 이전 공약을 매개로 호남권 유권자와 충청권 유권자 사이에 일종의 정책연합이 형성되어 진보적 대통령의 당선을 가능하게 했다고 볼 수 있고, 17대와 18대의 경우 이명박 후보와 박근혜 후보는 모두 영남권 유권자와 수도권 지역의 보수적 유권자가 연합하여 승리할 수 있었다고 볼 수 있다. 그러나 지역대결과 지역연합이 선거 결과를 거의 사전적으로 결정하던 과거와 달리 이 세 선거 모두 지역주의가 크게 약화되었고 선거 결과의 불확실성은 훨씬 증가했으며, 그만큼 복지정책을 중심으로 세대균열과 계층균열이 작용하는 범위는 확대되었다.

복지정책의 설계와 집행: 소득보장형 사회투자 복지국가

앞의 〈표 13-2〉가 보여 주는 것처럼 16대 대선에 참여한 모든 정당들은 복지 확대를 가장 중요한 공약으로 내세웠다. 그러나 민주당과 한나라당 사이에 이념지향과 정책설계에서 중요한 차이가 존재했다는 것을 잊어서는 안 된다. 민주당은 국가복지의 확충이라는 관점에서 공공부조와 사회보험의 확대를 통해 소득보장을 강화하고, 아동·여성·노인·장애인을 위한 사회서비스를 대폭 확대하려는 계획을 제시하였다(새천년민주당, 2002). 한나라당의 경우, 아동·여성·노인·장애인 등 각 인구집단을 위해 다양한 복지메뉴를 제시한 것은 비슷했으나, 어떤 복지시스템을 구축하여 국민들의 삶을 어떻게 보장할 것인지에 대한 종합적 구상을 결여한 채 소극적 국가기능과 적극적 시장기능의 결합을 추구하였다. 또한 건강보험의 분리운영과 의약분업의 재검토 같은 정책공약에서 알 수 있는 것처럼 특정 이익집단의 요구에 더 충실히 부응하여 계층분절적 복지를 추진하려는 의사도 드러내었다(한나라당, 2002). 다른 중요한 차이의 하나는 민주당이 고령사회기본법의 제정과 비전 2030의 구상처럼 전 국민을 대상으로 하는 '제도적·프로그램중심적 접근(programmatic approach)'을 추구한 데 반해, 한나라당은 그런 고려 없이 특정 집단을 대상으로 한 '특수주의적·표적중심적 접근(particularistic approach)'을 추구했다는 것이다.[19] 이것은 민주당이 제도적·보편적 복지체제를 구축하는 정책노선을 채택하고 있었고, 한나라당은 잔여적·선별적 복지체제를 구축하는 정책노선을 채택한 데서 발생한 차이였다고 볼 수 있다.

이런 차이 속에서 탄생한 노무현 정부는 대선시기의 선거경쟁이 치

19 복지정책에 대한 정당들의 상이한 접근 유형에 대해서는 Kitschelt and Wilkinson(2007)을 참조할 것.

열했던 만큼, 그리고 외환위기 이후 심화된 양극화로 인해 지지집단의 사회·경제적 고통이 컸던 만큼 정치적으로 실현가능한 최대치의 복지 개혁과 복지지출 확대를 추구하였다. 우선 정부 출범 직후에는 성장중심의 발전주의적·생산주의적 복지정책을 넘어서서 성장과 복지의 선순환이라는 새로운 정책노선을 추구할 것이라는 정책의지를 표명하고, 이 틀 속에서 국가복지의 확대, 사회서비스의 확대, 복지정책 결정과정에서의 국민참여 확대 등을 중심으로 하는 '참여복지'를 추진하겠다는 다소 일반론적 입장을 견지하였다(보건복지부, 2004). 따라서 초기 단계에서는 노무현 정부의 복지정책이 구체적으로 어떤 목표를 지향하고 어떤 복지체제를 구축할 것인지가 분명하지 않았다.

그러나 시간이 흐름에 따라 노무현 정부는 과거 발전국가 시기의 발전주의(생산주의) 복지국가와 김대중 정부 시기의 생산적 복지국가를 뛰어넘는 새로운 단계의 복지국가를 설계하고 추진하려 했음이 드러났다. 노무현 정부가 추진한 다양한 복지정책을 하나의 통합 개념으로 정리하는 것은 상당히 어렵지만, 한국의 복지체제에서 가장 취약한 소득보장을 확충함과 동시에 사회투자적 복지의 확대를 통해 복지와 성장의 선순환 체계를 구축하고자 체계적으로 노력한 점을 고려하여 노무현 정부는 '소득보장형 사회투자 복지국가(또는 소득보장형 사회투자국가)'를 지향했다고 이해할 수 있다(이혜경, 2007; 임채원, 2007; 김윤태, 2010b; 양재진, 2007, 2012 참조).[20]

그러면 노무현 정부는 어떤 시대적 과제에 직면했으며, 왜 소득보장형 사회투자 복지국가라는 복합적 개념의 복지국가를 추구했는

20 물론 이것은 노무현 정부가 소득보장과 사회투자국가의 핵심 과제들을 모두 잘 수행했음을 의미하는 것은 아니다. 이것은 노무현 정부가 소득보장과 사회투자를 결합하는 복지국가를 규범적 모델로 설정하고 이를 실현하기 위해 적극적으로 노력했음을 뜻한다.

가? 노무현 정부는 출범 직후부터 집권 기간 내내 세계화, 사회·경제적 양극화, 탈산업화, 저출산·고령화의 네 가지 시대적 과제에 직면했다고 볼 수 있다(김영순, 2008; 조흥식, 2010; 이혜경, 2013 참조). 우선 세계화는 수출주도형 성장을 추구한 박정희 발전모델의 특성, 김영삼 정부가 추진한 급속한 시장개방과 그로 인한 외환위기의 발생, 그 직후 등장한 김대중 정부의 금융시장 개방과 노동시장 유연화 등에 따라 노무현 정부 등장 이후 세계시장의 변동에 대한 방어막이 빠르게 약화되는 가운데 지속적으로 한국 경제와 사회에 넓고 강한 영향을 미쳤다. 이와 함께 충실한 사회보장체계가 결여된 상태에서 실업의 증가, 비정규직의 확대, 빈곤과 불평등의 확산 등으로 국민 대중의 사회·경제적 고통이 증폭되고 양극화가 심화되었다. 이런 흐름 속에서 1990년을 기점으로 정보화와 자동화가 급진전되면서 제조업 부문의 고용이 감소한 반면 서비스 산업의 고용 비중이 급격히 상승하는 탈산업화가 진행되어 고용구조, 소득구조, 여성의 경제활동 참가 등 여러 측면에서 산업혁명에 버금가는 변화가 발생하기 시작했다.[21] 마지막으로, 1990년 이후에는 출산율의 급락과 고령화율의 급증이라는 저출산·고령화가 빠르게 진행되었다. 1982년 직후 2명 이하로 떨어지기 시작한 출산율은 1990년 1.60, 2000년 1.51로 감소한 뒤 2005년에는 1.08까지 떨어지는 심각한 추세를 보였다. 한편 1980년에 3.8%이던 고령화 비율은 1990년에 5.1%, 2000년에 7.2%로 증가한 이후 2005년에는 9.3%로 가파르게 치솟았다.

21 1980년에 38.6%에 불과했던 서비스 산업의 고용 비중은 1990년에 47.7%, 2000년에 61.2%를 넘어선 다음 2005년에는 65.1%, 2012년에는 69.6%까지 증가하였다(KB금융지주경영연구소, 2012). 탈산업화 과정이 여러 경제선진국에서 산업혁명에 버금가는 광범위하고 충격적인 영향을 미친다는 지적은 마일즈와 콰다그노(Myles and Quadagno, 2002)가 제시하였다.

노무현 정부가 등장하기 이전 시기에는 대체로 세계화와 양극화의 정도가 낮았고, 고용구조의 중심은 제조업이었으며, 저출산·고령화의 문제가 덜 심각했다고 볼 수 있다. 그런데 세계화, 양극화, 탈산업화, 저출산·고령화의 추세는 1990년대에 들어와 서서히 가속화되기 시작했으며, 1997년 말 외환금융위기를 겪으면서부터는 네 가지 추세가 모두 증폭작용과 상승작용을 통해 특정 시기의 정부와 사회가 감당하기 어려운 엄청난 복합적 문제를 만들어 냈다. 이런 가운데 김대중 정부 시기까지 구축된 복지체제는 실업, 빈곤, 비정규직, 자녀양육, 노후불안에 시달리는 다수 국민들의 사회·경제적 고통을 해결하기에는 턱없이 부족한 생산적 복지의 제도적 틀과 재정 보수주의의 제약에 갇혀 있었다. 그리하여 노무현 정부는 폭발적으로 증가하는 국민 대중들의 고통에 대해 국가도, 시장도, 가족도 어떻게 손써 볼 수 없는 총체적 난국에 직면했다고 볼 수 있다.

이런 문제 상황에 대응하여 노무현 정부는 다음의 세 가지 관점에서 복지정책을 설계하고 집행하였다.

첫째, 성장과 복지·분배의 선순환이라는 '동반성장'의 관점에서 복지문제의 해결을 시도하였다(국민경제자문회의, 2006). 외환위기 이후 발생한 복지문제의 핵심은 결국 국내외 경제구조의 변동에 그 뿌리가 있으므로 경제정책과 복지정책을 통합적으로 관리하여 고용을 증진하는 복지친화적 성장과 인적자본 향상을 통해 성장을 촉진하는 성장친화적 복지를 추진해야 한다는 것이 노무현 정부의 기본인식이었다.

둘째, 탈산업화와 저출산·고령화의 동시적 진행은 질병, 실업, 퇴직 등에 따른 소득상실이라는 구사회위험(old social risks) 외에 저출산과 고령화에 따라 임신과 출산, 자녀양육, 노인 돌봄, 여성의 경제활동 참여와 경력단절 같은 신사회위험(new social risks)을 양산하였다. 따라서 노무현 정부는 구사회위험과 신사회위험에 동시에 대응하는 복지체제를 설계하고자 했다(김영순, 2008; 조홍식, 2010; 이혜경, 2013). 나아가 노무현 정부는 '남성 부양자 모델(male breadwinner model)'에서 '2인부양자 모델(dual-earner model)'로의 전환도 적극적으로 추진하였다(Fleckenstein and Lee, 2012). 이런 전환을 시도한 이유는 남성은 직장에 나가고 여성은 가정을 돌보는 전통적 성별분업 구조로는 남성 가장의 증가하는 고용불안정과 소득불안정을 해소하는 것이 불가능해졌기 때문이다.

셋째, 경제와 복지의 통합적 고려, 신·구 사회위험에 대한 동시 대응, 남성 부양자 모델에서 2인 부양자 모델로의 전환을 실현하기 위해 노무현 정부가 구축한 복지체제의 형태는 소득보장형 사회투자 복지국가였다. 이 새로운 복지국가체제의 일차적 목표인 소득보장 확대를 위해 노무현 정부는 세계화와 외환위기로 인해 심화된 사회·경제적 양극화와 빈곤문제에 대응하기에는 국민기초생활보장제도에 의해 뒷받침되는 공공부조의 대상이 적고 급여수준이 낮으므로 이 제도를 확대하는 한편, 긴급복지지원제도, 근로장려세제(EITC), 기초노령연금 등 새로운 소득보장제도를 도입하였다(〈표 13-3〉 참조). 또한 사회보험 적용대상 범위를 확대하고 급여수준을 증액하여 소득보장의 확충을 도모하였다. 이와 함께, 노무현 정부는 소득보장만으로는 세계화, 양극화, 탈산업화에 능동적으로 대응할 수 없다는 판단 아래 국민들의 인적자본과 직업능력을 향상시키는 적극적 노동시장정책을 통해 사회투자를 확대하는 정책을 추진하였다. 소득보장을 '소극적 복지'로 이해한다면, 사회투자는 국민들의 인적자본을 증진하여 노동시장의 변동에 유연하게 대응하고자 하는 '적극적 복지'로 이해할 수 있는데(김윤태, 2010a), 노무현 정부가 구축하고자 한 소득보장형 사회투자 복지국가는 결국 소극적 복지와 적극적 복지를 통합하여 시대적 필요에 부응하는 새로운 복지체제의 창출을 지향하였다.

이렇게 볼 때, 노무현 정부는 발전주의(생산주의)와 가족주의 원리에 의해 설계된 기존의 복지국가 모델을 그대로 답습한 것이 아니라 공공부조와 사회보험을 최대한 확장하고 사회투자의 관점에서 사회서비스 분야를 적극적으로 확충함으로써 과거의 경로를 따르는 경로의존(path dependence)에서 벗어나 새로운 경로를 만들고 새로운 모델로 이행하는 경로변경(path shifting)과 경로형성(path shaping)의 길을 걸었다고 이해할 수 있다.[22] 이로써 발전국가 시대 이래 수십 년 동안 한국의 복지 발전에 족쇄처럼 작용했던 발전주의·가족주의 복지 모델[23]에서 벗어나 복지의 탈가족화, 국가화, 사회화를 이룰 수 있는 계기를 만들었다.[24]

그러면 이처럼 새로운 복지체제 속에서 노무현 정부는 구체적으로 어떤 정책을 추진했는가? 이 물음에 답하기 위해 〈표 13-3〉을 제시했다. 이 표의 하단에서 보는 것처럼, 노무현 정부는 새로운 복지체제를 구축하기 위해 집권 초기부터 '참여복지5개년계획', '국가고용전략', '저출산·고령사회기본계획(2006-2010)'과 같은 중요한 국가 복지계획을 수립하고, 2006년 8월에는 미래 한국 사회의 복지비전이라고 부를 수 있는 '비전2030'을 작성하였다.[25] 세계화, 양극화, 탈산업화, 저출산·고령화라는 복합적 문제에 대응하기 위해 작성된 이들 계획은 모두 선성장-후복지라는 발전주의 시기의 논리로는 심화되는 국민대중의 사회·경제적 고통을 해결할 수 없는 것은 물론이고 더 이상 지속적인 성장도 어렵다는 문제의식을 바탕으로 한 것이다. 그리하여 복지를 성장에 종

---

22 경로형성과 경로변경에 대해서는 각각 Cox(2001)와 Morgan(2013)을 참고할 것.

23 발전주의·가족주의 복지국가 모델은 복지를 성장에 종속시키고 잔여적 개념의 공공부조와 사회보험, 그리고 가족의 복지책임을 중시하는 복지 모델을 의미한다(Kwon and Holliday, 2007).

24 이런 변화에 대해 이혜경(2011: 4)은 "참여정부는 양극화, 동반성장, 사회투자론을 결합함으로써 미래 한국의 어떤 정부도 그로부터의 근본적인 이탈이 쉽지 않은 새로운 복지국가로의 궤도를 출발시켰다"라고 주장한다.

25 '비전2030'에서는 2030년의 우리나라 1인당 GDP를 4만 9천 달러, 복지지출 규모를 OECD 회원국 평균 수준인 GDP 대비 21% 정도로 설정했다.

〈표 13-3〉 노무현 정부의 주요 복지정책

정책 영역	주요 내용	비고
공공부조	• 국민기초생활보장제도 확충 • 장애수당 확대(7만 원 → 9만 원): 대상자 증가(11만 명 → 39.8만 명), 예산 증액(518억 원 → 3,130억 원) • 긴급복지지원법 제정(2005. 12) 및 시행(2008. 2) • 근로장려세제(EITC) 도입(2006. 12) 및 시행(2009) • 기초노령연금 도입(2007. 4): 65세 이상 노인 60% 대상, 국민연금 가입자의 수급 전 3년간 평균 소득 월액의 5% 지급	기준 완화 확대 신규 신규 신규
사회보험	• 국민건강보험 적용 확대(비정규직 포함), 보장성 확대(본인부담률을 1987년의 62.4%에서 2005년 37.7%로 감축), 145만 명 → 185만 명으로 증가 • 국민연금 적용 확대: 2003년 7월 이후 1인 이상 사업장, 1개월 이상 임시직, 월 80시간 이상 시간제 근로자 대상 • 국민연금 개혁: 급여율 축소, 기초노령연금 도입 • 산재보험 적용 확대: 2003년 법개정, 2천만 원 미만의 건설공사 적용, 농림어업 5인 미만 기업 적용 • 고용보험 적용 확대: 2004년부터 일용근로자와 전체 어업종사자, 2천만 원 이상 건설업, 60세 이후 고용자의 고용보험 적용 허용	확대 확대 신규 확대 확대
사회 서비스	• 보육 확대: 산전후 휴가급여, 육아휴직제도, 보육료 지원 확대(0-4세 아동은 빈곤층과 차상위계층까지, 5세 아동은 도시근로자가구 평균소득 100% 이하까지) • 아동복지 확대: 만 5세아 무상교육, 방과후 학교, 아동발달지원계좌, 희망스타트 프로그램(빈곤아동의 전인적 발달 지원) • 노인복지: 돌봄서비스 확대, 치매노인 지원체계 구축, 노인직종 교육훈련 확대, 노인 일자리 창출 • 노인장기요양보험법 제정(2007. 4) • 비정규직보호법 시행(2007. 7) • 장애인복지 확대: 교육훈련 강화, 취업알선 서비스 확대, 장애인차별금지법 제정(2007. 3) • 적극적 노동시장정책: 일자리 창출(사회서비스 분야 일자리 확대), 청년실업대책, 직업능력개발과 취업훈련, 고용정보서비스 제공	확대, 신규 확대, 신규 확대, 신규 신규 신규 확대, 신규 확대, 신규
복지행정	• 복지서비스 지방 이양: 67개 사업, 5,959억 원 • 사회복지사업법 개정(2003. 7): 바우처 제도 도입(장애인 활동 보조, 노인돌봄(종합), 지역사회서비스투자사업) • 사회보험 적용·징수 일원화: 4대 사회보험 통합 징수 추진	신규 신규 신규

〈표 13-3〉 (계속)

정책 영역	주요 내용	비고
복지계획 수립	• 참여복지5개년계획(2004. 11): 국가복지 확대, 사회서비스 확대, 국민참여 확대	신규
	• 국가고용전략(2004. 2): 성장 – 고용 – 복지의 선순환	신규
	• 제1차 중장기 보육계획(2006-2010): 새싹플랜 수립(2006. 7)	신규
	• 저출산·고령사회기본계획(2006-2010) 수립: 새로마지플랜 2010(2006. 8), 32조 원 투입	신규
	• 비전2030(2006. 8): 2030년 OECD 평균 수준으로 복지 수준 확대	신규

속적인 위치가 아니라 성장과 대등한 위치에 올려놓고 국민대중의 구매력을 증진하는 복지 확대를 통해 성장동력을 만들어 내고, 다시 성장을 통해 복지를 증진할 수 있는 복지-성장 선순환의 새로운 정책설계도를 제시하였다.

이런 관점에 입각하여 노무현 정부는 공공부조와 사회보험의 전면적 확대를 추진하고, 김대중 정부 시기까지 저발전 상태에 머물러 있던 사회서비스 분야를 획기적으로 발전시키는 정책들을 추진하였다. 먼저 공공부조의 경우, 국민기초생활보장제도와 장애수당의 적용범위를 확대하여 최저생계비 이하의 빈곤계층을 위한 소득보장을 강화하고자 하였다.[26] 나아가 갑작스럽게 빈곤에 빠져 생활상의 곤란을 겪는 가정과 근로빈곤층, 그리고 국민연금의 혜택을 받지 못하는 노인빈곤자들을 위해 각각 긴급복지지원제도, 근로장려세제, 기초노령연금을 새롭게 제도화하여 최소한의 소득보장이 가능하도록 하였다.

사회보험의 경우, 김대중 정부 시기에 전 국민이 4대 사회보험의 대

26 국민기초생활보장의 확대를 위해 부양의무자의 범위 축소(1촌 직계혈족과 그 배우자), 부양의무자의 소득 기준 확대(최저생계비의 130%)를 추진하여 2002년에 135만 명이던 수급자 수를 2007년 167만 명까지 확대하였다. 또한 2002년에 11만 명이던 장애수당 지급 대상자도 2007년에 39만 8천 명까지 늘렸다.

상이 될 수 있도록 가입자의 범위를 확대하는 조치를 취했으나 비정규직의 대다수가 실제로 가입혜택을 받지 못하고 있던 현실을 개선하기 위해 농림어업 분야와 임시직으로 적용범위를 확대하는 조치를 취했다. 그 결과 2002년부터 2007년까지 비정규직의 국민연금 적용률은 21.6%에서 33.3%로, 건강보험은 24.9%에서 35.0%로, 고용보험은 23.2%에서 32.2%로 10%p 정도 증가하였다(김영순, 2008). 그 밖에도 고령이나 노인성 질병 등으로 목욕이나 집안일 등 일생생활을 혼자서 수행하기 어려운 노인들을 위해 신체활동과 가사활동 지원 등을 제공하기 위한 노인장기요양보험법이 2007년 4월에 제정되었는데, 이 제도는 노인돌봄서비스를 국가가 책임지는 것을 넘어서서 과거 오랫동안 노인돌봄에 매여 있던 여성들의 노동시장 참여를 촉진하여 2인부양자 모델을 확산시키는 중요한 계기를 만들었다.

사회서비스 분야는 노무현 정부에 들어와 가장 큰 진전이 있었던 분야이다. 노무현 정부는 소득보장만으로는 구사회위험과 신사회위험을 동시에 해결하는 것이 불가능하다는 인식하에 사회투자의 차원에서 아동보육과 교육, 노인돌봄서비스의 탈가족화와 국가화를 적극 추진하였다. 또한 노동시장에 진입하기 직전의 청년을 위한 직업훈련과 고용정보 제공을 활성화하고, 노동시장에 진입했으나 고용불안정과 저임금으로 고통을 겪고 있는 다수의 국민을 위해 교육훈련 및 고용정보 제공 같은 적극적 노동시장정책을 대폭 확대하였다. 나아가 장애인과 노인, 여성도 확대된 노동시장정책의 지원을 받아 고용가능성을 높이고 소득을 증진할 수 있는 다양한 서비스를 제공하였다.

복지행정의 측면에서도 여러 가지 변화가 진행되었다. 우선 지방분권정책의 일환으로 67개의 복지사업이 지방으로 이양되었다. 이어 민간시장을 활용하여 사회서비스 제공을 활성화한다는 취지에서 바우처 제도가 도입되었다. 바우처 제도의 도입은 수요자에게 선택권을 부여한다는 측면에서, 그리고 사회서비스 분야의 일자리를 늘린다는 측면에서 많은 기대를 모았다. 그런데 복지사업의 지방 이양과 바우처 제도의 도입은 예상치 않게 복지행정체계를 이원화시키는 결과도 가져왔다(남찬섭, 2009). 공공부조와 일반 복지사업의 경우 안전행정부가 지방정부의 업무를 관리하는 데 반해, 정부보조금으로 운영되는 바우처 제도는 직·간접적으로 복지부의 관리를 받게 되어 복지부와 지역사회 내 민간 복지기관 사이에 별도의 행정라인이 형성된 것이다. 여기에 노인장기요양보험의 관리기구로 건강보험관리공단이 선정되면서 복지부가 지역사회의 사회서비스 제공 과정에 깊숙이 관여하게 되어 복지행정의 이중구조는 더욱 심화되었다. 이런 변화 외에 4대 사회보험의 적용과 징수를 일원화하는 작업도 진행되었다.

〈표 13-4〉는 노무현 정부에서 진행된 복지개혁의 결과가 복지지출에 어떻게 반영되어 있는지를 보여 준다.[27] 이 표에 따르면, 소득보장 분야와 사회서비스 분야가 모두 고르게 증가했으나 그중에서도 사회서비스 분야의 증가가 훨씬 가파르게 진행된 것으로 나타난다. 기초생활보장은 거의 2배 정도 늘어난 데 비해, 보육·가족·여성 분야와 노인·청소년 분야는 거의 4배 가까이 늘어난 것이다. 교육복지 예산은 규모 자체가 워낙 크기 때문에 1.4배 정도 늘어나는 데 그쳤다. 이것을 보면 노무현 정부가 소득보장형 사회투자 복지국가라는 새로운 복지체제를 구축하기 위해 어떤 노력을 얼마만큼 기울였는지를 재확인할 수 있다. 그러나 유의해야 할 것은 전체 복지예산 중 공공부조와 공적연금이 차지하는 비중이 아직은 사회서비스 분야의 비중보다 월등히 크다는 것이다. 이것은 이전 정부 시기까지 형성된 한국의 복지체제가 과도하게 공

---

27 〈표 13-4〉는 참여정부가 실제로 편성한 예산을 제시하였다. 그래서 이전 정부에서 편성된 2003년 예산과 지출은 빠져 있다.

〈표 13-4〉 노무현 정부 시기의 복지지출 변동 (단위: 십억 원)

구분		2004년	2005년	2006년	2007년	2008년
사회복지	기초생활보장	3,865	4,662	5,450	6,576	7,264
	공적연금	11,869	14,096	15,590	17,173	19,670
	보육·가족·여성	456	648	846	1,198	1,668
	노인·청소년	601	459	477	727	2,221
	노동	8,764	9,773	11,055	12,233	12,500
보건의료		4,796	5,287	5,675	5,452	6,040
교육복지		27,795	29,443	30,855	32,512	38,694
주택복지		9,304	11,830	14,882	13,429	13,575
사회복지 총계		74,709	86,109	94,999	100,657	114,254

주: 1) 예산 편성 연도 기준.
2) 사회복지 총계에는 몇몇 예산(보훈예산, 사회복지일반 예산, 기타 예산)이 빠져 있음.
3) 2003년도 사회복지 전체 예산은 41조 원 규모임.

자료: 고경환(2012).

공부조와 사회보험 중심으로 구축되어 있었음을 의미한다. 한 가지 더 언급할 것은 노무현 정부의 복지 확대 노력의 결과로 2004년부터 정부 재정에서 차지하는 복지지출의 비중이 경제와 국방을 제치고 1위로 올라섰다는 사실이다(정책기획위원회, 2007). 복지재정의 비중은 2004년에 24.5%를 넘어선 이후 계속 1위를 유지하고 있는데(2006년에 27.9% 수준), 이것은 한국의 국가가 복지를 확대하는 방향으로 불가역적으로 발전하고 있음을 보여 준다.

복지정치와 정치연합의 변동

노무현 정부는 지역균열의 상대적 쇠퇴와 세대균열과 계층균열의 부상에 따른 사회·경제적 균열구조의 변동 속에서 치열한 선거경쟁을 거쳐 탄생하였다. 이런 특징 외에 자신을 지지한 서민층과 중간층의 복지를 적극적으로 확대하여 성장과 복지의 선순환을 이루고자 한 정파성 요인으로 인해 노무현 정부는 감당 가능한 범위 내에서 최대한의 복지 확대를 추구하였다. 이런 노력을 기울이는 과정에서 소득보장형 사회투자 복지국가라는 새로운 복지체제 모형을 만들어 이 방향으로의 경로 변경도 시도하였다. 그리하여 소득보장과 사회투자 확대를 위한 많은 제도들이 새로 입법화되었고 복지지출이 대폭 증가하여 정부재정 구조상 복지재정이 1위를 차지하는 획기적 성과를 달성하였다.

그러나 노무현 정부가 추진한 복지정책에 대해서는 많은 비판이 뒤따르는 것도 사실이다. 분명한 복지모델과 철학이 정립되지 않아 제도와 프로그램 사이에 상이한 원리(사민주의와 신자유주의)가 충돌한다는 비판(김영순, 2008), 복지정책의 기조가 시장경쟁과 민영화를 강조하는 신자유주의 노선을 추종했다는 비판(김순영, 2011; 주은선, 2011; 강병익, 2009), 복지재정의 확대가 미미했고 노동연계복지가 확대되었다는 비판(조영훈, 2008), 많은 개선에도 불구하고 사회보험에서 광범위한 사각지대가 존재한다는 비판(양재진, 2013), 다양한 복지 확대 노력이 이루어졌지만 사회적 양극화가 더욱 확대되었다는 비판(신동면, 2007; 이태수, 2009), 복지행정체계의 이중구조가 심화되고 중앙부처와 관료의 통제가 지속된다는 비판(남찬섭, 2009) 등이 그것이다.

이런 비판에도 불구하고 노무현 정부는 복지개혁 노력을 통해, 나아가 복지정치의 활성화를 통해 한국의 복지 발전에 중요한 기여를 한 것으로 판단된다. 특히 복지정치의 활성화와 관련해서 볼 때, 노무현 정부의 경우 대통령과 정부가 새로운 국가 복지계획의 수립, 복지제도 입법, 재정배분 등을 주도함으로써 정치·사회적 논쟁을 불러일으키고 다양한 정치행위자를 이 과정에 끌어들였다. 그리하여 정부가 주도한 연금개혁에서 보듯 그 이전까지 복지정책의 수립과 집행에서 다소 수동적 태도를 보이던 정당들을 복지정치의 중심에 서도록 했고, 이와 함께 노조, 경영자단체, 다양한 이익단체와 시민단체도 정책대안을 제시하거나 정책연합을 형성하도록 유도하였다(김영순, 2011).

노무현 정부 시기에는 이처럼 대통령과 정부로부터 발원한 '위로부터의 정치화' 외에도 시민단체가 중심이 된 '아래로부터의 정치화' 과정이 다양하게 전개되어 복지정치를 활성화하였다. 가장 대표적인 사례가 '서울시 학교급식조례제정운동본부'가 추진한 무상급식운동이다. 이 단체는 2004년에 14만 명의 서명을 받아 서울시 의회에 무상급식을 촉구하는 조례 제정을 청원하였다(신광영, 2012). 이 운동이 전국으로 확산되는 과정에서 2006년 지방선거가 실시되자 전북 도지사로 출마한 민주노동당 후보가 무상급식을 정책공약으로 제시하기도 했다. 당시 이 공약은 큰 주목을 받지 못했지만, 무상급식은 이후 이명박 정부에 들어와서도 2009년 교육감 선거와 2010년 지방선거에서 가장 강력한 선거쟁점의 하나로 부상하여 복지정책의 상징적 이슈가 되었다.

복지정치가 위와 아래의 양방향에서 활성화되자 정당과 국회도 적극적 반응을 보이기 시작했다. 〈표 13-5〉는 노무현 정부 시기의 17대 국회 임기 동안 행해진 정당대표 연설을 분석한 박찬표(2008)의 연구 결과인데, 이 표를 보면 정부와 시민사회에서 복지정책을 둘러싼 논쟁,

〈표 13-5〉 대표연설에서 각 이슈 영역이 차지하는 비중 (단위: %)

이슈 영역	열린우리당	한나라당	민주노동당	전체 평균
대외관계	22.9	19.9	18.6	20.5
자유 및 민주주의	6.7	9.3	12.0	9.3
정부	4.1	19.8	0.9	8.3
경제	30.5	23.3	33.6	29.1
복지 및 삶의 질	26.4	20.7	19.1	22.0
사회구조	0.9	4.0	0	1.7
사회집단	8.5	2.9	16.0	9.1

자료: 박찬표(2008: 20).

대결, 연합의 복지정치가 활발하게 진행되던 시기에 주요 정당의 대표들도 복지이슈에 대해 매우 빈번하게 언급한 것을 발견할 수 있다. 열린우리당, 한나라당, 민주노동당의 각 대표는 '경제'를 가장 많이 언급했지만 그에 버금가는 빈도로 '복지 및 삶의 질'을 강조한 것이다.

이로 미루어 우리는 노무현 정부 시기에 국가(대통령과 정부), 정치사회(정당과 국회), 시민사회의 모든 영역에서 복지정치가 전면화되고 있었음을 확인할 수 있다. 그리하여 성장을 넘어서서 복지와 분배가 현실정치의 핵심 과제로 부각되고 이것을 중심으로 대결과 타협, 참여와 동원이 이루어지는 '복지정치의 에스컬레이션' 과정이 이 시기에 증폭되기 시작했음을 발견할 수 있다. 결국 이런 정치적 발효 과정이 2010년 지방선거와 그 이후의 선거로 이어져 복지정치의 폭발을 예비한 것이라고 볼 수 있다.

그런데 소득보장형 사회투자 복지국가의 기틀을 만들고 전면적 복지확대정책을 주도했던 노무현 정권이 집권 여당의 분열과 지지연합의 와해를 겪게 된 것은 정치적 아이러니라고 보지 않을 수 없다. 상황이 이렇게 반전된 이유는 노무현 정부가 연금개혁 과정에서 연금재정의 안정성 확보라는 보수적 목표를 달성하기 위해 보험료율을 올리고 급여율을 낮추는 데 집착했기 때문이다(김영순, 2011). 그 결과, 자신의 정치적 토대가 되었던 복지연합의 구성원들이 대거 이탈하도록 방치하여 복지개혁에서 이룬 여러 성과에 대한 긍정적 평가를 제대로 향유하지도 못하고 정권 재창출에도 실패하는 비운을 맞이했던 것이다. 이것은 결국 노무현 정부를 탄생시킨 느슨한 정치연합의 정합성과 견고성이 취약한 데서 발생한 문제인데, 이것을 다른 측면에서 보면 노무현 정부가 복지정책의 추진 과정에서 복지연합을 형성하고 유지하는 데 매우 미숙했음을 보여 주는 중요한 사례이기도 하다.

4. 이명박 정부 시기의 복지국가 발전

선거경쟁과 정치연합의 형성

노무현 정부는 세계화, 양극화, 탈산업화, 저출산·고령화라는 복합적 위기에 대응하기 위해 발전주의적 복지국가의 틀에서 벗어나 소득보장형 사회투자 복지국가를 건설하고자 나름대로 최대한의 노력을 기울였다. 그러나 진보적 복지정책을 추진하면서도 한미 FTA 체결과 같은 신자유주의적 개방정책을 추진하는 모순적 정책 행보를 보였고, 또 연금개혁을 추진하는 과정에서 야당은 물론이고 진보세력과 자신의 지지세력으로부터도 강력한 비판을 받아 점차 고립의 길로 빠져들게 되었다. 그리하여 집권 초기에 복지와 분배를 목표로 상당히 넓게 형성된 정치연합이 점진적 붕괴 과정을 거치면서 이명박 정권의 등장으로 귀결되고 말았다.

이런 흐름 속에서 등장한 이명박 정부는 정치경쟁 구도의 측면에서 볼 때 다음과 같은 세 가지의 특징을 보였다. 첫째, 이명박 한나라당 후보는 17대 대선 기간 내내 정동영 대통합민주신당 후보에 대해 절대적 우세를 보였으며 531만 표 차이로 압승을 거두었다.[28] 따라서 17대 대선의 경쟁성은 16대와 비교하여 크게 낮은 수준이었다. 둘째, 정파성 측면에서 보면 감세, 규제완화, 친기업 정책, 대규모 토목공사 등을 통해 7%대의 고성장을 달성하고자 한 이명박 정부는 복지와 분배보다는 성장을 훨씬 중시하는 매우 강한 발전주의적 정파성을 보였다. 셋째, 〈표 13-6〉에서 보는 것처럼, 이명박 정부는 대선 과정에서 영남권, 수

---

28 17대 대선이 이렇게 진행된 데에는 노무현 정부의 정치연합 붕괴, 노무현 정부에 대한 국민들의 징벌적 회고투표, 민주당 내부의 분열, 정동영 후보의 전략적 실수(현직 대통령과의 정치적 결별 등) 등 여러 요인이 작용하였다.

〈표 13-6〉 2007년 17대 대선에서의 이명박 후보 지지집단 분석 (단위: %)

지역	세대	계층	직업	학력
영남권: 74.1 강원권: 66.7 수도권: 57.4 충청권: 42.1 호남권: 5.6	20대: 44.3 30대: 52.3 40대: 58.4 50대: 61.3 60대 이상: 70.4	하위층: 67.2 중하위층: 61.0 중간층: 50.9 중상위층: 51.8 상위층: 46.4	무직 · 퇴직자: 74.2 판매 · 영업 · 서비스직: 70.3 자영업자: 62.0 주부: 58.8	중졸 이하: 66.2 고졸: 63.2 대재 이상: 49.5

주: 서베이 결과는 이명박 후보 지지율 57.3%, 정동영 후보 지지율 20.4%로 실제 득표율(이명박 후보 48.7%, 정동영 후보 26.1%)과는 차이가 있음.
자료: 한국사회과학데이터센터(2007).

도권, 강원권을 중심으로 하는 지역연합을 기초로 50대 이상의 노장년 세대가 가세한 광범위한 보수적 정치연합의 지지를 받았다. 특이한 점은 이 연합구조 위에 하위층과 중하위층 등 저소득계층, 무직·퇴직자, 판매·영업·서비스직, 자영업자 등의 하위 직업집단, 학력 면에서는 저학력 유권자 집단이 성장을 추구하는 이명박 후보의 강력한 연합세력으로 참여했다는 것이다. 이러한 사실로 미루어 이명박 정부의 친성장 연합은 확장성, 보수성, 내적 복잡성 등의 특징을 보이는 것을 알 수 있다.

17대 대선 과정을 통해 나타난 선거경쟁의 낮은 경쟁성, 높은 정파성, 넓은 정치연합 등의 특징으로 미루어볼 때, 이명박 후보와 한나라당은 복지보다는 성장을 더 중시하고, 또 복지 증진도 분배와 복지지출의 확대보다는 성장과 일자리 확대를 통해 이루고자 했으리라고 예측할 수 있다. 그럼에도 불구하고, 17대 대선과 뒤이어 개최된 18대 총선에서는 한나라당을 비롯한 주요 정당들이 모두 복지 확대를 더 많이 강조한 것으로 드러난다. 이 두 선거에 참여한 11개 정당의 선거강령을 분석한 이지호(2009)의 연구에 의하면, '복지 확대'는 다른 이슈보다 압도적으로 높은 빈도를 보였으며, 그것도 2002년 대선이나 2004년 총선과 비교할 때 평균 빈도가 1.5배나 많은 것으로 나타났다(〈표 13-7〉 참

〈표 13-7〉 2007년 대선과 2008년 총선 참여 11개 정당의 선거강령 내용분석

정책범주	평균	표준편차
복지 확대	12.14	5.17
기술과 인프라	6.99	4.39
교육 확대	6.18	1.85
경제적 유인	5.97	6.50
환경보호	5.30	2.36
시장규제	4.91	3.84
농업	4.19	2.28
문화	3.83	2.38
비특권 소수자	3.54	2.08
여성	2.98	2.75

자료: 이지호(2009: 129).

조). 또한 정당별 차이의 분석에서, 한나라당은 경제적 유인을 16.52회, 복지 확대를 13.93회, 통합민주당은 복지 확대를 13.37회, 기술과 인프라 구축을 9.47회, 민주노동당은 복지 확대를 16.37회, 시장규제를 7.41회 언급한 것으로 밝혀졌다(이지호, 2009: 131). 이것을 보면 17대 대선과 18대 총선에서 가장 중심적 이슈로 부상한 주제는 단연 복지 확대였음을 확인할 수 있다.

역대 어떤 선거보다도 복지 확대가 강조된 17대 대선과 18대 총선은 성장을 중시한 이명박 후보와 한나라당에게 이념과 정책노선상의 큰 긴장을 유발했을 것으로 짐작할 수 있다. 특히 다수의 저소득층과 하위직 종사자들이 정치연합의 핵심 구성원으로 참여했기 때문에 복지와 성장 사이의 내적 긴장은 더욱 컸을 것으로 생각된다. 이런 가운데 그들은 양자의 충돌을 피하기 위해 성장을 통한 복지, 일자리를 통한 복지, 근로연계복지, 선별적 복지의 확대라는 전략을 채택했으며(김원섭·남윤철, 2011; 주은선, 2011), 이런 노선이 상당수 저소득층, 하위직 종

사자, 노인집단, 주부집단, 저학력층의 호응을 받아 집권에 성공할 수 있었다.

복지정책의 설계와 집행: 생산주의형 사회투자 복지국가

성장정책 측면에서 이명박 정부는 과거의 발전주의 모델을 세계화 시대에 맞추어 새롭게 복원하고자 했다. 또한 이런 틀 속에서 감세, 규제 완화, 투자 확대, 민영화, 노동시장 유연화, 무역자유화, 수출 증대 등을 통해 7%대의 높은 성장률을 달성하고자 했다. 이런 면에서 이명박 정부는 성장 중심의 매우 일관되고 강력한 정책노선을 추구했다고 볼 수 있다.

그러나 복지정책의 측면에서 보면, 이명박 정부는 매우 모순적인 정책 선택을 했다고 판단된다. 우선 취임 초기에는 '능동적 복지'를 내세우며 국가의 복지 책임을 최소화하고 개인의 자립과 근로연계복지를 최대화하는 정책노선을 표방하였다(이태수, 2008; 김원섭·남윤철, 2011). 그러나 2008년 후반기부터 미국발 경제위기로 국내의 경제침체가 시작되자 경기부양과 고용증진을 위해 즉각적으로 재정지출 및 복지 확대를 추진했으며,[29] 그 결과 노동시장과 고용 분야의 복지지출이 빠르게 증가하였다. 동시에 집권 중반부터는 이명박 정부 스스로 보육과 노인복지 등 가족정책 분야의 복지발전계획을 수립하고 복지지출을 능동적으로 확대하기 시작했다. 그리하여 새로운 복지 기획, 제도 형성, 지출

29 이 시기의 경제침체를 외환금융위기 당시의 경제위기와 구별할 필요가 있다. 외환금융위기는 내부요인과 외부요인이 결합하여 국가부도 사태 직전까지 가는 극단적 수준의 위기였고(1998년의 경제성장률 -6.9%), 그에 반해 2008-2009년의 경제침체는 기본적으로 외부요인에 의해 초래되었고 그 정도도 상대적으로 매우 낮은 수준이었다(2009년 경제성장률 0.3%). 따라서 두 시기의 경제적 조건이 복지국가 발전에 미친 영향도 다르게 평가되어야 한다.

확대 등 여러 측면에서 노무현 정부의 노력에는 미치지 못했지만 권위주의 시기와 민주화 초기의 다른 정부들보다는 훨씬 많은 복지 발전을 이루었다.

그러면 이명박 정부의 이런 시도를 어떻게 이해해야 하는가? 그리고 전체 집권 기간 동안 이명박 정부는 어떤 형태의 복지국가를 추구했다고 평가할 수 있는가? 우선 이명박 정부가 복지정책 분야에서 선별적 차원의 국가복지는 확대하되 소득보장과 보편적 복지를 중심으로 하는 국가복지는 최소화하겠다는 본래의 의도와 달리 국가복지를 상당한 규모로 확대한 이유는 다음의 세 가지였다고 판단된다. 첫째는 경제침체에서 벗어나기 위한 재정지출과 복지 확대 노력으로서, 이는 주로 집권 전반기의 경기부양정책과 고용확대정책으로 나타났다(김원섭·남윤철, 2011). 둘째는 이명박 정부의 지지연합을 구성하는 저소득층과 하위직 종사자들의 요구를 충족시키기 위한 복지정책으로서, 주로 사회적 일자리 창출 정책과 공공부조의 확대로 나타났다. 셋째는 17대 대선과 18대 총선, 또 그 이후 2009년의 교육감 선거와 2010년의 지방선거를 거치면서 복지에 대한 대중의 요구가 급증하자 이에 대한 선제적 혹은 사후적 조치로 복지가 확대된 것이었다.

이 세 번째 요소와 관련하여, 2010년 지방선거에서 무상급식을 비롯한 보육, 의료 등 다양한 복지정책이 중심적 선거쟁점으로 부각되고, 뒤이어 2012년에 예정된 총선과 대선을 염두에 둔 격렬한 정치경쟁이 정당 간에 촉발되자 이명박 정부는 이에 대해 선제적으로 대응하기 위해 집권 중·후반기에 보육정책과 노인복지 분야를 중심으로 대규모 복지 확대를 추진하였다. 이것은 성장을 중시하고 복지의 최소화를 추구한 보수정권이 채택하기 힘든 정책선택으로서 매우 중요한 의미를 갖는다고 평가할 수 있다. 이명박 정부의 중반기에 일어난 이 현상은 결국 정당 간의 정치경쟁과 선거경쟁이 격화될 경우 자신의 정파성에도 불구하고 대규모 복지 확대가 일어날 수 있다는 본 연구의 경쟁성 가설을 뒷받침하는 매우 강력한 증거로 받아들여질 수 있다.

이명박 정부는 출범 초기부터 성장지상주의와 시장중심주의의 정책노선을 견지하고 있었다. 그러나 집권 전 기간에 걸쳐 정치연합의 핵심 구성원인 저소득층과 노인집단의 요구, 미국발 경제위기에 대한 대응, 심화되는 선거경쟁에서의 승리 등 여러 요인에 의해 복지 확대를 도모하지 않을 수 없는 딜레마에 빠지게 되었다. 바로 이 정치적 딜레마에서 벗어나기 위해 이명박 정부는 '생산주의형 사회투자 복지국가' 모델을 채택하여 능동적 대응을 시도하기에 이르렀다.

일반적으로 사회투자 복지국가는 과도한 재원이 소요되는 소득보장에 대한 지출을 억제하는 대신 인적자본 형성과 노동시장정책에 대한 복지투자를 확대하여 노동의 생산성과 유연성을 증진하는 데 목표를 둔다. 그리하여 복지지출이 시장효율성을 저해하지 않고 오히려 국내외 시장경쟁력을 증진하는 제도적 조건이 되도록 하는 정책지향성을 갖는다. 이런 점에서 기존의 고비용 복지국가에 대한 대안으로 제기된 사회투자 복지국가는 본질적으로 '생산주의적(productivist)' 특성을 가지게 된다(Giddens, 1998; De Deken, 2012; 김영순, 2007; 김윤태, 2010b).

성장노선과 복지요구 사이의 상충적 상황에 직면해 있던 이명박 정부에게 생산주의형 사회투자 복지국가는 매우 매력적인 정치적 돌파구로 받아들여졌다. 그것은 일차적으로 생산주의를 추구하는 사회투자국가의 이념에 잘 부합하는 복지 모델이었다. 동시에 이 모델에 선별주의를 결합함으로써 이명박 정부는 재정적 부담은 줄이고 정치적 주도력을 발휘할 수 있는 정책수단을 확보하게 되었다. 특히 복지이슈를 두고 정당 간 경쟁이 증폭되기 시작한 2010년 이후 이명박 정부와 보수세력은 생산주의형 사회투자 복지국가 모델을 지렛대로 삼아 복지문제에 대한 수세적 입장에서 공세적 입장으로 적극적 전환을 시도할 수 있게 되었다. 그러나 유의할 점은 이명박 정부가 결코 성장을 중시하고 복지를 최소화하고자 한 신자유주의 노선을 폐기하지 않았다는 사실이다. 특히 이명박 정부는 심각한 경제침체 상황을 타개하기 위해 정부의 재정지출을 확대하면서도 빈민의 기본생계를 보장하기 위해 공공부조 대상자와 예산규모를 점진적으로 축소하는 뚜렷한 신자유주의적 정파성을 보였다(통합진보당, 2013).[30]

그러나 이명박 정부는 생산주의형 사회투자 노선에 충실하게 청년과 실업자를 위한 직업훈련과 고용정보서비스를 확충하고 일자리를 늘리는 적극적 노동시장정책에 대한 지출은 크게 확대했다. 동시에 영유아와 아동 복지에 대한 투자도 늘림으로써 미래의 인적자본을 확충하는 데 역점을 두었고, 또 노인을 위한 사회적 일자리 창출과 함께 노인 돌봄서비스도 확대하였다. 이로써 이명박 정부의 노동시장정책과 보육정책이 뚜렷한 생산주의형 사회투자정책을 지향했던 것을 확인할 수 있다. 더불어 영유아 및 노인 돌봄서비스의 확대는 노무현 정부가 추진한 돌봄서비스의 탈가족화·국가화·사회화 정책을 이어받아 여성의 경제활동참여 확대와 2인 부양자 모델을 확산하는 데에도 크게 기여했다고 평가할 수 있다.

그러면 이명박 정부는 구체적으로 생산주의형 사회투자 복지정책을 어떻게 설계하여 어떻게 추진했는가? 〈표 13-8〉에 정리된 것처럼, 이명박 정부가 추진한 다양한 복지정책은 다음의 네 가지 범주로 나누어 분석할 수 있다. 첫째, 이명박 정부는 노무현 정부에서 도입된 여러 복지제도, 예컨대 기초노령연금, 노인장기요양보험, 근로장려세제, 긴

30 이러한 현상은 영국의 대처 정부와 미국의 레이건 정부가 복지제도의 성숙과 고령화 등의 요인에 의해 전체 복지지출 규모가 확대되는 상황에서도 실업급여와 연금급여 등을 대폭 축소하여 보수적 정파성을 분명하게 보여 준 것과 매우 유사한 행태로 볼 수 있다(Allan and Scruggs, 2004; 고세훈, 2012).

〈표 13-8〉 이명박 정부의 주요 복지정책

정책 영역	주요 내용	비고
공공부조	• 국민기초생활보장제도 개선 - 부양의무자 범위를 1촌의 직계혈족과 그 배우자로 축소 (2008. 7) - 노인, 장애인, 한부모 가구의 부양의무자 소득기준 완화: 최저생계비의 185% - 탈수급을 위한 희망키움통장 제도 시행(2010. 1) - 통합전산망 활용으로 부정수급자 축소	대상자 축소, 탈수급 추진
	• 장애인연금 도입(2010. 7): 중증장애인 대상	신규
	• 긴급복지지원법 시행(2008. 2): 긴급의료지원 남용 통제(동일 질병 1회로 제한), 생계지원 기준 완화	신규, 축소
	• 근로장려세제(EITC) 시행(2009, 입법은 2006. 12)	계속
	• 기초노령연금 시행(2008. 1): 70세 이상 노인 대상, 2008년 7월부터 65세 이상 노인에 적용, 급여수준 불변	계속, 확대
사회보험	• 국민건강보험 적용 확대: 차상위계층 단계적 확대, 중증질환자 본인부담 경감(10% → 5%), 보험료체납자의 의료수급권 축소, 의료급여 대상 축소(185만 명 → 150만 명)	계속, 축소
	• 국민연금 적용 확대: 가입기간 20년 요건 삭제, 가입이력이 있는 사람은 임의계속 가입 가능	계속
	• 산업재해보험 적용 확대: 이전 정부의 법 개정으로 대상자 확대(2008년 1,349만 명 → 2011년 1,436만 명)	계속
	• 고용보험 개선: 별정직 및 계약직 공무원의 보험 가입 허용(2008. 3), 부정수급 통제 강화(2008. 12), 자영업자의 보험 가입 허용(2011. 7)	계속, 신규
사회서비스	• 보육료 지원 확대: 2012년부터 0-2세와 5세 아동은 전 계층, 3-4세 아동은 소득하위 70%까지 확대	확대, 신규
	• 양육수당 도입(2009. 7) 및 차상위계층 아동까지 확대(2012)	신규
	• 아이돌봄지원법 제정(2012. 2, 만 12세 이하 아동에게 개별적으로 보호 및 양육 지원), 아동의 빈곤 예방 및 지원 등에 관한 법률 제정(2012. 7)	신규
	• 노인복지 확대: 돌봄서비스 확대(2007년 236억 원 → 2012년 1,037억 원), 노인 일자리 확대(2007년 845억 원 → 2012년 1,831억 원)	확대
	• 노인장기요양보험제도 시행(2008. 7): 2011년 장기요양보험료율을 6.55%로 동결	계속
	• 적극적 노동시장정책 추진: 사회서비스 분야 일자리 확대, 청년실업대책, 직업능력개발과 취업훈련, 고용정보서비스 제공	계속, 확대

〈표 13-8〉 (계속)

정책 영역	주요 내용	비고
복지행정	• 바우처 활용 대폭 확대 • 사회서비스 이용 및 이용권 관리에 관한 법률 제정(2011. 8): 사회서비스 제공기관 등록제, 품질관리 의무화 • 4대 사회보험 적용 · 징수 일원화: 국민건강보험공단이 통합 징수(2011. 1)	확대 신규 계속
복지계획 수립	• 일자리 대책 및 녹색뉴딜 사업(2009) • '아이사랑플랜: 2009-2012' 수립: 보육료 전액 지원 대상자 확대(2011년까지 소득하위 70%까지 대상) • '2020 국가고용전략' 수립 및 시행(2010. 10): 서비스 산업 육성, 고용규제 완화 • '제2차 저출산·고령사회기본계획(2011-2015)' 수립(2010)	신규 계속, 신규 계속, 신규 계속, 신규

급복지지원제도, 바우처 제도 등을 계승하여 충실하게 실행하였다. 국민연금 개혁, 고용보험 확대, 적극적 노동시장정책, 보육정책과 노인복지 확대 같은 정책 기조도 그대로 유지했고, 4대 사회보험 통합 징수 방안도 그대로 실행하였다. 이것은 복지국가 발전 과정에서 '경로의존성(path dependence)'이라고 불리는 현상인데(김원섭·남윤철, 2011), 분배와 복지를 강화하고자 한 노무현 정부와 성장을 중시한 이명박 정부가 이념과 정책노선상에서 큰 차이를 보였음에도 불구하고 복지정책 면에서 높은 수준의 연속성을 보인 것은 제도와 정책의 경로의존성으로 인해 이질적인 두 정부가 서로 연결되었기 때문이다. 달리 말하면, 바로 이 경로의존성으로 인해 노무현 시대에 형성된 복지제도와 정책이 이명박 정부의 복지정책 추진과정에서 방향 설정과 제도적 제약 요인으로 작용하여 정부 간 일관성을 유지하게 한 것이다.

둘째, 이명박 정부하에서 복지 확대를 초래한 또 다른 요인은 복지제도 자체의 성숙이다. 이 범주에 속하는 가장 대표적인 복지제도는 바로 공적연금이다. 노무현 정부의 마지막 해인 2007년에 17조 원에 달했던 공적연금의 지출 규모는 이명박 정부의 마지막 해인 2012년에는 31조 원으로 거의 2배 가까이 증가했는데, 이것은 무엇보다도 고령화와 은퇴자의 증가에 따른 제도 성숙의 결과였다.[31] 제도 성숙의 다른 사례는 기초노령연금과 장기요양보험 등 대개 고령화와 관련된 제도들이다.

셋째, 이명박 정부는 성장지향성과 친기업성이라는 자신의 정파성에 잘 부합하는 노동시장정책과 보육정책 등을 중심으로 사회투자와 복지 확대를 상당히 전향적으로 추진하였다. 우선 경제침체에 대응하여 적극적 재정지출을 통해 일자리를 창출하고자 하였고, 동시에 취업을 준비하는 청년, 실업자, 고용불안정 상태에 놓인 비정규직 종사자를 위해 다양한 직업훈련 프로그램과 고용정보서비스를 제공하였다. 또한 중장기적 관점에서 미래세대의 인적자본을 확충하기 위해 영유아 보육정책을 확대하고 만 5세 아동의 무상교육정책도 추진했다. 노동시장정책과 보육정책을 중심으로 하는 사회투자정책은 현재와 미래 노동자들의 지식과 기술 수준을 제고하여 생산성과 경쟁력을 향상시킨다는 측면에서 이명박 정부의 신자유주의 노선과도 매우 잘 부합하는 정책이었다. 이런 관점에서 이명박 정부는 4대 사회보험의 대상자를 확대하는 정책을 추진했고, 아동 돌봄과 노인 돌봄을 비롯한 다양한 사회서비스도 적극적으로 확대하였다. 이명박 정부의 정파성에 부합하는 다른 복지제도로는 바우처 제도가 있는데, 이것은 복지지출을 늘리면서도 사회서비스 세공의 시장화를 확대하고자 한 이명박 정부의 의도에 아주 잘 부합하는 유용한 정책수단으로 폭넓게 활용되었다.[32]

---

31 노무현 정부 시기에 매년 1.5조 원 규모로 증가하던 공적연금은 국민연금 수급이 본격적으로 시작된 2008년에 전년보다 2.5조 원 정도가 급증한 이후 이명박 정부 시기에는 매년 평균 2조 원 규모로 늘어났다(〈표 13-4〉와 〈표 13-10〉 참조).

32 바우처의 재정규모는 2007년에는 1,874억 원에 불과했으나 이명박 정부의 마지막 해인

넷째, 이명박 정부는 개인의 자립과 국가복지의 최소화라는 자신의 정파적 이념에 맞게 복지제공을 적극적으로 축소하기도 했다. 이것은 주로 국민기초생활보장제도의 수급자를 비롯한 빈곤자와 사회보험 분야의 부정수급자를 대상으로 추진되었다. 우선 이명박 정부는 2008년 7월에 법 개정을 통해 기초생활보장제도의 부양의무자 기준을 2촌 이상의 직계혈족(조부모와 손자녀)과 생계를 같이하는 2촌 방계 혈족(형제와 자매)에서 1촌 직계혈족과 그 배우자로 축소하여 일견 수급권자의 범위를 확대하는 듯한 조치를 취했다. 그러나 2010년 1월부터 사회복지통합관리망(이하 '사통망')이 가동되면서부터 수급대상자가 되어야 할 사람들이 자녀나 그 배우자에게서 실질적으로 도움을 받지 못하는데도 그들이 일정한 소득을 가지고 있는 경우(부양의무자의 가구가 4인인 경우 월 소득 354만 원 이상의 소득 보유) 바로 이 사통망에 발각되어 수급자격을 박탈당하게 된 것이다.[33] 사통망의 가동으로 인해 복지수급 자격이 박탈된 사례는 극빈자 의료급여, 기초노령연금, 장애인연금, 고용보험 수급자 등 매우 광범위하다. 그러나 사통망의 구축으로 복지행정의 효율성을 높이고 복지수급자의 도덕적 해이를 통제하는 긍정적 효과를

2012년에는 8,796억 원까지 증가하였다. 이 기간에 이용자는 2배, 제공기관은 4배가량 증가하였다. 그리하여 이 과정에서 노인돌봄, 산모신생아도우미, 가사간병사업, 보육, 장애아동재활치료, 장애인활동보조 등 다양한 서비스가 시장을 통해 공급되었다(보건복지부, 2013).

33 빈곤사회연대가 2012년 7월 12일 『함께 걸음』에 기고한 신문기사에는 다음과 같은 내용이 실려 있다. "지난 4월 26일, 복지부는 2010년과 2011년 네 차례에 걸쳐 수행한 복지급여 대상자 확인 조사 결과를 발표했다. 복지부는 '행복e음'이라는 사회복지통합전산망을 통해 기초생활수급, 기초노령연금, 장애인연금, 한부모가족지원, 영유아지원, 차상위장애인연금, 차상위자활, 차상위의료, 청소년특별지원 등 제반 복지급여수급자에 대해 일제 정비를 했고, 그 결과 각종 복지급여수급자 44만 8,900명이 수급자격을 잃었으며, 이 가운데 기초생활수급자가 11만 6천 명에 이르는 것으로 나타났다. 그러나 복지부 발표 어디에도 […] 자세한 설명은 없었다. 단지 수급자 탈락을 통해 3천 962억 원의 비용이 절감될 것이라고 홍보했다."

〈표 13-9〉 기초생활보장 수급자 추이 (단위: 천 명, %)

구분	2003	2004	2005	2006	2007	2008	2009	2010	2011	2012
수급자	1,374	1,424	1,513	1,535	1,550	1,530	1,569	1,550	1,469	1,394
수급률	2.9	3.0	3.1	3.2	3.2	3.2	3.2	3.1	2.9	2.7

자료: e나라지표.

가져온 이면에, 새로 도입된 행정시스템으로 인해 많은 빈곤자들이 국가로부터 최소한의 소득보장을 받지 못해 자살의 길로 내몰린다는 데 문제가 있다.[34] 〈표 13-9〉는 이러한 사정을 반영하여 노무현 정부 시기에 155만 명까지 늘어났던 기초생활보장 수급자가 이명박 정부 마지막 해에 139만 명까지 줄어든 상황을 보여 준다. 복지지출이 전반적으로 확대되는 와중에서도 공공부조와 사회보험의 일부 분야에서 수급자와 예산이 줄어든 것은 신자유주의 정책노선을 추구했던 영국의 대처 정부와 미국의 레이건 정부에서처럼 한국의 이명박 정부에서도 정권의 보수적 정파성이 복지정책에 깊이 반영된 것을 분명하게 보여 주는 사례라고 평가할 수 있다(Allan and Scruggs, 2004: 각주 26 참조).

이상에서 살펴본 것처럼 이명박 정부는 경로의존성, 제도 성숙, 자신의 정파성에 입각한 사회투자 확대 등 여러 가지 요인에 의해 초기의 노선과 달리 상당한 수준의 복지 확대를 추진하였다. 그러나 잊지 말아야 할 것은 신자유주의 노선과 최소주의·선별주의 복지관을 가진 이명박 정부가 기초생활보장제도를 중심으로 하는 소득보장정책에서는 매우 소극적인(또는 반복지적인) 태도를 취했다는 점이다. 사통망이라는 정보시스템을 활용하고 엄격한 기준을 적용하여 대상자를 축소하는 한편, '희망키움통장'과 '행복리본프로젝트'라는 탈수급 프로그램을 도입하

34 수급자격 박탈로 인해 자살로 내몰린 사례에 대해서는 구슬기(프레시안, 2013. 11. 23)와 박상근(해롤드경제, 2013. 12. 3)의 기사를 참고할 것.

여 근로능력자들을 빈곤에서 탈출시키려는 시도를 했는데 이것은 전형적으로 빈곤자의 소득보장을 경시하고 노동의 상품화와 노동연계복지를 강제하는 자유주의적(또는 신자유주의적) 시각을 반영한 것이다.

그 밖에 이명박 정부는 '일자리 대책 및 녹색뉴딜 사업'과 '제2차 저출산·고령사회기본계획'과 같은 정부계획을 수립하여 복지 확대를 추진했지만 성장-고용-복지의 선순환을 도모할 수 있는 새로운 원리도 제시하지 못했고 새로운 복지체제의 설계도를 제시하지 못한 한계를 지적하지 않을 수 없다. 이명박 정부에게 복지 확대는 내키지 않는 정책이었기 때문에 경제·고용·복지 문제에 통합적으로 대응하지 않고 실용적 차원에서 각각의 문제에 개별적·소극적으로 접근한 것이다.

그럼에도 불구하고 복지지출의 측면에서는 꽤 큰 규모의 지출 확대가 이루어진 점을 평가하지 않을 수 없다. 〈표 13-10〉에 정리된 것처럼, 이명박 정부하에서는 공적연금(23.8조 원에서 33.1조 원으로 증가), 보

〈표 13-10〉 이명박 정부 시기의 복지지출 변동 (단위: 십억 원)

구분		2009	2010	2011	2012	2013
사회복지	기초생활보장	7,990	7,304	7,524	7,910	8,560
	공적연금	23,868	25,985	28,183	31,267	33,138
	보육 · 가족 · 여성	2,002	2,369	2,876	3,384	4,520
	노인 · 청소년	3,255	3,663	3,876	4,051	4,464
	노동	15,116	12,293	12,618	13,124	13,890
보건의료		7,432	7,330	7,500	7,859	8,729
주택복지		15,356	16,716	18,053	19,006	17,473
사회복지 총계		74,709	81,246	86,392	92,630	97,403

주: 1) 예산 편성 연도 기준.
2) 이명박 정부가 예산을 편성한 시기(2009-2013)를 대상으로 함.
3) 교육복지 예산 불포함.
자료: 기획재정부, 『나라살림』(2009-2013); 고경환(2013).

육·가족·여성복지(2조 원에서 4.5조 원으로 증가), 노인·청소년(3.2조 원에서 4.4조 원으로 증가) 등에서 큰 폭으로 복지 확대가 이루어졌다. 기초생활보장의 경우 2010년과 2011년에 접어들어 그 이전보다 규모가 크게 축소되었다가 다시 회복되는 패턴을 보여 준다.[35] 보건의료와 주택복지 분야에서도 의미 있는 증가가 있었다. 이런 점을 고려하여, 출범 초기에 신자유주의 노선을 추구한 이명박 정부도 시간의 흐름에 따라 사회투자정책을 강화하며 복지 확대에 기여했다고 결론지을 수 있다.

복지정치와 정치연합의 변동

신자유주의의 관점에서 발전주의 경제사회 모델을 복원하고자 한 이명박 정부가 한국의 복지국가 발전에 기여한 것은 매우 역설적이다. 이 역설적 현상은 두 가지 측면에서 살펴볼 수 있다. 무엇보다도 감세와 규제완화와 같은 친시장정책을 통해 고성장을 도모한 이명박 정부는 최소주의 복지와 노동연계복지를 추구했지만 급박한 경제침체와 격화되는 선거경쟁에 대응하는 과정에서 예기치 않게 사회투자형 복지를 확대하는 정책 선택을 하게 되었다.

그런데 이보다 더 역설적인 것은 복지에 소극적이었던 이명박 정부가 경제침체와 정치경쟁에 대한 반응으로 집권 초기의 입장과 달리 적극적 복지노선으로 선회하자 이것이 야당은 물론 한나라당 내 박근혜 진영을 연쇄적으로 자극하여 복지정치를 전면화하고 복지이슈를 최대 선거이슈로 격상시키는 변화를 만들어 냈다는 것이다. 변화의 출발은 2008년 후반에 발생한 경제침체에 대응하여 이명박 정부가 추진한

---

35 2012년의 경우 기초생활보장 예산이 약 4천억 원 정도 더 늘었지만, 이 증가한 예산의 대부분은 2010년의 대규모 삭감으로 인해 지급되지 못한 의료급여 미지급금 상환액이며 순수하게 증액된 것은 16억 원에 불과하다. 그 밖에 2012년의 경우 긴급복지 예산 1,004억 원, 저소득층 에너지 보조금 902억 원, 장애인 예산 187억 원 등이 삭감된 것도 이명박 정부의 보수적 정파성을 이해하는 근거가 된다.

대대적 노동시장정책과 공공부조확대정책에서 비롯되었다. 노무현 정부의 마지막 해인 2007과 비교하여 이명박 정부는 2008년과 2009년 2년 동안 적극적 노동시장정책에 9.4조 원과 공공부조 확대를 위해 1.5조 원, 합계 10.9조 원이라는 엄청난 예산을 추가로 투입하였다. 그 결과 다른 나라보다 경제회복이 빨랐고 서민층의 일자리와 생계문제도 생각보다 빠르게 진정되었다. 그런데 이것이 복지와 분배정책을 자신들의 정치적 영토라고 생각하는 진보진영을 뒤흔들기 시작했다.

이명박 정부의 대규모 경기부양 조치와 민생대책에 대한 진보진영의 일차적 대응은 의외로 2009년 4월에 개최된 경기도 교육감 선거라는 한 지역선거에서 시작되었다(신광영, 2012). 이 선거에서 진보 교육감 후보로 출마한 김상곤 후보는 무상급식이라는 비교적 작은 이슈를 제기하여 유권자들의 큰 공감을 얻고 40.8%의 득표로 당당히 당선되는 이변을 일으켰다. 그런데 흥미로운 것은 한 지역에서 치러진 선거에서 제기된 무상급식이라는 주변적 이슈가 조만간 어떤 어마어마한 정치적 폭풍을 만들어 낼지에 대해 당시 선거에 참여한 유권자들은 물론 진보진영의 정당과 정치인들도 제대로 감지하지 못했다는 사실이다.

그러나 얼마 지나지 않아 무상급식 이슈가 지닌 엄청난 정치적 의미가 분명해지기 시작했다. 민주당은 2009년 9월에 '학교급식법 일부개정법률안'을 발의한 데 이어, 2010년에 2월에는 이를 당론으로 의결하였다. 이와 동시에 6월의 지방선거에 대비하기 위해 사회적 일자리 100만 개 창출, 아버지 육아휴직 할당제, 3자녀 이상 가구의 건강보험료 전액 면제, 실업부조제, 0-5세 영유아 무상보육과 무상교육, 초·중학교 친환경 무상급식 전면실시 등과 같은 공약을 마련하였다(마인섭, 2012). 이에 대응하여 한나라당은 공공 부문 일자리 30만 개 창출, 서민·중산층 대상 취학전 아동의 보육시설 및 유치원 이용료 전액 지원, 저소득층과 농어촌의 초·중·고 무상급식을 약속하였다. 그런데 천안함

사건의 와중에서 실시된 2010년 6월 지방선거의 결과는 놀랍게도 복지 이슈를 집중적으로 쟁점화한 민주당의 압승이었다. 대한민국 선거 역사에서 최초로 복지쟁점이 안보쟁점을 압도하는 일이 발생한 것이다.

지방선거에서의 패배는 이명박 정부는 물론 차기 대선을 준비하는 박근혜 진영에게 큰 충격을 주었다. 그리하여 박근혜 의원은 2010년 12월 사회보장법 개정을 위한 공청회를 개최한 자리에서 소득보장보다 사회서비스를 더 중시하는 '사회투자형 생활보장국가' 모델을 제시하였다(안상훈, 2010). 박근혜 의원이 집권을 위해 개혁적 보수주의 노선으로 전환했다고도 평가받는 이 복지국가 모델은 과거 노무현 정부에서 입안한 '비전2030'의 주요 내용까지 수용하는 매우 전향적인 모델이었다. 박근혜 진영이 중도 영역의 유권자들에게 다가서기 위해 민주당의 고유 영역까지 침투하자 민주당은 2011년 1월에 '무상복지 3+1'(무상급식, 무상보육, 무상의료, 반값 등록금)을 중심으로 하는 '창조적 복지국가' 모델을 제시하였다. 그리하여 복지정치는 2012년 총선과 대선이라는 비등점을 향해 빠르게 증폭되기 시작했다.

이런 거대한 정치경쟁의 흐름 속에서 복지정치를 가장 격렬한 형태로 폭발시킨 것은 2011년 8월에 실시된 서울시 무상급식 주민투표였다. 2010년 지방선거에서 서울시의회의 다수당이 된 민주당은 2011년에 들어와 무상급식조례안을 통과시켰으나 서울시장이 조례의 공포를 거부하자 이에 대응하여 서울시의회 의장이 이를 직권 공포하기에 이르렀다. 그러나 이에 반발하여 서울시장은 무상급식조례안을 대법원에 제소하는 한편 주민투표라는 마지막 수단을 선택하였다. 뜨거운 찬반 양론 끝에 진행된 주민투표의 결과는 25.7%의 투표율로 개표 득표율인 33%에 미달하여 오세훈 서울시장이 요구한 주민투표는 무효처리되고 말았다.

무상급식 주민투표의 결과는 오세훈 서울시장과 한나라당에 치명

타를 안겨준 것은 물론이고 그 이후의 복지정치 전개에 상상할 수 없는 많은 변화를 가져왔다. 무엇보다도 서울시 유권자들과 전 국민에게 무상급식과 복지쟁점 전반의 중요성을 각인시키는 계기가 마련되었다. 또한 선별적 복지노선을 내걸고 주민투표에서 승리하여 보수세력의 차기 주자로 등장하고자 했던 오세훈 시장이 자신의 약속대로 시장직을 사퇴하자 2011년 10월 박원순 시장의 당선과 안철수 교수의 정치적 급부상이라는 정치적 격랑이 몰아쳤다. 18대 대선 개막 만 1년 전의 일이었다. 이제 그 이후의 정치 과정은 복지국가와 경제민주화라는 새로운 시대적 과제를 놓고 안철수라는 신진세력과 민주당의 문재인 세력, 그리고 선거승리를 위해 이 두 과제까지 적극적으로 수용하려는 한나라당의 박근혜 세력 사이에 한 치의 양보도 없는 선거경쟁으로 전개되었다. 드디어 국가와 시민사회를 연결하는 정당과 정치세력이 정치경쟁과 선거경쟁의 중심적 행위자로 부상했다. 대한민국 역사상 복지이슈가 성장과 안보 이슈를 압도한 최초의 대통령선거는 이런 구조 속에서 점화되어 갔다.

정치연합의 차원에서 볼 때, 이명박 정부를 탄생시킨 정치연합(즉 다수의 상위계층, 상당수의 중간계층, 하위직 종사자와 무직·퇴직자 등 다수의 하위계층으로 구성된 연합)은 성장과 선별적 복지를 추구하는 수직적 계층연합(vertical class coalition)으로서 많은 유동성을 드러낸 것으로 이해된다. 무엇보다 2010년 6월 지방선거에서 복지이슈가 전면화되고 세대균열과 계층균열이 강력하게 부각되자 이명박 정부를 지지했던 수직적 계층연합에서 상당수의 생산직·기능직, 농민, 주부 유권자가 이탈하였고, 이로 인해 민주당을 지지하며 복지와 분배를 추구하는 수직적 계층연합(상당수의 상위계층, 다수의 중간계층, 상당수의 하위계층으로 구성)이 선거에서 이길 수 있었다. 그러나 2012년의 18대 대선에서는 상당수의 생산직·기능직, 농민, 여성 유권자가 다시 보수적 계층연합으로 복귀하여 박근혜 후보의 승리를 견인했던 것으로 보인다.[36] 이것을 볼 때, 보수세력의 정치연합이 상대적으로 훨씬 규모가 크고, 더 견고하며, 더 복원력이 강하다고 결론지을 수 있다.

5. 노무현 정부와 이명박 정부의 복지성과 평가

복지지출 평가

노무현 정부와 이명박 정부는 서로 상이한 이념과 정파적 노선에 입각하여 각각 소득보장형 사회투자 복지국가와 생산주의형 사회투자 복지국가를 건설하고자 했지만, 결과적으로 두 정부 모두 복지지출을 크게 확대했다는 공통점을 보였다. 앞서 제시된 〈표 13-4〉와 〈표 13-10〉의 자료를 종합하면, 노무현 정부는 집권 기간 동안 대략 34조 원을 증액했고(연평균 6.8조 원) 이명박 정부는 대략 22조 원(연평균 4.4조 원) 정도를 증액하였다. 두 정부의 집권 초기에 공히 상당히 심각한 경제침체가 있었던 것을 고려하면 이런 정도의 복지예산 증액은 정권적 차원에서 강력한 정치적 결단을 내린 결과라고 보지 않을 수 없다. 그리하여 흥미롭게도 이질적인 두 정부 시기에 복지지출의 확대라는 정책적 연속성이 나타나게 되었다.

그러나 두 정부가 역점을 둔 정책 분야에 큰 차이가 있었다는 사실도 간과해서는 안 된다. 노무현 정부의 경우 소득보장을 강화하기 위해 공공부조와 사회보험의 확대를 추진했고, 동시에 가족정책(보육과 노인복지)과 노동시장정책의 확대를 통해 사회투자 영역을 대폭 강화했다.

---

36 16대, 17대, 18대 대선 직후 실시된 서베이 결과를 분석해 보면 이 세 집단이 우리나라의 선거에서 주요 전환투표자 집단(swing voters)으로 나타난다(한국사회과학데이터센터, 2002, 2007, 2012).

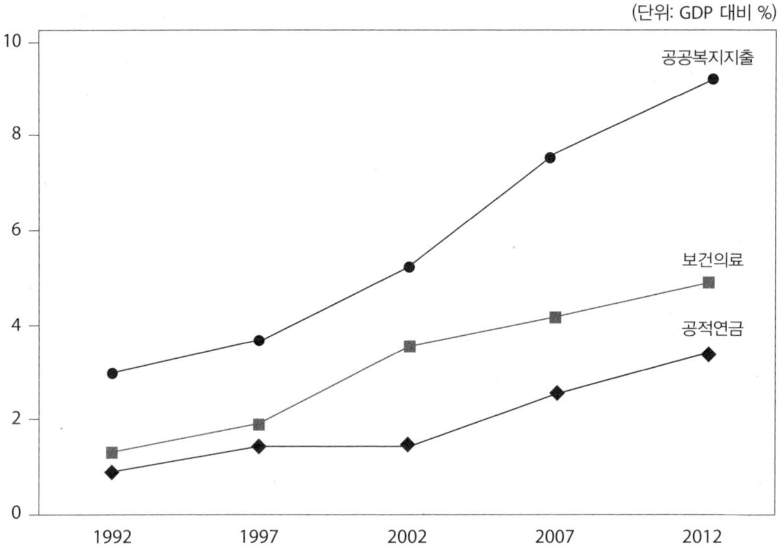

〈그림 13-4〉 사회복지비 규모와 내부 구성요소 변화

자료: 한국보건사회연구원(2012).

이명박 정부의 경우에는 자신의 신자유주의 이념에 충실하게 공공부조를 축소하려는 시도를 하면서 동시에 사회투자 영역의 확대를 도모하는 이중적 태도를 보였다. 따라서 두 시기 동안 총량적으로는 복지 분야의 확대가 이루어졌지만, 정책지향이나 세부내용에서는 매우 중요한 차이가 발생하였다.

이런 차이에도 불구하고, 노무현 정부와 이명박 정부는 모두 사회투자를 위한 복지지출을 늘렸지만 한국 복지국가의 지출구조를 바꾸는 데는 의미 있는 차이를 만들지 못했다. 〈그림 13-4〉에 제시된 것처럼, 두 정부는 복지지출을 적극적으로 확대하여 GDP 대비 전체 공공복지지출의 비율을 크게 높였으나,[37] 지출 증가의 대부분이 보건의료비와

37 1992년부터 2002년까지의 10년 동안에는 대략 2%p가 증가한 데 반해, 노무현 정부와 이

공적연금에 집중되는 결과가 나타났다. 굳이 차이를 찾는다면 노무현 정부의 경우 가족정책에 대한 투자를 더 많이 했고, 이명박 정부의 경우 노동시장에 대한 투자를 더 많이 한 정도다.[38]

그러나 사회투자 분야에 대한 이런 정도의 지출 확대로는 보건의료비와 공적연금의 합이 이미 70%를 넘어선 우리의 경직적인 복지지출 구조를 재편할 수가 없게 된다. 참고로 이 두 항목의 지출 비중이 70%가 넘는 나라는 이탈리아(80%), 미국(80%), 독일(70%) 등이고, 덴마크와 스웨덴은 각각 40%와 50% 정도를 지출하고 있다(양재진, 2012). 두 지출의 비중이 70%를 넘을 경우 사회투자정책을 통해 세계화와 탈산업화 등에 대응하는 것이 매우 어려워진다. 그 이유는 의료비와 연금의 비중이 크면 클수록 인적자본을 확충하는 직업훈련과 고용정보서비스 예산, 보육과 교육 예산, 노인 일자리와 돌봄서비스 예산의 확대가 그만큼 어려워지기 때문이다. 이런 점을 고려할 때, 향후 한국 사회의 복지개혁은 보건의료비와 공적연금의 증가 속도를 늦추고 공공부조와 사회투자 분야의 증가 속도를 높이는 방향으로 설계되어야 할 것이다.

빈곤율과 불평등 개선 효과

앞서 살펴본 것처럼 노무현 정부와 이명박 정부는 대규모의 복지지출을 통해 빈곤과 소득양극화 문제를 해결하기 위해 나름대로 많은 노력을 기울였다. 그러나 〈그림 13-5〉를 보면 두 정부 모두 절대빈곤율이 확대되는 추세를 진정시키는 데는 어느 정도 성과를 거두었지만, 그것을 반전시키지는 못한 것으로 보인다. 특히 1인 가구를 포함하는 시

명박 정부가 집권한 10년 동안에는 무려 4%p가 증가했다.

38 노무현 정부 시기에 가족정책의 지출 비중은 0.18%(2002)에서 0.58%(2007)까지 증가했고, 이명박 정부 시기에는 노동시장정책의 지출 비중이 0.13%(2007)에서 0.38%(2010)까지 증가했다.

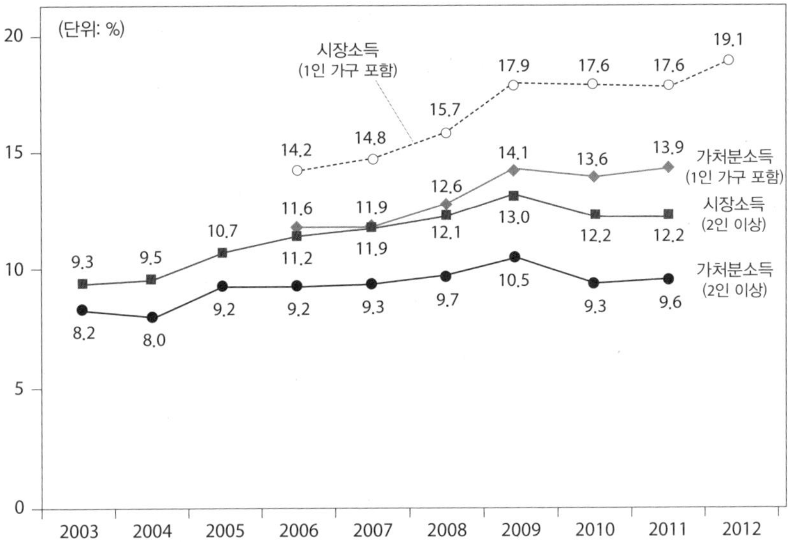

〈그림 13-5〉 최저생계비 기준 절대빈곤율

자료: 통계청, 가계동향조사(각 연도).

장소득의 경우 절대빈곤율이 2006년의 14.2%에서 2012년 전반기의 19.1%까지 지속적으로 증가하고 있어 그 심각성을 잘 보여 준다.[39]

노무현 정부와 이명박 정부의 복지 확충이 빈곤 확대 추세를 감소세로 전환시키지는 못했다고 하더라도 두 정부 사이에 미세한 차이는 발견할 수 있다. 〈그림 13-5〉를 자세히 보면, 노무현 정부는 상대적으로 1인 이상 가구의 절대빈곤율이 확대되는 것을 어느 정도 억제한 반면, 이명박 정부는 2인 이상 가구의 절대빈곤율 확대를 억제하는 작용을 하였다. 그럼에도 불구하고 두 정부의 복지 증진은 빈곤율 증감에

39 2010년 현재 1인 단독가구의 비율은 23.9%에 달한다. 따라서 빈곤율을 검토할 때 1인 가구가 포함된 자료를 사용하는 것이 더 적절하다고 본다. 〈그림 13-4〉에서 2012년 빈곤율은 통계청의 가계동향조사를 토대로 김미희 의원실(2013. 4)이 분석한 결과를 활용했다.

의미 있는 차이를 만들어 내지는 못했다고 결론지을 수 있다.

그런데 1인 이상 가구의 빈곤율이 계속 증가하는 현실은 다음과 같은 보다 근본적인 세 가지 질문을 제기하게 한다. 첫째, 노무현 정부와 이명박 정부는 세계화, 탈산업화, 고령화 등에 따라 증가하는 빈곤 문제를 해결하기에 충분한 복지체제를 구축했는가? 둘째, 두 정부의 노력에도 불구하고 오늘날 전 세계적으로 확대되는 빈곤문제는 어떤 복지정책으로도 해소하기가 어려운 것인가? 셋째, 아니면 이 두 가지 모두가 문제가 되는가? 이 질문들은 지난 10년 동안 한국 사회에서 진행된 사회·경제적 변화의 깊이와 넓이를 이해하고 그것에 대응하여 두 정부가 추진한 복지정책의 효과성을 평가할 때, 나아가 장차 새로운 복지개혁을 준비할 때 반드시 제기되어야 할 질문들이다.

절대빈곤율이 최저생계비에 미달하는 가구의 비율로 계산되는 것이라면, 지니계수는 소득집단 간에 존재하는 분배의 불평등 정도를 측정하는 지수다. 〈그림 13-6〉은 한국 사회의 소득불평등이 점차 악화되고 있음을 보여 준다. 우리는 그림에서 1990년대 초반부터 최근까지 지니계수가 지속적으로 증가하고 있음을 발견할 수 있다. 이러한 현상은 지난 10년에 국한해서 볼 때에도 큰 차이가 없다. 다만 노무현 정부 시기에는 지니계수가 증가했고 이명박 정부 시기에는 그것이 증가한 뒤 감소세로 돌아섰느냐에 대해서는 많은 논란이 존재한다.

우선 정부 측(통계청)과 국책연구기관(한국보건사회연구원)은 경제 침체를 극복한 2009년 이후 시장소득과 가처분소득의 지니계수가 모두 감소세로 돌아섰다고 주장한다.[40] 그러나 김낙년(2013)은 표본소사에 의해 계산되는 통계청의 지니계수가 상위 소득자 누락과 금융소득

40 〈그림 13-6〉에서 2009년 이후 '수정 결과'가 아닌 모든 지니계수의 추세선이 하락하고 있는 데 주목할 필요가 있다.

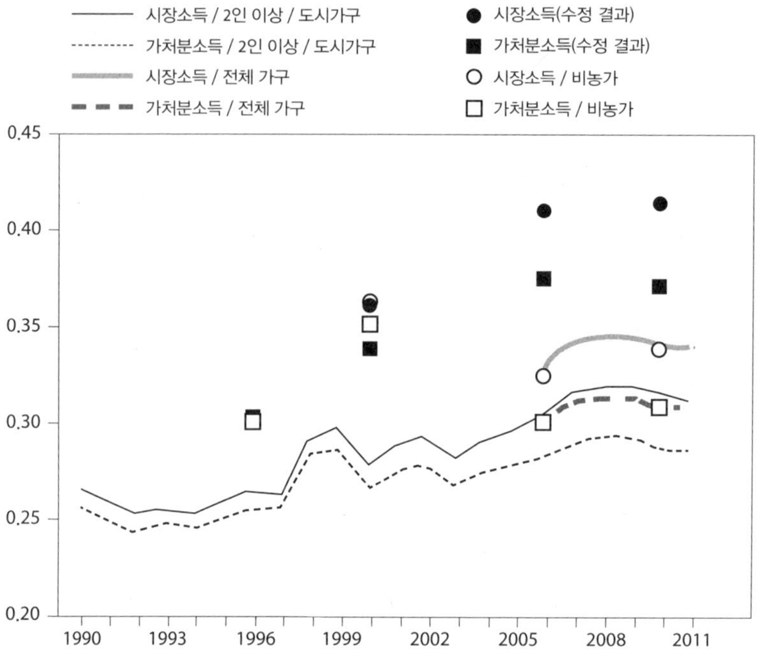

〈그림 13-6〉 지니계수의 변화

주: '수정 결과'라고 표기된 자료는 김낙년이 국세청의 소득세 자료를 토대로 분석한 것이고, 나머지는 모두 통계청이 표본조사를 통해 계산한 것임.
자료: 김낙년(2013: 11).

의 과소 보고 때문에 현저하게 왜곡되어 있다고 지적하면서 국세청이 보유한 광범위한 소득세 자료(전수 자료)를 활용하여 〈그림 13-6〉에 제시된 바와 같은 '수정 결과'를 보여 준다. 이 분석에 따르면 다음과 같은 두 가지 중요한 사실을 발견할 수 있다. 첫째, 1996년, 2000년, 2006년, 2010년 네 시기의 자료를 분석할 경우 시장소득의 지니계수는 매우 큰 폭으로 증가해 왔다(2010년 0.42). 둘째, 다만 가처분소득의 지니계수는 2006년까지 증가하다 2010년에는 소폭 하락한 것으로 나타나는데, 이것도 통계청의 분석보다는 매우 높은 수준이다.

김낙년의 분석 결과를 보면, 한국 사회의 소득불평등은 통계청의 발표보다 훨씬 높은 수준이며 노무현 정부와 이명박 정부 시기에 모두 증가한 것으로 나타난다. 다만 2010년에 들어와 가처분소득의 지니계수가 0.38에서 0.37로 약간 하락한 것은 정부의 복지지출로 소득불평등의 악화 추세가 억제되기 시작했다는 것으로 해석될 여지가 있다고 본다. 그러나 그럼에도 불구하고 시장소득과 가처분소득의 지니계수가 정부가 발표하는 수준[41]보다 훨씬 높다는 것은 노무현 정부와 이명박 정부하에서 구축된 복지체제의 효과성이 소득불평등을 줄이는 데는 여전히 매우 취약함을 잘 보여 준다.

사회복지체제의 사각지대 문제

노무현 정부와 이명박 정부가 복지 확대를 위해 많은 노력을 기울였지만 빈곤과 소득불평등이 쉽게 개선되지 않은 데에는 여러 가지 요인이 작용했다. 그중에서도 매우 중요한 요인의 하나는 두 정부가 구축한 사회복지체제에 사각지대가 광범위하게 존재했다는 사실이다. 사각지대의 규모가 어느 정도이며 그간 어떤 변화가 있었는지를 살펴보기 위해 국민기초생활보장제도와 사회보험으로 나누어 그 문제를 살펴볼 필요가 있다.

먼저, 국민기초생활보장제도의 경우 정부 관계부처가 합동으로 2009년 3월에 제출한 보고서에 의하면(한국보건사회연구원, 2009), 부양의무자와 부양능력이라는 두 가지 기준으로 인해 지원을 받지 못하는 사각지대의 규모는 대략 200만 가구의 410만 명으로 추정되었다. 2012년과 2013년의 시점에서 그 규모가 얼마인지에 대해서는 아직 종합적 분석이 제시되지 않았으나, 앞의 〈그림 13-5〉를 참고하면 현 시기의 사각

41 통계청은 2011년의 시장소득 지니계수와 가처분소득의 지니계수를 각각 0.311과 0.288로 발표했다(e나라지표, 2012).

지대는 410만 명보다 소폭 증가했을 것으로 추측된다. 그 이유는 근년에 들어와 절대빈곤율의 증가가 둔화되긴 했지만 1인 가구를 포함시킬 경우 상승세가 다시 살아나고 있기 때문이다. 이 문제 외에 이명박 정부에 들어와 사통망의 구축과 엄격한 기준의 적용으로 마땅히 재정지원을 받아야 할 극빈자 수십만 명에 대해 수급자격을 박탈하거나 적용을 배제하는 문제가 발생했는데, 이 문제도 사각지대의 규모를 확대하는 중요한 요인으로 작용하고 있다고 판단된다.

한편, 사회보험 분야에서도 비정규직을 중심으로 광범위한 사각지대가 존재하는 것으로 알려져 있다. 〈표 13-11〉에 의하면 정규직의 경우에는 국민연금, 건강보험, 고용보험 등 주요 사회보험 가입률이 2011년 말 현재 83-99% 수준으로 나타나고 있으나, 비정규직의 경우 가입률이 30% 초중반대에 머물러 있는 것으로 드러난다. 비정규직의 사회보험 가입률이 이처럼 낮은 것은 노무현 정부 마지막 시기와 비교하여

〈표 13-11〉 정규직과 비정규직의 사회보험 가입률 비교(2011) (단위: %)

구분		임금노동자	정규직	비정규직
국민연금	미가입	28.6	2.0	56.7
	직장가입자	65.7	97.6	32.1
	지역가입자	5.6	0.4	11.2
건강보험	미가입	2.7	0.0	5.5
	직장가입자	68.6	98.8	36.9
	지역가입자	16.2	0.9	32.3
	의료수급권자	0.9	0.1	1.8
	직장가입피부양자	11.6	0.3	23.5
고용보험	미가입	32.1	3.0	62.7
	가입	60.3	83.1	36.2
	비대상	7.6	13.9	1.0

자료: 통계청(2011).

거의 늘어나지 않았음을 의미한다. 이것을 보면 노무현 정부는 비정규직보호법을 제정하여 비정규직에 대한 차별을 줄이고 비정규직의 정규직화를 위해 노력한 결과 비정규직의 사회보험 적용 확대에 일정 정도 성과를 거둔 반면, 노동시장 유연성을 추구한 이명박 정부는 이 문제에 대해 전혀 성과를 내지 못했음을 발견할 수 있다.

현대 복지국가의 사회보장체계는 공공부조, 사회보험, 사회서비스로 구성되어 있다. 그런데 노무현 정부와 이명박 정부가 지난 10년 동안 최선의 노력을 기울여 사회복지를 확대해 왔다고는 하지만 최대 400만 명에서 500만 명에 이르는 빈곤자와 600만 명에서 800만 명에 이르는 비정규직 종사자들이(김유선, 2013) 사회보장체계의 두 기둥인 공공부조와 사회보험에서 배제되어 있다는 사실은 한국의 복지국가가 아직도 얼마나 부실하며 앞으로 가야 할 길이 얼마나 먼지를 잘 보여준다. 또한 광범위한 사각지대의 존재는 미래 한국의 복지국가가 사회투자정책을 강화하여 사회서비스를 증진하는 데에만 치중할 수 없음을 분명히 확인시켜 준다. 사회투자를 확대하되 그것과 병행 또는 그것에 선행하여 공공부조와 사회보험을 통한 소득보장의 기초를 충실히 다지는 것이 한국 사회가 해결해야 할 현재와 미래의 긴급한 복지과제다(양재진, 2012; 김윤태, 2010b 참조).

6. 결론

지금까지의 논의에서 우리는 다음과 같은 세 가지 중요한 사실을 발견할 수 있다. 첫째, 노무현 정부와 이명박 정부는 서로 상이한 이념과 정책노선을 추구했지만 모두 새로운 복지정책의 수립, 복지제도의 도입과 실행, 복지지출의 확대 등을 통해 한국의 복지국가 발전에 크게 기여했다. 둘째, 그러나 상이한 정파성 요인으로 인해 노무현 정부는 소득보장형 사회투자 복지국가를, 이명박 정부는 생산주의형 사회투자 복지국가를 지향했으며, 이에 따라 역점을 둔 정책 분야와 복지지출 분야에서 상당히 중요한 차이를 보였다. 셋째, 복지 확대를 위한 많은 노력에도 불구하고, 두 정부는 보건의료와 공적연금 중심으로 구축되어 있는 경직된 복지지출 구조에 큰 변화를 가져오지 못했고, 빈곤과 소득불평등, 그리고 복지 분야의 사각지대를 축소하는 데에도 특별한 효과를 거두지 못했다. 이처럼 두 정부가 복지 투입 면에서는 많은 성과를 보였으나 복지 산출 면에서 큰 성과를 내지 못한 이유는 외환위기 이후 거세게 불어닥친 세계화, 양극화, 탈산업화, 저출산·고령화의 복합적 변화의 충격이 너무나 강력했고, 또 그것으로 인해 빈곤, 불평등, 비정규직 등의 문제가 끊임없이 확대 재생산되었기 때문이다.

이런 현실을 어떻게 타개할 것인지에 대한 의견을 제시하기 전에 본 연구의 분석 결과를 토대로 2절의 설명 모델에서 제시한 연구 가설의 타당성을 점검해 보고자 한다. 먼저, 본 연구의 가장 핵심적 연구 명제는 노무현 정부와 이명박 정부가 집권한 지난 10년 동안 권력자원이론(power resource theory)에서 주장하는 이론적 조건[42]이 충족되지 않은 상태에서도 매우 중요한 복지 발전이 이루어졌다는 것이다. 보다 구체적으로는 한국의 정치제도와 사회·경제적 균열구조가 상호작용하는 가운데 진행된 정치세력 간의 역동적인 선거경쟁이 복지 발전을 촉진한 중요한 정치적 기제였다는 것이 본 연구의 기본 주장이다.

이 기본명제로부터 도출된 주요 가설들의 타당성을 두 정부에 대한 비교를 통해 검증해 보면 다음과 같이 정리할 수 있다. 첫 번째 가설은

42 그 조건은 노동조합의 조직화와 중앙화, 노동조합과 좌파정당의 연합, 좌파정당의 집권 등이다(Korpi, 1983, 2006; Esping-Andersen, 1990).

대선 과정에서 정당 간 경쟁의 정도가 높을수록 집권한 정부의 복지 확대 노력이 증가할 것이라는 경쟁성 가설이다. 이 가설은 치열한 선거경쟁을 통해 등장한 뒤 매우 체계적이고 광범위한 복지 확대 노력을 기울인 노무현 정부의 행태를 매우 잘 설명해 준다. 그 반면 이 가설은 선거경쟁의 경쟁성이 상대적으로 낮았던 이명박 정부가 집권 초반부터 비교적 높은 수준의 복지 확대 노력을 보였던 것은 제대로 설명하지 못한다. 집권 1년차 이후 미국발 경제침체에 대응하여 고용과 복지지출을 크게 늘린 것은 정치적 기제가 아니라 경제적 기제에 의해 복지를 확대했기 때문이다. 그러나 2010년 지방선거에서 패배한 후 2012년의 18대 대선을 염두에 두고 이명박 정부가 적극적 정책전환을 통해 가족정책과 노동시장정책 등 사회투자 분야를 중심으로 복지를 확대한 것은 경쟁성 가설에 의해 매우 잘 설명된다고 봐야 할 것이다.

두 번째 가설은 상이한 이념과 정책노선을 추구하는 정치세력들은 집권 후 상이한 복지정책을 추진할 것이라는 정파성 가설이다. 3절과 4절에서 자세히 살펴본 것처럼, 이 가설은 소득보장형 사회투자 복지국가를 추구한 노무현 정부와 생산주의형 사회투자 복지국가를 추구한 이명박 정부 사이의 차이를 분명하게 설명해 준다. 또한 이 가설은 국가복지를 더 강조한 노무현 정부와 시장기제를 더 강조한 이명박 정부의 차이점도 잘 설명한다. 그러나 유의할 점은 두 정부는 소득보장과 생산성 향상 가운데 무엇을 더 강조하느냐 하는 차이는 있었지만 모두 복지 확대에 대한 정치적 요구와 경쟁력 증진에 대한 시장의 요구를 반영하여 사회투자국가를 지향했다는 점에서는 공통점이 있다.

세 번째 가설은 복지 확대와 분배 개선을 추구하는 진보정당은 하위층과 중하위층으로 구성되는 친복지 정치연합을 형성할 것이며, 성장을 추구하는 보수정당은 상위층과 중상위층으로 구성되는 친성장 정치연합을 구성할 것이라는 정치연합 가설이다. 본 연구의 경험적 분석에 의하면, 이 가설은 노무현 정부의 등장을 설명하는 데에는 타당하지만 이명박 정부의 등장을 설명하는 데에는 타당하지 않은 것으로 밝혀졌다. 17대 대선의 경우 복지 확대로 이득을 볼 다수의 하위층 구성원들이 보수정당을 선택한 것으로 드러났기 때문이다. 특정 정치세력이 형성하는 정치연합의 특성, 즉 확장성·정합성·견고성 등의 특성이 복지정치의 과정과 결과에 영향을 미친다는 정치연합 가설의 하위 가설도 타당한 것으로 확인되었다. 노무현 정부의 경우, 확장성이 높은 정치연합의 형성으로 집권에는 성공했지만 이질적 연합구성으로 인해 연합 내부의 정합성이 낮았고 또 연금개혁 과정에서 여러 집단 간에 다양한 갈등이 발생하자 대선 시기에 형성된 정치연합은 쉽게 분열되었으며 정권 재창출은 실패로 끝나고 말았다. 한편 이명박 정부의 경우, 확장성이 높은 정치연합을 형성한 것은 물론 저소득층을 위한 고용정책과 선별주의 복지정책을 결합하여 정치연합의 정합성을 높임으로써 견고성을 증진하였고 최종적으로 정권 재창출에도 성공하였다. 두 정부 사이의 이 같은 차이점은 복지정책의 추진 과정에서 정치연합의 형성과 관리가 결정적으로 중요하다는 것을 잘 보여 준다.

이상의 가설검증과 본 연구의 중요한 발견을 토대로 앞으로 한국 사회가 지향해야 할 복지정책의 방향은 소득보장과 사회투자를 동시에 확대하는 데 두어야 한다고 본다. 그 이유는 두 가지다. 첫째, 노무현 정부와 이명박 정부가 나름대로 최선을 다해 복지 발전을 위해 노력해왔지만, 여전히 최대 400-500만 명에 가까운 인구가 국민기초생활보장제도에서 배제되어 있고 최대 48%에 가까운 비정규직이 사회보험의 적용을 받지 못하고 있다. 따라서 이들이 직면하고 있는 빈곤과 소득상실의 위험을 보호하는 것이 복지정책에서 일차적 과제로 인식되어야 한다. 둘째, 고도의 개방경제를 가지고 있는 한국 사회는 세계화와 탈산업화의 흐름에 유연하게 대응해야 하고 이 과정에서 양극화와 저출산·고령화의 과제도 해결해야 한다. 그러므로 수준 높은 교육훈련와 고용정보서비스, 그리고 관대한 실업급여를 통해 사회구성원의 인적자본과 직업능력을 지속적으로 확충하고 그 질을 높여야 한다. 또한 아동돌봄과 노인돌봄을 중심으로 하는 가족정책도 지속적으로 확대하고 이를 통해 여성의 경제활동참여를 적극적으로 뒷받침해야 한다. 이 과정에서 과도하게 보건의료와 공적연금을 중심으로 하는 경직적 복지지출구조도 점진적으로 경직성 지출과 사회투자 지출이 균형을 잡는 방향으로 개혁해 나가야 할 것이다.

소득보장과 사회투자를 동시에 확대해 나가는 복지전략은 매우 많은 비용을 수반한다. 따라서 이 전략을 실천하기 위해서는 역량 있고 견고한 복지연합의 구축이 필요하다. 그러면 누가 이 연합의 구성원이 될 수 있을 것인가? 과거의 경험에 비추어보면 학력이 높은 중간계층이 그 중심에 설 가능성이 있고, 여기에 중상위층의 일부, 생산직과 기능직, 농민 등이 주요 집단으로 참여할 가능성이 있다. 새로운 연합의 재편 과정에서 무직자와 퇴직자, 자영업자, 판매·영업·서비스직 종사자, 60대 이상의 고령자 집단은 여전히 복지연합 대신 성장연합에 참여할지도 모른다.

이처럼 복지연합과 성장연합이 새롭게 구축될 때, 앞으로 힘의 균형을 무너뜨릴 집단은 아마도 지역주의의 영향을 덜 받는 수도권, 충청권, 강원권, 제주권의 50대와 여성·주부 집단일 것으로 예상된다. 50대의 경우 자녀의 대학 학자금 마련, 자녀 결혼 준비, 자신의 노후생활 준비 등으로 생애주기에서 가장 많은 사회·경제적 부담을 짊어지는 세대다. 그런데도 50대 초반이면 많은 사람들이 은퇴를 시작한다. 따라서 50대는 복지이슈에 가장 민감한 세대가 될 수밖에 없다. 가정과 일의 양립을 추구해야 하는 여성·주부 집단도 사회·경제적 부담이 많기는 마찬가지다. 따라서 앞으로 벌어질 복지연합과 성장연합의 정치경쟁에서 어느 쪽이 승리하느냐는 누가 50대와 여성·주부 집단의 지지를 더 많이 받느냐에 달려 있다고 해도 과언이 아니다.

소득보장과 사회투자의 확대를 동시에 추구하고자 하는 복지개혁 세력의 입장에서는 이들 두 집단의 지지를 더 많이 받는 것이 매우 중요하다. 그런데 이때 가장 유의해야 할 사항은 소위 보편주의와 선별주의의 문제다. 동아시아연구원(정한울, 2011)은 서울시 무상급식 주민투표가 실시된 직후 여론조사를 통해 유권자들의 다수는 복지 확대를 원하지만, 그 방법론에서는 보편주의보다 선별주의를 더 선호한다는 것을 밝혀내었다. 복지 확대와 복지축소, 보편복지와 선별복지를 교차 분석할 경우 복지 확대와 보편복지에 모두 동의하는 응답자는 전체의 36.2%에 불과하고 나머지는 각기 다른 조합의 답변을 보인다는 것도 밝혀냈다.

이러한 결과는 공생가능한 사회와 지속가능한 경제를 위해 미래를 준비하는 실천가들에게 많은 시사점을 준다. 이념적 측면에서 복지 확대와 보편복지가 바람직하다고 하더라도 그것은 필연적으로 복지비용을 누가, 얼마나 부담할 것인가의 문제와 직결되기 때문에 이 문제에 대해 교조적 접근을 하면 애초부터 복지연합의 규모가 축소되어 집권 자체가 어려워지는 상황에 직면할 수 있다. 그렇다고 이 문제에 대해 너무 소극적으로 접근하면 그런 복지연합의 존재 자체에 대한 의문이 제기될 수밖에 없게 될 것이다.

따라서 '복지 확대'에 대한 지지율이 3분의 2가 된다는 점을 큰 자산으로 생각하되, 모든 복지과제를 보편주의 또는 선별주의로 재단하는 것이 아니라 국가재정 능력, 국민의 부담 의사, 국민의 선호, 새로운 조세정책과 복지정책의 정치적 실현가능성 등을 종합적으로 고려하여 보편주의와 선별주의를 적절히 배합하는 정책설계가 필요하다(김연명, 2011; 김윤태, 2010b; 양재진, 2012). 한 가지 잊지 말아야 할 것은 한국의 보수정당은 자신들을 지지하는 저소득층을 상대로 강력한 성장노선과 다양한 형태의 표적화된 복지 프로그램을 바탕으로 장기간 동안 견고한 정치연합을 구축하는 데 성공해 왔다는 사실이다. 한국의 진보정당도 이런 보수정당에서 교훈을 얻어야 할 것이다. 엄청난 도전과 난제가 기다리고 있는 다음 단계의 복지 발전은 복지개혁 세력의 끊임없는 정책적 창의성과 고도의 정치적 유연성을 요구하고 있다.

참고문헌

강명세. 2008.「세계화, 복지국가, 민주주의: 한국의 복지국가 전망과 복지정치」. 참여연대 사회복지위원회 주최 '대안 복지패러다임 연속 세미나' 발표논문.

강병익. 2009.「정당체계와 복지정치: 보수-자유주의 정당체계에서 열린우리당과 민주노동당의 복지정치를 중심으로」.『기억과 전망』20: 109-144.

강원택. 2003.『한국의 선거정치: 이념, 지역, 세대와 미디어』. 푸른길.

고경환. 2012.「사회복지재정의 동향과 과제」.『보건복지포럼』191: 29-37.

고경환. 2013.「사회복지재정의 현황과 과제」.『보건복지포럼』195: 109-117.

고세훈. 2012.「복지와 노동(권력): 이론, 경쟁력 담론, 한국적 함의」. 사회정책연합 공동학술대회 발표논문.

고세훈. 2013.「복지국가, 정치, 관료」.『황해문화』79: 66-83.

구슬기. 2013.「자살 또 자살, 박근혜 꼼수 복지로는 못 막는다」.『프레시안』, 2013. 11. 23.

국민경제자문회의. 2006.「동반성장을 위한 새로운 비전과 전략: 일자리 창출을 위한 패러다임 전환」.

권혁용. 2010.「누가 집권하는가는 중요한가? 정부당파성, 복지국가, 그리고 자본주의의 다양성」.『한국정치학회보』44(1): 85-105.

기획예산처. 2005.『재정통계 길라잡이』(http://fsg.mpb.go.kr).

기획재정부. 2009-2013.『나라살림』.

김낙년. 2013.「한국의 소득분배」. Working Paper 2013-06. 낙성대경제연구소.

김순영. 2011.「이명박 정부의 사회복지정책: 사회복지정책의 후퇴?」.『현대정치연구』4(1): 127-152.

김연명. 2011.「한국에서 보편주의 복지국가의 의미와 과제」.『민주사회와 정책연구』19: 15-41.

김연명. 2013.「한국 사회복지의 현단계와 보편주의 복지국가의 과제」. 서울대학교 행정대학원 국가리더십연구센터 사회정책 연구모임 세미나 자료.

김영순. 2007.「사회투자국가가 우리의 대안인가?: 최근 한국의 사회투자국가 논의와 그 문제점」.『경제와 사회』74: 84-113.

김영순. 2008.「노무현정부의 복지정책과 복지정치」.『비판과 대안을 위한 사회복지학회 학술대회 발표논문집』: 50-71.

김영순. 2011.「한국의 복지정치는 변화하고 있는가?: 1, 2차 국민연금 개혁을 통해 본 한국의 복지정치」.『한국정치학회보』45(1): 141-163.
김영순. 2012.「복지동맹 문제를 중심으로 본 보편적 복지국가의 발전 조건: 영국·스웨덴의 비교와 한국에의 함의」.『한국정치학회보』46(1): 337-358.
김영순. 2013,「누가 어떤 복지를 만드는가?: 서구 복지국가들의 형성 및 발전과정이 한국의 보편주의 논의에 주는 함의」.『경제와 사회』97: 192-225.
김용익. 2012.「복지국가로 가는 길, 맥을 짚는다」.『100인 복지포럼』발제문.
김용학. 1995.「사회학의 비교연구방법」.『비교문화연구』2: 117-142.
김원섭. 2009.「참여정부에서 한국 복지국가의 발전, 복지국가 또는 신자유주의 국가?」. 고려대학교 한국사회연구소.『한국사회』9(2): 29-53.
김원섭·남윤철. 2011.「이명박 정부 사회정책의 발전: 한국 복지국가 확대의 끝?」.『아세아연구』54(1): 119-152.
김유선. 2013.『비정규직 규모와 실태: 통계청 '경제활동인구조사 부가조사'(2013. 3) 결과』. 한국노동사회연구소 KLSI 이슈 페이퍼.
김윤태. 2010a.「복지국가의 발전과 도전」. 김윤태 편.『한국복지국가의 전망』. 한울아카데미.
김윤태. 2010b.「복지담론과 사회투자의 가능성: 복지국가의 이중전략」. 김윤태 편.『한국복지국가의 전망』. 한울아카데미.
김윤태. 2012.「복지국가와 정치의 재구성」. 정태환 외.『한국의 복지정치』. 학지사.
남찬섭. 2009.「최근 사회복지서비스 변화의 함의와 전망: 지방이양, 바우처, 노인장기요양보험으로 인한 변화를 중심으로 한 탐색적 고찰」.『비판사회정책』28: 7-49.
마인섭. 2003.「한국 사회균열구조의 변화와 민주주의적 정착」.『한국정당학회보』2(1): 31-69.
마인섭. 2012.「한국정당의 복지정책과 선거」.『의정연구』17(3): 29-62.
박상근. 2013.「복지사각지대에 방치된 절대 빈곤층」.『해롤드경제』, 2013. 12. 3.
박찬욱. 2006.『한국 시민의 투표행태 분석: 제16대(2002년) 대통령 선거에 있어서 사회 균열과 유권자의 후보자 선택』. 고려대학교 아세아문제연구소.
박찬표. 2008.「제17대 국회의 정당 경쟁구도 분석」.『한국정당학회보』7(2): 5-40.
보건복지부. 2004.「참여복지 5개년 계획: 2004-2008」.
보건복지부. 2012.「한국의 사회복지지출」.
보건복지부. 2013.「전자바우처 사업현황 및 성과」(내부 보고서).
새천년민주당. 2002.『새로운 대한민국, 국민후보 노무현』(16대 대선 공약집).
신광영. 2012.「현대 한국의 복지정치와 복지담론」.『경제와 사회』95: 39-66.

신동면. 2007.「지속가능한 발전적 사회정책을 향하여」. 중국사회과학원,『當代韓國』 55: 20-26.

신진욱. 2011.「한국에서 복지국가 운동의 조건과 전략: 유럽의 경험과 비교」.『시민과 세계』 19: 47-70.

안상훈. 2010.「한국형 복지국가의 비전과 전략」.『사회보장기본법전부개정을 위한 공청회 자료집』.

양재진. 2007.「사회투자국가가 우리의 대안이다」.『경제와 사회』 75: 319-367.

양재진. 2008.「한국 복지정책 60년: 발전주의 복지체제의 형성과 전환의 필요성」.『한국행정학보』 42(2): 327-349.

양재진. 2012.「한국 복지국가의 발전 전략: 복지제도 개혁과 정치사회적 기반 형성 과제를 중심으로」. 사회정책연합 공동 학술대회 발표논문.

양재진. 2013.「사회보험제도와 사각지대: 역사적 변화와 전망」. 서울대학교 행정대학원 국가리더십연구센터 사회정책 연구모임 세미나 발제자료.

양재진·정의룡. 2012.「복지국가의 저발전에 관한 실증 연구: 제도주의적 신권력자원론의 타당성 검토」.『한국정치학회보』 46(5): 79-97.

유근춘·국중호·김태은. 2012.『사회정책목표의 실질적 달성을 위한 중장기 복지재정운용방향』. 한국보건사회연구원.

윤석명. 2007.「한국의 사회보장비 지출전망 및 시사점: 사회보험 중심으로」.『보건복지포럼』 133: 59-75.

윤석명 외. 2012.「국민연금 적정부담 수준에 관한 연구」. 한국보건사회연구원 연구보고서 2012-16.

이신용. 2010.「민주주의가 사회복지정책에 미치는 영향」. 김윤태 편.『한국복지국가의 전망』. 한울아카데미.

이지호. 2009.「정당 위치와 유권자 정향: 2007년 대선과 2008년 총선을 중심으로」.『현대정치연구』 2(1): 123-149.

이태수. 2008.「이명박 정부의 복지정책: 총평가」.『복지동향』 113: 17-22.

이태수. 2009.「복지정책, 새로운 진보의 아킬레스건인가」. 김형기·김윤태 편.『새로운 진보의 길』. 한울아카데미.

이혜경. 2007.「사회투자국가와 시민사회의 역할」. 5th UWI Asia-Pacific Conference 발제논문.

이혜경. 2011.「복지개혁 복지국가 이상과 발전주의 유산 사이에서」. 구인회에 대한 토론문.

이혜경. 2013.「한국 사회정책 반세기: 회고와 전망」. 사회정책연합 공동학술대회 발제문.

임채원. 2007.『사회투자국가: 미래한국의 새로운 길』. 한울아카데미.
정책기획위원회. 2007.『참여정부 국정리포트』. 아렌트.
정태환. 2012.「서문」. 정태환 외,『한국의 복지정치』. 학지사.
정한울. 2011.「주민투표 이후 복지정국과 계급정치의 부상」. EAI 여론브리핑 제102호.
조영훈. 2008.「참여정부 복지정책의 성격」. 경성대학교『사회과학연구』24(1): 213-233.
조흥식. 2010.「한국 복지국가의 현실과 과제」. 김윤태 편.『한국복지국가의 전망』. 한울아카데미.
조흥식. 2012.「한국 복지체제의 변천과 복지국가의 요건: 바람직하고 지속 가능한 시민복지국가를 지향하며」. 조흥식 편.『대한민국, 복지국가의 길을 묻다: 바람직하고 지속 가능한 시민복지국가를 향해』. 이매진.
조흥식. 2013.「사회복지정책 제도의 변화와 전망」. 서울대학교 행정대학원 국가리더십연구센터 사회정책 연구모임 세미나 발제자료..
주은선. 2011.「한국 복지국가 논쟁에 관한 소고: 복지정치의 진보성, 어떻게 확장할 것인가?」.『진보평론』50: 16-44.
KB금융지주경영연구소. 2012.「KB Daily 지식비타민: 최근 한국 고용시장의 동향 및 시사점」.
통계청.『가계동향조사』(각 연도).
통계청. 2011.『경제활동인구조사 부가조사』.
통합진보당. 2013.『이명박 정부 총체적 실정 대국민보고서』.
한국개발연구원. 1990.『한국재정 40년사: 재정 통계편』.
한국보건사회연구원. 2009. "국민기초생활보장법 제정 10년의 성과와 과제」.『보건복지 Issue Focus』2: 1-8.
한국보건사회연구원. 2012.「2011년 기준 한국의 사회복지지출 추계」(연구보고서).
한국복지국가연구회. 2012.『한국 복지국가의 정치경제』. 아연출판부.
한국사회과학데이터센터. 2002.『16대 대통령선거 관련 유권자 의식조사』.
한국사회과학데이터센터. 2007.『17대 대통령선거 관련 유권자 의식조사』.
한국사회과학데이터센터. 2012.『18대 대통령선거 관련 유권자 의식조사』.
한나라당. 2002.『나라다운 나라, 내일을 약속 합니다』(16대 대선 공약집).
현재호. 2004.「정당간 경쟁연구: 1952-2000 - 선거강령에 대한 공간적 분석을 중심으로」.『한국정치학회보』38(2): 189-215.

Allan, J. P., and L. Scruggs. 2004. "Political Partisanship and Welfare State Reform in

Advanced Industrial Societies." *American Journal of Political Science*, 48(3): 496-512.

Brewer, M. D., and J. M. Stonecash. 2009. *Dynamics of American Political Parties*. Cambridge: Cambridge University Press.

Carbone, G. 2012. "Do New Democracies Deliver Social Welfare? Political Regimes and Health Policy in Ghana and Cameroon." *Democratization*, 19(2): 157-183.

Carmine, E. G., and J. A. Stimson. 1980. "The Two Faces of Issue Voting." *American Political Science Review*, 74: 78-91.

Cox, R. H. 2001. "The Social Construction of an Imperative: Why Welfare Reform Happened in Denmark and the Netherlands but Not in Germany." *World Politics* 53(3): 463-498.

De Deken, J. 2012. "Identifying the Skeleton of the Social Investment State: Defining and Measuring Patterns of Social Policy Change on the Basis of Expenditure Data." Paper to be presented in Stream 1 "Social Innovation and Social Investment" at the ESPANET 2012 Conference Edinburgh, Scotland.

Downs, A. 1957. *An Economic Theory of Democracy*. New York: Harper and Row.

Esping-Andersen, G. 1990. *The Three Worlds of Welfare Capitalism*. Princeton: Princeton University Press.

Fleckenstein, T., and S. C. Lee. 2012. "The Politics of Postindustrial Social Policy: Family Policy Reforms in Britain, Germany, South Korea, and Sweden." *Comparative Political Studies*, XX(X): 1-30.

Garrett, G. 1998. *Partisan Politics in the Global Economy*. Cambridge: Cambridge University Press.

Giddens, A. 1998. *The Third Way: The Renewal of Social Democracy*. Cambridge: Polity.

Hall, P., and D. Soskice, eds. 2001. *Varieties of Capitalism: The Institutional Foundations of Comparative Advantage*. Oxford: Oxford University Press.

Häusermann, S., G. Picot, and D. Geering. 2010. "Rethinking Party Politics and the Welfare State: Recent Advances in the Literature." Paper prepared for the 17th International Conference of the Council for European Studies, Montréal, Canada.

Hibbs, Jr., Douglas A. 1977. "Political Parties and Macroeconomic Policy." *American Political Science Review*, 71(4): 1467-4487.

Hicks, A., and D. Swank. 1984. "On the Political Economy of Welfare Expansion: A Comparative Analysis of 18 Advanced Capitalist Democracies, 1960-1971." *Comparative Political Studies*, 17: 81-118.

Huber, E., and J. D. Stephens. 2001. *Development and Crisis of the Welfare State. Parties and Policies in Global Markets*. Chicago: Chicago University Press.

Huber, E., and J. D. Stephens. 2004. "Combating Old and New Social Risks." A Paper delivered at the 14th International Conference of Europeanists, Palmer House Hilton (March 11-13, 2004).

Iversen, T., and D. Soskice. 2006. "Electoral Institutions and the Politics of Coalitions." *American Political Science Review*, 100(2): 165-181.

Iversen, T., and J. D. Stephens. 2008. "Partisan Politics, the Welfare State, and Three Worlds of Human Capital Formation." *Comparative Political Studies*, 41: 600-637.

Kerr, Clark, et al. 1960. *Industrialism and Industrial Man*. New York: Oxford University Press.

Kitschelt, H. P., and S. Wilkinson. 2007. *Patrons or Policies? Patterns of Democratic Accountability and Political Competition*. Cambridge: Cambridge University Press.

Korpi, W. 1983. *The Democratic Class Struggle*. London: Routledge Kegan Paul.

Korpi, W. 2006. "Power Resources and Employer-Centered Approaches in Explanations of Welaree States and Varieties of Capitalism: Protagonists, Consenters, and Antagonists." *World Politics*, 58: 167-206.

Korpi, W., and J. Palme. 2003. "New Politics and Class Politics in the Context of Austerity and Globalization: Welfare State Regress in 18 Countries, 1975-95." *American Political Science Review*, 97(3): 425-446.

Kwon, S., and I. Holliday. 2007. "The Korean Welfare State: A Paradox of Expansion in an Era of Globalisation and Economic Crisis." *International Journal of Social Welfare*, 16: 242-248.

Lee, H. K. 1999. "Neo-liberalism, Social Exclusion and Welfare Clients in a Global Economy." *International Journal of Social Welfare*, 8(1): 23-37.

Lee, Y. J., and Y. W. Ku. 2007. "East Asian Welfare Regimes: Testing the Hypothesis of the Developmental Welfare State." *Social Policy and Administration*, 41(2): 197-212.

Lewis-Beck, M. S., W. G. Jacoby, H. Norpoth, and H. F. Weisberg. 2008. *The American Voter Revisited*. Ann Arbor, MI: The University of Michigan Press.

Lijphart, A. 1971. "Comparative Politics and the Comparative Method." *The American Political Science Review*, 65(3): 682-693.

Lipset, Seymour M., and S. Rokkan, eds. 1967. *Party Systems and Voter Alignments: Cross-*

National Perspectives. New York: The Free Press.

Macdonald, S. E., G. Rabinowitz, and O. Listhaug. 1997. "Individual Perception and Models of Issue Voting." *Journal of Theoretical Politics*, 9: 13-21.

Mair, P. 2005. *Party System Change: Approaches and Interpretations*. Oxford: Oxford University Press.

Maisel, Sandy L. and Mark D. Brewer. 2011. *Parties and Elections in America: The Electoral Process*. 6th Edition. Rowman & Littlefield Publishers.

Manow, P. 2009. "Electoral Rules, Class Coalitions and Welfare State Regimes: How to Explain Esping-Andersen with Stein Rokkan." *Socio-Economic Review*, 7(1): 101-121.

Morgan, K. J. 2013. "Path Shifting of the Welfare State: Electoral Competition and the Expansion of Work-Family Policies in Western Europe." *World Politics*, 65(1): 73-115.

Myles, J., and J. Quadagno. 2002. "Political Theories of the Welfare State." *Social Service Review*, 76: 34-57.

O'Connor, James O. 1973. *The Fiscal Crisis of the State*. New York: St. Martin's Press.

Pierson, P. 1996. "The New Politics of the Welfare State." *World Politics*, 48(2): 43-79.

Pierson, P. 2001. "Coping with Permanent Austerity: Welfare State Restructuring in Affluent Democracies." In: P. Pierson, ed., *The New Politics of the Welfare State*. Oxford: Oxford University Press.

Ragin, C. C., and C. Rubinson. 2009. "The Distinctiveness of Comparative Research." In: T. Landman and N. Robinson, eds., *The SAGE Handbook of Comparative Politics*. Sage Publications.

Ramesh, M. 2003. "Globalisation and social security expansion in East Asia." In: L. Weiss, ed., *States in the Global Economy: Bringing Domestic Institutions Back In*. Cambridge, UK: Cambridge University Press.

Sartori, G. 1967. *Parties and Party Systems*. Cambridge, UK: Cambridge University Press.

Schaffner, Brian F. 2011. *Politics, Parties, and Elections in America*. 7th Ed. Belmont: Wadsworth.

Seong, K. R. 2013. *The Political Economy of Regionalism in Korea: Origins and Electoral Dynamics, 1961-2010*. Book Manuscript.

찾아보기

[ㄷ]

[ㄹ]

[ㅁ]

[ㅂ]

[ㅇ]

[ㅈ]

[ㅊ]

발간사

서울대학교 국가리더십연구센터는, 우리나라가 국민들이 바라고 전 세계가 부러워하는 '모범국가'로 발전하는 데 기여하기 위해서 2013년 3월 설립되었다.

어떤 조직, 어떤 사회, 어떤 국가의 흥망과 성쇠는 지도자에 달려 있다고 해도 과언이 아니다. 한 나라가 모범국가로 발전하는 과정의 핵심도 국가의 지도자다. 국가지도자의 비전과 역량에 따라 모범국가로 나아가기도 하고, 형편없는 국가로 머물러 있거나 또는 추락하기도 한다. 그들이 무엇을 시대적 과제로 인지하고 어떤 국가의 비전을 설정하며, 그것을 달성하는 과정에서 어떻게 국민의 지지를 확보하면서 동시에 여러 가지 어려움과 저항을 극복하는지에 따라 모범국가로 나아갈 수도 있고 그렇지 않을 수도 있다. 그것도 한 세대가 아니라 세대를 이어 가면서 각 시대의 국가적 과제를 국가지도자들이 어떻게 설정하고 이를 추진하는지가 중요하다. 각 세대를 책임지는 국가지도자들이 계속해서 보다 나은 국가에 대한 비전을 설계하고 이를 잘 성취할 수 있는 지혜를 가진다면, 우리나라는 그야말로 전 세계가 부러워하는 모범국가로 우뚝 설 수 있을 것이다.

국가리더십연구센터는 바로 그러한 지혜를 연구하고 이를 미래의 지도자들에게 전수하여, 지금부터 70년 뒤에는 우리가 광복 70년 동안 이룩해 왔던 것보다 더 많은 발전을 이룩하고, 그로부터 다시 70년 뒤에는 그야말로 전 세계가 부러워하는 모범국가로 우뚝 서는 데 기여하고자 한다.

이를 위한 사업으로 국가리더십연구포럼, 역사리더십연구포럼, 정책리더십연구포럼을 각각 추진하고 있다. 첫째, 국가리더십연구포럼은 대한민국정부 수립 이후 국가의 발전과 국민의 행복에 기여한, 생존하고 있는 국가지도자들을 초청하여 이들이 격변의 과정에서 무엇을 국정목표와 가치로 설정하고, 이를 달성하기 위해서 어떤 전략과 수단을 사용하였는지, 특히 여러 가지 저항과 어려움을 어떻게 극복하였는지 그 생생한 리더십의 경험을 청취, 정리, 연구하는 동시에 이를 역사적 사료로 후세에 전달하고자 하는 사업이다. 둘째, 역사리더십연구포럼은 중요한 역사적 전환 시점에 나라의 발전을 위해 헌신한 역사적 인물을 대상으로 이들이 그 시대를 어떻게 이해하고 무엇을 시대적 비전으로 설정하였으며 이를 어떤 리더십으로 달성하였는지를 연구하는 사업이다. 셋째, 정책리더십연구포럼은 각 정책분야별 역사적 변화의 궤적을 추적하고 향후 전망을 제시하는 사업이다. 대한민국이 '모범국가'로 나아가기 위해서는 우리가 어디에서 와서 현재 어디에 있으며 또 앞으로 어디로 갈지를 파악하는 것이 필요하다. '모범국가'라는 것이 고정된 것이 아니라 전 세계라는 공간과 역사라는 시간에 따라 변화되는 국가의 모양이라고 볼 때, 각 정책영역별 역사적 변동과 전망을 정리함으로써 보다 구체적인 국가발전의 방향을 설정할 수 있을 것이다. 그래서 각 정책분야별로 의미 있는 발전과 개혁이 무엇인지, 이러한 변화가 이루어지는 과정에서 추진세력은 저항세력을 어떻게 극복하는지 정치·경제·사회적 제약조건과 이를 극복하는 전략과 수단을 탐색하는 사업이다.

이러한 세 가지 포럼의 연구 성과를, 동시대와 공유하는 한편 후세에 전해 주기 위해서, 국가리더십연구총서의 형태로 지속적으로 발간하고자 한다. 많은 분들의 관심과 비판, 그리고 격려를 통하여 모범국가로 나아가는 데 조금이라도 기여를 할 수 있으면 하는 마음 간절하다.

국가리더십연구센터 소장 김병섭

필자 소개

김병섭

서울대학교 농경제학과와 행정대학원을 졸업하고, 미국 University of Georgia에서 박사 학위(행정학)를 받았다. 현재 서울대학교 행정대학원 교수이며 동 대학원 원장, 한국행정학회 회장, 대통령 직속 정부혁신 지방분권위원회 위원장, 투명성포럼 공동대표 등을 역임하였다. 저서로 『편견과 오류 줄이기: 조사연구의 논리와 기법(제3판)』(2015), 『대한민국 국민행복지도』(공저, 2015), 『정책수단론』(공저, 2013) 등이 있다.

강인철

서울대학교 사회학과를 졸업하고 동 대학원에서 문학 박사(사회학) 학위를 받았다. 현재 한신대학교 종교문화학과 교수이며, 학술단체협의회 학술위원장, 우리신학연구소 연구위원장 등을 역임하였다. 저서로 『한국의 종교, 정치, 국가』(2013), 『종교권력과 한국 천주교회』(2008), 『한국의 개신교와 반공주의』(2007), 『한국 기독교회와 국가·시민사회』(1996) 등이 있다.

김수현

서울대학교에서 도시계획을 공부했고 주택정책으로 박사 학위를 받았다. 노무현 정부 당시 청와대 비서관과 환경부 차관을 지냈으며, 현재 세종대학교에서 부동산정책, 주거복지정책 등을 강의하고 있다. 저서로 『주택정책의 원칙과 쟁점』(2008), 『한국의 가난』(공저, 2009), 『부동산은 끝났다』(2011), 『저성장 시대의 도시정책』(공저, 2011) 등이 있다.

김연명

중앙대학교 사회복지학과를 졸업하고 동 대학원에서 사회정책 전공으로 박사 학위를 받았다. 현재 중앙대학교 사회복지학과 교수로 재직 중이며 참여연대 사회복지위원회 위원장, 한국사회복지정책학회 회장, 서울시민복지기준추진위원회 공동위원장 등을 역임하였다. 공적연금, 복지국가, 동아시아 사회복지 등이 관심 연구 분야이고 저서로 『한국 복지국가 성격논쟁』(편저, 2002), 『사회투자와 한국 사회정책의 미래』(편저, 2009) 등이 있다.

김인숙

성심여자대학교 사회사업학과를 졸업하고 서울대학교 대학원에서 문학석사 학위와 문학박사 학위를 받았다. 현재 가톨릭대학교 사회복지학과 교수이며, 한일장신대학교와 성공회대학교 교수를 역임하였다. 저서로는 『여성복지의 실천과 정책』(2008), 『가족정책』(2011)이 있고, 역서로는 『제도적 문화기술지』(2014) 등이 있다.

문진영

연세대학교에서 사회복지학 전공으로 문학사(B.A)와 문학석사(M.A) 학위를 받았으며, 영국 University of Hull에서 사회정책학으로 철학박사(Ph.D) 학위를 받았다. 현재 서강대학교 신학대학원 사회복지학과 교수로 재직 중이며, 생명문화연구소 소장을 겸임하고 있다. 동아시아 사회정책학회(EASP)와 사회복지정책학회의 회장을 역임하였으며, 대통령 자문 정책기획위원회 위원과 양극화 민생대책위원회 위원을 지냈다. 저서로는 『유럽연합의 사회정책』(2009) 등이 있다.

백종만

서울대학교 사회복지학과와 동 행정대학원을 졸업하고 사회복지학과 대학원에서 박사학위를 받았다. 현재 전북대학교 사회복지학과 교수로 재직 중이며, 한국사회복지학회장과 전북대학교 사회과학대학장을 역임하였다. 주요 논문으로 「관계적 직무환경이 서비스 품질에 미치는 영향과 직무만족도의 매개효과: 재가돌봄 서비스 제공자의 평가를 중심으로」(『한국사회복지행정학』, 2013), 「사회복지지방분권 1년의 평가와 대안」(『상황과 복지』, 2007), 「비영리민간부문활용의 근거」(『사회복지정책』, 2003), 「정부와의 협력이 비영리민간조직의 운영에 미친 영향에 관한 연구」(『한국사회복지행정학』, 2003) 등이 있으며 저서로는 『지역사회복지론』(2005), 『사회복지행정』(2012) 등이 있다.

성경륭

서울대학교 사회복지학과와 동 대학교 행정대학원을 졸업하고, 미국 Stanford University 사회학과에서 사회학 박사 학위를 받았다. 현재 한림대학교 사회학과 교수로 재직 중이며, 사회대 학장과 연구협력처장을 지냈다. 참여정부에서 대통령 직속 국가균형발전위원장과 청와대 정책실장을 역임했다. 저서로는 『체제변동의 정치사회학』(1995), 『국민국가개혁론』(1996), 『국가균형발전의 비전과 전략』(공저, 2004), 『지역창조의 사회학』(공저, 2012), 『균형사회와 분권국가의 전망』(2013), 『복지국가론(개정2판)』(공저, 2014) 등이 있다.

양재진

연세대학교 행정학과를 졸업하고, 미국 Rutgers 대학에서 정치학 박사학위를 취득하였다. 현재 연세대학교 행정학과 교수로 재직하고 있다. 연세대학교 행정학과장, 행정대학원 부원장, 대통령자문정책기획위원 등을 역임하였고 연세대학교 공공문제연구소장을 맡고 있다. 주요 공저서로서는 *Retirement, Work, and Pensions in Ageing Korea*(2010), 『한국 복지정책의 결정과정: 역사와 자료』(2008) 등이 있으며, 논문으로는 "Parochial Welfare Politics and the Small Welfare State in South Korea"(*Comparative Politics*, 2013), 「복지와 재정건전성의 관계분석: OECD 국가들의 사회투자형 복지지출을 중심으로」(『한국행정학보』, 2012) 등이 있다.

이진석

고려대학교 의학과를 졸업하고, 서울대학교 의학과에서 의료관리 전공으로 박사학위를 받았다. 현재 서울대학교 의과대학 의료관리학교실 부교수로 재직 중이다. 국민건강보험공단 건강보험재정운영위원회 위원, 한국의과대학·의학전문대학원협회 전문위원을 역임하였으며, 참여연대 사회복지위원회 실행위원으로 활동 중이다. 저서로는 『전환기의 한국복지 패러다임』(공저, 2008), 『모든 병원비를 국민건강보험 하나로』(공저, 2010) 등이 있다.

이혜경

서울대학교 영어영문학과를 졸업하고, 미국 University of California at Berkeley 사회복지대학원에서 박사 학위(사회복지학)를 받았다. 현재 연세대학교 명예교수이며, 동 대학 사회복지대학원장, 한국사회보장학회 회장, 한국여성학회 회장, 대통령자문 빈부격차차별시정 위원장 등을 역임하였다. 저술로는 「사회투자와 참여복지국가를 향하여」(『지식의 지평』 13호, 2012), 『사회복지학』(공저, 2008) 등이 있다.

임채원

서울대학교 종교학과를 졸업하고 동 대학교 행정대학원에서 석사 및 박사 과정을 수료하였다. 현재 경희대학교 미래문명원 교수이며, 서울대학교 한국행정연구소 연구원, 서울대학교 국가리더십연구센터 연구원, 2014년 국회의장 국회개혁 자문위원, 2017년 국정기획자문위원회 전문위원을 거쳐, 2018년 대통령 직속 정책기획위원회 위원으로 활동하고 있다. 저서에는 『보수의 빈곤과 정책담론』(2005), 『신자유주의를 넘어 사회투자국가로』(2006), 『사회투자국가 미래한국의 새로운 길』(2007), 『공화주의적 국정운영』(2008), 『시민적 공화주의』(2017) 등이 있다.

정광호

서울대학교 사회학과를 졸업하고, 미국 Syracuse University에서 행정학 박사학위를 받았다. 현재 서울대학교 행정대학원 교수이며, 제17대 대통령인수위원회 정부혁신규제개혁 TF전문위원, 지식경제부 자문위원, 외교통상부 자문위원으로 활동하고 있다. 저서로 『장관론』(2003), 『바우처 분석: 이론과 현실』(2010), 『정부신뢰』(2013) 등이 있다.

조흥식

서울대학교 사회복지학과를 졸업하고, 동 대학원에서 문학박사(사회복지 전공) 학위를 받았다. 현재 서울대학교 사회복지학과 교수이며, 세계장애인재활협회 한국 의장, 국민농업포럼 공동대표, (사)관악사회복지 이사장 등을 맡고 있다. 한국사회복지학회 회장, 참여사회연구소 소장, 서울대학교 사회과학연구원 원장, 한국사회정책학회 회장, 참여연대 사회복지위원회 위원장 등을 지냈다. 지은 책으로 『인간생활과 사회복지』(2008), 함께 쓴 책으로 『비전과 관점 열기』(2014), 『한국 사회복지실천의 고유성』(2013), 『평화복지국가』(2013), 『우리는 한 배를 타고 있다』(2012), 『대한민국, 복지국가의 길을 묻다』(2012), 『한국 복지국가의 전망』(2010), *Job Supports for Japanese and Korean Underclass Single Mothers in a Risk Society*(2010) 등이 있다.